现代语言学丛书

主编　王宗炎　戴炜栋

语言学新视角

New Perspectives on Language

王德春　著

上海外语教育出版社
外教社 SHANGHAI FOREIGN LANGUAGE EDUCATION PRESS

图书在版编目（CIP）数据

语言学新视角 / 王德春著.
—上海：上海外语教育出版社，2011（2014重印）
（现代语言学丛书）
ISBN 978-7-5446-2013-0

Ⅰ. ①语… Ⅱ. ①王… Ⅲ. ①语言学－研究 Ⅳ. ①H0
中国版本图书馆CIP数据核字（2010）第190480号

出版发行：**上海外语教育出版社**
（上海外国语大学内）　邮编：200083
电　　话：021-65425300（总机）
电子邮箱：bookinfo@sflep.com.cn
网　　址：http://www.sflep.com.cn　http://www.sflep.com
责任编辑：蔡一鸣

印　　刷：上海叶大印务发展有限公司
开　　本：890×1240　1/32　印张 23.125　插页 5页　字数 665千字
版　　次：2011年1月第1版　2014年12月第2次印刷
书　　号：ISBN 978-7-5446-2013-0 / H · 0864
定　　价：62.00 元

本版图书如有印装质量问题，可向本社调换

王德春教授在日本名古屋外国语大学讲学,大学升中国国旗表示欢迎、致敬。
自右至左:名古屋外国语大学外办负责人、王德春教授、中文系主任魏荣吉教授、外办工作人员

王德春教授在澳门普通话教学国际研讨会上演讲,左为澳门大学文学院院长程祥徽教授

王德春教授参加世界汉语大会,摄于北京香山。
自右至左:新加坡国立大学卢绍昌教授、香港大学缪锦安博士、王德春教授

王德春教授在德国讲学期间,摄于斯图加特市林荫道

王德春教授赴美国参加学术会议,摄于会场外

王德春教授在新加坡讲学期间摄于圣陶沙

王德春教授在台湾讲学期间,摄于台北车站

王德春教授在香港讲学期间,摄于香港中文大学

王德春教授在澳门讲学期间,摄于澳门市政广场

王德春教授接待俄罗斯功勋科学家郭列洛夫教授
自右至左:上海外国语大学原副校长耿龙明、王德春、系主任何寅、郭列洛夫、教务处长阮福根、张会森、科研处长陆楼法

王德春教授在中国汉语大会期间,与国家汉办主任、北京语言大学校长吕必松教授(左)摄于大连老虎滩公园

2007年王德春教授参加全国外语院校语言研讨会与上海外国语大学盛裕良副校长(左)、上海外语教育出版社庄智象社长(右)合影。

2008年王德春教授在淮安讲学期间摄于周恩来纪念馆

王德春教授在大连讲学期间摄于海滨

2006年王德春教授课余与他的博士生游鲁迅公园

2006年12月王德春教授与他的外国博士生合影,右:桂朴成(泰国);左:奥其尔(蒙古国)

"现代语言学丛书"(修订版)
编委名单

主　编　王宗炎　戴炜栋

编　委(按姓氏笔划为序)
王宗炎　(中山大学)
王初明　(广东外语外贸大学)
王德春　(上海外国语大学)
申　丹　(北京大学)
伍铁平　(北京师范大学)
刘世生　(清华大学)
庄智象　(上海外国语大学)
朱永生　(复旦大学)
许余龙　(上海外国语大学)
何自然　(广东外语外贸大学)
张日昇　(香港理工大学)
张绍杰　(东北师范大学)
束定芳　(上海外国语大学)
杨永林　(清华大学)
杨信彰　(厦门大学)
杨惠中　(上海交通大学)
沈家煊　(中国社会科学院)

陈新仁（南京大学）
胡壮麟（北京大学）
桂诗春（广东外语外贸大学）
秦秀白（华南理工大学）
顾曰国（中国社会科学院）
戚雨村（上海外国语大学）
黄国文（中山大学）
熊学亮（复旦大学）
戴炜栋（上海外国语大学）

『现代语言学丛书』修订说明

　　外教社"现代语言学丛书"自20世纪80年代面世以来，在语言学界产生了深远的影响，深受国内外广大读者的赞誉。这套丛书的作者均为我国语言学界知名专家和学者，在语言学教学和研究领域成就斐然。丛书深入、系统地介绍了现代语言学各领域的基本理论、研究方法和学术成果，为推动我国的语言学研究和外语教学作出了积极的贡献。

　　随着语言科学的不断发展，语言学应用的范围也越加宽泛。作为一门迅速发展的学科，近年来，现代语言学在研究语言结构、语言运用、语言的社会功能和历史发展等领域，新理论、新方法、新成果和新动向层出不穷，研究的内涵逐步深入，外延也不断拓宽，成为近半个世纪以来发展最快、变化最大的人文学科之一。

为使国内外广大读者及时了解现代语言学各个领域的最新发展态势,外教社对"现代语言学丛书"陆续进行修订和扩充。新版丛书在对原有的学术精华进行补充和完善的基础上,广泛吸纳近20年来国内外语言学领域的最新研究成果,融"经典"与"创新"为一体,从而更具有学术性、科学性和实用性。

作为开放系列丛书,这套丛书将与时俱进,不断丰富学科内容,拓宽研究领域,为广大读者展现现代语言学的各项前沿成果,从而更有力地推动这一学科的建设与发展。

上海外语教育出版社
2010年8月

总序

现代语言学丛书

"现代语言学丛书"自20世纪80年代陆续推出之后,在业内产生了深远的影响。该套丛书的编委会委员和编写者均为学界知名专家学者,在语言学的不同领域取得了很大成就。正是他们的辛勤努力使得丛书具备普及与提高相结合、引进与本土化相融合的特色,而丛书前沿性的学术内容、深入浅出的理论阐释、科学规范的研究方法等使高等院校的师生、外事外贸单位的翻译、新闻出版界的编辑等语言工作者和学习者受益匪浅,得到他们广泛的认同和喜爱,为推动我国语言学的研究和发展作出了积极的贡献。

近20年来,现代语言学作为发展最快的学科之一,有许多新发现和新成果,需要进行多角度、多层次、全方位的研究。目前人文科学、社会科学和自然科学等的渗透使得语言学的分支更加丰富,出现了越来越多的交叉学科。语言学家的研究视野也得以逐步拓宽,探索更加深入,研究观念不断更新,研究范式更加多样化。为了更加充分地反映这一发展趋势,及时向广大读者反馈语言学及相关学科的最新研究成果,我们在征求编委会委员、广大教师和学生意见的基础上,对"现代语言学丛书"进行修订,力求全方位呈现该学科领域的新理论、新观点、新方法、新结论。

该丛书修订版一方面保留了原版编者权威、内容全面、编辑规范的特点,另一方面突出"经典"和"新颖"两个特色,注重学术历史积淀与社会发展的契合,使丛书更加具有学术性、科学性和实用性。这套丛书仍然是开放的,将陆续出版语言学及相关学科的权威研究成果,以促进我国的语言学研究和学科建设。首批推出的系列著作涉及语言学科的不同层面,涵盖学科研究的前沿内容和最新成果,如《语言学新视角》、《"人本语义学"十论》、《语言系统及其运作》(修订本)、《现代语言学的特点和发展趋势》(修订本)、《比较词源研究》等。

  作为人类交流的工具和文化的载体,语言的重要性决定了语言学的重要性。语言学的发展不仅受到各个学科的影响,也同时影响到其他各学科的发展。只有充分了解该学科的最新研究态势,切实关注语言学科的发展,才能更好地了解语言,运用语言。相信在业内专家学者和广大读者的支持下,"现代语言学丛书"修订版将充分发挥良好的学术影响,为语言学及相关学科的进一步发展作出更大贡献。

高等学校外语专业教学指导委员会主任委员

戴炜栋

2010 年 9 月

"现代语言学丛书"
编委名单(原)

主　编　王宗炎

副主编　戴炜栋

编　委　（按姓氏笔画为序）
王宗炎（中山大学）
王彤福（上海外语教育出版社）
王德春（上海外国语大学）
伍铁平（北京师范大学）
张日昇（香港理工大学）
赵世开（中国社科院语言研究所）
胡壮麟（北京大学）
桂灿昆（广东外语外贸大学）
桂诗春（广东外语外贸大学）
戚雨村（上海外国语大学）
缪锦安（香港大学）
戴炜栋（上海外国语大学）

总序(原)

为什么出版《现代语言学丛书》?

因为我们感到,中国现代化包括许多方面的工作,其中之一是语言学研究的现代化。我们希望这一套丛书的出版,会有助于这一工作的开展。

近几十年来,国外语言学的研究进展很快。一方面,关于语言的内部结构,出现了各种理论和模式;另一方面,从各种不同的学科去研究语言,产生了诸如人类语言学、社会语言学、心理语言学、神经语言学、计算语言学等多科性研究。了解和介绍这两方面的理论、模式、实验和数据,供我国语言研究者参考,从而为语言学研究的现代化出一点力,这是我们的希望。

要做到语言学研究的现代化是不容易的。首先要对国外新的语言学理论加以分析和比较,作出我们自己的判断;更重要的是要结合汉语的研究

加以验证,写出结合中国实际的论著。我们这里先做第一步工作。

中国语言学史上,不乏利用外国的语言理论,为汉语研究开辟新路的例子。郑樵说:"切韵之学,起自西域。"马建忠以拉丁文法为范式,写出了《马氏文通》。赵元任、罗常培等前辈先生运用描写语言学的方法,为我国方言调查做出了典范,近时汉语语法学家利用国外语言学的研究方法,使语法现象的分类和范畴的描写更有据,更为精确。先行者研究外国语言理论的态度,永远是值得我们学习的。

作为第一步,我们打算出版 15 至 20 种书。以普及为主,逐步提高;以引进为主,同时注意结合我国的实际。我们希望和国内语言学界同志共同努力,填补我国语言学科中的一些空白点。

我们心目中的读者,是高等学校中文、外文和其他文史专业的师生,翻译界、新闻出版界人士、中学语文教师,以及一般语文工作者和爱好者。我们将力求用明白易懂的语言介绍新的学说和理论。

我们将注意国外新出的语言学文献,为中国的语言学的现代化尽快提供信息。我们的力量还很薄弱,我们要努力去做,并热诚希望国内语言学者和语文工作者给予指导、批评和支持。

《现代语言学丛书》编委会
1982 年 11 月初稿
1984 年 5 月修改稿

语言学新视角
New Perspectives on Language

1 前　言

5 一、语言学理论

从语言学论科学分类的无限性 ………………………… 7
　　　　　——指导语言学博士生纪实
要以新的经验丰富马克思主义 ………………………… 19
　　　　　——重读《马克思主义和语言学问题》有感
论语言学的建构性循环网络 …………………………… 24
　　　　　——指导语言学博士生纪实
《语言与语言学百科全书》引进版序 ………………… 36
语言的全民性和使用语言的阶级性 …………………… 47
再论语言的全民性和使用语言的阶级性 ……………… 61
对《语言的人民性》的商榷意见 ……………………… 73
从当代语言学的发展论语言和思维的关系 …………… 89
论当代"语言学概论"课 ……………………………… 106
现代语言学的突破口 …………………………………… 115

119 二、现代语言学的发展

(一) 现代语言学的产生 ………………………………… 121
(二) 古典结构主义语言学 ……………………………… 123
(三) 转换生成语言学 …………………………………… 129
(四) 功能结构主义语言学 ……………………………… 133
(五) 控制结构主义语言学 ……………………………… 136
(六) 当代语言学的发展趋势 …………………………… 140
控制结构语言学的两级抽象理论 ……………………… 143
语法的识别模式和两级抽象理论 ……………………… 149
　　　　　——控制结构语言学对转换生成语法的修正

三、工程语言学简论 —157

- (一) 工程语言学的兴起 —159
- (二) 语法形式化 —161
- (三) 语义形式化 —165
- (四) 媒介语和机器语言 —172
- (五) 语言模式化 —179
- (六) 工程语言学的特点 —181
- (七) 现实与展望 —182

四、社会语言学简论 —185

- (一) 语言和社会 —187
- (二) 语言变体 —190
- (三) 言语变体 —198
- (四) 双语现象 —201
- (五) 话语分析 —205
- (六) 语言功能分类 —208
- (七) 语言政策 —212

五、心理语言学简论 —217

- (一) 心理语言学的产生和发展 —219
- (二) 语言是调节高级心理过程的工具 —224
- (三) 内部言语 —228
- (四) 言语生成 —230
- (五) 言语生成过程的脑机制 —234
- (六) 言语理解 —238
- (七) 言语理解过程的脑机制 —247
- (八) 本族语掌握 —250
- (九) 外语掌握 —257
- (十) 心理语言学的展望 —261

酝酿中的第二代边缘学科 —263
　　——社会心理语言学

267　六、认知语言学

认知语言学研究现状 ································· 269

论语义与认知 ······································· 287
　　　——指导语言学博士生纪实

论隐喻 ··· 296
　　　——指导语言学博士生纪实

论范畴化 ··· 303
　　　——指导语言学博士生纪实

外语思维再思考 ····································· 310
　　　——论外语思维的"概念化模式"内涵

323　七、港澳台语言学问题

论香港的双语现象 ··································· 325

与香港学者谈语文 ··································· 337

港澳台词语是丰富普通话的重要源泉 ··················· 343

351　八、词汇学

论词的界限 ··· 353
　　　——词、词素、词组、熟语

畅谈英语习惯搭配 ··································· 377

英语借词使汉语更丰富 ······························· 385

论双语国俗语义的差异模式 ··························· 390

论数词、数字及其翻译借用 ··························· 399
　　　——香港数词现代化国际研讨会特邀即席发言

407　九、修辞学

现代修辞学的发展趋势 ······························· 409

21世纪修辞学发展趋势 ······························· 419
　　　——纪念《修辞学习》创刊20周年

信息论、控制论、系统论与修辞 ······················· 423

依赖语境捕捉话语信息核心……………………… 429
　　修辞和语境………………………………………… 434
　　语用分析四例……………………………………… 439
　　社会道德与修辞行为的关系……………………… 444
　　人名的修辞价值…………………………………… 454
　　　　——《人名修辞词典》代序

465 十、文字学
　　信息时代谈汉字…………………………………… 467
　　也谈汉字繁简……………………………………… 470

473 十一、词典学
　　论词典的类型……………………………………… 475
　　用分析搭配的方法划分义项……………………… 547
　　语义的历史分析和词条的义项安排……………… 556
　　说一点儿词典编纂怎样运用计算机……………… 574
　　反映时代脉搏的新词词典………………………… 579
　　　　——兼评《巴恩哈特新英语词典》
　　《新惯用语词典》序言…………………………… 585
　　《汉语惯用语新解》简评………………………… 590

593 十二、语言教学论
　　论外语专业的基础理论、基本知识和基本训练…… 595
　　全面发展学生的语言能力和言语能力…………… 606
　　论对外汉语教材编写原则………………………… 609
　　论汉语能力和汉语考试…………………………… 616
　　外语电化教学中的语言与言语…………………… 629
　　外语教学漫议……………………………………… 637
　　参加美国中文教师学会年会有感………………… 643
　　从语言组合中记外语单词………………………… 648

从语言聚合中记外语单词 ………………………………… 651

655 **十三、翻译学**
　　翻译风格与翻译单位、标准和方法 …………………… 657
　　机器翻译的未来 ………………………………………… 664
　　　　——科学幻想故事
　　略论翻译 ………………………………………………… 668
　　　　——听翻译论坛后的即兴发言

673 **十四、研究与治学**
　　语言学探索60年 ………………………………………… 675
　　语言学科研与治学 ……………………………………… 689

706 **附录**
　　王德春教授论著索引 …………………………………… 706

前 言

2002年,清华大学出版社出版了我的《多角度研究语言》,从我历年在各报刊发表的文章中选了50篇,分为"总论、建构语言学、社会心理语言学、微观语言学、国俗语义学、信息修辞学、语境学和语体学、语用学和话语语言学、语义学语法学和音位学、神经语言学和认知语言学、应用语言学"11类。这本书满足了遍寻我的文章而不得的一些读者的需求,受到意想不到的欢迎,很快销售一空。2005年出版社改版第2次印刷发行。据不完全统计,该书一半论文在2004到2005年期间,共被引用118次。对我提出的一些理论也出现了一些相当高的评价。例如,"对文化义的理论探讨做出突出贡献的应首推王德春先生,他首先提出'国俗语义'的概念并进行理论研究。"(汉英词语国俗语义之对比,《聊城师范学院学报》(哲学社会科学版)01—01);"早期的翻译家都是为避免逐字对译而反对以字为翻译单位。近期的学者则用语言学理论来探讨翻译单位问题。例如,王德春用语义确定法把翻译单位分为音位、词素、词、熟语、自由词组、句子、话语几个层次。"(试论戏剧对白的翻译单位,《四川外语学院学报》02—04;《外语学刊》02—04);"最近几十年来在国外及国内英语学界,掀起了象似性讨论热潮,许多学者认为象似性在自然语言中具有遍布性,是语言的基本特征或主要特征……但王德春(2001)认为:'刻意把语言符号与客体及其概念一一联系,就会使语言丧失其抽象性和概括性,失去语言体系表达一切客体的有效机制'。"(关于语言符号的任意性和理据性,《解放军外国语学院学报》

03—06);"建构语言学科学概括、明确指出了当今语言学研究的建构主义趋势,从而为当代语言学描绘了清晰而广阔的发展前景,指明了语言研究在 21 世纪的任务和方向。"(论王德春建构语言学的科学价值,台湾《中文》季刊第 1 卷第 3 期)等。我为自己过去发表的一些成果能重新引起重视而感到高兴。

今年年初,上海外语教育出版社许进兴编辑问我有什么好的书稿可以给他们出版时,我提到了《多角度研究语言》出版后的情况。他很感兴趣,问我能不能再选编一本。在他的鼓励和支持下,我又在我半个世纪来陆续发表在各报刊的研究成果中寻寻觅觅,于今年暑假编成了这本《语言学新视角》。全书共 61 篇,分为 14 个部分:语言学理论、现代语言学的发展、工程语言学简论、社会语言学简论、心理语言学简论、认知语言学、港澳台语言学问题、词汇学、修辞学、文字学、词典学、语言教学论、翻译学、研究与治学。这是与《多角度研究语言》不尽相同的一些研究领域,但它们相互联系,相互补充,符合我多角度、全方位研究语言的观点。这 14 个部分 61 篇论述选自三个方面:一是我历年在各报刊发表的文章;二是我 1983 年出版、现已绝版的《现代语言学研究》、《词汇学研究》和《修辞学探索》三本书中的部分内容;三是我近两年写的一些文章,包括几篇"指导语言学博士生纪实",反映我指导博士生时即兴发表的一些对现代语言学的想法和看法。

我主张多角度全方位研究语言由来已久,自己也身体力行。我在 1992 年发表的《〈语言学通论〉的信息要点》一文中,从 66 万字的著作中提炼出 16 项信息要点:1. 语言与言语的关系;2. 语言与符号的关系;3. 语言发展的规律;4. 宏观语言学和微观语言学;5. 词和熟语的性质;6. 传统语法和现代语法的特点;7. 音位、音品和音素;8. 义素分析和语义的逻辑演算;9. 言语环境和言语规律;10. 言语修养;11. 文字的特点和类型;12. 社会词典体系和词典类型;13. 语义分析和义项划分;14. 翻译的实质和翻译单位;15. 外语教学中语言和言语的关系;16. 外语能力的培养。这16项是我在该书中的研究重点。我的研究力求符合语言学的发展趋势。现代语言学在不同的时期都有其一定的发展趋势,我的论著中每过一段时间就会概括出这种趋势。例如,1983年我在《现代语言学研究》中说:"当代语言学发展说明:人们从语言体系、言语活动和言语机制三个方面越来越深入地认识语言的本质。"1985年,我在《谈点社会心理语言学》一文中说:"当代语言学又出现一个明显趋势,就是用社会心理语言学、社会信息语言学等第二代边缘学科的理论和方法,研究作为交际单位的话语。"1987年,我在《语言学教程》"代前言"中提出八项教学内容的更新:1. 语言学的对象是语言体系、言语活动和言语机制;2. 语义和语义学的地位越来越重要;3. 理论语言学分科对语言体系研究有新的进展;4. 当代语言学理论获得广泛应用,改变了语言学理论忽视应用的状况;5. 语言学边缘学科涌现,改变了就语言研究语言的状况;6. 对传统语言学问题有了新的探索;7. 语言学研究的重点从结构转向建构;8. 语言学是现代科学体系中的关键学科。1997年,我在《语言学概论》中,又增写了10项新内容:1. 语言的调节功能;2. 多角度研究语言;3. 建构语言学;4. 转换生成语言学的发展;5. 国俗语义学;6. 社会心理修辞学;7. 词典的功能;8. 建构主义外语教学论;9. 社会心理语言学;10. 神经语言学。最近几年我又提出了语言学建构性循环网络,论述语言学研究中,语言体系、言语活动、言语机制、话语、计算机语言处理和文字体系六大领域及其相互关系。

我在《语言学通论》的序言中说:"近20年来,语言学理论研究日益深化,语言学理论应用日益广泛化,整个语言学发展速度很快,时有突破和创新。"但是,"我的一些看法只是在前人研究基础上的一得之见。"我又在《多角度研究语言》的序言中说:"尽管我还在继续研究,还会有新的成果不断问世,但我非常珍惜这点过去的成果。不仅在写作、发表时,而且在这次编选成集时,都倾注了深厚的感情。"这次编选《语言学新视角》时我倾注了同样深厚的感情。

值本书出版之际,衷心感谢广大读者,包括我的学生,是他们的阅读热情鼓舞着我;衷心感谢上海外语教育出版社及蔡一鸣、许进兴编辑,是他们的鼓励和支持促使我编了这本《语言学新视角》。希望这本书与《多角度研究语言》一样受到读者的欢迎,并与我其他论著一起发挥应有的作用。

是为简序。

王德春

2008年暑假于上海

语言学理论

从语言学论科学分类的无限性
——指导语言学博士生纪实

当我们进入语言学学术殿堂的时候,首先要了解现代语言学在科学体系中的地位和作用,与其他科学的相互关系,并以正确的科学观来看待语言事实。今天向你们讲讲科学分类的无限性,目的是让你们拓宽科学视野,提高科学素养,以便在语言学的广阔领域中自由驰骋,充分发挥语言学作为科学体系中的关键科学的作用。

一、从语言学看无限丰富的科学世界

从唯物辩证法的观点来看,既没有最终的理论,也没有僵死的、孤立的科学。在人们认识世界和改造世界的实践活动中,科学不断地发展,科学分类是无限的,真所谓"上至天文,下至地理",无穷无尽。我们在科学分类总体系的任何一点上开一扇小窗户,就可以看到无限丰富的科学世界,更不用说纵观无限发展的科学体系了。

让我们在语言学上开一扇窗户,略看一看丰富的科学世界。语言学是一门社会科学,它同其他很多社会科学,并且同一些哲学科学和自然科学都有密切的联系;它本身有不少分科,并且已经形成一系列的语言学科。

早在公元10世纪,中亚细亚哲学家、数学家兼物理学家法拉比在其简单的科学分类中,就确定了语言学的位置。当时他把科学大致分为语言学、逻辑学、数学、自然科学和政治学。后来,在培根、洛克、狄德罗、安培、库尔诺、科尔律治、克鲁格、奥列宁、柏尔等人的科学分类体系中,语言学都占有一定的位置。在马克思主义的科学分类体系中,语言学占有重要的地位。根据客观世界发展的原则进行

科学分类,语言学是科学体系中最接近自然科学的社会科学之一。因为在劳动创造了人同时创造了语言和思维的关节点上,科学研究的对象就从自然领域转入了社会领域。语言学与众多科学有联系是由语言本身的这一特点决定的。语言同社会、文化、历史、思维、文学、信息、符号等现象有密切联系,语言学在研究语言时要考虑这种联系,其他科学在研究相应对象时也要考虑这种联系,并重视语言的重要作用。对文艺学而言,语言是文学的第一要素,文学是语言的艺术。历史学和文化学把语言当作提供历史文化信息的重要源泉,语言巩固、记载了人民的历史文化。逻辑学把语言当作思维形成和表达的工具。心理学和生理学研究言语建构和理解的机制。符号学把语言体系当作符号体系,研究语言的一般符号性质。信息论把语言当作信息的重要载体,是加工、存储、改造和传递信息的工具。物理学研究有声语言的声音,生理学研究语音的发音器官,高级神经心理学和脑科学研究言语机制,等等。语言学同一系列科学的密切联系加强了语言学在科学体系中的地位和作用,成为现代科学体系中的关键科学。语言学本身是一门社会科学,它不仅与许多传统的社会科学和自然科学有密切联系,而且在现代,由于机器翻译、自然语言信息处理、人机对话等方面向语言学提出了迫切任务,语言学同数理科学、控制论、信息论、概率论、符号学、计算机科学等现代科学也建立了密切的联系。

随着研究的深入,语言学本身建立了不少分科。由于分别研究语言体系的各个结构部分,形成了语音学、语义学、词汇学和语法学,随后又分立出音位学、词素学、词源学、熟语学、词法学、句法学、构词法,由于研究记载语言的书面符号,形成了文字学,等等;由于研究人们言语活动及其建构的话语的状况,形成了现代修辞学、语用学、语境学、语体学、话语语言学、社会语言学、社会心理语言学,等等;由于研究人的言语机制,形成了神经语言学、心理语言学、认知语言学,等等。另外,随着研究任务的不同,现在已经形成了一系列语言学科,例如:普通语言学和具体语言学,理论语言学和应用语言学,结构语言学和建构语言学,宏观语言学和微观语言学,历时语言学和共时语言学,等等。一门科学是这样,门门科学都如此。科学世界如此丰富多彩,无穷无尽,实在令人深思、引人探索。现在让我们来探讨一下科学分类无限性的几项根据。

二、科学分类无限性的第一个根据
——客观世界的无限可分性

世界是无限的,没有一个事物是不可分的。宇宙是无穷无尽的:大至银河系之外数不清的银河系,小至无限可分的基本粒子。自然界是如此,社会是如此,人类的认识也是如此。

科学研究客观世界,包括客观化了的主观世界的结构及其规律性。客观世界的无限可分性决定了科学分类的无限性。在科学史上,往往有人把科学发展一定阶段上的某种科学理论,宣布为"最终的理论",其主要原因就是未认识到客观世界的无限可分性。

例如,19世纪末的一些物理学家,由于把原子看作是不可分的、不变的始原,就认为牛顿的力学是最终理论,它支配着大至天体小至原子的一切运动。把大至天体小至原子的一切运动归结为力学,这本身在当时就是错误的,我们在下文还要加以分析。现在且说这所谓"最终的理论",它在人们发现了镭和电子等之后就被突破了,因而出现了所谓"物理学的危机"。当时一些物理学家以唯心主义代替了唯物主义,大叫什么"物质消失了"、"原子非物质化了"、"电代替了物质",等等。列宁在《唯物主义和经验批判主义》一书中深刻地分析了物理学的危机,捍卫了物理学中的唯物主义。他认为物质是存在于我们意识之外的客观实在,它不可能消失,消失的只是迄今我们认识物质所达到的那个界限,因为我们的认识正在深化。我们过去所认识的一些物质特征,如惯性、质量、不可入性,等等,仅为物质的某些状态所特有,它们不是绝对不变的。而科学的对象是无穷无尽的,当我们发现物质的另一些状态时,又将认识物质的新的特征和新的运动规律。为了概括和研究这些新规律,就会建立新的科学。科学的发展证实了列宁的思想。由于物理学家揭示了微观粒子的运动规律,在20世纪30年代建立了量子力学。也就是说,人们认识到原子不是物质可分性的极限,认识到不是"电代替了物质",而是人们的认识突破了一个界限,深入到了微观粒子的领域。

量子力学研究微观粒子的运动规律,但是它还不能描述微观粒子的相互转化。为了更好地研究微观粒子的性质,描述它们的相互作用和相互转化,物理学家又建立了量子场论。那么,量子力学和量子场论是不是最终的理论呢?

许多物理学家认为这是最终的理论。他们把构成原子的微观粒子——电子、质子和中子——称为"基本粒子",认为这些基本粒子是物质的始原,是物质可分性的极限。这种看法当然也是错误的。基本粒子并不是物质的始原,而只是构成自然界的有质的差异的无限个阶层之一。因而量子力学和量子场论并不是最终的理论。列宁早就说过,电子和原子一样,也是不可穷尽的。他认为日益发展的人类科学在认识自然界上的一切里程碑都具有暂时的、相对的、近似的性质。总之,从唯物辩证法的观点来看,没有不可分的物质,微观粒子是无限可分的,银河系也是无穷无尽的,近年纳米科技的研究也证明了这一点。因此不存在最终的自然科学理论。

这一观点完全适用于社会领域和语言学。在哲学和社会科学领域内,马克思主义经典作家批判地改造了过去的科学成就,建立了辩证唯物主义哲学、科学共产主义学说、马克思主义政治经济学,等等。但他们并没有阻止对真理的探索,而只是开辟了进一步认识真理的道路。社会在不断发展,人的认识也在不断发展,一切客观世界的辩证法运动,都能反映到人的认识中来。社会实践过程和人的认识过程都是无穷的。

语言学也是如此。传统语音学以及中国的音韵学,正确地从生理和物理的角度研究语音,取得了很大成就。后来的研究发现,语流中的音素不仅是空气介质的振动,也不仅是发音器官动作的结果,它还执行一定的社会功能。当布拉格学派的学者据此提出音位的概念并建立音位学的时候,有的学者不以为然,担心语音学只研究语音的生理和物理属性,音位学只研究语音的社会属性,会把语音和音位割裂开来。事实证明,这种担心是多余的。音位的研究和音位学的发展对现代语言学的发展起了很大的作用。同理,语法学可分为词法学和句法学,词汇学可分为词的学说和熟语学。当科学研究发现新事实或新属性时,就可以建立新学科加以研究。

因此，客观世界的无限可分性决定了科学分类的无限性。

三、科学分类无限性的第二个根据
——物质运动形式和思维形式的无限发展

恩格斯的《自然辩证法》和毛泽东的《矛盾论》都阐明，每一门科学都研究物质运动的或思维的一定形式，这种运动形式包含着特殊的矛盾。科学分类体系应从各门科学联系的角度来反映一切运动形式及其历史发展。运动形式是从简单到复杂无限发展的，从简单的位置变动直到思维，从自然形式直到社会形式和思想形式，无穷无尽。

最简单的物质运动形式就是机械运动，它是力学的研究对象。由于摩擦和碰撞的机械作用而产生热、光、电等，出现了分子运动，它是物理学的研究对象。物理运动达到一定的强度引起化学反应，出现原子运动，它是化学的研究对象。当化学产生了蛋白质时，就出现了有机生命的运动，它是生物学的研究对象。在漫长的生物进化中，由于劳动的决定作用，出现了人类，同时出现了语言和思维，出现了人类社会，它们是社会科学的研究对象。而哲学是自然科学和社会科学的概括和总结。随着人类社会的不断发展，出现了无数的思想形式和社会形式，正像无数的自然形式一样，成为科学的无穷无尽的对象。客观世界的运动永远没有完结，人们对真理的认识也永远没有完结。这样，就可以建立无数门科学。由于这些科学所研究的运动形式有质的差别，各门科学都相对独立，共同构成科学分类的总体系。

19世纪末叶的一些科学家，不认识运动形式间的质的差别，他们把物理过程甚至化学过程归结为纯粹的机械过程，认为物理学无非是比较复杂的分子力学，化学不过是比较复杂的原子力学。他们把物理学和化学归结为力学的一种，因而限制了科学体系的发展。这种不看质变只看量变的形而上学思想，在当前的认知语言学中也有表现。例如，认知语言学不断谈到的维特根斯坦的范畴化理论，就把范畴中的成员分为典型和边缘，忽视各成员都具有的本质性特征，从而模糊了范畴间的质的界限。我们应该认识到，任何运动形式，包括自然界的运动形式、社会形式和思想形式（认知形式）都有自己特殊的矛盾和特殊的本质,科学的区分就是根据科学对象的特殊矛盾性。的确,在范畴之间有共同点,物理运动和化学运动中都含有机械运动,但机械运动不能把分子原子运动包括无遗,正如大脑中的分子和原子的运动,不能把思维的本质包括无遗一样。运动不仅是量变,在比力学更高的领域中,运动也是质变。不能用量的差异来说明质的差异,不能把一切其他运动归结为机械运动,从而不能用力学来代替物理学、化学等。因此,由于物质运动形式的无限发展,科学分类也是无限的。前面说过,在劳动创造了人同时创造了语言和思维的关节点上,科学研究的对象就从自然领域转入社会领域。语言本身是社会现象,但语言的结构体系有自然属性。语言是音义结合的词汇和语法的体系,语音是语言的物质外壳。言语机制又是以大脑的物质结构为基础的。所以,对语言结构体系和言语活动的不同运动形式的研究,都可能产生不同的语言学分科。

不错,恩格斯也曾说物理学是分子的力学,但他并没有把物理过程归结为纯粹的机械过程,从而否定物理学的独立意义。他说物理学是分子的力学,正如他说化学是原子的物理学一样,是借以表示这些科学间的联系、过渡和转化。因此,他不是形而上学地把物理和化学过程归结为机械过程,而是辩证地指出运动形式之间、从而科学之间的联系、过渡和转化。下面就谈谈这个问题。

四、科学分类无限性的第三个根据
——客观现象的相互联系和转化

唯物辩证法既重视从量变到质变的规律,重视不同运动形式的质的界限,又重视客观世界普遍联系的规律,因此,不认为事物间有僵死的、凝固不变的界限,而肯定客观现象之间的普遍联系和在一定条件下的相互转化。恩格斯早在电解理论创立之前就指出,了解了化学作用和电之间的深刻联系,就可使科学摆脱严格分隔化学和物理的传统观点。正是在相互联系和转化的意义上,可以说物理学是分子的力学、化学是原子的物理学、生物学是蛋白质的化学,等等,但这种转化只发生在一定的条件下。也正是由于客观现象在一定条件下的联系和转化,科学之间就不可能有绝对的间隙,就必然存在过渡领域,就可以在认识深化时建立中间科学或边缘科学。恩格斯在19世纪后期预告的热的机械学和电化学就分别是力学和物理学之间、物理学和化学之间的中间科学。

有些科学家不认识在客观现象之间、从而在科学之间存在的深刻联系和转化。他们死守形式逻辑的划分规则,划分出相互排斥的各门科学,排斥了科学之间的任何过渡,在科学之间划上了绝对的界限。孔德的科学分类体系就是这样的。但是,科学的发展冲破了这种人为的形式主义的界限,形成了一系列的中间科学。从科学分类总体系上取出任何一段,就可以清楚地说明这一点。现在我们先取出物理学和化学这一段来加以分析。

正如前面所谈到的,物理学的对象是分子的运动,化学的对象是原子的运动。在化学中,原子被看成完整的微粒,它可以结合成分子。但原子是可分的,构成原子的微观粒子的运动又成为微观物理学的对象,如上述的量子力学等。因此,化学的位置介于微观物理学和宏观物理学之间。在19世纪,形成了一门物理化学,它是化学和宏观物理学的中间科学。20世纪,又形成了一门化学物理,它是微观物理学和化学的中间科学,但与宏观物理学也有密切的联系。此外,在化学和生物学之间形成了生物化学,等等。

在哲学社会科学中,由于语言的特点,由于语言学是最临近自然科学的社会科学,所以现代语言学有一系列边缘学科,即分别与社会科学、自然科学和哲学科学交叉的学科,如社会语言学、教育语言学、信息语言学、统计语言学、地理语言学、心理语言学、认知语言学、神经语言学、计算语言学等。科学发展的事实证明,边缘科学之间还可能形成第二代边缘科学,如:自然科学中的生物地质化学就是地质化学和生物化学的中间科学;社会科学中的语言教育心理学就是教育心理学和语言心理学的中间科学;在语言学领域,数学和逻辑学之间的数理逻辑,又同语言学联系而形成一门数理语言学;社会语言学和心理语言学之间又出现一门社会心理语言学,教育语言学和心理语言学之间又出现教育心理语言学,等等,如此相互联系和转化,形成无限的科学分类系列。

五、科学分类无限性的第四个根据
——科学理论和实践的辩证关系

列宁在《哲学笔记》中以及毛泽东在《实践论》中都强调理论对实践的依赖关系,认为只有人的社会实践,才是人对于外界认识的真理性的标准。实践是理论的基础,反过来,理论又为实践服务,指导实践。理论概念是人类实践经验的概括,也就是说,科学是人类社会实践的产物,但它又为社会实践服务,指导社会实践。从理论和实践的关系来观察科学分类,可以从两个方面说明它的无限性。

一方面,任何科学理论都扎根于实践中,因此,科学研究在进行理论概括的同时,必须进行具体的历史分析。只有理论和历史的辩证统一才能达到客观真理。也就是说,任何科学都应该既从历史观点、又从理论观点来研究。这么一来,任何理论科学就可能有其相应的历史科学。根据理论和历史辩证统一的观点,没有脱离历史的科学理论,正如没有脱离理论的科学历史一样。科学理论如果脱离了历史,脱离了具体的材料和史实,就成为空洞的理论;科学历史如果脱离了理论,脱离了逻辑分析,就成为单纯的年代表。

为了使理论和历史相统一,理论科学本身必须包含历史分析。但这还不够,除此之外还会形成与理论科学相应的历史科学,如生物学和生物史、经济学和经济史、语言学和语言史、哲学和哲学史,等等。此外,还有一门狭义的历史学,它研究整个人类的发展及其一切方面的相互作用。这门历史学按古今顺序又可分为古代史、近代史、现代史、当代史等,按地域和社会单位又可分为中国史、美国史、欧洲史、非洲史以及世界史,等等。

另一方面,任何科学理论都必须为实践服务,因此,科学研究在进行理论探索的同时,必须考虑在社会实践中的应用问题。也就是说,任何科学不仅可以从理论的观点来研究,而且可以从应用的观点来研究。这么一来,任何理论科学就可能有它相应的应用科学。

当然,理论科学既然要为实践服务,它本身就包含着理论联系实践的问题,但这还不够。随着科学的发展,还会形成与理论科学相应的应用科学。这是因为,当人们把理论科学的原理应用于社会实践的时候,发现应用过程本身往往也是非常复杂的科学问题。它要求进行研究和实验,以便让理论原理因时、因地制宜地得到有效应用。例如,当把生物科学的原理应用于农业生产时,不仅要研究作物的生长发育规律,还要研究机体和环境的适应关系,更要考虑到一系列的社会因素,如经济价值、社会需求、技术条件,等等,因此还要受到社会生产力和生产关系的制约。为了解决这些问题,就形成一系列的农业科学。同理,当把理论化学应用于生产实践时,为了研究应用过程本身的许多问题,就形成了应用化学。在语言学领域,应用语言学长期以来一直受到高度的重视。在欧美,应用语言学就是把语言学理论用来解决语言教学,特别是第二语言教学问题;在俄国,应用语言学是指把语言学理论用来解决机器翻译问题。现代语言学研究领域越来越深入,理论的应用领域也越来越广泛。当把语言学理论用来解决实际任务时,就产生了一系列应用语言学分科,如翻译学、词典学、文字学、修辞学,等等。整个应用语言学对社会生活有很大的积极意义。

与理论科学相应的应用科学的门类很多,其中主要的可分为三大类,即技术科学、农业科学和医学科学。一般把这三类应用科学列为自然科学。但由于这些科学在很大程度上受到社会的制约,研究它们时必须考虑一系列的社会因素,所以它们临近社会科学,同社会科学的关系很密切。这一点从建筑学这类应用科学中看得更清楚。

总之,从理论和实践的辩证关系来看,科学分类是无穷尽的。

六、科学分类无限性的第五个根据
——科学分化和综合的辩证统一

整个科学发展史是一部科学分化和综合辩证统一的历史。从专门科学与哲学的关系看是这样,从专门科学之间的关系看也是这样。它们都能证明科学分类的无限性。

先从专门科学与哲学的关系来看。古代的原始科学是一门具有混合性质的科学,它没有按照专门的对象进行分类,也没有形成严格的科学体系。古代一些思想家的学说中,不仅有哲学论述,而且有专门科学的论述。后来,随着社会的发展,随着人类科学思维的发展,专门科学一门一门地独立出来,成为具有特殊对象和任务的科学,如数学、力学、天文学、语言学,等等;同时,各门专门科学又同哲学建立了越来越深刻的联系。从而也丰富了科学分类的体系。

专门科学从哲学中区分出来而形成各门独立的科学,因而丰富了科学分类的体系,这是不言而喻的。但是,专门科学同哲学建立了深刻的联系,这又怎么能说明科学分类的无限性呢?

哲学和专门科学的联系表现为两个方面:一方面专门科学要接受科学哲学的指导;另一方面哲学要概括专门科学的成就。这种相互关系使哲学科学本身产生分化。哲学研究自然界、社会和人类思维最一般的规律,但当哲学同研究某一领域特殊规律的专门科学深刻联系时,就会形成新的哲学分科。例如,唯物辩证法用于自然科学领域就形成自然辩证法,用于社会科学领域就形成历史辩证法,用于关于思维的科学领域就形成辩证逻辑,而用于语言学领域就是现在受到重视的语言哲学了。这样,科学哲学不仅揭示了客观世界的辩证关系,而且揭示了主观辩证关系,同一切专门科学都建立了内在联系。再进一步,当历史辩证法和辩证逻辑用于较为狭隘的社会科学领域时,又形成美学、伦理学等哲学科学。因此,哲学同专门科学深刻联系的结果,也丰富了科学分类的体系。

再从专门科学之间的关系来看。科学分化和综合的辩证统一越来越明显。现代科学的发展更加证明了这一点,一方面,科学分化过程日益加深,科学越来越专门化,分科越来越多;另一方面,科学综合的过程也越来越深刻,形成很多综合科学。如前所述,语言学一方面分化出语音学、语义学、词汇学、语法学、修辞学等分科,以及一系列的语言科学;另一方面又同民族学、文化学、信息论、交际学综合而形成跨文化言语交际学,等等。又如,宇宙航行学是数学、物理学、天体力学、电子学、冶金学、生物学、生理学、控制论的综合科学,而所有被综合的这些科学本身又分化出无数的分科。数学分为代数学、几何学、微积分学、拓扑学、运筹学、函数论、概率论,等等;物理学分为光学、声学、电磁学、半导体学、低温物理学、超高压物理学、分子物理学、核子物理学、高能物理学,等等。

科学的这种分化和综合辩证统一的发展过程,也就是科学分类的无限发展的一种表现。

七、科学分类无限性的现实意义

综上所述,科学分类是无限的,科学世界是丰富多彩的,现代科学的发展更加令人鼓舞,引人入胜。科学分类无限性的原理对我们的学习和科学研究有下列启示:首先,不仅要重视专业技术的学习和研究,而且要重视基础理论的学习和研究。当我们研究语言学时,不能停留在孤立词句的分析上,而要有深刻的普通语言学的理论基础,并善于用现代语言学理论来观察、概括、分析、研究具体语言事实。其次,不仅要深入学习和研究本门科学的课题,而且要关心临近科学的发展。现代语言学的丰富多彩,已经淡化了为语言而语言的研究方法。当我们要解决失语症治疗问题时,必须分析大脑的言语机制,并根据脑损伤患者的失语临床病理表现,进行综合治疗。当我们要提高言语修养,提高言语交际效果时,必须充分利用语言体系中的修辞手段,在言语活动中依赖语境,考虑交际者的社会心理,处理好人际话语角色关系等,这就不是简单的用词造句的问题,而是要综合运用词汇学、语法学、修辞学、语境学、语体学、语用学、社会语言学、心理语言学、社会心理语言学、认知语言学和神经语言学的知识。再次,不仅要从事专门科学的学习和研究,而且要接受辩证唯物主义哲学的指导。只有这样,才能在无限丰富的科学世界中,在丰富多彩的语言学领域里,驰骋自如,翱翔自若;才能在研究问题时举一反三、融会贯通,遇到难题时豁然开朗、迎刃而解;才能在科学研究上有所发明、有所创造。这三点启示不仅适用于语言学者,也适用于一切科学工作者。

在当前科学技术革命的时代,科学领域时有突破,新的科学不时产生,科学分类无限性的原理更有现实意义。它引导我们去密切关注新兴科学的异军突起,它们或是临近科学之间的边缘科学,或是几门科学的综合科学,或是理论科学的应用科学。例如系统学、信息学、计算机科学、宇宙航行学等,这些科学一产生,就能出奇制胜,推动现代化生产迅猛发展,使现代社会生产力发生根本变革。在语言学中,形态音位学、构式语法学、信息修辞学、语用学、神经语言学、计算语言学、社会心理语言学、认知语言学、微观语言学、国俗语义学等学科的产生和发展,对提高人的言语修养,提高言语交际效果,提高社会工作效率,促进人类文明等方面都有积极意义。新兴科学相继出现,它们使科学分类体系大放异彩,更为丰富,更为壮观。

现代科学的分类把自然科学、技术科学和社会科学密切地联系起来,使科学、技术、生产、管理结合成一个认识世界和改造世界的统一体系。语言学作为现代科学体系中的关键科学起着极其重要的作用。一个语言工作者,一个语言学博士生,要有现代科学的视野,要加强科学素养,立足理论语言学高度,在理论指导下认真研究语言事实,多角度、全方位地研究语言,共同推进现代语言学的发展,促进社会和谐和人类文明的进步。

(原载《扬州大学学报》2008年第3期)

要以新的经验丰富马克思主义
——重读《马克思主义和语言学问题》有感

在改革开放的热潮中,笔者重读了斯大林的《马克思主义和语言学问题》一书,产生了不少新的感触。体会最深的一点是:实践是检验真理的唯一标准,必须以新的经验、新的知识丰富马克思主义。

斯大林的《马克思主义和语言学问题》一书,是他参加苏联《真理报》1950年语言学大辩论的论文汇编。1950年,《真理报》展开了关于苏联语言学问题的大辩论,先后发表了布拉科夫斯基的《在唯物主义的语言学道路上》、尼基沃洛夫的《俄国语言学史和马尔的理论》、库德列夫采夫的《论语言阶级性问题》等论文。1950年6月20日,斯大林发表《论语言学中的马克思主义》一文,回答青年同志关于语言学问题的提问,针对上述论文展开辩论,就语言学中的马克思主义发表了意见。斯大林在回答"语言的特征是什么?"这个问题时,谈到语言融合的问题。他写道:"实际上,在融合的时候,通常是其中某一种语言成为胜利者,保留自己的语法构造和基本词汇,并且按自己发展的内在规律继续发展,另一种语言则逐渐失去自己的本质而逐渐衰亡。""可见融合并不产生新的第三种语言。"

斯大林关于语言融合的理论是符合历史事实的。正像他所说的,俄语在其历史发展过程中,曾经同好几个民族语言融合,并且成为胜利者。它保留了自己的语法构造和基本词汇,从失败的语言中吸取一些词丰富了自己的词汇,继续按自己发展的内在规律趋于完善。

我们知道,语言的融合指的是语言的强迫同化过程,一般是通过强迫的方式进行的。殖民主义者不但在政治上、经济上压迫被侵略的民族,还要把自己的语言强加给被压迫民族,把该民族的本族语排挤并消灭掉。但战败的民族不会轻易放弃自己的语言,他们竭力坚持用本族语进行交际。这样就会出现双重语言制,即同时使用两种语言,一般在公共场合使用战胜者的语言,在家里仍使用本族语。这种双语现象会保持相当长的时间,有时甚至延续几百年。最后,一种语言成为胜利者,恢复单一语言制。例如,在公元前1世纪前凯尔特部落曾在法国的西北部和中部居住过,居民操凯尔特语。罗马帝国占领法兰西以后,在将近四个世纪的长时期中,凯尔特语逐渐被民间拉丁语排挤掉。现在我们还可在现代法语中看到一些凯尔特语词,如 Chemin(道路)、briser(破坏)、gober(吞),等等。

在中国历史上,汉族曾多次遭到外族侵略,由于汉民族人口多、文化高,在几次语言融合中汉语都成为胜利者。如在南宋以后,辽(契丹族)、金(女真族)入侵,接着,元(蒙古族)统治了80多年,但汉语始终是语言融合的胜利者,至今汉语中还保留了一些蒙古语词,如"站"(蒙语中的 jam 的汉译)代替了古汉语的"驿"。清(满族)统治中国260多年,在语言融合中,满语也被汉语同化了。这些事实都证明斯大林关于语言融合的论述是正确的。

可是,苏联读者写信问斯大林:"从你的文章里我理解了语言的融合永远不会产生某种新的语言,可是在这篇文章发表之前,根据你在联共(布)第十六次代表大会的发言,我曾确信:在共产主义时期,各种语言会融合成一个共同的语言。"

斯大林于1950年8月2日在《真理报》上发表《答阿·霍洛波夫同志》一文,指出上述"两个不同的公式适应于两个不同的社会发展时代","每一个对于自己的时代是正确的"。原来,斯大林在他《论语言学中的马克思主义》一文中论及的语言融合的公式,是指社会主义在世界范围内胜利以前的时代,这时的语言融合是通过"争取一种语言的统治地位的斗争进行着","摆在日程上的不是各种语言的合作和互相丰富,而是一些语言的被同化和另一些语言的胜利。"斯大林在联共(布)第十六次代表大会上论及的语言融合为一种共同语言的公式,那指的是社会主义在世界范围内胜利以后的时代,那时民族平等将会实现,压制和同化语言的政策将会取消,各民族语言将将有可能在合作的方式下不受约束地互相丰富起来。在这种条件下,各民族语言由于各民族在经济、政治和文化上长期合作,将首先划分出最丰富的统一的区域性语言,然后各区域性语言再融合为一个各民族共同的语言,它是吸取了各民族语言和区域语言的精华的新语言。不是俄语,不是英语,也不是德语、汉语等。当然这是斯大林对未来语言的预见,未来语言究竟如何发展还要由实践来决定。

斯大林指责有些人"指望背熟了的结论和公式对于一切时代和国家、对于一切生活情形都是适用的"。他认为:"马克思主义在自己的发展中不能不以新的经验、新的知识丰富起来,——因此,它的个别公式和结论不能不随着时间的推移而改变,不能不被适应于新的历史任务的新公式和新结论所代替。"这就是说,马克思主义真理也要受实践检验,改变与实际情况不符合的结论和公式。这一看法不仅适用于语言学,而且适用于一切科学。

斯大林为了论证要以新的经验来丰富马克思主义这一论点,还举了另外两个例子。

第一个例子是,马克思和恩格斯在 19 世纪 40 年代资本主义平稳地向上发展时得出结论:社会主义在单独某一个国家内不可能胜利。而在 20 世纪初期,资本主义已变成垄断资本主义,列宁在新的历史条件下做出结论:社会主义革命在单独一个国家内完全可能胜利。这就是说,马克思和恩格斯的旧公式已不适合新的历史条件,列宁在革命实践中根据他对帝国主义时代资本主义的研究,得出了垄断资本主义时期的新公式,从而丰富和发展了马克思主义。当时各国机会主义者拼命抱住马克思和恩格斯的旧公式不放,硬要使马克思主义理论僵化,而列宁却用新鲜经验丰富了这个理论。列宁不屈服于马克思主义的词句,勇敢地抛弃马克思主义过时的结论,代之以适合新的历史条件的新结论,在理论上丰富和发展了马克思主义,在实践上领导无产阶级在俄国一个国家取得社会主义革命的胜利。

第二个例子是,恩格斯在《反杜林论》中说,社会主义革命胜利后,国家应当消亡。而十月社会主义革命在俄国胜利后,列宁、斯大林根据当时世界形势的研究,得出结论:在资本主义包围的条件下,社会主义国家应当加强。恩格斯的公式是指社会主义在一切国家或大多数国家内获得胜利而言,它不适用于社会主义在单独一个国家内取得胜利的情况。当然,社会主义在个别国家陆续的胜利,将导致社会主义在大多数国家内获得胜利,从而造成实行恩格斯公式的必要条件。如果列宁、斯大林在俄国取得社会主义革命胜利后,死抱住恩格斯的公式不放,就不会加强苏联国家机器,打败内外敌人,巩固社会主义胜利成果。所以,列宁和斯大林在新的历史条件下,在理论上用新鲜经验丰富和发展了马克思主义,在实践上巩固了新建立的苏维埃国家。

毛主席把马克思列宁主义的普遍真理,同中国革命和世界革命的具体实践结合起来,提出了农村包围城市,夺取革命胜利等一系列原理,丰富和发展了马克思列宁主义,同老一辈无产阶级革命家一起形成了伟大的毛泽东思想。

从马克思主义发展到列宁主义,列宁主义发展到毛泽东思想这一过程本身,就可说明马克思主义真理也要受实践的检验,随着实践的发展而发展。正像毛主席在《实践论》中所说:"在绝对真理的长河中,人们对于在各个一定发展阶段上的具体过程的认识只具有相对的真理性。""客观现实世界的变化运动永远没有完结,人们在实践中对于真理的认识也就永远没有完结。"毛主席这段话也适用于毛泽东思想本身。毛泽东思想不是"顶峰",不是"最终的理论",它也随着实践的发展而发展,也必须不断以新鲜经验来丰富自己。

马克思主义认为,人们在实践中对于真理的认识永远没有完结,不存在什么一劳永逸的"最终的理论"。在科学发展史上,许多被认为"最终理论"的真理,都在实践中显示出相对性,而被新的理论所代替。例如,19世纪的一些物理学家,把牛顿的力学看成最终理论。但在人们发现了镭和电子等之后,这"最终理论"就被突破了,出现了所谓"物理学的危机"。这是由于人们的认识深化了,物理学家揭示了微观粒子的运动规律的缘故。随着对微观粒子的研究深入,20世纪30年代物理学家建立了量子力学。但是,基本粒子也并不是物质的始原,而是构成自然界的有质的差异的无限个阶层之一,人们认识的继续深化,又形成新的理论和新的科学。所以,量子力学也不是最终理论。这一情况完全适合于社会领域,上述斯大林所举的例子就是证明。当前,在实现四个现代化的新的历史时期必然有新的经验新的知识来丰富马克思列宁主义、毛泽东思想;马克思列宁主义、毛泽东思想也必然受到新的革命实践的检验,改变其个别的结论和公式,代之以新的结论和公式。这就是毛主席说的:"马克思列宁主义并没有结束真理,而是在实践中不断地开辟认识真理的道路。"我们要按照毛主席的教导:"通过实践而发现真理,又通过实践而证实真理和发展真理",而不是死抱住个别的结论,限制真理的发展。斯大林在《马克思主义和语言学问题》一书中说:"马克思主义不承认绝对适应于一切时代和时期的不变的结论和公式。"马克思主义"是在发展着和完备着","在自己的发展中不能不以新的经验、新的知识丰富起来"。

这就是我重读《马克思主义和语言学问题》后的一点新的感想,愿与语言学界和其他学术界的同志共勉。

附记: 这点感想,我在《从语言学论科学分类的无限性》一文中做了发挥。

论语言学的建构性循环网络
——指导语言学博士生纪实

小黄今天谈了"建构主义教学理论和大学英语教学"问题,大家以为她谈的是我的"建构主义外语教学论",其实不是。她与现在有些关于建构主义教学理论的文章一样,说的是"建构主义教学理论",是从教育学出发的。我的建构主义外语教学论是在我的建构语言学基础上提出的,是从语言学出发的。从教育学出发,建构的学习观是用原有经验同化所学新知识,情景观认为学习要与一定的情景相联系,协作观强调学习要与他人合作与交流。这种理论对学习语言也有指导意义,但不是从语言学出发的。我的建构语言学和建构主义外语教学论则是从语言学出发的。为了让你们进一步了解我的理论,今天向你们谈谈现代语言学的建构性循环网络。

现代语言学理论研究越来越深刻,理论的应用越来越广泛,形成一个建构性的循环网络。主循环是语言体系、言语活动、言语机制和话语之间的相互循环,辅循环是语言体系和文字体系之间,主管言语机制的人脑和进行语言信息处理的电脑之间的循环。各项循环构成一个相互联系、相辅相成的建构性的循环网络。

一、语言体系与言语活动的循环及语言体系的建构

第一个循环是语言体系与言语活动之间的循环。语言是音义结合的词汇和语法的体系。语言是从言语中概括、抽象出来的词汇和语法的结构体系。语言体系通过语音为物质外壳的词汇和语法,可以表达词汇意义、语法意义和修辞意义。词汇意义是客体概念意义,语法意义是组织客体概念的关系意义,修辞意义是主观的感情、态度

和评价意义。语言体系凭借这个意义系统在使用中执行交际、思维、传递信息和调节各种关系的功能。

　　言语是使用语言的过程和结果,过程就是言语活动。说写者和听读者使用双方共同掌握的语言体系,通过话语的建构和理解,进行交际和交流思想。语言体系是约定俗成的,客观地存在于社会和群体思维之中,有客观公认的标准和规范,使用者必须遵守。使用语言除遵守语言规律外,还要遵守言语规律。人在言语活动中,由于社会语境、话语角色和角色关系、交际者的社会心理状态等因素的制约,有时需要突破语言的现行规范,创造性地使用语言,特别在表达新事物、新概念、新感情时。例如,从"非典型性传染性肺炎"简化的"非典"及其借词"萨思";表示"愿望和前景"的"愿景":"和平统一是两岸中国人的愿景";表示"选择方案"的"选项":"'台独'从来不是台湾人民的选项";还有"克隆、因应、空嫂、疏离感、作秀、网吧"等,新词新义因交际需要不断产生。一些突破规范的修辞创新,在特定的语境中会产生一定的修辞效果。例如,在伊拉克战争开始时,美国想速战速决,伊拉克想打持久战。上海《新民晚报》的报道标题是:"美'立歼'对手 伊'拉克'敌军"。这里是突破了专有名词的规范,巧妙地使用了两个交战国的国名。美利坚的"利坚"通过谐音换成"立歼",表示"立刻歼灭";伊拉克的"拉克",曲解为"拉住然后克敌"。言语里的创新,有时被引用而约定俗成,一旦被社会承认,就会成为语言事实,使语言体系得到建构。那些没有被引用的创新,就作为作者新词而停留在个人的言语之中或成为语言单位的微观变体。语言是音义结合的词汇和语法的宏观体系和各种微观变体的总和。微观变体是语言体系丰富和发展的源泉。语言的规范化工作既要排除交际不需要的变体,又要吸收有利于交际的变体。语言体系通过建构不断丰富,为以后的使用增添了表达手段。

　　这就是语言与言语活动的循环:使用语言开展言语活动,言语中的创新不断丰富语言体系,通过循环使语言体系处于建构之中。语言结构体系和语言体系的建构是辩证的。语言结构体系实际上是语言建构的一个阶段,建构的阶段性和连续性是统一的。语言结构和建构处于相互作用之中。简示如下:

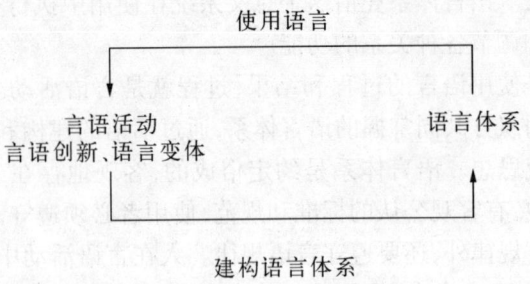

二、言语活动与话语的循环及话语的建构

第二个循环是言语活动与话语之间的循环。话语是使用语言的结果,在言语活动中,说写者使用语言建构话语,听读者通过语言理解话语。听读者为了对话语信息进行反馈,也要建构话语表达自己的思想,这时,他转为说写者,而交际对方转为听读者。在对话中,说写者和听读者的话语角色处于不断的转换之中。连续的言语活动,形成言语活动与话语之间的循环,并不断建构新的话语。在这个大循环之中,包含一个言语活动中的建构话语和理解话语的小循环。大循环建构话语,小循环建构交际双方对话语意义的共同理解。

话语是有完整话题的,语义相联系,结构相衔接的一连串语句。话语单位有句子、句群、语段和语篇。话语可以按照不同的标准分类。按照话语主体数可分为对话(对白)和语篇(独白),按照形式可分为口语和书面语,按体裁可分为各种文体,按功能可分为各种语体,等等。对话和语篇是话语分析的主要对象。不管对话或是语篇都是在言语活动中建构的,都有信息的交流和反馈。在言语活动中建构话语时,要受到语言规律和言语规律的双重制约。既要遵守社会公认的规范,又要考虑到语境、话语组织、交际者角色关系及其社会心理状态和言语目的等因素。要把言语动机、交际对方的可能反应有效地组织在话语信息之中。所以,建构话语不是词句相加,也不是说套话,而是为完成特定言语目的的话语建构。话语建构不仅要考虑话语本身的语篇布局、层次安排、脉络贯通和首尾照应,还要考虑语境、话语角色、社会心理等因素的影响。话语建构能力反映出一个人的言语修养。有的人出口成章、下笔成文,有的人言不及义、文不对题。这种言语修养是一种重要的社会能力。

话语建构恰当,言简意赅,意境全出。如唐朝诗人岑参的《虢州后亭送李判官使赴晋绛得秋字》:

西原驿路挂城头,客散江亭雨未收。
君去试看汾水上,白云犹似汉时秋?

这是一首送别诗,诗人在建构诗篇时,利用三层言语环境烘托出离情别绪和感慨。第一层语境是驿路雨景中送客,情景交融,历历如绘。第二层语境是社会历史背景。岑参出任虢州长史时,安史之乱还没有结束,唐政权风雨飘摇。盛唐之景已是过眼烟云,诗人深忧盛唐之衰。第三层语境是典故背景。汉武帝在汉朝鼎盛时期行幸汾河时曾作《秋风辞》,第一句就是"秋风起兮白云飞"。岑参建构诗篇时,由送别李判官的此情此景,联想起盛唐之衰,感触良深,便借喻汉武帝的诗句,让到汾河上任的好友李判官,看看那儿的景象是否还像汉朝时那么鼎盛。感情凝结在"白云犹似汉时秋?"这一问句上,这个话语的主题句突出了话语信息核心。诗情含蓄,寓意深刻,韵味无穷。

话语建构不当,就会影响交际效果,甚至不能完成交际任务。例如,在曹禺的《日出》中,当了襄理的李石清带着讨好的心情,向经理潘月亭汇报证券交易的成功。他的言语目的是讨好,但他建构话语的基调过分强调亲近关系,与潘月亭你我相称、称兄道弟、直呼其名,忽略了他与潘经理实际的权势关系。结果是讨好不成,反而引起潘月亭的反感。从潘月亭撤消李石清襄理职务之后所说的一段极尽嘲弄和挖苦的话可以看出他的反感。他说:"你以后没事可以常到这儿来玩玩。你叫我月亭也可以,称兄道弟,跟我'你呀我呀'地说话也可以,现在我们是平等了。"显然,潘月亭对李石清的话语基调极为不满。李石清在建构话语时没有调节话语角色关系,导致言语交际的失败。言语活动与话语的循环以及说写者在其中建构话语的情况可简示如下:

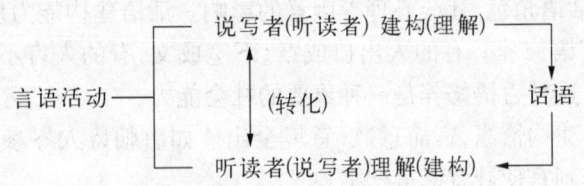

三、交际者之间的小循环及对共同语义的建构

现在来看看第三个循环,即在言语活动中说写者和听读者之间的小循环,以及在循环中双方建构对话语意义的共同理解。

在言语交际中,交际双方由于语境、社会心理和话语本身的因素,有时产生理解话语的信息差,不能相互理解。为了消除信息差,达到共同理解,交际者需要调节话语以相互适应,建构对话语意义的共同理解。例如,小说《汖汖水》中翁媳的一段对话:

> 赵凤歧:找个人吧!
> 七 姐:找人干啥?丧事已办利索了还找人干啥?
> 赵凤歧:不是找人手,是找男人。
> 七 姐:爹放心,媳妇一辈子不再找人,侍候爹。
> 赵凤歧:这不行,得赶快找个男人,半点儿也不能拖。
> 七 姐:你这是逼我改嫁?
> 赵凤歧:找个男人生儿子。
> 七 姐:……
> 赵凤歧:找男人不许找自家赵姓门里的人,只准找本村杨姓人。

现在让我们来进行分析。小说中谈到,佝偻人奎安被埋进赵家茔地当晚,他爹赵凤歧就到他媳妇七姐房里对她说:"找个人吧!"这句简单的话虽然没有任何词汇和语法的难点,但七姐却没有听懂。她误以为公爹让她找人手,形成第一次信息差,便问:"丧事已办利索了还找人干啥?"公爹立即调节话语,补充说:"不是找人手,是找男人。"自以为可以消除"人手"的信息差。谁知七姐又把这句话理解为反话,以为公爹用反话揶揄她,让她严守妇道,形成第二次信息差。这是社会心理因素造成的信息差,隐含着"寡妇要严守妇道"的潜在信息。于是她反馈说:"爹放心,媳妇一辈子不再找人,侍候爹。"赵凤歧没有捕捉到关于"寡妇严守妇道"的潜在信息,只是一般地理解媳妇的"不再找男人"的信息,就把话语调节为:"这不行,得赶快找个男人,半点儿也不能拖。"强调时间上不能拖。七姐从不能拖的信息又误解为逼她改嫁,形成第三次信息差。公爹针对这个信息差,连忙解释不是逼她改嫁,而是"找个男人生儿子"。隐含为奎安生遗腹子的潜在信息。七姐从这个潜在信息中,以为公爹想让她为赵家留后代,但她不能理解公爹已子孙满堂,为什么要留后代。这是第四次信息差,留后代与子孙满堂的对立,使她不可理解。最后公爹不得不直露地说:"找男人不许找自家赵姓门里的人,只准找本村杨姓人。"其语用背景是:赵姓族长要求"优生",想让官多商多的杨家人帮赵家留个好后代。这个潜在信息是公爹的难言之隐,也是媳妇难以捕捉的。从这段对翁媳日常对话的分析中可以看出,交际者双方在根据语境、语用背景、社会心理、言语目的和语言手段等因素,不断地调节话语,建构对话语意义的共同理解。

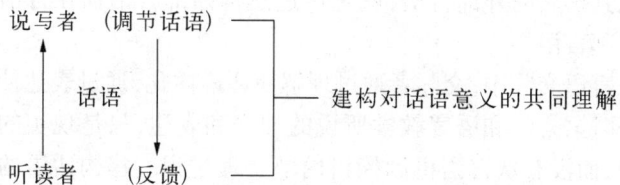

四、言语活动与言语机制的循环及内部言语的建构

第四个循环是言语活动与言语机制之间的循环。通过这个循环在话语主体的大脑里建构内部言语。言语机制就是人处理语言和言语信息的大脑机制。言语机制积极地参与言语活动。大脑的内部言语活动是微观的言语活动,人际交际中的外部言语活动是宏观的言语活动,两者构成统一的言语活动整体。

人在习得或学习语言时,先在社会言语交际中输入外部言语,在大脑中内化后建构大脑中的语言体系和内部言语。只有大量的言语输入才能保证正确的言语输出。最早的内部言语是由外部言语内化而成的,儿童在听话中学会了讲话。儿童在形成内部言语之前,产生一种说出声的自言自语的过渡状态。这种过渡的自言自语既有外部言语的交际功能,又有内部言语的调节功能。随着儿童年龄的增长,大脑的调节功能逐渐由内部言语来实现。从儿童做练习感到困难时的言语状态可看出内部言语的形成过程。这时儿童往往自言自语:"怎么办呢?""题目这么难我怎么办呢?""啊,想起来了,可能是这样。""让我来试试看。"等等,这种自言自语不是对别人说的交际性言语,而是对自己说的。它开始是扩展的外部言语,随着儿童年龄的增长,逐渐变成压缩的言语,转化为低声细语,然后转化为内部言语。从自言自语式的扩展的外部言语,经过低语式的压缩的言语片段:"怎么办?这么难!啊,……试试看。"这个过程有两种变化:一是从外部的自言自语转入低语,再转入内部言语;二是从扩展的言语转入片段的、压缩的言语,形成内部言语的结构。语言学习和习得时的言语内化,当然不只是自言自语,而主要是在社会交际中听到读到的丰富的外部言语。内部言语是建构话语的内部环节,从压缩的内部言语转化到扩展的外部言语,就是通过建构内部言语而在言语活动中建构外部言语。

在言语交际中,交际者通过理解使话语内化,通过表达使话语外化。平时语言学和语言教学所说的理解和表达,只是现实的听说读写过程,而没有从言语机制探讨内部心理过程。建构话语的心理途径是从最初的表述动机,经过表述的意图(语义初迹)和内部言语再到扩展的外部言语。表述动机是言语表述的出发点,如要求、接触、表达概念、回答等。意图就是体性的综合出现的意思,说话者开始把这个意图转变为别人理解的意义体系。内部言语是把同时综合出现的体性的意图转化为时间上连续的、线性的意义体系的环节。如果内部言语中有一个动词"借",大脑中就会出现所保持的与它的有关联系:借什么、向谁借、借给谁、借多少时间,等等。这种潜在联系是扩展的表述的基础。这种种内部心理过程都有脑机制的保证。脑干保证大脑皮层应有的紧张度,脑干损伤使皮层的紧张度下降,人失去活动的主动性,言语表述动机和意图受到影响。这时,他或者什么也不想说,或者词句混用,语义不稳定,次要的浮想代替了主要的思路。大脑额叶损伤也会失去调节有目的话语的能力,以惰性复述和次要联想代替主要思路。脑干和额叶损伤破坏言语动机和意图的脑机制,表述动机不稳定,表述计划受到浮想的干扰。大脑额颞部损伤影响话语的组合,说话者可称呼个别事物,而不能建构连贯话语,其言语变成"电报体",甚至失去发音的连贯,不能发出单词。大脑颞叶损伤导致选择性障碍,或混淆音位,把"肚子饱了"说成"兔子跑了",或丧失命名能力,不能正确选择词语。言语机制客观地证实内部言语的心理过程。言语活动与言语机制的循环表示如下:

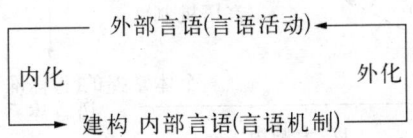

五、语言体系与言语机制的循环及个体语言体系的建构

第五个循环是语言体系与言语机制之间的循环。在学习和习得语言时,外部言语输入大脑,学习者从言语中学到语言单位,并在大脑中逐步建构与社会客观语言体系相应的个体语言体系。例如,从"看月亮,看云彩"中学到动词"看"的"视线接触客体"义。当见到"看书,看报纸"时,发现接触客体之后产生的"阅读"义。从"看电影,看电视"中又发现接触客体之后产生的"欣赏"义。如果是看人,则语义更加分化。"看着他"自然是接触客体,如果说"看朋友,看老师"就有了"访问和拜访"义,"看医生"有了"求诊"义,而医生"看病人"有了"诊治"义,一般人"看病人"却只有"看望"义。如果说"看病",那么,医生给人"看病"是诊治病人,而病人请医生"看病"则是求医生治病。另外,"看相"不是看着相貌,而是"观察相貌以判断命运"的行为,"看笑话"则是"拿别人的不妥当作笑料"。如此等等,不一而足。在语言教学和习得中,要把一种语言客观存在于社会的音义结合的词汇和语法的体系循序渐进地加以掌握,并在大脑中建构

起个体的语言体系。这个体系与社会公认的标准相适应,不经过任何所谓的中介语,而是逐步地接近标准语。在言语交际中,交际者力图使用大脑中建构的语言体系完成交际任务。如果语料不够,可以进一步向社会学习,如查词典,看语法书或问老师。语言教学的主要任务就是帮助学生在大脑中逐步建构所学语言的体系,并培养在交际中建构话语和理解话语的能力。语言体系和言语机制的循环表现为:

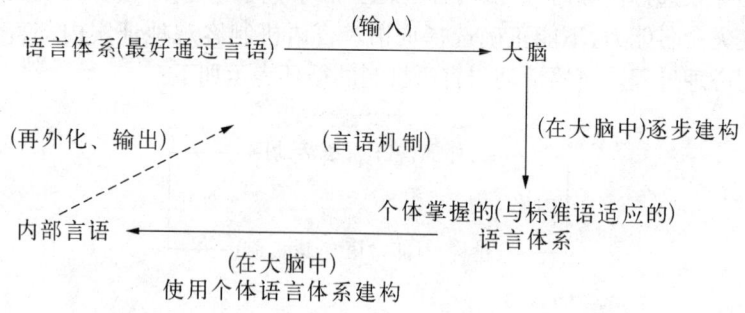

六、语言体系与文字体系的循环及文字体系的建构

第六个循环是语言体系与文字体系构成的循环。文字是表达语言的体系,对语言来说是第二性的。文字用其约定的书写符号表达语言的要素——词、词素、音节、音素等,通过语言与思维建立联系。一种文字体系都属于一定的文字类型,分别用其符号表达语言要素。例如,现代英语采用音素文字,通过表音法和拼写法在书面上拼写英语单词。如[rait]这个音,在英语中可通过表音法和拼写法用字母拼写出一组同音词:rite(仪式),right(正确),write(写),wright(工人)等。交际者使用的是音义结合的词,字母只是词的书面表达。汉字体系属于词符词素文字,每个汉字表达的是汉语中音义结合的词素或词。如"天"这个字在书面上表达语音[tiān]和语义"天空"相结合的词,在"天才,天机"等词中它表达词素。交际者使用的是汉字代表的音义结合的词,字只是词在书面的表达。词是语言的本位。作为相对独立的文字体系可以进行文

字学的研究,在研究时要特别关注语言与文字的关系,寻求语言和文字的对应。在文字体系不足以表达日益发展的语言时,文字体系可以改变和发展,语言体系与文字体系的循环推动文字体系的建构。例如,汉字中原来没有表示众多化学元素的字,便用同音假借或另造新字来表示"氙、氰、氪、钛、铪"等。又如,汉字"州"是"川"字加三点。"川"是水流,三点是水中的陆地。后来,"州"表示行政区域的名称,如"杭州、苏州"。于是又创造了一个汉字"洲"来表示"水中的陆地",如"欧洲、非洲、橘子洲头、五洲公园"。再如,汉字"溶"表示"在液体中溶解":白糖溶于水。近代由于科技发达,又出现一个新汉字"熔",表示"用高温把固体化为液体":"熔解钢铁"。语言体系和文字体系的循环表示为:

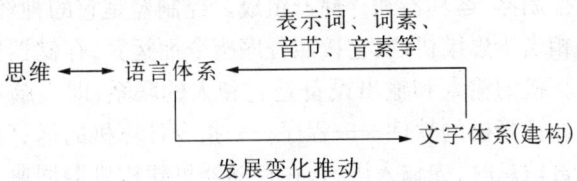

七、文字体系与言语活动的循环及书面语的建构

第七个循环是文字体系与言语活动的循环,在这个循环中建构书面语。现代语言学特别重视在交际中使用文字建构书面话语。与语言不同,文字不是社会存在的必需条件,但它在社会的一定阶段却是社会进步的必需条件。在现代社会,书面语与口语有同样重要的交际作用。从理论上说,口语和书面语是可以自由转换的。但在转换时多半要有适当的改变。在建构口语时,特别在即兴发言时,由于语速快、语境要求高等因素的影响,话语连贯性会受到影响,转换为书面语时要有一定的加工。当把书面语改为口语时也要做到口语化,避免书卷气。这些形式的适当改变,并不影响话语的本质特征。如果一个人的言语修养可以出口成章,下笔成文,口语和书面语的转换就更自然顺畅了。文字体系与言语活动之间的循环可以表示如下:

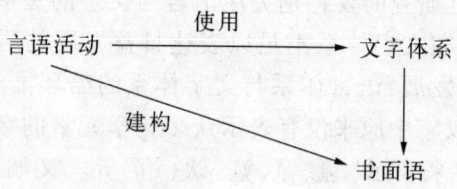

八、人脑与电脑的循环及机器语言和话语的建构

第八个循环是主管言语机制的人脑和主管语言信息处理的电脑之间的循环。在这个循环中建构机器语言和话语。电子计算机被称为电脑,因为它在一定程度上模拟了人脑的机制。计算机的硬件——机器系统——由中央处理器和输入、输出等设备组成。中央处理器由控制器、运算器和存储器组成。控制器是它的神经中枢,运算器大致相当于思维机制,它按照程序指令而运算,存储器则是记忆器官。计算机的输入和输出设备是它和人的联系,即人脑和电脑互动的桥梁。计算机的软件——程序——指令计算机的运算。当用电脑处理语言信息时,先输入语料,在存储器里建构机器词典和机器语法;同时可输入海量的话语,形成语料库。通过计算机的运算,语言处理结果用显示器或打印机输出。现在,计算机在自然语言处理、机器翻译、情报自动检索、语料统计和分析等方面有了一定成果。最后的理想成果是要让计算机建构和理解自然语言,最大程度地模拟人的大脑机制。这时,人机互动顺畅,人机共同体建立,人机对话机制健全,人脑和电脑的建构性循环就趋向理想状态。这种循环可表示如下:

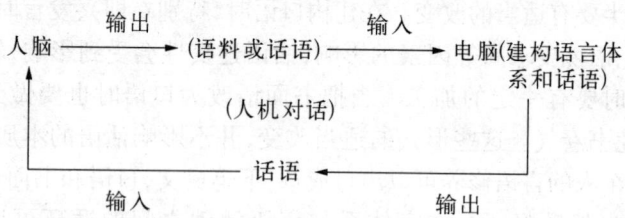

九、现代语言学建构性循环网络小结

综上所述,现代语言学的研究是一个建构性的循环网络。在这个网络中,通过语言和言语的循环建构语言体系;通过言语活动和话语的循环建构话语;通过交际双方在言语活动中的循环建构话语意义的共同理解;通过言语活动和言语机制的循环建构内部言语;通过语言体系和言语机制的循环建构个体语言体系,提供建构内部言语的语料;通过语言体系和文字体系的循环建构文字体系;通过文字体系与言语活动的循环建构书面语;通过主管言语机制的人脑和处理语言信息的电脑的循环建构机器语言体系和话语,达到人机对话。这整个的建构性循环网络可以表示如下:

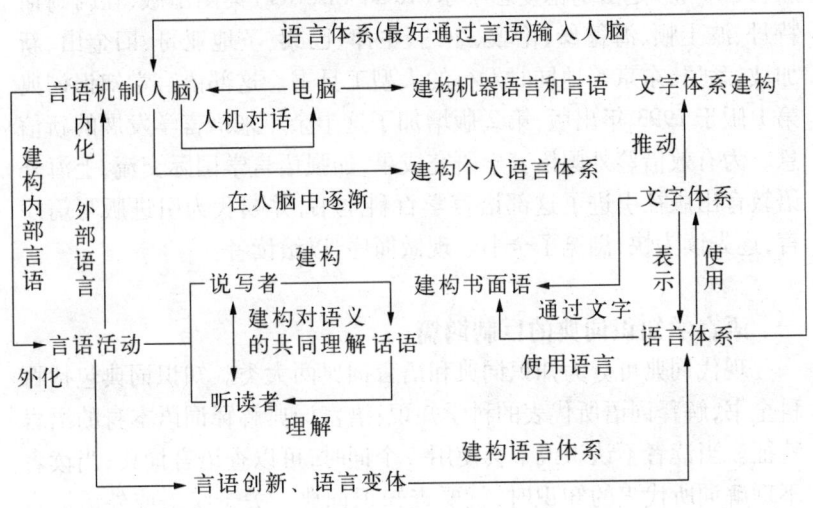

《语言与语言学百科全书》引进版序

放在读者面前的这套《语言与语言学百科全书》(2006年第2版,共14卷)是由励德爱思唯尔(Read Elsevier)集团出版,在阿姆斯特丹、波士顿、海德堡、伦敦、纽约、牛津、巴黎、圣地亚哥、旧金山、新加坡、悉尼、东京等地同时发行的大型工具书。这部语言学知识词典第1版于1993年出版,第2版增加了这十余年来语言学发展的新信息。为有效借鉴外国语言学研究成果,加强语言学国际交流,上海外语教育出版社引进了这部语言学百科全书,并嘱我为引进版写篇序言,遂先读为快,浏览了全书。现做简序,以飨读者。

一、语言学知识词典的巨制鸿篇

现代词典可分为知识词典和语言词典两大类。知识词典包括百科全书,解释词语所代表的科学知识;语言词典解释词语本身的语言特征。当读者不认识或不会使用一个词时,可以查语言词典;当读者不理解词所代表的知识时,就要查知识词典。关于汉语或外语语言词典,学习者几乎人手一册;而关于语言和语言学的知识词典,学习者使用不多。但是,如果深入学习语言和从事语言研究,语言学知识词典则是必备的案头工具书。单卷本语言学词典,中外都出版了一些,如中国的《中国大百科全书·语言学卷》、《大辞海·语言学卷》、《辞海·语言学卷》等,市场上都可以买到。外国的,如法国的《语言科学百科词典》,分4单元,57项主题,解释了800条语言学术语。这类词典规模小,解释简单,只能满足一般性的查找需要。语言学者在研究中常常需要查找生疏的语言学术语,特别是新的语言学知识,单卷本词典远远不能满足需要。于是,大型语言学百科全书应运而生。这部14卷的大型《语言与语言学百科全书》大词目就有3 000多条,每条都有丰富的内容和详尽的解释。词典除按字母顺序编排外,还有主题分类、交叉检索和主题索引。首页的字母索引中,词目下标明册数和页码。主题分类中,把全书按主题分为36区,大部分区域还再分为小区。词目可归于一个或几个区域。词条末尾的交叉检索提供三种信息:1. 参见其他词条中对该项目的解释;2. 该项目在其他词条中的相似信息;3. 指出扩展讨论的材料。词典中除正文词条外,最后一卷还附有民族语言地图、语言列表、术语表、缩略语表、逻辑符号用法表、标音法和国际音标等内容。

二、适应现代语言学发展趋势

现代语言学在不同的时期都有其一定的发展趋势。在我的论著中每过一段时间就会概括出这种趋势。例如,1983年我在《现代语言学研究》中说:"当代语言学发展说明:人们从语言体系、言语活动和言语机制三个方面越来越深入地认识语言的本质。"1985年,我在《谈点社会心理语言学》一文中说:"当代语言学又出现一个明显趋势,就是用社会心理语言学、社会信息语言学等第二代边缘学科的理论和方法,研究作为交际单位的话语。"1987年,我在《语言学教程》"代前言"中提出八项教学内容的更新:1. 语言学的对象是语言体系、言语活动和言语机制。2. 语义和语义学的地位越来越重要。3. 理论语言学分科对语言体系研究有新的进展。4. 当代语言学理论获得广泛应用,改变了语言学理论忽视应用的状况。5. 语言学边缘学科涌现,改变了就语言研究语言的状况。6. 对传统语言学问题有了新的探索。7. 语言学研究的重点从结构转向建构。8. 语言学是现代科学体系中的关键学科。1997年,我在《语言学概论》中,又增写了十项新内容:1. 语言的调节功能;2. 多角度研究语言;3. 建构语言学;4. 转换生成语言学的发展;5. 国俗语义学;6. 社会心理修辞学;7. 词典的功能;8. 建构主义外语教学论;9. 社会心理语言学;10. 神经语言学。最近几年我又提出语言学建构性循环网络,论述语言学研究中,语言体系、言语活动、言语机制、话语、计算机语言处理和文字体系六大领域及其相互关系。

我高兴地看到,《语言与语言学百科全书》(第 2 版)的编者,很重视现代语言学的发展趋势,主编 Keith Brown 理解,在本词典第 1 版"面世 10 年间,语言学发生了爆炸式的发展,发展不但体现在语言学领域,也涵盖了交叉学科。我们认为要反映这种发展,第 2 版就必须是一部全新的著作"。编者希望能够用综合的眼光审视语言学基本分支的最新状况,审视这些分支在语言研究中的运用问题,审视语言学与其他交叉学科的关系,以便在第 1 版的基础上拓展词典的内容。

为此,他们所请的专家包含了语言学不同领域的学者,如 Jim Miller 和 Laurie Bauer 两位的研究领域跨越了包括语音学、音系学、词法学、句法学、语义学、语用学和话语语言学在内的语言学基础分支;Anne Anderson 擅长心理语言学和认知科学;Graeme Hirst 精通计算语言学;Margie Berns 熟悉应用语言学和教育语言学、法律语言学、政治语言学、媒体语言学,等等。语言、文字、语言学者和语言学学科和历史部分,则由主编亲自负责。整套百科全书由 45 名学者担任了编撰工作。与第 1 版相比,第 2 版拓展了语用学、语义学、句法学、词法学、语音学、音系学等内容,在句法学和词法学中增写了语言类型学和语言普遍性;在心理语言学中增加了语言习得、认知语言学;语言病理学则扩充成为大脑和语言,其中不仅涉及言语障碍,还兼顾了当代神经语言学的发展;在话语语言学中新增了独立的书面语和口语的语篇学,更增加了一系列领域话语研究,包括医学、法律、媒体、政治等领域;计算语言学和自然语言处理中也添加了最新的发展成果,并新增了语音科技;计算语言学中增加了语料库语言学。另外,全书也注意到互联网、手机短信、网上聊天等媒体语言使用的多元化;在语用学中增加了跨文化语用学、阅读语用学、语用行为等。此外,语言学者和语言条目也有所增加。词典编者认识到,在语言学这样一个快速发展的领域,百科全书必须既要跟上时代的发展,又要保留它的传统。在语言学的核心领域中,一些公认的基本理论与 10 年前是一样的,词典只须根据新的材料和新的理论做出新的阐释,如本词典对"格、时、体、比较级"等语法范畴都做了这样的处理。

从这些安排和处理中可以看出,这部词典是适应现代语言学发展趋势的。

三、横盖语言学六大领域

浏览《语言与语言学百科全书》之后发现,这本词典的词条及其解释横盖了现代语言学的六大主要领域。

1. 语言体系研究领域

在语音学研究方面,包括了发音方法、发音部位、发音清晰度、语音辨别、语音合成、语音环境、语音发展、方音、儿童语音语调、外语语音学习、语音失语症、音位和语言的音位体系等。一反英美语言学界忽视词汇学的传统,本词典对词汇学也很重视,列有词汇学的词目,甚至有词汇化的词目。但是,大部分词汇学的知识仍然是在谈词典学时涉及的。编者认为,在大多数国家中词典学都是研究历史较长的分科,研究范围既深又广。编写和研究词典就必然要研究词汇。一种民族语言的词汇体系是丰富多彩的,它与语法结构是语言的基础,是语言特点的本质。这部百科全书广为反映世界上主要语言的历史和现状,词汇资源非常丰富。编者认为,在过去的20年中,词汇学和词典学在现代大型电子语料库的作用下,除传统的历史文化研究方法外,又增加了详尽描述的方法,主要考察词汇的动态发展,以及词汇意义与词汇使用之间的关系。本词典还包括了专名学的词条。在语法方面,也一反英美语言学多年来重视句法而忽视词法的传统,本词典对词法、句法都很重视。编者认为,词法是音义结合的,词法学要研究词形和词义之间的关系。在词形方面,它与研究词的发音形态的音位学,以及研究句法功能的句法学有关联;在词义方面,它又与语义学有关联。本词典对词的屈折形式、词的派生等都有分析。此外,形态类型学的最新发展状况和心理语言学中的词法研究成果也反映在词典里。近几十年来,由于对句法的大量研究,句法学流派众多。本词典对各种句法理论能够兼容并蓄,词条中涵盖了各种句法学理论的主要观点,例如,生成语法、关系语法、认知语法的相关原则。在句法主题中有对句法理论的概述:所列词目,既有10

年前盛行但现已逐渐淡化的理论,也有充满活力的新理论,更有10年来日益盛行、长期不衰的理论。其中新增加的类型学和语言普遍现象词条,论述了过去10年的研究成果,其中,有的是从功能角度进行研究的,有的是从生成范式的角度进行研究的。有些词条反映了语言学各范畴里的类型学的最近成果。编者认为,将语言看作体系的当代观点最早由音位学成功提出。大家知道,结构语言学主要研究音位和语素,即音位学和词法学。20世纪中叶,研究焦点由音位学和词法学转向句法学,而后在句法框架内研究语义,语义学地位日益重要。在以词法学、句法学和类型学为中心的研究中,特别在"语法语义学"方面,语义学在语言研究中起了很大作用。它帮助研究者更好地认识一些语法范畴,诸如时、体的动词范畴,格的名词范畴,因果、比较、条件的从句范畴,指称、照应的话语现象,等等。词汇语义学的作用也越来越大,其中逻辑语义学的研究已经深化,并且与计算语言学相互结合而发展壮大。

2. 言语活动研究领域

在言语活动领域,本词典很关心语用学的成果。编者正确地认为,语用学研究人对语言的使用,研究人在社会上的言语交际。特别值得肯定的是,编者认为语用学重点研究社会交际本身的组织方式,而不仅是奥斯汀、塞尔、格莱斯等理论所说的模型。当然,语用学在理解推论、会话含义和言外之意上取得了新的成绩,还延伸到优选论和关联论的研究领域。在研究语用行为时,除语言手段外,还要注意其他符号体系的辅助作用。另外,哲学对言语活动的开展有很大作用,如逻辑语义、伦理准则和语言权利等。本词典对依赖语境建构口语非常重视,注意分析自然语境中即席建构口语的语误,及其对语言发展的影响。

3. 言语机制研究领域

本词典有专门的大脑和语言词条,它概述了有关大脑和语言加工过程的研究现状。包括言语紊乱、大脑损伤后的言语障碍的研究,言语运动和表述过程中的失语症及其治疗的研究。词典对神经语言学的进展有很多论述,对内部言语、话语的建构和理解以及词句和话语的识别等的心理机制都有详细分析。在认知方面,编者认为,人的大脑是一部带有表征的计算装置,语言加工有其认知模式。

4. 话语研究领域

词典编者认为,"话语"包括口语和书面语,口头话语和书面话语有共同的关键性特征。近来,语料库和各种分析手段使得话语研究成为日益扩大的语言学研究领域。编者考虑到研究书面话语和口头话语的语言学传统是各不相同的,在词典中有关词条分别安排,特别要强调的是,词典对各领域话语十分重视。如法律话语、媒体话语、政治话语、宗教话语、医学话语等。编者认为,法律是一个语言占主导地位的领域,法律书面话语和口头话语与日常话语相比都有其特点。在媒体话语方面,编者注意了记者采访谈话的风格,注意了互联网交际话语给听众带来的互动机会。编者对政治话语的修辞和宗教话语的庄严肃穆的古体风格做了分析。在医学话语方面,词典既对医生和患者的谈话,又对医学文章的风格做了论述。在有关文体学和语体学的词条中,编者注意了话语的语言要素和心理因素。

5. 计算语言学研究领域

计算语言学和自然语言处理和言语技术等词条反映了过去10年电子科学的爆发式发展,使自然语言处理、机器翻译、语料库、语言信息加工等获得很大发展。语料库语言学对语言研究的经验方法、对语感的形成、对第一手语料的获得都有很大的帮助。词典对计算机的语言处理、语言信息加工、言语识别和理解、言语合成等方面都作了详细论述。

6. 文字体系研究领域

词典不仅对语言体系的研究成果有详细论述,而且对反映语言的文字体系也有较多的介绍。词典追溯了世界语言的文字和文字体系的历史,如美索不达米亚、爱琴海和亚细亚地区的文字体系,汉语、日语和朝鲜语的文字体系,论述了这些文字的形成和发展。另外,词典还注意了不同文字的书写法和书法。特别在谈到汉语和日语时,说明了汉字的特点。

除了上述六大领域外,作为语言学知识词典,不可或缺的词目就是语言和学者。本词典所收语言词目极其丰富,遍涉各语系、语族、语支和大部分语种,词条安排兼顾谱系和地域。如:作为语言区的非洲,作为语言区的南亚,印欧诸语言,班图诸语言,南菲律宾诸语言,汉语,1900年起的当代英语,等等。词典关于语种的词条有400多个。编者试图建立所有主要语族中的语言词目,每一语言词条都简要地介绍该语言和操该语言的人群,并且突出有趣的语音、语义或者句法特征。在国家和语言的有关词条中,勾勒出世界上绝大多数国家的语言使用概况,提供该国所说语言的最新信息、使用者数量、语言在社会和交际中的使用情况等。第14卷所附的语言列表记录了每种语言的名称、别名、谱系关系、使用国家以及使用者的数量。

至于说到学者词目的取舍,一般是知识词典的难题。本词典共收661人,偏重欧美学者,健在的则偏重年长的学者,并照顾女性学者。编者认为,语言学的历史一直都与学者的研究息息相关,因此在学派和传统词条中论述了世界范围内的主要语言研究传统,包括巴比伦、中国、印度、日本、希腊和罗马的传统以及从中世纪直到20世纪的语言学思想综述。在所列近700位学者词条中包括最早的有史可查部分以及现代世界各地的学者。对所收学者均介绍其生平和学术成就。例如,打开词典第1卷,列出的第一位学者是Pentti Aalto,1917年生于芬兰的波里,于1939年5月获赫尔辛基大学的拉丁语、希腊语、梵语和阿尔泰语的硕士学位。1949年在赫尔辛基完成了博士论文。Aalto于1949年至1958年担任比较语言学的讲师,于1959年至1980年担任赫尔辛基大学的比较语言学教授。在简要介绍生平后,还介绍了他的学术成果,最后附了著述目录。

四、纵贯语言学三大分科

现代语言学分科纷繁,概括起来可以分为三大系列:理论语言学、应用语言学和语言学边缘学科。本词典所收词目纵贯这三大系列的分科。

1. 理论语言学分科

本词典在语言学基础研究的介绍中,涵盖了现代语言学的基本原理和概念,在哲学与语言的论述中更从哲学高度对语言学基本原理作了阐述。此外,对语言学各分科的介绍也很齐全。如语音学、音位学、语义学、词汇学、词法学、句法学,等等,已如前述。

2. 应用语言学分科

现代语言学的理论研究越来越深刻,理论的应用越来越广泛。反映在这本词典中的应用语言学条目非常丰富。有关应用语言学的词条有按地区的,如非洲应用语言学、欧洲应用语言学、东南亚应用语言学、中国应用语言学等;有按领域的,如应用法律语言学等。在分科方面,首先是欧美公认的应用语言学分科:语言教学论,本词典不仅上升到教育语言学高度加以探讨,而且对英国、澳大利亚和美国所使用的不同语言教学法倍加关注,特别重视各种语言教学中的语言习得问题,包括儿童母语习得和成人的外语习得。对双语的形成、身势语的习得也有所探讨。编者认为,儿童在习得手语时不需要正规的教学,而且习得进度与习得口语一致。它们都是主要由大脑左半球控制。翻译学也受到本词典的重视,提供了不同的翻译方法,诸如,语言学方法、哲学方法、文化/性别为取向的方法、关联理论法、功能法和描写法等,每种方法除语言学外,还从哲学、文学、社会学、人类学、心理学等领域中吸收了特定的观点。在翻译理论上,如翻译的实质、等质性、翻译目的、翻译功能、翻译单位等概念均有解释。除笔译外,口译也受到重视,连手语翻译也有所提及。另外,本词典对修辞学、文字学、机器翻译、语言政策与规划、职业语言使用和语误研究都有较多篇幅的论述。特别值得一提的是,编者对词典学尤为重视,几乎在谈到每个国家或语种时都会有词典学的条目。例如,非洲词典学、美洲词典学、阿拉伯词典学、中国词典学、英语词典学、朝鲜语词典学、双语词典学,等等。

3. 语言学边缘学科

语言学作为现代科学体系中的关键科学,在发展过程中与众多临近科学接壤,用它们的研究方法探索语言的本质,导致一些边缘学科的形成。本词典对语言学的各边缘学科都作了详细论述。例如，本词典涉及的社会语言学领域很广博，特别关注语言在社会语境下的使用，包括地域、性别、阶层、种族、年龄等语境因素。这个领域关注的核心问题，就是语言由于不同语境而发生的变化。语言除反映语境外，对语境形成也有一定的作用。本领域还包括：语言的社会维度、个人的社会角色及角色关系等，特别列有国际社会语言学的词目。本词典专列了社会语言学所关心的语言变体词条，介绍使用同一语言的各语言群体之间的语言变异研究，这些变异与社会规约及对语言的社会态度有关。地域变体一直都是学术研究的主题，近年来对年龄、性别、种族等引起的变体研究较多，使研究对实践有更大的指导意义。本词典对半个世纪以来的心理语言学发展，从理论到方法作了详细综述。特别论述了内部言语的建构、话语识别和理解的心理机制。心理语言学中使用的从实验的到计算模型的方法都有介绍。计算语言学的词条对人机对话和语言信息处理做了解释，特别对万维网、电邮、因特网网页和手机等电子通讯和信息传输领域介绍尤多。机器翻译和语料库建设使新的语言学理论和语料充分结合。网络支撑的计算机能够处理成千上万的语料，进行不计其数的运算，使语言学研究手段有了突破。本词典建立了语言习得的计算机方法、计算机语言体系、计算机词库和词典、计算语言学历史、计算风格学以及计算机在地域语言学、词典学等学科中的应用等词条。另外，本词典还对人类语言学、文化语言学、教育语言学、神经语言学等语言学边缘学科作了学术综述。对近年盛行的认知语言学也有所介绍，如建立认知语言学、认知语法、认知语用学、认知科学和语言哲学、认知语义学和认知技术等词条。

五、美中不足，瑕不掩瑜

这部《语言与语言学百科全书》优点甚多，已如前述。但在如此巨大的篇幅中，难免有美中不足之处。以下两点值得指出。

1. 枝叶茂盛，但有旁枝横逸

这部词典横盖语言学各大领域，纵贯语言学各类分科，适应现代语言学发展趋势,可谓枝叶茂盛。但浏览众多词条,却发现有旁枝横逸之处。例如,编者正确地注意了语言和哲学的关系,但收了一些与语言没有直接关系的纯哲学词目,对哲学问题作了过多的解释。打开词典第1卷,开宗明义第1条就是哲学术语"先验知识:语言层面"。编者的本意是想用先验知识来看待语言。但在长长的词条中,涉及语言的话不多,通篇说的都是康德的先验主义哲学。尽管如此,有几段话对语言学还是有意义的,如"在康德看来,如果意义为真,命题就是分析性的。例如,所有的单身汉都是未婚的,这一命题就是分析性的,因为'单身汉'的意思就是未婚的男人。对于康德和绝大多数哲学上的分析性的传统,所有的分析性的真值都是先验。因为所有的断言在意义上为真,对它们的证明不是经验主义的"。"像Chomsky 和 Jackendoff 这些语言学家已经表明,有足够的经验主义的理由来证明存在着分析性的和综合性的区分。某些断言似乎表明分析性的关联。例如,一听到句子'Jane 一定要离开'这句话,我们就可以假定 Jane 已经决定要离开。分析性的句子的真值由于这样的关联的存在而存在。分析性的句子在这个意义上来说是意义为真。它们不依赖于经验而存在,因而是先验"等,但比例太小。如果编者能言简意赅,并紧扣语言学,也许比烦琐地论述哲学问题要好得多。

再如,词典对所谓动物语言论述过多。在"动物交际"词条中,从蜜蜂舞蹈到鱼的交流都谈到了。对动物传递信息的符号着墨过多。非语言的符号,只有在人类言语交际中起辅助作用的符号才是辅助语言学研究的对象。其他的符号,包括动物用的符号,与语言学没有直接关系,应该由符号学、信息学和生物学去探讨。词典中一些关于动物交际的词条是节外生枝,似可删减。

2. 兼收并蓄,但详略欠当

本词典对各种语言学知识是兼收并蓄的,对中国语言学也有一定的词条加以介绍,如中国语言学状况、中国宗教、中国文字体系、汉语、普通话、普通话音系、作为孤立语的汉语、中国语言学传统、中国词典学、广东话、福建话、福州话、上海话,等等。但有些地方详略欠当。总体说来,对欧美语言学知识介绍详细,对其他地区介绍简略。

例如,在近700个学者词条中,中国学者只有扬雄、许慎、刘勰、陆法言、段玉裁、王念孙、马建忠、李方桂、赵元任和王力,共10人。扬雄是著《方言》的方言学家,许慎是写《说文解字》的文字学家,刘勰是著《文心雕龙》的修辞学和文体学家,陆法言、段玉裁和王念孙是隋代和清代的音韵学家,马建忠是著《马氏文通》的语法学家,李方桂、赵元任和王力是现代语言学家,他们10人入词典是无可非议的。但是,有5千年文明历史,人口占世界人口20%的泱泱大国,入词典的学者只占入词典总人数的2%弱,未免偏少。同样,欧美之外地区的语言学知识相对来说在词典中的论述也偏少。

比起整部词典的优点来,所述缺点是瑕不掩瑜。但如能改正,对提高词典质量是有助益的。

是为序。

2008年春节
于上海

语言的全民性和使用语言的阶级性

什么藤结什么瓜,
什么树开什么花,
什么时代唱什么歌,
什么阶级说什么话。

语言是社会交际和交流思想的工具,必须一视同仁地替社会各个阶级服务。马克思主义经典作家科学地论证了语言的全民性(没有阶级性)问题。斯大林说:"语言不是某一个阶级所创造的。而是全社会、社会所有各阶级几百代的努力所创造的。语言的创造不是为了满足某一个阶级的需要,而是为了满足全社会的需要,满足社会所有各个阶级的需要。正是因为如此,所以创造出来的语言是全民的语言,对于社会是统一的,对于社会所有成员是共同的。因此,语言作为人们的交际工具,不是替一个阶级服务而损害另一些阶级,而是一视同仁地替社会服务、替社会所有各个阶级服务。"[①]"不这样也是不可能的。语言的存在与语言的创造也就是为了作为人们交际的工具而替社会服务,就是为了使语言成为对社会所有组成员是共同的东西,对社会是统一的东西。它要对社会所有组成员同样服务而不管这些组成员的阶级地位怎样。只要语言离开这个全民立场,只要语言站到偏爱和支持某一社会集团而损害另一些社会集团的立场上时,它就会丧失自己的本质。它就会终止其为人们在社会中交际

---

① 斯大林《马克思主义和语言学问题》,第3—4页。

的工具,它就会变成某一社会集团的同行语而退化下去,以至最终消失掉。"①斯大林关于语言全民性的论证无疑是正确的,因为如果没有社会组成员共同的语言,社会生产就会停止,社会也要崩溃了。

但是,斯大林在论证语言全民性的同时,还论证了阶级对语言的影响。他说:"人们、个别的社会集团、个别的阶级对待语言远不是漠不关心的。他们极力设法利用语言为自己的利益服务。把自己的特别的词汇、特别的术语、特别的用语,强加到语言中去。"②又说:"是的,阶级影响到语言,把自己专门的词和语加进语言中去,有时把同一的词和语理解得各不相同。这是不用怀疑的。"③

斯大林的论述是全面的、正确的。即语言本身是全民的,它一视同仁地为社会各个阶级服务,但各个阶级对待语言并不是漠不关心的。他们影响到语言,竭力使用语言来为本阶级利益服务,表现了使用语言的阶级性。

语言的全民性和使用语言的阶级性两者之间存在一定的矛盾统一的辩证关系。语言作为社会交际工具和斗争武器一视同仁地替社会各阶级服务,正是这样,社会各阶级才有可能使用同一个全民语言作为工具和武器,来为本阶级利益服务。全民性是语言这个社会现象本身的性质,即语言本身是一视同仁地替社会各阶级服务的。但这并不能否定各个阶级对语言的影响,否定人们使用语言时可以表现阶级性。"使用语言"指的是人们对语言的使用,无论如何不是语言本身,也不是它的一部分或一个方面,尽管它们两者之间存在着一定的辩证关系。正是语言本身的全民性和人们对语言使用的阶级性构成一种辩证的关系,而不是两者合在一起才构成整个的语言。

不错,语言本身作为交际工具必须是全民的。只要语言离开这个全民立场,而站到偏爱和支持某一社会集团的立场上时,它就会丧失自己的本质,以至最终消失了。但是,我们不能把语言本身和人们

---

① 斯大林《马克思主义和语言学问题》,第5页。
② 同上,第10页。
③ 同上,第40页。

对语言的使用混为一谈。语言本身要是离开全民立场,而站到偏爱某一阶级的立场时,它就会失去自己的本质。但某个阶级在使用全民语言时,却可以用它来为本阶级服务。如果从语言的全民性这个公式得出结论说,无产阶级必须用语言工具既为自己的利益服务,又为反动阶级的利益服务,不然就是否认语言的全民性,那无疑是错误的。同样,反动阶级也只可能使用语言来为本阶级利益服务。他们无论如何不可能因为语言本身的全民性,就会用它来不仅为自己服务,也为无产阶级服务。

社会各阶级在使用全民语言时所表现的阶级性,即它们对全民语言的影响有下列几方面。

首先,阶级会把自己的特别词语强加进全民语言。例如,解放前上海特务组织就有一套特殊用语,他们把"暗杀"叫"做了他吧",把"跟着那个女人"说成"捏住小牛儿的鼻子"等。又如,过去一些封建性的帮会组织、江湖盗匪、小偷都有自己的特殊用语。青洪帮遇见困难说"浅住了",求帮助叫"添点水";江湖盗匪称"手表"为"转枝子",称"眼睛"为"招路儿";小偷把"衣服"叫做"叶子",偷自行车叫做"登轮";还有解放前上海交易所中证券交易人把"黄金"称为"老大"、"美钞"叫做"老二",等等。所有这些都说明,某些阶级和社会集团都把自己的某些特殊用语强加进语言,企图用它们来为自己的利益服务。斯大林把这些特殊的语词称为"阶级"习惯语或同行语,并认为这是阶级对语言的影响。斯大林并且指出,贵族、资产阶级上层分子在这方面表现得特别厉害。

的确,在使用阶级习惯语方面,肯定是反动阶级表现得最厉害。马克思在《圣麦克斯》一文中说:"有产者有'自己的语言',这个语言'是资产阶级的产物',在这种语言中浸透了拜金主义和生意经的精神。"[①]马克思这儿是说有产者有自己的生意经的同行语。恩格斯也说过:"……由于资产者的统治,金钱使资产阶级所处的那种可耻的奴隶状态甚至在语言上都留下了它的痕迹。……小商人的气质渗透

---

① 斯大林《马克思主义和语言学问题》,第11页。

了全部语言,一切关系都用商业术语、经济概念来表现。"①恩格斯这儿也是说资产阶级用"阶级"习惯语影响了语言。另外,斯大林所举的11世纪到14世纪英国封建主说法国话的风气、俄国贵族一个时期在宫廷里和客厅里有爱说法国话的癖好,都说明阶级为了自己的利益而把特殊的语词强加进全民语言,表现了使用语言的阶级色彩。

但是,任何"阶级"习惯语和同行语都不是独立的语言,因为它们使用的范围太小,完全不适用于作为整个社会中人们交际的工具,而且它没有独立的语音系统、语法构造和基本词汇,注定不能发展为独立的语言。它的存在仅仅表明阶级对语言的影响,表明人们使用语言的阶级性,而完全不能否定统一的全民语言存在的必要性,相反地,它证实了全民语言是社会所必需的。

其次,阶级对语言的影响表现为:有时对同一词语的理解各不相同。例如,胡适在《多研究些问题,少谈些"主义"!》一文中写道:"主义初起时,大都是一种救时的具体主张,后来这种主张传播出去,传播的人要图简便,便用一两个字来代表这种具体的主张,所以叫他做'某某主义'。主张成了主义,便由具体的计划,变成一个抽象的名词。'主义'的弱点和危险就在这里。因为世间没有一个抽象名词能把某人某派的具体主张都包括在里面。比如,'社会主义'一个名词,马克思的社会主义和王揖唐的社会主义不同,你的社会主义和我的社会主义不同,绝不是这一个抽象名词所能包括。你谈你的社会主义,我谈我的社会主义,王揖唐又谈他的社会主义,用同一个名词,中间也许隔开七八个世纪,也许隔开两三万里路,然而你和我和王揖唐都可自称社会主义家,都可用一个抽象名词来骗人。"②

胡适说,大家都想用"社会主义"这个词来代表自己的主张。但是胡适却不知道"社会主义"这个词仍然具有自己真正的客观意义。也就是说,只有马克思的社会主义才是名符其实的社会主义,是人们所向往的,目前中国人民所建设的美好幸福的社会就是这种社会主

---

① 恩格斯《英国工人阶级状况》,人民出版社1956年版,第330—331页。
② 胡适《多研究些问题,少谈些"主义"!》。见《中国新民主主义革命史参考资料》,第28—29页。

义。人们并不承认有什么"王揖唐的社会主义"或者"胡适的社会主义"。王揖唐或者胡适在使用"社会主义"这个词时，歪曲了这个词的含义，这正说明他们使用语言时考虑了自己的阶级利益。一方面曲解社会主义这个概念本身，一方面真正是利用这个名词来欺骗人民。

关于从阶级利益来曲解词义这一点，列宁有过精辟的论述，他说："在'经验'这个字眼后面，无疑地，可以隐藏着哲学上唯物主义的路线与唯心主义的路线，同样也可以隐藏着休谟主义的路线和康德主义的路线……"①他又说："无疑地，在广义下的全部马赫主义，无非是通过看不见的细微差异曲解了'经验'这个字眼的实在意义！"②马赫主义者是19世纪后半叶和20世纪初叶的反动的唯心主义哲学的代表，他们竭力企图证明，唯物主义和唯心主义之间好像不应该有什么对立，因为借助于"经验"这个词可以越过唯物主义和唯心主义之间的"过了时的"区别。马赫主义者议论道："不应该提出物质第一性还是精神第一性的问题，人在经验中认识世界是主要的。"经验似乎消灭了这两个"本原"谁是第一性的问题，因而也似乎消灭了唯物主义和唯心主义问题。实际上，不管是经验也好，还是其他什么东西也好，都不能抹杀客观世界第一性和意识第二性这个问题。马赫主义者所赋予"经验"这个哲学术语的含义并不是它实际具有的意义，他们为了本阶级的利益，歪曲了这个词的意义。

当1905年俄国发生革命时，很多欧洲的记者和采访人员不知道怎样向全世界报道彼得堡所发生的事件。俄国究竟发生了什么事呢？"是暴乱还是革命？……这些被沙皇军队战败的成千上万的无产者是暴徒还是起义者呢？"列宁指出："只能以年史编纂者的不偏不倚的态度'从旁'观察事件的外国报纸，却难以回答这个问题。"所以"他们经常使用术语"。③ 很显然，这儿究竟用"暴乱"还是用"革命"，究竟用"暴徒"还是用"起义者"，虽是一词之差，但却是由使用

---

① 列宁《唯物主义和经验批判主义》，人民出版社1956年版，第146页。
② 同上，第300页。
③ 见《列宁全集》第8卷，第81页。人民出版社1959年版。

语言的人的阶级立场决定的。用旁观的超阶级态度只能导致"乱用术语",而归根结底还是歪曲了客观事实,对人民不利。

1936年12月,蒋介石被迫接受人民的联共抗日要求,被张学良、杨虎城二将军释放后,于12月26日在洛阳发表了一个声明,题为"对张杨的训词"。毛主席认为这篇声明"内容含含糊糊,曲曲折折,实为中国政治文献中一篇有趣的文章"。蒋介石的声明中有西安事变系受"反动派"包围的话。毛主席当时说:"可惜蒋氏没有说明他所谓'反动派'究系一些什么人物,也不知道蒋氏字典中的'反动派'三字作何解释。"接着,毛主席认为,当时西安事变的发动系受各种抗日势力的影响。他在分析了当时的情况后说:"蒋氏所说的'反动派'不是别的,就是这些势力。不过人民叫作革命派,蒋氏则叫作'反动派'罢了。"毛主席还劝蒋介石"将其政治字典修改一下,将'反动派'三字改为'革命派'三字,改得名符其实,较为妥当。"① 蒋介石显然是从反动利益出发,歪曲了"反动派"一词的含义,来欺骗当时的抗日人民。

上面谈到的,胡适对"社会主义"一词的曲解,马赫主义者对"经验"一词的曲解,欧洲报纸的记者对"暴乱"和"革命"、"暴徒"和"起义者"等术语的混淆,以及蒋介石对"反动派"一词的曲解等都是反动阶级耍的花招,他们企图用语言来为自己的利益服务。他们所以要这样做,是企图通过使用语言来歪曲真理,来欺骗人民。

反动阶级曲解词义在语言学上的理论基础是词义没有客观内容,即词义的任意性,任何人都可以按照自己的想法赋予词义一定的意义。这是西方一种语义学派的观点。他们为了维护本阶级的利益,从自己的阶级观点出发,硬说像"资本主义"、"社会主义"这些词是人们虚构出来的,是任意编造出来的一种符号,它们并不与什么客观现象相适应。他们大嚷:"激进分子仇恨资本主义。但是并没有资本主义这样一个猛兽。……谁是资本主义呀!"

上面所引的胡适的话里,也充分反映了这种观点。胡适否认词义的客观性,否认词所具有的全民公认的意义,认为只是为了简便,

---

① 见《毛泽东选集》第1卷,第243—244页。

才用一两个字来代表一种主张的,他否认词义的概括性和抽象名词跟客观的联系,认为没有一个抽象名词可以代表一个具体的主张,说什么"社会主义"等只是一个骗人的抽象名词而已。胡适的论调,与这种语义学派的论调不谋而合,都是为反动阶级服务的。

反动阶级往往从词义的任意性出发,曲解词的全民公认的客观意义来为本阶级利益服务。这种现象正是使用语言的阶级性的一种表现。

然而,不管反动阶级如何曲解词义,如何强调词义的任意性,语言中任何一个词仍然是具有全民公认的客观意义的。在语言学派大师们生活的美国社会里,资本家对工人的剥削和压榨、劳动者的失业和贫困、工人阶级和资产阶级之间的残酷斗争以及经济危机、军备竞赛、对外扩张、腐朽的"美国生活方式"等就是"资本主义"、"帝国主义"这些词的意义的客观基础。使用语言的人民正是这样来理解这些词的意义的。前面说过,人们公认的"社会主义"一词的含义是马克思主义的名符其实的社会主义,即目前中国人民所建设的社会主义。人们根本不承认什么"王揖唐的社会主义"或者"胡适的社会主义"。

由此可见,每个词都有全民公认的客观意义,这是语言全民性的特征之一。反动阶级曲解词义来为自己服务,这只是使用语言的阶级性表现,它只能引起语言中暂时的混乱,而人们总是按照全民公认的意义去理解语词的,总是只承认全民的语词,并用它们进行交际的。正是这样,反动阶级通过歪曲词义所进行的阴谋是不会得逞的。所以,用曲解词义的方式所表现的使用语言的阶级性也不能否定语言本身的全民性,相反地,是肯定了语言全民性的必要。

上面所谈两点之中,把专门语词强加进全民语言这一点无疑是反动阶级表现得特别厉害。至于第二点,各个阶级对同一语词的确可以有不同的理解,如对"共产主义"、"社会主义"等词,剥削阶级肯定是带有贬义地去理解他们,而被剥削阶级则肯定是带有褒义的。但是,进步阶级对词义的理解一般是符合全民公认的客观意义的,符合词义的客观基础的。他们没有必要像反动阶级那样有意去曲解词义来替自己服务。无产阶级是代表客观真理的,它的观点是符合社会发展的,因此,它总是义正词严,名正言顺的。

但是,认为无产阶级不去影响或没有必要去影响语言,那就错了。无产阶级并不是以纯客观的态度去对待语言。它在使用语言时也考虑用这个工具来为自己的利益服务、也考虑去影响语言。问题在于,阶级对语言的影响不都是消极的,不都是破坏全民语言的纯洁和给全民语言带来混乱。如果说反动阶级对语言的影响是破坏语言的纯洁和健康,那么,无产阶级的影响就可能保持语言的纯洁和健康,并促使语言发展,因为这是符合无产阶级利益的。例如,我们可以在研究汉语规律的基础上对现代汉语加以规范,使它能更好地为社会主义服务;又如,我们可以在研究北京语音和其他各地方言对应规律的基础上,加速推广普通话,推动汉民族共同语的发展,从而使它更好地为社会主义建设服务。另外,共产党领导的人民革命的伟大胜利和社会主义建设的辉煌成就都在现代汉语里得到了反映。语言中增加了很多新的词语和表达方式,使它变得更为丰富,表现力也更强了。所有这些都证明无产阶级的活动可以积极地影响全民语言,促使它发展,并使它更好地为自己的事业服务。

由此可见,各阶级在使用语言时所表现的阶级性并不限于上述两点,这两点对语言产生的影响一般是消极的。使用语言的阶级性还表现为:

第三,内容决定形式。说话和写文章是为了表达思想进行交际的。社会各阶级都使用统一的全民语言进行交际和交流思想,达到互相了解。但是,不同的阶级在选用全民语言中具体的语言材料和组织这些材料来表达思想时,则往往会受到所要表达的思想内容的影响。反动阶级企图通过语言来歪曲客观事实、来欺骗人民。因而,他们的语言往往是理屈词穷或者晦涩难懂;有时甚至是强词夺理、胡说八道。而进步阶级则是通过语言来阐明真理,向人民讲道理,做宣传,所以,他们的语言往往是名正言顺,义正词严,明白晓畅,通俗易懂的。

郭沫若说:"就语言讲,它可以为任何阶级服务,但如果你的思想是资产阶级思想,你的语言所表达出来的东西决脱离不了资产阶级思想的范畴,反之亦是。"可见思想内容对语言的使用是有很大作用的。他还说:"思想和语言有一定的关系,这是内容和形式的关系。内容决定形式。通过无产阶级思想选用的语言,一定是接近于无产阶级的。"他又说:"古人说'文以载道',用现在的话说,写文章就是表达思想。所以思想是'文'的骨干和核心,关系很重大。"①郭沫若正确地论证了思想和语言的关系。我们知道,语言本身有它的内容和形式,内容是语言单位的意义,形式是表达这种意义的手段。但是语言作为一个整体,作为交际和交流思想的工具,它又是思想内容的形式,是文化的形式。

有些人企图用冠冕堂皇的语言形式来修饰错误或反动的思想内容,以达到欺骗人民的目的。关于这一点,列宁曾不止一次地指出过。他曾说:"在这种时候,不明朗的、有时甚至反动的社会主义思想,很自然地要用革命民主主义的纲领来粉饰自己,用空洞的革命词句作掩盖……"②他又说:"无论是旧'工人事业'派或新'火星报'派,都像宣誓一样地一再提起关于无产阶级的主动性和自我教育的词句,他们这样做只是因为在这些誓词后面隐藏着知识分子对无产阶级真正力量和迫切任务的无知。……订正(修正)革命的社会民主党的旧的组织原则和战略原则,忙于寻找新的词句和'新的方式',实际上是把党往后拖,提出一些落后的,甚至是十分反动的口号。"③列宁这儿提到的旧"工人事业"派和新"火星报"派企图把无产阶级的注意力吸引到议会制的把戏上,使它离开以人民起义为主导的直接冲击专制制度的任务。而他们为达到此目的所采用的手段是通过巧妙的语言形式的伪装。一切反动阶级都会用这种方式来欺骗人民,资产阶级提出的"自由"、"民主"等词句,也是借助漂亮的语言形式来掩饰反动的思想内容。但是,谎言是掩盖不了真理的。列宁说得好:"少谈些什么'劳动民主',什么'自由、平等、博爱',什么'民权'等空话吧。现代有觉悟的工人和农民从这些夸大的词句里,是不难

---

① 郭沫若《关于文风问题答〈新观察〉记者问》。
② 《列宁全集》第 8 卷,第 260 页。
③ 同上,第 15—16 页。

看出资产阶级知识分子的欺诈手腕的,正像每个有生活经验的人,望见'善良君子'极'光滑的'面貌和外表,就能一下子正确地断定他'大概是个骗子'。"①我们每一个劳动人民和知识分子都要善于识破谎言,像列宁所说的"揭露字句的真义"②,指出说话和文章的真正思想内容。

所以,思想内容荒谬的说话和文章,不管它的语言形式如何"优美"、如何"动听"都只不过是"骗子"而已,谈不上什么使用语言的技巧。这就是思想内容对语言形式的决定作用。

思想和语言的关系还表现为:形式对内容有积极作用。本文不多叙述。

第四,由于交际对象不同,使用语言也有区别。这是使用语言阶级性的另一种表现。语言总是被人们当作交际工具使用的,而交际的过程必然是在说话者和听话者(或写作者与读者)双方进行的。也就是说,人们不管说话还是写文章,总得要考虑一下对象。对不同的对象,不仅说话的内容有所区别,就是表达这种内容的语言文字形式也要有所区别。而在阶级社会中,人们往往总是从阶级角度来考虑交际对象的,往往会考虑到听话者是自己的朋友还是自己的敌人。并以此为主要标准来考虑说话、写文章的内容,以及表达这种内容的语言文字形式。

列宁曾经论述过,由于对象不同而进行的两种政治斗争、两种论辩的区别。当孟什维克在圣彼得堡策动党内分裂的时候,列宁曾写过几本关于选举的小册子,严厉地指责了这种不道德的分裂。有人认为列宁在这几本小册子中的措词是不能容许的。他们认为要用党员所容许的措词来进行论战。列宁不同意这种意见,他说:"我用的措词和上面这种措词的区别何在呢?就在于整个乐曲的调子不同。我用的措词正是为了使读者仇恨、憎恶和轻视有这种行为的人。这样的措词不是打算对他们进行说服,而是打算粉碎他们的队伍,不是打算纠正对方的错误,而是打算把对方的组织消灭干净。这样的措

---

① 《列宁全集》,第29卷,第389页。
② 同上,第8卷,第260页。

词确实会引起人们对于对方的最坏的想法和最坏的猜疑;它确实和劝说性的、纠正性的措词不同。"他又说:"对于党内的同志不能用这样的话来说,不能在工人群众中间不断散布对思想不一致的人的仇恨、憎恶和蔑视。而对于分裂出去的组织,就可以而且应当用这样的话来说"。

列宁在揭露孟什维克罪行时曾说过这样一段话:"孟什维克同立宪民主党人做买卖,是为了在立宪民主党人的帮助下,违背工人的意志而把自己的人塞进杜马。"有人不同意他的措词,说:"对党员不应当写'做买卖',而应当写'进行谈判';不应当写'塞进',而应当写'选进';不应当写'自己的人',而应当写'社会民主党的代表',等等"。列宁不同意他们的意见,他说:"像这样'分析'引文,或者'推敲'用词,除了只能使人付之一笑而外还有什么呢?使用最鄙视、最刻薄、把一切都往坏处说而不往好处说的措词,就是在分裂的基础上进行斗争,消灭那些对地方社会民主党无产阶级的政治运动进行破坏的组织,这难道还不明显吗?"①

从列宁的论述中可以看出,他明显地划分了与敌人的论辩以及与同志的论辩。与敌人论辩要采取能引起人们对敌人仇恨、憎恶和轻视的措词,而同志间的论辩则应该讲道理、进行说服。

在这方面,毛主席也有精辟的论述。他说:"对于人民,基本上是一个教育和提高他们的问题。除非是反革命文艺家,才有所谓人民是'天生愚蠢的',革命群众是'专制暴徒'之类的描写。"②在延安文艺座谈会以前,有些文艺工作者提出了"还是杂文时代,还要鲁迅笔法"的主张。毛主席批判了这种主张,认为"鲁迅处在黑暗势力统治下面,没有言论自由,所以用冷嘲热讽的杂文形式作战",他是完全正确的。毛主席指出,就是"'杂文时代'的鲁迅,也不曾嘲笑和攻击革命人民和革命政党,杂文的写法也和对于敌人的完全两样。"毛主席认为"我们也需要尖锐地嘲笑法西斯主义、中国的反动派和一切危害人民的事物",但是在批评人民的缺点时,"必须是真正站在人民的立

---

① 《列宁全集》第12卷,第413—418页。
② 《毛泽东选集》第3卷,第893—894页。

场上,用保护人民、教育人民的满腔热情来说话。如果把同志当作敌人来对待,就是使自己站在敌人的立场上去了。"毛主席还说:"讽刺是永远需要的。但是有几种讽刺:有对付敌人的,有对付同盟者的,有对付自己队伍的,态度各有不同。"①

列宁和毛主席关于对不同对象采取不同的语言形式的理论充分说明了使用语言可以有阶级性。鲁迅的语言就是一个明显的例子。正像毛主席说的,鲁迅从来没有嘲笑和攻击革命人民和革命政党,但是他对敌人是冷嘲热讽,毫不留情的。用他自己的话说,就是"横眉冷对千夫指,俯首甘为孺子牛"。例如,鲁迅最深恶痛绝的敌人之一就是各种走狗。他在自己的杂文中,用锐利的语言武器狠狠地鞭打群狗,真是大快人心。他把帝国主义豢养的军阀和政客叫做"宠犬",但是由于这些军阀政客效忠于自己的主子,鲁迅又把他们称为"鹰犬",而当他们张牙舞爪追迫革命势力的时候,鲁迅又给他们一个"警犬"的称号。当敌人失败,夹尾逃跑的时候,就成了鲁迅笔下的"落水狗"了。鲁迅还把帮闲文人称为"叭儿狗",在这些叭儿狗当中,有的依偎在主人的怀抱里,颇有媚态,是"猫一样的狗";有的"乱钻乱叫",是"癞皮狗";有的冷不防咬人一口,借此向主子献殷勤,是"叭儿";有些走狗的文人"或者制造谣言,或者亲作侦探,然而都是暗做,都是匿名,不过证明了他们自己是黑暗的动物"。对于那些叫苦连天,埋怨得不到豢养的叭儿狗,鲁迅则称之为"丧家的乏走狗",从鲁迅所选择的这些"狗"的名称,我们就可以看出他对敌人的憎恨和厌恶。鲁迅用正确而辛辣的语词鞭挞群狗,是他使用"投枪、匕首"般的语言武器的一个例子,而只有对待敌人,他才是这样使用语言武器的。

由此可见,在使用语言进行交际时,不论是交际的内容方面(语言所表达的思想是进步还是反动),还是交际的对象方面(交际对方是敌人还是同志或朋友)都可以表现一定的阶级性。

毛主席在1940年为《中国工人》月刊所写的发刊词中说道:"《中国工人》将以通俗的言语解释许多道理给工人群众听,报道工

---

① 《毛泽东选集》第3卷,第894页。

人阶级抗日斗争的实际,总结其经验,为完成自己的任务而努力。"①
为什么要用"通俗的语言",而不用艰深晦涩的言语呢?从毛主席的话中正可以看出两个原因:第一,这个刊物要"解释许多道理",就是说,语言要表达革命的内容。而内容是决定形式的,革命的道理就要用明白晓畅、通俗易懂的语言来表达;第二,这许多道理是解释"给工人群众听"的,既然对象是工人群众,就要用工人群众所喜闻乐见的语言文字形式,就要通俗易懂,生动活泼。

人们在使用语言进行交际时,要从交际内容和交际对象两方面考虑到阶级利益。但尽管如此,他们所使用的交际工具——语言本身——仍然是全民的。不论你向什么人表达什么思想,也不论你在选词造句、措词语气等方面如何考虑到阶级的利益,你都必须遵守全民语言的规范。否则,你说的话别人听不懂,你就根本不能用语言武器来为自己的利益服务。所以,在这一点上,语言的全民性和使用语言的阶级性两者之间也存在一定的辩证关系。

语言是没有阶级性的,但是人们对语言远不是漠不关心。正如郭沫若所说:"文章是人写的,因此,首先是人的问题。古语说:'文如其人',这是说什么样的人,就写什么样的文章。文章要写得准确、鲜明、生动,首先要看写文章的人的思想、立场、作风怎样。你的思想正确、态度鲜明、作风正派,那么,你写的文章也就有一定的准确性和鲜明性。这是基本问题。"②语言是被人使用的,人在使用语言时要考虑自己阶级的利益,使用语言可以有一定的阶级性。正是在这个意义上,我们常说:"什么阶级说什么话","我们跟敌人没有共同的语言",等等。承认这些话的正确性,并不是否认语言的全民性,因为人们在交际过程中所使用的语言单位和组织规律始终是全民的。

根据上面的分析,我们可以得出实际需要的结论:

语言作为社会的交际工具必须一视同仁地为社会各阶级服务,语言是没有阶级性的。语言的全民性这个公式是正确的。

但是,人对待语言并不是漠不关心的。人在使用语言时可以有

---

① 《毛泽东选集》第2卷,第700页。
② 郭沫若《关于文风问题答〈新观察〉记者问》。

一定的阶级性。人们使用语言的阶级性表现为：

1. 把自己的特殊用语强加进语言，形成"阶级"习惯语；

2. 有时对同一词语作不同的理解；

以上两点反动阶级表现得特别厉害，有时他们还有意曲解词的意义；

3. 不同思想对表达这种思想的语言形式有很大影响；

4. 使用语言进行交际的对象不同也对语言形式有所影响。

但是，使用语言的阶级性的任何一种表现都不否定语言本身的全民性。语言的全民性和使用语言的阶级性两者之间存在一定的辩证关系。正是因为语言一视同仁地为各阶级服务，各阶级才可能使用同一个全民语言来为自己服务。

(原载《解放日报》1959年12月28日)

再论语言的全民性和使用语言的阶级性

语言的全民性和使用语言的阶级性这个问题,一直引起语言学界的重视。20世纪50年代初的前苏联语言学大辩论中,斯大林在其《马克思主义和语言学问题》中,批判了马尔关于语言阶级性的观点,正确论证了语言全民性的问题。毛泽东在其选集第5卷中,也明确指出"语言没有阶级性",这一观点为语言学界多数语言学者所承认。

1959年12月28日,我在《解放日报》上发表了《语言的全民性和使用语言的阶级性》一文,肯定了语言全民性的论点,在斯大林所说"阶级对语言影响"的基础上,论证了使用语言的阶级性,论述了语言的全民性和使用语言的阶级性二者的辩证关系。但是,关于这个问题的争论并没有停止。

1963年3月,苏联科学院语言文学学部召开了全体会议。会上,苏共中央委员、苏联科学院副院长费多谢耶夫院士、苏联科学院语言研究所所长维诺格拉多夫院士在讲话中反对语言全民性的原理,把语言本身与使用语言(言语)混为一谈。为澄清问题,特再论语言的全民性和使用语言的阶级性。

一、语言和使用语言(言语)

语言是什么?语言是社会交际和人类思维的工具,是音义结合的词汇和语法的体系,这就是语言的社会本质。斯大林正确地揭示了语言的本质,他说:"语言既是交际的工具,又是社会斗争和发展的工具。"①关于语言体系,斯大林不仅论证了有声语言的第一性,还论证了语法和词汇的性质,特别指出"语言的语法构造及其基本词汇是语言的基础,是语言特点的本质。"②斯大林关于语言本质的理解是正确而全面的。

可是,费多谢耶夫却说斯大林"给语言下了局限性的定义。"③为什么是局限性的定义呢?用费多谢耶夫的话说就是:"我是将语言这个词作广义的理解:既指语言本义,又指口语言语。"显然,费多谢耶夫偷换了概念,用所谓对语言的"广义的理解",即把使用语言(言语)的概念加进语言的概念来代替斯大林对语言的精确理解。

那么,什么叫使用语言呢?使用语言就是人们在特定的环境中,选择语言体系中的成分,组成话语,来完成社会交际和斗争的任务。语言和使用语言有密切的联系,没有具有社会功能的语言体系,人们就无法使用它来完成交际和斗争的任务;不使用语言,语言的社会功能就无法实现,人的思想就不能正确而恰当地表达。尽管如此,语言和使用语言乃是两个不同的概念,不能混为一谈。在论证科学问题时更不容许偷换概念。

维诺格拉多夫也曲解了斯大林对语言的正确定义,说语言对斯大林来说"首先只是交际工具、交流思想的工具,而且是技术性工具,跟人们言语活动的思想内容是不相干的。"④

不错,斯大林是把语言当作交际工具,但这是正确的。至于说到"人们言语活动的思想内容",那么,第一、斯大林是给语言下定义,并不涉及人们使用语言时的"言语活动";第二、斯大林并没有把语言当作抽象的纯技术性的工具,而是明确指出"人们利用它来彼此交际、交流思想"⑤。可见,维诺格拉多夫在论证语言问题时也偷换了

---

① 《马克思主义和语言学问题》,人民出版社1971年版,第17页。
② 同上,第19页。
③ 见《苏联语言学发展中的几个问题》,载《苏联科学院通讯》1963年第6期,下同。
④ 见《消除苏联语言学中的个人迷信的后果》,载《苏联科学院通讯》[文学与语言部分]1963年第4期,下同。
⑤ 《马克思主义和语言学问题》,第16页。

概念。

维诺格拉多夫说"马克思主义将语言理解为现实的意识",而斯大林"只利用了马克思主义语言定义的一个部分,即语言是交际的工具",而抛弃了"定义的第二个部分,即'语言是现实的意识'"。

怎样理解马克思"语言是现实的意识"这句话呢?马克思是在论述意识依赖于物质时说这句话的。他说:"'精神'从一开始就很倒霉,注定要受物质的'纠缠',物质在这里表现为震动着的空气层、声音,简言之,即语言。语言和意识具有同样长久的历史;语言是一种实践的、既为别人存在并仅仅因此也为我自己存在的、现实的意识。语言也和意识一样,只是由于需要,由于和他人交往的迫切需要才产生的。"①从马克思这段话中可以理解到,第一、语言和意识的关系十分密切,它们同时产生、互相依存;第二、语言和意识是两个不同的东西,"精神"要受物质的"纠缠",但精神不是物质、不是震动着的空气层、不是声音,简言之,不是语言;第三、"语言是一种实践的、既为别人存在并仅仅因此也为我自己存在的、现实的意识。"这句话的实际意思是:意识是通过语言的物质材料来实现的。这也就是马克思在另一处所说的"语言是思想的直接现实"②一语的涵义。

斯大林正是这样理解马克思的。他写道:"不论人的头脑中会产生什么样的思想,以及这些思想什么时候产生,它们只有在语言材料的基础上、在语言的词和句的基础上才能产生和存在。没有语言材料、没有语言的'自然物质'的赤裸裸的思想,是不存在的。'语言是思想的直接现实。'(马克思语)思想的实在性表现在语言之中。只有唯心主义者才能谈到同语言的'自然物质'不相联系的思维,才能谈到没有语言的思维。"③斯大林正确地理解了马克思,并正确地发挥了马克思的原理。可是维诺格拉多夫一方面歪曲马克思对语言的理解,认为马克思把意识当作语言的一个方面;另一方面又曲解斯大

---

① 《马克思恩格斯全集》第3卷,第34页。
② 同上,第525页。
③ 《马克思主义和语言学问题》,第30页。

林,说斯大林背离了马克思的原理。其实,维诺格拉多夫自己也清楚,马克思这儿指的是使用语言来实现意识,他写道:"如果考虑到语言和言语不一致的事实,那么马克思和恩格斯被精确化后的公式就取得这样的形式:言语是现实的意识。"因此,为了正确理解马克思主义经典作家关于语言的一些基本原理,必须搞清语言和使用语言这两个概念及其主要性质。

二、语言的全民性

语言的全民性就是指语言没有阶级性。斯大林说,"历史表明:民族语言不是阶级的,而是全民的,对每个民族的成员是共同的、对整个民族是统一的。"①他明确指出:"语言的'阶级性'公式是错误的、非马克思主义的公式。"②费多谢耶夫和维诺格拉多夫混淆了语言和使用语言的区别,歪曲了斯大林对语言的正确理解,接着就曲解了斯大林关于语言全民性的论断。

费多谢耶夫说斯大林"脱离历史地解释语言全民性的概念"。维诺格拉多夫说"斯大林用很公式化的语言'全民性'的观念来反对语言'阶级性'的观念"。

斯大林关于语言全民性的原理究竟错了没有呢?没有。根据语言的社会本质,语言只可能是全民的,不可能是阶级的。

首先,语言作为社会交际和斗争的工具,必须一视同仁地为一切阶级服务。在阶级社会里,存在敌对的阶级,阶级之间存在残酷的斗争,同时又有千丝万缕的联系。例如,在封建社会里,地主要向农民收租、放高利贷,农民要向地主租田、借债;在资本主义社会中,资本家要雇佣工人、剥削工人,工人要受雇于资本家、受资本家的剥削。因此,剥削阶级与被剥削阶级处于一定的生产关系之中。他们要维持社会生产,就要交际,就必须有共同的全民的语言。否则,阶级之间就会割断一切联系,社会生产就要停止,社会就要崩溃。正像斯大林所说:"可见没有全社会都懂得的语言,没有社会

---

① 《马克思主义和语言学问题》,第9页。
② 同上,第16页。

一切成员共同的语言,社会就会停止生产,就会崩溃,就会无法作为社会而存在下去。"①

在尖锐的阶级斗争中同样需要使用共同的全民语言。进行阶级斗争就要宣传本阶级的思想,驳斥敌对阶级的思想。如果没有全民的共同语言,就无法开展宣传斗争。斯大林早就说过:"俄国无产阶级的利益,要求俄国各民族的无产者有充分权利使用那种能够保证他们更容易受到教育,更好地在各种会议上,在各种公共机关、国家机关和其他机关中和敌人作斗争的语言。本族语言就被公认为这样的语言。"②斯大林这儿是说,无产者为了本阶级的利益必须使用那种能在各种场合与敌人作斗争的语言,这种语言就是该民族的全民语言。

可见,从语言的社会功能来看,语言必然是全民的,必然是社会一切阶级共同使用的。

再从语言的结构体系来看,不管阶级斗争如何激烈,以语言为物质外壳的、音义结合的词汇和语法的体系始终是全民共同使用、共同理解的。马尔认为语言的结构反映着阶级关系,例如,语音的历史变化反映阶级发展的不同阶段;语法中的所有格表示私有制度;形容词的比较级反映了不同阶级的差别,等等。这种看法遭到了斯大林的批判,斯大林说:"马尔把另一个有关语言的'阶级性'的同样不正确的非马克思主义的公式加进语言学,他弄糊涂了自己,也弄糊涂了语言学。"③可是,费多谢耶夫和维诺格拉多夫却肯定马尔关于语言中有"阶级差别"的看法,并说斯大林对语言有阶级性的批评妨碍了对这些差别的研究。

那么,马尔所谓的语言中的这些阶级差别是正确的吗?不,这是错误的。恩格斯早就论证过语音的变化同社会经济没有直接的联系,他写道:"要从经济上说明那种……高地德意志语的音变的起源,

---

① 《马克思主义和语言学问题》,第17页。
② 《斯大林全集》第1卷,第37页。
③ 《马克思主义和语言学问题》,第24页。

那么,要不闹笑话,是很不容易的。"①马尔恰好在把语言成分同阶级联系时闹了不少笑话。只要稍稍深入研究一下,怎么能够说语音的变化反映着什么阶级发展的不同阶段呢?许多现代语言中都有不少相同的音位,它们是反映哪个阶级的哪个发展阶段呢?又怎么能够说语法中反映着阶级差别呢?难道统治阶级就一定同形容词的最高级相联系吗?在俄语中"最好的"和"最坏的"都是形容词的最高级,难道统治阶级会说自己是最坏的吗?斯大林说:"语法是人类思维长期的、抽象化的工作成果,"②阶级的语法"在天地间是不存在的"。③至于说到词汇,阶级是可以把自己的特殊词语强加进语言,有时也对同一个词语有不同的理解。但正如斯大林所分析的那样,"这种专门的词和语,正如语义上的差别一样,在语言中是极少的","占绝大多数的其他所有的词和语以及它们的涵义对于社会各阶级是共同的",同时在说话中这些词语"并不是按照某种'阶级'语法的规则,而是按照现有的全民语言的语法规则","因此,专门的词和语的存在以及语义上的差别,并不是推翻统一的全民语言的存在和必要性,相反地,是证实全民语言的存在和必要性。"④

可见,从语言的结构体系来看,语言也必然是全民的,必然是社会一切阶级共同使用的。斯大林关于语言全民性的原理是正确的。

可是,费多谢耶夫却说什么:"语言就其实质而言是一种精神文化现象。"他引证马克思"词的名称只不过用概念的形式表达了那些重复着的活动使之变成经验的东西……"他接着说:"如果是这样,那么,物质生活以及一定形式的社会关系,包括阶级关系在内,像反映在任何精神文化现象中一样,也反映在语言中。"既然语言是一种精神文化现象,而阶级关系又反映在这一现象之中,语言岂不是有阶级性了吗?斯大林关于语言全民性的原理岂不是错了吗?

实际上,错的不是斯大林,而是费多谢耶夫。

首先,语言不是什么精神文化,它只是文化的形式。列宁论证了

---

① 《马克思恩格斯全集》第 37 卷,第 461 页。
②③ 《马克思主义和语言学问题》,第 18、30 页。
④ 同上,第 31 页。

资本主义制度下存在资产阶级文化和无产阶级文化,但他同时论证了全民语言的必要性。他反对资产阶级的文化,但不反对民族的语言。斯大林更明确地指出:"文化和语言是两种不同的东西。文化可以有资产阶级的和社会主义的,而语言却是交际的工具,永远是全民的,它既可以为资产阶级文化服务,也可以为社会主义文化服务。"①

其次,从费多谢耶夫所引的马克思这段话中,绝不能得出阶级关系反映在语言中因而语言有阶级性的结论。马克思说得很清楚,词是通过概念来反映现实的,也就是概括了的。这一看法同列宁的看法完全一致。列宁认为,"任何词(言语)都已经是在概括。"②"在语言中只有一般的东西。"③语言中的词是一般的、概括的,它只不过用概念的形式来反映实在,而不是反映具体的阶级关系和阶级思想。正因为词有这种概括性,人们就不必为每一个具体的事物、现象都起一个名称,才可能让语言充当人们的交际和斗争工具。

因此,"语言有阶级性"的看法是错误的。语言全民性的原理才是正确的。列宁早就说过:"任何一个民主主义者,特别是马克思主义者,都不会否认……用本族语言同'本族的'资产阶级进行论战、向'本族的'农民和小市民宣传反教权派或反资产阶级思想的必要性,这一点是用不着说的。"④列宁这段话清楚地说明:马克思主义者都承认,同资产阶级论战是用本族的全民语言,向农民和小市民宣传也是用本族的全民语言。毛泽东则更明确地指出:"大字报是没有阶级性的,等于语言没有阶级性一样。白话没有阶级性,我们这些人演说讲白话,蒋介石也讲白话。现在都不讲文言了,不是讲'学而时习之,不亦说乎','有朋自远方来,不亦乐乎'。无产阶级讲白话,资产阶级也讲白话。"⑤

可见,语言的全民性是正确的语言学原理。

---

① 《马克思主义和语言学问题》,第 14—15 页。
② 《列宁全集》第 38 卷,第 303 页。
③ 同上,第 306 页。
④ 《列宁全集》第 20 卷,第 7 页。
⑤ 《毛泽东选集》第 5 卷,第 447—448 页。

三、使用语言的阶级性

人们使用语言,要在特定的环境中选择语言体系中的成分,组成话语,来完成社会交际和斗争的任务,因而可以具有阶级性。斯大林在论证语言全民性的同时指出,"但是人们、各社会集团、各阶级对于语言远不是漠不关心的。他们极力利用语言为自己的利益服务,把自己的特殊词汇即特殊术语和特殊用语,强加到语言中去。"斯大林的论述是全面而正确的:语言是全民的,但阶级影响到语言,极力利用语言为自己的利益服务,因而使用语言可以有阶级性。

为什么使用语言可以有阶级性呢?

首先,使用语言是为了完成一定的交际和斗争任务,要求有效地表达思想,达到交际和斗争的目的。

不同的阶级有不同的思想,他们越是竭力有效地表达思想,思想就越是影响他们对语言的使用。革命者思想正确,往往理直气壮、义正词严;反动派思想错误,常常理屈词穷、强词夺理。反动派为了欺骗人民,常常披上"革命词藻"的外衣,但人民终会认清假革命词藻所掩盖的反动思想,广大人民的揭露、驳斥和革命宣传在这方面起了重大作用。

不同阶级也有不同的交际和斗争的目的,对语言使用提出不同的要求。总的说来,革命者的目的是为了宣传真理、驳斥谬论,为无产阶级和人民的利益服务;反动派的目的是散布谬论、欺骗群众,为反动阶级的利益服务。革命者使用语言有时是直接针对思想论敌,据理力争、严厉驳斥;有时是争取敌人中的动摇分子,陈述利害、指明出路;有时是动员群众起来与敌人斗争,亲切易解、热情洋溢。反动派使用语言有时是直接攻击革命者,诽谤污蔑、叫嚣漫骂;有时是拉拢匪徒党羽,威逼利诱、软硬兼施;有时是欺骗人民群众,花言巧语、口蜜腹剑。为了达到这交际和斗争的种种目的,使用语言表现了强烈的阶级色彩。

其次,使用语言总是在特定的环境之中,并依赖于特定的环境。使用语言的环境因素有时间、地点、场合、对象等等,都影响到语言的使用。

使用语言的时间和地点对语言的使用有很大的制约作用。例如，革命者处于反动统治之下，为了达到宣传和斗争的目的，有时不得不用冷嘲热讽、含蓄曲折的形式作战，鲁迅在国民党统治区就是这样使用语言进行战斗的。在革命胜利后的地方，就可以大声疾呼，而不用隐晦曲折了。

不同的场合也影响对语言的使用。例如，在同敌人和平谈判中，既要坚持原则，又要讲究策略，以保证谈判的胜利；既要向对方准确表达自己的主张，又要随时准备反击对方的无理要求。同友好国家之间的谈判，则要充满融洽的气氛，体现出国际主义的精神。又如，革命者对待敌人，要据理力争、严厉驳斥；对同志的批评，要说服教育、与人为善；在同志之间的平常接触中，要亲切和睦、坦诚相待，等等。

使用语言的对象有两个方面，一是交际对象（听者或读者），一是谈话涉及的对象。使用语言时首先要区别对象是同志、同盟者还是敌人，对不同对象要采取不同的态度。对于敌人可以斥责、质问、嘲笑；对于人民则要满怀热情来说话，即使讽刺他们的缺点，也是为了帮他们改正，治病救人。对敌人必须揭露，对人民必须歌颂；谈到敌人要严厉斥责、无情打击；谈到人民则要亲切、热情。列宁和毛泽东都精辟地论述过由于使用语言的对象不同、目的不同而表现不同的阶级色彩，我在《语言的全民性和使用语言的阶级性》一文中已经谈过，不再重复。

再次，使用语言必须从语言体系中选择交际和斗争所必需的、最适合的成分来组成话语，表达具体的思想。

语言中的成分，不管是词汇材料，还是语法规律，本身都没有阶级性。但人们在交际和斗争时不是单纯地、随意地使用这些成分，而是经过选择、经过组织的。选择语言成分和组织话语都是为了更有效地表达思想，达到一定的交际和斗争的目的，都是为了适应一定的使用语言的环境，所以都可能具有阶级性。

费多谢耶夫和维诺格拉多夫为了反对斯大林，故意混淆语言和使用语言的区别，把使用语言的特点归为语言本身的特点。维诺格拉多夫说："可是在马克思、恩格斯和列宁的著作中都确定语言有两个基本的方面——交际方面和思想方面（广义上）"，并说"马克思主义经典作家有时特别注意作为社会现象的语言的这个方面,有时特别注意另一个方面。"

不错,马克思主义经典作家的确特别注意语言的交际功能,列宁在研究马克思主义民族问题时提出了"语言是人类最重要的交际工具"①的著名定义。可是,列宁是怎样和在何时注意所谓"语言的思想方面"的呢?根据维诺格拉多夫的说法,"语言现象思想方面的概念是列宁批评自由派用语的手法的基础"。好得很,"思想方面"是与"用语"连在一起的。列宁的观点是绝对正确的,他在谈到民族语言时,指出语言是交际工具;而在谈到使用语言时,则注意了思想方面。维诺格拉多夫自己举的例子正好可说明这个问题。

维诺格拉多夫说:"在《德意志意识形态》中,马克思在批评施蒂纳哲学的同时,精辟地分析了言语和修辞特点。这些特点体现了思维的弱点和革命空谈的徒劳无益。在这一分析中,不仅揭示了用词的阶级色彩,而且还揭示了在修辞上使用语言的语法手段(语法同位语、无人称短语、连词等)的特点。"马克思完全正确,他看到了使用语言的阶级性,揭示了施蒂纳在使用语言的词汇材料和语法手段时所表现的阶级色彩,进而批判了他的唯心主义哲学观点。马克思这儿所谈的仅仅是"用词"、"使用语法手段"、"言语和修辞",也就是使用语言,而不是语言本身。语言本身是没有阶级性的,它一视同仁地为不同的阶级服务。施蒂纳可以用这种全民语言(德语)表现资产阶级的哲学思想,马克思可以用同一个全民德语来批判这种哲学思想,宣传马克思主义。

维诺格拉多夫还谈到列宁,说列宁"不倦地揭露了'立宪民主党人的伪善言词'、托洛茨基的'革命词句',揭露'各种冠冕堂皇的词句,各式各样的高谈阔论,一直到大喊国际主义的高调'"。列宁完全正确,他不倦地揭露了托洛茨基之流使用语言的阶级性,透过他们冠冕堂皇的词句,揭露了他们的反动思想。列宁这儿谈的也不是语言本身,语言本身是没有阶级性的。托洛茨基之流用全民的语言(俄语)宣传反动思想,列宁用同一个全民俄语揭露和批判了这些思想,

---

① 《列宁全集》第 20 卷,第 396 页。

宣传了马克思列宁主义。

德语也好,俄语也好,都同任何其他民族语言一样,是没有阶级性的,是全民的。但是使用它们却有阶级性。施蒂纳、托洛茨基之流竭力使用它们为本阶级利益服务,马克思主义经典作家也竭力使用它们驳斥论敌、宣传真理,为无产阶级利益服务。

按照费多谢耶夫和维诺格拉多夫的看法,语言既有交际方面,又有思想方面。那么,从交际功能上看,语言必须是全民的;如果语言具有"思想方面",则又必须是阶级的。这就造成了语言本质的两重性,而陷入自相矛盾之中。他们并不是严肃地讨论科学问题,而是醉翁之意不在酒,主要的目的是反对斯大林的马克思主义语言学原理。所以,他们在反对斯大林关于语言全民性的原理时,说语言是现实的意识;在反对斯大林关于语言和思维关系的论点时,又主张把这一公式精确化为"言语是现实的意识"。从而使自己陷入了自相矛盾之中。

总之,语言作为社会交际和斗争的工具,作为音义结合的词汇和语法的体系是全民的,是没有阶级性的;而为了完成交际和斗争的任务,在特定环境之中使用语言是可以有阶级性的。

附记：

这篇文章写好后未及发表,"文化大革命"的序幕已经拉开。"文革"十年,广大人民用同一个现代汉语与"四人帮"针锋相对地斗争。这一事实本身已说明语言的全民性和使用语言的阶级性的辩证关系。但是,在理论上,错误的观点在国内外还时有表现。1975年,苏联学者图尔金在《社会术语的研究》一文中,谈到苏联有些语言学家认为"在语言结构中,特别在词汇中也实际存在着阶级性的东西"。他认为一些社会科学的术语都是有阶级性的词。苏联学者巴齐耶夫和伊萨耶夫在《语言和民族》一书中含糊其辞,说什么"关于语言的阶级性问题不能作出肯定的答复"。

在中国,1975年"四人帮"干预词典编写工作,提出"把无产阶级专政落实到每个词条"的口号,公然主张语言有阶级性。他们反对词义的客观性,把词典中的正确释义斥为"客观主义"。例如:"儒家"

一词的客观意义是"古代一种提倡仁义、维护传统的思想流派"。"四人帮"认为这种释义是客观主义,一定要加上"复辟派"的含义,举出揪"现代大儒"的例证,才算把无产阶级专政落实到每个词条。

1979年,英国语言学家罗杰·福勒在《语言与控制》一书中提出"批评话语分析"概念,一些欧洲人在此基础上建立了"批评语言学"。他们强调通过话语分析揭示意识形态的影响和话语对意识形态的反作用。他们忽视了,话语不仅反映意识形态,而且反映人的一切思维活动的成果。语言表现意识形态,但不决定意识形态,语言学也不研究意识形态本身。20几年来,特别是进入21世纪以来,批评语言学的一些观点已经触及语言全民性的原理,陷入语言阶级性的泥潭。他们认为"语言是社会过程的不间断的干预力量","语言通过再现意识形态来操纵、影响社会过程","意识形态普遍存在于语言之中,语言直接参与社会现实和社会关系的构成",他们也像马尔一样,列出一些带有意识形态的语言结构,并且认为"标准英语秩序的建立是一种'殖民化'过程",他们把全民的英语标准语看成"象征政治文化权力的语言和掌握政治文化权力者的语言"。

诸如此类的看法和思潮不时地影响到国内外语言学界。所以,现在发表过去写的《再论语言的全民性和使用语言的阶级性》不仅有理论意义,而且更有现实意义。

对《语言的人民性》的商榷意见

厦门大学中文系语言教研组写了一篇《语言的人民性》,发表在厦大学报社会科学版1960年第2期上。这篇文章根据毛主席关于语言与人民的关系的论述,注意了人民群众使用语言时的一些优点,重视了人民群众对语言的一些积极作用,明确了向人民学习语言的重要性,这些都有很大意义。但是,作者从语言与人民的密切联系这一论述出发,得出了语言具有"人民性"的结论,认为"语言人民性"是语言本身的特质,是语言社会本质的一个表现方面,并把语言学中很多问题的解释归结于"语言的人民性",这是有问题的。本文准备提出几个小问题,与作者商榷。

首先是"人民性"中"人民"的含义问题。作者明确指出,"语言的人民性所指的'人民'应该用毛主席对'人民'这个概念的分析来理解。"就是毛主席说的,"人民这个概念在不同的国家和各个国家的不同的历史时期,有着不同的内容。"作者根据毛主席的分析还明确指出,"'人民'可以包含几个阶级,甚至于在特定的历史条件下也可以包含对立的阶级。"并说,"抗日的资产阶级就是和无产阶级同属于人民的范围的。"根据毛主席的分析来理解"人民"这个概念无疑是正确的。问题在于,作者提出的"语言人民性"中的"人民"是否与这个含义完全符合。

作者是根据毛主席关于语言和人民的关系的一些阐述来论证语言的人民性的。具体些说,就是毛主席在《在延安文艺座谈会上的讲话》和《反对党八股》两篇文章中阐述了语言和人民的密切关系,《语言的人民性》的作者根据这些阐述,论证了语言的人民性。为了搞清楚这个问题,必须进一步研究毛主席在上述两篇文章中关于语言和人民的关系的这些论述。

正如作者所引证的,毛主席在《在延安文艺座谈会上的讲话》中说:"许多同志爱说'大众化',但是什么叫做大众化呢?就是我们的文艺工作者的思想感情和工农兵大众的思想感情打成一片。而要打成一片,就应当学习群众的语言。如果连群众的语言都有许多不懂,还讲什么文艺创造呢?"毛主席这儿的"大众化"里面的"大众"指的是什么呢?很明显,是工农兵大众;"群众的语言"中的"群众"指的又是什么呢?很明显,是工农兵群众。毛主席这番话是对革命的文艺工作者说的。他号召文艺工作者要为工农兵服务,为了做到文艺大众化,首先要在思想感情上和工农兵群众打成一片,没有这一点一切就谈不到。但是,有了群众的思想感情,还得用工农兵群众的语言表现出来。没有群众的语言,你的一套大道理,群众就不赏识,英雄就没有用武之地,就谈不上文艺创造。所以,革命的文艺工作者必须学习工农兵群众的语言。《语言的人民性》的作者还引证毛主席说的另一段话,这就是:"许多文艺工作者由于自己脱离群众、生活空虚,当然也就不熟悉人民的语言,因此他们的作品不但显得语言无味,而且里面常常夹着一些生造出来的和人民的语言相对立的不三不四的词句。"毛主席这儿说文艺工作者脱离群众,脱离什么群众呢?很明显,是工农兵群众。毛主席说文艺工作者不熟悉人民的语言,有时他们的作品里还常常夹着一些和人民的语言相对立的词句,这儿"人民的语言"中的"人民"指的是谁呢?很明显,还是工农兵。毛主席在这段话前面已经作了清楚的说明,他说:"我们的文艺工作者不熟悉工人,不熟悉农民,不熟悉士兵,也不熟悉他们的干部。"可见,毛主席在《在延安文艺座谈会上的讲话》中谈到的人民群众的语言都指的是工农兵群众的语言。

毛主席这些话是在抗日战争时期说的。但是,毛主席指示文艺工作者要熟悉人民群众的语言时,并没有要他们去学习开明士绅的语言和抗日的资产阶级的语言,甚至没有要他们去学习资产阶级和小资产阶级知识分子的语言,尽管这些阶级在抗日战争时期都属于"人民"的范畴。正是由于很多知识分子出身的文艺工作者不熟悉工农兵,不懂工农兵的语言,毛主席才指示他们去接近工农兵,去学习工农兵的语言,去用自己的作品来为工农兵服务。如果认为这儿"接近人民群众"和"学习人民群众的语言"中的"人民"包括当时的开明士绅等一切的抗日阶级的话,那么,知识分子出身的文艺工作者就不要改造思想了,也不发生什么文艺的服务对象问题了。可见,把革命文艺服务对象的人民群众和抗日统一战线中包括的人民这两个概念混为一谈是不正确的。毛主席在《在延安文艺座谈会上的讲话》中明确地指出:"有三种人,一种是敌人,一种是统一战线中的同盟者,一种是自己人,这第三种人就是人民群众及其先锋队。对于这三种人需要有三种态度。"毛主席这儿把人民群众及其先锋队同统一战线中的同盟者区别开来,但是,《语言的人民性》的作者却把这两者混淆起来。因此,毛主席的关于"语言与人民有密切关系"的这些论述,不能证明他们提出的"语言具有人民性"这一论点。

作者不仅引证了毛主席的《在延安文艺座谈会上的讲话》中的论述,而且引证了《反对党八股》中的论述。毛主席在《反对党八股》一文中说:"人民的语汇是很丰富的,生动活泼的,表现实际生活的。我们很多人没有学好语言,所以我们在写文章做演说时没有几句生动活泼切实有力的话,只有死板板的几条筋,像瘪三一样,瘦得难看,不像一个健康的人。"又说:"一个人七岁入小学,十几岁入中学,二十多岁大学毕业,没有和人民群众接触过,语言不丰富,单纯得很,那是难怪的。但我们是革命党,是为群众办事的,如果也不学群众的语言,那就办不好。"毛主席在这两段话中所指的人民群众显然也是工农兵劳动群众。《反对党八股》是毛主席在抗日战争时期在延安干部会议上所做的关于整风运动的报告。报告中分析了当时党内存在的一些小资产阶级思想作风,主要是主观主义和宗派主义以及它们的表现形式——党八股。毛主席把"语言无味,像个瘪三"看做党八股的一条罪状,号召革命的宣传家向人民学习语言。这儿指的人民显然并不包括抗日战争时期统一战线中的一些同盟者:开明士绅、抗日的资产阶级,甚至不包括资产阶级和小资产阶级的知识分子。因此,作者虽然引证了毛主席这两段关于语言和人民的密切关系的精辟论述,仍然不能证明他们的"语言的人民性"这一论点。

由于混淆了两个概括范围不同的概念,作者在文章中出现了一些自相矛盾的论述。例如,一方面说,语言的人民性中的"人民"在特定的历史条件下可以包含对立的阶级,一方面又说"党八股和学生腔的语言是缺乏人民性,有时甚至是非人民性和反人民性的。"也就是说,一定历史条件下的剥削阶级,如抗日战争时期的开明士绅和资产阶级的语言是具有"人民性"的,但那些不熟悉工农兵语言的革命文艺工作者和一些语汇贫乏的革命宣传家的语言则是"缺乏人民性,甚至是非人民性和反人民性的"。这些论述都反映了作者看法上的矛盾。

这是第一个值得商榷的地方。

其次,关于"语言人民性"提法的实质。如果单单是一个含义问题,那还不至于影响到"语言人民性"的提法。作者只要指明,"人民性"中"人民"的含义指的是工农兵群众,或劳动人民群众就行了。而且,作者也承认,"不论在任何国家,任何时代,'人民'都是以劳动群众为主体的。"但是,这儿不单单是这个含义问题,更重要的是它涉及"语言人民性"提法的实质。

作者提出"语言人民性"的原来用意是想把人民语言中的一些特点(实际上是使用语言特点,即言语特点)强调出来,以区别于人民的敌人。可是,在一定历史时期包括在人民范围内的剥削阶级的语言也包括在人民的语言之中。作者承认语言的全民性,即社会各阶级使用统一的、共同的语言;但是,由于人民内部各阶级同反人民的各阶级在语言上有不同的特点,他们就提出了"语言的人民性",认为"人民的语言是全民语言的主流",并指出"人民性是语言工具本身的特质","是语言的社会本质的一个表现方面"。很好,这儿是把人民的语言和敌人的语言区别开来了。但是,根据我们上面的分析,就语言大众化的角度来讲,"人民"的含义只能专指工农兵群众或劳动人民群众,因为人民内部剥削阶级的语言,甚至脱离人民群众的知识分子的语言也与劳动人民的语言具有不同的特点。作者似乎也不否认这种区别,因为他们已经说过,"'人民'都是以劳动群众为主体的。"

问题到这儿还不能结束。在劳动人民之中,工人的语言、农民的语言和士兵的语言之间有没有不同的特点呢?工农兵同他们的干部之间的语言有没有不同的特点呢?很显然,都有。不过没有与敌人、与剥削阶级之间的不同点来得显著。有不同的特点,那么,劳动人民之中的主体是什么呢?应该是工人阶级,因为它是领导阶级。好了,这么一来,可能不可能提出一个"语言的工人阶级性"来呢?当然,也可能提出"语言的农民性",因为农民占人民中的绝大多数。如果可能提出"语言的工人阶级性"或"语言的农民性",并且它们也将是"语言本身的特质","是语言社会本质的一个表现方面",那么,就可能得出一个不正确的结论:语言是有阶级性的。

由此看来,"语言人民性"的提法,有可能导致"语言阶级性"的结论。这是应该缜密考虑的。

作者承认,"人民性的概念和阶级性的概念是有一定的联系的。属于人民的范围的阶级和反人民的阶级就是对立的阶级。"但他们又认为"两者又是有区别的,'人民'可以包含几个阶级,甚至于在特定的历史条件下也可以包含对立的阶级"。他们用这个区别来说明,提出语言的人民性并不会导致语言的阶级性。根据我们上面的分析,这个理由很不充足。因为人民内部各阶级在语言上也各有特点,既然可以把人民内部的各阶级和反人民各阶级区别开来,得出"语言人民性"的结论,也就有可能把人民内部各阶级,特别是把剥削阶级和劳动人民区别开来,得出"语言阶级性"的结论。另外,不能忽视人民性的概念和阶级性的概念之间的联系。只有从阶级分析的观点出发,才能划出人民和敌人的界限。一个阶级在某一历史阶段是属于人民还是属于人民的敌人,是由这个阶级当时的政治、经济地位决定的。而语言始终是全民的,它一视同仁地为各阶级服务,不管这个阶级是人民还是人民的敌人。反对来说,当一个阶级从人民的范围转入反人民的范围时,它在政治经济上立即处于反动的地位,但是它用来与人民进行斗争和交际的语言依然是全民的。同理,人民所使用的语言也并不因为某些阶级加入或退出人民的范围而有什么重大的改变。所以,语言的人民性的提法实质上可能导致语言阶级性的提法,它与语言的全民性的原理是矛盾的,因而是不正确的。

这种不正确的理论使作者在实际论述中产生了一些不能自圆其

说的地方。例如,他们认为,上升时期的资产阶级主张统一的民族共同语,否则他们就不可能和广大的农民贸易,放高利贷给农民。好像当资产阶级变成反动阶级的时候,就可以割断与劳动人民的联系了,就不需要全民共同语来跟工人农民打交道了。事实上是怎么回事呢?资产阶级到了反动的阶段,还是不会放松对劳动人民的剥削和压榨,还是需要与起来反抗的劳动人民打交道,因此也还是需要有一个统一的共同语言。一个社会中的反动阶级与劳动人民在政治上经济上都有千丝万缕的联系,他们之间存在着阶级斗争。而共同的全民语言,正是重要的斗争工具之一。所以,当资产阶级由进步阶级转为反动阶级的时候,它所使用的语言仍然是全民的,尽管它在使用语言上具有另一些特点。

是的,不同的阶级由于从本阶级利益出发,在使用全民语言时,会表现出某些不同的特点。其中,人民内部各阶级与反人民各阶级之间的不同点最为显著。但是,从这儿得不出语言人民性的结论,更不能说语言人民性是语言本身的特质。这些特点只是各个阶级在使用全民语言时所表现的,是"言语的阶级性"。

一个阶级在使用全民语言进行交际和斗争时,由于语言表达的思想内容和交际的对象不同,在选用全民语言材料上,在遣词造句、措词语气各方面都会表现出一些特点,通过这些特点来为本阶级的利益服务。反动阶级和剥削阶级更会为了本阶级利益把特殊用语强加进全民语言或曲解某些词语的意义,有时,由于强词夺理,把语言弄得晦涩难懂,这也都是言语阶级性的表现。但是,所有这些都是在使用全民语言进行交际和斗争的时候表现出来的。它们不是语言本身的特质。

劳动人民使用语言进行交际和斗争时,具有很多特点。他们能使用全民语言充分表现实际生活,能够使用语言阐明和歌颂真理、驳斥谎言和谬论,他们在使用语言时往往爱憎分明、褒贬确当、义正词严、名正言顺、丰富多彩、生动活泼。正是这样,毛主席才号召革命的宣传家学习"人民的语言"或"群众的语言"。把人民群众在使用语言上的这些特点归结为语言本身的人民性是不正确的。

这是第二个值得商榷的地方。

再次,关于"语言人民性"的含义。上面谈了"语言人民性"中"人民"一词的含义,谈了"语言人民性"提法的实质,现在来分析一下作者提出的关于语言人民性的三点含义。

作者认为"语言人民性"的第一个含义是:"语言是为了满足人民生活的需要、劳动生活的需要而创造出来的,语言起源于劳动,语言是劳动创造的。"

不错,人类语言是劳动创造的。但是,这一点对"语言人民性"的论点没有什么帮助。远古时代的原始人由于交际的需要在劳动中创造语言的那个时候,既没有阶级的区别,也没有人民和反人民的区别,有的只是全民的共同活动。因此,谈不上语言的人民性。到了阶级社会,有了阶级的区别,也有了人民和反人民的区别,但语言的不断丰富和发展,并不是单单为了个别阶级生活的需要,或"人民生活的需要",也不是单单为了满足"劳动生活的需要"。语言作为社会交际和斗争的工具,在一切阶级社会里都是为了全民的需要,为了一切生活方面的需要而存在和发展的;它一视同仁地为一切阶级服务、为一切的生活需要服务。在阶级社会中,各个阶级构成一定的生产关系,它们之间存在着千丝万缕的经济联系。破坏了这种联系,就会影响社会生产。全民语言的存在和发展,正是为了维持这种联系,并协调社会生活中的共同活动,它是社会生产斗争的工具。另外,语言还是社会阶级斗争的工具,各个阶级都可以而且必须使用全民的语言,为本阶级利益与敌对的阶级进行斗争。人们使用语言具有阶级性,但语言本身始终是全民的。它既为进步阶级服务,又为反动阶级服务;既为剥削阶级服务,又为被剥削阶级服务,不可能有阶级性,也不可能有人民性。

所以,"语言人民性"的这个第一个含义是有问题的。

作者认为,"语言人民性"的第二个含义是:"人民的生活,丰富的、生动活泼的劳动生活是语言得以不断发展、不断丰富和完善的土壤,人民的语言是最优秀的全民语言的精华,人民的语言是全民语言的主流。"

不错,语言随着社会的发展而发展,人民生活的发展会在语言中得到反映,从而推动语言的发展。正像作者举例说的,上古汉语中,由于人民从事畜牧业生产，出现了种类繁多的家畜名称；五四以来，由于革命斗争的胜利，汉语中出现了很多新词语。作者根据这些现象，得出结论说："语言的每一个发展，归根结底都是人民的生活、劳动生活向前发展的反映。语言的每一个发展，都是人民大众物质资料的生产活动和文化生活的创造所决定的。"这个结论是片面的。

前面说过，语言是全民的交际和斗争工具。一切历史时期的任何阶级都在全民语言的基础上形成思想，都使用全民语言表达思想、交流思想，进行社会交际和斗争。语言不仅巩固和记载人民的思维活动和认识活动的成果，而且巩固和记载统治阶级的思维活动和认识活动的成果。语言中有一批词语表达的事物和概念可能与人民的生活直接有关，如牧民把猪的名称区别为"豨"、"犯"、"豵"、"豭"等；但另外一批词语所表达的事物和概念却可能与统治阶级的生活直接有关，如封建王朝为与皇室有关的人物或事物取了很多名称，什么"天子"、"皇帝"、"太子"、"皇后"、"公主"、"驸马"、"宰相"、"宫殿"之类，不一而足。不管词语所表示的事物和概念与哪个阶级联系更密切，但这些词语本身一旦进入全民语言就是全民的共同财富，任何阶级都可以使用它们来表现思想，进行交际。另外，正像前面谈到的，一个社会里虽然存在对立的阶级，但社会并没有分裂。各个阶级之间存在经济联系。阶级之间为了进行共同的社会生产，需要交际；阶级之间还要进行阶级斗争，互相打交道。语言作为社会交际和斗争的工具，始终是全民的财富。当一个阶级使用语言进行社会交际和斗争的时候，不仅要使用那些表达与本阶级有密切关系的事物和概念的词语，而且还必须使用那些表达与敌对阶级有密切关系的事物和概念的词语。所以一个语言中的词汇是全民的财富，是全民共同创造的，也是全民所共同使用的。当然，阶级有时可以把自己特殊的用语强加进语言，但这只是使用语言的阶级性的一种表现，这些特殊词语不可能成为独立的语言。至于说到语音和语法，那么它们更是全民的财富。语音是语言的物质外壳，谈不到阶级性，也谈不到人民性；语法是语言的组织规律，是人类思维长期抽象的成果，也不是哪一个或几个阶级所独创的。

由此看来，不能把"语言的每一个发展"都归结为人民生活发展的反映。在任何阶级社会里,统治阶级的活动,他们的思维成果也都反映在语言之中。更何况,语言本身有它的发展规律,并不能把语言中的一切变化和发展都简单地归结为社会原因。

至于说到"人民的语言是最优秀的全民语言的精华"和"人民的语言是全民语言的主流",则正像上面所说,"人民的语言"就是不存在的,有的只是人民对全民语言的使用,及在使用中所表现的一些特点。作者说,"我们翻开《红旗歌谣》,一股沁人心肺的人民语言的花香扑鼻而来。"现在让我们用作者举出的一个例子,来分析看看。作者举了湖北人民歌颂毛主席的民歌:"毛泽东,毛泽东,插秧的雨,三伏的风,不落的红太阳,行船的顺帆风,要想永世不受穷,永远跟着毛泽东。"这首民歌的确很好,不仅思想鲜明、感情丰富,而且语言生动活泼,表现了实际生活。读了这首民歌,的确有一股沁人心肺的花香扑鼻而来。但是,这种花香是"人民语言"所具有的呢,还是人民使用全民语言时所表现的特点呢?答案很明确:这是人民,准确些说是劳动人民,使用全民语言时所表现的特点。就语言本身说来,这首民歌中所用的词语都是全民的,语音语法更没有什么特点。就使用语言角度来看,这首民歌则有很多特点。例如,它使用了一些恰当的形象比喻,这些比喻证明,民歌的作者热爱毛主席,并且熟悉劳动人民的生活。一个对毛主席没有深厚感情的人,或一个不熟悉劳动人民生活的人,写不出这样的好民歌。因为人们的思想、人们的生活影响他对语言的使用,但是不管什么人表达什么思想,使用的都是全民的语言。

"人民的语言"既然不存在,当然就谈不到它是全民语言的主流。这儿有的只是人民使用语言的一些特点:爱憎分明、褒贬确当、义正词严、名正言顺、丰富多彩、生动活泼,等等。要是从这个角度来说,则在人民内部,劳动人民,特别是工人阶级和站在工人阶级立场的人,使用语言的这些特点表现得更为明显。

所以,"语言的人民性"的第二个含义也是有问题的。

作者认为,"语言的人民性"的第三个含义是:"人民群众是推动语言发展的伟大力量,人民的生活,人民的要求和意志决定了语言的分化和统一的动向,决定了语言的规范。"

不错,人民群众可以正确认识和掌握语言发展的规律,推动语言向前发展。例如,我们可以在研究汉语规律的基础上对现代汉语加以规范;可以在研究其他各地方言和北京语音对应的基础上,加速推广普通话,推动汉民族共同语的发展。另外,社会主义革命和建设的伟大胜利在现代汉语里得到反映,语言中增加了很多新的词语和表达方式,它变得更丰富、表现力也更强了。这一切都证明人民群众的活动可以积极地影响全民语言,促使全民语言按照自己的规律向前发展。但是,人民群众既不能创造语言规律,也不能改变语言规律。例如,语言的发展是逐步性的,它从旧质要素到新质要素的转变,是采取新质要素逐渐积累、旧质要素逐渐衰亡来实现的,不可能采用革命和爆发的方式。这是因为,语言的结构要素是长期历史发展的成果,它们决不能一下子就建立起来,而且根本不可能按照人们主观的愿望建立起来,而人们的社会交际活动是不能中断的。所以,人民的要求和意志不能制造"语言革命",不能促使语言以爆发的方式发展,当然他们也没有必要这样做。

人民的要求和意志也不可能决定语言的分化和统一的动向。语言的分化和统一是以社会政治、经济和文化条件为转移的。在人类历史上,虽然人民群众是社会历史和文化的创造者,但在长期的阶级社会中,人民群众都处于被统治地位。统治阶级不仅掌握政治、经济大权,而且操纵和垄断着文化。所以,语言虽然随着社会的分化而分化,随着社会的统一而统一,但并不是由人民的要求和意志决定的。例如,封建割据和它的自然经济有利于分化过程的发展,汉语两千年来方言差别的继续扩大,是和中国社会长期停滞在封建社会分不开的。而封建割据也好,方言的分化也好,都不是人民的要求和愿望。作者说,"一种语言分化为几种语言或方言是由于人民生活的分隔,反过来又促使了人民生活的特殊化和独立化。"一般说来,这是正确的。但这不是人民意志的决定,而且语言的分化不单是人民生活的分隔,而是全民,其中包括统治阶级生活的分隔。

作者认为,"两种语言的融合也是人民的生活要求所引起的。"这种看法是错误的。什么叫语言的融合?语言的融合是语言统一的方式之一,是语言的一种强迫同化过程。在阶级社会里,民族是不平等的。殖民主义者不但在政治上与经济上压迫被侵略的民族,还把他们的语言强加到被压迫者的身上,把被压迫者的本族语言排挤掉和消灭掉。在历史上,公元前1世纪罗马帝国占领了法兰西之后,居住在法兰西北部和中部的凯尔特部落的语言被拉丁语排挤、消灭掉了。意大利北部里古尔人的语言遭到了同样的命运。在现代,美、英、法等殖民主义者强迫非洲、拉丁美洲等处殖民地人民使用殖民者的语言,许多国家都被迫使用英语、法语、西班牙语。所有这些,当然都不是人民的意志和要求。是的,两种语言融合的时候,不一定是政治上和军事上占优势的语言才能取得胜利。有时候失败者的语言反而会同化了胜利者的语言,这是由失败的民族的人口多、文化高等因素所决定的。作者举出的,中国历史上入侵汉族的蒙古族和满族的语言终于被汉语所同化就是例子。但是作者对这种现象做了不正确的解释,他们认为是"按照人民的愿望,汉语战胜了蒙语、满语,而不是按照统治者的愿望,蒙语满语取代汉语。"其实,汉族人民既没有同化蒙语、满语的愿望,蒙族和满族人民也没有放弃本族语的愿望。在长期接触和交际过程中,汉语同化了蒙语和满语,是因为汉族的人口多、文化高,并不是人民意志决定的。作者举的汉语在历史上同化了闽越地区土著居民的语言也是由于同样的道理。蒙族和满族的统治者倒是有同化汉语的愿望,但这个愿望并未能实现,可见,语言的融合也不是按统治者的愿望而实现的。有些被征服的民族,曾被强迫使用征服者的语言,可是,一旦这些民族摆脱了侵略者的桎梏,他们就又恢复使用本族语言,如朝鲜语摆脱了日语,越南语摆脱了法语,等等。这也证明,语言的融合也不是由统治者的意志决定的。

所谓"人民性"也不能成为语言规范的首要标准。语言的规范指的是使用这种语言的人所共同遵守的语音、词汇、语法等各方面的标准。有了规范就可以限制和缩小个人的、阶级和集体的以及地方的语言习惯,加强语言的统一,使语言更好地为全民服务。所以,语言的规范应该以符合全民的交际需要为标准,这样的标准语才能成为全民的交际工具。确定一个语言材料是否符合语言规范时,首先要看这个材料是否为全民交际所必需,而不是首先看它是否为人民所喜闻乐见或是否有利于人民,尽管这两者之间有些关系。作者说,

"语言的人民性是判别'生造'还是'创造'的原则和标准"。就是说,当出现新的语言材料时,有利于人民的就承认之,不利于人民的就排斥之。作者认为,"表貌"、"寂逝"、"悲绪"、"惊怖"等词违反语言人民性的特质,是生造词,应该排斥;"脱盲"一词为人民所使用,具有人民性,是语言的创造,应该承认。语言的人民性是不是判断"生造"和"创造"的原则和标准呢? 不是的。判断"生造"和"创造"的标准是交际的需要。就是说,首先要看说话者和写作者所造的新词是否为当时表达思想所必需。如果是必需的,那就是对语言创造性的使用,如毛主席创造的一些新词语都是使用语言进行社会交际和斗争所必需的,它们或者为了表达新事物新概念,或者为了表达新的感情色彩。如果不是必需的,那就是生造词语,"表貌"、"寂逝"等就是例子。但是,由于交际的临时需要而创造的新词语有时并不一定进入语言,为全民所使用。一个新词语是否能进入全民语言,为全民所使用,这决定于它是否为人们交际所必需。例如,毛主席在《抗日战争胜利后的时局和我们的方针》一文中,创造了"武化团体"一语。原来,在抗日战争开始后,国民党反动派还不承认共产党,也不承认共产党的代表以党派代表的身份参加"国民参政会",只承认他们以"文化团体"的资格参加。毛主席当时驳斥了这一说法,他写道:"我们不是'文化团体',我们有军队,是'武化团体'。""武化团体"一语在这儿加强了对国民党的贬斥意味和讽刺效果,是当时交际和斗争所必需的。但是,由于后来的交际和斗争中,没有碰到必需使用这个新词语的情况,所以它没有进入全民语言,为大家所使用。我们能因为这一点说毛主席创造的"武化团体"一语是生造词语、是因不利于人民或缺乏人民性而被排斥于全民语言之外么? 绝对不能。毛主席使用"武化团体"一语,大大有利于人民,是交际和斗争所必需的,因此不是生造;后来由于交际和斗争没有碰到需要使用它的情况,因而才没有进入全民语言,因此,谈不上缺乏人民性。

阶级强加于语言的特殊用语是语言规范化的对象,因为它们只能为个别的阶级和集团服务,不能为全民的交际服务,而且这些词语并不是交际所必需的。社会习惯语中的行业语是各行各业的人们为了生产需要而使用的专门用语,虽然它们并不为广大人民所习闻常见,但都是交际上所必需的,所以也是合乎规范的。有些方言成分可以进入标准语,如作者说的,"瘪三"、"垃圾"、"煞有介事"、"拆烂污"等吴语方言词可以取得规范的资格。为什么这些词可以被标准语吸收呢?是不是像作者说的,因为它们具有"人民性",为人民群众所喜闻乐见和习闻常见之故呢?对操吴语方言的人来说,他们不会在大量吴语方言词语中特别喜闻乐见这几个词,而且这几个词不一定是他们最习闻常见的;对操标准语或其他方言的人来说更无所谓喜闻乐见和习闻常见。所以,它们可能进入标准语的原因并不是由于它们具有人民性。它们所以可能进入标准语,是作者谈到的另一个原因:标准语里没有相应的确切的说法。这正好说明,只有交际所必需的东西才能在标准语中存在。外来语的规范问题也不能用"人民性"来解释。作者说:"我们常碰到借词和译词的选择问题,而确定译词不确定借词,这是因为译词更具有民族色彩,更能为人民所接受、所喜爱。"作者认为,"康拜因"和"联合收割机",确定"联合收割机","麦克风"和"扩音器",选择"扩音器",就是这个缘故。其实,现代汉语中不仅有很多译词,也有很多借词。"布尔什维克"、"苏维埃"、"沙发"、"逻辑"、"幽默"、"狮子"、"葡萄"、"琵琶"、"滴滴涕"等词都已经是现代汉语词汇的一部分。当这些词刚出现时,人民群众可能不习惯、不喜爱,但在长期使用以后,不仅习惯了、喜爱了,而且把它们看成了交际中所必需的语词。当再出现"氯苯乙烷剂"来代替"滴滴涕"的时候,人们反而感到不习惯不喜爱了。可见,外来词形式的确定也是以交际中的需要为根据的。外国的新事物新概念,我们语言中没有现成的词来表达,就要吸收外来语,正像毛主席说的,我们不但要吸收外国的进步道理,而且要吸收他们的新鲜用语。在吸收外来语的过程中,可能出现译词和借词的同义现象,这种完全的同义词是交际时不必需的,在使用和规范化的过程中其中之一要被淘汰。有时译词代替了借词,如"扩音器"代替了"麦克风";有时借词代替了译词,如"逻辑"代替了"名学"。选择或规范的根据主要是看哪一种形式能确切表达吸收的新事物和新概念,以保证正确的交际。例如,汉语中吸收了"布尔什维克"一词,排斥了"多数主义"、"过激主义"这样的译词,因为这样的译词不能确切地表达"布尔什维克"一词的含义,甚至歪曲了它的含义。"布尔什维克"一词是不是不具有民族色彩、不为人民所接受所喜爱呢?不是。首先,借词并不损害一种语言的民族独特性。Большөвик(布尔什维克)一词从俄语借入汉语后就失去了俄语词的特点,具有汉语词的特点,例如,它丧失了性、数、格的语法意义,增加了汉语名词的语法特征:不同副词结合,可以同数词、量词连用,同系词一起才能充当谓语等。因而它纳入了汉语词汇的体系,丰富了汉语的词汇。人民不仅接受它,也喜爱它。另外如"狮子"、"葡萄"、"琵琶"等借词,人民已经非常习惯它们,甚至不觉得它们是借词了。当然,在使用和规范化过程中,译词代替借词的情况比较多些,这主要是由于汉字是表意文字,汉人习惯于从汉字的字面意义联想词义的缘故。不能归结为译词不具民族色彩。现代很多使用拼音文字的民族语言吸收了大量的借词,我们不能说这些民族的人民没有民族感情。他们由于交际的需要,吸收大量借词来丰富自己的语言是完全正确的。

"人民性"也不能作为确定词义的原则。作者说:"从语言在社会的使用中的情况看,词的真实的意义应该以人民性的原则来确定,即以人民群众所理解的那个意义来确定。"在阶级社会里,不同的阶级对某些词会有不同的理解,反动阶级甚至会曲解某些词的含义。但是,语言中绝大部分词都有全民公认的客观意义,这个客观意义是以该词所代表的客观事物为基础的。只有这样,语言才能成为全民的交际和斗争工具。所以,词的意义是全民公认的客观意义,当阶级或个人搞错或曲解词义时,应该以词的这种客观意义来确定,而不能用笼统的人民理解的意义,即人民性的原则来确定。人民内部有不同的阶级,它们之间对词义也可能有不同的理解,连作者在谈到具体问题时,也把人民内部的剥削阶级撇开了。他们说:"'资本主义'的意义应该根据劳动人民、无产阶级,根据马克思主义的理解来确定。"事实上,当从阶级利益出发对词义理解有分歧时,只有无产阶级所理解的词义才是最符合客观意义,"人民性"根本不能确定语言的客观意义。更何况,一个阶级内部也可能对某些词义产生不同的理解,如果不用全民公认的客观意义做标准,就不能保证语言成为全民的交际和斗争工具。

总之,确定语言规范化原则的不是什么"人民性",而是全民交际的需要。因为交际的多样性,语言规范化只是把语言里没有用处的、不为交际所必需的东西淘汰掉,并不排斥词汇、语法、修辞等方面有特点的差别,也不排斥语体的多样化和个人的语言风格。可是,人民群众一般喜欢科学通俗语体,不是很喜欢严格的科学语体。我们在向群众宣传和普及科学知识时,应该讲得通俗易懂,尽可能少用专门术语。但是,绝不能说严格的科学语体是不合规范的,更不能因为所谓缺乏"人民性"而排斥它。科学语体是交际所必需的一种语体,它有存在的价值。

根据上面的分析,"语言人民性"的三点含义都存在问题,从这三个"含义"来看,"语言人民性"的提法是没有必要的。

这是第三个值得商榷的问题。

以上三个问题是比较基本的。除了这三个问题以外,还有一些问题也值得商榷。如书面语和口语的问题。作者认为,"书面语言,当它丧失了人民性的特质的时候,也是要退出历史的舞台,被新的书面语言所代替的。"其实,相对口语来说,书面语永远是第二性的。书面语的存在是为了帮助口语的发展,使语言发挥更大的交际功能。口语是不断发展的。当书面语严重脱离口语时,说的是一套,写的又是一套,对交际就会起妨碍作用。因此书面语要适应口语的发展,要接近口语。这儿并不涉及"人民性"的问题,因为不属于人民的各阶级的口语也在发展,不然语言就不会成为全民的交际工具了。又如,关于语言人民性和文学人民性的关系问题,作者已经声明这两个术语具有不同的含义。前面我们已经讨论过"语言人民性"的提法本身,这儿不必在术语上做文章。但是作者在具体论述中却强调了"语言人民性"对文学作品的意义,认为许多不朽的文学巨著是用具有人民性的语言写成的,而用不具人民性的语言所写的作品"是经不起时间的考验的"。事实上,语言形式固然对作品有很大的意义,但衡量一部作品好坏起决定作用的是它的思想内容。而且,语言形式在很大程度上是由思想内容决定的。何况,更不能用"人民性"来衡量语言本身的好坏。此外,还可以提出其他一些小问题,它们都与上面提出商榷的三个基本问题有关,不准备再一一讨论了。

总之,《语言的人民性》的作者在文章中根据毛主席关于语言和人民的密切关系的指示,重视了人民群众在使用语言时所表现的一些优点,重视了他们对语言所起的积极作用,这些都是正确的和需要的,值得继续深入研究。我们必须遵循毛主席的指示,向人民群众学习语言,学习人民群众丰富的、生动活泼的、表现实际生活的语汇,把话说得生动活泼、切实有力,以便更好地使用语言为人民服务,为社会主义建设服务。

但是,作者从语言和人民有密切关系这一点出发,提出了"语言人民性"的论断,认为"语言人民性"是语言本身的特质,是语言社会本质的一个方面;并把语言学中很多问题,如语言的创造发展、语言的分化统一、语言的规范化等都归结于"语言的人民性",这样做则是不正确和不必要的。所以,提出上面一些问题来与作者商榷。

(原载《厦门大学学报》1962年第4期)

从当代语言学的发展论语言和思维的关系

语言和思维的关系问题是一个古老的问题。但是从1979年以来它又引起语言学界的重视,引发了热烈的讨论。这与语言科学的发展有关,当代语言学的发展使这个问题获得崭新的内容。本文想从当代语言学的发展,对这个古老的问题谈一点新的意见。

一、脑机制是言语和思维的物质基础

1978年11月,我在上海语文学会举办的一次关于现代语言学的报告会上,谈到生理语言学时说过:"伟大的未来属于脑电波描记,它将帮助揭示思维和言语机制。总有一天电子计算机可以阅读人的思维!"两年之后,人类刚跨进20世纪80年代,就传来令人兴奋的消息:美国密苏里大学的科学家已开始阅读脑电波思维,并把它译成词语。

科学家将脑电图机的电极连接被试者头部,当被试者重复说出一个词之前,就产生特定的脑波型。被试者一想到这个词,就出现其特征波型。科学家可以根据脑波型辨认词,从而识别人的思维。现在可以预想,如果发明一种脑波翻译机,就可以把人的思维译成用来思维的语言。可以设想,只要把一个丧失说话能力的人的脑波馈入翻译机,就可把他的思维转换为话语。这种预想是令人神往的,而对我们来说更有理论意义的是:语言和思维密不可分。人们在语言物质材料的基础上形成思想、表达思想、交流思想。

大脑是思维的器官,也是控制言语的器官。古代的思想家往往不知道思想的器官是什么。亚里士多德把脑当作冷却器,用来冷却过热的血液;孟子则说:"心之官则思",把心脏当作思维器官。所以,平常人们也说:用心学习。1824年法国解剖学家弗卢朗用实验材料说明了大脑同思维活动有关。1861年,法国外科医生布洛克走出了决定性的一步。他证实,失语症病人通常在左侧大脑皮层的一个特定区域有器质性损伤。这一区域遂被称为"布洛克中枢"。后来,科学家研究表明,人的左侧大脑半球管右侧身体,右侧大脑半球管左侧身体。人类的左侧大脑半球往往占优势,所以绝大多数人是右利,用右手写字、吃饭。灵智区在左侧脑半球,管理语言活动的布洛克中枢也在左侧半球。左右两侧大脑没有明显优势的人,就可能伴有语言困难。布洛克中枢损伤,当然更要导致失语症。这种失语症叫运动性失语症,病人丧失了说出词的能力,但能听懂别人的话。如果损伤的是大脑的维尔尼克中枢,就损伤了音位听觉,则产生听觉失语症。虽然病人还能说话,但不能听懂别人的话。他们把词领会为不清晰的噪声,不理解其意;他们有书写能力,但不能听写。还有一种"语义失语症",病人丧失分析逻辑关系和语法的能力,分不清"弟弟的爱人"和"爱人的弟弟"、"练习簿在书的下面"和"书在练习簿的下面"这些类似的语句。这是后顶叶的损伤所致。如果损伤脑前额颞颥部,就失去连贯言语的能力,不能用语法规则把主语谓语连起来,开始用不连贯的"电报语体"说话。这些情况说明,研究大脑损伤,为分析言语过程,为研究语音、语法和语义提供了极其珍贵的材料。更为有意义的是这些研究说明思维器官的损伤会导致言语能力的丧失。

对言语中枢的研究可阐明人的内部言语过程。这时人在沉思默想,没有出声地思维。在内部言语过程中布洛克运动中枢受到一定遏制,但并没有静止。它运动的波型可以描记,这就是"阅读"思维。也可以说这是通过仪器理解内部言语,因为语言和思维是密不可分的。人在沉思默想时,不仅大脑言语中枢没有静止,而且发音器官也有微弱的活动,说明人在运用语言进行思维。

二、语言对思维的作用

19世纪中叶,英国数学家布尔写了一本《思维规律的研究》,他认为演绎逻辑中的命题能够用按规则处理的数学符号来表达。1938年,美国数学家申农进一步指出,演绎逻辑在布尔代数中可用二进制来处理。例如:

推断"A 和 B 皆真"这个命题时,用 0 代表"假",1 代表"真"。假如 A 和 B 都是"假"的,$0 \times 0 = 0$,命题就是假的;假如 A 和 B 一"真"一"假",0×1(或 1×0)$= 0$,命题仍是"假"的;假如 A 和 B 都是"真"的,则 $1 \times 1 = 1$,因此,"A 和 B 皆真"这一命题是真的。这儿用乘法推断出这种命题的"真"或"假"。

推断"A 或 B 任一为真"这个命题,则要用加法。假如 A 和 B 都是"假"的,$0 + 0 = 0$,命题就是"假"的;假如 A 和 B 一"真"一"假",$1 + 0 = 1$ 或 $0 + 1 = 1$,命题是"真"的;假如 A 和 B 都是"真"的,$1 + 1 = 10$(二进制),10 中有意义的是 1,进一位不是本质的,因此,命题也是"真"的。

电子计算机可用二进制的数学符号进行运算,进行简单的推理。于是,人们燃起希望:思维不需要语言了。

实际上,这儿用的是人工代码,即人工语言。思维仍然是在人工语言的物质材料的基础上进行,而任何人工语言都是依靠自然语言加以规定的。

二进制是低级的机器语言,它是最简单的人工代码。这种代码便于电子计算机运算,但人力很难识别处理。所以,为电子计算机编程序要用高级机器语言,如我国目前广泛使用的 ALGOL 语言。它共有 116 个符号,分为四类:1. 52 个大、小写拉丁字母;2. 0 到 9 十个数字;3. 两个逻辑值 true(真)、false(假);4. 52 个定义符,其中包括算术运算符(+、-、×、÷ 等)、关系运算符(<、=、> 等)、顺序运算符(if 如果,then 则,else 否则,等)、分隔符(",","、",":"等)、括号(( )、〔 〕)、begin 开始、end 结束,等等。计算机使用者用上述符号,根据 ALGOL 语言的语法规则编制程序,计算机即可根据程序运算。

再复杂一点的代码还有机器翻译用的媒介语。媒介语的词表示单值而精确的意义,通常用数字充当符号,作为各语言词语的等值对应物。只要义素相同的词,不管其修辞色彩如何,都用一个代码。如"老太"、"老太太"、"老太婆"、"老大娘"、"老妇"、"老妪"、"老妖婆"等词尽管修辞色彩不同,但都包含"人"、"女性"、"年老"三个义素,因而形式化为一个符号。媒介语中的句子就是表示精确意义的符号综合,句法就是连符成句的规则。

这类人工代码是精密而单义的公式语言,它有一定的体系,不是偶然的、单值的代码。这种符号体系同自然语言一样有物质形式,在一定程度上可以代替自然语言,但同自然语言有本质的区别。第一,自然语言是全社会的交际工具,人工代码局限于一定的使用范围;第二,自然语言不仅表达事实,而且表达人对现实的感情、态度、评价。人工代码精确而单义地代表事实;第三,自然语言是开放的、不断变化的体系,随着社会的发展而发展。人工代码是封闭的、有限的体系,增减一个符号都靠人工规定;第四,自然语言是人类社会千百代人创造和使用的,它同人的思维,同人民的历史、文化、风俗习惯有密切的联系。而人工代码同思维的联系则要通过自然语言,每一个符号都要通过自然语言来事先约定。所以,爱因斯坦说过:"没有一个学者用公式思维。"人主要借助自然语言进行思维。其他人工代码都不够完善,都是辅助工具。

自然语言是音义结合的词汇和语法的体系。它的词汇意义和语法意义及其同语音的结合,都是历史上形成的,纷繁复杂,不是人工规定的一一对应。语言不仅是确定的表达体系,而且反映和体现了人民的思维成果。人工代码的符号是单义的,事先约定的,完全任意的;自然语言的词义同人的认识过程紧密联系着,有一定的理据性。举一个有趣的例子:

拉丁语里有两个词,testa(瓦罐)和caput(头)。testa在后拉丁文中获得了"头"这个意义,现代各罗曼语言"头"这个名称大部分起源于testa(法语tête,西班牙语testa,意大利语testa),而不是caput。这个词义的转化顺序如下图:

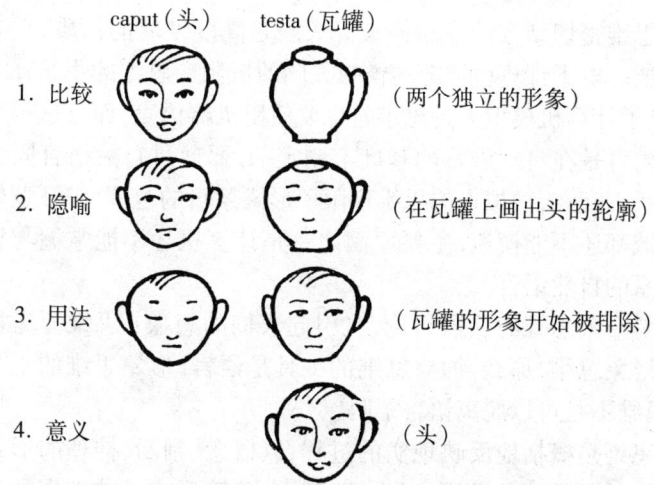

　　第一步产生两个物体和两个名称的对比,瓦罐的形象使人想到了头的形象。第二步是修辞隐喻,它使概念接近,也使词接近。第三步,在一定的上下文中,testa 开始被用来称呼头,获得新的用法。第四步,不再依赖上下文,testa 获得了"头"的意义。但是,testa 的古义"罐子"至今仍存活在很多罗曼语的方言中,如意大利语那不勒斯方言中 testa 的意思就是"花瓶"。

　　caput 和 testa 在现代各罗曼语和方言中都有反映。在罗马尼亚语和加泰隆语中,cap 的意思是"头";在西班牙语和葡萄牙语中,cabo 是多义的,包括"首长"、"首领"的意义。"头"这个概念不仅用 testa 表达,而且也用 caput 派生的词表达(西班牙语 cabeza,葡萄牙语 cabeça)。法语中 tête 表示"头",而源自 caput 的 chef 是"首领"、"首长"的意思。这就是说,如果两个词并存,在语义上就发生分化。分化过程往往延续好几个世纪。在 16 世纪拉柏雷的作品中 chef 同 tête 一样表示"头",现代法语中则有了意义分化。

　　从这个例子看,语言不仅仅是表达体系,它同人民的历史、思维和认识过程紧密联系。它本质上不同于事先约定的、单义的人工代码。如果把语言当作人工代码,那它就会处于认识过程之外,语言和思维就会失去深刻的相互作用,语言就不能成为完善的交际工具。

　　电子计算机模拟人脑的部分思维,并不使思维脱离语言,而是语言与思维密切结合的完整模拟。人脑是高度发展的物质,它有思维的机能。电子计算机部分地模拟人脑的机制。思维的物质外壳是语言,电子计算机模拟人的思维时也要使用机器语言,而且这种人工的机器语言是在自然语言的基础上制定的,要通过自然语言同思维建立联系。现在,模拟人的思维仅限于形式逻辑的范围,辩证逻辑和感情领域都还不能模拟,主要原因之一是计算机还不能掌握与思维直接联系的自然语言。

　　对形象思维的热烈讨论,又引起人们的想象:思维分为抽象思维和形象思维,那么,抽象思维的工具是语言,形象思维的工具是形象,思维不是可以脱离语言了吗?

　　思维是概括地反映现实的过程,以概念、判断、推理的形式反映现实的过程是抽象思维;以表情、意志、美感形式反映现实的过程是形象思维。抽象思维和形象思维的成果都反映在语言单位的意义之中,语言的意义内容相应地划分为词汇意义、语法意义和修辞表情色彩。语言中表情手段是有限的,形象的表现力在言语中可以完全实现。作家主要用形象思维反映现实,但他不仅用语言表达他意识中的形象体系,而且在建立和发展形象体系时,用语言把形象确定下来,加以定形化。通过语言的形象性和表现力使形象深化、概括化、典型化,从而用艺术形象感染人。作家在描写形象的个性时,必须把形象分解为各个组成部分,用最恰当的词语加以形容,然后再加以综合,连成一片。通过这种分析,形象更加清晰、更加饱满,人更能意识自己的形象,发现它的细节,区别出本质特征。作家用语言描绘形象时,往往用恰当的词简洁鲜明地表达形象的本质,用不着废话连篇地传达形象的一切特点。他们用语言把一个形象同另外的形象连结起来,形成逻辑严密的形象体系,使形象获得新的性质。

　　图画和音乐,用色彩、线条、声音等物质材料表现形象,但这种形象缺少分析、缺少同其他形象的连结、缺少概括性,很难形成逻辑严密的形象体系。这些物质材料要转化为语言,才能成为清晰的思想。正像罗曼·罗兰在《约翰·克利斯朵夫》中所描写的,"而音乐,虽然人家认为是普遍的语言,究竟不是普遍的,应当拿文字来做一张弓,才能把声音射到大众的心里去。"所以,图画、音乐等等,仅仅是思维的辅助工具,任何画家和音乐家都不能单独用色彩、线条或声音进行思维,正像任何一个科学家不能单独用公式进行思维一样。图画和音乐只有在语言的帮助下,同语言一起,或者拿语言做一张弓,才能形成思想,把思想射进人们的心里,使思想交流成为可能。

从符号学的观点来看,图画和音乐作为符号体系,同其他符号体系一样,在记载信息、传达信息等方面只能作为语言的辅助工具。这些符号本身没有历史上形成的、同思维密切联系的意义体系,它们只有在语言的基础上,才能形成思想、表达思想。

从模式化的角度来看,只有语言是形象思维模式化的必要条件。语言使形象思维客观化,使形象思维及其反映的现实相关联,通过言语模式同被模式化的客体相对比,从而使形象思维内容客观化,让人们领会形象思维的清晰内容。而图画和音乐,不是形式和意义结合的体系,不能把千变万化的现象加以模式化。

除了有声的自然语言以外,也有以声音和图像为物质材料的人工语言,如戈麦拉岛上用的口哨语和有名的赛拉姆花卉语。但它们都不能脱离自然语言而存在。戈麦拉口哨语实际上是用口哨码化的一种西班牙语方言,它把西班牙语的音位序列码化为口哨语的信号系列,并成功地解决了西班牙言语的压缩任务。而赛拉姆花卉语则是用自然语言约定的符号体系,如用百合花代表贞洁、玫瑰花代表爱情,用花在花束中的配置规则说明相互关系,等等。

口哨语和花卉语的声音和图像比起音乐和图画来,已经有了形式和意义的对应,但这个意义不是历史上形成的、同人的思维密切联系的,而是在自然语言基础上约定的。其声音形象和图画形象只有通过自然语言才有明确的含义。

人可以用图画、音乐以及手势、色彩、公式等手段表达一定的思想,但最完善的表达工具是形成思维、同思维密切联系的语言。其他表达手段要在语言的基础上才能发挥作用。

人们在实际活动中,往往碰到"言外之意"、"言不能尽意"、"只能意会,不能言传"、"言有尽而意无穷"、"非笔墨所能形容"一类现象。这又使人们燃起希望:"意"在"言"外,思维不是脱离语言了么?现在让我们来分析这种现象。

《红楼梦》中的林黛玉,说话往往是含不尽之意于言外的。当贾宝玉被贾政毒打,黛玉去探望他时,只说了一句"你可都改了吧!"这句话信息丰富,包含着最知心的了解、最贴心的关怀、最真切的同情、最亲切的安慰;包含着反抗封建势力失败后的沉痛,生活理想被摧残后的愤恨;也包含着迫不得已的屈服,违背心意的责备和在封建势力下表现的一定软弱和惊恐。

这里,作家用恰当的话语简洁鲜明地表现了形象的本质,而没有废话连篇地传达形象的一切特点。但这儿是在使用语言,这言外之意是在特定的言语环境中显现出来的。离开了言语环境,言外之意就没有基础,也不能被人理解。这句话的丰富含义只有在分析言语环境之后才能懂得。

人们的言语活动是在特定的环境中,选择语言体系中的成分,组成话语,来完成交际任务。言语环境由多种因素构成,主要因素有时间、地点、场合、对象、使用语言的人等等。这些因素都影响到语言的使用。

林黛玉上面那句话是对贾宝玉说的,他们两人相爱,并共同反对封建势力。当时以贾政为代表的封建势力强大而凶恶,而宝、黛的叛逆性很强,他们与封建势力的矛盾十分尖锐。宝玉被打是这一矛盾的激化。被打后,黛玉带着同情、爱惜、委屈以及沉痛、愤恨、惊恐等百感交集的心情来探望。她一来就是一阵"悲切之声","两个眼睛肿得桃儿一般,满面泪光",抽噎了半天之后才向宝玉说出这么一句话。这整个言语环境就是言外之意的基础,它把这句话的信息显示出来。如果再与上文中薛宝钗来探望时那种镇静安详、语带责备的情景一对比,就更能显示出黛玉这句话的深情了。可见,言外之意并非独立于语言之外的思想,而是在特定的言语环境中语言所表现的思想。所以,不能把语言和思维的联系,狭隘地理解为语言体系中词句相加的含义与思想的简单对等,而应该进入言语领域,联系特定的言语环境,揭示话语真实饱满的意义。现代语言学把语言和言语区别开来,并揭示了言语的特点,使语言和思维的关系问题获得更完满的解决。

语言体系巩固了人民历史上形成的集体思维的成果,语言的词汇意义和语法意义都是概括的。词表示的不是个别事物，而是具有相同本质特征的一类事物，"花"这个词表示一切花，红的花、黄的花、玫瑰花、菊花，等等。言语是在特定环境中用语言材料、按语言规则临时组织起来的，它也同人民集体的思维成果有关，因为吸收到言语中的语言成分巩固和记载着这些成果，并且为全民所公认，是交际过程中相互了解的基础。但是言语也同个人的思维活动有关，个人使用语言，依赖言语环境，表达特定的思想。个人思维过程的总的基础是语言体系所巩固的集体思维活动的成果。个人的思想通过语言从个人的所有物转化为社会所有物，转化为全社会的精神财富。个人在言语中巩固自己的思想，因为有了语言，个人有可能把思想作为外在的对象加以分析。语言使思想客观化，它不仅是理解别人思想的工具，而且是理解自己思想的工具。在语言发展的历史进程中，个人言语及其思维成果影响到语言体系所巩固的集体思维成果，引起词汇意义、语法意义的变化。言语中的词依赖于特定环境，同某一具体事物相对应，排除了词的多义性。同时，依赖特定的言语环境，言语有时获得言外之意。在言语活动中，一些非语言的手段，如手势、面部表情等起着辅助性的交际作用，帮助语言更准确更鲜明地表现思想。

语言中有表情手段，但这些表情手段是有限的、潜在的，而言语的表现力则可以是现实的、充分的。离开言语环境，譬喻无所谓恰当，双关无所谓妙语。但在特定言语环境中，形象思维则可以自由驰骋。但是，这是在使用语言的基础上，语言体系以其丰富的词汇和语法手段，提供了表现力的无限可能性。

所以，我们讲语言和思维的关系时，包括言语和思维的关系。

语言和思维的关系，要从语言和思维两方面加以分析。

对思维说来，语言有以下几个功能：

第一、语言是形成思想的工具。只有把思维同语言相联系，人们才能实际地实现思维，语言参与思维的形成。没有语言的巩固，思维无法定形，始终含糊不清，无法被接受。语言是思维成果存在的物质形式，思想在语言中客观化，并通过语言而现实化。正是在这个意义上，没有语言就没有思维。

第二、语言是表达思想的工具。语言一方面形成思想,一方面表达关于思想的信息,使思想交流成为可能。社会集体的思维成果概括地固定在语言要素中,由词汇和语法手段加以表达。人们可以使用语言要素,组成话语来表达自己的思想,让自己,也让别人理解思想。为什么人们通过话语能够理解所表达的思想呢?这是因为,大家都懂得所使用的语言的词汇和语法,都使用全民公认的词汇和语法组织话语表达思想,并通过话语的分析理解思想。表达思维活动成果的功能在交际过程中具有巨大意义,是实际交际过程的主要条件之一。

第三、语言是引起别人思想的工具。在交际过程中,读者或听者在理解话语时,会引起同话语所表达的相仿佛的思想。

语言形成思想、表达思想、引起思想,使人们可能交流经验,交换心得,互相学习,互相促进,从而更完全、更深刻地认识世界,更正确地改造世界。在这个意义上,语言也是认识的工具。

第四、语言是使思维过程模式化的工具。人们在言语行为中使用语言,扩展言语序列,就使思想扩展客观化,保证别人和自己领会思想。言语的扩展过程同思维过程相适应,言语序列随着思想的扩展而扩展,成为思想的特别模式。人们可以通过分析话语、翻译话语、领会话语等方法,从可以观察到的言语模式,过渡到直接观察不到的思想本身的结构。这样,语言就使思维客观化,从而使人们可以控制自己的思维过程,使思维同其反映的现实相关联。由于言语模式能够同被模式化的客体相对比,因而,可以通过修改模式而使思想更加符合现实、更加完善。

语言模式同其他模式化体系相比有很大的优点:

1. 人从小掌握语言,以后才逐渐掌握科学、艺术和哲学。
2. 借助语言可以谈论一切现象,包括未经科学解释的幻想、想象。
3. 语言为大家所掌握,科学、艺术要求专门准备。

第五、语言是使思维活动人化,使人脱离动物界的条件之一。高级动物有思维的萌芽,但由于没有语言,它只停留在萌芽阶段,不清晰、不概括,不成其为思维。只有语言使思维清晰可解,使人得到概括的反映,使思维人化。劳动创造人,创造人类社会,也创造人的语言和思维。语言和思维在劳动中相互作用,互相促进,共同发展。

三、思维对语言的作用

语言对思维产生很大的作用,但是,不能过高地估计这种作用,不能说语言决定思维的性质和类型。

思维的规律是全人类的,而语言规律具有民族特点。世界上有好几千种民族语言,如果说语言决定思维的性质和类型,就没有全人类的思维规律了。

众所周知的萨丕尔—沃尔夫假说就是过分夸大了语言对思维的作用。他们认为,语言决定思维的性质和类型,思维过程是语法的一部分,随着民族语言的不同而各不相同。这就否定了思维的全人类性质。根据他们的假设,认识现实的性质取决于用哪种语言进行思维,语言不同,认识的过程和结果也不一样。

分析一下沃尔夫的假设是饶有兴味的。

沃尔夫做过保险公司的检查员,每天接触大量火灾及其原因的材料,他发现引起火灾的原因之一是词语。

人们在"汽油桶"标志前小心翼翼,在"空汽油桶"标志前掉以轻心。然而"空桶"内却有爆炸气体。"空"这个词在这儿可有两个含义:一是一无所有;一是没有汽油,但有可燃气体的残余。人们把没有汽油液体理解为一无所有,从而导致火灾。

木材化工厂用石灰石做绝缘体而不采取防火措施,因为顾名思义把石灰石理解为不能燃烧的"石头"。语言错误导致火灾的发生。

"废金属堆"既然是金属当然不会燃烧,可是里面有容易着火的带有石蜡的废电容器。诸如此类,不一而足。

沃尔夫一方面注意到词语引起火灾的事实,一方面在业余时间研究印第安语言。他逐渐形成了一个假设:"人的思维和行为完全取决于语言"。

这个假设是引人入胜的。

天上的彩虹有几种颜色?"赤橙黄绿青蓝紫,谁持彩练当空舞?"讲汉语的人会毫不迟疑地回答这个简单的问题,"七种"。讲俄语的人也会数出分光谱上的七种颜色：красный，оранжевый，желтый，зеленый，голубой，синий，фиолетовый。但是，讲英语和德语的人却说是"六种"。"青"(голубой)和"蓝"(синий)在英语和德语中只有一种名称 blue(英)或 blau(德)。在利比里亚一种黑人语言中只有两个词表示虹的颜色：按画家的术语，一个词表示暖色(红、橙、黄)；一个词表示冷色(绿、青、蓝、紫)。

世界各族人看到的同一个客观现象，不同的民族语言却给它"刷上了不同的颜色"。同一个事物，在语言里获得了不同的称呼。

沃尔夫据此做出假设：人不仅生活在物质世界和社会活动的世界中，而且生活在自己语言的世界中。客观世界按照语言世界而建立。语言改变，客观世界也随之改变。准确些说，客观世界依然如故，而在人的思想中它已是另外一个世界。不同的语言以不同的方式反映和划分世界。沃尔夫认为，我们获得祖国语言的同时，无意识地获得了一定的思维方式。沃尔夫甚至认为，如果牛顿不用英语思维，而用印第安语思维，在他的物理学中，世界构造的图景将是另一个样子。这显然是夸大了语言对思维的作用。实际上，世界先于思维，事物先于词语。

如前所述，语言的确影响思维，但并不影响思维反映现实的本质。语言交际的目的，是传达关于现实的信息。每种语言都可正确传达关于周围世界的信息。主要影响思维的是客观现实本身，是人们的社会实践和实际生活经验，而不是语言。以"空汽油桶"为例，首先，各种语言都有这种讲法；其次，在油田里，人们根据生活经验知道空汽油桶的危险性。实践丰富人的思维，如果需要，进而引起语言变化。有的民族人民划分光谱的色彩少一些，但这只是在生活中不必要区分的时候。各国的画家区分光谱却要详细得多。英国人和德国人只是在实际不需要的时候，不去区分"青"和"蓝"，而一旦需要，如绘画时，他们照样很好地加以区分。这时使用的是词组而不是单词，"青"——light blue(英)，hellblau(德)，即"浅蓝色"；"蓝"——dark blue(英)，dunkelblau(德)，即"深蓝色"。

世界事物的样子是无限的，语言中词的数量则是有限的。所以，生活中非本质的东西暂时不加区分而从细节加以抽象是必要的。一且需要区分,语言中就会找到表达手段。社会实践和生活经验使思维确切化,也使语言确切化。如果思维不正确地反映世界,这首先是由于社会实践和生活经验还不能确切描绘世界图景。我们至今仍说"太阳从东方升起"、"日落西山",这反映了当时的科学水平。现在日心学早已成为普通常识,语言中留下的习惯说法不能代表我们的知识水平,也不会影响我们的正确思维。

20世纪60年代初期,美国芝加哥召开了国际讨论会,讨论与沃尔夫理论有关的问题,包括语言和思维的问题。到会的语言学家以及逻辑学家、心理学家、民族学家、人类学家、哲学家肯定了语言对思维的影响,但是不同意沃尔夫语言决定思维、决定世界观的假设。

我们要看到语言对思维的作用,但不能过分夸大这种作用。更重要的是,还要看到思维对语言的作用。

思维对语言的功能有下列几点:

第一、思维是直接引起语义变化和发展的动力之一。思维的发展引起新的意义,取消陈旧的语义,对语义体系进行调整。

一般说来,语言随着社会的变化而变化,语义的变化也由社会的影响而引起。但社会影响不是直接的,而是通过思维的中介,只有进入思维领域的东西才能影响语义及其联系。

思维保证语言单位发挥作用。语言单位是音义结合的,思维成果固定在语义中,促使语义发展。

例如,任何一个多义词的词义体系都显示出同思维有关的变动和联系。"运动"一词所包含的"体育活动"、"物体位置移动"、"群众性的社会活动"、"物质存在的形式"等都有内在的联系,包括思维的活动成果。科学术语意义的转换和改变更直接说明科学概念的发展。

语法意义虽然更抽象,变化更缓慢,但它却是思维长期抽象工作的成果。语法意义是在概括的词汇意义基础上进一步的概括和抽象,通过词汇意义,它还是客观事物属性的高度概括和抽象。而抽象和概括活动本身就是思维活动。

第二、思维是言语扩展的主要原因。语言是音义结合的体系,是人类最重要的交际工具。语言体系只是在思维活动的激发下,才在言语中起表达、交流思想的作用。推动言语创造、言语扩展的力量是思维。线性扩展的言语是思维活动的一种特别模式。

第三、思维是为创造话语而选择语言单位的动力。人在交际过程中,要依赖特定的言语环境,选择语言材料,组成话语。在语言体系许多同义手段中,选择最适合于特定言语环境的手段是由表达思想的需要决定的。

第四、思维也是形成语体的条件之一。在不同的社会活动领域进行交际时,由于不同的交际环境,就各自形成一系列运用语言材料的特点,这就是语体。语体作为言语类型的稳固体系,依赖于社会交际行为的类型,包括社会集体思维的类型。所以,思维是形成语体的条件之一。

第五、思维对言语的建立和扩展起控制作用。思维越合乎逻辑,言语就越准确精练。思路清晰,言语明白;思路不清,言语含混。思想正确,名正言顺,义正词严;思想错误,理屈词穷,强词夺理。思维成为言语修养的重要条件。在言语扩展中,语言材料的选择和组织、语言规范的遵守、话语结构和信息内容的适应、话语合不合逻辑、信息内容同现实的对应等等,都要受到思维的控制。

总之,思维对于语言有积极的作用。

思维对语言的影响导致各种语言中普遍现象的出现。

学者很早就注意研究各语言的普遍现象。古典语法建立了关于各语言都有的词类的学说。13世纪开始使用"普遍语法"(grammatica universalis)这个术语,试图寻找语法中的普遍现象。中世纪的学者把古典拉丁语看成是人类语言合乎逻辑的标准形式,试图证明各种语言结构,特别是拉丁语结构,都体现着普遍的逻辑规则。17世纪出版了阿尔诺和兰斯洛编写的《普遍唯理语法》,书中描写了各种语言的共同原则和主要差别出现的原因。他们从全人类统一的逻辑规律出发,断定存在一些对所有语言共同的建立语法的原则。这种看法一直影响着传统语法的研究。20世纪中叶再次燃起对语言普遍现象的兴趣,1961年在纽约召开了专门讨论语言普遍现象的会议。美国当代语言学家乔姆斯基强调人类语言的相似性,他认为语言学的中心任务是建立一种适合一切语言的语言结构理论。他的深层结构理论就是从逻辑角度分析语言的。

各语言中的确有普遍现象,引起普遍现象的主要原因之一也的确是思维全人类性的影响。美国语言学家霍凯特指出,每种民族语言都有双成分结构的句型,一个成分是主位,表示已知内容,另一个成分是述位,表示该内容的新的信息。苏联语言学家布达哥夫认为,形式逻辑思维规律就是任何语言词汇一般规律《词义的扩大、缩小和转移》的基础。英国语言学家乌尔曼写了一本《语义普遍现象》的专著。

语言是人类最重要的交际工具,是音义结合的词汇和语法的体系,各语言之间的普遍现象正是普通语言学感兴趣的研究课题之一。

但是,不能过分夸大语言的这种普遍现象。语言规律和思维规律不一样。思维规律是客观现实规律的反映,为全人类所共有;语言规律则具有民族独特性。各族人民判断、推理的逻辑形式是一致的,但各民族语言的体系各不相同。

思维是全人类性的。但一个人的思维同他的本族语密切联系,随着本族语水平的提高,思维能力也逐步发展。而各民族的语言却是不同的。这使语言和思维的关系问题显得复杂化。这种复杂化,在人们学习外语之后,掌握了第二语言时特别明显。

外语教学界一直关心外语思维的问题。有没有外语思维呢?有人说,思维既是全人类性的,就不可能有与本族语思维不同的外语思维,学外语只是用另一种语言表达和理解已经形成的思想不需要外语思维。这个意见似乎有道理,但不正确。

思维是客观现象的反映,从总体上说客观现实对各民族都是一致的,这就决定了思维的全人类性。但是,由于不同民族具有各自的历史,生活在不同的地理环境,过着悬殊的物质和文化生活,存在不同的精神文明和生活习惯,因而,各民族形成思维的条件,同语言手段相应的具体思维内容不尽相同。例如,不同民族尽管用相同的思维形式形成概念,但概念系统却不尽相同。英语的 uncle 和俄语的 дядя 概括的范围相当于汉语的"叔叔、伯伯、舅父、姨父、姑父"等,即

"一切非直属的上一辈男性亲属"。从语词的搭配来看,汉语的"浓茶",英语中叫 strong tea(直译"强茶"),俄语中叫 крепкий чай(直译"坚茶");汉语的"粗话",英语中叫 dirty word(直译"脏话"),俄语中叫 черная работа(直译"黑话")。撒哈拉沙漠绿洲上的居民,有 60 个词表示各种"棕榈",而没有一个词表示"雪"。相反,苏联北方的聂聂茨人,有 40 个不同的词来表示"雪",如"冻雪"、"散雪"、"新雪"、"陈雪"等。这些不同的概念系统是由民族语言的词来表示的。所以,概念、判断、推理等思维形式,分析、综合、抽象、概括等思维过程是全人类的,教外语时不必教外语思维的推论方式。但是从不同语言的词所概括的概念内容来说却不完全一致,这使培养外语思维、培养不通过本族语而直接理解外语的能力成为必要。

所以,语言学不仅要重视研究语言的普遍现象,更要研究民族语言的特点,这样才能更正确地处理语言和思维的关系。

四、语言和思维的辩证关系

经过上面的分析,可以得出结论:语言和思维之间存在辩证统一的关系。

语言这个音义结合的词汇和语法的体系,是人类最重要的交际工具,也是人类思维的工具,是实现思维活动的物质形式。人类特有的思维是认识客观现实的积极过程,反映现实的最高形式,它是在语言物质材料的基础上形成、存在和发展的。

语言离开思维,就成为"空洞的声音",不再是音义结合的交际工具。思维在语言的基础上进行,离开语言的物质形式,就不可能进行思维活动。

国际符号学联合会主席、现代著名语言学家邦文尼斯特在他于 20 世纪 70 年代写的《普通语言学》中说:"思维的可能性总是同语言能力不可分割。因为语言是载有意义的结构,而思维,这意味着运用语言符号。"他还说:"语言形式不仅是……传达思想的条件,而且首先是实现思想的条件。我们理解的思想已经被语言框架定形了。语言之外有的只是以手势和面部表情表现出来的不明确的动机和意志冲动。因而,只需不带成见地分析存在的事实,没有语言,或像绕过某种障碍似的绕过语言能否思维的问题是毫无意义的。"邦文尼斯特在深刻研究语言体系以及其他符号体系的基础上得出的这个结论无疑是可以接受的。理由已如上述。

（原载《北方论丛》1981年第4期，收载《现代语言学研究》，福建人民出版社1983年版）

论当代"语言学概论"课
（代前言）[①]

振奋人心的信息时代。进入20世纪80年代后科学信息量迅速增长。掌握最新的科学信息是实现社会主义四化建设的一项重要条件。语言是承载和传递信息的主要工具，语言学已成为现代科学体系中的关键科学。高等学校的"语言学概论"课是培养语言专家的一门基础理论课程，它应该以最新的科学信息把未来专家引向科学前沿，让他们有可能为振兴中华、实现四化贡献力量。

现在高等学校的"语言学概论"课教材，有些还是20世纪50年代的框架。50年代的教材反映了当时的学术成果，对当时的语言学教学起了应有的积极作用。但随着科学的发展，教材中有些内容陈旧，知识老化；有些内容已成为普通常识；有些又与语言实践课重复，更严重的是近30年当代语言学的新成果没有得到很好反映。为了适应新时期语言学教学需要，我编写了这本《语言学教程》（下简称《教程》），并借此谈谈语言学教学内容更新和教学方法改革的问题，供同志们参考。

一、教学内容的更新

同20世纪50年代的教学相比，这本教材反映了当代语言学的一些最新成果和发展趋势，主要表现在以下方面。

1. 语言学的对象是语言体系、言语活动和言语机制。当代语言学突破了索绪尔的语言学只研究语言体系的看法，从语言体系、言语

---

① 原《语言学教程》的代前言。

活动和言语机制三个方面认识语言现象的本质、探索语言的奥秘。

语言存在于言语之中,语言体系在使用中变化发展。语言的使用是在特定的言语环境中选择语言材料,组织话语,完成交际任务。离开言语活动而抽象地研究语言体系,会使语言体系本身陷入枯竭境地,并使语言学显得异常贫乏。许多语言现象要从语用的角度才能很好理解。因此,探索言语规律成为语言学的重要任务。

人在言语活动中逐步掌握语言体系,在言语交际中生成话语、理解话语,所以研究言语活动离不开对言语机制的探讨。掌握语言过程要脑机制来实现,这种机制的形成不完全是天生的,而是机体和后天社会生活环境相互作用的产物。语言学和语言教学要分析社会环境对掌握语言的决定性作用。生成话语的心理途径是从最初的表述动机,经过表述的语义初迹和内部言语,到扩展的外部言语。理解话语是从感知对方扩展的外部言语,到分出主要思想,理解话语的主要意思。对言语机制的研究,有利于内部言语、言语生成、言语理解、语言掌握等问题的解决,为语言学研究和语言教学开辟了新天地。

由于当代语言学重视研究言语,主要研究言语规律的现代修辞学成为语言学的重要分科,日益受到重视。同研究言语有关的语用学、话语语言学、信息语言学、社会语言学等分别形成。由于当代语言学重视言语机制,心理语言学、神经语言学等分别形成。整个语言学越来越丰富。《教程》在"修辞学"、"心理语言学"、"社会语言学"等章反映了这个现状。

2. 语义和语义学的地位越来越重要。当代语言学突破了"语音、词汇、语法是语言三要素"的局限,从语言是音义结合的词汇和语法的体系的观点,重视了语义的研究,确立了语义学的重要地位。

传统语言学只在语法学和词汇学中有限地研究语义问题,没有像划分语音学那样把语义学划分出来。结构语言学只分音位学和语法学两门分科,既不重视语义,也不重视词汇体系。转换生成语言学早期也忽视对语义的研究。到了20世纪60年代中叶,为了克服语言研究忽视语义的现象,各派语言学家都致力于语义学的研究。从60年代后期到整个70年代,西方语言学界开展了一次语义和句法问题的学术讨论,使语义学成为同语音学、语法学并列的分科。

语义学研究打破了传统的局限,对语义的本质、结构、形式化等问题进行了探讨;打破了历时的局限,着重研究共时和泛时的语义现象;打破了词义的局限,小至义素分析,大至话语意义研究,范围相当广泛。当代语言学重视语义研究,使整个语言体系得到全面而深刻的分析,工程语言学在语义形式化的研究中,获得电子计算机自动分析语义的模式,促进了机器翻译、人机对话等应用领域的发展。

《教程》增写了"语义学"一章,阐明语义的实质和作用,反映了义素分析、语义场、语义的逻辑演算等新成果。

3. 理论语言学分科对语言体系研究有新的进展。除语义学外,语音学、词汇学和语法学都有很多新进展。《教程》在相应章节反映了进展的情况。

"语音学"一章除论述语音的物质性、语流分解、语音变化等问题外,着重阐明音位和超音段音位问题。音位是语音体系中具有辨义功能的基本单位,是区别性特征集。音位有辨义功能,也有构成功能。现代音位学除研究音段音位外,对超音段音位研究颇多,从音长位、声调、重音、逻辑重音、语调、音渡、停顿等多方面探索音段音位之外的辨义手段。

"词汇学"一章除论述词汇单位、基本词汇和一般词汇、词汇的发展等问题外,还着重阐明词汇的修辞分类、熟语学、名称学等问题。词汇的修辞分类就是按照词语的修辞分化进行分类,可以分出若干词汇层,提供了词语的优势使用范围。这一章分析了熟语的潜在意义、限制意义、历史意义,并按照词义在熟语中的结合程度和熟语的性质对熟语进行了分类。

"语法学"一章除论述传统语法问题之外,还着重阐明传统语法和现代语法的区别以及现代语法的主要理论和流派。同传统语法相比较,现代语法重视形式、重视口语、重视描写、重视综合、不明确区分语法现象和词汇现象、不明确划分词法和句法界限、重视共时研究。本章介绍了结构语法的语素研究、语素划分和归类的形式方法;介绍了转换生成语法四个阶段的主要理论以及近几年来其研究重点从规则系统向原则系统的转移;还简略地介绍了到20世纪80年代为止的若干语法流派,它们从不同角度对语法现象进行了分析研究。

4. 当代语言学理论获得广泛应用,改变了语言学研究理论忽视应用的状况。语言学理论被应用到言语修养、文字的创制和改革、词典编纂、外语教学、翻译等领域,还同其他科学相结合,应用到机器翻译等新的领域。《教程》增写了"修辞学"、"文字学"、"词典学"、"翻译学"、"外语教学论"等章,专门探讨语言学应用和指导实践的问题。

修辞学研究修辞手段和言语规律,与语用学的关系十分密切。语用学研究语言的使用规律;修辞学除了研究言语规律外,还研究语言体系中的修辞手段。语用学的目的是保证交际者各方在言语环境中对语言单位的共同理解;修辞学则从交际效果出发,探索言语规律和修辞方法。"修辞学"一章除阐明二者的区别和联系外,较为系统地论述了现代修辞学关于言语环境、语体、风格、文风、言语规律、言语修养、修辞手段、修辞方法、话语分析等问题,以及修辞学和信息学的关系。修辞学在信息学关于信息传递规律的基础上,研究用修辞方法来克服信息差,保持信道畅通,提高信息传递效果。

在"文字学"一章中,根据文字究竟表示什么语言要素的功用,把文字分为语段文字、词符文字、词素文字、音节文字和音素文字五大类,外加变音符,标点符号和分词符两类辅助文字符号。各类文字符号又可概括为表意符号和表音符号两大类。改变了传统文字学把文字分为图画文字、表意文字和表音文字的不确切的分类法。这一章在对文字的本质、类型、体系和分类等进行分析的基础上,指出世界文字发展的总趋势是走拼音化、拉丁化的道路。

"词典学"一章应用词汇学、语义学和其他语言学分科的理论,阐明了词典体系、词典类型、词目、词条等问题;介绍了语义的历史分析、频率分析、搭配分析三种分析多义词词义体系的方法,用来归纳词义,划分义项。

"翻译学"一章论述了翻译的本质,可译性和等值性,以及翻译单位、标准和方法等问题。该章阐明翻译就是转换承载信息的语言,从而确定翻译学是应用语言学的一门重要分科。它研究话语信息的语际转换过程,语言单位在话语中的对应规律和语际转换过程中话语信息的传递效果。

"外语教学论"一章中论述了外语教学法流派、教学方法和模式、外语教学大纲的演变等,着重论述了语言和言语在外语教学中的辩证关系,阐明了外语能力,外语思维和外语语感等问题。通过外语教学,要让学生既能用外语进行交际,阅读外语文献;又能分析和解释外语现象,研究外语规律。

总之,要使语言学理论能联系实际,指导实践。

5. 语言学边缘科学涌现,改变了就语言研究语言的状况。语言学同有关科学的结合,使语言学理论应用到机器翻译、情报自动检索、人机对话、信息传递、自动控制、人工智能、失语症治疗、人工语创制、社会语言调查等领域。

语言学同其他科学深刻联系的结果,形成一系列边缘科学,主要有社会语言学、心理语言学、工程语言学、辅助语言学等。

《教程》的"社会语言学"一章主要论述语言变体、双语现象、语言政策等问题;用社会科学的方法,从语言和社会关系的角度研究语言,着重研究语言变体和社会变异的对应。

"心理语言学"一章主要论述内部言语、言语生成、言语理解、语言掌握等问题;用心理学的方法研究语言,从人的心理活动解释语言现象,对言语活动过程进行心理学的描写。

"工程语言学"一章主要论述语法形式化、语义形式化、媒介语、语言模式化等问题;用工程的方法,从计算机处理信息的角度研究语言。

"辅助语言学"一章主要论述各种人工语言和符号体系作为辅助交际工具的作用,以及言语交际中非语言手段的辅助作用。

语言是一种联系十分广泛的现象,它存在于人的一切活动领域。语言学在发展过程中不断有新的边缘科学出现,这是当代语言学值得关注的问题。

6. 对传统语言学问题有了新的探索。当代语言学对一些传统研究领域也有新的探索,传统语言学在继续发展,继续发挥作用,在一些问题上吸收了现代语言学的成果,同现代语言学合流。《教程》充分地反映了传统语言学的成果,但是精简了若干内容陈旧或变为常识或与其他课程重复的叙述,如对"几百万年前人怎么开始说话"

的繁琐叙述,对人类发音器官的冗长解剖分析,对19世纪语言学家片言只语的无休止批判,等等。

除删繁就简外,本书还对一些传统理论作了新的探索。例如,从20世纪50年代以来,语言学教材一直说语言发展规律只有"不平衡规律"和"渐变性规律"两条。《教程》在观察大量语言事实的基础上,经过分析研究,除这两条规律外,还论述了语言发展的理据性规律、类推规律、简化规律、丰富化规律、抽象化规律、概率规律、内部制约规律。

7.《教程》指出,语言学研究的重点从结构转向建构。所谓建构,一是指利用语言体系中的材料构成话语,二是指利用话语中的创新,在其约定俗成之后,充实语言结构体系。语言的共时结构是相对的,是建构的一个阶段。语言建构的阶段性和连续性相统一,阶段性使语言结构具有相对稳定的性质,以保证社会实际的需要;连续性使语言结构不断发展,以满足日益增长的实际需要。

任何语言的结构都不是预成的,而是在交际和思维活动中建立的,通过使用逐渐形成的;形成之后不是凝固不变的,而是不断发展的。所以,建构是动态的,在言语交际中,建构无数新话语的同时,不断以话语中的创新成分丰富语言的结构体系。现代各种语言均不断发展,处于建构之中。

语言结构和语言建构是相互作用的,结构离开建构就不能适应社会交际,语言体系就显得贫乏。语言学应该在继续研究语言结构体系的同时,更多地研究建构规律,研究建立话语和发展语言结构的规律。当代语言学打破了结构语言学的种种局限,开展了建构研究,进入建构语言学阶段。

8. 语言学是现代科学体系中的关键科学。《教程》根据现代语言学理论研究和当代语言学的发展趋势,阐明了语言学在现代科学体系中的地位。

语言的本质属性是社会属性,但它还有自然属性。语言学是一门社会科学。根据客观世界发展的原则进行科学分类,语言学是科学体系中最接近自然科学的社会科学之一。在劳动创造了人同时创造了语言和思维的关节点上,科学研究的对象从自然领域转入社会领域。所以,语言学同众多的社会科学和自然科学紧密联系。在现代科学体系中,由于机器翻译、自动控制、人机对话等方面向语言学提出了迫切任务,使语言学同数学、数理逻辑、控制论、信息学、概率论、符号学、电子学、计算机科学等建立了密切联系,这是值得注意的趋向。根据语言学理论建立的自然语言理解系统,是人工智能模拟的重点;运用语言学理论处理信息,促进了管理自动化和生产自动化。由此可见,当代语言学有很大的现实意义,对实现四化有重大的作用。

综上所述,当代的"语言学概论"课在教学内容上应该与50年代的课程有显著的区别。《教程》力图通过汉、英、俄语的例证,深入浅出地反映出这种区别,反映出当代语言学的新水平。但是《教程》仅仅是阶段性的小结,语言学还在继续发展,语言学的新信息不断涌现,使用《教程》要随时用新鲜的成果充实教学内容,才能收到最理想的教学效果。

二、教学方法的改革

教学内容的更新必然要有相应的教学方法的改革相配合。教学内容更新了、增加了,怎样做到重点突出,兼顾一般;怎样使学生既掌握基础知识,又掌握最新成果;怎样既提高学生的知识水平,又培养学生的创造能力,这都要求进行教学方法的改革。

我们在更新教学内容的同时,进行了下列几方面的教学方法改革:

1. 论述式讲解、概述式讲解和指引式讲解相结合。对教学内容的新信息点、重点、难点,进行论述式讲解,深入浅出地详述理论原理,用恰当的例证加以说明,帮助学生深刻领会这些内容。对容易懂的一般内容则进行概述式讲解,提纲挈领,简单扼要地讲解。对一些传统项目,如主语、谓语,元音、辅音等,或扩大知识面的内容,则做指引性讲解,一笔带过,指导学生自学。这样区别对待,主次分明,重点突出,学生容易接受。

2. 因对象制宜、因学时制宜、因专业制宜。根据近几年的情况,学习"语言学概论"课程的对象有大学一年级、二年级的学生,有参加自学考试的学生,有业余大学的学生,有进修的中学教师。学时也不尽相同。专业更不一样,有中文,有外语,外语中还有不同的语种。

根据不同的对象、学时和专业,讲课内容可以有所侧重,论述、概述、指引的内容可以有所调整。根据对象的水平高低,决定讲课内容的深浅;根据学时的多少,决定讲解的详略;根据专业的特点,决定讲解的重点,照顾到学生所学语言的特点和所学语言国家语言学的状况。例如,对日语专业的学生讲课,要考虑到黏着语的特点、音节文字的特点等等;对英语专业的学生讲课,要考虑屈折语的特点、音素文字的特点,还要考虑到英语国家的语言学研究情况,如转换生成语言学多半是以英语为材料进行研究的。

总之,教师讲课不能千篇一律,照本宣科,而要灵活掌握《教程》提供的内容,量体裁衣,讲得恰到好处。

3. 考试方法改革配合教学方法的改革。首先,理论知识测验、创造能力测验和演算能力测验相结合。考试题目要包括一些知识题,测验学生对基本理论知识的掌握;要有一些论述题,让学生根据所学原理,加以发挥,加以论证,测验他们的创造能力;还要有一些练习题,如语音分析、语法分析等,测验学生的演算能力。这三部分题目的分量比例大体是:知识题40%,论述题40%,演算题20%。

其次,考试题要紧密配合讲解方法。论述性讲解的内容是学生应该重点掌握的内容,应有60%的考题;概述性讲解的内容是学生容易懂的一般内容,考题宜占30%左右;指引性讲解的内容主要是指导学生自学的传统项目或扩大知识面的内容,考题宜占10%左右。这样,掌握了重点内容的学生,就可及格;同时掌握重点内容和一般内容的学生才能得高分;既掌握上述两项内容,又在教师指引下认真自学、扩大知识面的学生才能得满分。这种考试方法与讲课方法紧密配合,有效地促进教学方法的改革。

再次,考试内容和方法也要因专业制宜。考题中70%应是各专业统一的,反映各专业共性的题目,30%的题目可以考虑专业的特点。

以上从教学内容的更新和教学方法的改革两方面叙述了当代"语言学概论"课的特点。

通过新鲜的科学信息和灵活的教学方法可建立起密切的师生关系,取得优秀的教学成绩。

我们的教学经验说明,新鲜的科学信息对学生有一种意想不到的内在吸引力,绝大部分学生求知欲望强烈,对当代的科学信息如饥似渴。现代语言学理论和应用对四化建设的作用,使越来越多的学生喜欢并致力于语言学的学习。如果教师能够融会贯通,讲得深入浅出,就会像磁石一样把学生吸引住,让他们主动吸收你的新鲜的科学信息。这么一来,通过教学就可以建立密切的师生关系,教师通过自己的教学水平树立起威信,与学生建立起学术友谊,从而取得优秀的教学效果。

"语言学概论"课程教学内容的更新,是科学发展和四化建设提出的迫切要求,是每个语言学教师面临的光荣任务。我们语言学教研室的教师为了完成这项任务,认真学习、悉心研究、经常开展学术讨论。我们愿意和广大语言学教师相互学习、相互切磋,把这门课程开出当代的水平。

(原载《外语研究》1984年第2期)

现代语言学的突破口

现代社会的科学技术不断发展,知识财富日益丰富,科学一方面越来越分化,形成不同的学科,研究日益深刻;一方面越来越综合,形成各种边缘科学,课题日益广泛。各门科学都向社会提供日新月异的新信息,出现了所谓"知识爆炸"的局面。

所谓"知识爆炸"或"信息爆炸",就是社会信息迅速增长,知识不断更新。这种现象是社会进步和人类文明程度提高的标志,只要采取有效手段处理日新月异的社会信息,就能使社会更快进步。处理社会信息的有效手段依靠多门科学提供,语言学是一门关键科学。

信息就是符号系列所承载的知识内容,凡是有序的符号系列都可承载信息。人类语言是最重要的信息载体,也是处理和传递信息的重要工具。所以,语言学成为信息时代的关键科学。

信息的处理和传递包括人际交际和人机对话两大领域。

人际交际就是在人与人之间(包括集体和个人之间)交流思想、传递信息,达到相互了解,协调共同行动。语言是人类最重要的交际工具。用语言单位组成话语可以传递各种信息,达到交际目的。话语活动是组织社会信息的有效手段。语义相联系、结构相衔接的连贯话语是交际单位,它在言语活动中被建构、被理解。没有话语的建构和理解,知识的交流是不可思议的。一个人的社会活动成效,同他在交际过程中建构和理解话语的能力有关。人在通过话语传递信息时效果可能大不一样,有时三言两语就可完成一次交际任务,有时千言万语也达不到特定的交际目的。而交际效果的好坏对社会进步有着重要影响。

人机对话是人同机器之间的交际,借助机器来处理和传递信息。机器翻译、情报自动检索、信息高速公路、书报自动编排、人工智能、程序教学等都是通过电子计算机和其他机器来更有效地处理和传递信息。将来的信息化社会,除人际交际日益频繁之外,还要通过人机系统处理和传递社会各领域的信息,提高社会活动的效率。

人的智力超过一切机器,在人机系统中起关键作用的是人。机器帮助人处理语言承载的信息,要使信息处理达到最佳化,就要让机器掌握在自然语言基础上形成的人工语言,进而直接掌握自然语言。机器掌握了语言,就能按照人的言语指令完成特定的任务,提高人机系统的效率。

所以,不管人际交际和人机对话,最重要的工具是语言。与知识信息爆炸有关的许多问题要用语言学理论加以解决。

笔者认为在语言学范围内,研究的突破口是:用现代语言学理论,特别是语言学第二代边缘学科,如社会心理语言学、神经计算语言学和信息工程语言学的理论和方法,来研究作为交际单位的话语,使话语信息发挥最佳作用。这不仅是语言学本身的突破口,也将是整个信息社会的突破口。

人在交际过程中使用语言单位,依赖言语环境建构话语,传递信息,交流思想。同时,人从理解话语中接收信息,认识世界;然后处理话语信息,实施控制,改造世界,又从话语中得到反馈信息,进行自我调节,改造主观世界,达到主观和客观的高度统一。因而,一个人在社会活动中能起什么作用,他的社会活动成效大小,多半取决于他建构话语、理解话语、从话语中获得有用信息的能力。

人处在社会信息流中,他通过话语(包括书面文献、口头谈话)接触各式各样的信息。有新信息,也有已知信息;有科学信息,也有日常生活信息;有效信息,也有冗余信息、无效信息,甚至有害信息;有现实信息,也有潜在信息;有始发信息,也有反馈信息。在传递过程中,信息有时传真,有时失真;有时增值,有时贬值。语言单位在话语中所体现的知识信息,不总是能成为听读者的精神财富。有人反复聆听,不知所云;倒背如流,不得要领。有人被陈旧的知识、过时的信息所束缚,或被闲言碎语、流言蜚语所左右。有人在无边无际的信息流中随风飘泊,失去航向,或被日新月异、迅速变化的信息波冲昏头脑,失去主宰。这种种现象,对个人说来,会大大降低工作效率,影响事业的成败;对社会来说,将减少迅速发展的动力,延缓全社会的文明进程。

我们从"知识爆炸"中认识到,一个人的社会活动效率往往取决于他在获得知识时能不能捕捉信息焦点,会不会挑选信息核心,有没有形成应用有效信息的能力。一个社会的发展和进步程度往往取决于这个社会能不能提供新的科学信息,会不会高效处理和传递科学信息;有没有排除信道干扰,抵制无效、有害信息,保证科学信息畅通的能力。有效解决这类问题是现代语言学的突破口,也是社会进步的关键。

语言学不能再停留在用传统方法分析语言手段的阶段;它必须用现代语言学各项成果,特别是第二代边缘学科的理论和方法,在研究语言体系的同时,研究作为交际单位的话语,分析话语的信息目的,帮助人们迅速、准确地从话语中获得科学信息,提高社会传递信息和使用信息的效率。

语言学第一代边缘学科,如社会语言学、心理语言学、神经语言学、工程语言学、信息语言学等,解释了语言学传统领域尚没有包括的过程和现象,起了很大的作用。但是,随着科学的发展,它们又面临着难题。例如,人在信息流中的能动性问题、话语在社会活动中的地位问题、领会话语社会信息的心理机制问题、社会信息的自动处理和传递问题,等等,这些问题要求进行学科际的研究,导致语言学第二代边缘学科,如社会心理语言学、神经计算语言学和信息工程语言学的酝酿和产生。

第二代边缘学科,不是几门科学的综合。如社会心理语言学,不是社会学、心理学、语言学的边缘科学,而是社会语言学和心理语言学,或语言学和社会心理学交叉的第二代边缘学科。它不是并用三门学科的传统理论和方法,而是提出新的理论和方法,解决新的课题。社会心理语言学研究言语交际的社会心理方面,把言语建构和理解的心理机制纳入社会环境中进行研究,解决人际交际中的关键问题。与之相对应,信息工程语言学研究话语信息的自动处理和传递,解决人机对话中的关键问题。

这些研究领域是十分诱人的。其研究成果可以控制人们所津津乐道的"知识爆炸",有效地利用"爆炸"的知识信息来为人类文明服务。

所谓"知识爆炸",说得再具体一点,就是:世界上通过数十万种书报杂志平均几秒钟就发布一条新的科学信息;世界上几十亿人用几千种语言进行着永无止境的话语交流,传递着各种信息;现代社会知识更新的周期越来越短,最新的周期是两、三年;现代科学家不仅从本门科学吸收科学信息,而且必须从邻近科学,甚至较远的科学吸收知识信息。面临浩瀚的信息流,当代语言学要解决传递和处理话语信息的各种问题。诸如:信息流中的领航问题;提高说写效率、准确迅速发送信息的问题;加强听读效率,掌握信息核心,捕捉信息的问题;提高言语交际效率,促进相互了解、保证信道畅通的问题;提高教学质量,培养学生捕捉新信息和处理科学信息的能力的问题;解决人机对话,发挥人机系统的作用问题;通过机器翻译、情报自动检索、信息高速公路、书报自动编排,加快信息传输效率的问题,等等。这些问题都需要语言学来帮忙解决,语言学在解决这些问题中将找到自己的突破口,对信息时代的人类文明和社会进步做出贡献。当然,语言学家要走出狭隘的小天地,同心理学家、社会学家、信息学家以及各行各业的专家通力合作。

(原载《平顶山师专学报》1998年第3期)

二 现代语言学的发展

进入20世纪后,现代语言学的理论和方法兴起,但它没有完全代替传统语言学。传统语言学源远流长,仍然发挥着它应有的作用,其中有一部分已与现代语言学合流。本文只谈谈现代语言学的发展情况。

(一) 现代语言学的产生

　　瑞士语言学家索绪尔早年从事过印欧语言的历史比较研究,写过《论印欧系语言元音的原始系统》,解决了当时一个理论难题。后来,他在多年语言教学和研究中,深感历史比较语言学有其局限性,如孤立地处理语言单位,忽视语言的体系性;强调语言的历史比较,忽视共时研究等。经过深入研究,他提出一系列理论和方法,于1906年到1911年在日内瓦大学讲授普通语言学课程,形成日内瓦学派。1913年索绪尔去世后,他的学生巴利和薛施蔼根据听课笔记整理成《普通语言学教程》一书,于1916年出版。这本书中的许多看法成为现代语言学的理论基础。

　　首先,索绪尔区分了语言和言语两个重要概念。他认为人的言语行为可分为语言和言语两个部分。语言是社会的,纯心理的;言语是个人的,心理和物理的。要使言语让人听得懂就必须有语言;要使语言能够建立,就必须有言语。他主张语言学是研究语言的。

　　其次,索绪尔认为语言是一种表示意念的符号体系。而符号所联系的不是事物和名称,而是概念和音响形象,即声音的心理印象。他把物质的语言心理化了。索绪尔认为语言符号是任意性的,但符号既经约定俗成在共时体系中是不变的。他还认为,语言体系是由符号之间的关系构成的,符号在关系中具有其价值。

　　索绪尔认为语言体系中各要素相互处于组合关系和聚合关系(联想关系)之中。组合关系是由两个以上相连续的语言单位组合成的横的线性关系。如词素组合成词"科——学——性";词构成词组

"语言学——的——科学性——问题";词和词组组合为句子"我们要讲究语言学的科学性",等等。聚合关系是语言单位按某些共同点相互联系的纵的潜在关系,如"语言学、心理学、教育学"构成一种聚合关系;"语言学、语言观、语言论"又构成一种聚合关系。

索绪尔把语言学分为内部语言学和外部语言学。内部语言学研究语言的结构和体系,外部语言学研究语言同社会、文化的关系。

他还把语言学分为共时语言学和历时语言学。共时是静态的,历时是演化的。共时语言学研究同时存在并构成体系的语言要素的关系;历时语言学研究历史上相连续的语言要素的关系。他认为在言语中可以找到演变的萌芽。语言变化是体系中的个别要素的变化,与整个体系无关。语言学的重点是研究语言的现状,即一定时期呈现的完整而自足的体系。

索绪尔的语言学理论是语言学发展的一个转折点,标志着现代语言学的形成,为以后各语言学流派奠定了基础。

《普通语言学教程》是1916年出版的,在科学日新月异的20世纪,特别是经过了科学飞速发展的70年代,索绪尔在60多年前提出的语言学概念虽然还在使用,但内容有了更新。他原来的观点渐渐陈旧了。当代语言学赋予语言和言语、共时和历时、内部和外部、任意性和理据性这些概念以崭新的内容,大大超过了索绪尔。

索绪尔把语言当做相互联系、相互制约的各要素构成的整体来研究,他认为语言学唯一的真正对象是语言本身。这样强调就会忽视语言作为社会交际工具的本质,忽视言语,忽视语言和社会的关系,使语言学显得异常贫乏。

索绪尔语言理论的哲学基础是社会心理主义,他把语言归结为心理现象。他认为语言本质是社会的,但语言研究纯粹是心理的;言语则是个人的,是心理、物理的。实际上言语和语言都是社会现象,它们一起成为当代语言学的对象,它们的关系得到了更科学的论证。

索绪尔明确划分了语言的共时现象和历时现象,但共时和历时并没有绝对的界线,共时描写不能离开历时研究。至于外部语言学,现在认为语言的社会功能是语言本身的重要属性,不能离开语言同社会的联系而孤立地研究结构体系。关于任意性问题,语言符号和客观事物的确没有必然的联系,但语言单位在体系内部的发展却有理据性。另外,索绪尔把语言看做关系的体系,否定实体的作用也是不正确的。如果语言中没有词汇、语法等实体,就无所谓关系,更谈不上体系。索绪尔语言理论上的缺陷给结构主义语言学留下了烙印。

(二) 古典结构主义语言学

古典结构主义语言学各流派是以索绪尔的语言理论为基础的。

索绪尔划分了语言和言语,语言指的是语言体系,即用来形成话语的全部规则和单位,言语指的是话语。各具体话语中的共同点构成形式的一致性,这就是结构。古典结构主义语言学据此把与实际话语相区别的结构体系作为语言学的研究对象。

索绪尔认为,语言的特点不是由音素和意义本身构成的,而是由音素和意义之间的关系构成的。古典结构主义语言学据此认为,音素和意义之间关系的网络,就是语言的体系;语言的结构,就是语言学的研究对象。

他们确立语言单位时,总是考虑到意义差别和语音差别是否相符合。例如,"哥哥"、"弟弟"在汉语中是不同的语言单位,是两个词,因为它们的意义差别同语音差别相符合。英语的 brother、俄语的 брат 都含有"哥哥"、"弟弟"的意义,两项意义都用同一个声音表达,意义差别和语音差别不相符合,所以,brother 和 брат 分别只是一个词。又如,俄语 голубой(淡蓝)和 синий(蓝)是两个词;英语 blue(蓝)和德语 blau(蓝)分别只是一个词,既表示"蓝",又表示"浅蓝"。这是因为"蓝"和"浅蓝"这两个意义差别在俄语中同语音差别相符合,而在英语和德语中则不相符合。结构主义语言学认为,语言单位的意义本身,"哥哥"和"弟弟"也好,"蓝"和"浅蓝"也好,对所有语言实质上都一样,它们并不是语言要素。但是从意义和语音的关系来看,"哥哥"和"弟弟"的差别对汉语是本质的,对英语、俄语不是本质的;"蓝"和"浅蓝"的差别对俄语是本质的,对英语、德语不是本质的。汉语中"哥哥"、"弟弟"成为不同的语言要素,俄语中 голубой 和 синий 成为不同的语言要素,仅仅由于意义与不同的语音相联系,意义本身并不是语言要素。

现在再从音素方面来分析。同样,结构主义语言学确定一个音位,必须考虑到音素差别同意义差别相符合。例如,汉语"爸"〔pɑ〕和"怕"〔p'ɑ〕中的〔p〕和〔p'〕是两个音位,因为音素的差别(不送气、送气)区别意义。在英语、俄语中,送气辅音和不送气辅音不能区别意义,不是不同的音位,而浊辅音和清辅音则区别意义,是不同的音位。如〔d〕和〔t〕的差别在英语、俄语中都同意义的差别相符合,如英语 food(食物)和 foot(脚),俄语 дочка(女儿)和 точка(点),因而是不同的音位。所以,结构主义语言学认为,音素本身的物理方面,对语言来说是外部的,音素所以成为单独的音位,仅仅由于它同意义相关。

因此,结构主义语言学认为,语言学的对象是音素和意义的关系,即形式;而不是音素和意义本身,即实体。由于把音素作为相关的要素来分析,产生了音位学;由于把意义作为相关的要素来研究,建立了结构语法学。

按照索绪尔关于组合关系和聚合关系的理论,音位学和结构语法学都可分为聚合论和组合论两部分。聚合论研究语言单位的聚合关系,同一层次的一组成分在一定语言环境中可以相互代替时,它们便处于聚合关系,它是一种纵的关系。组合论研究语言的组合关系,当几个成分可连成较大的语言单位时,它们便处于组合关系,这是一种横的关系。例如,"我读书。"这个句子中"我"、"读"和"书"三个词处于组合关系,而"你"、"他"、"你们"、"我们"等词同"我"处于聚合关系。同理,"写"、"看"、"买"等词同"读"处于聚合关系;"小说"、"报纸"、"杂志"、"故事"等词同"书"处于聚合关系。现图解如下:

组合关系→	我	读	书
聚合关系↓	你	看	报
	他	买	杂志
	我们	写	小说

古典结构主义语言学由于确定音素和意义关系的标准不同,划分为不同的流派。哥本哈根学派和美国学派以分配关系作为标准,又称为分配学派;布拉格学派以区别特征作为标准,又称为功能学派。分配学派认为只要两个音素在组合轴上处于不同的分配关系,就可确定为不同的音位。如英语中[n]和[ŋ]的音位划分,是由于[n]出现于词首,或元音和辅音之后,如 new(新)、pencil(铅笔)、sputnik(人造卫星)等;而[ŋ]只能出现在元音之后,绝不能出现在词首或辅音之后,如 young(年轻的)、English(英语)等。功能学派认为在聚合轴上对该音位与其他音位相对立的分析,可说明该音位的区别特征,如英语中[n]和[ŋ]两个音是前舌音和后舌音的对立成为区别意义的特征,等等。

当然,结构主义学派的划分还有其他原因。现把几个主要的古典结构主义学派分别简述如下。

布拉格学派是古典结构主义在欧洲的重要学派,创始人是马德修斯,代表人物是特鲁别茨科依、雅科布逊等。这一学派的最主要特点是把结构主义和功能主义结合起来,认为语言结构在很大程度上取决于语言功能。布拉格学派认为语言是为特定目的服务的表达手段的功能体系,功能就是有目的地建立言语表述,对任何语言现象都要从有目的的观点加以评价。所以,结构性和功能性是布拉格学派的两个特点。他们从功能观点对标准语问题、语体问题、言语修养问题进行了有成效的研究。

这一学派的音位学研究成果最为突出。他们把音位学从语音学中区别出来,语音学研究语音的生理和物理属性,音位学研究语音在体系中的功能,研究其差别。他们把用来区别词汇意义和语法意义的一系列音位对立称为音位体系,认为音位学中起主要作用的是辨义对立。体现同一音位但没有辨义功能的具体声音就是该音位的变体。如英语中 p 是音位 p' 的变体,它不区别意义。他们把一对音的辨义能力的大小叫做功能量。布拉格学派把音位当做音素的一系列区别特征的表现。当一个区别特征把两个音位区别开时,其中一个音位是有标记的,另一个是无标记的。例如,依据浊音性特征把浊辅音音位/d/和清辅音/t/区别开来,/d/是有标记项,/t/是无标记项。

音位学中的标记项理论和辨义对立理论后来广泛应用于语法领域和语义领域。布拉格学派从功能主义出发,还提出主位和述位的概念。句子的主位是指已知的内容,述位对主位补充新的信息。这种逻辑上的主位和述位同语法上的主语和谓语不完全相当。

布拉格学派在很多方面发展了索绪尔的理论。他们反对在共时研究和历时研究之间设置不可逾越的障碍,认为共时和历时是有联系的,对语言的共时描写并不排斥对语言的历史发展的研究。布拉格学派从语言体系历史发展的角度来研究语言现象。马德修斯从共时和历时联系的观点,提出对语言的分析比较法,从共时角度比较不同语言的体系,阐明语言的发展趋势。这一思想为语言的类型研究打下基础。布拉格学派研究不同语言的相似现象,发现地理上接近的各语言间有许多相似点,他们称之为语言联盟。

在语言和言语问题上,布拉格学派认为,结构语法的对象是语言,描写语法则记录言语事实;音位学研究语言的声音,语音学研究言语的声音。但布拉格学派不认为语言本身是语言学的唯一对象,他们承认语言的社会本质,认为语言学不仅研究语言本身,而且研究语言和客观现实的联系。

布拉格学派对现代语言学贡献很大,它的特色是结构主义和功能主义相结合,打破了索绪尔理论的局限性。

哥本哈根学派代表人物是布龙达尔和叶尔姆斯列夫。叶尔姆斯列夫把这一学派称为语符学,以示对传统语言学的独立性。他认为传统语言学抓住语言范围之外的暂时的偶然现象,是超验的科学,其主要内容是研究语言历史及其亲属关系。他认为真正科学的语言学应是内在的,也就是说,语言学的研究对象不是语言现象外部的堆聚物,而是一般人类言语所有的、但不是该具体语言所有的语言内部的结构要素的整体。于是,他宣称建立一门包括语言理论、符号学和一般科学理论的新语言学。其哲学基础是逻辑实证论,否定客观事物的实际存在,把它们看做是关系的网络。叶尔姆斯列夫认为,整体不是由实体组成,而是由关系组成,只有语音和语义的关系,才是真正的语言学对象。在研究表达时,不考虑语音实体;在研究内容时,不考虑语义实体。这样建立起语言表达和语言内容的科学,研究的不是语言实体,而是关系,它显然不同于传统语言学。叶尔姆斯列夫把它称为语符学,以便把结构主义语言学同传统语言学区别开来。

由于语符学认为语言形式(关系)与实体无关,所以,作为语言物质外壳的语音实体可以用任何一种符号体系来代替,这些用来代替语音的实体同语音没有关系,这就贬低了有声语言的作用,把有声语言同其他符号体系并列起来。语符学对交通信号、电报代码等十分重视,这不是偶然的。

哥本哈根语符学派不认识非语言的符号体系是在自然语言的基础上发挥作用的。他们认为同一内容可用不同的符号体系加以表达,语言学的任务不仅是描写语言表达体系,而且要确定还有哪些其他体系来表达内容。因此,他们认为,语言是一种等级体系,每个片段都可在相互联系的基础上划分为各种类别,每一类别又可在相互转化的基础上再划分为派生类别,符合这一定义的就是语言。自然语言是许多符合这一定义的体系之一。同时他们又认为,自然语言体系"不合逻辑",从逻辑实证主义的观点看来,最终要创造出一种完善的科学语言,用形式语言代替自然语言。哥本哈根学派的这一想法,对建立各种人工语言是有一定意义的。但是,他们把自然语言降低为一般的符号体系,脱离人民的历史、脱离同思维的密切联系,因而使自然语言显得异常贫乏,使自然语言失去作为人类最重要的交际工具的丰富性。

哥本哈根学派提出描写语言的经验主义原则,要求没有矛盾地、全面地、简单地描写语言。他们认为从音素归纳音位、从音位归纳范畴的归纳法不能无矛盾而简单地描写语言。他们主张用演绎法,即把话语类别分为片段,把片段类别再重新划分,一直到不能再分为止。这种演绎法被称为"经验演绎法",语言理论就是借助这种方法来无矛盾地、简单而全面地描写语言。

哥本哈根学派通常把语言关系分为三种:1. 相互依赖关系,是一种双方面的依赖关系,两个成分相互规定。2. 决定关系,是一种单方面的依赖关系,甲成分规定乙成分,乙成分不能规定甲成分。3. 并列关系,是一种自由的依赖关系,每个成分不决定也不排斥另一成分。这些关系有时表现在话语中,有时表现在语言体系中。语言单位在话语中表现为联接关系,也就是组合关系;在语言体系中表现为相关关系,也就是聚合关系。

古典结构主义的美国学派同哥本哈根学派既有区别,又有很多共同点。这个学派的奠基人是鲍阿斯,但主要的代表人物是布龙菲尔德。

鲍阿斯是人类语言学家,他认为语言是文化最有特征的创造,这一看法被萨丕尔所发展。他还主张避开传统的语言学范畴,记录和描写活的语言事实。布龙菲尔德发展了这一思想,认为研究新的语言就是按照直接呈现在经验中的事实描写下来,如果用语言的历史知识来影响共时描写,那就会歪曲语言材料。所以,这个学派又称为描写语言学派。

描写语言学只注意共时,不考虑语言的历史发展。例如,他们在描写英语人称代词体系时,认为 my 和 mine(我的)等于 I's,这是从英语名词物主格的形式类推而来的。试比较:

The student reads a book 学生读书
The student's book 学生的书
I read a book 我读书
I's (my) book 我的书

实际上,代词的异根现象是历史上形成的,在现代英语中不同于名词的变化。另外,这种情况也在继续发展,英语代词人称格和宾格在英语中有一致化的趋向,如 It is I 和 It is me(这是我)这两种形式有时可通用。所以共时的描写应考虑到语言的历史发展。

描写语言学不注意语义,只进行形式描写。在划分语言单位时,由于只重视形式标准,不考虑意义和功能,所以不能在本质上区别词素和词,而笼统地把它们叫做语素及其排列。例如在分析 Poor John ran away(可怜的约翰跑开了)这句话时,不是分为四个词,而是分为五个语素: poor John ran a-way。美国描写语言学派认为,阐明语义不是真正语言学的任务。他们描写语言的次序通常是:记录言语材料,划分出音素、语素,阐明其分配规则。他们采用切分和成分分类的方法来分析音素、形态和句法。区别性音素在语流中像一根线一样连续出现,同理,词句也可分解为线性成分,按层次分为直接成分,直到语素。切分出来的成分再归为不同的类别。这一套分析方法对语言研究有重要意义。

美国学派和哥本哈根学派一样是分配学派,他们有很多相似点。除了都采用分配标准外,相似点还有:首先,他们认为语言是自足的体系,把语言同思维和人民的历史分割开来;其次,他们都忽视词的重要性,因而取消词汇学的研究;再次,两派都采用精密的分析方法。但是,这两个学派的哲学基础不尽相同。哥本哈根学派较多受逻辑实证主义的影响,走上语符学的道路。美国学派则受到行为主义的影响,把语言看做一种行为。布龙菲尔德曾经做过这样的说明:他假定杰克和吉尔走在一条小路上,吉尔饿了,她对着苹果树说了几句话,杰克就爬上树,摘下苹果,递给吉尔。这个过程包含着一系列的刺激和反应。这就是,说话者的刺激,如饿了,看到苹果,注意到听话者等;通过言语引起听话者的反应,如摘苹果,递苹果等。也就是说,当一个人有刺激时,语言能使另一个人作出反应。布龙菲尔德认为,人类语言就是由刺激和反应构成的言语行为。这种行为通过有系统地使用语音,以便引起听话者的反应。语言学就是研究这特定的语音同刺激和反应的价值——特定语义的结合。但是,刺激和反应的情形十分复杂,很难做到为每个语音定出一个确切的语义。因而,语言学家只能观察言语,而刺激和反应所体现的语义,不是直接观察对象,不必专门去研究。于是,他只强调研究语言形式,语义被忽略了。他认为语言由无数行为组成,是每个人所经历的反复刺激而逐步形成的习惯的集合体。布龙菲尔德的看法成为美国描写语言学派的主要标志。这个学派从20世纪30年代到50年代在美国统治语言学界20多年,它的研究成果对语言模式化、语法形式化,对外语教学都有很大影响。

这一节只简略地介绍了古典结构主义语言学各个流派的情况,他们的具体研究成果将另文评述。

(三) 转换生成语言学

美国结构主义语言学在布龙菲尔德之后有三个分支。

第一个分支是哈里斯、特雷泽、布洛克、霍凯特的耶鲁派,他们主张在音位学、词素音位学层次上分析语言,要求从语言研究中排斥意义因素。

第二个分支是弗里斯、派克、奈达的密执安派,他们所接受的主要不是布龙菲尔德的理论观点,而是他的研究方法,他们兴趣在于收集北美印第安语的材料,进行了许多实地调查工作。

第三个分支是乔姆斯基、李斯、哈勒的麻省派,又称转换分析派,这一派既是结构主义的继承,又是结构主义的反动。他们不仅继承了美国描写主义的语言分析方法,而且继承了丹麦学派的经验主义原则,即要求没有矛盾地分析语言,也继承了布拉格学派的标记、区别特征等概念。但是,乔姆斯基的著作打破了布龙菲尔德20多年的垄断,对布龙菲尔德的理论进行了猛烈冲击,标志着从20世纪50年代起古典结构主义语言学发展到转换生成语言学。

乔姆斯基批判了语言是行为的观点,驳斥了言语行为通过刺激和反应才能建立的观点。他认为,人具有识别和理解句子的能力,并能对语言材料进行归纳,推导出语言规则,生成合乎规则的句子。这种能力不是刺激和反应的习惯,因为人对言语中不断出现的新句子并没有形成习惯。例如,一个小孩能够说出从来没有听到过的话语,创造出一些新的合乎语法的句子。又例如,人在交际过程中会不断产生无限新的话语,并不是重复过去的言语行为。这说明,人的大脑具有一种无限地生成句子的能力,这种能力不是通过刺激和反应而形成的。一个人不仅能学会本族语,而且能学会外语,这说明语言有其普遍性。人脑有一种普遍的天赋的掌握语言的机制。当输入一定语言材料后,它会自动识别和加工出一套规则系统,然后运用这套规则系统生成新的句子。这种机制就是人普遍具有的语言能力。所以,语言是人类理性的认识活动,不是刺激反应的习惯系统。

美国描写语言学只研究可以感觉的语言行为,不承认语言能力。乔姆斯基认为,语言能力才是说话者潜在的语言知识,语言行为只是这种知识的表现。因此,没有必要描写直接观察的语言行为。话语中包含无限句子，不可能全部观察，描写语言行为不能揭示语言本质。语言学的对象应是语言能力，语法就是对语言能力的描写。语言学家应揭示大脑生成话语时所遵循的规则，建立起一套规则系统，只要遵循这套规则系统就能生成正确的句子。语法就是能按照少数单位和规则生成无限话语的装置，如果电子计算机接受了这套规则系统，它就可以生成话语。所以，转换生成语言学的理论和方法后来被工程语言学广泛应用。

现在简略地谈谈乔姆斯基制定的语法形式化规则系统。他的规则系统由基础部分和转换部分组成。基础部分规则可以生成句子的深层结构，并对深层结构进行语义解释。转换部分规则可以把深层结构转换为表层结构，对表层结构进行语音说明。这样就生成具体的句子。按照这套规则系统就能理解并创造一种语言所有的句子，这套规则系统代表人的生成句子的语言能力。因为这套规则系统既是生成的，又包含转换规则，所以被称为转换生成语法。现图解如下：

语法规则系统 ｛ 基础部分规则
生成句子的深层结构
（语义部分对深层结构进行语义解释）
转换部分规则
从深层结构转换为表层结构
（语音部分对表层结构的语音加以说明）

由于乔姆斯基在理论和方法上都突破了布龙菲尔德的学说，所以，他的理论曾被誉为语言学上的革命。但是这场革命是不彻底的。转换生成语言学是在美国描写语言学的基础上形成的，例如它的生成规则中的短语结构规则就是描写语言学的直接成分规则，因而因袭了描写语言学的片面性。例如，语言分析只涉及语言的组合段，忽视了语言的聚合关系。又如，分析语言形式时忽视语义，只在规则系统的基础部分对句子的深层结构进行解释。再如，忽视言语环境和语言的交际作用。这些片面性逐渐被语言学家所重视，并设法加以克服。

乔姆斯基本人就对他的理论进行了若干修正,乔姆斯基在1957年《句法结构》一书中,由于受结构主义语言学的影响,把语法分析和语义分离,很少涉及语义。1964年,卡茨等人主张把语义分析纳入转换语法体系。乔姆斯基于1965年在《句法理论问题》一书中,对自己的理论做了若干修正。后来称之为标准理论。语法规则系统中包含了语义部分,对深层结构进行语义解释。句子的深层结构获得语义信息,转换规则只改变句子的结构,不改变它的语义。乔姆斯基于1972年又写了《生成语法中的语义研究》一书,提出扩充式标准理论。他在20世纪70年代后期的一些论文中又对自己的理论进行了若干修正,形成修正的扩充式标准理论。

标准理论认为转换不改变句子的意义,但在实际转换过程中,语义往往有所改变。例如,把"每人都有些优点"转换为"有些优点每人都有"意义就不大一样,前者"优点"是泛指,各有各的优点;后者"优点"较确定,某些优点为大家共有。为了解决语义上出现的问题,转换生成语言学家提出了不同的修正意见。乔姆斯基本人从解释语义学的观点出发,提出扩充式标准理论,他稍微修改了一下"转换不改变语义"的前提,认为深层结构并不决定一切语义。有些语义,如带有"每"、"一些"等定量词的意义,留待表层结构再加解释。乔姆斯基的学生雷可夫、麦考莱等人却提出了不同的修正意见。他们不同意语义部分主要只在基础部分对句子的深层结构加以解释,他们认为,语言只有语义结构和语音结构,语法应从描写句子的意义开始,然后再用转换规则和语音说明生成句子的表层结构。这样,语法就成为意义表达的规则系统。现图解如下:

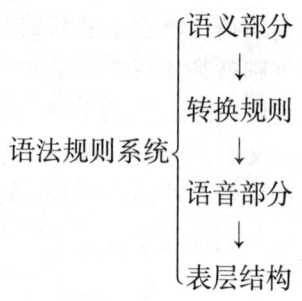

这个理论就是生成语义学。它把语义和句法结合起来,认为语义才是语法的核心,否认一半句法一半语义性质的深层结构。他们坚持转换不改变语义的原则,认为意义不同的句子,其语义结构必有差别。这标志着转换生成语言学的新阶段。

菲尔墨对乔姆斯基标准理论中的深层结构及其语义解释也提出了修正意见,他于1968年和1971年提出了格语法理论。菲尔墨认为,乔姆斯基深层结构中的语法关系,如"主语"、"宾语"等,实际上应属于表层结构。在深层结构中应为"施事"、"受事"、"工具"、"处所"等范畴。也就是说,每个名词在深层结构中都有一个"格位",它们是潜在的主语、宾语,经过转换可成为表层结构中的主语、宾语等等。施事、受事等等叫做深层格,主语、宾语等等叫做表层格。深层格和表层格不是一一对应,究竟哪一个深层格转换为主语或宾语,这要在表层结构中决定。

到这时,转换生成语言学已不再是乔姆斯基标准理论的一统天下,而形成了乔姆斯基的扩充式标准理论、雷可夫与麦考莱的生成语义学、菲尔墨的格语法三足鼎立的局面。美国语言学界有人认为这是现代语言学理论的核心。它的整个理论又成为控制结构语言学的基础,并进而为当代工程语言学所利用。

转换生成语言学的最新发展就是20世纪70年代末出现的接受语言学,或逆生成语言学。生成语言学研究话语的生成过程,接受语言学研究话语的接受过程,二者既有区别,又有联系。它们的研究成果对揭示人脑的言语机制有重要作用,因而促进了现代心理语言学和神经语言学的发展。

本节只概括地介绍了转换生成语言学的发展情况,关于它的理论和方法将另文叙述。

(四)功能结构主义语言学

功能结构主义语言学是从古典结构主义语言学发展来的,特点是重视语言的社会功能,其代表人物是英国的弗斯和韩礼德,被称为结构主义的伦敦学派。

前面谈过,古典结构主义的布拉格学派也是功能学派,但是布拉格学派和伦敦学派对功能有不同的理解。布拉格学派主要从语言单位的对立来看功能,一个音素如果具有同另一个音素对立的区别性特征,就能区别意义。因此,这儿指的功能是语言单位本身的功能,不是语言单位和社会功能的关系。而伦敦学派强调的功能主要是社会功能,是因语言单位在交际环境中使用而产生的,同言语有关。

弗斯一方面受到索绪尔语言学思想的影响,一方面受到波兰籍人类语言学家马林诺夫斯基的影响。这使得他有可能形成功能结构主义语言学。他重视语言的社会功能,强调情境的上下文,认为语言既有情境意义,又有形式意义。他主张把语言放到社会环境中去研究,认为情境的上下文对语义描写很重要,这种理论使语言研究同社会研究结合起来,为社会语言学奠定了基础。

弗斯认为言语中的词既表示事物和情境,还表示说话人的态度和目的,因此,语义分析不能局限于语言体系,应考虑到言语环境。例如,一句祈使句 Sit down, please!(请坐!)不能认为是省略了主语 you(你),因为言语环境中 you(你,听话者)实际存在,话语中无需重复,这时词的出现受到环境的制约。如果环境需要主语,则造出的是另一个句子。

弗斯认为情境上下文应包括交际者和他们谈及的事物,以及言语行为的效果,一个人在交际时要在情境上下文中说出合乎自己身份的话。这样就形成若干限制性语言。弗斯的理论对研究情境对言语的作用有很大影响。他说的限制性语言实际上就是语言受社会制约的变体。到了韩礼德,更加侧重研究语言功能。他从弗斯的情境上下文得到启发,进行了语域的研究。所谓语域,就是言语环境。伦敦学派能够用言语环境解释语言,比起古典结构主义来是一个大进步。

韩礼德把语言功能分为概念功能、交际者关系功能和话语功能三种。

概念功能就是思维和认识的功能,通过这种功能,语言使用者在语言中体现对客观现象的认识。语言是表达思想内容的工具,语言的概念功能使人的思维成果和积累的经验获得表达形式,并帮助人形成对客体的观点。

交际者关系功能表示交际者在言语环境中的身份及其相互关系。这个功能同客观内容的表达本身无关。交际者使用语言工具来使自己参加言语行为,表达自己对客观现象的意见、态度和评价,表达交际者之间的相互关系,一般用通知、询问、问候、劝告等交际形式。

话语功能同话语的形成、同言语活动的结构有关,它对语言来说是内部的,通过这个功能选择与言语环境相适应的语言单位组成话语,使语言实现同具体环境的联系,从而使言语活动成为可能,说写者能够创造话语,听读者能够理解话语。话语是语言的演算单位,是修辞研究的有关单位,它可说可写,可长可短,长至鸿篇巨制,短到三言两语,话语作为功能语义概念,其实质不决定于长短。所以话语功能不局限于确定的句际关系,它也同句子内部的结构有关,同句子的独立意义或在上下文中的意义有关。

综上所述,伦敦学派很重视语言功能的研究,但他们并没有离开结构主义。他们认为结构就是语言单位的组合性排列,而体系是语言单位的聚合集,聚合集里的语言单位在结构里的一个位置上可以互相替换。在音位研究方面,古典结构主义中的美国学派和哥本哈根学派采用分配分析法,着重从音的组合轴分配来分析,布拉格学派采用区别性特征分析法,着重从音的聚合轴上的对立来分析。伦敦学派较多地考虑了组合关系和聚合关系的综合,弗斯提出除了音高、音强、音长等方面的超音段音位外,还有浊音性、软腭性等方面的跨音段音位,如 thank〔θæŋk〕(谢谢)这个词中软腭性特征属于〔ŋk〕这整个组合,而不是属于〔ŋ〕和〔k〕。韩礼德发展了弗斯关于结构和体系的理论,形成了完整的体系语法,但他没有采用跨音段的概念。

功能结构主义语言学的功能观点,后来为社会语言学所发展,从功能出发,说明在特定言语环境中使用语言所达到的特定交际目的。

(五) 控制结构主义语言学

控制结构主义语言学也是从古典结构主义语言学发展来的,特点是把语言结构看做一种控制装置,从而使结构主义语言学同控制论紧密联系。其代表人物是苏联的邵勉,被称为结构主义的莫斯科学派。这个学派在古典结构主义和转换生成语言学的基础上发展起来,又为当代工程语言学奠定了基础。

控制论是现代科学体系中的一门关键科学,它研究能够领会、存储、传递和改造信息,并能用信息进行操纵和控制的一切系统。这种系统能把一种信息转换成另一种信息,使情报自动检索、机器翻译、自动控制成为可能。

邵勉认为,根据抽象的控制系统的概念,可把语言的语法看做控制装置的变体,这种装置能够把一种语言信息改造为另一种语言信息。

作为控制装置的语法模式可以分为两类,一类是生成句子和话语的综合模式,生成语言学研究过这一模式;另一类是识别句子和话语的分析模式,同接受语法有关。

在综合模式中,输入的是有限的词和语法规则,起综合作用的语法装置,在运算的最后一个步骤输出的是语法上正确的句子。转换生成语法就是这种模式,它包括短语结构规则、转换规则和音位规则。在转换生成语法中,句子是这样生成的:把未经分析的综合的元素,代表句子的 S 输入语法装置,它按照短语结构规则改变为代表核心句的语符链。通过转换规则把核心句转换为代表转换形式的新的语符链,最后得到终端语符链,在输出时按照音位规则而码化为音位链,最后生成具体的句子。

邵勉提出的综合模式由三个部分组成,即原始信息源泉、符号链发生器和符号类别发生器。在两个发生器中有音位码化装置和物理体现装置。当把符号链译解为句子,把符号类别译解为词之后,句子和词就从抽象表达级转为现实语言级,转化过程如下:先把表示抽象句子和词的符号码化为音位符号,再码化为音位的物理体现——音素。

现将邵勉提出的带有连接发生器的语法综合模式图解如下:

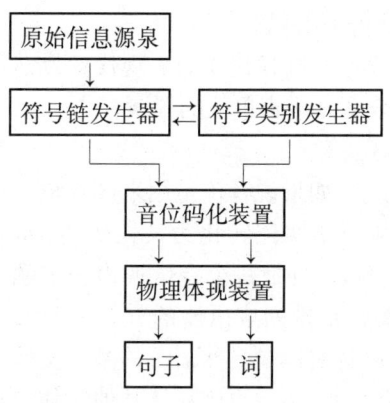

原始信息源泉包括有限的原始符号和生成符号链的规则。原始信息送入符号链发生器,产生核心符号链。核心符号链的信息传递到符号类别发生器,把符号划分为核心类别,并按一定规则,从核心类别产生派生类别。派生类别送回符号链发生器,生成新的符号链。新符号链信息再传递到符号类别发生器,再把核心类别和派生类别划分为小类,如此循环操作。然后,在两个发生器往返联系的基础上,产生出复合句的符号链,经过音位码化和音素体现,最后输出具体的词句。

与此相反,在分析模式中,输入的是语言中有限的公认的句型和分解句子的规则,起分析作用的语法装置在运算的最后一个步骤输出的是句型组成成分的信息。列夫金在 20 世纪 60 年代提出过这种模式,在某种意义上同乔姆斯基的转换模式相反。他指出了乔姆斯基模式忽视语言聚合轴的片面性。前面谈过,转换生成语言学忽视聚合轴的片面性是从美国描写语言学继承来的,而莫斯科学派认为,既然语言结构的组合轴和聚合轴是相互配合的,也就是说,句法结构同词和词素的类别是相互配合的,那么,任何语法模式都应兼顾这两个轴。邵勉综合模式中提出的符号类别发生器,及其同符号链发生器的相互作用,充分兼顾到这两个方面。同控制结构主义一样,功能结构主义也克服了古典结构主义的这一片面性,上节已述。

邵勉从控制论的基本原理出发,提出语言各层次的两级抽象的理论,即语言的每一层次都可分为材料级和结构成分级。这样划分是为了解决语言分析中出现的矛盾。

例如,在音位学中存在换位矛盾。现代音位学有两条主要原理:
1. 音位是用来区分语言单位的要素;
2. 音位是声音要素。

按照第一条原理,如果说音位是用来区分语言单位的要素,那么我们可以把音位从声学实体转化为其他实体,如书写实体、色彩实体、触觉实体等。例如,可把每个音位换为一定颜色的圆圈,这时区分语言单位的要素就是排列成语流的五颜六色的圆圈。当然,自然语言是有声语言,声音实体是自然语言的基本实体,其他实体服从于它。但从语言的交际实质看,也应承认其他实体,特别是书写实体的作用。

而从第二条原理来看,音位是声音要素,于是我们便不能把它转化为其他实体。为了克服这个矛盾,就必须把音位概念分为名符其实的音位概念和充当音位基质的物理实体这个音位体的概念。音位属于结构成分级、音位体属于材料级。音位是抽象的要素,可从一种实体转化为另一种实体;音位体是音位的体现者,没有它音位就不能存在。

在语法学中也存在形式分析的矛盾。例如,结构主义语言学一方面要求语言分析应当严格形式化,另一方面,结构主义语言学不容许相互排斥的表述。但是,彻底进行形式分析正好导致相互排斥的表述。现以俄语短语 Посещение её братом учителя 为例。

从严格形式分析出发,这个短语产生两个互相排斥的解释:一是"教师的兄弟访问她",посещение её由 братом учителя 决定;一是"她的兄弟访问教师",посещение учителя 由 её бротом 决定。这两种解释虽然互相排斥,但从形式观点分析都是正确的。为了克服这个矛盾,就需要把语法的主要概念语素和语段分别分解为语素和语素体,语段和语段体。语素和语段是纯粹形式要素,而语素体和语段体则是联结语义要素。这样就可以系统分析材料级的联结语义单位,并建立结构成分级的纯粹形式体系。为了区别这两个抽象级,可以运用转换分析法。例如,转换分析可以把上述短语转换为两个转换形式:

1. Её брат посетил учителя.
   她兄弟访问教师。
2. Брат учителя посетил её.
   教师的兄弟访问她。

可见,控制结构主义语言学同转换生成语言学有密切联系。

古典结构主义只承认音位学和结构语法学,控制结构主义进一步建立了结构词汇学。邵勉认为,当词被分配公式和转换公式支配时,它们就成为结构词汇学的对象。结构词汇学的主要任务是规定词汇的不变量,确定等值词汇要素的类别等。在这方面,阿普列相进行了较多的研究。

控制结构主义语言学很重视语言模式化。邵勉认为,结构主义语言学是从把自然语言改造为它的形式模式的抽象代码的角度研究自然语言。所以,语言模式化是语言研究各方面——音位学、语法学、词汇学,甚至文字学的重要任务。语言模式化不仅具有重要的理论意义,并且对解决自动控制诸问题有重要意义。控制结构主义认为,现代语言模式化有三个特点:1. 广泛应用数学方法;2. 重视研究语言模式对语言事实的关系;3. 主张设计多种模式,包括言语模式。控制结构主义把语言模式化作为主要任务,并探讨了语言模式化和言语模式化的联系。

设计语法控制模式同计算机模拟思维的问题有关。由于语言同思维不可分割,模拟自然语言问题,设计形式语法体系的问题都有深刻的理论意义和实践意义。控制结构主义认为,可以在研究语言模式的基础上实现语言和思维联系的模拟,从结构成分级和材料级的关系来看,语法控制模式应当通过对应规则与自然语言联系起来。

控制结构主义语言学从古典结构主义语言学和转换生成语言学发展而来,古典结构主义是静态分析,转换生成语言学的转换规则使生成语法变为动态的、但仍然是线性模式。控制结构主义吸收了二者的长处,把转换生成语法结构纳入交际过程的控制结构。

所有这些,都为当代工程语言学奠定了基础。

(六) 当代语言学的发展趋势

在索绪尔语言理论基础上形成的古典结构主义语言学各学派，从20世纪30年代到50年代在欧美统治了20多年。到了50年代中叶，乔姆斯基的转换生成语言学兴起，批判了古典结构主义美国学派的行为主义基础，改进了它的分析方法，以新的姿态占领了语言学阵地达十多年。这两个学派对语言进行了精密的分析研究，其研究成果对当代语言学有重大影响。但是，由于古典结构主义语言学和转换生成语言学在研究语言时忽视意义，忽视同社会的关系，忽视言语环境，终于产生了一定的局限性。虽然这两个学派后期的各流派注意克服这一偏向，但收效不够显著。于是伦敦学派在布拉格功能学派的基础上形成功能结构主义，为社会语言学的形成准备了条件；莫斯科学派在古典结构主义和转换生成语言学的基础上形成控制结构主义，为工程语言学的形成准备了条件。另外，在转换生成语言学关于语言能力概念的基础上，在苏美两国逐渐发展出心理语言学。这是语言学发展的辩证过程。但是，当代社会语言学、工程语言学和心理语言学的发展还有其社会原因。

首先，20世纪60年代以来，随着科学的飞速发展，生产的高度自动化，要求语言学解决机器翻译、信息传递、人工智能、自动控制等问题。语言学为了完成这些任务，必须加强不同语言的对比研究、语言形式化和语言模式化的研究，用精密方法分析语言，于是同电子计算机相结合而形成工程语言学。

其次，现代社会交际范围日益广泛，为了提高言语效果，语言学要加深研究语言和社会的关系，研究各种语言变体和言语规律，以便帮助制定语言政策，预测语言发展方向，充分发挥语言的功能。于是，形成社会语言学。

再次，为了研究儿童言语的发展，失语症的治疗以及宇宙心理学、诉讼心理学和外语教学，迫切需要探索人的言语机制，于是形成心理语言学。

当代语言学的发展说明：人们从语言体系、言语活动和言语机制三个方面越来越深入地认识语言的本质。这三个方面是在索绪尔区分语言和言语、乔姆斯基提出语言能力和语言应用的概念以及苏联语言学家谢尔巴提出语言现象的三个方面的基础上,由苏联心理语言学家列昂杰夫加以阐述的。这说明,当代语言学,除了研究语言和言语外,还研究保证言语活动的言语机制。

工程语言学用工程的方法重点研究语言的结构体系,把语言看做用自然方法形式化了的社会现象,看做生成言语的控制装置。它用精密的方法分析语言,为各种自动机器提供规则系统。它分析语言是根据语言单位的形式,因为机器只认识形式,不理解意义。语义本身也要形式化。

社会语言学研究语言在空间和时间上的结构变异和社会变异之间的对应,研究语言的社会功能和言语规律,特别强调有目的的言语活动。另外,社会语言学还研究双语现象和世界各语言的相互作用。

心理语言学研究人的言语机制、人的语言能力,这种机制和能力是语言体系在操该语言的人的意识中的反映。

当代语言学的研究从这三个方面向纵深发展。由于结构主义语言学和转换生成语言学各流派长期忽视意义研究,语义研究成为当代语言学研究的基础。当代语言学认为,语言研究如不依靠语义信息,就不能正确描写语言结构属性和结构关系。于是工程语言学研究语义形式化,便于机器理解语义。社会语言学分析语言单位的意义怎样进入言语的综合内容,从交际过程的观点研究语义。心理语言学研究内部言语和言语生成中的语义结构。因而,整个语言学有语义化的倾向,当然注意到音义结合。

当代语言学理论应用到越来越广泛的领域。应用语言学从传统的应用领域,如言语修养、文字的创制和改革、词典编纂、本族语教学、外语教学、翻译、音标制定等等,转到新的应用领域,如机器翻译、情报自动检索、人机对话、信息传递、自动控制、遥控、人工智能、失语症治疗、人工语创制、诉讼言语和证词分析、罪犯言语调查等等,从各个方面向理论语言学提出要求,促使理论语言学向前发展。

语言学的发展是螺旋式上升的辩证过程,传统语言学获得形式和意义的认识,但使语言学服从于解释经典文献,没有专门研究语言的内部规律。古典结构主义语言学和转换生成语言学着重研究语言的形式方面,发展了精密方法,但忽视意义,忽视语言和社会的联系。

转换生成语言学从忽视意义发展到生成语义学等流派。功能结构主义语言学把结构方法分别应用到语义领域和社会交际领域,控制结构主义语言学又把结构方法应用到控制领域。转换生成语言学提出的语言能力的概念又被应用到心理、生理机制方面。最后形成了当代的工程语言学、社会语言学和心理语言学。

当代语言学发展的总趋势是向社会语言学、工程语言学和心理语言学三个方面的纵深发展,引起语言学研究的深化和语言学理论应用的广泛化,语言学从而成为现代科学体系中的关键科学,成为我国实现四化和提高全民族科学文化水平的关键科学。

本文所述语言学的发展,着重叙述索绪尔以后的现代语言学发展的主线,现代语言学的其他一些领域,如人类语言学、神经语言学、话语语言学、辅助语言学则暂不叙述,主线的各支线也很少谈到,这些内容将在其他文章中涉及。有关社会语言学、工程语言学、心理语言学、语义学等问题,都有专文叙述。现再把语言学发展的主线列一简表,作为本文的结束。

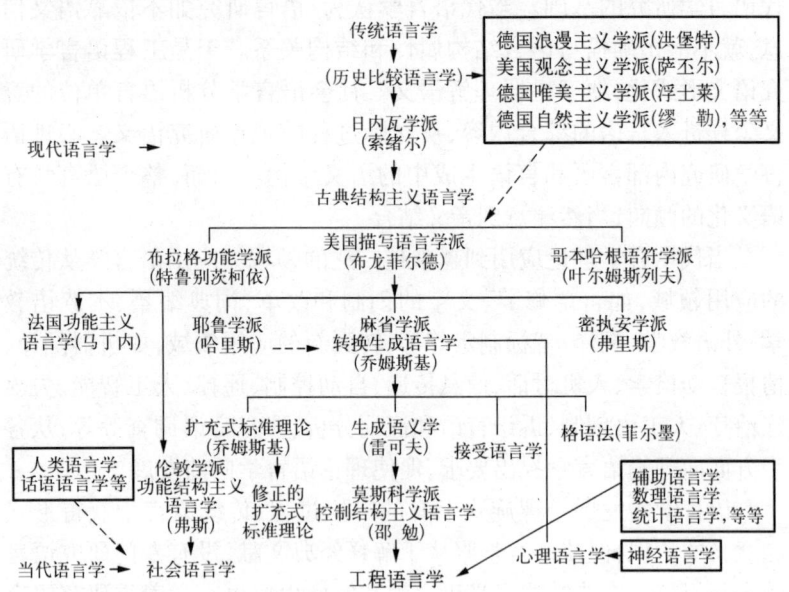

控制结构语言学的两级抽象理论

控制结构语言学派的代表人物、苏联语言学家邵勉多次论述语言各层次的两级抽象理论,对结构语言学和转换生成语言学的发展起了促进作用。现将他的两级抽象理论综述如下。

控制结构语言学是在古典结构语言学和转换生成语言学的基础上发展起来的,其特点是把语言结构看作一种控制装置,从而使语言学同控制论密切联系起来。

控制论是现代科学体系中的一门关键学科,它研究能够识别、存储、传递和改造信息,并能用信息进行操纵和控制的一切系统。这种系统能把一种信息转换为另一种信息。邵勉认为,根据抽象的控制论系统的概念,可以把语言的语法看作控制装置的变体,这种装置能够把一种语言信息改造为另一种语言信息,使机器翻译、情报自动检索、人机对话、自动控制成为可能。这种理论为当代工程语言学奠定了基础。

邵勉从控制论的基本原理出发,提出语言各层次的两级抽象理论,认为语言的每一层次都可分为材料级和结构成分级。

从控制论观点来看,认识的一切客体都是黑箱。在电子学中,有一种进出口封闭的箱子,电子工程师使进口端钮受到各种作用,在出口端钮观察这些作用的结果,以确定箱子里直接观察不到的东西。这种封闭的箱子就是黑箱。通过黑箱认识客体时,研究者在进口处对客体进行演算,在出口处观察其演算的结果。在所获结果的基础上,黑箱再受到新的作用,提供新的结果。研究者和黑箱的相互影响,使认识获得深化。把黑箱进口处对客体的演算和出口处的演算结果记录下来就构成科学的基础。理论研究的任务是把记录的材料信息改造为关于直接观察不到的客体性质的信息,即常呈现为形式模式的结构成分信息。从控制论观点来看认识过程,同现代逻辑的观点完全一致,在科学结构中分出两个主要的抽象级——材料级和结构成分级。

控制论的这个观点对语言学有重大意义。在语言学中,言语是语言学黑箱进出口状况的总和,语言是黑箱中直接观察不到的东西。语言研究过程是:研究者使语言学黑箱在进口处接受各种演算,在出口处观察其演算结果,把所获得的材料级语言信息改造为结构成分级语言信息。这也就是通过言语概括出直接观察不到的语言体系。这种从控制论观点阐述的两级抽象理论,是为了解决语言分析中的矛盾而提出的。现就音位学和语法学两方面进行分析。

邵勉在研究音位学时发现,现代音位学中下列两条主要原理是矛盾的:1. 音位是用来区分语言单位的要素;2. 音位是声音要素。

按照第一条原理,音位是用来区分语言单位的要素。那么,这个要素可以是声学实体,也可以是书写实体、色彩实体、图形实体等等。例如,用几十个形状不同的图形或色彩不同的圆圈,均可像字母或音标一样来代替声学实体,用来区分语言单位。当然,有声语言是第一性的,声学实体是自然语言的基本实体,其他实体服从于它。从语言的交际实际出发,也应承认其他实体的作用。文字的作用已众所周知,可以码化声音的其他实体,如手指、数字等各种符号也在发挥一定的作用。

但按照第二条原理,音位是声音要素。于是体现音位的就是声学实体,而不是什么其他实体。

为了解决这个矛盾,邵勉把音位分为材料级和结构成分级,把音位概念分解为音位和音位体。音位是理想的要素,可以从一种实体转化为另一种实体,属于结构成分级;音位体是音位的体现,是物理实体,属于材料级。

另外,现代音位学把音位看作是区别性特征集,也有两条公认的原理:1. 区别性特征是用来区分语言单位的不可再分的要素;2. 区别性特征是声音要素。

按照第一条原理,区别性特征用来区分语言单位,那么,它不仅可表现为声学实体,而且可表现为文字、色彩、图形等实体。例如,把区别性特征转化为颜色不同的方形,则每个音位可表现为各色方形的综合,如音位/a/是深蓝色、浅褐色、深绿色方形的综合。

但按第二条原理,区别性特征是声音要素,那么就不能转化为其他实体,因为一转化就不再是声音要素。

为了解决这个矛盾,邵勉把区别性特征概念分解为区别单位和区别体。区别单位是理想的区别性特征,它可以从一种物理实体转化为另一种物理实体,属于结构成分级;区别体是区别单位的体现,是保证区别单位起作用的物理实体,属于材料级。

在分析语言时,不能直接观察音位和区别单位。它们是理想的概念,用来说明可直接观察到的音位体和区别体。

现在来谈谈语法学。邵勉根据两级抽象理论,把语法学中的语素概念分解为语素和语素体;把语段概念分解为语段和语段体。这种分解也是为了解决语法形式分析中的矛盾。

结构语法和转换生成语法认为语言分析应该是严格的形式分析,但是形式分析往往引起相互排斥的表述。例如,俄语短语 посещение ее братом учителя。从严格形式分析的观点看具有两个相互排斥的解释:一是 посещение ее 由 братом учителя 决定(教师的兄弟访问了她);一是 посещение учителя 由 ее братом 决定(她的兄弟访问了教师)。这两种解释虽然相互排斥,但从形式分析出发,它们都是正确的。

如果分析意义,情况就两样了。意义可使句子的形式分析具有理据性,但意义标准违反同等原则。解决这个矛盾的办法就是分解语素和语段这两个基本语法概念,把它们分解为作为纯粹关系要素的语素和语段以及作为语义关系要素的语素体和语段体。分解之后就能系统地分析材料级的语义关系单位,并建立结构成分级的纯粹形式体系。下面用转换分析来说明分解这两个抽象级的必要性。

对 посещение ее братом учителя 进行转换分析可以得到两个转换形式:

1. Ее брат посетил учителя.(她的兄弟访问了教师。)

2. Брат учителя посетил ее.(教师的兄弟访问了她。)

于是,我们有可能依赖于相关的转换形式,从该短语两种形式解释中选择一种。那么,转换分析在多大程度上保证形式原则的实现,会不会导致形式观点和意义观点的混淆? 为了弄清这个问题,可以对比下面两个短语:

учитель молод(教师年青)

учитель рад(教师高兴)

由于名词语段可看作是压缩的主谓语段,可以把 учитель молод 转换为 молодой учитель(年青教师),但在俄语中 учитель рад 却不能转换为名词语段。也就是说,从具体语义方面,从语义关系要素出发,这个主谓语段不可压缩为相应的名词语段。这么一来,就不能像乔姆斯基那样把转换分析看成是形式分析,因为在形式上两个语段是同等的。正是为了克服转换分析的这类困难,需要分解语素和语段概念。分解之后可以得知,作为语义关系实体的语段体材料级,两个语段是不同等的;而作为抽象的语段结构成分级,两者具有同等的转换形式。

现在借助符号描写来进一步区别这两个抽象级。采用的符号为:

→ ── 限定关系

↔ ── 相互从属关系

x↔y ── 主谓短语

x→y ── 名词短语

Rd ── 把主谓短语压缩为名词短语的演算

" " ── 区别两个抽象级的引号(例如,如果 a、b、c 是语素体,那么"a"、"b"、"c"就是相应的语素。)

现举例说明:

俄语短语 Прибытие поезда(火车到达)中,以 a 表示 поезда,b 表示 прибытие。在材料级上,这个短语的公式是 a→b,它表示语段体,是限定关系;而在结构成分级上,短语的公式却是 Rd("a"↔"b"),它表示相应的语段,说明 Поезд прибыл 这个具有相互依赖关系的主谓语段向 прибытие поезда 的转换。

现用两个短语的对比来进一步说明：

Пение артиста(演员歌唱)

Чтение книги(读书)

这两个短语都是语段体,都用公式 a→b 表示,从直接观察的材料级来看,两者并无差别。如果提高到结构成分级,那么,两个类似的语段体就成为不同语段的实体。

Пение артиста 的公式是 Rd("a"↔"b"),表示 Артист поет→Пение артиста 的转换。

Чтение книги 的公式是 Rd["c"↔("b"→"a")],表示 Кто-то читает книгу(某人读书)→Чтение книги 的转换,其中的"c"表示 кто-то,"b"表示 читает,"a"表示 книгу。

这种符号公式直观地展示了两级抽象的本质区别。从两级抽象的观点出发,只有语段能够转换,语段体本身不转换,不能说语段体的转换。

在转换生成语法中常常碰到不能转换的问题。如:

John is easy to please.(人们容易使约翰高兴。)

John is eager to please.(约翰急于使别人高兴。)

第一句能转换为 It is easy to please John(使约翰高兴是容易的);而第二句不能转换为 It is eager to please John,因为英语中不这么说。

又如:He is asleep(他在熟睡)这个主谓语段不能转换为相应的名词语段,也因为英语中不说 The asleep man.

根据邵勉的两级抽象理论,这种现象可以获得新的解释。例如,He is asleep 是一个语段体,谈不上能不能转换。即使英语中可以说 The asleep man,也不能说是 He is asleep 的转换。问题的实质在于,He is asleep 这类语段是主谓语段"a"↔"b"的实体。作为结构成分级的语段可以转换,作为材料级的语段体无所谓转换。在结构成分级,语言转换规律起作用的范围有大有小,但没有例外。例外只存在于材料级,语言转换不属于这个级。

综上所述,邵勉为了克服语言分析中的矛盾,提出了两级抽象理论。他认为应该根据严格划分材料级和结构成分级的两级抽象的观点来深化和发展音位学和语法学,这是控制结构主义语言学的重要任务。

参阅资料

1. C. K. 邵勉《理论音位学问题》,苏联科学院出版社,莫斯科 1962 年版;
2. C. K. 邵勉《认识过程中的信息改造和结构语言学的两级抽象理论》,载《结构语言学问题》,苏联科学院出版社 1962 年版;
3. C. K. 邵勉《区别成分的泛时体系和音位两级抽象理论》,同上;
4. C. K. 邵勉《结构语言学》,苏联科学出版社,莫斯科 1965 年版。

(原载《现代外语》1984 年第 1 期)

语法的识别模式和两级抽象理论
——控制结构语言学对转换生成语法的修正

乔姆斯基的转换生成语法自20世纪50年代的古典理论和60年代的标准理论之后,在美国形成了扩充式标准理论、生成语义学和格语法三足鼎立的局面,各从不同角度对标准理论加以修正。其整个理论又成为控制结构主义语言学的基础。控制结构主义语言学在转换生成语法的基础上形成,并对转换生成语法进行了修正,提出了语法的识别模式和语法的两级抽象理论。

控制结构主义语言学把语言结构看作一种控制装置,其代表人物是苏联的邵勉。

控制论是现代科学体系中的一门关键科学,它研究能够领会、存储、传递和改造信息,并能用信息进行操纵和控制的一切系统。这种系统能把一种信息转换成另一种信息,使机器翻译、情报自动检索和自动控制成为可能。邵勉认为,根据抽象的控制系统的概念,可以把语言的语法看作控制装置的变体。作为控制装置的语法模式可分为生成句子的综合模式和识别句子的分析模式两种。

乔姆斯基也把语法当作由少数要素和规则生成无限句子的装置,他的语法模式是综合的。

在综合模式中,输入的是有限的词和语法规则,起综合作用的语法装置在运算的最后一个步骤输出语法上正确的句子。乔姆斯基的转换生成语法就是这种模式,在它的古典模式中,包括短语结构规则、转换规则和音位规则。在生成句子时,先把代表句子的S输入语法装置,它按照短语结构规则改写为代表核心句的语符链;通过转换规则把核心句转换为代表转换形式的新的语符链,最后得到终端语符链,在输出时按照音位规则而码化为音位链,最后生成具体的句子。在20世纪60年代的标准理论模式中,除短语结构规则外,在基础部分中增加了词汇插入规则,解决了句子成分同现限制的问题。图示如下:

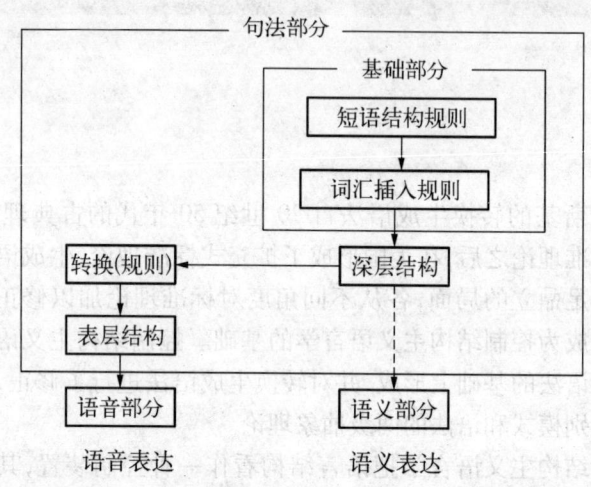

这种综合模式,特别是50年代的古典模式的缺陷是,语言分析只涉及语言的组合段,忽视语言的聚合关系。邵勉提出的综合模式克服了这个缺点。他的模式由三个部分组成,即原始信息源泉、符号链发生器和符号类别发生器。图解如下:

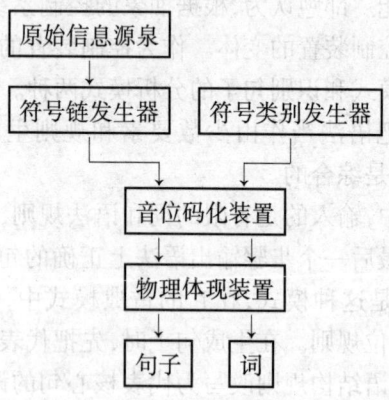

在这个带联结发生器的综合语法模式中,原始符号源泉包括有

限的原始符号和生成符号链的规则。原始信息送入符号链发生器,产生核心符号链。核心符号链的信息传递到符号类别发生器,把符号链划分为核心类别,并按一定规则,从核心类别产生派生类别。派生类别送回符号链发生器,生成新的符号链。新符号链信息再传递到符号类别发生器,再把核心类别和派生类别划分为小类。如此循环操作,然后在两个发生器往返联系的基础上,产生出复杂句的符号链,经过两个发生器中的音位码化装置和物理体现装置,实现音位码化和音素体现,最后输出具体的词句。

这个综合模式是50年代提出的,其中符号类别发生器及其同符号链发生器的相互作用,充分兼顾到语言分析的组合轴和聚合轴,对转换生成语法的古典理论模式是一项修正。

到了20世纪60年代,控制结构主义语言学派的列夫金,提出了语法的分析模式。在分析模式中,输入的是语言中有限的公认句型和分解句子的规则,起分析作用的语法装置在运算的最后一个步骤,输出句型组成成分的信息。这个模式在某种意义上同乔姆斯基的模式相反,而类似美国在70年代末提出的逆生成语法。列夫金进一步克服了乔姆斯基模式忽视语言聚合轴的片面性,认为句法结构和语素类别是相互配合的,因而,任何语法模式都应兼顾组合轴和聚合轴。

分析模式的价值还在于,它是一种识别模式,能够识别话语。乔姆斯基认为人有一种内在的语言习得机制,能够生成无限的话语。它的生成语法研究大脑生成语言信息的过程,研究从有限要素和规则生成话语的规律。然而,一个人接受话语的能力比生成话语的能力强,识别话语在交际和信息传递过程中起着重要作用。语法的识别模式研究大脑接受语言信息的过程,研究理解话语的规律。它对人机对话和机器翻译中的话语分析和理解也是不可或缺的。当然,生成模式和识别模式二者既有区别,又有联系,它们的相互配合和相互作用才给语言研究开辟了广阔的前景。所以,识别模式是对生成模式的有效补充。

另一位苏联语言学家费提阿洛夫在论述两种语法模式时指出,可以用两种方法给语言的句子下定义。第一种方法是指出建立语素链的规则,句子可定义为按特定规则建立的语素链。如果语素链不能按规则建立,那么它就不是句子。这种句法就是一种演算,一种造句的规则集。句子结构就是在这种演算中造句的结果。

如果能够建立一种算法,能以有限步骤确定每个语素链是否该演算所描写的语言的句子,那么,这个演算就是可行的。这就是建立句法的第二种方法。

作为演算的句法就是生成句法或综合句法;而作为算法的句法就是识别句法或分析句法。任何一种有益的句法都应兼顾两方面。

说得简单一些,语法的综合模式是通过规则集的演算生成句子;语法的分析模式是借助算法来识别句子。两者的结合就是有益的语法。这就是控制结构主义语言学对转换生成语法的一项重要修正。

控制结构主义语言学对转换生成语法的第二项重要修正是两级抽象理论。

邵勉从控制论的基本原理出发,提出语言各层次的两级抽象理论。他认为语言的每一层次都可分为材料级和结构成分级。如在音位学中,音位概念分解为音位和音位体,音位是理想的要素,可以从一种物理实体转换到另一种物理实体,它属于结构成分级;音位体是音位的体现,属于材料级。同样,区别性特征概念可分解为区别单位和区别体概念。

在语法学中,邵勉把语素概念分解为语素和语素体,语段概念分解为语段和语段体。这种划分是为了解决语法形式分析的矛盾。

结构语法和转移生成语法认为语言分析应该是严格的形式分析。但是形式分析往往引起相互排斥的表述。例如,俄语短语 посещение ее братом учителя. 从严格形式分析的观点看具有两个相互排斥的解释:一是 посещение ее 由 братом учителя 决定(教师的兄弟访问她);一是 посещение учителя 由 ее братом 决定(她的兄弟访问教师)。这两种解释虽然相互排斥,但从形式分析出发,它们都是正确的。

如果分析意义,情况就两样了。依赖意义我们可以使句子的形式分析具有理据性。但是,意义标准违反同等原则。解决这个矛盾的唯一出路是分解语素和语段这两个基本语法概念,把它们分解为作为纯粹关系要素的语素和语段,以及作为语义关系要素的语素体和语段体。这样分解不是对语义标准的偶然应用,而是系统地分析材料级的语义关系单位和建立结构成分级的纯粹形式体系。现在用转换分析来说明分解这两个抽象级的必要。

对俄语短语 посещенне ее братом учителя 进行转换分析可以得到两个转移形式:

1. Ее брат посетил учителя.(她的兄弟访问教师。)
2. Брат учителя посетил ее.(教师的兄弟访问她。)

于是,我们有可能依赖于相关的转换形式,从该短语两种形式解释中选择一种。那么,转换分析在多大程度上保证形式原则的实现,会不会导致形式观点和意义观点的混淆? 为了弄清这个问题,可以对比下面两个短语:

учитель молод （教师年青）
учитель рад （教师高兴）

由于名词语段可看作是压缩的主谓语段,可以把 учитель молод 转换为 молодой учитель(年青教师),但在俄语中 учитель рад 却不能转换为名词语段。也就是说,如果从具体语义方面来看这个主谓语段,那么它不能压缩为相应的名词语段。这么一来,就不能像乔姆斯基那样把转换分析看成是形式方法,因为在形式上两个语段是同等的。正是为了克服转换分析中的这类困难,须要分解语素和语段概念。分解之后就可得知,уИитель рад 与 уИитель цщцод 作为抽象的语段结构成分级有同等的转换形式;而作为语义关系实体的语段体材料级,两个语段是不同等的。

现在借助符号描写来进一步区别这两个抽象级。采用的符号为:

→ —— 限定关系
↔ —— 相互从属关系
x↔y —— 主谓短语
x→y —— 名词短语
Rd —— 把主谓短语压缩为名词短语的演算
" " —— 区别两个抽象级的引号(例如:如果 a、b、c 是语素体,那么"a"、"b"、"c"就是相应的语素。)

现先分析俄语短语 Прибытие поезда(火车到达)。现以 a 表示 поезда，b 表示 прибытие。在材料级上，这个短语的公式是 a→b；而在结构成分级上，短语的公式却是 Rd("a"↔"b")。第一个公式表示语段体，是限定关系；第二个公式表示相应的语段，说明具有相互依赖关系的主谓语段 поезд прибыл 向 прибытие поезда 的转换。

现用两个短语的对比来进一步说明：

Пение артиста　　（演员歌唱）

Чтение книги　　（读书）

这两个短语都是语段体，都用公式 a→b 表示，从直接观察的材料级来看，两者并无差别。如果提高到结构成分级，那么，两个类似的语段体就成为不同语段的实体。在第一种情况下，语段的公式是 Rd("a"↔"b")，在第二种情况下，公式是 Rd["c"↔("b"→"a")]。

第一个公式表示 Артист поет→Пение артиста 的转换。

第二个公式表示 Кто-то читает книгу(某人读书)→Чтение книги 的转换，其中的"c"表示 кто-то，"b"表示 читает，"a"表示 книгу。

这种符号公式直观地展示了两级抽象的本质区别。从两级抽象的观点出发，只有语段能够转换，语段体本身不能转换，但它可以限制转换应用的范围。因此，不能说语段体的转换。

现在用 R·B·李兹在《英语名物化语法》一文中所举的英语例子来加以分析。按照李兹的看法，英语中 He is asleep(他在熟睡)这个主谓语段不能转换为相应的名词语段，因为英语中不说 The asleep man。但按照邵勉的两级抽象理论，He is asleep 实际上是一个语段体，谈不上能不能转移。即使英语中可以说 The asleep man，也不能说是 He is asleep 的转换。问题的实质在于，像 He is asleep 这类英语语段是可以转换的主谓语段"a"↔"b"的实体。总之，作为结构成分级的语段可以转换，作为材料级的语段体无所谓转换。在结构成分级，语言转换规律起作用的范围有大有小，但没有例外。例外只存在于经验材料级，语言转换不属于这个级。

综上所述,邵勉为了克服语法分析中的矛盾提出了两级抽象理论,他认为应该根据严格划分材料级和结构成分级的两级抽象的观点来深化和发展音位学和语法学。他的两级抽象理论可以用来解释转换语法常常提到的问题,如 John is easy to please.(人们容易使约翰高兴)可以转换为 It is easy to please John.(使约翰高兴是容易的),而 John is eager to please.(约翰急于使别人高兴)却不能转换。按照两级抽象理论,属于结构成分级的语段可以转换,属于材料级的语段体无所谓转换。这种两级抽象理论是控制结构主义语言学对转换生成语法的另一项重要修正。

附记:这篇文章着重论述语法的识别模式及其对生成语法的修正。

三
工程语言学简论

工程语言学是现代语言学的重要分支。它用工程的方法重点研究语言的结构体系,同数学、物理学、数理逻辑、信息论、控制论等科学紧密结合,解决机器翻译、情报自动检索、人机对话等问题。

(一) 工程语言学的兴起

第二次世界大战年代,电子计算机被成功地用来破译密码。密码的种类很多,公元前1世纪,古罗马统帅凯撒使用过的一次密码,一直沿用到今天。例如,用00、01、02、03、……、25 一共26个数码来代替拉丁字母表,形成一一对应:

A B C D E F G H I J K L M N O P Q R S T U V W
00 01 02 03 04 05 06 07 08 09 10 11 12 13 14 15 16 17 18 19 20 21 22
X Y Z
23 24 25

用这个密码码化 good morning 就得 06 14 14 03 12 14 17 13 08 13 06。

这种编码,只要找到它的规律,电子计算机很容易译破。

美国学者由此想到机器翻译。工程语言学是在机器翻译的设想过程中逐渐发展起来的。但是事情并不是那么简单,翻译和解码根本不是一回事。译码和解码仅仅改变词的外形,把它们写成某代码。而翻译却要改变语言。语言是语音和语义结合的语法和词汇的严密体系,是在千百代人民中形成的,同人民的历史、思维、文化等密切联系。所以,不同语言的翻译是意义的翻译,而不是形式的改变。学者们从实践中认识到,机器翻译不仅是数学家和电子工程师的任务,也是语言学家的任务。语言学家可以分析和解释语言体系,可以提供语言的对应规律,可以找到各种语言的特点。语言学家从工程的角度,用工程的方法研究语言,就逐渐形成工程语言学。

20世纪50年代关于机器翻译的各种设想,使工程语言学初露端倪,但由于当时技术条件的限制,也由于语言研究的缺陷,进展不快。60年代一度进展缓慢,困难重重,甚至有人认为机器翻译是不可能的。但是,正是50年代和60年代的"幻想时期"对语言模式、语言结构对比、语言形式化的研究给当代工程语言学奠定了基础。到了70年代,由于科学技术的发展以及语言研究的推动,工程语言学形成高潮。预计80年代将进入黄金时代。届时,工程语言学将使机器翻译、情报自动检索、人机对话等任务获得进一步解决,使生产手段达到高度自动化、广泛控制化和机械人化,也将为我国的四个现代化提供条件。

从工程语言学的观点来看,语言是用自然的方式形式化了的社会现象,是一种由有限要素和规则产生无限话语的装置。

为了让机器识别语言,必须用自然的方法,即精密科学的方法,把语言形式化。

早期的机器翻译是逐词翻译,语法和语义都没有形式化。机器只能找出另一语言的对应词,不会进行语法分析和语义分析,要靠译后编辑进行语法和语义的加工。

例如,输入语(汉语)句子"学生读书"由三个词组成:学生、读、书。机器找出三个输出语的对应词:

英　Student read book

俄　Студент читать книга

日　学生　読読　本

译后经编辑加工成为合乎语法的句子:

英　The student reads a book.

俄　Студент читает книгу

日　学生は 本を 読みます

如果有一本机器语法,机器就可以自动进行语法加工。为了做到这一点,语言学家就设法让语言形式化,让机器能够识别语言;然后找出不同语言的语法对应规律,让机器能够翻译。

语言形式化就是按语言形式分析语言,而不是按意义,因为机器不懂意义。语义本身也要形式化。语言是有形的,词汇和语法都有语音作为物质外壳;语言是有规律的,可以按照规则把它译成别的语言或代码。语言的这种特性给形式化提供了前提条件。

(二) 语法形式化

结构主义语言学和转换生成语言学为语法形式化做了大量工作,当代工程语言学利用了它们的研究成果。如关于词类,传统语法根据形态标准、句法功能标准和意义标准来划分词类。在具体划分的时候,有时按照词的变化(如俄语名词变性、数、格),有时按照词的结合能力(如汉语名词通过量词同数词结合),有时按照词在句子中的作用(如名词可作主语、宾语),有时按照词的构词法特征(如英语带-er、-ment 后缀的是名词),有时按照词的语法意义(如名词表示事物),有时同时采用几个标准。由于没有统一的形式标准,机器无法判别词类。

结构主义语言学为划分词类制定了形式标准。按照结构主义的分配分析法,英语名词典型的分配环境是:

1. The N is/was good;
2. The N remembered(the)N;
3. The N went there.

英语动词典型的分配环境是:

1. The(N) V good;
2. The(N) V (the) (N);
3. The(N) V there.

动词内部,由于分配环境的不同可再分细类,如及物动词的分配环境是:

I V a pen.

不及物动词和情态动词不能分配在此环境。动词 to be 的分配环境是:

I V buying a pen.

其他动词不能分配在此环境。

如果两个词都可出现于某类典型的环境,则它们属于同一词类。按照分配分析法,可把英语词分为 44 个类,这些词类按语法配置即可判定,不要考虑意义,机器可以识别。

　　转换生成语言学有一套形式化的规则系统,能生成一种语言全部正确的句子,并对句子作适当解释。

　　假如我们要生成简单句

　　The student read a book.

那么我们先把 S 纳入语法装置,然后根据短语结构重写规则和词汇重写规则推出:

1. S→NP + VP
2. VP→V + NP
3. NP→Det + N
4. V→read
5. Det→the, a
6. N→student, book

这是一个重写规则集,它分为两部分。从 1 到 3,生成代表语法范畴的符号;从 4 到 6 把符号变换为词和语素。顺序运用这套规则就生成句子:

　　The student read a book.

这套规则集可用树形图表示如下:

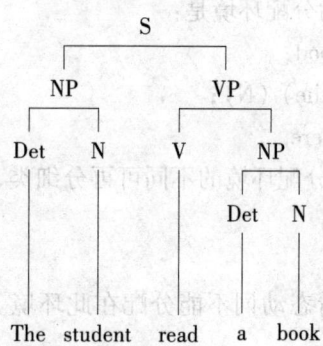

这种树形图揭示了句子的结构层次。

　　除生成规则外,转换生成语言学还有一套转换规则。如主动句和被动句的转换:

　　英语中如果 S_1 是合乎语法的句子,其形式为:

S_1　$NP_1—Aux—V—NP_2$

则与之相应的形式

S_2　$NP_2—Aux + be + en—V—by + NP_1$

也是合乎语法的句子。

根据这项规则

The student read a book. 可转换为

A book was read by the student.

通过这些规则把语法形式化。例如,当言语中出现结构相似、实质不同的句子时,传统语言学要借助意义才能从本质上区分这些相似的句子;而转换生成语言学的转换分析法,却可以用形式的方法把它们区别开来。

如英语中

1. John is easy to please.

　　（人们容易使约翰高兴。）

2. John is eager to please.

　　（约翰急于使别人高兴。）

这两个句子在形式上极其相似,easy 和 eager 都是形容词,而意义则不同。第一句是"人们容易使约翰高兴",第二句是"约翰急于使别人高兴",所以,实质上是结构不同的句子。转换生成语言学用转换分析法从本质上区别了这两个句子:

John is easy to please. 可转换为

It is easy to please John.（使约翰高兴是容易的。）

但是,同它结构上相似的句子

John is eager to please.

却不能转换为

*It is eager to please John.

同理,在俄语中

Дом строится рабочими.（房子由工人们盖着。）

可转换为

Рабочие строят дом.（工人们在盖房子。）

但是,同它相似的结构

三　工程语言学简论　　163

Они вернулись победителями.（他们胜利而归。）

却不能转换为

Победители вернули их.

总之,结构主义语言学和转换生成语言学有一系列分析方法把语法形式化,让机器识别语法,进行语法分析,从而使机器翻译进入第二代,即从词对词的翻译发展到句对句的翻译。

机器语法的任务是分析输入语的词与词的关系、句子各部分之间的联系,把输入语的表达形式转换为输出语的表达形式。例如,句法分析可按预先编制的分类的典型词组表即配置词典进行。输入语进入机器后,首先识别话语中词的类别特征,把话语同词组表作比较,找到话语中一定的词组,确定词与词的关系。词组表按照特征的规则提供类别。另外,可以用支点法找到句子的支点——谓语群,如动词的人称形式或短尾形容词等。每一支点同一定的句法规则相对应。

句法分析的步骤是先分析输入语的语法,后进行两种语法的转换分析,最后对输出语进行语法加工。输入语进入机器后,机器词典在提供等值词的同时,还提供语法特征和加工信息。

如机器词典给俄语及物动词提供对应关系特征,为俄汉语的转换分析服务：

читать	读……
называть	把……称作……
радовать	使……高兴
связывать	同……相联系

又如,词序问题。汉、日语句子词序不同,要把它们的对应规律编成程序,让机器直接掌握,机器才能把"学生读书"译成

学生は本を読みます。

把"学生们学习日语"译成

学生たちは　日本語を勉強します。

而不需译后编辑加工整理。

又如,怎样翻译俄语以-O结尾的短尾形容词,及以-E、-EE结尾的形容词比较级(легко,легче,быстро быстрее),就得有明确的形式规则。这就是:如果句子中有明确的谓语,则它们只能是状语,应译为副词。如果句子中没有明确的谓语,句子有原形动词而没有支配它的词,则原则动词与-O形式有关,形成谓语,译为英语的 It is + Adj(легко видеть, что... It is easy to see...)。

再如,外语译成汉语时,机器如果掌握量词的对应关系,在碰到

Я даю вам нож.

I give you a knife.

这种句子时就不至于译成"我给你一刀",机器会自动把"把"字加进去,译成"我给你一把刀。"

语言学家的任务是分析不同语言的语法对应规律,并把它们形式化。这个问题虽然还需继续研究,但已做出了一定成绩。当前最突出的问题是语义形式化的问题。

(三) 语义形式化

当代语言学十分重视语义的研究,但不仅是传统语言学那种非形式化的意义,也不仅是后期结构主义语言学对形式分析的"意义校正",而是语言学语义化和语义形式化。这种研究引起语言分析的深化和复杂化。现代工程语言学已形成一些语义形式化的方法,如转换分析、义素分析、系索分析、逻辑语义分析等。现分别简述如下:

第一,转换分析。前面已谈到转换生成语言学使语法形式化的情况。但是,单有语法形式化,不能保证所生成的句子的正确性。例如,上述重写规则集的第二部分词汇重写规则,就是从词符词典所列同类词语中选择最适合的词语插入语符列。在词符词典中列有同类的词语,如:

N→student, man, woman, boy, girl, teacher, book, pen, pencil, piano, ball, cup...

V→read, write, play, go, do, make, study, run, like...

词汇插入的结果,终端语符列可能是:

1. The student read a book.
2. The teacher played a piano.
3. The piano wrote a girl.

第三句"钢琴写小孩",从意义看是错句。为了避免类似错误,就要对所列词语进行语义特征的分析,并把意义形式化。

如,名词先分析是否可数;如可数,是否为生物;如为生物,是否指人;如非生物,是否抽象,等等。这可以表示为如下的选择性规则:

1. N→ + 名词
2. + 名词→ ± 可数
3. + 可数→ ± 生物
4. + 生物→ ± 指人
5. − 生物→ ± 抽象

再如动词,先分析是否及物,然后用再分类规则,把动词选为主语或宾语的名词作出分类。它表示为:

V→ + 动词
+ 动词→ ± 及物(a 主语,b 宾语)

运用这些规则就能在生成句子时避免错误。现把上述树形图表示如下:

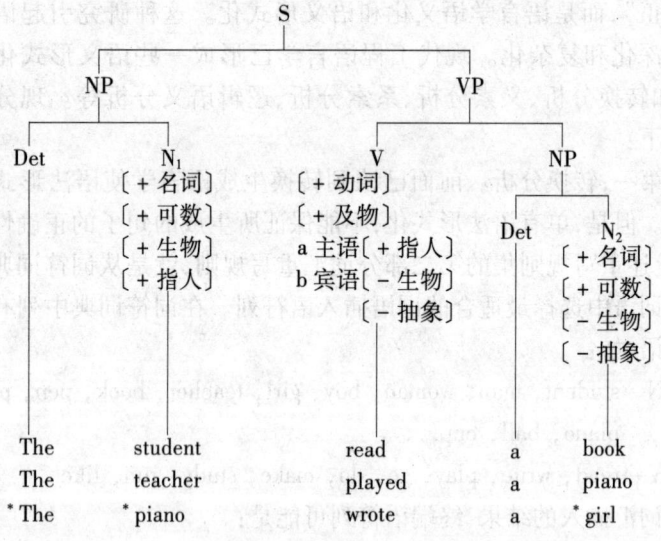

这里第三句中 piano 不符合 N_1 的要求,girl 不符合 N_2 的要求,wrote 虽然是及物动词,但不符合主宾语构成的环境,因此是错句。

这样对语义进行形式分析,就可能生成正确的句子。

第二,义素分析。

词的每个意义都由更简单、更基本的义素构成,分析义素可以使语义形式化。

例如有8个俄语词

1. отец　2. мать　3. сын　4. дочь　5. дядя　6. тётя
　　父　　　母　　　子　　　女　　　叔①　　　婶②
7. племянник　8. племянница
　　侄子　　　　　侄女

它们的词义各不相同,但把它们加以对比,发现1、3、5、7四词有一个共同涵义——男性,与表示女性的四个词对比有一个义素"性别"。现以 A 表男性,$\overline{A}$(非 A)表女性。

1、2、3、4四个词有直系亲属的涵义,同表示旁系亲属的四个词对比,又有一个义素"亲缘",现以 B 表示直系,$\overline{B}$ 表旁系。

1、2、5、6四个词与另外四个词对比,又有一个义素"辈分",现以 C 表长辈,$\overline{C}$ 表晚辈。

现在这8个词都可用三个义素的结合来表示,如:

отец(父)　　ABC　　　男性直系亲属长辈
дочь(女)　　$\overline{A}$BC　　女性直系亲属晚辈

余类推。

这种分析体现了语言分析的简明原则,8个对象只用三个形式标志,标志组合互不重复。

列表如下:

---

①② дядя 的意义是"男性旁系亲属长辈",тётя 的意义是"女性旁系亲属长辈",这儿暂译"叔、婶"。

	отец 父	мать 母	сын 子	дочь 女
性别 A	+	−	+	−
亲缘 B	+	+	+	+
辈分 C	+	+	−	−
代码	ABC	A̅BC	AB C̅	A̅B C̅

	дядя 叔	тётя 婶	племянник 侄	племянница 侄女
性别 A	+	−	+	−
亲缘 B				
辈分 C	+	+	−	−
代码	ABC	A̅BC	AB C̅	A̅B C̅

这种分析把每个词表现为义素的组合,写成代码,使语义形式化。下面举一个采用数字代码的例子:

如果义素"好"用 18 表示,"感觉"用 23 表示,"大"用 10 表示,那么,

"坏"就是 1̅8

"病"就是 1̅8、23(感觉不舒服)

"小"就是 1̅0

"优异"就是 10、18(特别好、大大的好)

通过义素,机器把人对话语的理解模式化。机器用义素分析法可达到如下的翻译:

英语 It is not new.(字面上译成俄语:это нено́во)

俄语 это уже было раньше.(这不是新闻。)

但是,熟语的翻译要有更精密的规则,要按照整个熟语的意义分出义素,否则,机器会按字面意义译出。

如英语熟语

Out of sight, out of mind.(眼不见,心不想。)

相当于俄语的 С глаз долой, из ума вон.

但机器按照字面的义素分析可能翻译为:

$\overline{\text{зрение}} + \overline{\text{ум}} = $ слепой идиот

(视觉 + 理智 = 盲痴)

具有相同义素的词的集合构成语义场。如具有"人"、"亲缘"义素的词构成亲属关系的语义场。

义素分析的用处很多。例如,可以限制词的搭配关系,如"讲、想、劳动"等动词要求有义素"人"的名词做主语,否则就是修辞上的拟人辞格,如童话里的"电灯想呀想呀"。"喝"这一动词要求有义素"液体"的名词做宾语。"喝西北风"是例外,因为它是惯用语,不能说"喝东南风"。

义素分析使语义形式化,机器借助义素了解话语涵义,译成另一种语言。

第三,系索分析。

系索分析方法就是编制系索表的方法。系索表是一种特种词典,词按主题类别排列,下分组,再分范畴。每个词都注上主题类的号码:如罗捷特的英语词语系索表分 6 类、24 组、1 000 多范畴。

所有词另按字母表排列,在字母表顺序中每个词有所属的类、组和范畴的号码。

多义词按照义项可归入不同的类,有不同的号码。如在罗捷特系索表中 flat 一词归入:

1. 172——消极、无精打采
2. 191——层
3. 207——低的
4. 213——地平线的
5. 223——色彩单调的

几类,各有代码。在话语中用于什么义项,就标以相应的号码。每个词按义项归入同义词列,构成主题范畴。语标系索表主题范畴中包括多语言的同义词。它们有共同的主题号码,这共同的主题号码,相当于媒介语的词。机器翻译用语际系索表译词分两个阶段:

1. 一个词可能有几个主题范畴的号码,首先要选出最适合上下文的号码;
2. 按主题范畴的号码,把输出语中所有同义词抽出来,选出适合输出语上下文的等值词。

借助系索表的翻译,往往是按段翻译,先为一段话建立一个"意义公式",这段话中各个句子的意义用系索表号码表示。然后,为此"意义公式"找到输出语中与之相应的"意义公式"。

借助系索表进行情报自动检索,就是从文献中抽出若干主题词,利用它们的组配形式表示文献的主题内容,并作为检索标志。

第四,逻辑语义分析。

数理逻辑代码对一定的语义场来说,具有单值确定的语义。如对亲属关系这样的语义场,谓词演算语言就完全等值。现在把狭义谓词演算语言同表示亲属关系的自然语言的词加以对比,来看看语义是怎样形式化的。

我们用前几个拉丁字母 a、b、c 表个体常项,后几个拉丁字母 x、y、z 表个体变项。然后采用确定人的类别的三个谓词:

1. 一元谓词表性别。谓词 $N(x)$ 表示"是男人",其否定式 $\overline{N}(x)$ 表示"是女人"。因而 $N(a)$ 表示"a 是男人"这一命题;$\overline{N}(a)$ 表示"a 是女人"这一命题。

2. 二元谓词 $H(x, y)$ 表示婚姻关系。$H(a, b)$ 表示"a(丈夫)b(妻子)是夫妻"这一命题。

3. 三元谓词 $SH(x, y, z)$ 描写双亲和小孩的关系。

$SH(a, b, c)$ 表示"c 是 a(父)和 b(母)的小孩"这一命题。

根据这些基本谓词,可构成描写任何亲属关系的复杂谓词,不管自然语言中有没有词来表示这种亲属关系。

例如:

1. 父子关系

$$FZ(x, z) \equiv N(x)、N(z)、\exists(y) \cdot SH(x, y, z)$$

x 是男人,z 是男人,设有一个 y,z 是 x 和 y 的孩子,因而 x、z 是父子关系。

2. 母女关系

$$MN(y, z) \equiv \overline{N}(y)、\overline{N}(z)、\exists(x) \cdot SH(x, y, z)$$

y 是女人,z 是女人,设有一个 x,z 是 x 和 y 的孩子,因而 y、z 是母女关系。

3. 女婿和岳母关系

$$Nxim(u, z) \equiv N(u)、\overline{N}(z)、\exists (x, y)〔SH(x, z, y) \cdot H(u, y)〕$$

u 是男人, z 是女人, 另设有 x 和 y, x 和 z 是 y 的父母, z 是 y 的母亲, 而 y 是 u 的妻子, 所以 z 是 u 的岳母。

再例如, 一个人的亲属可用代码公式表示, 如 a 的亲属的代码公式如下:

1. a 的父亲

$$F_1(x, a) = \exists (y) \cdot SH(x, y, a)$$

2. a 的妻子

$$F_2(y, a) = H(a, y)$$

3. a 的儿子

$$F_3(y, a) = N(y) \cdot \exists (x) \cdot 〔SH(a, x, y) \vee SH(x, a, y)〕$$

4. a 的外祖母

$$F_4(w, a) = \exists (v, x, y) \cdot 〔SH(x, y, a) \cdot SH(v, w, y)〕$$

这种用代码表示的单值确定的形式化了的意义,完全可为机器所掌握,可以纳入电子计算机的演算系统。

语义形式化使机器翻译进入能进行语义分析的第三代。为了让机器进行语义分析,就得在研究语言间词汇对应的基础上编制机器词典。

机器翻译的过程分三个阶段,第一阶段是原文分析,把输入语的信息代码化;第二阶段是信息改造,用一种代码代替另一种代码;第三阶段是译文综合,把改造过的信息译成输出语,这样就使一种语言的词语译成等值的另一种语言的词语。在原文分析和译文综合阶段都要使用机器词典。原文词典提供原文词的意义和语法特征,并提供译文词的代码;译文词典则提供译文词及有关特征。

原文输入机器后,首先要查机器词典。机器词典分单义词典、多义词典、熟语词典三部分。

词首先进入单义词典。如果是单义,机器就提供词义语法特征和其他信息;如果不能立即译出等值词,就加上"多义"标志,转入多义词典查找。多义词典根据上下文和词的形式特征确定词义。如英语 many 一词在英俄机器翻译的多义词典中的运算程序是:

1. 查 many 之前是否有 how,如果有,那么词组 how many 译成俄语 сколько(多少);如果没有,

2. 再查 many 前面有没有 as,如果有,那么 as many 译成 столько же(这么多);如果没有,

3. 再查 many 后面是否有名词,如果有,那么 many 译成 многий же(多的),并用于某种语法形式;如果没有,

4. 那么,many 译为 много(很多)。

多义词典中不能确定其意义的,多半因为这个词是固定词组的成分,就要转入熟语词典。如

many a little makes a mickle(积少成多)

this many a day(好久以来)

one too many for(非……所能敌),等等。熟语词典把整个熟语作为一个词汇单位载入,不进行熟语内部的词的分析。

机器词典在确定词义时是根据词的形式特征,因为机器没有联想,也没有语感,只能根据形式分析。所以,上述语义形式化的方法显得特别重要。

(四)媒介语和机器语言

语言学家根据不同语言的特点和语言形式化的要求,设计每种语言的程序,制定语言间的对应规律,以满足机器翻译的需要。但是,世界上的语言多达两三千种,国际上比较常用的语言也有几十种。为了便于国际活动和各国的情报交流,现在的机器翻译正向多语种发展。如果每两种语言之间都制定专门对应规则系统(算法),那么,4 种语言互译就要制定 12 种算法:

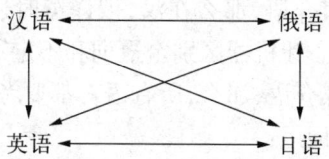

5 种语言互译就要 20 种算法。20 种语言互译就要 380 种算法。

这不仅要使语言学家耗费巨大的劳动,电子工程学家也要为设计大信息量的计算机而费力不少。为了省时省力、提高效果,有必要创制一种媒介语。各语言只要制定与媒介语的对应规则系统即可。这样,4 种语言互译只要 8 种算法:

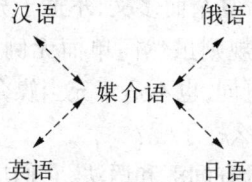

5 种语言互译只要 10 种算法,每增加一种语言只要增加两种算法,20 种语言互译只需 40 种算法。

那么,用什么语言充当媒介语呢?

有的语言学家主张用一种自然语言如汉、英、俄语充当媒介语。但是,每种语言都有其特殊规则和特别例外,这就给制定对应规则造成了困难。

如果用汉语作媒介语,那么,所有语言的对应规则都要考虑量词和声调的问题。汉语的量词极为丰富:一本书、一支笔、一块黑板、一张椅子、一盏电灯、一张报、一杯茶、一支烟;同样是"烟",香烟要一支,冒出来的烟要一缕;同样是动物,马要一匹,牛要一头,羊要一只,狗要一条,鱼要一尾。

再看声调,汉语一个音节分阴阳上去,分"妈麻马骂,麦埋买卖、汤糖淌烫",像"妈妈买了一捆麻,卖了一匹马,挨了一顿骂"、"汤里放点糖,汤淌了,别烫了"这样的话,外国人学起来很费劲,让机器天天同它打交道谈何容易。

三 工程语言学简论

如果用英语作媒介语,那么在汉、俄译英时还得考虑冠词,因为汉、俄语都没有冠词。让机器区别定冠词和不定冠词也不容易。

如果用俄语作媒介语,那么,所有语言都要考虑它的变格变位体系,如俄语名词复数词尾:

阳性阴性名词是-ы-и, студент-ы, товарпщ-и

中性名性是-a окно-окна

但是有例外:

дом-а, стул-ьяя, глаз-а, плечо-плечи.

把汉语通过俄语译成日语时,不仅要考虑到复数词尾,而且要考虑例外。

所以,由于自然语言复杂而多义,不适于充当媒介语。

人工国际语的语法规则虽然简单而无例外,但因过多地仿效自然语言,如世界语也有冠词,也不适于充当媒介语。

理想的媒介语是什么样子呢?

首先,媒介语也应具有词汇和语法,它们应建立在各自然语言的词汇和语法的基础上,但只包括最典型、最常用的语法规则和词语,它们为大多数自然语言所共有,并对各语言产生一种"中和作用"。

媒介语的每一个词都表示单值而精确的意义,句子是表示确定意义的词的综合。通常用数字体系充当词的符号。它是各语言词语的等值对应。

如:表示"两点之间距离大"的词

汉语	长(的)
俄语	длинный
英语	long
法语	long
德语	lang
西语	largo
日语	長い

媒介语也将选一个与之对应的词,这个词的物质体现就是号码,如21。这个号码就是作为现实语言词的对应物而存在的。目前阶段

的媒介语还不考虑词的修辞色彩,只要义素对等的同义词,都只用一个符号代码来记载。例如"符号"这个词本身,英语中的同义词有 symbol, sign, note, mark, notation, index;俄语中的同义词有 символ,знак,обозначение 等,但在媒介语中只用一个符号。又如表示老年女人的词,汉语中有"老太太"、"老太"、"老太婆"、"老大娘"、"老妇"、"老妪"、"老妖婆"等;尽管它们的修辞色彩不同,但却包含"人"、"女性"、"年老"三个义素,媒介语根据义素分析,把它们形式化为一个符号。

媒介语的语法同自然语言不同的是,一般只有句法,没有词法。

那么,词法怎么办?性、数、格、时、式、态、人称等词法范畴,怎么对应?例如,俄语名词有性、数、格的语法范畴,汉语却没有,只有表示人的名词可加"们"表示复数。怎么建立语法对应呢?

现在一般处理的方法是:自然语言的词法范畴不作为媒介语的语法范畴,不在媒介语语法中反映,而作为它的词汇事实,在词汇中反映。如俄语的 книга 一词同媒介语中的四个词相对应:"书"、"阴性"、"单数"、"第一格",而汉语的"书"就相当于一个媒介语词,用一个代码表示。

媒介语的句法就是连符成句的规则,句子是表示确定意义的符号综合。

这样的媒介语才能满足普遍性的要求。它包括自然语言的词汇和句法,可表达自然语言所表达的意义。当然,它表达的是形式化了的意义。

从机器翻译媒介语的特点可以推及信息机、人机对话所用的一般形式语言、机器语言、信息语言或符号语言的特点。

语言是一种符号体系。语言手段可以表达任何其他符号体系的内容。如 $2 \times 2 = 4$ 可读为"二二得四",但在各语言中读法不一,如俄语读 дважды два четыре;而形式语言则为大家所了解,而且方便。

用数字代替词,或用其他体系的符号代替语言符号,人们就获得"普遍语言"。这种普遍语言不仅可为操不同语言的人所了解,而且可为机器所了解,因为它是形式语言。同时,它还可作为宇宙语言的基础,用以同未知的星际人进行交际。这种形式语言的符号代码是单义的，它只表示唯一的一个概念。但这种符号必须体系化，才能成为形式语言。

数字语言作为机器语言，是精密而单义的公式语言，但它不同于单纯的代码。翻译和码化是不同的，翻译首先是意义的翻译，是根本变换符号体系，留下的仅是意义。码化留下的不仅是意义，而且是一切词及其顺序。

语言是人类最重要的交际工具，但非语言的符号体系的作用日益增长，人们通过它获得更多的信息。在日常生活中，书籍插图、海报、展览、直观教具、图表、公式、图纸、交通信号、手势等非语言的符号都起到这种作用。机器语言是一种符号语言，它是体系化、形式化的语言，能为机器所理解。机器现在还不懂人的多义语言，它们只懂形式化后的语言。

机器语言的每个意义只跟一个唯一的符号对应。数学中每个量由一个数表示，量是无限的，但可用10个数字表示，二进位制只用两个数字0和1表示。从意义的角度说，也需要自己的"数字"，即基本的"意义"，把基本"意义"综合，就可表达任何最复杂的概念，正像综合数字可表示任何量。这里的基本"意义"就是我们前面所讲的义素。

下面举美国学者贝利和肯特创制的机器语言为例。

他们把少量表示基本概念的义素码化，按照一定规则由它们构成更复杂概念的代码。

义素代码的"字母表"包括大写拉丁字母、从000到999的数字、7个标点符号（＊，＂，—，＆，∥，·，/）和一些其他辅助符号。字母、数字、"·"和"/"用来构词，其他符号用来联词成词组、句、段。

义素代码中的词有两种类型，一种是作用码，一种是主字码。作用码表示主字码之间相应的句法联系以及主字码在句子中的逻辑功能，它用三个字母表示，以K开头，以"·"号结尾，如KOV.，KAP.，KAi.等。在1964年的义素代码中共采用14个作用码。

主字码是关键性的代码，它分简单和复合两种。简单主字码由四个字母组成，第1、3、4三个字母表示代表广义概念类的义素。第2个字母是内加关系符，它用字母A、E、I、O、U、Q、W、X、Y、Z来表示关系。

例如"鱼"这个词在义素代码中与 FASH 这个主字码对应。义素 F—SH 表示鱼类，而内加关系符 A 表示属于这个类。另一个内加关系符 Z 表示同某物相似。如果我们把它加进义素 F—SH，就得到新的主字码 FZSH，它表示类似鱼的东西，即海洋动物。

复合主字码由简单主字码组配而成，其中简单主字码按字母顺序排列（不考虑内加关系符）。现在举例说明，怎样通过改变简单主字码的关系符和怎样连接这些主字码构成复合主字码。

复合主字码 MACH. MUSR. RWHT 由下列简单主字码和内加关系符组成：

M‐CH ＝仪器或装置
A ＝同类
M‐SR ＝度量
U ＝产生
R‐HT ＝热
W ＝承受某种作用

因此，复合主字码 MACH. MUSR. RWHT，表示承受（W）热（RAHT）作用而产生（U）度量（MASR）的仪器（MACH），即"温度计"。

再举"电话"一词为例。

电话是用电传递信息的专门仪器。从这个定义看，电话包括四个义素：仪器、传递、电、信息。这四个义素的主字码是：

仪器 M—CH
传递 T—RN
电 L—CT
信息 D—CM

为了用形式语言完整地表达"电话"的这个定义，还要确定这四个义素的相互关系。这四个代码之中的空位，可以填上有关的关系符。

三　工程语言学简论　　177

首先，电话是义素 M—CH 表示的很多仪器的一种，用字母 A 表示这种仪器"存在"或"属于"该类。把它填入空位得 MACH，表示"存在这种仪器"或"属于这类仪器"。

其次，电话的作用是传递，在义素 T—RN 空位上填上字母 U，得 TURN，表示 MACH 这个仪器在起传递作用。U 表示产生作用。

再次，电话是传递信息的，在义素 D—CM 的空位上加上字母 W，得 DWCM，表示传递的是信息，W 表示承受某种作用。

最后，电话是用电操作的，在义素 L—CT 的空位上加上字母 Q，得 LQCT，表示用电，Q 表示用。

这么一来，这个定义用形式公式表示如下：

DWCM. LQCT. MACH. TURN.

用电传递信息的仪器。

（一种用电在信息上起传递作用的仪器）

除用复合主字码表示复杂的概念之外，还可以用带数字后缀的简单主字码表示之。例如：

FZSH.009 表示"海豹"，FZSH.014 表示"鲸鱼"，FZSH.017 表示"海豚"等等。这样一来，大大减少了代码的数量。

为了划分形式语言的句法结构，就要采用相应的标点符号。例如段用"⌞"号表示，句用"&"号表示，分句用"—"号表示，词组用","号（逗号）表示。当词组由一个以上的简单词组构成时，或当词组与前行词组包含同一作用码时，前面用 ＊ 号隔开。

如果标点符号彼此紧接，则按下列次序排列：, ＊ — & ⌞。

现用义素代码译一句话作为例子：

KOV. FWLD. MACH. MQTN. PQRS. 001. , KUJ. LALL. □CQU. □SQN. , KWV. KAP. DADD. 001. , KAL. RAHT. 001. , KAL. GAPR. 041. , KAL. RAPR. TYMM. 001. , —&

（青铜泵因热而老化和陈化的速度）

在物质类的符号之后或金属物质的符号之前，用 □ 符号。主字码 LALL 表示"有色合金"，而词符链 LALL. □CQU. □SQN 表示"青铜"，其中 CQU = 铜（Cu），SQN = 锡（Sn）。

这种形式语言已经不是理论体系,它已经用于实践。信息机器就是用这类语言把信息储进机器的储存器,情报检索、文献摘要、内容分析、自动翻译等等都采用类似的形式语言。

信息机不仅储存信息,而且可以识别信息的新旧,它会把刚接受的信息同已储存的信息加以比较,确定所接收的信息是新的还是根据已知信息编写的和仿效的。

(五) 语言模式化

机器翻译的前提是对语言事实进行描写研究,把语言形式化,找出语言间的对应规律,借助规则把一种语言的话语改造成另一种语言的等值话语。这种描写要高度精密,以便让机器领会和使用。因此,要用精密的方法分析语言,并在机器翻译中加以检验。检验描写的有效方法是建立语言模式。

假定我们研究的是一种机器所生产的产品。我们不仅要对产品进行分析,对生产产品的机器也要加以研究。但是这种机器不能直接被观察,只能根据产品的属性加以推断。我们要通过研究,了解机器生产产品的作用,为了进行这种研究,我们要对该机器进行假定描写,并通过建立机器模式来检验这种描写。

这种机器模式,不一定考虑所有的属性,它不是机器的复制品。我们只要求模式起作用时确实产生同样的产品,如果达到这一点,模式是合适的,我们的描写是正确的。

现在我们把机器模式化的理论应用到语言学。语言学的主要任务是描写语言这个产生言语的体系(或装置)。语言体系本身没有直接提供给研究者,语言学家不得不同语言作用的结果——言语打交道。语言描写在分析言语的基础上进行。为了检验这些描写,可以建立与之相应的模式,例如,一种电子逻辑装置,它起作用时就产生言语。如果模式能够完成一定的言语交际,我们的描写就是正确的。

语言学的主要任务既然是描写语言这个产生言语的装置,那么,机器翻译可以使这种描写在电子计算机的算法中加以具体化。机器翻译利用语言学对语言的描写成果,并进行检验。

简而言之,语言模式是对语言事实进行模拟的一种装置。人们为了解释和描写语言事实,就设计这种装置,在语言事实和语言模式之间建立对应关系,用语言模式来映射语言事实。语言模式是抽象的,它有很大的概括力,它的每个元素同大量的语言事实相对应。因此,它能简明地描写复杂的语言事实,从而揭示语言结构的本质。语言模式还可以预测语言事实即描写潜在的语言事实。语言事实经过模式化就更适合于机器操作,因而它对工程语言学具有特别重大的意义。

当代工程语言学在研究语言体系时,重点研究语言的微观层次、义素、词的信息特征等,研究直接观察不到的语言事实及其联系。这类任务要借助模式化来完成。模式化方法不是研究自然客体本身,而是研究它的模拟物——模式。在 20 世纪 60 年代,语言学家把模式化任务限制在建立理想的语言客体模拟物。当时对语言模式提出两项要求:

1. 要求划分语言客体本质属性的一贯性和不矛盾性。
2. 预先说明所观察的事实,尽可能预言未知的语言属性。

这种模式的价值在于:1. 把数学装置引进语言学,因为没有数学装置不可能建立不矛盾的形式语言模式;2. 明确了语言模式的说明力标准。但是,由于工程语言学要研究当代关键的科学问题——人工智能问题,由于信息学和语言教学向语言学提出的要求,语言模式不仅应说明和预言语言现象,而且应再现语言和言语客体。于是,工程语言学的再现模式代替了过去的模式。再现模式是人工建立的形式体系,它一方面模仿微观结构或某种语言客体的作用,另一方面能再现这个客体。所以,建立工程语言学的再现模式同建立过去语言模式的公式是不同的。过去语言模式通常用三成分的公式:

语言客体——假设——语言客体的数学模拟物。

在这种模式中,一般不存在假设、人工模拟同语言客体之间的逆向联系,即使存在,也是通过客体和模式的微弱对应来实现。

再现模式按四成分公式建立:

语言客体——假设——语言客体的数学模拟物——工程再现。

这个公式包含明显的逆向联系,其功能由工程再现和语言客体本身之间的对应来实现。这种对应的程度是检验语言假设能否成立、检验再现模式价值的有效手段。

最典型的工程语言学再现模式是自动识别话语意思的算法,这种算法用于机器评注、摘述、检索和翻译体系中,也用于人机对话体系中。

工程语言学的再现模式和过去语言模式都广泛应用数学装置。但是,在过去语言模式中,数学装置被用来作为建立模拟物和检验模拟物在逻辑上是否完善的手段。而再现模式应用数学语言则要受工艺方面的制约,也就是说,语言学任务要为计算机了解,这个任务只有用自动机理解的数学语言描述才能解决。

所以,我们在研究工程语言学时,不仅要分析自然语言,而且要研究语言模式,特别是再现模式。语言模式化的理论和实践又促使语言科学的发展。

(六)工程语言学的特点

综上所述,当代工程语言学有以下几个特点:

1. 重视研究话语合成。工程语言学认为,语言是产生话语、判认话语、传递信息的装置。工程方法就是借助装置构成话语,这是当代语言学和过去语言学的主要区别。

过去的语言学观察已存在的语言,分析语言材料,研究现成的话语,研究变格、变位、句型分类、词义和音素描写,但没有阐明如何从这些要素形成话语。

现代语言学不是单分析个别要素,而是进行话语综合。机器翻译、自动情报检索和外语教学等方面均要求话语合成。

借助语言要素合成话语(还有建立人工语和创制文字)使现代语言学重点转入综合语言学,不同于过去的分析语言学。

2. 工程语言学力求研究成果有更大的客观性。为了保证客观性,从结构主义开始先后采用直接成分法、替换法、分配分析法、线性分析法、转换分析法、实验方法、机器词典、频率分析、数学方法等新的方法。这样可精确而客观地分析语言和话语,尽可能避免主观因素,如语感等的干扰。同时便于在工程语言学中把自然语言的信息转换为形式语言。语言学研究的客观性不仅完善了语言研究方法,而且对语言学理论的发展有重大意义。

3. 重视关于语言装置的思想。工程语言学承认语言现象的体系性,并用来解释语言现象。它还认为,语言是一种由有限要素组成的装置,可产生无限的话语。这种装置不仅可以产生话语,而且可以识别话语、传递信息。

4. 对比研究的发展。工程语言学不仅要求进行亲属语言比较,而且要进行非亲属语言对比,以便建立各有关语言的对应规律。

5. 研究方法的现代化。工程语言学采用演绎方法,建立满足现代科学需要的严密演绎体系。它采用精密科学的方法使语言形式化。

现代科学用模式化的方法认识现实世界的复杂现象。工程语言学也用语言模式化方法,研究语言时,从具体语言最一般的特点出发,提出建立抽象符号体系的假设,然后检验并确定假设结果同现实语言事实的关系。

(七) 现实与展望

从 70 年代工程语言学的现实,展望 80 年代工程语言学可能达到的成果,令人乐观,激动人心。

语言形式化之后,机器就能加以识别。机器识别自然语言是当前最吸引人的重大科学课题之一,其中包括识别书面语和识别口语两种。

早在 20 世纪 50 年代末,外国就制造了一些磁性和光学文字识别装置。磁性识别装置可识别磁性印刷器印出的阿拉伯数字和符号,光学识别器用光学扫描方法识别印刷字符。现在,拉丁文字的识别问题已经解决。1975 年,手写的 FORTRAN 程序字符在美国已直接输入计算机。日本的文字识别装置,已可识别包括汉字在内的两千字符,阅读速度每秒 1.00 字符,相当于 160 个打字员。英文自动光学阅读器每秒钟可识别两三千字符。机器从穿孔卡片或纸带上的阅读速度为每秒 1 500 字符。这些识器可初步解决文字的输入问题。

在输出装置方面,有的汉字信息处理机每秒可印 1 200 汉字,打字装置从电子计算机中输出语言信息的速度为 900—1 400 字符。

到目前为止,汉字的输入输出问题还没有根本解决,有待进一步研究。

关于口语识别问题,早在50年代就提出根据语音能量频率(时间分布)判别音素的原理,形成可视语言的观念。1952年就制造了数字识别器,能识别10个口授数字。

1969年科勒斯提出"用英语同机器人谈话"的报告,1975年米勒提出"能听、问、学习的自动适应自然语言系统"。1977年马罗伊等二人提出"机器人理解自然语言"的研究报告。美国斯坦福研究所用口语识别装置指挥机器人工作,该装置可识别42个词组,包括控制指令、动作指令等。1977年日本的口语识别装置能识别46个不同的人发出的每100个词句,把口语在显示屏上表示出来。1978年日本制造了第一台识别连续话语的装置,能识别几百个单词。1979年10月报载,中国科学院声学研究所一台电子计算机能识别上百条口令,可用口令直接指挥计算机进加、减、乘、除、方次五种运算。机器识别话语的发展方向是让机器懂得语法、语义,能自动分析,听懂整段的话语。机器能听懂话,一个人就可用话语同时操纵很多机器,远距离的机器还可以用电话操纵。宇航员可直接用话语操纵飞船。

机器既能识别书面语又能识别口语,就使机器翻译长上了翅膀。

现在的自动翻译机在打字或扫描输入后,译文就在显像屏上显示,可翻译特定专业的材料。加拿大蒙特利尔大学的英法机器翻译系统能够自动进行原文分析、双语转换和译文综合,现在每天翻译约2 000份天气预报的报告。欧洲共同体制定了"莱布尼兹"计划,要建立欧洲诸语言的多语机器翻译系统。这个计划1979年底执行,1982年完成试验模型,1984年建成法、德、意、英四种语言的机器翻译系统。理想的翻译机可以进行口语和书面语的互译以及多种语言的互译。带着这么一个袖珍翻译机可以参加任何国际会议,可以走遍全世界而无语言障碍。如果有一家机器翻译出版社,我们就可以在当天出版外国最新科学成果的译文。

现在的情报检索机,已经能自动检索各种情报,初步形成国际性的情报检索网。欧洲经济共同体建立的"欧洲联机情报检索网络"于1979年已联入30台主计算机,设置1 000个用户终端(情报检索点),每年可接受检索提问50万件,网络传输字符达2×10^{10}。到1980年,联机网络已可接受270万件检索提问,用户终端可共享欧洲共同体各国450多个数据库的各种情报资源。美国"洛克希德联机情报检索网络"在欧洲、美洲和日本设置16 000个用户终端,可共享51个举世闻名的资料库的情报资源。目前世界上通过联机检索网络可检索文献约达6千万件。发展方向是可以利用电子计算机的终端,用口语检索所需的各种情报。

如果语言学家设计一种统一的机器语言,用唯一的术语代码,把各门科学的概念、定义严格而单义地加以规定,如同统一的度量衡那样,那么,信息机就可成为百科全书式的机器学者。在这种学者的记忆中,储存着所有已知定理、公理、结论、公式、定义,一句话,储存着用严格而单义的语言记载的一切知识。这时机器成了活的"百科全书"。

随着科技和语言学的发展,以后还会出现自动做文摘、自动判断、自动证明的机器,出现可以同人对话的机器人。机器人掌握了语言,可以按照言语指令完成各项任务,那时,就将出现最高度的自动化、最广泛的控制化、最理想的机械人化。

但是,机器人的智力、视力、听力、说话能力、翻译能力都要靠语言学帮忙解决。语言学家要把各种语言信息,通过机器词典、机器语法等丰富机器人的"头脑",即把各种信息、程序事先放进机器的储存器。语言学家要用形式化的语言规则让机器人加强听觉,识别口语;加强视觉,识别书面语。语言学家要通过言语分析、信息转换、言语综合,让机器人具有说话能力、听话能力和翻译能力。语言学家还要提供语言的各种概率、数据,研究语言、文字的输入、转化、输出等问题,还要使语法、语义形式化,设计形式语言,制定语言之间的对应规律,为人机对话创造条件。

为了完成这些任务,现代语言学就要扩大和深化自己的研究领域。所以工程语言学蓬勃发展,方兴未艾,前途一片光明。

(原载《情报科学》1981年第3期,收载《现代语言学研究》,福建人民出版社1983年版)

四
社会语言学简论

20世纪前半叶,结构主义语言学和转换生成语言学把语言看作抽象的结构体系,排斥语言的社会因素,离开社会环境研究语言,致使语言学中的一些理论问题没有得到充分的研究。

60年代中叶,社会语言学兴起。它采用了结构主义语言学和转换生成语言学的一些方法,但克服了它们的缺陷,重视语言的社会功能,主张把语言放在社会环境中研究。社会语言学研究语言结构变异和社会变异之间的关系,把由于社会变异而产生的语言变体列为研究项目,强调语言研究要反映人们使用语言的情况。

到了70年代,社会语言学在美国、苏联等国获得很大发展,同工程语言学、心理语言学一起,成为当代语言学的三大潮流,代表着当代语言学发展的总趋势。

(一) 语言和社会

语言是社会现象,语言的本质属性是作为社会的交际工具,语言和社会有密切的关系。这是大多数语言学家所公认的。

现代语言学创始人索绪尔区分了外部语言学和内部语言学,把语言体系作为语言学的真正对象,为结构主义语言学奠定了基础。但是他提出的同社会有关的外部语言学的概念,引起了他的一些学生的注意。如法国社会学派语言学家梅耶就考虑到语言的社会本质,对语言的社会方面进行了研究,认为社会发展引起语言的变化。就是在结构主义语言学的内部,布拉格功能学派就把语言看作是完成社会任务的交际工具。在他们后期的著作中,指出了语言演化要受社会演化的制约。至于伦敦功能结构主义语言学学派,更加把语言当作社会活动的一种方式。他们的研究成果奠定了社会语言学的基础。苏联语言学界从20世纪20年代起就注意研究十月革命后的语言变化,对多民族国家的双语现象进行了较多的研究。50年代苏联十分重视语言社会性和语言计划的研究。美国人类语言学家研究了各民族语言和人种的相互关系。我国50年代进行的推广普通话、汉语规范化工作,也是从社会角度对语言发展的干预,是有效的语言政策和计划。

但是,作为一门独立的学科,社会语言学是在20世纪60年代兴起的。60年代初,我国语言学界在"语言和言语"的讨论中所提出的"使用语言的环境"(言语环境)的理论,以及根据言语环境划分语体的理论、言语规律的理论,都是当代社会语言学的重要课题。1964年,美国召开了第一次社会语言学大会,标志着社会语言学的建立。在两年后出版的会议文集中,提出了社会语言学研究的七个方面:1. 说话者的社会身份;2. 交际过程中听话者的社会身份;3. 言语事件发生的社会环境;4. 社会方言的历时和共时分析;5. 说话者对不同言语行为的社会评价;6. 语言变异的程度;7. 社会语言学的实际应用。这些课题都是从语言和社会的关系角度加以研究的,它们只是社会语言学问题的一部分。整个社会语言学的蓬勃发展是70年代的事。美国和苏联大部分社会语言学著作是70年代,特别是70年代后半叶问世的。

语言和社会的关系十分密切,语言随着社会的产生而产生,随着社会的发展而发展。语言发展遵循它本身的内部发展规律,但语言作为社会现象对社会有依赖性。它是为了满足社会的交际需要而产生、存在和发展的。社会生产的发展、社会制度的变革、人类思维的进步促使语言日益丰富、日益精练。语言的使用要受到社会的制约。人们用语言进行社会交际时,要遵守社会约定俗成的规范。语言的发展和变化均受到社会的影响。

首先,语言是相对稳定的。它的发展变化从不妨碍人们之间的相互了解。这是由于语言是人类社会不可或缺的交际工具,为了不使交际中断,必须保持稳定性。语言的这种稳定性主要表现在语音、语法和基本词汇之中。至于一般词汇,则经常变动。这也是同社会的发展相适应的。语言中要经常出现新词,以反映社会生活的变化,表示新事物、新概念。一些表示旧事物的旧词要渐渐少用以至消失。

其次,语言体系的特点是保持平衡。为了保证交际的正常进行,语言的任何变化会在某一层次得到补偿。例如,汉语语音单纯化,很多浊辅音消失,致使同音词增加(例如:辨—变,道—到,柜—贵,等)。同音词过多会妨碍相互理解,影响交际。于是语言用词汇的双音节化来消除同音现象(辨认—变化,道路—到达,柜子—昂贵,等)。语言变化的这种相互制约性是语言体系内部的规律,但其目的是为了保证社会交际的顺利进行。

再次,语言通常是向日益满足社会需要的方向发展的。当然,这指的是整个语言体系发展的一般倾向。

社会语言学认为,社会因素是语言发展的动力,必须联系社会来看语言的发展变化。

社会因素和语言因素是两种相互联系的因素,它们不是对立的。社会性质是语言本身的属性,它通过语言体系而起作用。社会语言学只有理解语言的社会本质,才能正确分析语言和社会的关系。

在语言体系中,词汇敏锐地反映社会的变化,如从 1966 年到 1976 年这十年期间,由于社会动荡,汉语中的词语反复无常,有些词一会儿普遍使用,充斥书刊;一会儿销声匿迹,无人问津。现在想想当时活跃一时的词语,还能记起那动荡不安的社会生活。例如:"红卫兵、走资派、造反派、文攻武卫、黑秀才、黑爪牙、黑修养、牛鬼蛇神、大字报、大批判、斗鬼会、五七干校"等等。

语法受到的社会影响较少,但也有影响。如法语中形容词后置的问题。1840 年,司汤达在致巴尔扎克的信中说:"有时我要考虑十五分钟,来决定应该把形容词放在名词后面,还是放在前面。"这是因为,法语中形容词的后置前置表示不同的细微涵义:形容词后置一般保持词的本义,如 un homme pauvre(穷人);形容词前置表示譬喻意义,如 un pauvre homme(不幸的人)。随着科学文献的增加,法语标准语中出现了科学语体,在科学语体中,形容词一般用于本义,如 la linguistique sociologique(社会语言学)。这说明科学术语中形容词后置相当稳定,因为它们用于本义。现代社会上科学文献的增加,科学语体的发展,这都是社会因素。这种因素影响到语法特点。

语言随着社会的产生而产生,随着社会的发展而发展,这是语言和社会的关系的一个方面。另一个方面是,语言具有社会功能,在社会上发挥重要作用。语言是人类最重要的交际工具,是人类思维的工具,也是社会上传递信息的工具。

语言作为社会交际工具这个特殊功能,使它成为特殊的社会现象。它是社会上一切领域的交际工具,是许多时代的产物,不是社会经济基础,也不是社会上层建筑。

人们的一切活动领域,从物质生产活动到精神创作活动,从政治文化生活到日常生活都要使用语言交流思想,达到相互了解,协调共同生活。语言在人类历史上帮助人们脱离动物界,组成社会,发展思维,组织生产,获得社会文明,直到建设现代化社会主义社会。如果没有语言,人们就不可能协调社会活动中的共同行动,生产和其他活动就会停止,社会就会崩溃。因此,语言还是社会斗争和发展的工具,是社会宣传的工具。

没有语言,人们不仅不能进行社会交际,也不能进行思维活动。人们在语言材料的基础上进行分析、综合、抽象、概括等思维活动,形成思想,表达思想。语言把人们思维活动的成果、认识活动的成果记载下来、巩固下来,使社会交际成为可能。

随着现代社会的发展,科学的进步,文化的繁荣,语言的作用范围越来越广泛,功能越来越完善。除了面对面的交际、远距离的邮电通讯之外,还出现了地空通讯、星际通讯、深水通讯等更为复杂的言语环境,要求迅速、清晰、准确、经济地传递信息。作为人类交际和思维工具的语言,自然就成为传递社会信息的工具。

语言和社会的关系十分密切,所以语言学研究必须联系社会,既从自然的角度、更从社会的角度分析语言。结构主义语言学和转换生成语言学等众多流派半个世纪以来很少联系社会研究语言,忽视语言的社会功能和社会因素,为了克服这一缺陷,社会语言学应运而生。

(二) 语言变体

社会语言学研究由于社会变异而产生的语言变体。一种语言在执行社会功能时,就表现为不同的变体,社会语言学要描写变体的体系,并揭示形成变体的社会因素。

语言作为最重要的交际工具,在人们的一切活动领域发挥作用,人们在不同的地域、不同的社会集团、不同的交际环境使用语言进行交际时,由于社会因素的影响会出现差异,形成变体。研究语言变体是社会语言学的中心课题。

一种语言在广泛的地区使用就会产生地域变体。现代英语被几十个国家当作第一语言使用,由于这些国家处于不同的地域,有不同的社会文化背景,在使用英语时就逐渐出现差异,形成英语变体。英国英语和美国英语的分化是众所周知的例子。这种分化表现在词汇、语法、语音、语义各个方面。

举例见下页表。

英国英语和美国英语虽然出现了一些差别,但语法构造和基本词汇没有重大的改变,整个语法体系基本相同,只在日常口语句法上稍有不同。所以,它们仍然是现代英语的不同变体,并没有分化为不同的语言。现代英语除这两种变体外,还有澳大利亚英语、新西兰英语等变体。近年来对英语各变体的观察表明,这些变体分化的速度在下降,出现了在美国英语影响下统一的趋势。由于美国政治、经济、军事的优势,以及美国报刊、书籍、电影、电视、广播的影响,美国英语的词语大量渗透到其他变体,美国英语作为一种英语变体通行于全世界,影响着其他变体。

国际上其他几种通用语言,都有若干种变体,如西班牙本土使用的西班牙语和拉丁美洲各国使用的西班牙语,就是西语不同的变体,它们有一些差别,但没有分化为不同的语言。

一种民族语言在一个国家内部的不同地域,可能产生差别,形成地方变体,这就是方言。它主要用于该地区人民的口头交际。我国地域广大,人口众多,过去又长期封建割据,交通不便,所以汉语方言复杂,一般分为北方方言、吴方言、湘方言、赣方言、客家方言、闽北方言、闽南方言、粤方言等八大方言区。大方言区内部还有若干次方言,如北方方言中又分北方话、西北话、西南话、江淮话;吴方言中又分上海话、苏州话、杭州话、宁波话等。

	英国英语	美国英语	解　释
词汇差别	lift postman ill sweets term parliament	elevator letter-carrier sick candy semester congress	电梯 邮递员 有病 糖果 学期 议会
语法差别	Have you any children? She gave it me. I go to see you every morning.	Do you have any children? She gave it to me. I go see you every morning.	你有小孩吗？ 她把这给我。 我每天早晨去看你。
语音差别 park hot premier when	〔pɑːk〕 〔hɔt〕 〔'premjə〕 〔wen〕	〔pɑək〕 〔hat〕 〔'priːmir〕 〔hwen〕	公园 热 总理 何时
语义差别 sleeper shop corn	枕木 店 小麦	卧车 工场 玉米	等等

　　汉语方言的差异主要表现在语音方面，此外，每个方言各有若干方言词语，有一定的语法特点。现举例如下：

　　在语音方面，北方方言浊辅音大部分消失，吴语方言区基本上保存浊辅音体系。有的方言韵尾辅音只有-n 和-ng, 有的方言则保留-n, -ng, -m, -b, -d, -g 等辅音韵尾。声调少到三四个，多至七八个不等。由于语音差别大，操北方方言、吴方言、闽方言、粤方言的人有时会相互听不懂，影响交际的正常进行。

　　词汇方面也有一些差异，如"番茄、西红柿、洋柿子"，"火柴、洋火、自来火、取灯儿"，"荸荠、地栗、马蹄"，"欠、差、空、该"，"穿、着"等等。

语法方面的差别较小,北方方言说"要看戏吗?"吴方言说"阿要看戏?"北方方言和吴方言说"到北京去",闽、粤、客家方言说"去北京",等等。

尽管汉语方言间存在一定的差异,但在结构体系上,各方言的语法结构和基本词汇是共同的,在社会功能上,它们都服从于汉民族的共同标准语——普通话,所以它们都是现代汉语的方言,不是独立的语言。

方言的发展前途有两种可能性:1. 方言差别逐渐消失,统一为民族共同语;2. 方言差别扩大,分化为独立的语言。方言随着社会的分化而分化,随着社会的统一而统一。部落分裂、移民、封建割据、交通不便、政治经济发展不平衡等社会因素都会造成方言的分化。方言分化往往延续好多世纪。说一种语言的人民由于上述种种原因而失去紧密联系,过着相对独立的生活时,语言上就会逐渐出现差别,日积月累形成方言。一旦统一的社会瓦解为几个独立的部分,全社会的共同语死亡,不同方言的差异就会扩大,进而发展为独立的语言。如由于罗马帝国的解体,古拉丁语死亡,从6世纪到9世纪在民间拉丁语的基础上,逐步形成法语、西班牙语、葡萄牙语、意大利语等罗曼语言。12世纪中叶,由于基辅罗斯的崩溃,破坏了统一的东斯拉夫语言,在不同方言的基础上形成俄语、乌克兰语、白俄罗斯语。

在民族语言形成时期,由于统一的民族语言的影响,方言逐步集中为统一的民族语言,如现代汉语各方言逐步集中为普通话。解放后,我国政治上空前统一,随着社会主义建设事业的发展,各地区人民交往频繁,加上从50年代以来执行了推广普通话、汉语规范化的正确政策,我国方言的分化已基本停止,正向普通话靠拢。普通话,即标准语成为汉民族的主要交际工具。

无论是方言分化的过程,还是方言集中为民族共同语的过程,都要经过漫长的方言和共同语并存时期。并存时期的长短受到社会因素的制约。

方言是民族共同语的地域变体,是一个地域内的全民交际工具,在语言结构上有一定的特点,但服从于民族共同语,还不是独立的语言。同方言相对的是标准语。标准语是共同语的规范形式。从共时角度看,标准语是超地域的、有规范的共同语;从历时角度看,标准语也是一种地域变体。因为在民族语言形成时期,标准语是在某个方言的基础上形成的,作为标准语基础的往往是全国政治、经济、文化中心的方言。如现代汉语标准语就是以北京语音为标准音、以北方话为基础方言、以典范现代白话文著作为语法规范的普通话。它是整个汉民族共同的交际工具,是国家机关、文化单位等使用的正式语言,是汉语其他变体的高级形式。

社会语言学研究语言地域变体的角度同传统的方言学有所不同。

方言学的任务主要是静态地描写某一方言的结构体系,指出该方言区域内部的语言一致性,不考虑这一区域的个人言语差别。这种描写对了解方言的结构体系,对方言比较研究有很大用处,但不能据此预测方言的变化方向,从而制定正确的语言政策。方言学除描写方言体系外,还历时地研究该方言同其他方言以及标准语的关系。

社会语言学不仅关心方言的结构体系和历时关系,更关心这个体系的结构变异和方言的使用状况。它对方言进行动态的描写,指出该方言区域内部的个人言语差别,说明这些差异的社会因素,预测方言的发展趋势,提供制定语言政策的科学依据。

社会语言学描写地域方言,不单单是静态地描写方言体系,而且动态地描写不断出现的、各种人说话的实际差异,这就同语言的社会变体交叉,并转入对语言社会变体的分析。

语言的社会变体一般称为社会习惯语,是指各种社会集体采用的语言变体。社会习惯语也从属于共同标准语,它在一定的社会集体中使用,有一定的词汇、语法上的习惯用法和一定的语音特点,但没有独立的结构体系,不能发展为独立的语言。它是相对封闭性的社会集体的交际工具,一旦这个社会集体的封闭性解除,社会习惯语的成分就会消失在共同语中。

社会习惯语的种类很多,有的按行业划分,三百六十行,行行有惯用语,称为行业语。行业语包括该行业特有的一些专门术语。随着一个人专业知识的深入,所掌握的科技术语也逐渐专门化,直到罕用的具体专业词汇,它们是构成行业语的一部分。如语言学中的"音位、语符链、义素、重写规则、中缀、语素"等等;又如,铁匠车螺丝的生产过程,就有"落料、蹬头、倒角、勒光、铰牙"等名称。有的是按一定社会集团划分的集团语,如学生集团中流行的惯用语有"开夜车"、"吃鸭蛋"、"搞互助"、"过关"、"打拍司"等等。有的是秘密社团的黑话,如上海流氓集团的惯用语:"顶呱"(极好)、"懂经"(懂得流氓的一套)、"刮三"(暴露)、滑脚(逃跑)、开手(小偷)、条理(警察)、"庙"(公安局)、"808"(手铐)、"放白鸽"(失约)、"三六子"(老酒)、"熏条"(香烟)等等。有的是阶级习惯语,即有产阶级上层分子使用的惯用语。如我国封建社会士大夫阶级和上层知识界的"雅言":"弄璋"(生儿子)、"弄瓦"(生女儿)、"东床"(女婿)、"贱内"(妻子)、"令媛"(女儿)等等。

有时语言地域变体也会转化为语言社会变体。如解放前,苏北大量破产农民流落上海,很多人从事理发、洗澡等服务性行业,在社会上受到歧视。他们所操的苏北方言,在上海地区转化为理发洗澡业的语言社会变体,直到现在还比较流行。又如,美国黑人英语也是由美国英语的地域变体转化为社会变体的例子。现在的黑人英语主要由于美国黑人在社会地位、经济地位、文化程度等与白人不同而形成了语言差异,同地域和种族的联系较少。

总之,由于地域的原因而产生的语言变异形成语言地域变体,由于社会原因而产生的语言变异形成语言社会变体。

社会语言学对这些语言变体进行研究,取得不少成果。美国社会语言学家拉波夫等人在研究中用"变项规则"来描写语言结构的变异,揭示社会因素对语言变异的影响,从而探索语言变异的本质。他们认为,语言结构有三种规则:1. 绝对规则,对说本族语的人有无形的约束作用,违反绝对规则就导致明显的言语错误。2. 半绝对规则,对说话者有相对的约束作用,违反半绝对规则别人就会觉察,但只觉得不怎么顺耳,说说也未尝不可。3. 变项规则就是语言材料因受社会因素影响而变异的规则。它不易为人觉察,但经过分析能够发现。说话者有运用这种规则的能力。现举例说明变项规则。

拉波夫用概率论的原理和方法来分析语言材料因受社会因素影响而变化的规律。他在纽约市一个区对155人进行调查,根据调查对象的社会地位分为上层中产阶级、下层中产阶级、工人阶级和下层阶级四个阶层。调查时引导他们谈论各种问题,并按说话者对语言的注意力程度,分出四个风格层次:随意谈话、留意谈话、读书、念词表。调查结果表明,各阶层的人在不同的风格层次中采用语言变异形式是有规律的。例如,现代英语中,齿间摩擦清辅音/θ/(th)有三个音位变体〔θ〕〔tθ〕〔t〕,现根据调查结果把纽约市不同阶层在不同风格层次采用的不同变体图示如下:

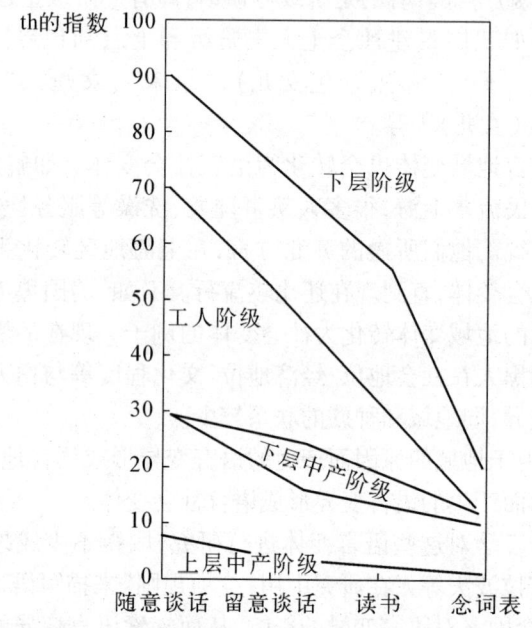

图中垂直轴表示 th 的指数,它说明发音的标准性,如果发标准音〔θ〕,就记0,发塞擦音〔tθ〕的就记1,发塞音〔t〕就记2,指数越高说明越不标准。

图中水平轴表示风格层次,从左边的随意谈话到右边的念词表。

图中的中折线表示社会阶层,其中下层中产阶级有两条线。

从图中看出,在念词表时,由于大家对语言集中注意力,各阶层基本上均把 th 念成〔θ〕,但在随意谈话时由于对语言的注意力分散,发音就出现了明显的差别。上层中产阶级的很多人仍能发〔θ〕,而多数工人阶级,特别是下层阶级的指数甚高,说明他们在随意谈话时不是把 th 发成 [tθ],就是把它发成 [t]。这项调查表明,语言变项同说话人的社会地位有关。这儿的变项规则就是现代英语 th 因受社会因素的影响而变异的规则,它不易为人觉察,但经过分析能被发现。许多人在念词表时知道发成 [θ],但在随意谈话时却不自觉地发成 [tθ] 或 [t],也就是说在非正式的随意交谈中会偏离标准语。分析这种变异对预测语言发展有重要意义。

用传统语言学的规范规则很难描写这种变异,社会语言学家便借用转换生成语言学的规则作为描写变项规则的模式。th 的变项规则表示为:

$$\begin{pmatrix} +辅音 \\ -元音 \end{pmatrix} \rightarrow ([-擦音性]) \bigg/ \begin{pmatrix} -刺耳 \\ -舌根 \\ +舌尖音 \end{pmatrix}$$

这个公式左面的方括号,说明描写的是辅音,不是元音;右面的方括号说明该辅音的区别特征,中间圆括号说明这是一条辅音的变项规则。这条规则的意思是:如果辅音是非刺耳、非舌根的舌尖音,那么它有时会失去擦音性质。

由于这种语言变异受到社会变异的影响,公式要把社会因素考虑进去。现设 K_0 是社会阶层和风格层次两个社会变项的函数,如下式:

$$K_0 = f(x \cdot y) = f(社会阶层)(风格层次)$$
$$= a(社会阶层) + b(风格层次) + c$$

这个公式表示 K_0 是"社会阶层"和"风格层次"两个社会变项的函数,如前所表示,其中一个变项的质发生变化,函数的值就要发生变化。

这种研究表明,作为社会语言学对象的不仅仅是语言标准本身,而且是偏离语言标准的程度及其规律。这就是动态地研究语言,它揭示语言变化发展的迹象和趋势,预测语言发展的未来,为语言学研究开辟广阔天地。

(三) 言语变体

语言变体主要表现在语言体系之中。语言体系中出现一定数量有规律性的差别,就形成语言变体。言语变体主要表现在言语之中,一系列使用语言的特点综合起来,就构成言语变体。

人们使用语言是在特定的场合,就特定的范围,为特定的目的,向特定的对象进行交际。也就是说在特定的言语环境之中。人类社会生活是多方面的,在不同的社会活动领域进行交际时,由于不同的言语环境,就各自形成一系列言语特点,这些特点的综合就是言语变体,或称言语功能变体,简称语体。

语体首先是社会交际需要的结果,一种语体的形成和存在是为了一定的交际需要。由于交际范围和领域不同,就要求形成不同的言语变体。

语体又是使用全民语言材料特点的综合。在全民共同语内部并存着很多功能不同的同义手段,是语体存在的物质基础。研究语体必须首先分析社会功能,以便从本质上认识语体;但同时也必须重视语言材料的分析,以便认识语体之间的联系和区别。语体是客观存在的,任何使用语言的人都要受它的约束。

怎样来划分语体呢?伦敦学派韩礼德等人认为应从话语的范围、方式和风格三个原则进行分类。按话语范围可分出政治、生活、科技等使用域。按话语的方式,可分为口语和书面语两大类。按话语的风格,则是从交际者的地位、关系、身份等来区分使用域,大致分为正式和非正式两类。通过各使用域语言特征的分析,描写出不同的言语变体。这三个原则实际上可概括为一个,这就是言语环境。

言语环境是由各种因素构成的,如交际的时间、地点、场合、对象、目的、交际者及其思想等。用美国社会语言学家费什曼通俗的话说,就是"谁何时对谁说什么语言"。语体是由于言语环境不同而形成的言语特点的体系。根据不同的言语环境,语体首先分为日常谈话语体和公众书卷语体两大类。

谈话语体适用于日常生活领域,是在人们之间日常的、随意的、非专门性的交谈中形成的。它活在人们口头上,虽然有书面形式,但口头形式是典型的。由于日常谈话可以涉及生活的各方面,谈话语体可以容纳除古语词和专门术语外的各种语词。谈话生动活泼,感情自然,谈话语体较多使用带感情色彩的语词,如象声词、儿化的名词、带叠音后缀的形容词等等。谈话语体的语句简短、省略号较多、重复停顿也时而出现,对言语环境有很大的依存性。

书卷语体适用于社会集体活动领域,它同谈话语体互相对立,又互相制约、互相影响,从而不断发展变化。书卷语体一般分为科学语体、艺术语体、政论语体、事务语体,它们各自具有用词造句的特点。

科学语体的功能是准确而系统地叙述自然、社会和思维现象,论证这些现象的规律性。它服务于科学技术领域和生产领域。这种语体用词精确,专门术语较多;句法完整,扩展句多;一般不带修辞表情色彩。通俗科学语体是用于向非专门人员深入浅出地解释各种科学问题,用词造句比较通俗。

艺术语体的功能是通过艺术形象反映客观世界,它的本质特征是言语的形象性。为了达到形象性的要求,艺术语体用词广泛,句法变化多端,修辞表情色彩鲜明,时有创新。

政论语体的功能是通过对社会政治生活各种问题的阐述,动员广大群众为阶级、民族、国家的利益进行斗争。它是一种宣传鼓动的语体。一方面广泛运用有关科技术语,通过分析和论证,使人们相信某种观点的正确性;另一方面又要求言语生动活泼,力求打动人们的感情。

事务语体的功能是在国家机关、社会团体的行政事务工作中起联系、传达、通知的作用。它有固定的格式,措辞力求准确,不带感情色彩。

每种语体之内,还可以划分为若干分体,如艺术语体可分为散文体、诗歌体、对白体,科学语体除通俗科学语体这个分体外,还可按科学分类的特点再行划分。现在国外流行的专门语言教学,即我国通常说的科技外语,就是根据语体理论建立的。

主张专门语言教学的语言学家,强调语言以各种变体的形式而存在,如英国语言学家夸克、苏联语言学家阿赫曼诺娃都认为现代语言是具有若干独特而重要变体的语言,包括地域变体、社会变体和其他变体。根据语体理论,专门外语教学应把作为专业人员国际交际工具的特定语体当作教学对象。1977年英语教师国际协会第九次大会上，语言学家和英语教师一致认为，专门外语是教授作为国际交际工具的外语的唯一合理方法。同年第一次欧洲专门语言问题讨论会上，该方法也获得广泛承认，大家认为学外语必须依靠严格限制的语体。一般说来，使用本族语的人也不一定能用科学语体，只有通过严格观察话语构成规律才能达到这一点。科学语体主要传递科学信息，对只需用外语传达科学信息，用它来做学术报告、参加学术讨论、写科学论文的专家来说，着重学习科学语体，这并不是贬低艺术语体和其他语体。何况，从科学语体出发，经过扩大词汇量、广泛阅读等就可逐步进入其他言语活动领域。所以，在语体理论基础上建立的专门语言教学，对我国科技外语教学有重要的参考价值。

各语体之间既有区别，又有联系，它们都是同一语言的言语变体。区分言语变体，对当代语言学有重要意义。几个世纪以来，语言学家一直想摆脱变化多端的、复杂繁纷的言语现象，而寻找理想的、纯粹的语言体系。对19世纪的语言学家来说，"纯粹"的语言只存在于过去，是历史现象，而现在存在的语言只是"破坏了"的变种。20世纪初，索绪尔区分了语言和言语，语言就是一个社会集体使用的代码体系，言语指对语言的实际使用。索绪尔及以后的结构主义语言学家认为，言语的结构不够严密，所以，语言学唯一的合适对象是语言。但索绪尔比19世纪语言学家有创新，他认为语言体系不是存在于过去，而是存在于社会的"集体智慧"之中。转换生成语言学创始人乔姆斯基则把"纯粹"的语言说得更加抽象，把它说成是"理想的说话者和听话者的智慧"，他认为语言学理论关心的首先是完全统一的言语集体中理想的说话者和听话者，他们深知这种语言，不会受到不相干条件的影响。这些语言学家认为言语太复杂，不易描写，把语言学的研究重点放在语言体系上。

社会语言学的重要特点就是把研究领域扩大到言语，探索言语规律、描写言语变体。美国社会语言学家海姆斯认为，如果没有使用语言的知识，乔姆斯基所描述的"理想的说话者和听话者"只是文化的怪物。所以探索言语规律，是社会语言学的中心任务之一。而与言语环境相适应的语体规律就是一项重要言语规律。在一定的言语环境中使用相应的言语变体,这是每个交际者所必须遵守的。

(四) 双语现象

　　双语现象指在一个言语集体中存在两种以上语言,该集体根据社会环境在相应的交际范围内交替使用两种以上语言。两种语言为统一的言语集体服务,在功能上相互补充,构成统一的社会交际体系。一个人在什么社会环境选择什么语言,这由社会价值决定。因此,集体双语,应以社会成员的个人双语为前提,但有个人双语并不意味着存在集体双语。

　　所谓个人双语,是指某个社会成员可以使用两种语言进行交际。第一语言通常是他的母语,是他的主要的第一性的交际工具。第二语言通常是外语,是他第二性的次要交际工具。在某些情况下,第一语言不一定是主要的交际工具。例如,侨民住在外国,母语不再是主要语言,它只在家庭和亲友间使用,在社会上要使用外语,外语即第二语言成为他的主要语言,很多美国华侨或美籍华裔就是这样。因此,个人双语从掌握语言先后的历时角度区分为第一语言和第二语言,从使用程度的共时角度区分为主要语言和次要语言。列表如下:

时　间　性	语　　言
历　　时	第一语言
	第二语言
共　　时	主要语言 (第一性语言)
	次要语言 (第二性语言)

　　所谓集体双语就是一个社会集团同时用两种语言作为交际工具,如印度使用印地语和英语,巴拉圭使用西班牙语和加拉尼语,马耳他使用英语和马耳他语等等。这类国家一般只规定一种语言为官方语言,但居民多半是操双语者。另一些国家情况相反,规定几种官方语言,如瑞士的官方语言有德语、法语、意大利语、后拉丁语,但由

于它们都是地域性官方语言,居民一般只说单语。

双语现象还包括说同一语言的两种变体,如上海人在家里或非正式场合说上海话,在正式场合说普通话。社会上普通话和上海话都可用作交际工具。这种现象又称双方言或双变体现象,即一种语言存在不同变体,可根据社会环境在相应的交际领域中使用这些变体。

社会语言学很重视双语现象,把它作为重要的社会现象来研究。它认为集体双语现象固然同社会有关,个人双语现象也是社会双语现象的具体表现。

双语现象按其关系又分为并存现象、混合现象和主从现象三种。并存双语现象的两种语言各自保留自己的体系;混合双语现象的两种语言混用,合为一个体系;主从双语现象的两种语言以一种语言体系为主,另一种语言从属于它。操并存双语者时而用一种语言交际,时而用另一种语言交际。操混合双语者两种语言混用,在一种语言中夹用第二种语言。操主从双语者,用翻译方法使用第二语言,与掌握第二语言初阶段的情况相似。

这种双语现象的分类对外语教学有重要意义。从主从双语过渡到并存双语标志着外语学习的进展,也就是从依赖本族语过渡到外语思维的过程。一般说来,操双语者或学第二语言的人,往往把第一语言的音位体系和规则用到第二语言之中。如讲普通话或讲北方方言的人学外语时会把一整套送气音和不送气音代替英语俄语等的浊辅音和清辅音。四川人或南京人学外语经常 n、l 不分,等等。汉语中长短音不区别意思,因此初学英语者分不清 He beat his child.(他打孩子)和 He bit his child.(他咬孩子)。这种干扰就是用第一语言的体系来判断第二语言的音位造成的。从主从双语过渡到并列双语就会排除这种干扰。但是,对于只需用第二语言阅读文献以获得科技情报、从事理论研究的人来说,一般掌握主从双语就可达到目的。

语言干扰,就是双语接触中所发生的偏离语言规范的现象。语言干扰导致语言借用,即借用另一种语言的成分;也会导致语言混用,即两种语言部分交叉使用;还可能导致语言的统一,即完全改变另一种语言的成分,使之适合本身的要求。从语言体系来看,词汇干扰比语音干扰引起更大的重视。借词也是从语言干扰开始,然后加以吸收成为词汇体系中合乎规范的新词。所以,干扰不仅表现为本族语对外语的干扰,而且表现为外语对本族语的干扰。

总之,双语现象是个人和社会集体使用一种以上代码体系的结果。双变体或双方言是一种语言功能分化的结果。两者可以同时出现在语言集体中。

研究双语和双方言现象,要寻找两种语言或变体在一定社会历史环境中的相互关系,确定其社会功能、使用范围和分布情况,确定它们在社会生活中的作用,指出双语分布和社会结构的依存关系,确定各种语言的地位。

在双语现象中,可以看到战胜者和被战胜者、殖民者和土著居民、上层统治者和下层人民的相互关系。在战胜者用强迫同化的方式融合战败者的语言时,战败者往往顽强抵抗,即使在社会上不得不用战胜语,回到家里仍然使用本族语,在语言融合的漫长时期中存在双语现象。在资本主义国家中,上层统治者往往规定一种语言为官方语言,整个国家是单语社会,但少数民族地区的人民仍然使用双语。由于这种种原因,双语地区经常因为语言问题引起民族纠纷和政治事件。芬兰好几百年使用芬兰语和瑞典语两种语言,20世纪上半叶由语言争端上升到民族争端,1968年才告结束。比利时的法语和佛莱芒语地区经常发生争端,有时甚至导致内阁倒台。印度各邦经常为语言问题而引起民族纠纷。加拿大操法语的人同操英语的人长期有争端,魁北克省操法语者一度提出要把该省从加拿大划分出去。我国是社会主义的多民族国家,人民政府执行正确的语言政策,帮助少数民族发展语言文字。同时,各少数民族自愿用汉语作为族际的交际工具,少数民族地区的汉族干部也自愿学习少数民族语言。这也导致双语现象,但这种双语现象符合各民族的利益,是正确的民族政策的表现。

在资本主义国家,由于社会原因,有时还产生双方言现象。如由于资本主义生产关系的发展,农民向两极分化,富有农民跑到城市,力图像有教养的人那样说话;不富裕的农民则因农村无产化,到城市做季节工,语言也产生了变化。于是农民既说本地方言,又讲异地方言或标准语,形成双方言现象。资本主义国家双方言现象反映了不平等的社会结构。我国随着推广普通话和汉语规范化的发展,双方言现象的程度渐趋减弱。

操双语者从一种语言转换到另一种语言,操双方言者从一种变体转换到另一种变体,这就是双语代码的转移,它遵循一定的规则。首先,转移受社会环境的制约,语言选择要同社会因素相符合。其次,语言的选择与言语准备的心理因素相一致。

先谈语言选择受社会环境制约。例如,上海有一位英语教师是南京人,他在正式场合说普通话,同小孩和听不懂普通话的人说上海话,回到家里说南京话,同英语专业师生讲英语。他很清楚在什么社会环境必须说什么话。如果他突然违背了这个不成文的规定,那多半是环境改变了。例如,他突然碰到一位家乡的同学,久别重逢,分外亲切,就自然地讲起南京话来。当他们谈完家常,谈起学问或国家大事时,不自觉地会改用普通话,有时还会夹几句英语。又如,有一次,车厢里两个陌生人一直用普通话交谈,当列车员来倒开水时,其中一位用上海话讲了一句"谢谢侬!"另一位立即用上海话搭腔,接着两人开始用上海话亲切寒暄和交谈。这些例子说明,谈话的主题、内容、交际的对象、交际的时间、地点、场合等因素,都会引起操双语者的语言代码转移。

美国语言学家格里费尔德对纽约市波多黎各人的双语现象研究表明,在波多黎各语言集体内,西班牙语用于家庭和亲友,英语用于工作、宗教和教育。影响语言选择的因素有地点、场合、交际对象和话题。例如在家庭范围内,在家里同父母谈论怎样做个好孩子,用西班牙语;在教育范围内,在学校里同教师谈怎样写篇作文,用英语。

语言选择还受言语准备心理因素的影响。按照心理语言学的原理,说话者的言语准备是把语义内容进行编码。操双语者有两套代码系统,当用一种语言代码编成传递信息的话语时,往往会夹用另一种语言的代码。如在第一语言的话语中夹用第二语言的词语,有时还会夹用一段第二语言的话语。

产生双语现象的原因通常有:1. 多民族杂居,如印度;2. 国家实行双语制,如比利时;3. 殖民地后果,如秘鲁;4. 移民;5. 父母来自不同的民族;6. 外语教学。不管哪种原因形成的双语现象都有值得研究的内容。双语研究为语言学展示了广阔前景,它与外语教学、语言融合、语言借用、代码转换、语言规范等问题都有密切关系。越是双语问题明显的地方,如我国的新疆,语言研究的问题越丰富。我国是多民族的国家,汉语和少数民族语言接触很多,汉语内部方言分歧较多,所学外国语种较多,有很多双语现象值得研究。

(五) 话语分析

社会语言学的重要特点是把语言研究扩大到言语领域,它很重视话语分析。近年来话语分析的成果促使了话语语言学的产生。目前研究的要点是对话分析、语段分析和话语理论。

对话分析指社会交际中相互交谈的对话分析,它以实际交谈为研究材料,探索交谈的组织结构及其内在联系,分析在交际环境中句子间的联系规则。

对话是言语交谈的变换体系,它有规则保证交谈依次顺利进行。根据对话分析的结果,对话时存在轮流规则、打断规则、引进话题的规则和沉默规则等。对话时,甲方和乙方建立一个传递信息的信道,彼此轮流讲话,用话语表达自己的思想,也引起对方类似的思想,使思想交流顺利进行。当这个信道发生故障,使乙方不能理解甲方的话语时,或者对甲方话语产生重要的联想,有新的内容需要表达时,就会打断甲方的话,引进新的话题。当乙方对甲方的话语进行思索,或话语引起他的情绪,不愿回答时,他就保持沉默。直到再次建立交谈,恢复信道畅通。这种对话同整个言语环境有关。俗话说,酒逢知己千杯少,话不投机半句多。有的人见面喁喁私语,情话绵绵;有的人两两相对,默默无言,这都同社会因素有关。交谈往往是即兴的,经常从一个话题转到另一个话题。有时一方引起的谈话,另一方可能没有准备。在这种情况下,谈话可能存在语气不连贯、用词不确切、重复、停顿等现象;在使用的语言材料中可能存在一些与标准语不符的偶然成分,也可能出现修辞创新。关于谈话语体的语言特点,在言语变体一节中已略作分析。

对话的扩展并不是杂乱无章,而是具有一定组织结构的话语序列。有些话乍一听来好像答非所问,前言不搭后语,但仔细一分析,仍然是连贯话语的组成部分。例如甲问:"你明天上班吗?"乙答:"我有接待外宾的任务。"这一问一答在语句上并无联系。话语的连贯性如何表现呢?拉波夫认为,这种连贯性表现为一条对话规则:

如果甲在问句中要求获得信息 Q—S_1,而乙的答句是 S_2,这个 S_2 并不能由省略规则扩展为 S_1,那么 S_2 对甲、乙来说都表明存在着一个命题:

如果 S_2,那么(∃)S_1

(∃)表示"存在",从这个命题可以推导出甲要求的回答 S_1。

在所举的例子中,存在甲、乙双方都明白的 S_1,即:"接待外宾就不能上班"。因此,乙的答句和甲的问句是有联系的。

拉波夫指出,小孩对这类对话规则会感到困难。例如,小孩问大人:"你跟我一起玩,好吗?"大人回答:"你比我小。"这时小孩会困惑不解,以为大人答非所问。因为在他的思想里引不起"大人小孩不在一起玩"这个 S_1。

这类问答一般的顺序是回答在提问之后,其对话结构为:(问$_1$ 答$_1$)(问$_2$ 答$_2$)(问$_3$ 答$_3$),当然也可能出现嵌入形式,即[问$_1$(问$_2$ 答$_2$)答$_1$]。上述两个例子如果按照最简单的对话规则,甲提问,乙回答:"是","不"或"可能"。如,甲问:"你明天上班吗?"乙答:"是的。"(或"不去,"或"可能去"),那么这样的对话,甲乙双方都能直接理解。

还有一种对话,甲说的是陈述句,乙也可回答"是"或"不",如甲说:"你明天上班。"乙说:"不,(后天上班)。"但有的陈述句后面不能出现"是"或"不"。如甲:"我今天不舒服。"乙一般不能说"是"或"不是"。

社会语言学家从对话规则的分析说明各种话语的可理解的性质。在分析句子之间的关系时,注意到它们的内在联系,从中发现连贯性对话的规则,并说明交际者怎样理解连贯对话。由于对话分析是话语层次的分析,必须联系言语环境。它同句子以下各结构层次性质不同,这种研究导致语段分析的产生。

语段分析为语言学增添了一个分析层次——语段。若干句子构成语段,语段中句子之间的联系手段一般有两种,一是词语的重复;二是专门的联系词。同时还可分析句子中词的省略情况,句子间的逻辑结构。

过去大部分语言描写以句子为最高层次,语段分析则分析更大的语段层次,研究语段规则。语段规则分为三类:

1. 解释规则,它使听话者理解说话者的意思。在各种对话中,从甲乙双方说来,可分三种事件:① 甲事件,甲知道乙不知道;② 乙事件,乙知道甲不知道;③ 甲乙事件,双方都知道。这样就得出对话的解释规则:

如果甲叙述了乙事件,那么甲的话应理解为:他要求乙证实其叙述,等等。

2. 生成规则,就是控制说话者在言语活动中的输出的规则,这种规则保证生成适合言语环境的句子。

3. 序列规则,它调节言语活动的次序,并把解释规则和生成规则联系起来。

语段规则的研究开始受到句法规则的束缚,把并列复合句、主从复合句等句子分类概念套用到语段分析,把语段内的句际关系也分为主从、并列、原因、条件等等。近年来,语段分析建立了独立的句际关系体系,随着言语扩展的思路,把句际关系分为解释、因果、问答、列举、继续叙述等类。这种分类是句际关系的逻辑语义分类,不同于句子内部的结构关系。苏联语言学家波斯别洛夫把句际关系分为三类:1. 句子成分或从句独立成句后与原句的关系;2. 相邻的完全句和不完全句的关系,如在对话中答句通常是不完全句;3. 带有连接词的补充关系,如在"此外"、"还有"、"再者"等词之后的句子补充前句的内容。

当前,语段分析的侧重点还是放在语段结构上,研究语段类型不是以语言的实际运用为依据,没有紧密联系言语环境。与之有关的话语理论首先注意的是语言的实际运用方面,紧密联系言语环境。言语活动总是在特定的言语环境之中,话语的形成和发展都要受言语环境的制约。句子能够表达相对完整的思想。但要表达复杂细密的思想,就得把句子组织成话语。话语的承上启下、层次安排、段落划分、首尾照应、风格协调、语体和谐等等都依赖于特定的言语环境,都要遵守一定的言语规律。

语段分析在语段层次上解决了句子层次上一些不易解决的问题,但它仍然以语段范围内的句子为研究对象,较多地考虑了句际关系。话语理论则进一步考虑了话语和言语环境的关系,同社会交际的关系。从而话语语言学开阔了语言研究的前景,成为社会语言学的重要内容。

（六）语言功能分类

社会语言学着重研究语言的社会功能。语言有社会交际功能、思维功能和传递社会信息的功能,它们决定语言的社会本质。结构主义语言学就注意到对语言功能的研究,布拉格学派所研究的功能主要指语言本身各要素在语言体系内部的功能,如音素按区别性特征形成音位,不是语言和社会功能的关系。这个学派的代表人物之一雅科布逊后期提出六种基本功能,即：1. 说话人的感情功能,表达本人对话题和语境的关系；2. 引起听话人注意的功能；3. 集中于语段内容的上下文功能；4. 传递功能；5. 保证进行交流的接触功能；6. 集中于符号的代码功能。

功能结构主义语言学的代表人物,伦敦学派的韩礼德划分出三种基本功能：

1. 概念功能。语言使人积累的经验具有某种形式,帮助形成对现象的观点,表达基本逻辑关系。语言是表达内容的工具。

2. 交际者关系功能。说话者用语言表达自己的态度和评价,表达他同听话者的关系,同内容本身的表达不同。

3. 话语功能。它同话语的建立有关,使说写者能建立话语,听读者能理解话语,同言语环境有关。

这些关于功能的原理为社会语言学研究功能问题奠定了基础。社会语言学在这个基础上进一步解决两个问题：1. 言语规律问题；2. 两人以上的大范围交际问题。

20世纪70年代初,美国社会语言学家费什曼认为,社会语言学要发现能解释、调节言语行为以及语言集体中对语言态度的社会规则。海姆斯把这种言语规律称为说话规则,它规定了说话者的交际能力、在言语环境中选择恰当代码和风格的能力。我国在60年代初

的学术讨论中就论述了言语规律的问题,当时提出的言语规律有:
1. 与言语环境相适应的规律,如语体、风格、文风等方面的规律;
2. 选择语言成分组成话语的规律;3. 与言语目的和交际任务相适应的规律,如修辞方法的规律,等等。

大范围的交际,甚至世界范围的交际使语言功能更加扩大。这时就涉及到不同语言的社会功能问题。由于不同的语言有不同的功能,社会语言学就形成了语言的功能分类,它与传统语言学的类型分类和谱系分类一样,成为世界语言的重要分类方法。

现在先从现代诸罗曼语的状况来看看语言担负的不同功能。

1. 在欧洲使用罗曼语的本土,只有一种正式的国语,如法国的法语、意大利的意语、西班牙的西语、葡萄牙的葡语等。

2. 在拉丁美洲近 20 个国家使用西班牙语,巴西使用葡萄牙语,海地使用法语。它们同当地的印第安土语形成双语现象,如秘鲁的西班牙语和克丘亚语、巴拉圭的西班牙语和加拉尼语,有些地区则受到英语的影响,产生了一种 englañol(英西混合语)。

3. 有些罗曼语在一些国家的部分地区起正式语言的作用,如加拿大的法语、瑞士的法语、意大利的法语、比利时的法语等。

4. 在法、西、意、葡等国过去的殖民地,由于民族独立后民族语言的发展,渐渐使罗曼语失去正式语言的功能。如秘鲁于 1972 年就提出在全国推广克丘亚语,1975 年规定克丘亚语为官方语言。

5. 法语和西班牙语成为联合国的正式语言和工作语言。

社会语言学根据不同语言担负的交际功能,把语言分为如下几类:

1. 一个国家的官方语言或国语

一个国家的官方语言或国语充当这个国家的全国交际工具,在多民族的国家则充当族际间的交际工具。一般采用占全国人口大多数的民族语言,如中国的汉语、美国的英语等。也有采用少数民族语言为官方语言的,如坦桑尼亚的斯瓦希利语。有的国家借用外语作为官方语言,其中有的借用外国古代语言,如西欧中世纪用拉丁语,8—10 世纪伊朗用阿拉伯语。有的国家沿用过去殖民者的语言,如拉丁美洲大部分国家使用西班牙语,非洲许多国家使用英语、法语、葡萄牙语,等等。

2. 多民族国家的少数民族语言

这种语言只在多民族国家该少数民族范围内使用,如中国的藏语、维吾尔语;印度的乌尔都语、旁遮普语,等等。

3. 区域性官方语言

有的国家同时采用几种官方语言,每种官方语言只在某一区域流行,如瑞士的德语、法语、意大利语,比利时的佛莱芒语和法语等。

4. 宗教语言

有些宗教语言是已死的语言,如天主教使用拉丁语,苏联东正教使用教堂斯拉夫语,等等。

这儿只包括自然语言的分类。20世纪60年代末,斯尔瓦特按照四个特征对语言功能进行了分类:

1. 规范性。指整个语言集体所接受的、全社会公认的标准。有规范的就是标准语。

2. 生命力。指存在说该语言的社会集体,把该语言作为第一语言的集体消亡时,语言就失去生命力,成为死语言。

3. 历史性。某社会集体使用后,语言是否发展,这个标准可区分第一语言、第二语言和人工语。

4. 独立性。指使用该语言的人是否把它看作同别的语言或别的变体有区别的语言。

现列表分类如下:

语 言 特 征				语言类型	语言例子
规范性	生命力	历史性	独立性		
+	+	+	+	标准语	标准英语
+	−	+	+	古典语	拉丁语
−	+	+	+	地方语	口头阿拉伯语
−	+	+	−	方言	伦敦方言
−	+	±	−	克里奥耳语	克里奥耳英语
−	−	−	−	皮钦语	新美拉尼西亚语
+	−	−	+	人造语	世界语

70年代初,费什曼和海姆斯在斯尔瓦特功能分类的基础上,提出语言功能分类的七个特征,除上列四项外,另加了:

5. 简化程度。在语言结构上是否比同类亲属语言变体简单。
6. 混合程度。是否有外语成分构成。
7. 实际标准。个人语言能力是否被认作规范。

现按这七个标准把语言(包括自然语言和人工语言)加以分类。(见下表)

语言特征							语言类型	语言例子
规范性	生命力	历史性	独立性	简化程度	混合程度	实际标准		
+	+	+	+	-	±	-	标准语	标准英语
+	-	+	+	-	-	+	古典语	雅科夫一世圣经语
-	+	-	+	-	-	+	地方语	黑人英语
-	+	-	+	-	-	+	方言	伦敦科克尼方言
-	+	-	-	+	-	+	克里奥耳语	克里奥耳英语
-	+	-	-	+	+	+	皮钦语	新美拉尼西亚语
-	+	-	+	-	-	+	人造语	世界语
-	-	-	±	-	+	?	带x语的y语	印度英语
-	-	-	-	+	+	-	交叉语	A的英语
-	-	-	-	+	±	-	外国人用的语言	B的简单英语

这种分类大致上概括了各种类型的语言,描绘了这些语言的功能特征。

这儿分出的皮钦语和克里奥耳语是语言接触的一种特殊形式。解放前上海使用的洋泾浜英语就是一种皮钦语。这是上海外滩原洋泾浜一带外国商人和当地居民直接接触而形成的"破碎的"英语。从上海话中保留的一些借词可以看到洋泾浜英语的痕迹:拿摩温(工头)、拉司卡(末班车、最后一个)等。皮钦语(pidgin)这个名称就是根据洋泾浜英语对business(生意)一词的讹音而取的。现在世界上一些通商口岸,都有一种简化的、变形的外语,作为商人、传教士等同当地居民的交际工具,被称为皮钦语。它是一种语言的变体,其特点是:词汇量少,语法简单,语音受到当地语音的影响,只用于特殊的口头交际场合。如新几内亚使用的皮钦语托克·皮欣基本上成型，约有1 500个词语，绝大部分来自英语，有简单的语音和语法规则。由于词汇量少，有些概念要加以描绘，如把"胡子"说成 grass belong face(脸上的草)。

皮钦语在特定场合下作为社会辅助交际工具，它不是语言集体的母语。在一定的社会条件下，它也可能被社会集体用作主要的交际工具，被社会作为第一语言来学习和使用。这时，词汇逐渐扩大，语法日益精密，逐步发展为克里奥耳语。Creole 是"混血儿"的意思，克里奥耳语实际上是从皮钦语发展而来的混合语，如非洲种植园的工人来自各地，操不同的语言，他们相互交际的工具就是皮钦化的殖民者的语言。当这些种族通婚后，克里奥耳语就成为下一代的母语。一些殖民地的语言，如海地的法语、牙买加的英语实际上是一种克里奥耳语，而不是标准的法语或英语。

（七）语言政策

社会语言学的理论和调查的材料是制定语言政策的重要依据，已经制定的语言政策又是社会语言学的研究对象。现代社会迫切需要依据科学原则制定语言政策，进行语言建设，制订语言计划，预测语言的发展和未来。语言政策有些是国家内部的，有些是国际性的。

当前国际交往日益频繁，哪些语言作国际交际语，成为各国关心的问题。现在，联合国大会议事规则规定汉语、英语、法语、俄语、西班牙语为大会及其各委员会和小组委员会的正式语言和工作语言；阿拉伯语为大会及其各主要委员会的正式语言和工作语言。以六种语言中任何一种所作的发言，应口译成其他五种语言；但阿拉伯语口译成其他语言和其他语言口译成阿拉伯语只限于大会及其各主要委员会。这种规定是考虑到这六种语言的使用人数、使用国家数以及使用国家的国际地位。

在其他国际活动中，这几种语言也是常用的。但目前最常用的语言是英语。现在有四十几个国家把英语作为主要语言：国语、官方语言或正式语言，还有几十个国家把英语作为通用语言。世界上一半以上的科技文献是用英语写的。它在国际交流中起着重要的作用。社会语言学家认为,作为国际交际语的语言,应扩大它们的交际功能,以利于国际交往。

国际交际语问题同未来世界统一语言有关。社会语言学对世界语言的未来要进行预测,并规划语言功能的发展。关于未来的世界统一语言,根据现在的情况预测有三种可能性:1. 通过语言的融合,成为统一的世界语言。这种语言不是任何一种现代民族语言,而是这些语言的融合。它们首先融合为区域语言,最后融合成统一的世界语言。2. 某一种人工国际辅助语,人工地扩大其功能,改进其体系,让它逐渐发展为统一的世界语言。3. 一种现代民族语言的交际功能不断扩大,逐渐成为全世界的统一交际工具。根据目前的实际情况和社会语言学研究成果看,第三种可能性最大。即以一种自然语言为基础,吸收其他民族语言中的成分,不断丰富结构体系,不断扩大交际功能,最后发展为统一的世界语言。从现在的克里奥耳语来看,它还是以一种语言为基础,但这种语言的标准遭到破坏。把几千种民族语言融合成一种不是任何具体民族语言的统一语言是很困难的。关于人工国际辅助语,至今只起辅助工具的作用。由于它不是人民长期使用过程中自然形成和发展的语言,同人民的历史、思维没有直接的联系,不大可能变成开放的自然发展的体系,更不大可能变成统一的世界交际工具。当然,在现代社会,现有的民族自然语言、皮钦语和克里奥耳语、各种人工国际辅助语都各自起着应有的作用。它们的结构体系和社会功能都在发展。但从语言规划来说,人们应该有意识地促使几种国际通用语言更快地扩大交际功能,这样既有利于当前的国际交际,又有利于世界统一语言的形成。

考虑到各民族语言的发展趋势,以及国际合作中对语言的现实需要,每个现代国家都要制定正确的开设外语的政策。由于英语是现代国际的主要交际工具,现代科学信息的主要承担工具,我国现行政策把英语作为第一外语开设是正确的。这对建设现代化社会主义和提高全民族科学文化水平都是十分重要的。同时,还应统一规划与安排其他外语课程的开设,主要的外语如俄语、日语、德语、法语、西班牙语等也应有适当的比例。我国是拥有十多亿人口的社会主义大国,有着广泛的国际交往,并且正在进行四个现代化的建设,所以要从多方面的需要考虑某些外语的开设问题,不能单看一时的外交关系。我国20世纪50年代把所有的外语课一律改为俄语,虽然对培养当时急需的俄语人才起了一定作用,但后果严重,使其他语种的人才在一段时间中后继乏人。现在把英语作为第一外语,同时一定要考虑各语种的平衡,不可倚轻倚重。制定这种规划时,既要考虑当前的需要,又要考虑长远的需要,社会语言学在这方面要进行调查研究,提供制定规划的依据。

在多民族国家内部,一方面要执行正确的少数民族语言政策,帮助少数民族发展语言文字,另一方面也应正确采用民族间交际的族际语,二者不可偏废。在多民族国家内,任何一种语言都不能享有特权,少数民族的语言应当受到尊重。但这并不妨碍各民族在自愿的基础上,自然地形成一种公认的族际语。苏联在列宁、斯大林时代正确执行了民族语言政策。但据近年报道,苏联政府在一些少数民族语言地区强行俄罗斯化,规定把俄语作为各民族的第二母语,实际上有取代少数民族语言的趋势,因而引起格鲁吉亚、乌克兰等少数民族的反抗。我国政府一贯执行正确的民族语言政策,帮助少数民族为其语言创制文字。早在50年代我国政府就开始陆续帮助四川彝族、广西壮族、云南傣族、新疆维吾尔族等设计了拼音文字方案或文字改革方案,让少数民族自由使用自己的语言。但是,各民族在建设现代化社会主义的统一目标下,自愿逐步用汉语作为主要的族际交际工具,这对各民族的团结合作起着很大作用。事实证明,用汉语作为族际语可以扩大民族接触,加强民族交往,团结各族人民共同建设社会主义祖国。

社会语言学注意到,现代各种语言的方言差别逐渐缩小,标准语的功能日益扩大。为适应这一趋势,我国早已制定了汉语规范化和推广普通话的政策,在占全国人口90%以上的汉民族中大力推广普通话,促进汉语规范化,被国外语言学界誉为成功的语言计划的典型。

解放以后,我国进行了方言普查,描写了各地方言,编写了操各种方言的人学习普通话的手册,密切配合推广普通话运动。此外,我国还制定了正确的文字改革政策,从简化汉字到拼音化的方向,都有正确的规定。

随着现代科学技术的发展,语言中的科技术语大量增加,不断按专业分化。术语的规范和统一有利于科学的发展。但是,汉语中的科技术语比较乱,没有一个机构负责统一术语和术语规范化的工作。这对学术讨论、科学研究不利。现在外来术语数量很多,但译名不统一、不精确。这些外来的科技术语大量涌进了汉语词汇,随着科学普及又不断进入生活词汇。术语不统一,不规范,就不利于人们对科学概念的理解。例如,机械工程学术语 pump 一词有 14 个汉译名:"恒开车、起水筒、抽水筒、运水器、吸水机、抽气机、抽筒、唧筒、唧机、邦浦、泵";类似的情况还有 microphone 一词译成"麦克风、话筒、扩音器、传声筒、传声器、喇叭",等等。科学术语统一和标准化问题,值得引起重视。由于世界各民族语言的互相接触和借用,科学术语有国际化的趋势,如"语言学"这个术语,英语是 linguistics,法语是 linguistique,意大利语是 linguistica,西班牙语是 lingüistica,俄语中本来有两个术语языкознание和языковедение表示"语言学",现在一般也用лингвистика,德语中本来也有个术语 Sprachssenschaft 表示"语言学",现在一般也用 Linguistik。由于汉字是语素文字,汉语术语的国际化有些困难,但汉语本身的术语应该统一。以后改用拼音文字时,也应考虑科学术语国际化的问题,以利于科学交流和发展。

总之,为了正确制定各项语言政策,要积极开展社会语言学研究和社会语言学调查。

社会语言学研究的范围很广,关于言语环境、言语规律、语体、交际能力等问题,本文只在有关地方简略带过。我国对社会语言学的若干问题都做过不少研究,相信今后会有更多的研究。在建设现代化社会主义强国的事业中,社会语言学和整个语言学都将获得更快的发展。

(原载《扬州师范学院学报》1982 年第 2 期,增订收载《现代语言学研究》,福建人民出版社 1983 年版)

五
心理语言学简论

心理语言学是语言学和心理学的边缘学科。它在语言学和心理学的理论原理的基础上，主要采用心理学的实验方法来研究语言。研究的重点是言语活动，即研究同语言体系相关的言语生成和言语理解过程，研究同语言结构有对应关系的人类言语机制的构造与功能，研究人们掌握语言的心理过程。

　　心理语言学从20世纪50年代诞生以来，发展较快。特别是70年代以来，由于深入探讨言语机制，对人脑和语言之间的关系进行了有效的研究，使心理语言学产生了一次飞跃，并在心理语言学的基础上形成了神经语言学，使语言研究获得了更坚实的自然科学基础。这不仅对理论语言学的发展有重大意义，而且推动了应用语言学研究，使语言学理论更有效地应用于失语症治疗、聋哑人语言教育、言语功能的恢复、罪犯言语特点分析、宇宙心理语言研究、本族语教学、外语教学等领域。

　　本文先介绍心理语言学的产生和发展，然后阐述当代心理语言学的一些主要问题。

（一）心理语言学的产生和发展

　　在近代语言学史上，联想心理学、心灵主义心理学、行为主义心理学等流派对语言研究都有过重大影响。美国心理学家坎特在1936年出版的《语法的客观心理学》一书中使用过"心理语言学"这一术语。另一学者普龙科甚至写了题为《语言和心理语言学》的论文。他们两人被认为是心理语言学的先驱。但是，心理语言学作为语言学和心理学的一门边缘学科，正式诞生于20世纪50年代。

　　1953年，美国印第安纳大学举行"心理语言学"讨论会。次年，心理学家奥斯古德和语言学家赛比奥克编辑出版《心理语言学》一书，标志着心理语言学的正式诞生。

　　奥斯古德是新行为主义学派的心理语言学家。当时，美国语言学还处在30年代开始的结构主义语言学的统治之下。美国结构主义语言学代表人物布龙菲尔德用行为主义的刺激和反应的观点观察语言现象。他认为言语行为就是一系列的刺激、反应及其强化过程,就是对外界刺激所产生的有组织的反应体系,语言就是通过强化刺激和反应而形成的一套习惯。而奥斯古德认为,言语机制的内部组织是一种过滤系统,它保存并改造刺激和反应的信息。由于信息论的影响,这时已把言语活动看作是编码和解码的过程。

到了50年代后期,由于乔姆斯基《句法结构》的出版,转换生成语言学的理论对心理语言学产生了影响。乔姆斯基认为语言不是刺激和反应形成的习惯,而是人天生具有的一套生成话语、运用语言的规则。人掌握语言的过程就是这种天生能力和被掌握的语言材料的相互作用。他区分了"语言能力"和"语言应用"两个概念。语言能力是人内在的语言知识,是生成语法描写的对象;语言应用是把语言能力运用于言语活动过程,它牵涉到心理因素。他把语言看作有统一规则、能生成无限话语的装置,改变了结构主义按层次分类整理出语言单位,然后形成语言体系的观点和方法。但转换生成语言学同结构主义语言学一样,脱离社会,孤立地研究语言体系。

乔姆斯基语言学理论吸引了美国心理语言学家米勒。米勒学派同奥斯古德学派在心理语言学领域的分歧实际上是转换生成语言学和结构主义语言学争论的继续。例如,奥斯古德认为掌握语言首先要掌握个别的语言单位,而米勒认为首先应该掌握一系列构成话语的规则。米勒试图通过心理语言学实验来证明转换生成语言学的早期理论,例如说明人在相同条件下总是把被动句等复杂的句子结构改成简单的核心句。但这种实验后来连他本人也认为是不确切的。

乔姆斯基后来不断地修改自己的理论,1965年出版《句法理论问题》,提出转换生成语言学标准理论;70年代初提出扩充式标准理论,70年代末又提出修正的扩充式标准理论。他的学派中的其他人还提出生成语义学、格语法等理论。① 与之相应,米勒心理语言学派中也开始有修正米勒的心理语言学的趋向,使之与普通心理学理论

---

① 参阅《转换生成语言学简论》。

相一致。其中的代表人物就是斯洛宾。

斯洛宾1971年出版的《心理语言学》一书中,谈到言语机制中有一个环节,它无需对句子结构进行分析便能表述语言信息的内容。这实际上是对乔姆斯基的语言能力的观点提出异议。斯洛宾在书中纠正了米勒学派的一些缺点。例如,米勒在60年代初试图证明简单主动肯定句在心理上起主要作用,目的是证明主动句是深层结构的核心句,被动句是表层结构的转换形式。斯洛宾指出,在不同场合往往用不同句型表达思想。

但是,斯洛宾全书总的目的仍然是用心理实验来证明乔姆斯基的语言理论。例如,他用提示性回忆实验来证明人的心理中的确存在表层结构和深层结构。实验者向被试者展示两个句子:

1. Gloves were made by tailors.
   手套是裁缝做的。
2. Gloves were made by hands.
   手套是手工做的。

过若干时候,提示 gloves(手套),被试者就回忆起两个句子;提示 tailors,被试者就回忆起第一句,但提示 hands,被试者却不易忆起第二句。这说明施事 tailors 和受事 gloves 是深层结构中的必要成分,而 hands 不属于深层结构,只是表层结构的成分。

斯洛宾《心理语言学》出版前后,美国语言学界已经改变转换生成语言学标准理论一统天下的局面,语言学理论不断发展。斯洛宾也对这本书进行了修改,于1979年出版了第二版。在第一章"对语法的语言学描写"中评介了五种语法模式:链语法、短语结构语法、转换语法、格语法和生成语义学。其特色是论述了这些理论同心理学的关系。斯洛宾认为,链模式和短语结构语法与行为主义心理学关系密切;转换语法的"深层结构"概念对心理语言学是一大贡献,格语法把语义因素引进深层结构,可帮助研究儿童早期语言;生成语义学提出基础部分的语义结构,丰富了认知心理学,有利于研究儿童语言的发展。他介绍了心理语言学在感知、理解和记忆三个方面对言语理解过程所做的实验,但是没有介绍关于言语生成过程的实验。

在儿童语言发展问题方面,50年代结构主义语言学关于从刺激反应过程中获得言语习惯的理论和转换生成语言学的天赋论之间的争论,到了70年代已转为天赋论内部两派之争。一派认为儿童学习语言的能力来自一般认知能力,另一派认为,儿童除一般认知能力外,还有专用于语言习得的能力。斯洛宾属于天赋论的后一派,他认为儿童在语言习得时,有一种专用的能力。

当米勒的心理语言学理论传到欧洲时,欧洲心理语言学家把乔姆斯基和米勒的观点同欧洲传统的心理学联系起来。如英国心理语言学家格雷恩在其著作《心理语言学:乔姆斯基和心理学》之中,从欧洲心理学的立场阐述了实验心理学的成果,并对其研究方法作了分析批判。但是,格雷恩作为米勒心理语言学在欧洲的分支,同其美国分支斯洛宾一样,基本上仍保持乔姆斯基的心理学观点。

法国于1963年召开了心理语言学专题讨论会,1974年出版了佩泰法尔维的《心理语言学》,综述了心理语言学成果,论述了心理语言学发展中的地理历史事件。纪尧姆提出的心理机制论认为人的心理中存在特有的语言机制,掌管人的语言活动。不过纪尧姆在语言研究上主要涉及词法问题,同乔姆斯基主要涉及句法问题不同。

德国的赫尔曼于1967年出版了《语言心理学》,1971年这本书在加拿大出英文版时改名为《心理语言学》。他概括了欧洲心理语言学的研究成果。德国于1974年还出版了恩格尔坎普的《心理语言学》。

20世纪50年代后期,奥斯古德和赛比奥克的心理语言学传入日本。60年代后半期,乔姆斯基和米勒的心理语言学理论影响到日本。1975年日本翻译出版了斯洛宾的《心理语言学》,在70年代又先后翻译了英国莫顿、德国赫尔曼、苏联列昂杰夫等人的心理语言学著作,兼收并蓄,异常活跃。

苏联的心理语言学研究独树一帜,早在30年代就有显著的成就,60年代中期以后发展迅速。从维果茨基、列昂杰夫到鲁利亚,成果丰硕,建树颇多。苏联的心理语言学同美国的心理语言学相比,有一些鲜明的特点。鲁利亚等学者把言语看作能动的、有目的的言语活动,这一观点正确反映了社会和个人的辩证关系,揭示了言语活动的社会本质。鲁利亚认为,语言能力是语言运用发展的结果。只有在能动地反映现实和积极交际过程中，儿童才能理解语言。这实际上是对乔姆斯基的语言能力和语言应用理论的重大修正。言语活动不是按乔姆斯基和米勒说的那样按照不变的规则进行的，言语机制、生成言语和理解言语的过程都不是固定不变的。言语活动是一个创造过程，并受到社会的制约。

苏联心理语言学广泛采用神经心理学的实验材料，并对言语过程进行神经心理分析。在语言学和心理学中，长期以来没有一种十分精确的客观方法来深入分析复杂的言语过程，分析言语信息编码和解码过程。结构主义语言学和转换生成语言学的各种形式方法可以精确地分析语言结构，描写语言体系，制造语言模式，但它们不能完满地分析言语传递中生成话语和理解话语的实际过程。

维果茨基于1934年发表的《语言与思维》开始想到通过言语活动的心理分析来描述言语生成和理解的实际过程。然而，维果茨基的原理只是开辟了道路，他没有解决对信息形成过程的分析问题。

在心理语言学发展过程中有两种方法解决这个问题。一种是发展心理学的发生学的实验研究方法，也就是研究生物进化过程或研究儿童言语的发展过程。另一种是神经心理学的病理学实验研究方法，它研究局部脑损伤情况下心理活动变化的特点，通过生成和理解言语时产生的障碍，研究言语活动的脑机制。

发生学的进化比较法在科学史上曾被广泛采用。科学家们把生物不同进化阶段上大脑的构成同生物具有的行为特点加以比较，就可以认识把一种动物区别于另一种动物的复杂心理活动的脑机制。

但是这种方法用来研究言语活动效果很小。语言为人类所特有，它的历史不算太短，但同生物脑进化的漫长历史很难对比。原始人的言语活动不怎么发达，但其大脑同言语活动高度发达的现代人的大脑却区别不大。所以进化对比不能得出言语活动脑机制的本质结论。

分析大脑的个体发育的成效也很小。儿童大脑发育相当快，而掌握语言的速度往往更快。这种分析只能对了解言语活动的脑机制提供一定信息。

至于深入研究儿童语言的发展过程，从维果茨基和皮亚杰开始，到米勒、斯洛宾、鲁利亚以及现代一些发展心理学家做了大量的工作,它对分析言语生成和理解的心理过程以及脑机制有很大的帮助,但效果还不十分显著。

现在,用病理学方法分析局部脑损伤情况下言语活动的变化、分析不同损伤在言语交际中导致的后果,成为研究言语过程脑机制问题的中心。这个方法同分析儿童言语的方法相结合,收到更大的效果。

这个方法是 1861 年法国解剖学家布洛克开始使用的,他分析了左半球第一额回损伤所导致的失语症,从那时到现在已有一百多年的历史,但是近几十年来有了突飞猛进的发展。美国心理语言学家莱伦伯格、彭菲尔德在这方面做了一些工作。但成效最大的是苏联的列昂杰夫、鲁利亚以及兹维特科娃、阿胡提娜等人。特别是鲁利亚,他在心理语言学和神经语言学方面的成就不仅使他在苏联享有盛名,而且使他成为世界性的科学家。他是美国国家科学院院士、美国科学和艺术科学院院士、美国教育科学院院士,法国、英国、瑞士、西班牙等国心理学学会名誉会员,美国莱斯特大学、比利时布鲁塞尔大学、瑞典乌普萨拉大学、波兰卢布林大学、荷兰奈梅根大学等高等院校的名誉科学博士。鲁利亚写了 30 多种学术专著、300 多篇科学论文,已译成多种语言,具有世界影响。他在 1975 年出版的《神经语言学的基本问题》等著作中,从当代语言学角度分析了语言信息的编码和解码等问题。1979 年出版的《语言和意识》更反映了他的最新研究成果,把现代语言学和现代神经心理学的理论和方法有机地结合起来,代表了当代心理语言学和神经语言学的新水平。

以上简要叙述了心理语言学的产生和发展。下面谈谈当代心理语言学的一些主要问题。

(二) 语言是调节高级心理过程的工具

语言是人类最重要的交际工具,是思维的工具,是传递社会信息的工具,也是调节高级心理过程的工具。

人不仅有先天的本能的动作,也不仅具有后天获得的对刺激的反应、条件反射、成自然的习惯,而且能做有意识的动作。这种随意的动作说明,人能够制订计划,并完成计划,人有意志行动。

怎样解释这种意志行动呢?可以从分析儿童的言语活动中寻找答案。

在儿童学习语言的最初阶段,如成人对他们说:"伸出手来"、"拿糖",问他们"小汽车在哪儿?"、"谁是妈妈?"等等,让幼儿以随意动作完成这些言语指令。这时,儿童的随意动作是从成人的言语指令开始的。

到了第二个阶段,儿童开始用掌握的语言向自己发出言语指令,开始是用外部言语,以后逐渐改用内部言语,并以随意动作完成这些指令。这时,异体之间引起的心理活动变成自我调节的内部心理过程。

儿童随意动作开始于实现成人言语指令的实践,然后通过自己的外部言语指令,最后通过内部言语指令而实现。因此,言语具有调节行为的职能。

这个现象说明,人的高级心理过程,不仅仅是生物发展的结果,而且主要是社会活动的结果。语言除了有交际、思维、传递社会信息的功能之外,还有调节功能。语言是调节高级心理过程、调节行为的工具。

当儿童服从成人的言语指令时,他的注意力不再服从由刺激、新奇事物所唤起的自然的定向反射规律。也就是说,儿童在社会环境中、在言语指令下形成了新型的随意动作。

实际上,在婴儿时期,母亲的话语就能使他停止吃奶动作,也就是说言语引起婴儿的定向反射。这种反射抑制了他的本能动作。当然这只是言语调节功能的萌芽。当成人开始把词和对象联系起来,就引起幼儿的专门反应,这才是言语的调节功能的表现。例如,当成人问"小汽车在哪儿"时,儿童目光转向小汽车,当问"谁是妈妈"时,儿童用手指指母亲,等等。这种言语指令,一岁多的小孩即可完成。

但是,言语调节作用也会被直接刺激引起的自然定向反应所干扰。例如,当成人叫儿童从玩具堆中"拿小汽车"时,他把目光投向小汽车,并伸手去拿,但可能拿的是中途碰到的色彩鲜艳的小公鸡。这就是说,位置近的色彩鲜艳的小公鸡引起儿童的定向反应,干扰了言语指令下的动作。

儿童动作的惯性也会干扰言语指令。例如,给儿童一把分币,在他面前放一只茶杯。叫他"丢进一个分币",他会按指令丢进一个;叫他"取出一个分币",他也会取出一个。但是,如果一连五六次叫他丢进一个分币之后,突然改变指令,让他"取出一个分币",这时,由于惯性的干扰,他仍然是丢进一个分币。

儿童的直观经验和言语指令发生冲突时,也会形成干扰。例如,对他说:"我举起拳头时你就伸出一只手指;我伸出一只手指时,你就举起拳头。"当儿童看见成人举起拳头时,他开始伸出一只手指。但信心不足,旋即也举起拳头。这就是说,言语指令引起了约定的动作,但很快又被直观经验所干扰。

儿童在执行言语指令时,逐步克服各种干扰。到三岁半左右,言语的指令作用就得到巩固,语言的调节功能基本上得以实现。而这一年龄正是大脑负责言语对动作进行调节的脑额叶长成之时。但是更为复杂的言语指令,如"摆两个白棋子,一个黑棋子;再摆两个白棋子,一个黑棋子"这样非单项的成套指令,需要到更大的年龄,如四岁多才能完成。这说明成人言语对儿童动作的调节职能是在社会实践中逐渐发展的。

成人言语指令对儿童先有兴奋作用,较晚才有抑制作用。例如,让两岁小孩按皮球的言语指令可引起他按的动作,但很难让他停下来。当儿童听到"按"、"按"、"按"的指令后,就连续按皮球,即使成年人对他说"叫你按时才按,不叫你按时不要按"也无效。当向儿童提出"红灯亮时按皮球,绿灯亮时别按皮球"的选择性言语指令时,他能够掌握。但在行动上看到绿灯抑制信号时,仍继续按皮球,有时会突然发现错误并加以改正。这说明在兴奋中产生的惯性,对抑制的指令产生干扰。有时也会出现抑制过程中形成的惯性。

心理语言学的实验证明,让儿童自己的言语参加,可以加强言语指令的作用,但这要到三岁左右。如让三岁的儿童看到红灯时说"按",并按皮球;看到绿灯时说"停",并停止按皮球,他可以把言语和动作联结起来。也就是说三岁儿童可按自己的言语指令调节自己的动作。

心理语言学的实验证明,十到十二岁的低能儿童,由于智力严重迟钝,言语指令对动作却不起调节作用。他们能说出"按"或"停",但动作依然如故,不受调节。但患神经衰弱并合症的儿童,却保持言语的调节功能,使他的动觉反应正常化。言语系统的神经活动和动觉系统的神经活动之间的关系决定着儿童的言语能否对动觉反应起调节作用,这成为诊断学的重要标志。

儿童本身的言语指令一开始是外部言语,它往往说出来,对动作起调节作用。起初言语伴随动作,后来,言语先于动作。最后,随着年龄的增长,儿童调节自身动作的言语转为内部言语,在绝大多数场合下由内部言语调节随意动作。这就是"想到做到"。下面从神经语言学的角度谈谈言语调节功能的脑机制。

言语调节功能的脑机制同保证言语过程语音、语义方面的脑机制不一致。

根据神经语言学的分析,音位听觉帮助清晰地感知词的语音结构,使一些音位同另一些音位相对立,它是由大脑左半球颞叶区保证的。这个区域提供从语流中分出辨义的音位特征的可能性,是音位听觉的主要脑机制,也是言语语音结构的主要脑机制。这一区域的障碍会使人不再清晰地感知和区分语音,而混淆相近的音位。

发音动作过程保证正确地发出音位,并参与对音位的感知,它在实现言语音位结构中也起重要作用。形成发音动作的脑器官是运动分析器皮层区包括的左半球中央后回区。这一区域的损伤由于发音动作障碍而导致内导性运动失语症。

但是,这一切并不意味着在音位或发音动作方面受到障碍的言语,就会失去自己的调节功能。

左半球皮层后顶叶区对保证理解复杂的逻辑语法结构和信息加工的复杂形式具有决定意义,但在保证内部言语的调节功能方面却不起什么主要作用。

保证内部言语调节功能的脑机制是大脑皮层前区,特别是左半球皮层前区。所以,脑额叶损伤就使整个有计划的随意动作,特别是有目的的言语活动的内部动力受到障碍。实验表明,当要求这类患者重复实验者的动作时,他可以完成任务。实验者举拳头,他也举拳头;实验者伸手指,他也伸手指。但是,如果要求他看到手指举拳头,看到拳头伸手指时,情况就两样了。这时,言语指令同直观动作形成冲突,患者的动作不能受言语指令的调节。例如,他看到实验者的拳头时,嘴里说着"现在应当伸手指",但还是模仿实验者的直观动作,举起了拳头。这充分说明脑额叶损伤导致言语调节功能的障碍。所以说,脑额叶对保证言语的调节功能,从而对形成意志动作是具有决定性的意义的。

(三) 内部言语

内部言语最早是由外部言语内化而成的。儿童在形成内部言语之前,产生一种说出声的自言自语的过渡形态。这种过渡形态既有外部言语的交际功能,又有内部言语的调节功能。如前所述,随着儿童年龄的增长,言语的调节功能逐渐改由内部言语来实现。现在谈谈具有调节功能的内部言语的形成及其结构。

三至五岁的儿童做练习感到困难时的言语状态可帮助了解内部言语的形成过程。这时,儿童往往自言自语,"怎么办呢?""题目那么难我怎么做呢?","啊,想起来了,要么这样。",等等。往往先叙述困难,然后想出解决困难的办法,制订完成任务的计划。这种言语不是对别人说的,没有别人在场时也会自言自语说出来。这种现象威果茨基和皮亚杰都研究过。皮亚杰把它叫做"自我中心的言语"。因为这种言语不是对别人说的,不是交际性的,而是对自己说的。它开始是扩展的,随着儿童年龄的增长,渐渐变成压缩的,转化为低声细语。再过一两年,儿童的这种外部言语消失,只剩下嘴唇动作,转为内部言语。1962年,索科洛夫的实验证明内部言语同舌头和喉头的动作也有联系。这种言语器官的活动具有隐蔽性,它虽不出声,但却向大脑皮层传送动觉刺激。雅科布逊用电流记录了这种动觉刺激。他把电极装在被试者的下唇和舌头上,让被试者一次出声地数数、读诗,另一次默读。两次电流所记录的节律相同。鲁利亚对大脑言语中枢损伤的患者的实验证明,当患者舌头处于自由状态,可以发出声时,他的思维在顺利进行,让他用牙齿咬住舌尖,他的思维立刻难以持续。这些事实证明,人的思维活动总是伴随着一定的言语动觉刺激,不过有时是内部言语的刺激罢了。所有这些心理语言学和神经语言学的实验都证明语言和思维是密不可分的。

内部言语不仅仅是自言自语。很多年来,一些语言学家和心理学家都把内部言语看作无声的外部言语,其语法和词汇结构同外部言语完全一致。自言自语是外部言语内化的开始,但它还是外部言语的重复,如学生默读,演员默诵,其语速也与外部言语相同。然而,这种自言自语至多是内部言语和外部言语的过渡形式。人的智力行动和思维活动的速度很快,它不可能建立在自言自语所运用的那种扩展的句子和完整的表述上。因而,起调节作用和计划作用的内部言语具有与外部言语不同的压缩的结构。它常常只用片断语句,省略很多成分,往往只剩下谓语。但它同完整的句式保持固定联系,因而一个词,一个词组就可代替一句话,一段话。

可以通过观察外部言语向内部言语的转化来研究内部言语的结构。比方说,一个小学生碰到难题,开始自言自语,这时他的话是饱满的、扩展的:"怎么办呢?","题目那么难我怎么做呢?","啊,想起来了,要么这样。","让我来试试看。",等等。然后言语被压缩成片断,转入低语:"怎么办?","这么难!啊……试试看",甚至压缩到"难啊!啊,试试"。这个过程有两种变化:1.从有声的自言自语转入低语,再转入内部言语;2.从扩展的言语转入片断的、压缩的言语。因而,内部言语的结构不同于外部言语的结构。

内部言语的特点是它开始变成纯粹述语性的言语。当用内部言语形成思想时,主题已经明确,无须专门表示。剩下的就是述题,它给主题补充新的信息。因此,内部言语不表示主题,没有严格的命名性质,不包括"主语";它只需表示述题,指出究竟要做什么,行为的方向是什么。它成为压缩的言语,只保留述语功能。这种述语性只是进一步表述的提纲,它根据需要可以扩展。这时,产生一个相反的过程,内部言语转化为外部言语。一个人边说话边思考,内部言语同外部言语交错,成为外部言语的准备。内部言语向外部言语转化就是从压缩的自己理解的形式转化为扩展的、别人也理解的连贯话语。正好像一个人根据简短的发言提纲进行有条理的完整发言一样。

内部言语是生成话语的重要环节,它同外部言语紧密联系,在必要时可转化为扩展的外部言语。

（四）言语生成

人类言语交际有两个相互联系的过程,一个是产生话语的过程,即言语生成过程;一个是接受话语的过程,即言语理解过程。言语生成为了表达思想,言语理解为了理解思想,从而达到交流思想、相互交际的目的。

平常在语言学和语言教学中所说的理解和表达的过程,即听读和说写的过程,主要指交际的现实过程,分析的是实际的话语。心理语言学和神经语言学所研究的主要是生成言语和理解言语的内部心理过程,即话语的形成过程和话语的分解过程,以及这些过程的脑机制。

形成话语的心理途径是这样的一个过程,即从最初的表述动机,经过表述的语义初迹和内部言语,到扩展的外部言语。

理解话语的心理途径是另外一种过程,即从感知对方扩展的外部言语,经过一定阶段,分出主要思想,然后理解话语的整个意思。

扩展的外部言语构成现实的交际过程。

现在先谈谈言语生成。

言语生成是一个复杂的心理过程,它由一些基本的心理环节组成。

第一个环节是表述的动机。即在话语中表达特定内容的需要。表述动机是任何言语表述的出发点,言语表述从它开始。

言语表述的动机主要有三种:1.要求,向别人请求点什么;2.接触,同别人进行信息性的交流;3.表述概念,向别人陈述思想或愿望。如果没有动机,就不会产生话语。

但是言语表述过程不是一成不变的。有时,一些激情言语不要求有专门的动机,如突然表现的惊叹"啊!"、"哎呀!"等等。它们也没有什么特定的意义。

对话是双方交谈的一种复杂的言语表述形式。其特点是交际过程在两人之间展开,一问一答。这时,言语表述动机主要是回答对方问题的愿望,很少是主动表述的专门动机。

对话的形式各不相同。最简单的一种答话是完全或部分重述问话。产生这种表述很少需要专门创造性活动,例如:"吃过饭啦?""吃过了。""你头痛吗?""我头痛。"

较为复杂的一种对话是,回答时不是复述问题,而是要求叙述新内容。例如:"你中饭吃什么菜?""我中饭吃肉丸、汤,还有水果羹。""你今天晚上干什么?""我今天晚上先学习一会儿,然后可能去看朋友。"这种形式的对话心理上更为复杂,要有复杂的心理过程加以保证。回答者应懂得引起表述动机的问话,然后选择一个适当的方案,进行主动表述,而不是重复问话。

言语表述的第三种形式是独白。它既可回答外界的问题,也可实现自己的意图。扩展性的独白有相当稳定的独立动机,以便主动独立地制订言语表述计划。

如果没有内部动机,或者由于脑损伤产生动机障碍,或者最初意图不能坚持,那么独立的扩展性独白就不能实现,虽然简单的对话尚可保持。

第二个环节是表述的意图,即语义初迹。动机只是引起言语表述过程的出发点,它本身还没有确定的内容。意图的产生是确定其内容的阶段,它形成未来表述的基本格式。语义初迹同线性扩展的外部言语不同,它是体性的同时综合出现的意思。这个阶段在心理上叫表述的一般主观意图,其特点是说话者开始了解究竟如何把这个主观意图转变为扩展的大家理解的言语意义体系。

按照威果茨基的意见,思想不是"体现在"语言中,而是借助语言和言语而形成,在语言中加以完成的。这个原理的出发点是,从最初的含糊思想到清晰的言语表达是一个包括若干阶段的复杂过程,应研究的中心问题是究竟怎样完成这个过程。

这个最初的含糊思想,即表述意图(语义初迹)的结构,引起了很多语言学家的兴趣。从索绪尔、叶尔姆斯列夫、布龙菲尔德,直到转换生成语言学产生之后的美国的乔姆斯基、雷可夫、麦考莱、菲尔墨,英国的韩礼德,苏联的邵勉、阿普列相,都多多少少涉及了这个问题。近年来,转换生成语言学各流派在研究言语表述的生成问题时,着重解释语义问题,有一定成就。现在,对表述的语义初迹的结构问题已有所了解。

言语表述的语义初迹包含主题和述题两个部分。说话者已知的表述对象通常用主题表达,应阐明的有关这个对象的新内容构成表述的述语结构,通常用述题表示。这两部分构成未来表述中潜在的联系体系。例如:"小张清楚地答应小李,晚上他将热情而诚挚地接待小苏。"这个句子包含两个主要部分:主题是小张;述题是小张答应小李,他将在晚上接待小苏,对小苏的接待将是热情而诚挚的。这整个表述切分为两部分,第二部分是它的基本内容。语义初迹具有压缩的言语表述的性质,以后通过内部言语转化为扩展的词的序列。

第三个环节是内部言语。内部言语是从同时综合出现的语义初迹向扩展的有组织的外部言语过渡的必需阶段。这种过渡不是一下子就完成的,它要经过复杂的改码。

如前所述,儿童的内部言语产生于他对完成智力任务感到困难的时候。这种内部言语是由原来向别人表述的外部言语内化而成的自我表述的言语,即从扩展的外部言语过渡到片断的外部言语,再过渡到低语,最后成为压缩的内部言语。

内部言语具有压缩的性质,述语结构是其功能特征。内部言语的述语性质是从语义初迹过渡到扩展的组织起来的言语表述的基础。内部言语只包括个别的词及其潜在的联系。例如,如果内部言语中有一个动词"买",这就意味着应包含这个动词的一切"价值"关系:"买什么"、"向谁买",等等;有一个述语"借",这就意味着,应包含该述语所保持的一切联系:"向谁借"、"借什么"、"借给谁"以及"借多少时间",等等。内部言语所保留的这种语义初迹成分的潜在联系,是扩展的言语表述的基础。因而,压缩的内部言语有可能扩展,并转化为有组织的外部言语。

综上所述,内部言语是把同时综合出现的体性的语义初迹转变为时间上连续的、线性的意义体系的重要环节。

第四个环节是扩展的言语表述的形成。扩展的言语表述的特点是,一方面它包括在传递信息的实际交际过程之中;另一方面,它本身包含一连串相互联系的句子。表述是统一的完整体系,具有统一封闭结构的性质。

生成整个连续性表述比形成孤立的句子要复杂得多。洪堡特早就指出过这种复杂性,他强调在交际中的语言已不是形成表示个别事物的符号的工具,而是复杂的,在时间上扩展的过程。以后很多语言学家都谈过这种看法。

扩展的言语表述中的句子总是出现在特定的言语环境之中。说话者的意图和听话者对表述的态度都应与言语环境相适应。不能离开言语环境去研究作为整个表述部分的句子。因为整个扩展表述中的句子不仅有指出一定事件的所指意义,而且有社会情境意义,这种意义在具体交际中形成,也只有在交际过程的基础上才能理解。正因为如此,不仅要对表述形成过程进行语言分析,而且还应进行社会心理分析,要考虑到交际环境、说话者的动机、传递的信息内容以及听话者对它的态度等等。

从同时综合出现的体性的语义初迹转化为前后连续的线性句子结构是扩展言语表述体系的重要特点。

在表述过程中,主题和述题都应是扩充的,都应分散到表述计划各环节。为此必须让主题和述题长时间地加以保持,使传递相应信息的任务所建立的定向能够在长时期内对抗其他影响。否则,连贯的扩展表述就会失去"封闭意义体系"的性质,而变成受到各种影响的开放体系。要通过心理演算把握表述的主要意思,抑制联想,选择同任务相适应的言语表述。必须建立保证表述各环节连续性的最初框架,并对表述浮现成分经常加以控制,在复杂情况下,还要自觉选择必需的言语成分。

言语表述的基本单位不是词,甚至不是句子,而是语义群。这些语义单位把整个话语分成连续意义成分的链条,以保证从一个语义群向另一个语义群的过渡。扩展的言语表述随着口语、书面语的差别、随着任务的复杂性和言语过程自动化程度而不同,但在所有情况下都保持表述的语义统一性,这是最重要的特征。

现在谈谈言语表述的个体发生。

儿童言语表述的形成分为几个阶段:先是出现孤立的词,然后出现孤立的独立句子,最后才是复杂的扩展表述。两岁半到三岁的儿童能够完成一定的语义表达任务。例如,让儿童叙述刚刚在动物园里看到的东西,他一开始通常能正确完成任务,列举动物园里所看到的一切。但是他对封闭表述的定向还不巩固,很快转向其他无控制浮现的联想。他会说:"我在那儿看到一只熊,它很大,大家都怕它……小苏有一只小狗,小狗会叫。他就喂它肉……"等等。直到学龄儿童,表述的动机和计划才渐渐具有稳固性。这时,表述开始转入受一定任务制约的复杂叙述的封闭体系。

儿童内部言语的形成比外部言语晚。在对话环境中掌握了外部言语的儿童,有时还不会扩展的独白。这是由于儿童还没有充分地形成内部言语及其述语功能。甚至在儿童完全掌握对白时还不能过渡到独白。只有在压缩外部言语并把它内化为内部言语之后,才能够实现相反的过程,把内部言语扩张为外部言语,扩展为有语义统一性的连贯言语表述。但是,只有在掌握语言体系、掌握扩展言语的词汇、语法演算成分之后,儿童才能够过渡到真正的言语活动,它有确定的动机,受确定的任务所支配,具有受控制的"封闭语义体系"的性质。

以上叙述了言语生成的过程。为了客观地证明这个心理过程,下面谈谈言语生成的脑机制。

(五)言语生成过程的脑机制

很多语言学家对言语生成进行了研究,但很少在客观上加以证实。乔姆斯基的生成语言学对言语活动的心理结构也进行了分析,但他的生成语法只是一种理论假设,他只是一般地把语言能力和语言应用划分开来,设想记录脑细胞中发生的过程,他的理论并没有揭示言语生成的实际心理过程。在他的理论基础上形成的美国心理语言学的代表人物米勒、斯洛宾等人则主要用发生学方法,着重研究儿童话语的发展过程,只能部分地揭示言语生成的心理机制。只有神经心理学的方法对解决这个问题做出了显著的成绩。现在根据心理语言学和神经语言学的研究成果,谈谈言语生成的脑机制。

如前所述,言语生成包含若干连续的环节,每一个环节都是在大脑直接参与下起作用的。大脑各区域是协同活动的,每一区域又都具有特殊功能。其中有三个重要区域,第一个区域是保持大脑皮层清醒,并使选择性活动能持久进行;第二个区域是保证信息的接受、储存、加工和改造,第三个区域是编制活动程序,并对活动加以调整和控制。第一区域的脑损伤引起皮层紧张度下降,使选择性心理活动难以进行;第二区域损伤则影响对信息的处理;第三区域的损伤则使主动加工信息的过程受到障碍,妨碍对行动的调节和控制。对局部脑损伤引起的言语障碍进行分析,可以客观地证明言语活动的脑机制,说明言语是怎样生成的,言语生成基于什么样的心理和生理要素。

下面按上述言语生成的各环节来加以分析。

首先,关于言语表述动机和语义初迹的脑机制。为了形成言语表述,人是主动的,他具有大脑皮层的应有紧张度;人的脑干部分通过上升而活跃的网状形态保证皮层应有的紧张度。脑干深部损伤导致皮层紧张度下降,人失去活动的主动性,言语表述的动机也受到障碍。这时患者什么也不想说。当皮层紧张度恢复时,言语活动就恢复正常。

大脑皮层紧张度的下降还会引起患者的梦幻状态。这时言语活动的选择性受到限制,产生词句混用,话语的语义不稳定,常被次要的联想和虚构所代替。

脑额叶保证建立人特有的调节有目的活动的动机和计划,并积极参与对这种活动的控制。脑额叶双面损伤也会导致主动活动的障碍。患者躺在床上,没有言语交际的意图,不表达什么,也不要求什么。他们在回答问题时,也表现为惰性重复。问他"你自我感觉如何?"他也回答:"你自我感觉如何?"或者"我自我感觉如何?"或部分地模仿:"我自我感觉很好。"模仿和定型反复妨碍患者的言语活动,使他们不可能形成言语表述的动机和计划。

脑额叶损伤的患者注意力分散,往往用次要联想和惰性复述代替对他讲的故事内容。但他们的词汇、语法没有错误,只是有目的的言语表述受到障碍。例如,患者读了《母鸡和金蛋》的故事,复述了第一句"主人有一只母鸡,会生金蛋"以后就被次要的联想纠缠,说什么"主人可能有小私有者的思想,他卖掉金蛋,想挣更多的钱。"在谈到主人杀了鸡,而没有发现鸡肚子里有金子时,患者会说:"他打开鸡,然后关起鸡,然后打开,然后关起……门打开了,门关起了……我走进饭厅,坐到桌边……"等等。无控制的浮想联翩,打乱了言语表述的计划。

有时患者会用浮现的直观印象来代替有组织的话语。例如女实验员要求患者转述《加尔卡和白鸽》的故事内容。故事开头是:"加尔卡听说,白鸽喂得很好,她就变成白色,飞进了鸽子窝。"患者复述说:"加尔卡……(看了女实验员一眼)加尔卡姑娘……把自己的头发染成白色……把它电烫……就进了神经外科研究所……神经外科医生爱上了她,向她求婚。"在复述中"加尔卡"变成了"加尔卡姑娘";"变成白色"说成"把头发染成白色,把它电烫",等等。联想代替了故事内容。

这些患者的话语应该是由故事规定的封闭语义体系决定,但它被受次要影响的开放体系所代替,他们的言语障碍既来自表述动机的不稳定,也来自表述计划被联想所干扰。但是,他们的言语表述并没有语音、词汇、语法的错误。这说明,脑干损伤和额叶损伤破坏了言语表述动机和语义初迹的脑机制,因而形成言语障碍。

其次,关于言语表述组合结构的脑机制。如前所述,言语生成的动机和最初意图要通过压缩的内部言语改码为连续的连贯表述。

从语义初迹到扩展的言语表述有一个改码过程。左半球后额或额颞部脑损伤会导致改码过程的障碍,主要表现为内部言语障碍,它造成从语义初迹到扩展言语所必需的深层句法结构故障。左半球运动前区下部损伤也导致言语表述障碍,并触及言语的句法结构。这些患者可保持言语过程的聚合结构,而在组合结构中出现困难。患者可以称呼个别事物,而不能把词组合成连贯句子。这种述语结构障碍,使患者的言语产生"电报体"现象。

例如,要患者复述句子:"男孩打了狗"时,他只能说:"男孩……狗……"或者"男孩……狗……打……",即说出事物和动作的名称,而不能把这些词组成合乎语法的句子。他们的自发言语也有这种障碍,他们会这样叙述在前线受伤的历史:"这个……这个……前线……这个……进攻……这个……子弹……这个……没什么……这个……医院……手术……这个……言语……言语……言语……"

等等。

可见这种脑损伤妨碍的是内部言语的述语功能以及组合性言语表述所必需的言语机制。

这类言语障碍更为严重的形式是布洛克区损伤时发生的运动性失语症。这时,患者从一个发音动作到另一个发音动作的过渡的连续性遇到障碍,失去了发整个词的可能性。布洛克失语症的好转过程,通常要经过电报体阶段,即当他已能发单词时,长时间内仍不能把单词连成句子。

在言语生成过程中,除了语言单位的组合结构之外,在选择语言单位时,还涉及聚合结构。下面谈谈言语过程聚合结构的脑机制。

任何语言都有聚合结构,如音位对立、词按语义的分类、词汇和语法单位等等。言语活动是使用语言完成交际任务的活动,同掌握语言体系的单位有密切联系。而掌握聚合结构有其特别的脑机制。

先谈音位的脑机制。言语生成是从掌握语言音位体系开始的。左半球颞皮层派生部分直接参与这个过程。它是听觉言语分析器的中枢部分,能区分出音位的辨义功能。颞区脑损伤会导致音位结构的故障。这时患者的言语组合结构没有毛病,毛病出在音位的聚合结构。他会混淆不同的音位,歪曲词的音位结构,导致"字面错语症"。有时寻找音位的困难还伴随着寻找语义的困难。例如患者会用语音相近的俄语词 Муравей(蚂蚁)来代替所寻找的词 воробей(麻雀),或用同一类词"小鸟"、"寒鸦"、"乌鸦"来代替"麻雀"。

实验证明,这些患者对名词选择的障碍比动词、系词和虚词更为严重,这说明患者丧失命名功能,但保持述语功能。聚合结构障碍的患者对受伤历史的叙述同组合结构障碍的"电报体"迥然不同。他会说:"这个……我们走呀,走呀……就这样……这时……这之后……突然……这个……这个……糟糕透了……突然……就这样……我什么也不知道……很疼……就这样……不知道……不知道这是怎么发生的……而后来,好些……好些……好些……后来完全好了……"等等。这段话语说明命名功能和聚合结构受到障碍,而述语功能和组合结构仍保持着。

为了正确地生成言语,必须从语言体系中选择适合言语活动任务的语言单位。大脑皮层的灵知部分,首先是左半球三级顶枕叶部分负责对聚合结构中语言单位的选择。这部分脑损伤就导致"遗忘性失语症",遗忘所应选择的词语。这时同音词、同形词、同义词以同样的概率浮现患者脑际,造成选择困难。

综上所述,局部脑损伤不会引起言语活动的总崩溃,不同部位的损伤形成不同的言语障碍,因而语言学家可据此分析言语活动的脑机制。客观地证实言语生成的心理过程,为心理语言学和神经语言学的研究开辟了广阔的前景。

(六)言语理解

言语理解是言语生成的相反过程。如果说言语生成是对言语信息的编码过程,言语理解就是对言语信息的解码过程。言语理解过程从感知扩展的外部言语开始,然后理解言语表述的一般意义,再后理解言语表述的内部意思。

理解言语首先要懂得语言,掌握语言的词汇和语法。但并不是每次理解具体言语都从分析语法和词汇开始。菲尔墨、麦考莱、雷可夫等认为,理解话语从寻找总的意思开始,然后转入词汇音位层次,确定词义,并转入句法层次,理解句义。他们认为,理解言语必须有不同的过程,有的同感知词义有关,有的同句法解码有关。

听者和读者从来不把理解个别的词和孤立的句子作为任务,理解词句只起辅助作用,只有在一定情况下才成为专门认识行为。理解话语的基本过程是释读整个话语的意义,为此,就必须分析言语环境。理解言语还必须分析基础语义,或深层句法结构。它们是表述成分的基础,表示一定的感情和逻辑关系体系。当深层结构同表层结构分歧时,理解这些结构的重要环节就是把它们转换为简单的、容易理解的结构。美国心理语言学家米勒指出,要完全理解每一个句子只有借助于从表层语法结构转换到深层的语义结构。这显然是受到乔姆斯基关于区分"表层结构"和"深层结构"的影响。但威果茨基早在30年代就指出过从话语表层结构转换到内部意思的决定作用。必须分出话语直接意义隐含的内部意思。言语表述的内部意思可能同其表面意义不一致,要真正理解表述的意思就不能局限于揭示表面意义,而要从表层话语过渡到内部意思,从而过渡到作为表述基础的动机。因而,话语可从不同的深度加以理解。对从理解表述的外部意义到内部意思的过渡进行分析是心理语言学研究言语理解的重要任务。

理解言语的内部意思固然很重要,但言语理解是在感知语言物质外壳的基础上,凭借人过去的经验通过思维而掌握语义,进而掌握言语所表达思想的过程。听者和读者理解言语是从感知单词开始,然后感知单个句子,再后感知整段话语,并从中得出总的意思。这是理解言语的逻辑顺序。但正如前面所说,这并不意味着实际理解话语的过程就是从词到句,从句到话语的顺序过渡。因为理解话语意思是在特定的言语环境之中,有时实际上要在感知整个语义片段之后才能理解一个词,依赖言语环境来揭示词义。因而,"词—句—话语—意思"的逻辑顺序不应理解为实际的、在时间上扩展的心理过程的链条。

下面我们根据理解言语的逻辑顺序来分别叙述。

1. 词的理解

理解话语中的词义是一个复杂的心理过程。词往往是多义的,词义又是概括的,一个词义还有若干用法;另外还有同音词。所以理解具体言语环境中的词义有一个具体化的过程,要从很多义项和用法中选择并确定一个具体意义。这种选择和确定要依赖于言语环境,要依据一定的条件。

首先,词义出现有不同的频率。人在理解言语时,一般容易感知常用的词义。例如,一般都把"词"理解为"语词"的"词",而很少会理解为"诗词"的"词",因为"语词"的"词"比"诗词"的"词"常用。这种理解,又同人的专业有关。诗人对诗词比平常人熟悉,容易领会"诗词"的"词"的意义;语言学家对"语词"更熟悉,容易领会"语词"的"词"的意义。这是由于人们对本专业的词语长期大量接触,对词义已有习惯性的敏感。人在理解言语时,对于话语中不熟悉的词往往按照熟悉的常用词类推出语义。例如,语言学中碰到"义素"这个新词,就从"词素、音素"的意义去类推,有时固然帮助理解词义,有时却影响对专门术语的正确理解。

其次,词出现在特定的言语环境中,这是理解词义的基本条件。在"唐诗宋词"、"李后主的词"、"毛主席《蝶恋花·游仙》这首词"、"小张喜欢诗,小李爱好词"这些上下文中,"词"的意义明确无误,是"诗词"的"词"。而在"构词"、"选词造句"、"用词不当"、"'胸有成竹'不是词,是熟语"等上下文中,"词"的意义显而易见是"语词"的"词"。在谈论词汇学的言语环境中,"词"多半指语言中的词汇单位,指单词;在谈论诗律学的言语环境中,"词"多半指一种韵文形式。作为词汇单位,"词"同"熟语"、"词组"、"词素"、"词义"等词处于聚合关系;作为韵文形式,"词"同"诗"、"曲"、"歌"、"赋"、"韵文"等处于聚合关系。在组合结构中,有关的词常易同现,这都可帮助理解词义。

具体的言语环境对确定词义具有十分重要的意义。在同志见面时说:"小张,你好,吃饭了吗?"这个"你好"是打招呼用语。老师在课堂上表扬学生:"小张,你做得对,你好;小李不好,他应该也这么做。"这个"你好"是用的词的本义,"你好,他不好"。学生之间闹别扭时说:"哼!你好。你也做错了。"这是反唇相讥,是反语,有修辞作用。林黛玉临死时所说的"宝玉,宝玉,你好……"则是百感交集之言,有极其丰富的信息。这些不同的意义和修辞色彩,不依赖于特定的言语环境是无法正确理解的。

所以,对词的理解过程,不是音义联系的简单恢复过程,而是对众多的意义和用法依赖使用频率、生活和职业经验,特别是依赖言语环境的严格选择过程。正是这种选择能确定词的意义。

2. 句子的理解

句子由词和词组构成。句子的意义以词和词组的意义为基础,但更加受到言语环境的制约,不是词义的简单相加。理解句子是一个更为复杂的心理过程。

大部分常用语言,如汉语、英语,甚至俄语的句子的基本词序都是主谓宾及其扩展。例如:"小孩吃了一只苹果。","那个小孩吃了一只苹果。","那个用功的小孩吃了一只大苹果。","那个用功的小孩高兴地吃了一只大苹果。",等等。这种句子,如果没有生词,理解起来并不困难,因为它的表层句法结构同深层的逻辑句法结构相一致,它所表达的事件的顺序也同句子中的词序相一致。

这里涉及两个理论问题,一个是深层结构和表层结构的问题,一个是事件交流和关系交流的问题,它们同句子的理解有关。

表层结构是可以感知的句子表面结构,深层结构是句子的逻辑语义结构。如果二者不一致,就要通过句子的结构转换才能理解句子。听话者在碰到结构复杂、难以理解的句子时,一般要在心理上进行结构转换,然后加以理解。

儿童在学习语言时,很容易理解"小孩吃了一只苹果"这个句子,如前所述,这是因为其表层结构和深层结构相一致。如果改为"小孩要了一只苹果",儿童理解起来就会感到困难,因为这个句子实际表示的意思,即深层逻辑语义结构是:"小孩要一个(句子表层结构没有提到的)人给他一只苹果",所以理解这个句子要经过结构转换。

还有一些句子,表层结构有明显的歧义,不经过转换就会误解。这时就要借助句子的逻辑重音、语调、停顿等区别意义的手段来领会句子的深层语义结构,也就是转换到应有的深层结构。例如,"抓到敌人的哨兵"这个结构就有歧义。它要求根据停顿等补充标志转换到深层结构,以便正确理解。如果是"抓到——敌人的哨兵",意思是"抓到了(哨兵)(他是)敌人的哨兵",如果是"抓到敌人——的哨兵",那么意思是"抓到敌人的(是)哨兵"。

一个句子通过词的相互关系既可以表示"事件交流",又可以表示"关系交流"。事件交流就是叙述发生的事件,通常是述语化的连续性的话语,如"小孩吃苹果";关系交流就是叙述事物间的关系,如"朋友的妻子"。从言语理解的心理来看,事件交流比较容易理解,关系交流则比较困难。如"朋友的妻子"这么简单的关系,听者偶尔也会感知为两个人(朋友和妻子),而实际指的只是一个人。这种对语言结构每一部分的直观感知妨碍了对关系交流的理解。因为理解这一结构的首要条件是从两个名词分别表示的物质意义(两个人)抽象出通过两个名词的关系所表示的意义(一个人)。而理解"小孩吃苹果"时,不需要这种抽象,因为"小孩"、"吃"、"苹果"三个词的物质意义在结构中依然保持。

这种对关系交流的理解在俄语和英语中又多一层困难。俄语、英语同汉语一样,形容词作定语时一般是放在名词前面的。如"新的书",俄语是 новая книга,英语是 a new book。但有些语言里是形容词后置,如西班牙语是:un libro nuevo ,字面上是"书新的"。所以在汉、俄、英语使用者的心理上习惯于定语在前面的关系顺序。但用名词作定语时,俄、英语却放在被限定的名词后面。如俄语用第二格名词作定语放在被限定的名词之后,把"朋友的妻子"说成 жена друга(字面上是:"妻子朋友的")。英语中虽然可以说 the friend's wife(朋友的妻子),但另一种带 of 的结构也是后置的,即 the wife of a friend(字面上是:"妻子朋友的")。要理解定语后置的结构,就要在心理上进行结构转换,即把成分换位。

表示位置关系的句子结构有时也会造成理解上的困难。例如,对"练习簿在书的下面"这句话的直观感知是"书在下面",理解时在心理上有个转换过程:"练习簿在书的下面",这就是说,练习簿在下面,而书在上面。对儿童做的心理实验证明儿童理解这种关系交流是困难的。例如,实验者把练习簿的位置固定,向儿童下言语指令:"书在练习簿的上面"时,儿童较快地把书放在练习簿的上面。如果言语指令是"练习簿在书的下面",这时儿童就会碰到困难,完成任务的动作缓慢,甚至做错。因为他在心理上要把"练习簿在书的下面"转换为"书在练习簿的上面",才能准确地把书放在上面。

表示比较关系的结构是典型的关系交流的例子。这些结构所表达的不是人或事物本身,而是它们的相互关系。例如,心理语言学实验表明,理解"小张比小李更胖"这个句子的心理过程是:首先要分出一个不言而喻的意思:"小李也是胖的";其次,意识到同这个意思相关的意思"小张更加胖";然后把两个意思结合起来"小张比小李更胖"。理解三重比较的结构往往更加困难。例如:"小张比小李胖,但比小苏瘦"。这个句子包含三个人的相互关系,并且在他们的关系中包含两个相反的特征"胖"和"瘦",这就造成理解上的困难。理解这个句子的心理过程是:首先分出绝对的特征"小李也是胖的";其次把压缩的比较结构"小张比小李胖"转换为扩展结构:"小李比小张瘦",因此"小张比小李更胖";再次,把第二个相反的特征"瘦"转换为已用的肯定特征:"小张比小苏瘦"="小苏比小张胖。"最后把三个成分排成序列:"小张比小李胖,小苏比小张胖"(也可以排成另一个序列:"小李比小张瘦,小张比小苏瘦")。

上述表示关系交流的结构的重要特征,是这些结构的意思同时综合地体性地呈现出来,在听者的心理上形成多维的立体关系,不像表示事件交流的结构那样,结构的意思顺序连续呈现,听者心理上是线性的事件发展,因而事件交流比关系交流容易理解。为了克服理解关系交流的困难,听者往往把同时综合呈现的意思在心理上转换为线性发展的意思。例如,把"小张比小李胖,但比小苏瘦"转换为"小张比小李胖,小苏比小张胖",等等。

当然,在智力过程自动化的条件下,对这些结构的理解就会变得相当容易。但常常感到疲劳,并会偏离正常状态,以致直接理解这些结构又重新感到困难,并求助于扩展的辅助手段。理解的难易同听者的语言水平和言语能力有关。听者在自己语言水平和言语能力的基础上,通过思维演算和智慧运转来达到对句子的理解。

当然,对句子的理解最终还要依赖于言语环境。毛主席《蝶恋花·游仙》中的"杨柳轻飏直上重霄九"一句,不分析言语环境,单从字面是不能领会"杨开慧、柳直荀两烈士忠魂升天"的实际含义的。

3. 话语的理解

理解话语的意思是言语理解的最终目的。话语理解就是从理解词、句和分析言语的外部意义体系过渡到理解话语的内部意思,理解话语包含的动机。这对理解文艺作品尤为重要。

正像句子的意义不是词义的简单相加一样,整个话语的意思也不是一串孤立的句子意义的简单相加。所以,理解各句句义,不一定能完全理解话语。在话语链条中,前句对后句的意义有影响,后句往往包含着前句的意义,这种现象对理解话语基本内容有重要影响。

举一个简单的例子:
"这是我们的教室,同学们在(教室)里面写作文。我一走进(教室)去,就看见他们(同学们)正聚精会神地写着(作文)呢!"

括号里的词义,都是受前文影响不言而喻地包括在后文之中的。所以,话语中的句子关系不是 A＋B＋C＋D,而是 A＋(A＋B)＋(B＋C)＋(C＋D),甚至是 A＋(A＋B)＋(A＋B＋C)等等。

有时话语中会出现更为复杂的意义影响。试比较下面两段话:
(1)"老师们辛勤地教学生读书识字,他们是祖国的花朵。"
(2)"老师们辛勤地教学生读书识字,他们是祖国的园丁。"

第一句中,代词"他们"是指紧接着它的"学生",而第二句的"他们"却是指离它较远的"老师们"。不从前后句的关系分析,是不可能理解整个话语含义的。

理解话语除注意前后句的语义影响外,还要分出意思核心,并把它们联系起来。在一个人看书时,特别是阅读外文文献时,从他的眼睛的移动可以看出他分出意思核心并把分开的意思核心联系起来的过程。

看书时目光的移动不是直线的,有时集中在信息点或难点上,有时回到看过的地方。这说明理解话语的过程具有主动探索的性质。读者不仅分出意思核心,而且把它们加以对比,通过综合,分析出话语的含义。在阅读的初阶段,特别是对语言不熟悉的情况下,通过综合来分析话语的过程是扩展的,阅读速度较慢。随着阅读过程的自动化,分析过程变成压缩的,阅读速度加快,阅读熟巧形成,可以不感觉到外部成分的对比而迅速领会意思。这种迅速分出意思核心并加以综合的熟巧就是快速阅读的秘密所在。所以,快速阅读不在于目光移动得快,而在于能迅速分出意思核心并加以综合的熟巧,在于阅读过程的高度自动化。但在高度自动化建立之前,却要用一些辅助手段来分出意思核心,这就是把目光、把注意力集中在话语的重要段落,集中在难点、信息点上,并时而回顾前文,以便建立起意思的联系。

当然,理解书面语时还可利用以下方式提供的信息:话语所划分的段落、在"综上所述"、"总而言之"、"总之"之后对段落进行的简短概括、预示下面段落大意的小标题、突出重点的着重号、斜体字、疏排等。而理解口语时,也可利用语调、逻辑重音、停顿、语速等提供的信息。

话语理解的最后阶段就是理解内部意思。仅仅理解表面的词句意义,事件交流和关系交流,甚至仅仅理解话语中总的中心意思,还不能说是对话语的真正理解。话语除了外部的公开的意义外,还有内部意思。可以把它称为"底层话语",有时是"潜台词"或"言外之意"。理解内部意思要依赖于言语环境。

哪怕一个最简单的句子,依赖于不同的言语环境也会有不同的内部意思。例如,"已经六点啦!"这个惊叹句,在不同的言语环境中可以理解为"啊,那么晚了,我该去了。"或"到时间啦,怎么他还没有来?"也可理解为"啊,时间过得那么快!"或者"我肚子饿了,怎么还不吃晚饭?","这么晚了,怎么你们还不下班?",等等。"花园里百花盛开",是描绘花园中的景色,但在特定的言语环境中,它可以有赞美春天、赞美青春、歌颂文艺方针、形容学术繁荣等内部意思。这些意思是在特定言语环境中显现的。

转义用法、比喻用法、熟语、寓言等都有内部意思,一般不能按照字面意义理解。在这些结构中,话语的外部公开意义同内部隐含的意思之间有冲突。要从直接的意义体系中抽象出来,揭示其内部意思。

内部意思在文艺作品中表现最为明显。对文艺作品往往有不同深度的理解。一种是只理解其词句意义和外部事件;一种是分出底层话语,理解到所述事件的内部意思;一种是不仅理解底层话语和总的意思,而且理解到人物行为的动机,甚至引起作者写该作品的动机,以及时代背景、社会意义等等。阅读的深度不仅依赖于知识的广度和逻辑思维,更依赖于感情的细腻和敏感程度。

4. 言语理解和言语感知的关系

前面分别分析了词、句子和话语的理解,这些理解和感知分不开,没有对口语和书面语的感知就无法理解言语。关于言语感知问题,心理学文献中论述颇多,不再冗述。这儿只谈谈言语感知和言语理解的关系。

言语理解以言语感知为前提,反过来又对言语感知起制约作用。这就是"材料驱动"和"概念驱动"的相互关系。"材料驱动"在感知上对言语进行加工;"概念驱动"则在理解上对言语进行加工。在言语理解时,这两种驱动相互作用。概念驱动形成对言语扩展的预感,材料驱动提供据以预感的材料,并纠正预感的错误。

现在分析对"老师教学生读书"这句话的具体理解。当语言信息输入大脑时,理解过程从感知水平的材料驱动开始。听者感知 lǎo 这个音节,随即通过概念驱动识别这是汉语中一个常用的词素"老",或常用的形容词"老",于是出现两方面的预感:

1)老张、老施、老大、老二、老师、老婆……
2)老太爷、老大娘、老汉、老青菜……

当第二个音节输入时,立即被概括为一个词 lǎoshī,但究竟是专有名词"老施"还是普通名词"老师",尚不能准确判断,只知道这是指人的名词,借助概念驱动,依赖言语环境(例如话题是谈教学),预感到这个词是"老师"。接着感知到下一个词 jiāo("教"或"交")可概括为"老师教",材料驱动判定为 jiāo("教"或"交"),概念驱动帮忙确定为"教"。那么,"老师教"什么?这时,借助概念驱动又预感为:

1)老师教学生(研究生、进修生……)
2)老师教外语(数学、化学……)

实际听到了"学生",根据材料驱动过程已可确定,对动词"教"的预感是正确的(不是"交");动词的宾语"学生"也是预感之一。这时,已把输进的语言信息概括为"教师教学生"。根据语言知识,"教"这个动词可以要求双宾语,整个结构也可以组成兼语式结构。于是,概念驱动又预感到下一步可能出现的结构:

1)教师教学生外语(数学、化学……)
2)教师教学生读书(写作文、骑自行车……)

当实际感知到"老师教学生读书"时,才修改了其他预感,理解了整个句子。

这种理解是在感知的前提下实现的,理解过程就是材料驱动和概念驱动的相互作用,材料驱动不断提供客观上可感知的材料,概念驱动保证正确的预感,并确定言语组合。

由此可见,言语理解是一个复杂的问题。

分析言语理解过程不仅是心理语言学和神经语言学的迫切任务，而且是当代社会语言学、话语语言学、生成语法、修辞学、语义学等共同的研究课题。

（七）言语理解过程的脑机制

言语理解过程是言语生成过程的相反过程，它由几个阶段组成：感知语言体系的阶段，对语言体系的代码的解码阶段，理解话语的外部意义，进而理解话语内部意思的阶段。解码阶段包括代码本身的译解和深层意思的译解。下面分别叙述言语理解过程各阶段的脑机制。

首先，谈谈理解音位和词汇的脑机制。

言语理解从感知语音体系开始。语音体系包括语言的音位结构。音位的区别性特征一变化，词义就要改变。在言语理解过程中音位结构的解码由大脑左半球颞叶承担，它们是听觉言语分析器的中枢皮层核。听觉言语皮层区损伤的患者能辨别音乐、风雨声、锣鼓声等非言语的声音，但不能辨别音位特征。他们混淆音位，形成语义疏远现象，这就是感觉失语症的特征。他们会把"肚子"感知成"兔子"，"饱了"感知为"跑了"，"肚子饱了"听成"兔子跑了"等等，这就是混淆了音位/t/和/t′/,/p/和/p′/，因而造成了语义疏远。这种患者虽然在理解言语时有音位和词汇的解码障碍，但能辨别语调旋律结构，并且保持理解话语的主动性。所以他们仍能领会话语的大致意思，懂得《母鸡和金蛋》这篇故事里谈的是贪婪者的失败和失望。

其次，谈谈理解语法关系的脑机制。言语理解除掌握音位体系和词汇成分外，还要掌握语法结构。如前所述，语法结构可以分为"事件交流"和"关系交流"两种，对这两个结构的理解在心理上迥然不同。理解事件交流比较容易，理解关系交流具有更复杂的心理结构，要求相应的心理演算，以便从单词物质意义中抽象出结构所表示的关系。为了理解关系交流，还必须把词的连续性序列转化为一个同时综合呈现的整体，并从对个别成分的理解转到对统一逻辑结构的同时综合理解。完成这种心理演算的脑机制是左半球三级顶颞枕部器官,这是保证空间综合的脑器官。这部分脑损伤的患者不能表达不同的空间关系体系,特别是这些空间关系必须"在心里"加以综合的时候。这些患者在理解言语时很容易理解事件交流的意义,如"小孩子吃了一只苹果";甚至能理解由很多词组成的长句子,如"小张吃了一只苹果,小李吃了两只香蕉,小苏没有吃水果"等。但是在理解表示"关系交流"的语法结构时,这些患者却感到困难。他们不能理解"朋友的妻子"这种结构,更不能把"朋友的妻子"和"妻子的朋友"两个结构区别开来。他们只知道所谈的是妻子和朋友,但不知二者处于什么关系,不理解整个结构。他们往往认为,两个结构表示的是同样的内容,只不过词序不同罢了。

左半球顶枕叶皮层区损伤所导致的这种障碍,就是语义失语症。

这些情况表明,从心理语言学和神经语言学看来,语法分为"事件交流"和"关系交流"两大类,它们各有不同的心理机制,在大脑皮层不同区域参与下加以实现。第一类"事件交流"结构具有单个成分相互之间的述语联系的性质,它们是组合起来的言语的一部分,不需要能保证同时综合的脑器官参与。第二类"关系交流"结构具有迥然不同的心理性质,理解这种结构必须有大脑顶枕叶部分的参与,大脑的这个部分能保证连续到来的信息向同时综合呈现的形式过渡,这就使人们有可能理解话语中同时综合呈现的多维信息。心理语言学和神经语言学对两类语法结构的区分,对当代语言学有重要的理论意义。

脑颞叶损伤导致音位和词汇的障碍,顶枕叶损伤导致语法结构的障碍,这两种类型的患者有一个共同点,就是他们都能主动分析所理解话语的动机,力图分出并比较话语的本质成分,继续把握语调旋律结构,并猜测话语的大致意思。他们的障碍表现在话语的聚合结构上。

上面谈的是言语理解中表现在聚合结构上的脑机制,下面谈谈理解言语组合结构的脑机制。

如前所述,组合起来的言语表述是从最初意图向扩展的话语转化的结果,它由大脑皮层前部加以保证。这个部分损伤,表述的述语结构就被有命名功能的"电报体"所代替。这种在言语生成时的障碍在言语理解中是否会反映出来呢？心理语言学长期以来一直认为这种障碍不影响言语理解。

但近几年来的实验证明，脑前部损伤的患者在理解言语时所犯的错误具有纯粹组合性质。患者不能区别句法一致关系的正误。例如，让他改正 Пароход плывет под водой（轮船航行于水下）这个俄语句子时，他能把聚合性的错误改正，把前置词换成 по 或 на，但他不能发现组合上格的支配关系，因此，改正了句子的前置词，但前置词要求的格反而错了。如：пароход плывет на водой 或 Пароход плывет по водой（轮船航行于水面），前置词 по 要求第三格名词，на 要求第六格名词，而句子中却保留原来前置词 под 要求的第五格名词。这类患者不能发现话语组合结构的错误。他们在理解语调旋律时也有困难。

现在再谈谈理解话语内部意思的脑机制。从最初意图到扩展话语的过渡是一个特别的心理过程，它的脑机制不同于掌握语言代码的脑机制。实验证明，大脑额部的功能保证从话语外部意义到话语内部意思的过渡。脑额部损伤患者难于理解话语的内部意思。对言语内部意思的主动分析过程明显受到障碍。他们容易理解简单的叙述"事件交流"的结构，也能理解更为复杂的叙述"关系交流"的结构，但不能理解言语的内部意思，不能把握话语的意思核心并把它们联系起来。例如，在理解"教师们教学生读书识字，他们是祖国的园丁。"这个句子时，由于"他们"同它有关的"教师们"距离稍远就难以理解。他会把靠近代词的"学生"同代词联系起来而导致理解的错误。这类患者由于从外部意义到内部意思过渡的障碍，常常把词的隐喻和转义理解为词的本义，如把"钢铁般的拳头"理解为钢铁做的拳头，他们更不能理解言外之意。

所有这些事实说明，左半球大脑皮层，特别是大脑皮层言语区的各部分参与言语活动的不同过程，起着不同的作用。神经语言学的产生和发展，揭示了言语过程的脑机制，使言语生成和言语理解过程得到客观的描述。对言语障碍和失语症的神经语言学和心理语言学分析帮助弄清言语交际过程的心理结构和脑机制，这不仅具有实践意义，而且具有深远的理论意义。

(八) 本族语掌握

掌握一种语言要经过艰苦的学习过程。儿童掌握第一语言(主要是本族语)以及在第一语言的基础上掌握第二语言(主要是外语)都要经过艰苦的学习。认为语言可以轻易掌握,就意味着对具有复杂体系和交际功能的语言本质缺乏认识。

儿童在六岁左右即能用本族语同周围人交际,有些人从这一现象得出错误结论,认为儿童学习本族语是轻而易举的。可是,正像美国心理语言学家卡罗尔在《语言发展》一文中所说:"儿童学习其本族语也许只是看上去轻而易举,实际未必如此。"的确,儿童从咿呀学语到掌握粗浅的语言结构远不是成年人想象的那么容易。另外,儿童掌握的语言仅仅是初步的,浅显的。他们的词汇贫乏,语法是日常谈话中常用的结构,没有语体的概念,只能在家庭和日常生活的范围内进行简单的交际。由于同语言相应的思维尚未充分发展,知识和经验又缺乏,儿童的交际内容很简单。他们更没有掌握书面语及其规范。所以,并不能说六岁左右的儿童真正掌握了本族语,更不能说是轻而易举地掌握的。每个儿童都要在进学校以后进行长期的自觉的学习,才能逐步较好地掌握本族语。下面我们将谈到儿童语言和思维的发展是经过复杂过程的。

另一些人认为学第二语言比较容易,因为有第一语言为基础。的确,在学第二语言时,思维发达了,理解能力强了,而且有第一语言的模式可类推,有学习第一语言的经验,确实有其容易的地方。但是,由于模仿能力低、交际环境缺乏以及第一语言的干扰,也给学外语带来了不利条件。特别要考虑到,学外语的目的不仅仅是,或者主要不是为了应付日常交际,而是要用外语作工具吸收科学信息,有的还要进行不同言语环境的口语和书面语交际,还有培养外语思维的任务。因此,远不是那么容易的。

所以,掌握语言决非轻而易举的。语言这东西,不是随便可以学好的,非下苦功不可。

关于儿童掌握本族语的问题,有好几种不同的观点。有的强调后天学习,有的强调先天机制,有的强调二者的相互作用,有的强调社会因素,可谓众说纷纭。

苏联有些心理语言学家以巴甫洛夫的条件反射和两个信号系统的学说为基础,认为儿童掌握语言的过程就是语词之间、语词与客观事物之间建立联系的过程。在儿童学习语言的最初阶段,语言信号与客观情景同时起作用,儿童对整个复合刺激物作出反应,还不能把词从复合刺激物中区分出来。一岁儿童可把词同事物的个别特征联系起来,如听到"筷筷",可能拿起铅笔,他还不能通过个别特征想象事物的整体。在儿童操作物体的过程中,把物体的个别特征加以综合,并同相应的词联系起来,词也就被作为第二信号的刺激物而区分出来。

接着,儿童再建立词与词的联系,逐步形成语言体系。条件反射的实验证明,近义词甚至近音词都可能引起同样的反应,但近音词往往得不到强化,而近义词的联系更为紧密。这就是说,儿童建立了初步的语音体系和语义体系。

第二信号系统和条件反射理论显然主张后天学习的重要意义,认为词和客观事物的联系,语言单位的联系,语言体系的掌握,都是后天获得的。

根据巴甫洛夫理论建立的掌握语言的观点,在美国被布龙菲尔德和斯金纳的强化理论所代替。这一理论以行为主义心理学为基础,用刺激和反应来解释言语行为。儿童学习语言就是对环境或别人的言语作出反应,反应如果正确,获得鼓励和奖赏,反应就被强化,逐渐形成言语习惯。由刺激引起反应,反应强化后逐渐形成习惯,这当然也是靠后天学习的,而模仿在学习中起着重要作用。

刺激和反应理论把语词和客观事物作为等同的刺激物,没有把语言从环境中抽象出来,无法说明语言怎样表示异时异地的现象。美国心理语言学家奥斯古德用传递的理论来改进刺激和反应理论。加上了传递的刺激和传递的反应这种内在环节,就是通过语词的传递作用对事物作出反应,所谓"谈虎色变"就是这种现象。这实际上是第二信号系统的作用。传递理论无形中把两个信号系统的学说和刺激反应理论结合起来了。

主张靠后天学习而掌握语言的这些理论,由于不考虑或较少考虑先天性因素的作用,存在一定片面性。到了20世纪50年代后期,美国语言学家乔姆斯基起来猛烈攻击行为主义及其刺激反应理论。他以笛卡尔的先验论和心灵主义心理学为基础,认为儿童根本不是在后天的刺激反应过程中掌握语言的,而是先天具有一种加工语言的"语言习得机制"。它以听到的话语为素材,通过复杂的心理过程,构成这种语言的语法;然后根据语法规则生成无限的句子,包括儿童从来没有听到过的句子。所以,乔姆斯基认为语法是一个从少量要素和规则生成无限句子的装置。儿童依靠天生的语言习得机制,能说出大量从来没有听到过的句子,也能听懂从未听到过的句子,这表现为儿童的语言能力。

乔姆斯基重视了神经机制在掌握语言过程中的作用,这有助于揭示掌握语言的奥秘,但他忽视了后天社会环境对掌握语言的决定性影响,仅仅认为社会环境是促进语言习得机制的条件,因而存在另一种片面性。

皮亚杰的认知心理学认为儿童掌握语言是先天的能力与后天的客观经验相互作用的结果。皮亚杰把心理机制分为两种,一种是遗传的,它决定人怎样同环境发生相互作用;另一种机制是第一种机制同环境相互作用的结果,这就是认知结构,它既取决于遗传机制,又取决于社会环境,它随着个体的发育而不断发展。儿童用有限的遗传机制来向环境学习,并改变自己的行为以适应环境,在环境的作用下,机制获得发展。儿童的认知能力的发展经过动作、形象和语言三个阶段。儿童掌握语言、模仿言语是以认知需要为出发点,当他需要一种语言结构来表达思想时,才会掌握这种结构。认知心理学认为儿童有天生的认知能力,这种能力使他在学习中获得知识,包括语言知识。

认知心理学把先天机制和后天环境的影响结合起来,解释语言的掌握问题,避免了片面性。但它只说明语言能力是认知能力的反映,忽略了语言能力的发展对认知能力发展的作用。另外,它没有把重点放在分析社会环境上。

众所周知,语言虽然有其自然属性,但它是一种社会现象,是人类最重要的交际工具。儿童掌握语言是在社会生活中进行认识活动的结果。因此,要着重分析社会环境对掌握语言的决定性作用。当然,掌握语言过程是要脑器官来实现的,随着神经语言学和心理语言学的发展,生成言语、理解言语的脑机制已有所发现,终将揭示它的全部奥秘。但是这种机制的形成并不完全是天生的,而是机体和后天社会生活环境相互作用的产物。儿童最早的语言也是在客观环境的现实动作基础上形成的。如前所述，儿童学习语言经过了极其复杂的漫长过程，下面略加叙述。

先谈谈词义在儿童个体发育中的发展。随着儿童的成长，词义结构及其心理过程基础都在变化发展，词义的发展同儿童思维的发展紧密联系着。在儿童发育过程中，由于受到社会环境的影响，语言和思维都在逐步发展。

词义是客观现实的反映，一种语言的词义在该语言社会中是客观的、全民公认的，对每个社会成员是统一的。这就是语言体系中的词义，是人们使用语言进行交际时的客观基础。但是在特定的具体言语环境中，词义有个别的、具体的性质。客观词义在言语环境中获得某些主观方面、产生了不同的"意思"，或不同的"社会情景意义"。

三岁半到四岁的儿童已经掌握词的指称意义，但这个过程不是一下子完成的，而是在半岁到四岁三年多的时间中逐渐完成的。儿童开始理解词义时，交织着非言语的环境因素，如处于什么情景中，谁在讲这个词，伴随着什么动作、语调、嗓音等。有的儿童对母亲讲的词有反应，对别人讲的同样的词不一定有相同的反应。儿童到了一岁半至两岁时，词就开始摆脱各种条件而获得独立的指称意义。

儿童自己说的词也是如此。例如小孩不仅用"嘎嘎"称呼"鹅"，也用它称呼鹅游在上面的池水和有老鹰图案的硬币。也就是说，它同"鸟"有关，同鸟所处的环境有关。可见，儿童成长早期，词在语法上是没有定型的，没有固定指称意义的，儿童用一个词来称呼具有个别特征的许多不同的事物以及包含这些事物的环境。词在语法上定型之后，指称意义还不固定，如儿童不用"嘎嘎"，而用"鹅"这个词，但指称的事物还未必固定。

儿童到两岁时大体掌握了词的指称意义，三岁到三岁半时可以正确理解"门"、"窗子"、"碗"、"筷子"等词的指称意义。长期以来心理语言学一直认为，到这个阶段儿童已经掌握词义，接下来是丰富词汇，掌握词的语法形式和语法功能了。但语言体系的复杂性证明，三四岁儿童还远远没有掌握词义。接着，儿童还要掌握词的概念和分析功能。各种年龄的儿童，甚至包括青少年同样知道"门"、"窗子"、"碗"、"筷子"所指的客观事物是什么,但并不意味着他们所掌握的词义是相同的。随着年龄的增长,掌握的词义也在逐渐深化。

例如"商店"这个词,三岁小孩都知道不是动物,不是植物,而是"买东西的地方",但是理解的深度不同。早期,儿童所理解的还不是客观词义,而是激情意思,例如从商店可以得到令人高兴的好吃的糖果、漂亮的洋娃娃。后来,把"商店"理解为去买东西的具体地方,它坐落在马路对面或街道转弯处。这时,"商店"一词失去激情意义,具体商店的直观形象、商店的特定功能起着主要作用。当他谈到"商店"一词时就引起买东西的那家商店的整个具体环境。"商店"对一个成年人特别是一个经济学家,具有更为深刻的意义。它的指称意义照旧,但词义中包含着概念体系,如:经济交换制度、"货币——商品——货币"的公式、交换方式等等。这就是说,"商店"一词的意义是随着年龄的增长在逐渐深化。在意义深化的同时,理解词义的心理过程也在变化:幼小儿童是激情、愉快的感觉等起主导作用,幼儿园小朋友和低年级小学生是直观经验和特定环境的回忆起主导作用,经济学家是逻辑体系起主导作用。这意味着,在语言发展的同时,意识也在发展。在儿童早期成长阶段,意识带有激情性质,他感性地反映世界。后一阶段,意识开始具有直观动作的性质,在用词反映世界时唤起直观的动作联系。只有在成熟阶段,意识才具有抽象的逻辑性质,并使词进入有层次的概念范畴,即进入语义场。

有些具有相对意义的词,更增加儿童理解的困难。如"姐妹"等词只有在相互关系中才能理解其相对意义,一般的"姐妹"无所指,只有"谁的姐妹"才有明确的指称意义。对这些词幼小儿童同年长一些的儿童或成年人理解不一样。如果你问一个女孩:"你有姐妹吗?"她会否定;如果你指着她的姐姐问她,她会回答:"这是明明。"

在下一阶段,你再问她"你有姐妹吗?"她就会肯定,并说"是明明。"但你如果再问她:"明明有姐妹吗?"她会回答:"没有,明明没有姐妹。"她没有意识到自己是明明的姐妹,因为她没有理解"姐妹"一词的相对意义,而只理解为绝对意义。再到下一阶段,她才能加以抽象,理解其相对意义,知道如果明明是她的姐妹,她也是明明的姐妹。理解虚词的相对抽象意义的情况也是一样。

关于对词组和句子的理解,就涉及到上述的"事件交流"和"关系交流"。儿童先理解"小孩吃苹果"这类事件交流的结构,后理解"朋友的妻子"这类关系交流的结构。

词义及其心理过程随着儿童年龄的增长而发展,这是现代心理语言学一条极重要的原理。它不仅指出词义及其心理过程的变化,而且指出儿童的意识是怎样开始形成的。

为了客观地分析不同年龄的词义发展,心理语言学采用了一系列实验方法。

1. 给概念下定义的方法

这种方法要求儿童回答"什么叫狗?"、"桌子是什么?"这类问题。学龄前儿童在回答"什么是狗?"这个问题时总是对狗进行具体描述,说出狗的具体特征或回忆起狗存在的具体环境。如:"狗是看门的。","狗会咬人。","狗会叫。",等等。这说明对学龄前儿童来说,词的直观印象内容占绝对优势。低年级小学生也可能这样回答,但也可能回答:"狗是动物。"就是把事物概括进一定的范畴,出现了给概念下定义的心理演算。高年级小学生那儿,这类回答开始占优势。

2. 比较和区别的方法

这种方法要求儿童说出两个词义如"狗"和"猫"的共同点和差别。有趣的是,当问学龄前儿童或低年级小学生时,他们往往指出二者的区别,而不会指出共同点。他们可能回答:"狗有尖爪子,而猫有尖牙齿。"或"猫会爬树,狗不会爬树。"而不是回答"狗和猫都是动物。"这说明儿童的区别能力比概括能力成熟得早,因为区别客体的心理演算用的是直观动作思维,而指出共同点则用的是归入抽象范畴的演算。低年级小学生已有概括演算的能力,但区别演算能力还占优势。高年级小学生经过努力能够完成把客体归入共同范畴的抽象演算。

3. 分类的方法

在进行词义分类时,学龄前儿童和低年级小学生归入直观情景的能力占优势。例如对"斧子"、"锯子"、"木柴"和"锹"进行分类时，总是把前三者归为一类，因为木柴要用锯子锯、斧子劈，这个直观动作形象左右着他们的思路，而锹则引不起这种形象。当向他们暗示可以归为工具时，学龄前儿童不能领会这种提示，他们的思维还是具有直观动作性质。低年级小学生则能够领会提示，把"斧子"、"锯子"和"锹"归为工具类，但不能持久。例子改换后又会陷入直观动作原则。高年级小学生则可以按范畴原则把词义归类。

这几种以及其他一些方法都客观地证明不同年龄儿童掌握词义的阶段性，说明儿童并不是轻而易举地一下子掌握语言的。

另外，儿童认识言语的语言构成也要延续相当长的时间。儿童掌握语言构成要走过有趣的道路。

例如，问三岁到五岁的儿童"桌子——椅子"是几个词，他知道是两个词。但是向他提供词组时，他就不能理解了。如问他"狗跑"是几个词，他会回答一个："狗"；问他"新铅笔"是几个词，他也说一个："铅笔"。这说明，儿童把词同词所表示的客观事物混淆了；另外，他们容易分出表示实物的名词，而不易分出表示动作的动词和表示性质的形容词等等。再例如，当问三至五岁的儿童"房间里有十二张椅子"这句话有几个词时，他会脱口而出"十二个"，这表明他把物体的数目当作句子中词的数目了。有时，问他"小明吃了所有的蛋糕"这句话有几个词时，儿童甚至回答："一个也没有，全部吃光了。"当要求儿童算出"爸爸和妈妈到学校去"这句话有几个词时，他会回答："两个：'爸爸'和'妈妈'。"有时也会补充："还有'学校'。"这说明，儿童尽管会用动词，但还不认识动词，不能把它作为词区分出来。至于虚词就更不用说了。

在让儿童确定词类时，也会碰到类似困难。儿童知道"糖果"、"铅笔"、"窗子"是名词，但不知道"梦"、"幸福"等也是名词；知道"走"、"吃"、"打"是动词，但不知道"睡"、"休息"、"坐"也是动词。这些现象也说明儿童掌握语言的复杂性。

儿童理解句子也是长期发展的结果。最初掌握一些单词，然后是几个词同时出现，已经不是孤立的词，但也不是按聚合原则的归类，而是按组合原则组成词的序列，从而形成表达思想的句子。儿童先在言语中掌握语言的组合关系,然后才认识语言体系中的聚合关系。

为了了解儿童心理上词的联系情况,可以给他们一些单词,让他们回答每个词在思想上最先联系的是哪些词。这时,儿童的回答可分为两大类,一类是组合性的,如:"狗叫"、"女孩哭"、"太阳照着";另一类是聚合性的,如"狗——猫"、"女孩——男孩"、"太阳——月亮"。五岁到七岁的儿童组合性的回答占优势,很少有聚合性的回答。年龄更大一些才开始出现聚合性回答。组合性回答是同儿童自然的实践活动直觉地联系着的,而语言是在儿童对物体的积极的现实动作的基础上形成的。这种对物体的动作关系构成未来"主谓宾"核心句结构关系的实践基础。因此组合性比聚合性回答出现得早。

综上所述,儿童掌握语言是一个长期的艰苦的学习过程,应该引起家长、幼儿工作者、中小学教师和社会各方面的重视。那种认为儿童会讲几句简单的话就掌握了语言的观点是片面的,它不利于儿童语言教学。

(九) 外语掌握

外语当然是通过学习才能掌握的,少数人是在外语环境中,大多数人是在外语教学过程中学会的。由于学习外语的目的、任务不同,学习者的年龄和环境、条件不同,可以用不同的教学方法。教学方法有广义和狭义两种理解。

广义的外语教学法取决于外语教学的目的和任务,是外语教学的总的战略,其基础是语言学和心理学理论。例如,直接法、听说法的语言学基础是结构主义语言学,主要是美国描写语言学,心理学基础是行为主义心理学。随着语言学和心理学的发展,这类方法越来越多,仅仅过去和现在常用的、流行较广的外语教学法就有 16 种之多。它们是语法翻译法、自觉对比法、直接法、自觉实践法、视听法、听说法、综合法,以及一些强化的方法,如提示法、催眠法、速成法等。

狭义的外语教学法是指教外语、学外语的具体方法的总和。教的方法有解释、展示、组织练习、考查、评分等;学习方法有理解、练习、改正错误、实践等。教的方法和学的方法是相互联系、相互作用的。教师和学生密切配合才能收到显著的教学效果。

不管广义的外语教学法,或者是狭义的外语教学法,其关键是要正确处理语言和言语在外语教学中的关系,各教学法流派的争论焦点也在于此。①

掌握外语的脑机制和掌握本族语的脑机制既有共同点,又有差别。前面所谈的在生成和理解言语时组合结构和聚合结构的不同脑机制,同样适合于外语言语的生成和理解。这也就是说,管理语言体系的脑机制和管理连贯言语表述的脑机制有所不同,这从神经语言学和心理语言学的角度说明了语言和言语关系在语言教学中的重要作用。

掌握外语的脑神经动力定型同掌握本族语的动力定型的作用相同,但每种语言都有相应的特殊动型。对失语症患者的实验证明,言语障碍往往只涉及一种语言的言语能力,另一种语言的言语能力却保持不变。这就是说,掌握每种语言都有特别的脑机制。这就构成掌握本族语和掌握外语的神经心理差别。

外语教学法的重要任务之一,就是根据掌握本族语和外语的异同把本族语的规律转移到外语,并排除本族语的干扰。

当学习者碰到外语生词时,不理解其意义,引不起对客体的联想。但他可以感知这个词,这时词相当于第一信号刺激物,而没有起到第二信号刺激物的作用。要掌握这个词,就要理解其意义,概括词称呼的客体的一般特征,形成反映相应客体本质特征的概念。这时词成为名符其实的第二信号。感知词之后,就会引起关于相应客体的表象,通过概念理解了这个词,并想象词所代表的事物。

掌握外语和掌握本族语的过程中,客观事物在大脑皮层引起的第一信号神经联系是一样的,但两种语言的词,不管作为第一信号直接刺激物,还是作为第二信号通过概念的刺激物所形成的神经联系则不一样。因为外语词不仅同本族语词结构不一致,所表示的概念体系也不尽一致。

---

① 参阅本书《外语教学中语言和言语的辩证关系——兼评各语言学流派的教学法观点》。

为了弄清楚两种语言言语机制的相互关系,现列简图说明如下:

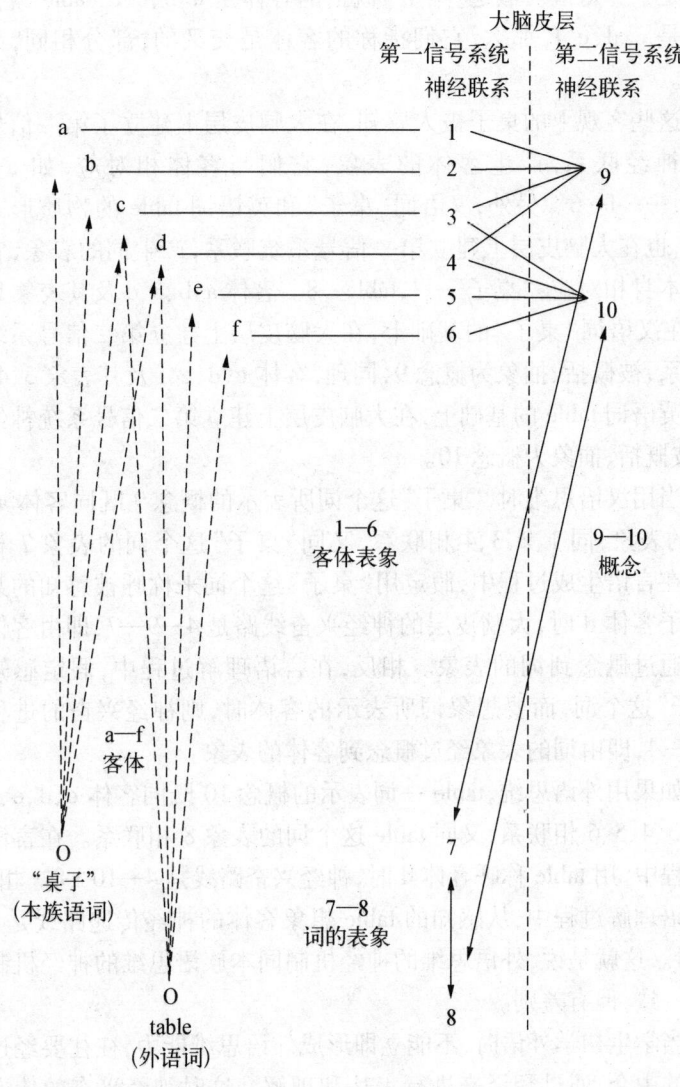

汉语词"桌子"和英语词 table 相对应,但不是一一对应,因为汉语中还有一个同义词"台子",可以说"梳妆台"、"乒乓球台",一般不说"梳妆桌"、"乒乓桌";英语中还有一个同义词 desk,用来指"书

桌"、"写字台"、"办公桌"。所以,"桌子"和 table 虽然是相应的词,但不是一一对应。假定"桌子"概括的客体是 a、b、c、d,table 概括的客体是 c、d、e、f,那么,它们指称的客体是交叉的,部分相同,部分不同。

这些客观上的桌子被人感知,在大脑皮层上建立了第一信号系统的神经联系,产生客体的表象,它们与客体相对应,如 a—1,b—2,……f—6。另外,汉语词"桌子"和英语词 table 的物质形式被感知,也在大脑皮层上建立第一信号系统联系,产生词的表象,它们与词本身相对应:"桌子"—7,table—8。客体 a、b、c、d 及其表象 1、2、3、4 在汉语词"桌子"的基础上,在大脑皮层上建立第二信号系统神经联系,被概括、抽象为概念 9,同理,客体 c、d、e、f 及其表象 3、4、5、6,在英语词 table 的基础上,在大脑皮层上建立第二信号系统神经联系,被概括、抽象为概念 10。

当用汉语思维时,"桌子"这个词所表示的概念 9 既同客体 a、b、c、d 的表象,同 1、2、3、4 相联系,又同"桌子"这个词的表象 7 相联系。在言语生成过程中,假定用"桌子"这个词来称呼被感知的某一张桌子客体 d 时,大脑皮层的神经兴奋线路是 4—9—7,即由客体的表象通过概念到词的表象。相反,在言语理解过程中,假定感知了"桌子"这个词,而要想象词所表示的客体时,则神经兴奋的进程是 7—9—4,即由词的表象经过概念到客体的表象。

如果用外语思维,table 一词表示的概念 10 既同客体 c、d、e、f 的表象 3、4、5、6 相联系,又同 table 这个词的表象 8 相联系。在言语生成过程中,用 table 称呼客体 d 时,神经兴奋路线是 4—10—8。相反,在言语理解过程中,从感知的 table 想象客体的神经传递路线是 8—10—4。这就是说,外语思维的神经机制同本族语思维的神经机制本质上一致,但有差别。

当学生初学外语时,不能立即形成外语思维能力,往往要经过本族语的中介,通过翻译来进行表达和理解。这时神经兴奋的传递路线有较大改变。在言语生成过程中,当用 table 称呼客体 d 时,神经兴奋传递路线是 4—9—7—8,即从客体 d 的表象 4,通过在本族语基础上形成的概念 9,再经过本族语词"桌子"的表象 7,到达外语词

table 的表象8。在言语理解过程中,理解外语词 table 的神经兴奋传递路线是:8—7—9—4,即从外语词 table 的表象8,经过本族语词"桌子"的表象7,通过在本族语基础上形成的概念9,到达客体的表象4。这么一来,由于没有直接在外语基础上形成概念10,使神经机制比直接思维更为复杂,从而,大大降低使用外语的效果。这从神经语言学和心理语言学的角度证明,培养外语思维是外语教学的重要任务。

人的外语能力更不是天生的,而是在外语教学过程中,或在自然的外语环境中,通过语言和言语的实践逐渐形成和发展的。先天的脑机制,是外语能力形成的生理基础,但决定性的影响是后天的学习。不学习外语,不进行外语实践,就无所谓外语能力。外语天资差的学生,只要下苦功学习,也可掌握外语;相反,外语天资好的学生,如果不好好学习,就不能很好掌握外语。外语教学的任务就是发挥学生的外语天资,培养学生的外语能力。

掌握一门外语一般有三种情况:一种是在外语言语环境中自然地、直觉地学会外语言语,并通过言语掌握外语语言体系,这种掌握往往不够完善;第二种是在外语教学过程中,在语言理论知识的基础上,自觉地学习外语体系,在一定程度上掌握外语言语,但言语能力不够熟练;第三种是在外语教学过程中,正确处理语言和言语的关系,通过言语学习语言,利用语言再学习言语,自觉地完善地掌握外语。外语教学法应根据语言学和心理学的原则,力争做到第三种情况,在整个外语教学过程中,正确处理语言和言语的辩证关系,让学生既通过言语学习语言,又利用语言学习言语,如此相互推进,直到自觉地、完善地掌握外语。这时,学生既能用外语进行交际,顺利地阅读外语文献,又能分析和解释外语现象,研究外语规律。

(十) 心理语言学的展望

由于对儿童语言和失语症的研究,人们现在对言语的脑机制有了一些了解。怎样更直接、更全面地揭示言语和思维的脑机制呢?这是心理语言学和神经语言学在20世纪80年代面临的重要课题。当人类刚刚跨进80年代的时候,美国密苏里大学传来了令人兴奋的消息:那儿的科学家已开始阅读脑电波思维,并把它译成词语。

实验者把脑电图机安置在被试者头部,被试者说出一个词时,大脑皮层就产生特定的脑波型。当被试者想到这一个词时,也出现其特征脑波型。实验者可根据脑波型辨认词,从而识别人的思维。这种方法使得言语机制客观化,成为可以捉摸、能够观察的客体。这项研究成果虽然还是个开端,但十分重要。根据这一原理,如果发明一种脑波翻译机,就可以把人的思维译成用来思维的语言,把生成言语时的内部言语译成扩展的外部言语。这是令人神往的科学预想。科学的发展将使它变成现实。

在生成言语和理解言语时的大脑的神经生理活动是一种微观行为,而人为了完成社会交际的言语行为则是一种宏观行为,二者是辩证统一的。这一原理将在80年代发挥显著作用。先天和后天的关系,遗传和环境的关系,语言能力和语言应用的关系,内部言语和外部言语的关系,等等,均将在这一原理指导下获得正确解决。

转换生成语言学强调先天,忽视后天,强调语言能力,忽视语言应用,已经在理论上暴露出重大缺陷。应该让语法模式同言语活动时的大脑活动联系起来,同时要有助于言语活动。当代心理语言学的研究成果表明,必须把先天和后天、能力和应用两者结合起来。社会语言学家对语言社会功能和言语环境的研究有助于这个问题的解决。

对大脑机制本身的研究也在发展。现有的成果表明,言语机制几乎全由脑半球,特别是左半球控制,1979年美国科学家证明大脑下部对语言控制也起重要作用,如左丘脑损伤也会导致言语障碍,这开辟了神经语言学的研究前景。80年代,神经语言学将完全从心理语言学中分化出来。在80年代,对儿童语言发展和掌握语言的心理因素的研究将有更大发展,其成果对语言教学将产生重要影响。

心理语言学的发展不是孤立的,它同整个当代语言学的发展密切相关,同心理学、神经心理学、高级神经生理学的发展也密切相关。在当代语言学百花盛放的大花园里,心理语言学虽然还算是新品种,但已丰姿绰约,芳香袭人,十分引人注目了。

(收载《现代语言学研究》,福建人民出版社1983年版)

酝酿中的第二代边缘学科
——社会心理语言学

20世纪五六十年代,语言学受结构主义的影响局限于语言体系的研究,以致难以解决言语交际中出现的一些问题。此时,社会语言学、心理语言学等语言学第一代边缘学科便应运而生。它们解决了不少语言学传统领域未能解决的问题,并发展为独立学科,形成了自己的理论和方法。随着研究的深入,语言学家发现,还有一些重要问题,如语言在社会活动中的地位问题,话语在信息时代的作用问题,需要再进一步进行学科际的研究。于是,当代语言学出现的一个明显的趋势是,逐渐形成第二代边缘学科,研究作为交际单位的话语,研究言语交际的过程、目的和结果,探索有效传递信息的方法。社会心理语言学就是正在酝酿中的一门第二代边缘学科。

社会心理语言学研究言语交际的社会心理方面,研究人类不间断的、有目的的话语交流,研究话语活动在社会活动中的地位和作用。它既是社会语言学和心理语言学的交叉,又是社会心理学与语言学的交叉,因而,不仅引起语言学家的兴趣,而且引起社会学家、心理学家,特别是社会心理学家的兴趣。

在20世纪五六十年代,心理语言学产生之际,也有人把它叫做语言心理学。但是尽管采用了心理学的方法,由于研究的对象是语言,多数学者把它称为心理语言学。联邦德国的赫尔曼于1967年出版了《语言心理学》,1971年这本书在加拿大出英文版本时改名为《心理语言学》。社会语言学也有类似问题,美国的费希曼开始常用语言社会学这一说法,但是得到公认的是社会语言学这一名称,因为它是从社会的角度研究语言。在第二代边缘学科酝酿形成的时候,也产生了命名的问题。苏联的德里泽开始把它称为语言心理社会学,现在又叫做语言社会心理学。考虑到这门学科的研究对象是语言、言语、话语、言语交际,既然是从社会心理的角度加以研究,我认为,它应该叫做社会心理语言学。

人的语言能力和言语能力受到心理因素和社会因素的影响,人际言语交际在特定的社会心理环境中进行,话语的生成和理解、话语信息的传递都要依赖于社会心理环境,所以,结合社会心理环境研究语言和言语,是当代语言学的重要特点。也就是说,语言学研究不再局限于语言结构体系本身,除研究语言体系外,它还要研究言语的心理机制,社会中的言语活动,研究作为交际单位的话语,以及话语信息的传递和交流。这些研究,不仅传统语言学不能胜任,就是第一代边缘学科,如社会语言学和心理语言学等,也难以胜任。只有社会心理语言学这样的第二代边缘学科才能担此研究重任。社会心理语言学把言语生成和理解的心理机制纳入社会交际环境,既考虑人作为交际主体的能动性,又考虑社会心理因素对言语交际的制约;既考虑语言作为交际工具的功能及其特点,又考虑语言进入使用领域的状况,同时探索语言规律和言语规律,使言语的内部机制和社会外因统一起来,从信息内容的话语活动的角度提高语言的交际效果。

近几年来,苏联和英美等国的学术界对话语活动、言语交际、信息交流等问题的研究颇为重视,写了一些诸如"社会心理与语言"的论著,对有关问题进行了有效的研究。但这些研究还局限于个别的领域,停留在基础探讨阶段,还没有形成完整的理论和方法论体系,还没有写出较为系统的社会心理语言学专著。总的说来,社会心理语言学,作为语言学第二代边缘学科,还处于酝酿阶段。

我从 20 世纪 50 年代起即致力于言语环境、言语规律的研究,并在《现代语言学研究》等论著中对心理语言学、社会语言学等第一代边缘学科作了若干探索。接着,我提出"建构语言学"理论,主张语言学既要研究语言结构,更要研究话语建构和语言体系的建构,即在社会心理环境中动态地研究语言规律和言语规律。这些研究和探索使我越来越接近社会心理语言学。

我认为,在当前信息时代中,一个人的社会活动效率多半取决于他获得信息时能否挑选要点、有无应用信息要素的技巧。善于从丰富而复杂的信息流中获取有效的科学新信息,是一个人的重要社会能力。但是,语言手段在话语中体现的信息,并不总能成为听、读者的财富。读书破万卷而不得要领者有之,听话不能听音者有之,听到风就是雨者也有之。这些人不能捕捉话语信息的焦点,不能领会信息目的,结果往往降低了自己的工作成效。而为了解决捕捉信息核心的快速阅读、为信息而读、听信息焦点、适切地交流话语信息等,都与对话语进行社会心理分析有关。所以,社会心理语言学的研究成果可以应用于人类社会实践活动的一切领域,特别在教育、宣传、大众传播、社会管理等领域。

人际的言语交际贯穿于一切社会活动领域,对言语交际进行社会心理分析可帮助人们相互了解,产生人际交互作用,从而促进社会的发展。

这些新课题的出现迫使语言学跳出只对语言进行结构分析的框架,而把重点转向对话语、对言语机制和言语活动、对信息传递和交流、对言语交际进行社会心理语言学的分析。

这门诱人的社会心理语言学学科正在酝酿之中,它的形成将给当代语言学注入新鲜血液。世界各国不少语言学家,以及社会学家、心理学家、社会心理学家正密切关注着这门第二代边缘学科的形成和发展。

(原载《哲社文摘》1989 年第 11 期)

六

认知语言学

认知语言学研究现状

1. 引言

20世纪70年代末和80年代,许多语言学家认识到生成语法研究范围的局限性,开始从认知的角度来研究语言现象。80年代末,认知语言学初步形成,其标志是第一届国际认知语言学大会(Duisburg, Germany 1989)的召开和1990年《认知语言学》杂志(*Cognitive Linguistics*)的出版。认知语言学大会每二年召开一次,至今已举办了七届。

在整个80年代和90年代初,出版了一批摘引率较高的认知语言学著作。例如 Lakoff 和 Johnson(1980), Talmy(1983), Fillmore(1985), Fauconnier(1985), Lakoff(1987), Langacker(1987, 1991), Talmy(1988), Rudzka-Ostyn(1988), Lakoff 和 Turner(1989), Sweetser(1990)和认知语言学研究系列(CLR)第一辑 Langacker(1989)。这些著作确立了认知语言学的基本研究框架。该框架有以下五个研究主题:(1)语言研究必须同人的概念形成过程的研究联系起来;(2)词义的确立必须参照百科全书般的概念内容和人对这一内容的解释(construal);(3)概念形成根植于普遍的躯体经验(bodily experience),特别是空间经验,这一经验制约了人对心理世界的隐喻性建构;(4)语言的方方面面都包含着范畴化,并以广义的原型理论为基础;(5)认知语言学并不把语言现象区分为音位、形态、词汇、句法和语用等不同的层次,而是寻求对语言现象统一的解释。

目前,认知语言学研究呈现出多样化并涉及到语言现象的各个方面,本文中我们试选出几个有重要理论价值的研究,简述其来龙去脉和主要的研究成果,并指出认知语言学的一些发展趋势。

2. 认知语言学的方法论基础

认知语言学属于功能主义传统。从根本上讲,认知和功能语言学都认为,语言受其服务的功能和一些相关的因素制约,这些相关因素包括环境的、生物的、心理的、发展的、历时的和社会文化的。怎样对待这些相关因素是区分功能主义和形式主义的关键。功能主义认为,了解这些相关因素,对语言结构进行描写和研究是至关重要的和基本的,而形式主义则认为,这些因素对语言结构的描写和研究是不重要和从属的。这就导致了这两种语言研究方法和思维方法的差异。

Langacker(1999)指出语言研究领域有两个:

1. 描写领域	2. 功能领域
结构	功能
句子	话语
认知表征	实际的言语行为
共时的语言结构	语言变化
个别语言	语言类型和共性
习得语言系统	习得过程
心理表现	神经基础
理论和描写	实际应用

以认知语言学的观点,对这些领域进行研究直接有助于形成全面的语言理论和关于语法的主要和基本的观点。形式主义承认以上对语言研究领域的区分,并且认为应着重研究描写领域,而功能主义却不承认这一区分,并且认为应优先考察第二领域。Langacker(1999)认为,问题的关键不在于优先考察哪个领域,而在于以取长补短方式同时研究两个领域。为达到此目的,Langacker(1999)指出认知语言学的研究应包括下面三个方面:

1. 一组体系和描写概念等,能用来对语言的成分和结构进行明晰的描写。

2. 一组语言中具类典型特征的结构,包括其类典型的程度

(prototypicality)。

3. 在1和2的基础上,再进行功能的解释。

认知语法(cognitive grammar)重点研究第一个方面,语言类型学和共性的研究重点考察第二个方面,而许多认知和功能的语言研究则致力于第三个方面,因此认知语言学由于其研究的三个方面而表现出方法上的多样化。

认知语言学从语言的角度或以语言为窗口研究人脑中的概念内容,而认知心理学仅研究人脑的结构(王甦等1992)。认知语言学试图根据对语言结构的分析,来推测人类思维中概念内容的特点。各种图式和隐喻映现等在人的理解和认知过程中起着重要的作用,这种重视概念内容,同时又强调概念来源于躯体经验的研究是认知语言学研究的重要方面。

对语言进行系统分析从而找出其规律的方法具有主观的局限性。根据个别研究的直觉分析所得出的结论只能是一种假设。认知语言学家不接受关于概念知识的假设,而是从两个方面寻求对理论分析的支持:一是探求"心理上真实的"理论或从实验中获得"客观"的证据。实际上认知语言学中的许多概念和分析结果都有待于心理语言学实验的证据。这一工作刚刚起步。Gibbs,Glucksberg,Cacciari等人近十几年来发表了许多论文,主要是用心理语言学的实验证实认知语言学的分析结果。这种互补性的研究是认知语言学的独到之处。

二是寻求神经生理学和神经生物学方面的支持。Deane(1992)证明神经生理学和生物学的研究为认知语言学提出的形式空间化假设(Spatialization of form hypothesis)(Lakoff 1987)提供了神经方面的证据,他指出在布洛卡区(Broca's area)后面和维尼克区(Wernicke's area)上面的区域是大脑下顶叶(inferior parietal lobe),这一区域是空间和语言信息的关键处理器。这一区域受损可导致失语症。形式空间化假设预测了这一区域的存在,即大脑下顶叶不仅是空间的脑中枢,而且还可作为语言信息的关键处理器。空间和语言思维在大脑中使用了同类的结构。

Lakoff和Feldman正在研究语言的神经理论(Lakoff & Johnson

1999)。Feldman 在 70 年代发展了结构的连接主义(structured connectionism),这一理论可使我们构建概念和语言结构的详细的计算神经模式。从神经计算的角度,大脑包括大量的以某种方式连接起来的神经元,并具有某些计算特征。Lakoff 和 Feldman 通过这一模式在其实验室里试图解决如何从神经元中计算出思维和语言。

T. Regier(1996)发现大脑结构的某些类型,如视角的局部解剖图和方向敏感细胞等,能计算出认知语言学家发现的原始的空间关系,即图像—图式(image-schemas)。Narayanan(引自 Lakoff 和 Johnson 1999)的神经模型研究证明,大脑结构可计算出体(aspect)的概念、概念隐喻、心理空间和概念整合等。Lakoff & Johnson(1999)预言下一个突破将是语法的神经理论。

Peeters(1999)引用了 Household 关于语言研究方法的二分法:一是上帝真理法(God's Truth),二是巫师魔法(hocus-pocus)。前者指语言有结构,语言学家的任务就是发掘出这种结构,并清晰和经济地把结构描写出来。后者认为语言是一些不连贯和无形式的材料,语言学家的任务就是要安排和组织这些材料,并赋予与该材料不相冲突的结构。他指出当今许多语言学理论都沉醉于巫师魔法,认知语言学也有这种倾向。他特别指出,Sydney(1999)吸取了生理学中的思想,对语言和其他能力的运作进行了生理认知的解释,是个有益的尝试。他认为认知语言学只有探索语言的心理和生理现实,即进行上帝真理式的探索,才能得到认知科学界更大的认同。就目前的研究而言,认知语言学要想取代 Chomsky 理论在认知科学界的地位,还需要时间,到那时认知语言学才能更加名符其实。

3. 隐喻与转喻:一种认知的视角

认知语言学家认为语言能力是一般认知能力的反映,并由一般的神经过程所控制。根据这一观点,各种认知之间是一个连续体,而语言不是人的心灵和大脑中独立的"模块"。认知语言学家认为,在各种认知能力中,一个主要的和普遍的认知能力是想象(imagination),即把一些概念投射到另一些概念中去。这就是为什么想象机制的隐喻和转喻会成为认知科学家研究的重点之一

(Lakoff & Johnson 1980,1999；Johnson 1987)。

3.1 隐喻和转喻的主要研究内容

隐喻是一个认知机制,在这一机制中,一个认知域被部分地映现(mapped)于另一认知域上,后者由前者而得到部分地理解。前者叫来源域(source domain),后者叫目标域(target domain)。

在隐喻"爱是旅行"(LOVE IS A JOURNEY)中(Lakoff & Johnson 1980),"旅行"域映现到"爱"的域上,例如：

Our relationship is off the track.（我们的关系已经恶化了。直译：我们的关系脱离轨道。)

We're spinning our wheels.（我们关系发展迅速。直译：我们使轮子飞转。)

Lakoff(1987)指出了这两个认知域之间的对应关系：(1) 相爱的人对应旅行的人；(2) 爱的关系对应旅行中的工具(这里"轮子"和"轨道"对应"爱"的关系）；(3) 相爱人的共同目标对应旅行上的共同目的地；(4) 关系中的困难对应旅行的障碍。

在以上的对应中,有本体的次映现(ontological submappings)：来源域的实体(人,物等),行动或状态映现到目标域中的对应体上；还有知识次映现(knowledge submappings)：目标域中的旅行的情况映现到目标域中的关系中去。

转喻是在一个认知域中映现,如部分代表整体就是一例,请看例句：

There are a lot of intelligent heads in this university.（大学里有许多智者。)(直译：智慧头脑。)

在上例子中,"Head"(头脑)代表人,是用人的器官代表整个人。

Lakoff(1993)认为一个隐喻和转喻通常是一个更抽象的隐喻和转喻的具体表现。例如"爱是旅行"是隐喻"生活是旅行"的具体表现,而"生活是旅行"是事件结构隐喻(event structure metaphor)的具体表现。同样,转喻"头脑代表人"是"身体部位代表人"的具体表现,而"身体部位代表人"是"部分代表整体"的具体表现。隐喻和转喻的系统性通过隐喻和转喻的组合在构建概念域中最为明显。这些复杂的组合在"情感"域中得到了详细的分析(Kovecses 1990)。

隐喻和转喻在很大程度上与文化有关,因为经验域在所有的文化中并非一样的,但一些最抽象和重要的隐喻和转喻可作为普通和基本的来源域,如一些普遍的空间概念(垂直性和包容性等),它们被称为图像—图式。这些图像—图式是基于人的最基本的身体经验而习得的(Johnson 1987,Turner 1996)。

隐喻和转喻都是认知模式的基本类型,两者都以经验为理据,并用于某些语用目的。把隐喻和转喻作为"模式"强调了它作为稳定的"认知装备"(cognitive equipment)的一部分,即隐喻和转喻应是我们人类范畴系统的稳定成分。在这一点上,隐喻和转喻的认知理论区别于 Searle 的隐喻理论。Searle 没有给予隐喻以认知模式的地位,而是把隐喻词语看成语言的特例,并通过语用规则还原为字面意义,对隐喻词语理解需要人的额外认知努力。与之形成对照的是,隐喻和转喻的认知理论认为,人的思维的基本特征就是隐喻的,隐喻意义不必还原成字面意义,也并不需要额外的认知努力。

隐喻和转喻的认知理论认为,映现总是单一方向的(unidirectional),即只能从来源域映现到目标域上,而反过来就不行。根据这一理论,双方向的隐喻映现是不存在的。这一特征使其区别于其他的隐喻理论,如 Black 的相互作用理论(interactional theory)(Black 1962)。在常规隐喻"人作为动物"(PEOPLE AS ANIMALS)中,我们把动物的一些特征映现到人的一些特征上去,反过来则不行。但还存在"动物作为人"(ANIMALS AS PEOPLE)的隐喻,在此隐喻中,人的一些特征映现到动物的特征上去,反过来也不行。这两个隐喻并不是一个隐喻的两个变体,而是两个相对独立的隐喻。(Lakoff & Turner 1989)。

近些年来,认知语言学在隐喻和转喻研究中的趋势是:把隐喻和转喻看作概念整合的一个特例(Fauconnier 1994,1997;Turner & Fauconnier 1995)。概念整合理论与隐喻和转喻的双域理论并不矛盾,因为前者以后者为前提。然而概念整合理论能更准确地解释隐喻和转喻的运作情况,而且还能解释隐喻和转喻的认知理论解释不了的现象(Turner 1996,可参看本文4.2节)。

3.2 隐喻和转喻研究存在的主要问题

3.2.1 隐喻和转喻的区分问题

隐喻和转喻认知理论的基本问题是经验域的问题。Langacker(1987)和Taylor(1995)认为,认知域是一个"百科"域,即它包括说话人所拥有的关于一个经验领域的固定的知识(entrenched knowledge)。认知域因人而异,并没有明确的界限。如何用它来区分转喻和隐喻呢?

认知语言学家对情感认知域有较深入的研究(Kovecses 1990),认为情感的效果是情感域的一个次域(subdomain),即情感对我们身体和行为的影响是情感认知域的一部分,例如:

Pete is down in the dumps.(彼得闷闷不乐。)

I'm in low spirits.(我情绪低落。)

悲伤情感的行为效果是表现出下垂的身体姿势。这一身体姿势所构成的经验次域包括垂直性的和三维空间次域。根据隐喻和转喻的特点,垂直性和三维空间存在于悲伤认知域中,所以上面两例应是转喻而不是隐喻,因为域的一部分代表这个域(悲伤域)。但大多数认知语言学家都认为这两句是概念隐喻,即"悲伤是向下"(SADNESS IS DOWN)和"高兴是向上"(HAPPINESS IS UP)两个隐喻在语言上的表现。因此有效地区分隐喻和转喻就成为认知语言学家目前讨论的热点。

Barcelona(2000b)认为,在有意识的常规层次上,没有一个以英语作为母语的人会把垂直性和三维空间归结为悲伤和高兴的一部分。虽然在无意识的层次上,垂直性和三维空间通过隐喻和转喻起一定的建构作用。因此我们说隐喻是两个有意识的和独立的域之间的映现。这种对隐喻的重新定义表明,来源域和目标域被看作为两个独立的域,是由于某一文化中,我们总是常规地和有意识地对域进行分类。但这定义并不说明,我们不能制定隐喻的转喻理据(metonymic motivation)。其实隐喻和转喻的区分并不是绝对的,而是渐进性的(scalar),这主要表现在隐喻和转喻的相互作用上。

3.2.2 隐喻和转喻的相互作用问题

众所周知,隐喻和转喻常常相互作用,有时异常复杂(Lakoff &

Turner 1989;Goossens 1990;Gibbs 1994),其相互作用的方式有两种类型(Barcelona 2000b):(1)在纯粹概念层次上相互作用;(2)在同一语言词语中,隐喻和转喻在话语中的相互示例(co-instantiation);Barcelona 认为在这两种类型中,第一种类型最重要,并有两种次类型:(1)隐喻的转喻理据;(2)转喻的隐喻理据。

大多数的隐喻都在概念上由转喻提供理据。隐喻"悲伤就是向下"和"高兴就是向上"是由转喻"悲伤的效果代表这一情感"来表示的。Lakoff(1987)认为情感隐喻是由一组转喻提供理据的,即愤怒的生理效果代表这一情感。例如:

When I told him the news, he just exploded. (我告诉他这个消息,他就火冒三丈。)

Don't get hot under the collar. (不要发怒。)

Barcelona(2000)还研究了转喻在多大程度上能为隐喻网络提供理据。

转喻的隐喻理据可在词语的转喻解释(metonymic interpretations)中找到,这种转喻解释只有在共现的隐喻映现中才有可能。Goossens(1990)举了一个例子:

She caught the Minister's ear and persuaded him to accept her plan. (她抓住了部长的注意力,并劝说他接受她的计划。)

在这句中,隐喻是"注意力是物体"(ATTENTION IS A PHYSICAL ENTITY),同时在该句中,有一个常规的转喻"身体部分代表其功能"(BODY PART FOR FUNCTION)。这一转喻只有出现在包含注意力作为目标域的隐喻映现之中,该转喻才能有其转喻的意义。

第二类隐喻和转喻的相互作用是隐喻和转喻由同一词语在话语中的相互例示来表示的。转喻与隐喻映现在同一词语中,而该转喻在概念上是独立的,这一点与前面讲过的相互作用不同。它们的共现不是由于它们在概念上能相互提供理据,而是因为它们在话语中不相矛盾,例如:

The ham sandwich started snarling. (点火腿三明治的人开始咆哮起来。)

在上句中,隐喻是"人是动物"(PEOPLE ARE AMIMALS)和"愤怒的行为是放肆的动物行为"(ANGRY BEHAVIOUR IS AGGRESSIVE ANIMAL BEHAVIOUR),转喻是"消费的食物代表顾客"(CONSUMED GOODS FOR CUSTOMER)。隐喻和转喻在上句中不相矛盾,因为两者均以一类人作为目标。而两者在概念上又不相互依靠,因此替换了上句中的转喻或隐喻,句子仍可成立,例如 John started snarling. 和 The ham Sandwich started eating.

从以上的论述中,我们可以看到,隐喻和转喻的认知研究正在向纵深发展,未来的研究方向和内容将研究隐喻和转喻在语法和话语中的作用,这必将进一步开拓隐喻和转喻的研究范围(Barcelona 2000a)。

4. 心理空间理论与概念整合理论
4.1 心理空间理论及其应用

Fauconnier 在其著作《心理空间》(*Mental Spaces* 1985)中提出了心理空间理论,系统地考察人类认知结构和人类语言结构在认知结构中的体现。心理空间理论是意义建构的理论,包含句子意义的体现分割成空间。虽然该理论都是处理语言材料,但它在本质上不是语言的。心理空间是说话人谈论实体和其各种关系时建构的一些可能世界和有关某一领域的信息集装箱。通过心理空间对真值条件语义学中有争论的传统问题,如指称晦暗性(opacity)和预设等提出一个统一的解决办法。

心理空间理论认为,语言结构的基本功能是利用和描写认知视角的不同的信息可及度(accessibility),考察语言的用法是进行认知研究的重要工具。心理空间的各种连接或映现可使我们使用词语作为触发词(trigger)去指称其他心理空间中的另一目标实体,这些连接或映现包括语用功能、转喻、隐喻和类比等。语用功能可把两个心理空间连接起来,例如作者名字可与该作者所著的书对应起来。有了这一功能,作者的名字可用来指称其著作就是一例,例如 Plato takes up half of the top shelf of that bookcase。Fauconnier(1985)提出了可及原则(principle of access)用来规范实体与指称的词语之间的关系。

辨认原则认为,如果第二个认知域可从第一个认知域中辨认或在触发词与目标词之间有联系,那么一个命名和描写实体的词语(触发词)可辨认另一认知域的实体(目标词)。可及原则在意义的建构中起着重要的作用。

心理空间建构和连接的基本思想是,当我们思维和谈话时,在语法、语境和文化的压力下,建构和连接心理空间。随着话语的展开,我们创造出一个心理空间网络。由于每个空间都来自于一个母空间(parent space),而每个空间又有许多子空间,所以空间网络将是个二维点阵(two dimensional lattice)。在这个空间网络中,我们可以从子空间到母空间,也可以从母空间到子空间。

Fauconnier 和 Sweetser(1996)认为自然语言的语法包括对以下问题的部分回答:什么是起始点(基础空间)(base space)?什么空间是目前的视角?就基础空间而言,视角的位置如何?什么空间是焦点?空间之间的连接和空间的内部构造如何?对这些问题的回答构成了心理空间理论应用于语法和思维过程的重要方面。

由于心理空间建构中所固有的信息分割和主观性,一些空间可用于可及其他空间和视角,有时甚至改变基础空间,而且一些空间对其他空间没有辨认性。因此辨认是关键。下面我们来看看心理空间理论是如何解释晦暗性这一老问题的。请看下面的例子:

(14) Max believes the woman with green eyes has blue eyes.

在基础空间,我们有"a woman with green eyes",并与"woman"和"green eyes"的特征相关联。"Max believes"打开一个新的空间 M,其结构代表 Max 认为的事物将会建立。在这一新空间中,"has blue eyes"与"blue eyes"的特征相联系。可及原则在这里起了关键的作用:基础空间和新空间 M 相互连接起来,即基础空间中的"the woman with green eyes"与 M 空间中的"has blue eyes"具有对应关系和可辨认性。

注意这里有两种辨认"the woman with green eyes"的方法:一是通过以上的对应关系达到辨认;二是直接在 M 空间里与"has blue eyes"达到辨认。前者的视角在基础空间,焦点在 M 空间上;而后者视角和焦点均在 M 空间中,因此"has blue eyes"直接在 M 空间中得到辨认,并与两个特征"green eyes"和"blue eyes"相连,产生了一个几乎矛盾的解读:Max 认为绿眼睛的女人有蓝眼睛,其实她具有绿眼睛。从上例中我们可以看出,心理空间的辨认原则可解释指称的晦暗性。

心理空间理论在近几年又有了较大的发展,所研究的覆盖面也越来越广。Fauconnier 和 Sweetser(1996)就是对心理空间理论的进一步发展,该文集涉及到语法、语义和话语分析等领域。这是心理空间理论未来的发展方向。Cutrer(1994)指出,语言中时态的主要功能是建立相邻心理空间之间的局部时间顺序关系,并且跟踪视点和焦点的变换。Cutrer 提出了一套由时态引导的心理空间连接的原则,并解释了我们用语言来构建时间和视点组织的方式。例如:

(15)(a)Max is 23. (b)He has lived abroad. (c)In 1990 he lived in Rome. (d)In 1991 he would move to Venice. (e)He would then have lived a year in Rome.

我们从"Max is 23."信息构建基础空间开始,使这一空间为焦点,并附加上 Max"过去在外国生活"(Max lived abroad)的信息。在句(c)中"In 1990"是空间构建词,建立新的焦点空间,在这一空间中,其内容为"Max lived in Rome"。在句(d)中新的焦点空间成为我们考察 Max 迁移的一个视点。与1990相比,我们把1991看作将来,因此从这一视点,我们构建了另一个新的焦点空间——1991,其内容为"Max move to Venice"。在句(e)中,1990空间和1991空间仍分别为视点和焦点,其内容是相对于焦点1991的过去时间(live a year in Rome)。由此可见,空间的构建是由一系列事件、视角和焦点的变换组成的。

4.2 概念整合理论及其应用

心理空间的映现是人类思维组织的一部分。虽然语言为这种映现提供了相当多的素材,但映现本质上不是语言的,它们存在于概念形成(conceptualization)之中。随着心理空间理论的发展,Fauconnier 和 Mark Turner(1998)发现了反映许多语言现象中的一条重要的心理空间的认知操作——概念整合(conceptual blending)。概念整合包括建立相互映现的心理空间网络,并以各种方式整合成新的空间。

基本的概念整合网络包含四个心理空间。其中两个称为输入空间(input spaces),并在其之间建立跨空间的映现。跨空间映现创造或反映了两个输入空间所共享的更抽象的空间,即类属空间(generic space)。第四个空间是整合空间(blended space),是从输入空间中进行选择性的映现而来的,它可以各种方式形成两个输入空间所不具备的突生结构(emergent structure),并可把这一结构映现回网络的其他空间中去。

Fauconnier 和 Turner(1998)详细地讨论了概念整合的机制,张辉、李佐文(2001)已做了介绍,此处不再赘述。这里我们将重点介绍如何用概念整合理论来分析语言现象。

许多语言结构来自概念整合并系统地在形式上反映出来。形容词一般可引起整合过程。当我们关心在海滩上用铲子玩耍的孩子时,我们一般说"The child is safe"、"The beach is safe"和"The shovel is safe",这里"safe"没有固定的特点可分配给"child"、"beach"和"shovel"。第一句指孩子不会受到伤害,而第二和第三句也是同样的意义,它们并非是"beach"和"shovel"不会受到伤害。"safe"不会分配一个特征,但它促使我们联想起适合该名词和语境的"危险场境"(scenario)。形容词"safe"引导出一个"危险"的抽象框架,并具有受害人、地点和工具等角色。形名组合(例如"safe beach")可促使我们把危险抽象框架与海滩上的孩子的具体情景整合为一个对孩子构成"伤害"的反事实场景,在这一场境中,"child"和"beach"构成"伤害"的反事实事件(counterfactual event)。"beach"和"shovel"在危险框架中被分配了一定的角色。形容词并非简单的分配一个特征,而是促使建立一个概念网络,在该网络中,"危险"框架和孩子在海滩上用铲子玩耍的情景分别是输入空间。整合空间是孩子被伤害的一个反事实场景。Sweetser(1999)认为几乎所有的形名组合都具有某种程度的概念整合,可能只有极少数的形名组合是语义特征的布尔数学的合成(Boolean union)。

隐喻具有整合网络构建的特征。如隐喻"This surgeon is a butcher"强调了这个外科医生的笨拙以及引起的令人不快的后果。

但这一推理并不仅仅从"butcher"的认知域到"surgery"的认知域。在整合网络中,两个输入空间,只具有"切肉"和"外科手术"的部分结构,在类属空间的基础上,相互映现,结果在两个输入空间中,一方面手术室、病人和外科医生与另一方面的屠夫的工具,其方法和切肉的方式相互映现,在整合空间中形成了突生结构。几乎所有的隐喻和转喻都可用概念整合来解释(Fauconnier & Turner 1998)。

概念整合之所以是概念隐喻理论的进一步发展,主要是因为前者可解释后者解释不了的现象。Turner(1996)举了一个例子来说明,人们最近称股票市场为牛市(bull market)。在这一市场中,投资者被称为牛。当市场出现疲软现象时,人们说"Everybody has their horns pulled in"。在牛群活动的输入空间里,牛无法收回其牛角;在金融的输入空间中,投资者没有牛角,但它们能收回其投资。在整合空间中,投资者成为具有可缩回牛角的牛。这一突生结构是无法直接通过来源域和目标域的隐喻映现获得的。

Fauconnier(1998)认为不管是概念整合、隐喻、转喻和类比等都是幕后认知(backstage cognition)。语言既不是这些过程的表征,也不是意义的表征,而是作为强有力的和标示不足(under-specified)的一组提示(prompts),用来引起动态的处理和相应的意义建构。这些幕后认知不是界限分明的,而是形成一个连续体,一端是简单的弗雷格语义学(Fregean semantics),而另一端则是概念整合。

5. 认知语言学与语法研究

近二十多年来,有些语言学家对语言结构的研究与Chomsky的"主流语言学"相对立,他们虽然各有不同之处,但其共同点是拒绝接受句法自主性(autonomy of syntax)。这就是认知语言学对待句法的基本立场。从历史上讲,认知语言学家是从Chomsky的范式中分离出来的,其主要的倡导者G. Lakoff和R. Langacker等人越来越不满意于生成语法狭窄的研究范围和其对语言交际的认知和社会层面的忽视,从而提出认知语言学对语法的研究思想,如Langacker的"认知语法"(Langacker 1987,1991)和Lakoff对"way"句式的研究(Lakoff 1987)。另一个主要从功能和认知的角度研究语法的是功能—类型语言学(functional-typological linguistics),由于其基本思想与"正宗"认知语言学相似,所以我们也把它看作认知语言学语法研究的一个部分,这一研究的主要人物是 J. Greenberg 和 T. Givon,他们主要从类型学和历时的角度比较不同的语言。虽然这两种研究语法的路子还没有凝结为一个完全统一的科学范式,但两者均不接受语言是一个自主的"心理器官"的观点,而认为语言是认知和社会交际活动的复杂体,并与人类心理的其他方面紧密地联系在一起。目前这两种语法研究有相互融合的趋势(Croft 1999)。下面笔者简述一下这一领域的主要思想和研究。

认知语言学不接受生成语法的句法与语义的区分。对认知语言学家来讲,所有语言结构都是符号工具,不管是从最小的词素还是到复杂的结构,都可用来传达意义。语言中的主要区分不是句法和语义的区分,而是语言符号及其交际功能所指与能指在形式与功能、符号与意义上的区分。在能指/形式/符号这一极,我们可以区分不同类型的语言符号,如词汇、形态和词组等,而在所指/功能/意义这一极,我们可区分语义和语用功能,但没有任何语言结构可独立于意义而进行运作。例如 NP 在生成语法中只是一个范畴标签,而在认知语言学中,NP 是一个有意义的范畴,NP 是话语中的一个成分,用来为听话者辨认出"一个东西",而这个东西就是分析经验的一个方式,它是一个抽象的有界实体(bounded entity)(Langacker 1987)。NP 范畴不管多么复杂,任何包含它的复杂的词语包括了它的形式和用该形式辨认指称物的交际功能。普通名词常用来与其他词语一起指一个"东西"。例如"dog",在实际语言运用中,我们用"the"、"an"或"the dog we saw yesterday"来指称一条具体的狗。在听话人一定的背景知识中,NP 的形式由其功能决定。

名词短语并不是语义和语用功能相互作用决定语言符号的特例。Croft(1998)认为在基本的句子结构中,人们用许多方式来谈论不同交际环境的同一指称事件(referential event)。例如:

(17) Pete opened the door with the key.

(18) The key opened the door.

(20) It was Pete that opened the door.

在以上所有的例句中,这一情景的语义是 Pete 用钥匙打开门,但为了某一交际的需要,说话人调整话语,对历时上事先演变好的句法结构进行选择。

理解交际的语义和语用可以使我们更好地理解某一语言在变化的交际需要上是怎样进行历时的演变的。例如表将来的标志语在许多语言中来自表"want"、"go"、"try"等意义的动词,可能是由于这些词语语义上描述了还未发生的或向前的运动和动作。Heine(1998)研究了"所有"(possession)和助动词的语法化过程。这些语法化的过程已成为认知语言学的研究热点,他们研究多种"相互竞争的理据"(competing motivations),特别是语义和语用和说话人、听话人之间的不同的交际需要(Givon 1998)。

功能体现于结构中。一个语言所有的结构由符号成分的组合组成,符号成分包括词、词的标记语(markers)、词序和语调。世界上几千种语言都以不同的方式使用这四种符号成分,但在每一种语言中,有各种各样由这些成分反复组成的语言句式(construction)(Fillmore 1985,1988;Goldberg 1995)。语言句式是基本的认知图式(cognitive schemas),与其他认知域中的认知图式属于同一类型。这些句式可从简单具体到复杂抽象。

Lakoff(1987)和 Fillmore,Kay 和 O'Conner(1988)详细地分析了下列两个句式:

(22)"way"句式:She made her way through the crowd.

I paid my way through college.

(23)"let alone"句式:I wouldn't go to New York,let alone Boston.

I'm too tired to get up,let alone go running around with you.

他们认为,以上句式由具体的词语(way,let alone)的使用所界定。每个句式传达了相对具体的但都具有普遍性的关系义(relational meanings),这一关系与具体组成词语的意义相互作用,形成了各个句子的意义。还有一些句式更普遍和抽象,它们不由具体的词语界定,而由词的范畴和范畴之间的关系界定,例如英语中的双及物句式(ditransitive construction)。

Goldberg(1995)认为以上这些句式或认知图式本身有意义,该意义相对地独立于组成句式的词语的意义。语言的创造性就来自于通过隐喻或转喻等把具体的词语嵌入语言句式中,形成了句式的多义现象(constructional polysemy)。Goldberg 指出双及物结构的意义"财物的转换"(transfer of possession)来自句式本身,而不是来自组成句式的具体词语。语言句式是语言使用者的符号资源(symbolic resources)和"库存"(inventory)的重要部分。一个句子的意义是由句式义和组成句式的具体词语的意义相互作用的结果。

认知语言学对语法的研究对语言间的对比研究具有重要的指导意义(Croft 1999)。一方面,不同语言的差异反映在不同的句式类型上。在一种语言内,不同结构之间的差异已被常规化了,因此我们可根据语言符号化某些常现的事件方式来区分不同类型的语言(Goldberg 1995,Van Valin & LaPolla 1997)。说不同语言的人都可来谈论某人使某事发生,某人经历了某事,某人给予某人某物或某物沿一路径移动等,但谈论以上事件所用句式类型有差异。Talmy(转引自 Van Valin & LaPolla 1997)指出我们可根据英语和西班牙语对运动事件的描述对其进行分类。

英语:The bottle floated into the cave.

西班牙语:La botella entro la cueva flotando. (The bottle entered the cave floating).

在英语中,瓶子的路径由介词"into"表达,运动的方式由动词"float"表达,而在西班牙语中,路径由动词"entro"表达,运动的方式由修饰语"flotando"表达。由于这一差异在英、西语中是普遍的,Talmy 认为在描述运动事件时,西班牙语是动词框架化的语言(verb-framed language),因为动词编码了运动 + 路径/目的,而运动的方式则由状语来表达;英语是一个卫星框架化的语言(satellite-framed language),因为动词一般编码运动 + 方式,而路径或目的信息则由一个"卫星",如介词短语或状语来表达。Talmy 认为罗曼语、斯拉夫语和朝鲜语是典型的动词框架化语言,而日耳曼语、现代汉语则是卫星框架化的语言。

另一方面在一些语言中都有同样的句式,但不同语言中句式本身的类型意义有差异,句式意义与组成句式的词汇意义不同的相互作用关系从而导致了不同语言中不同的可接受模式(acceptability patterns)。Zhang(1998)举了下面的例子：

创造性动词：a. John baked me a cake. b. *小王做了我一碗鸡汤。

消费性动词：a. *John drank me three bottles of wine. b. 小王喝了我三碗酒。

转换性动词：a. He bought me a book. b. 他买了我一本书。c. He boiled me an egg. d. 他煮了我一个鸡蛋。

任命性动词：a. 我们选了他主席。b. We elected him president.

在英语中，句式意义是"朝间接宾语转换"，这一意义与创造性和任命性动词的词义相一致，但与消费性动词不相一致。在汉语中句式意义是"从间接宾语中转换而来"，这一意义与消费动词的词义相一致，但与创造性和任命性动词不一致，因此就造成了在英语中任命性和创造性动词可用于双及物句式中，消费性动词则不能用于双及物句式中，在汉语中，消费性动词可用于双及物句式，创造性和任命性动词则不能。英汉的不同解释恰好说明了英汉句式意义的存在和对句子意义的影响，即在"He boiled me an egg"中，间接宾语"me"是目标(goal)，这是由于英语句式意义"朝间接宾语转换"的影响；在"他煮了我一个鸡蛋"中，间接宾语"我"是来源(source)，这是由于汉语句式意义"从间接宾语中转换而来"的影响。

以上认知语言学句式语法在语言对比研究的二例应用，说明句式语法在此领域有较好的应用前景。在1999年召开的第六届国际认知语言学大会上，专门开设了"句式语法的跨语言研究"专题讨论会，说明了认知语言学界对这一问题的重视。

6. 结论

从认知语言学研究的四个方面，我们可以管窥到认知语言学发展的现状和趋势。认知语言学经过20多年的发展和探索，形成了许多研究的范式和方法论原则，其中最重要的原则是汇流的证据(converging evidence)，即方法论的多元化。由于这一原因和篇幅有限，一些认知语言学的研究在本文中只是简单地提到，没有详细地论述,但这并不能说这些研究不重要,如认知语言学的语言象似性、语法化研究、认知语言学与外语教学等(沈家煊 1993,1994;王寅 1999;王德春 2001;赵艳芳 2000)。另外,近些年来认知语言学的研究成果开始应用于汉语语言现象的研究,并取得了一些引人注目的成果(沈家煊 1999;石毓智 2000;张伯江 1999;张敏 1994 等)。我们认为对国外语言学的引进和介绍的最终目的是促进本族语——汉语的研究,希望本文能为国内同行起到抛砖引玉的作用。

(原载《外语研究》2001 年第 3 期,与张辉合写)

论语义与认知
——指导语言学博士生纪实

在讨论中，小邵、小廖、小曹、小黄等都对认知语言学发表了很好的看法。前不久我到长沙湖南师范大学参加"认知语义学研讨会"，应邀在大会上作了简短的发言。回上海后，小邵和小曹告诉我，他们一个参加会议的同学，把我发言的事当场就发信息告诉他们，称赞我的发言论述深刻，话语新鲜。其实，我发言的主要内容，在我过去的论著中都不同程度地有涉及到，只是由于近来一谈到认知语言学，就时时隐喻，处处范畴化，把大家弄疲倦了，反而觉得我说的比较新鲜。我不止一次地对你们说过，做学问遵循的主要原则是："批判继承，融会贯通，深入浅出，攀高创新"。对于外国人说的话，千万不能"一听就懵，一读就跟，一想就套，一用就错"。你们的发言，多多少少被公式和框架套住了。今天我讲一点语义和认知问题，希望能让你们打开思路，更好地从言语机制的角度研究语言。至于有关隐喻和范畴化等具体问题，以后再与你们讨论。

认知是客体通过主观经验和社会实践作用于人脑而形成的能动反映。语义就是认知结果通过语言单位在人脑的反映，被语言群体公认后而成为语义事实。语义与认知都是人脑的反映，关系十分密切。反映是物质的属性，但不是所有的反映都是语义。无机物有力学、物理、化学的反映，如力与反作用力、摩擦生电、酸碱中和等。反映从无机物过渡到有机物，就有植物的无意识反射和动物的半意识的直觉反映。反映再从动物形式过渡到人，就有了人类的有意识反映。这就是人的认知结果通过语言单位在人脑的高级反映，对语言来说就是语义。人除了直接反映客观事物外部特征的直接反映之外,更有通过语言和思维反映事物内在的本质和规律的概括反映。人的科学思想是有意识的概括反映的最高形式。

人有各种反映能力。通过语言反映认知成果的有意识反映是人特有的认知能力、思维能力。人能够直接反映,产生感觉、知觉、表象,在大脑中产生形象。这是感性认知或感性思维。这时语言没有介入,谈不上语义。当人在大脑中用语言把表象概念化,用词语从众多形象中概括、抽象出一类事物共同的本质特征时,人就有了理性认知,有了逻辑思维,就摆脱具体经验,上升到理性认识。这时,词语所概括的意义经过约定俗成,社会公认,就成为使用语言集体的全民财富,客观地存在于社会,存在于群体思维之中。

语言是音义结合的词汇和语法的体系。与语音结合的语义是全民在使用中形成的,是群体认知和思维的成果。人的认知虽然与经验有关,但个人的经验和认知对语义不起决定作用。语言的意义本质上分为词汇意义、语法意义和修辞意义三种。它们都是群体理性思维和认知的成果。思维是人在语言基础上产生的理性认知及其过程,是从经验抽象出来的对客观事物的间接的、概括的反映,是单凭感觉和经验无法得到的对客体的本质和发展规律的理性认识。人的思维能力和认知能力是极其多样、极其丰富的,它表现的认知方式也是极其广泛的,主要有:概括、概念化、概念整合、抽象、从具体上升到抽象、从抽象上升到具体、具体化、形象化、联想、联系、普遍联系、想象、比较、隐喻、转喻、对象化、判断、推理、类推、归类、范畴化、假设、平衡、观察、实验、分析、综合、归纳、演绎、肯定、否定、否定之否定、量变、质变、质量互变、对立面的统一和斗争、螺旋形上升、波浪形前进,等等。把人的认知方式只局限于一两个或几个,并把它们公式化,就会导致认识的片面性,束缚人的思维,不利于认知能力和思维能力的发展。

语义是丰富多彩的,认知方式是多种多样的。各类语义与主要认知方式的关系也是错综复杂的。现在来探讨各类语义与认知的关系。

一、词汇意义与认知。词汇意义是语言单位的理性意义,它通过概念对一类客体加以概括,所以其认知方式主要是概括、归类、概念化与范畴化。人在感性认知阶段,用感觉器官获得对客体表面的认知。在这个认知的初级阶段,理性影响对感性材料的选择和集中,参与感性映象的形成。但其认知结果仍然是感性的,是存在于大脑中的表象。这时,语言没有介入认知活动。接着,人的认知要实现从生动直观到抽象思维的飞跃。这时要对感性认知的材料加以归类,概括出共同的本质特征,用词语加以概念化。词对客体的概括是词的特点。人脑在社会实践中获得不同人的表象,用"人"这个词概括出其共同的本质性的特征,如人能制造劳动工具以改造世界,是社会生产活动和文化活动的主体,有语言和抽象思维,是一切社会关系的总和,等等。这些本质特征使作为生物进化最高阶段的人,区别于其他进化阶段的动植物。通过"人"这个词,把一切符合其本质特征的客体归入这个概念,这就是范畴化。因此,进入一个概念或范畴的成员都要具有本质特征。一旦进入,一切成员都是典型的,没有典型和边缘的区别。进入"人"范畴的一切人,不分古今中外男女老少,不分种族、国别、性别、年龄,都是典型的人。如果不符合本质特征,如"类人猿、机器人、稻草人、雪人"等等,就不属于"人"的范畴。构成上述各词的词素"人"已经获得"类人"的转义,不再代表"人"的概念。类人猿是类似人接近人的动物,机器人是外表或功能类似人的机器,稻草人是像人外形的稻草,雪人是像人形的雪。根据它们各自的特征应该归入各自的范畴。人的认知能力,既能认识客体的普遍联系,又能认识客体之间的质的界限,从而划分出质的阶段。经验所感知的量的联系,上升到理性就显示质的差别。质的阶段一旦被认识,就不会使同一范畴成员被边缘化。在语义上,一个词的多义体系是根据对客体的普遍联系的认知而划分义项的。义项一旦划分,就有了质的界限。人们也是根据对客体的量变到质变之后的质的界限的认知而使用意义的。例如,汉语中"美"这个词的概括含义是人的视觉器官的愉悦感:"漂亮";根据客体的普遍联系,从视觉的愉悦转到味觉的愉悦,产生"好吃"的转义。"漂亮"和"好吃"两个意义有了划分的界限,不能混用。"漂亮"是 beautiful,"好吃"是 delicious。这说明,人既有普遍联系的认知能力,又有量变到质变的认知能力。

概念是语义的基础,但不等于语义。概念是逻辑的,语义是语言的。它们的区别可以从三方面来说明：在用词语概念化的过程中，加进了语言的因素；用词切分客体和概念时切分不完全一致；语义除包括概念的本质特征外，还包括非本质特征。现在分别说明：

1. 人的认知在用词语概念化的过程中，用词语的理据加进了语言的因素。如上面提到的"反映"一词，其理据是照镜子的映象，英语 reflect 则没有这种理据。当中国人说"向上级反映"和"向你反映学生的意见"时，好像是用镜子把下级或学生的情况和意见发射给对方，让他看到镜子中的映象。英国人大脑中没有这种形象，他们只说 report to the higher level 或 let you know the students' opinions。由于思维的全人类性，英语中别的词也可能有相同的理据，如英语的 mirror（镜子）一词获得了"反映"的转义，可以说 the glory is mirrored in the lake（彩霞反映在湖上）。但是，由于语言的民族性，词语的理据是任意的，与事物和概念没有必然的本质的联系。不同语言的词语更可以有不同的理据。

2. 用词切分客体时切分不完全一致，即词的概括程度不一样。通过概念认知客体的方式，全人类是一致的，但词的概括程度不一样，对客体的切分不完全一致。如对"平辈直系亲属"这个概念的切分，汉语用了"哥哥、弟弟、姐姐、妹妹"四个词，英语则用 brother（兄弟）和 sister（姐妹）两个词，德语只用 Geschwister 一个词。德语的这个词概括了所有平辈直系亲属，英语的两个词则把平辈直系亲属切分为男性和女性，而汉语又切分了长幼。不同语言中词与概念不一致，并不影响人的认知，英国人需要表达"哥哥、弟弟"时，可以用词组 elder brother 和 younger brother。语言和思维是不同的现象，但语言和思维是辩证统一的。人类语言可以形成和表达任何思维成果，保证认知任务的完成。

3. 概念概括客体的本质特征，是逻辑的概括。词义还包括客体的一些非本质特征，是语言的概括。因此，概念意义只是词义的基础，词义超出概念义。词义不等于概念这一点，在虚词中表现特别明显，因为虚词不表示概念，只表示概念间的关系。它表示语法意义，不表示词汇概念意义。就实词而言，词作为事物的符号，标志着整个事物，标志着事物的一切本质的和非本质的特征。在构词理据上，词一般只用事物的某一特征作为代表,但在意义上交际者会从这个特征想象事物的整体。如"啄木鸟"一词的构词理据是"能啄穿树皮"。交际者利用这个特征来称呼这种鸟。但在意义上交际者通过这个特征想象的是整个的啄木鸟,既包括区别于其他事物的本质特征,如属于鸟纲攀禽类动物,足有四趾,善于攀木,嘴直而尖,能啄穿树皮,舌有逆钩,善捉食小虫等,也包括一些次要的非本质特征,如羽毛灰黑,尾羽硬直,在树洞做巢,头部红色等。所有这些特征都包括在语义里。这种意义客观地存在于社会,人在使用这个词时,可以根据语境和交际需要想象出一定的特征。

二、语法意义与认知。语法意义的认知方式主要是抽象和类推。抽象是在思维中抽取一种属性而撇开其他属性的认知方法,也是一种高度的概括。语法是人类思维长期抽象化工作的认知成果。语法从同类词、词组、句子等单位中抽象出来而形成规则。语法规则所概括的不是具体的词、词组和句子,而是没有具体性的一般的词、词组和句子。它把词语抽象化而不管其具体内容。例如英语复数名词加"-s"这条语法规则,涉及到一系列具体的名词:books(书),pens(钢笔),rooms(房间),schools(学校),teachers(教师),students(学生)等,从这些词中抽象出一个"复数"的语法意义,表现它的语法形式就是"-s"。语法意义已经不是语言单位所具有的理性物质意义,而是一整类语言单位所具有的抽象关系意义,如性、数、格、时、体等语言单位的范畴意义,主语、谓语等语法功能意义,陈述句、疑问句等句型意义,等等。语法意义表示语言单位间关系的概括,如词素在词中的关系,词在词组中的关系,词和词组在句子中的关系等。语法意义还包括说话内容和客观现实的关系,如按句子的表述性分出的句型。

语法抽象是在词汇概括基础上的进一步概括。词汇单位是从一类客体中概括出的共同名称,如"人"表示古今中外所有的男女老少。语法则概括一系列的词、词组或句子,如"名词"包括所有事物的名称。由于语法有抽象性,语法规则比词汇单位的数量少得多。学习一种语言,学词汇比学语法的时间要长得多。也由于语法有抽象性,掌握语法非常重要。一个单词不懂只涉及个别句子的表达与理解,一条语法规则不掌握,就要涉及一系列句子的表达与理解。语法的抽象性是人类思维的巨大成就,对语言社会功能的发挥有很大意义。

当进行语法抽象时,类推起了很大的作用。类推是常见的认知方式之一,是根据类似客体的特征而推出某客体的特征。在语言中,类推就是一种语言事实按其他事实的特征类推而改变自己的特征。在语言体系中,原来不规则的少数语言现象,被类推到多数语言现象,就逐渐成为规则。规则形成后再根据类推而用于更多的语言现象。如俄语口语中,中性名词不变格只涉及几个外来词:кино(电影院)、пальто(大衣)等。在卫国战争中,由于苏联的两个城市 Пушкин(普希金市)和 Пушкино(普希金诺市)的第六格都是 в Пушкине(在普希金市或在普希金诺市),引起歧义,会贻误军情。于是,在军事情报中规定 Пушкино 不变格。这种用法很快类推到其他中性名词,先是地名,如 жить в Чадаево(住在恰达耶沃),поехать до Бородино(到达鲍罗金诺);在非规范口语中再类推到一些普通名词,如 окино(窗户)、долото(凿子)等。先是口语,然后逐渐类推到书面语,最后到达语法的抽象。如果概括的程度不足,也可能只到达词汇的概括,仅仅是词汇事实而不是语法事实。例如,汉语中的"吃食堂",乍一看好像是动词加上所谓的处所宾语,表示"在食堂吃饭"。但深入一研究,它不能成为语法规则,因为不能类推,不能说"吃饺子店,吃面包房",也不能说"读图书馆,读教室"。也就是说还抽象不出"处所宾语"的语法规则。有的只是词汇的概括,所以把"吃食堂"看作惯用语较好。可见,词汇和语法的概括程度不一样,虽有连续性,但也有质的界限。

三、修辞意义与认知。词汇意义是语言单位的理性物质意义,语法意义是语言单位的抽象关系意义,修辞意义是语言单位的感情意义,反映人对客体的主观感情、态度和评价。如果说语法意义的主要认知方式是从具体到抽象,那么修辞意义的主要认知方式是从抽象到具体,是具体化和形象化,还有隐喻化和联想。所谓具体是指具有多种属性的客观事物的整体及其在大脑中的反映。作为认知反映的具体又可以分为两种:一种是感性的具体,即对客体表面属性直接感知而获得的表象;另一种是思维的具体,是在思维中对客体内在本质属性的综合把握。当把感性的表象做理性概括时,是把感性的具体上升到抽象。按照其概括程度不同分为词汇意义和语法意义,已如前述。当把这种理性概括回到思维具体时,就是把抽象再上升到具体。感性具体是必要的,但它是初级的认知。必须摆脱经验,运用思维的抽象力,逐一认知客体的各个属性,抽象出一定的属性而暂时排除其他属性,得出简单的概念。这种理性认知比感性认知进了一大步,但还不能从总体上反映客体多样性的统一和综合。必须把已经获得的简单概念联系起来进行综合的考察,探寻事物各种属性的内在的本质联系,从而在思维中实现事物多样性的统一。这就是从抽象再上升到具体。修辞意义就是这种认知活动的成果。

一般说来,思维分为感性思维和理性思维。以具体的表情、表象和美感形式反映的是感性思维。从具体上升到抽象,以概念、判断和推理等形式反映的是理性思维。再从抽象上升到具体,以理性化的感情形式反映的就是艺术化的高级的感性思维。这种思维是修辞意义的实质。说写者,如作家一般用艺术化的形象思维反映现实。但他们主要用的不是经验的感性思维,而是用语言反映大脑中的形象体系,用语言把形象确定下来,加以定型化。通过语言的形象性和表现力,使形象深化、概括化、典型化,用艺术形象感染人。当用修辞手段描写形象的个性时,要先把形象分解为各部分,用最恰当的词语加以形容,然后加以综合,显示形象的整体,使形象更加清晰,更加饱满,让听读者领会艺术形象,把握其本质特征。修辞的性质就在于生动地描绘形象,恰当地把形象联系起来,表现形象体系,使形象获得新的性质。这种认知活动远远不是经验的,而是从抽象上升到更加丰满的具体,是艺术化的感性思维。

人的思维和认知的连续性与阶段性是统一的,由思维和认知决定的词汇意义和修辞意义也是辩证统一的。例如,"帝国主义"这个词,其词汇意义是"垄断占统治地位的资本主义",垄断代替自由竞争是帝国主义的根本经济特征,是帝国主义的实质。垄断的统治导致帝国主义的寄生性和腐朽性,成为其致命的弱点。这种语义是对一系列垄断资本主义国家的经济特征概括出来的,是词的理性词汇意义。在20世纪中叶,毛泽东形象地把帝国主义比喻为"纸老虎",使垄断资本主义的抽象意义上升为有形象化的具体。"纸老虎"这个隐喻,不仅有生动的修辞意义,而且在认知上揭示了帝国主义的本质:外强中干,纸扎的老虎一戳即破。这个例子应用了从抽象上升到具体、形象化、具体化和隐喻化等认知方式。再例如,拉丁语有 caput 和 testa 两个词,它们的词汇意义分别是"头"和"瓦罐"。后来,在长期的使用中,testa 获得了"头"的意义。现代西班牙语、葡萄牙语和意大利语中,表示"头"意义的都是 testa,而不是 caput。现在来分析认知方式在这项词义转化过程中的作用。首先是观察两个词所代表的客体的异同,再加以比较。比较是重要的认知方式,有比较才有鉴别,才能获得科学的认识。经过比较,发现这两个客体有相似性,瓦罐的形象使人想起头的形象。接着,通过相似进行联想。从瓦罐联想到"头"的轮廓,并据此打比方,产生修辞隐喻,这也就是隐喻的认知方式。但在认知上只是根据一个表面的相似点,它使概念接近,也使词接近,并没有涉及客体和概念的本质特征,也没有所谓的完全的概念整合。这时,testa 有了修辞转义,用来形象地表达"头"。经过长期的使用,"瓦罐"的形象逐步被排除,testa 产生了"头"的词汇意义。一开始,testa 与 caput 并存,可能还保持一定的修辞色彩;但在竞争中,又逐渐代替 caput。于是在现代各种罗曼语言中,表示"头"的词就是 testa 了。如果比较以后,得到的不是相似性而是相关性,那认知方式就是转喻。

我所提出的国俗语义,是词汇概念意义基础上附加的文化含义,是一种具有修辞色彩的转义。它产生的主要认知方式是联想和从抽象上升到具体。联想是重要的认知方式,是大脑中从一个客体想到另一个客体的思维过程。语言单位的联想色彩是重要的修辞意义,有的是从词汇意义的联想而产生的直接联想,有的是通过语音中介而产生的间接联想。个体从经验出发的联想,还不能产生语义。联想一旦被群体思维接受,就会逐渐固定在词中,成为语义,往往先是修辞意义,以后可能转为词汇意义。这些国俗语义的联想又多半与民族文化有关,是一种民族文化意义。例如,听到"老虎"一词就会联想到凶恶野兽而"谈虎色变",这也就是"纸老虎"的外强,因为又联想到纸的一戳即破,才产生上述对帝国主义的隐喻。各民族由于对词语所表客体的属性有共同联想，就会产生词语的共同国俗语义。例如，中国人一听到"狐狸"，英国人一听到 fox，俄国人一听到 лиса 就联想到"狡猾"，从而使"狡猾"一词的抽象意义上升到"狐狸"的生动具体意义。可以说"他是只老狐狸"，He is an old fox，Он хитрый как лиса。有一些国俗语义是由于习惯性的联想而产生，各语言就各不相同。如中国人从"乌鸦"联想到"晦气"，俄国人从 ворона 联想到"唠叨"。还有一些谐音联想，由于各语言没有一一对应的音义结合的词汇体系，就不会产生同样的联想。如汉语"梨"联想到"离别"，"鱼"联想到"有余"等等。决定国俗语义本质的是文化因素。如汉语中，"鸿雁"有"信使、书信"义。"鸿雁传书"出自《汉书·苏武传》："言天子射上林中，得雁，足有系帛书，言武等在某泽中。"所以，研究语义除认知角度外，还有更重要的社会文化角度。这是更加值得研究的课题。

（原载《外语电化教学》2009 年第 3 期）

论 隐 喻
——指导语言学博士生纪实

今天我们研讨的主要内容是认知语言学,小邵特别介绍了隐喻的研究情况。近些年,遵从多角度研究语言的原则,我们很重视认知语言学的研究。小于、小谢、小张等的博士论文就是认知语言学方面的,小谢研究的就是隐喻。但是,我重视认知语言学,是要求从认知的角度,从言语机制的角度来研究语言,而不是单从某人某书的观点去套用。所以,今天我想与你们谈谈我对隐喻的看法。

隐喻是现代语言学的热门话题之一,虽然谈论较多,但关于隐喻的本质、作用和一些常用概念仍值得探讨。

一、隐喻的本质和多角度的研究

隐喻是相似客体在社会文化环境中通过语言在言语机制和言语活动中的代替。客体之间有相似点,在社会文化环境中,由于心理联想就用语言在大脑言语机制和社会言语活动中以甲客体代替乙客体。由于语言和思维的密切关系,不管在大脑机制中还是在言语活动中,不管隐喻作为认知方式还是作为修辞手段,隐喻都要通过语言。因此,要从修辞、认知、心理、社会、文化、翻译等多角度地研究隐喻,不要把隐喻简单地说成是认知现象或修辞现象。不管从修辞角度还是从认知角度研究,都是一种研究角度。隐喻还是同一个隐喻,不必据此把隐喻硬性划分为修辞隐喻和认知隐喻。例如,汉语"银河"与英语 milky way(牛奶路)对应。它们都是通过隐喻形象地称呼星系,并起到修辞作用。其命名都根据客体的相似性,都有认知机制;隐喻的认知方面除建立时的认知机制外,还有对新客体的认知作用。由于银河、牛奶路与星系之间所依据的相似性是非本质的"白色和长度",所以对认识星系这个新客体不起认知作用,即不能从已知事物认识新事物。在文化上,它们都与神话有关。神话中说,milky way 是天后赫拉的乳汁洒向天空而形成的路;"银河"则是牛郎织女隔河相望、过鹊桥相会的河。尽管如此,在翻译时不能把 milky way 译成"牛奶路",因为依据非本质特征的相似性的认知也好,词语的文化联系也好,对语言单位的实质都不起决定作用。有人说,不能翻译是因为英国人和中国人的认知不同。实际上,从认知来说,中国人在一定语境中可以说"这条星系像牛奶铺的路",英国人也可以说 The system of stars is like a silver river。为什么不能翻译,不是由于认知,也不是由于文化,起决定作用的因素是社会约定俗成。语言的本质属性是社会性,被社会群体接受,才能成为语言事实,进入语言体系。个体的认知对语言单位的形成不起决定作用,命名依据的相似性也不一定帮助人认知新客体。当然,如果命名时依据的相似性与客体的本质特征有关,则不仅可起修辞作用,也可起认知作用,帮助认识新客体。例如,当把帝国主义比喻成"纸老虎"时,这个隐喻不仅有形象生动的修辞作用,而且帮助人认识帝国主义的本质:外强中干。在言语活动中,很多隐喻只是为了修辞,并不帮助从已知事物认识新事物。当鲁迅把杨二嫂的小脚比作"圆规"时,非常生动形象,但圆规的可知性却比小脚差。因此,不能把隐喻研究限制在认知层次,而要从社会、文化、修辞、心理、认知、翻译等多角度研究隐喻、运用隐喻。

　　现在再分析一个隐喻例子。去年,香港凤凰电视台评选中华小姐时,节目主持人窦文涛问从美国来参赛的王小姐,"沉鱼、落雁、闭月、羞花"是什么意思。显然,这是几个隐喻,用来比喻美女。可以从语言学来对它们进行多角度、多层次的分析。首先,从认知角度说,鱼、雁、花、月在视觉愉悦上与美女有相似性,容易在大脑的言语机制中引起"花容月貌"的反映和心理联想。其次,从社会历史角度说,这四个隐喻与中国历史上四大美女有关。沉鱼是说西施溪边浣纱,鱼儿惊艳而沉入水底;落雁是说貂蝉翩翩起舞,雁儿愧对优美舞姿而落到地上;闭月是说昭君望月思乡,月儿不敌其美而躲藏;羞花是说杨贵妃欣赏牡丹,花儿自惭不如而害羞。于是,一般的喻指变成确指,印证中国人心目中四大美女的优美形象。第三,再从政治历史的角度说,这四大美女都与中国的政治历史有关。西施在吴越之争中帮越灭了吴;貂蝉以王允的连环计离间董卓与吕布,借吕布之手杀了董卓;昭君和番的故事尽人皆知;贵妃则受唐玄宗宠爱,在安史之乱中被赐死。第四,从文化心理的角度说,在中国历史上,有美女祸国的心理认同,常常把社会之乱归罪于美女。这点曾经引起唐朝诗人罗隐的不平,他写了两首分别为西施和贵妃鸣不平的诗。第一首是《西施》:"家国兴亡自有时,吴人何苦怨西施。西施若解倾吴国,越国亡来又是谁?"点明吴国倾亡不能埋怨西施;第二首是《帝幸蜀》:"马嵬山色翠依依,又见銮舆幸蜀归。泉下阿蛮应有语,这回休要怨杨妃。"在安史之乱时,唐玄宗逃往四川,途经马嵬坡赐死贵妃。这次唐僖宗又遭黄巢之乱,再次逃亡四川,这总不能再怨贵妃了吧。第四,这4个隐喻都是超喻。李白说"名花倾国两相欢",是把牡丹花和杨贵妃平行比美的,"羞花"则说贵妃倾国之美超过牡丹,连花也羞愧。苏东坡说"若把西湖比西子"是把西湖与西施平行比美,而"沉鱼"则说西施让鱼儿惊艳沉水。最后,鱼、雁、月、花这4个词都是国俗词语,所表示的4种喻体都是文学意象,有丰富的国俗语义。例如,鱼雁传书,花容月貌。鱼和雁都有"信使"的国俗语义,晏殊说得好:"鸿雁在云鱼在水,惆怅此情难寄。"因此,用"沉鱼、落雁、闭月、羞花"来描绘女子美貌,有突出的修辞效果,在中华文化中,在中国人的认知心理上都有反映。只有这样多角度地研究这些隐喻,才能揭示隐喻的丰富含义,从而认识隐喻的本质和作用。

二、隐喻与认知方式

隐喻是一种认知方式,但不是唯一的也不是最主要的认知方式。思维是人在语言基础上产生的理性认知及其过程,是从经验抽象出来的对客观事物的间接的、概括的反映,是单凭感觉和经验无法得到的对客体的本质和发展规律的理性认识。人的思维能力和认知能力是极其多样、极其丰富的,它表现的认知方式也是极其广泛的。主要有:概括、概念化、概念整合、抽象、从具体上升到抽象、从抽象上升到具体、具体化、形象化、联想、联系、普遍联系、想象、比较、隐喻、转喻、对象化、判断、推理、类推、归类、范畴化、假设、平衡、观察、实验、分析、综合、归纳、演绎、肯定、否定、否定之否定、量变、质变、质量互变、对立面的统一和斗争、螺旋形上升、波浪形前进，等等。把人的认知方式只局限于一两个或几个，例如只局限于隐喻，并将其公式化，就会导致认识的片面性，束缚人的思维，不利于认知能力和思维能力的发展。

人的理性认知都是通过语言。语言的不同意义则通过不同的认知方式形成。词汇意义是语言单位的理性意义，它通过概念对一类客体进行概括，所以其认知方式主要是概括、归类、概念化与范畴化。人在感性认知阶段，用感觉器官获得对客体表面的认知。接着，人的认知要实现从生动直观到抽象思维的飞跃。这时要对感性认知的材料加以归类，概括出共同的本质特征，用词语加以概念化。语法意义的认知方式主要是抽象和类推，也是一种高度的概括。语法是人类思维长期抽象化工作的认知成果，它是从同类词、词组、句子等单位中抽象出来而形成的规则。修辞意义是语言单位的感情意义，反映人对客体的主观感情、态度和评价。如果说语法意义的主要认知方式是从具体到抽象，那么修辞意义的主要认知方式是从抽象到具体，是具体化和形象化，还有隐喻化和联想。人的理性认知比感性认知进了一大步，但还不能从总体上反映客体多样性的统一和综合。必须把已经获得的简单概念联系起来进行综合的考察，探寻事物各种属性的内在的本质联系，从而在思维中实现事物多样性的统一。这就是从抽象再上升到具体。修辞意义就是这种认知活动的成果。在这种思维活动中，以及在修辞意义向词汇意义的转化中，隐喻都起着很大的作用。词汇意义和修辞意义是辩证统一的。例如，上面谈到的把"帝国主义"喻为"纸老虎"的隐喻。"帝国主义"这个词，其词汇意义是"垄断占统治地位的资本主义"，垄断代替自由竞争是帝国主义的根本经济特征，是帝国主义的实质，垄断的统治导致帝国主义的致命的弱点。这种语义是从一系列垄断资本主义国家的经济特征概括出来的，是词的理性词汇意义。在20世纪中叶，毛泽东形象地把帝国主义比喻为"纸老虎"，使垄断资本主义的抽象上升为形象化的具体。"纸老虎"这个隐喻，不仅有生动的修辞意义，而且在认知上揭示了帝国主义的本质:外强中干,纸扎的老虎一戳即破。这个例子应用了从抽象上升到具体、形象化、具体化和隐喻化等认知方式。所以,在研究语言的过程中要充分重视隐喻的作用,但不能夸大这种作用。

三、隐喻与直赋其事

在言语活动中,意思的表达可以通过隐喻,以他客体来说明需要表达的客体;也可以不通过隐喻而直赋其事。直赋其事的情况更多于隐喻,表现力也各有所长。思维和表达不是离不开隐喻,隐喻不是思维和表达必须依存的,更不是人类生存必须依存的。

中国古代文论把赋、比、兴列为诗歌三项表达手法。赋就是直赋其事,用客体本身的特征来描写本客体。比是比喻,兴是起兴,即先言他物以引起所述之物。比和兴都属于隐喻范畴。赋法和比兴各有所长,赋法得当,话语并不逊色。例如,在初唐四杰中,杨炯行文喜欢用隐喻,有时会连用几个,王勃则喜欢直赋其事。如,杨炯在《浮沤赋》中用两个隐喻来形容水泡泡:"状若初莲出浦,映清波而未开,又似繁星落曙,耿斜阳而将回。"王勃则多直赋其事,不借助隐喻,其议论具有哲理性。如《滕王阁序》:"天高地迥,觉宇宙之无穷;兴尽悲来,识盈虚之有数。"不假隐喻,直接说明宇宙无穷、人生有限的哲理。王勃直赋其事,话语仍有生命力,居四杰之首;杨炯善用隐喻,话语气势却不如王勃。所以,不管言语机制和言语活动,隐喻固然重要,直赋其事更不可少。

在大脑言语机制中通过内部言语形成的思维与认知,在言语活动中通过建构话语所表达的思想,特别在科学话语和事务话语中,最主要的表现方法都是直赋其事。即使谈到隐喻本身,也多半不用隐喻。有的说隐喻是"把一个事物的名称用来指代另一事物",有的说"把一个词从其本义转为一般不能换用但却相似的另一个词",有的说"是人类思维的重要手段,人类生存的基本方式",有的说"其实质是用一种事物来理解和经验另一种事物",包括我说的"隐喻是相似客体在社会文化环境中通过语言在言语机制和言语活动中的代替",等等,都是从隐喻自身的特点来谈隐喻,而没有用另外的事物来比喻和理解隐喻。直赋其事时所用的个别词语在构词之初可能有隐喻性的理据,如"银河",但成为语言事实之后,语言使用者的意识中想象的是词语所代表事物的整体,一般不会浮现这种"死喻",即它不再起修辞和认知作用。可见,在人的言语机制和言语活动中,直赋其事的重要性绝对不亚于隐喻。也可见,隐喻不是思维和表达所必需的,更不是人类赖以生存的方式。

四、隐喻映射的是事物相似点

隐喻既然是相似客体在言语机制和言语活动中的代替,那么其映射的主要就是这个相似点,而不是整个客体的代替。莱可夫在 *Metaphors We Live by*(《我们赖以生存的隐喻》)一书中,谈到"结构隐喻"时举了 Time is money(时间就是金钱)的例子,认为时间概念是通过金钱概念来理解的,构成金钱概念的一些次概念映射在时间概念上。这种以一种概念或事物来构造另一种概念或事物的看法,显然是夸大了隐喻的作用。"时间是金钱"这个隐喻只是依据时间和金钱在"金贵"这个相似点上建立的。正像汉语中的隐喻"一寸光阴一寸金,寸金难买寸光阴"一样,喻指时间像金钱一样金贵,应当珍惜。在其他特征上时间和金钱各有特点,是不能相互代替的。有人说,金钱可以消费,时间也可以消费;金钱可以浪费和节约,时间也可以浪费和节约,等等,这"消费、浪费、节约"等特征是金钱映射的。其实不然,不仅金钱和时间,凡可利用的事物都有这些特征。金钱有,时间有,自来水、煤气、电力、纸张等等都有,根本用不着用金钱来比喻。更何况,金钱和货币等概念是在商品经济后期,以物易物变成货币交换才出现的,而时间概念比它早得多,古代人早已知道"日出而作,日落而息","闻鸡起舞","鸡鸣早看天",知道充分利用时间。所以,除了用作建立隐喻的相似点"金贵"之外,时间没有金钱的意思,不应通过金钱来理解时间。

除了用金钱比喻时间外,还可以依据一定的相似点,建立另外的隐喻。例如,鲁迅说过"时间就是性命"。这个隐喻是依据"重要性"这个相似点而建立的。时间像性命一样重要,应该珍惜。但性命的其他特征并没有映射给时间,时间不是性命,人生苦短,性命有生有死,有开始有结束,而时间是永恒的。又例如,"光阴似箭,日月如梭"。这是通过箭和梭与时间在速度上的相似点而建立的隐喻。古代的射箭和穿梭是速度的代表,用来比喻时间过得快。除速度之外,箭和梭的其他特征并没有映射到时间上。再例如,"年华似水","时间如流水","逝者如斯夫",把时间比喻为水,这是就流水与时间一去不复返的相似特征而建立的隐喻。时间虽然无止境,但对个人来说是一去不复返的,所以春分桃李花开日,秋雨梧桐叶落时,往者不可谏,来者尤可追。除一去不复返这个特征外,水的其他特征并没有映射在时间上。

综上所述,近年来,认知语言学者十分重视对隐喻的研究,但往往过分夸大隐喻的作用,反而影响读者对隐喻本质的正确认识。因此,我们要批判继承,融会贯通,全面认识隐喻的性质和作用。

(原载《外语学刊》2009年第1期)

论范畴化
——指导语言学博士生纪实

我们对认知语言学进行了多次研讨,上几次我曾谈了《语义与认知》、《论隐喻》等问题,今天要谈谈范畴化问题。从小邵、小廖、小张等多次发言中,我感觉,你们所谈的就是现在许多文章所写的,即亚里士多德代表的古典范畴理论有缺陷,维特根斯坦代表的现代范畴理论是认知语言学的重要理论。其实,古典范畴理论固然有缺陷,现代范畴理论缺陷更多。我们研究范畴理论,不是重复张三、李四的说法,而是对范畴和范畴化进行科学的阐释,得出科学的结论。

一、范畴化的实质

范畴化是人在社会实践中通过语言按区别性本质特征对客体进行概括和分类的认知活动。概括出来的类别就是范畴。英语的 category 源自希腊语,原是"证明"的意思;汉译词"范畴"源自《汉书·洪范》的"洪范九畴"一语。南宋蔡沈《书集传》载:"洪范九畴,治天下之大法,其类有九。""范畴"一词就有了"洪大的类别"的含义。当人把自己从自然界区分出来的时候,范畴就起了作用,它帮助人认识并掌握自然现象。范畴的划分是按照客体的本质特征或属性。凡客观事物都有一系列有机统一的特征,它们有本质的和非本质的。本质特征决定事物的本质,失去了本质特征,该事物就变成他事物,就会属于别的范畴或同一范畴的子范畴;而失去了非本质特征,该事物仍然是该事物,仍然属于该范畴。人对范畴的认识以及范畴化的认知活动主要在社会实践之中,个体实践是社会实践的组成部分,个体经验只起很小的作用。社会实践是人认识和改造自然、社会和自身的一切实践活动,是人自觉的能动性的表现,感性经验只起一定的作用。人在实践中对客体的范畴化是通过语言在大脑中对客体的概括而成。没有语言的参与,人的认识只停留在感性阶段,得不到理性认识的概念和范畴。概括就是抽象出事物的本质特征,并据此对事物分类。

这一范畴化的本质经过亚里士多德、康德、黑格尔、马克思、列宁和一些学者的研究已经十分明确。近几年由于认知语言学一些流派的传播,使明确的"范畴"又"模糊"起来。至少有下列几点需要阐明和澄清。

二、本质性与典型性

用来区分范畴的特征是本质特征还是典型特征是认识范畴化的分水岭。在维特根斯坦逝世后,于1953年出版的《哲学研究》中提出的范畴化理论认为,同范畴各成员中存在家族相似性,后来有人把它发展为原型理论,认为范畴中的成员分中心成员和边缘成员。这种原型理论认为,对客体的范畴化常常不依必要条件,而依与原型的比较而定,典型性向边缘递减。

这种范畴化理论是经不起实践检验的。以人对自身的认知为例。人在社会实践和认知活动中,用"人"这个词概括出人的一系列共同的本质性的特征,如人能制造劳动工具以改造世界,是社会生产活动和文化活动的主体,有语言和抽象思维,是一切社会关系的总和,等等。这些本质特征使作为生物进化最高阶段的人,区别于其他进化阶段的动植物。通过"人"这个词,把一切符合其本质特征的客体归入这个概念,这就是范畴化。因此,进入一个概念或范畴的成员都要具有本质特征。一旦进入,一切成员都是典型的,没有原型和边缘的区别。进入"人"范畴的一切人,不分古今中外、男女老少,不分种族、国别、性别、年龄,都是典型的人。

有人根据原型理论,先找出一个或一类人作为人的原型,如白种人,然后,分出"白种人"的特征,除上述本质特征外,还有皮肤白、眼睛蓝、鼻子高、头发黄等非本质特征。按类典型理论,同范畴中的成员如果不具备这些特征,如黑人,其典型性就向边缘递减。依据各成员中存在的家族相似性,划分出中心成员和边缘成员。于是得出白人是典型的人,黑人是边缘的人的错误结论。错误的原因是用对"人"范畴来说一些非区别的特征来混淆人的范畴。我们不能认为找到一个白种人作为原型的人,凡是肤色与之不一样的便是非典型,类推下去,黑种人到了最后边缘。其实,在"人"范畴中,人人都是典型的,包括残废人、病人、老人和小孩。如果我们把成年人说成是原型的人,或者把健康的人说成是原型的人,那么,刚生下来的婴儿和年纪大的人就都是边缘的人吗?病人、残疾人就是边缘的人吗?这种观点是不正确的。前面说过,失去了本质特征,该事物就变成他事物,而失去了非本质特征,该事物仍然是该事物,白皮肤等特征不是人的本质特征,所以黑人失去它们仍然是典型的人,仍然属于"人"范畴。如果不符合本质特征,失去的是区别性特征,该事物就变成他事物,就会属于别的范畴或同一范畴的子范畴。例如,"类人猿、机器人、稻草人、雪人"等等,已经失去"是社会生产活动和文化活动的主体,有语言和抽象思维"等本质性的区别特征,不再属于"人"的范畴。至于构成上述各词的词素"人"已经获得"类人"的转义,不再代表"人"的概念。类人猿是类似人、接近人的动物,机器人是外表或功能类似人的机器,稻草人是像人外形的稻草,雪人是像人形的雪。它们分别属于动物、机器、稻草和雪的范畴。这种外形上的所谓家族相似性,不是本质的区分性的。这些事物根据它们各自的区别特征应该归入各自的范畴。同样性质的误解,就是常见的例子,把"知更鸟"当作鸟的原型,乌鸦、麻雀等等则按家族相似性从中心成员向边缘递减。其实,只要按照本质的区别性特征分类,凡属于鸟纲的动物都是典型的鸟,它们不同于兽和鱼。在众鸟之中,如果找出一个次要特征,如知更鸟的红胸和乌鸦的黑毛,就可以把这两种鸟区别开来。但这并不是典型和边缘的问题,而是划分了鸟的子范畴,建立了"知更鸟"和"乌鸦"两个新的范畴。正像在众人之中,根据人种特征区分出白种人和黑种人一样。人种特征是区分白种人和黑种人的本质特征,但不是区分人的本质特征。因此,白种人和黑种人都是典型的人,知更鸟和乌鸦都是典型的鸟。用一个似是而非的典型性来代替本质性就会造成认知的混淆。

三、连续性和界限

原型理论认为,原型范畴是一个模糊集合,它的内部分为中心成员和边缘成员,边缘模糊,没有清晰界限,根据家族相似性而连续扩展。这种理论固然正确地强调了客体量的连续,但错误地忽视了客体质的界限,是经不住推敲的。

事实上,客观事物之间既有量的连续,又有质的界限。人的认知能力,既能认识客体的普遍联系,又能认识客体之间的质的界限,从而划分出质的阶段。人的经验所感知的量的联系,发展到一定阶段上升到理性就显示出质的差别。质的阶段一旦被认识,同一范畴成员就不会被边缘化,不同的范畴就会有清晰的界限。以科学分类为例,每一门科学都研究物质运动的或思维、社会运动的一定形式,这种运动形式包含着特殊的矛盾。科学分类体系应从各门科学联系的角度来反映一切运动形式及其历史发展。运动形式是从简单到复杂无限发展的,从简单的位置变动直到思维,从自然形式直到社会形式和思想形式,无穷无尽。这种发展是有连续性的,但是发展到一定阶段都有质的界限。最简单的物质运动形式就是机械运动,它是力学的研究对象;由于摩擦和碰撞的机械作用而产生热、光、电等,出现了分子运动,它是物理学的研究对象;物理运动达到一定的强度引起化学反应,出现原子运动,它是化学的研究对象;当化学产生了蛋白质时,就出现了有机生命的运动,它是生物学的研究对象;在漫长的生物进化中,由于劳动的决定作用,出现了人类,同时出现了语言和思维、出现了人类社会,它们是人文科学和社会科学的研究对象。这些物质的运动形式以及研究它们的科学,既是相互联系的,又是有质的界限的。质量互变规律是自然、社会和思维发展的普遍规律。量变体现发展的连续,质变划分出界限。经过质变,事物由旧质转化为新质。有了质的规定性,此物就变成彼物。再例如,在语义研究中,一个词的多义体系是根据对客体的普遍联系的认知而划分义项的。义项一旦划分,就有了质的界限。人也是根据对客体的量变到质变之后的质的界限的认知而使用意义的。例如,汉语中"别"这个词,其词义从"分离"(临别赠言)、"另外"(别有用心)、"区分"(分门别类)、"差别"

(天渊之别)到"分类"(派别之争)都是依据客体的相似而连续发展的,人与人分离就是离别了;一旦分开,就成了"另一个"即别人、别事;而有了"另一个"就有"这一个",就有了区分,分出了类别。这连续发展的义项,一旦被划分、被认识就不能混用。正像英语的 leave, other, distinction, difference, class 等词不能混用一样。这说明,人既有对普遍联系的认知能力,又有对量变到质变的认知能力。

四、相似性与区别性

原型范畴论认为,划分范畴的根据是各种相似性。不错,归入一个范畴的事物有其相似性,但并不是按相似性的等级划分到边缘,而是看相似性能否区别事物。简单地说,把事物分类就是范畴化。当我们对小孩进行心理语言学的分类实验时,告诉他几个物体,比方说,告诉他有一把锹、一把斧头、一个锯子、一块木头,叫他分类。结果他会说,斧头、锯子、木头是一类,锹是另外一类。为什么?他根据的是斧头、锯子、木头的相关的相似性,斧头可以劈柴,锯子可以锯木头,根据这个相似性,把它们归为一类;而锹不能对木头起作用,就不是一类;这就是小孩子的认知。小孩的认知往往出错,它只是根据表面的经验,没有把工具作为生产劳动时使用的器具的共同属性进行抽象概括,因此不能把锹与斧头、锯子归为工具这一类。同样,我们告诉他有一支筷子、一支铅笔、一块橡皮,让他分类。很小的孩子会把筷子和铅笔归为一类,把橡皮分开。因为他只根据表面的"长度"相似来区分,而不能抽象出文具这个类,他没有能力把区别性特征找出来,他的认知程度达不到。由此可见,如果仅仅看相似性的话,客观世界有各式各样的相似性,但有些相似性是与本质根本无关的。从众多相似性中排除非本质的相似性,找到能划分事物类别的相似性是人的认知能力。人在认识客体并对其分类时,有时会受到客观表面相似性或主观经验的干扰,产生错误的联想,做出错误的判断。"杯弓蛇影"就是这样来的。墙上的弓映照在杯中的影子,竟被误认为蛇。那形如蛇的杯中影子与蛇只是偶然的形似,它们没有任何本质的相似,不可能属于同一个类别。

五、主观性与客观性

主观是人大脑中的意识、思维、认知,客观是不依赖于主观的客体,是人的认知对象。客观决定主观,主观反映并反作用于客观。人的认知活动是主观的东西,它是客观的反映并可以反作用于客观。人的社会实践是主观见之于客观的,在实践中人不是机械地反映客观,而是能动地反映客观。也就是说,人的认知活动可以透过事物的表面现象而反映事物的本质。客观是第一性的,要遵循客观规律、尊重客观条件才能在实践中充分发挥人的主观能动性。我们在思维中用语言给客体划分范畴时,主要根据客观事物本身的本质性特征,根据客体的本质相似性及其在我们大脑中的反映,而不是先入地用我们的认知去对客体进行划分。白种人、黑种人是客观存在,我们只能认识它,按照不同的客观性质去区分,而不是按主观想象去区分。有了客观存在,经过思维的比较、鉴别,才有区分,才有划分范畴的可能性。思维是主观的,认知是主观的,大脑的主观反映与认知要根据客观对象;客观提供了基础,我们才能反映,否则就是凭空捏造的、不切实际的反映,就是浮想联翩,就不能发展为科学的认识。

对客观世界进行分类是科学研究非常重要的方法。林耐的植物分类给植物学的发展创造了条件。他客观描述了约1 500种植物,根据它们的区分性的本质特征对它们做了种属分类。林耐在科学实验的实践中,以其对植物客观属性的主观能动认知反作用于客观,得出科学的植物分类。门捷列夫的化学元素周期表给化学的发展创造了条件。他根据自己发现的自然界客观存在的化学元素周期律,制出了自然界化学元素的周期表。他没有主观地把这个化学元素周期表全部填满。他只根据客观现实,一个元素在没有出现以前,他只指出其可能性,例如,元素周期表中第95号元素镅以后的各元素在自然界里没有发现,他就等待发现后或在核反应中合成后再补充。他看到了客观世界的普遍联系性,也看到了元素间的质的界限,而且这个界限是客观的,他只是在科学实验中认识了这种客观规律。他的理论成为现代物质结构理论的基础,这就是科学。这就是进行范畴化时的主观和客观的辩证关系。

今天我从古典范畴论和现代范畴论谈起,后来谈的重点又不局限于它们,而是分析了范畴化的几个理论问题。我们研究学问要用批判继承的方法,对别人的说法了然于胸,然后融会贯通,实事求是地研究问题本身,进而得出科学的看法。

(原载《解放军外国语学院学报》2009年第5期)

外语思维再思考
——论外语思维的"概念化模式"内涵

1. 引言

"外语思维"既是中、外外语教学界要求学习者努力追求的目标，也历来被外语教师视作是治疗学习者不地道的外语的一道药方。例如，当学生写出下面的句子时（引自 CET-6 考前培训班的学生作文）：

(1) I am writing this letter *to reflect some problems* I came across recently...（反映一些问题）

(2) After graduation, most university students *dream to find a relaxed job with a good payment*.（梦想找到一份轻松、待遇好的工作）Undoubtedly, their dream couldn't come true. *So our society appears a situation*...（因此我们的社会出现了一种形势）

(3) Second, *if someone's behavior invaded your profit* you should not hesitate a moment to complain, protecting your legal-interest so that it can not harm you.（如果某人的行为侵犯了你的利益）

老师往往会对学生讲，"用英语思维，不要用汉语翻译"。言下之意，没有用英语思维是学生写出不地道的英语的根源，而用英语思维则是克服不地道的英语的根本办法。

长期以来，外语教学界提倡外语思维的做法很少受到质疑，其关于"外语思维"的定义几乎是一种不言而喻的共识。本文拟首先引出外语教学界关于"外语思维"的定义，然后在引证相关文献并结合自己实证研究的基础上从外语词语心理发展角度对这一定义进行评析，最后运用"概念研究法"（the conceptual approach, Talmy 2000;

1-4)的基本视角提出笔者对"外语思维"的看法,旨在深入探讨外语思维的内涵,澄清外语教学界对外语思维认识上的误区,以更好地为外语教学服务。

2. 外语教学界对"外语思维"的界定

蒋楠(1988,2004)在举证了中、外外语教学文献中有关"外语思维"的论述后明确指出,外语教学界实际上是把"外语思维"界定为"不经过母语的转换或翻译而直接使用外语"(2004:384)。他说,一个中国人见到一个美国人能直接、即时地用符合英语习惯的英语问候,而不是先想到"你好!"或"吃过饭没有?"再心译成英语说出来,这就算是在一定程度上做到了用外语思维,并说"从这样的定义出发,外语思维当然是有可能做到,而且应该提倡"(ibid.:378)。蒋楠还进一步指出,这一定义的实质是"概念和外语的直接联系"(ibid.:384)。也就是说,用外语思维和不用外语思维的区别在于是否从概念直接通达到外语(FL)词语。如果是从概念直接通达到外语词语,那就是外语思维;如果不是直接从概念通达到外语词语而是先以母语(L1)词语为中介然后才通达到外语词语,那就是非外语思维。显然,这是从言语产出过程中"如何由概念提取词汇"这一角度来界定外语思维的。外语教学界对外语思维和非外语思维的这一区分如图1所示。

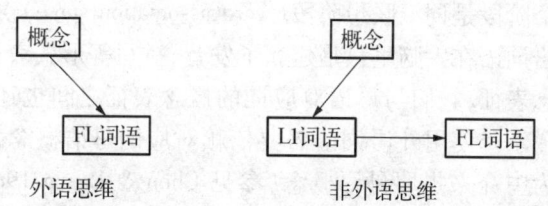

图1:外语教学界对"外语思维"、"非外语思维"的区分

3. 对外语教学界定义的评析

如上所述,外语教学界将外语思维界定为"概念与外语的直接联系",其实质是从"词汇提取"(lexical access)的角度来界定外语思

维。由于在言语产出过程中,能否"由概念直接提取到外语词语"是和外语词语心理发展的一定阶段相联系的,检验这一定义是否合理的标准在于,达到一定词语发展阶段、能够直接经由概念提取外语词语的学习者是否真正做到了地道地使用外语。如果做到了,那么可以认为这一定义是合理的;反之,这一定义则应受到质疑。下面我们首先讨论外语词语的心理发展过程。

3.1 外语词语心理发展过程

外语学习与母语学习不同,学习者在学习外语之前通常已经建立起一套牢固的母语词汇和概念系统,外语词语的学习主要是采用词汇联想方式借助母语翻译对应词来进行的,这就使外语词语的心理发展过程不同于母语词语的心理发展过程。大量文献表明,外语词语的心理发展要经历三个阶段(如图2所示)。

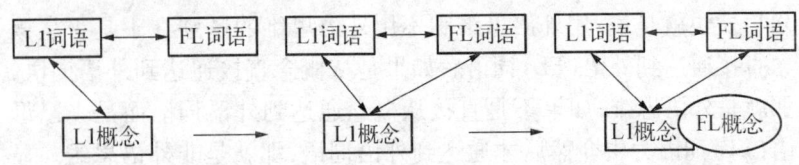

(1) 词汇联想阶段→(2) 母语概念中介阶段→(3) 外语概念自主阶段

图2:外语词语心理发展过程示意图

第一个阶段是词汇联想阶段(word association stage)。刚刚学习不久的外语词语在大脑里只是建立了发音、拼写等形式表征,还没有建立起概念表征,它们与母语对应词的概念表征之间也还没有建立起直接的联系。使用外语词语需要依赖对应的母语概念,而且要以母语词语为中介来提取母语概念(参见 Chen & Leung 1989;Kroll & Curley 1988;de Groot & Hoeks 1995)。

第二个阶段是母语概念中介阶段(L1 concept mediation stage)。随着外语学习的进展,外语词语的形式表征逐渐在大脑里和对应的母语概念表征之间建立起了直接的联系(Blum & Levenston 1978;Ellis 1997;Giacobbe 1992;Hudson 1989;Ringbom 1983;Strick 1980;Jiang 2000,2002,2004;cf. Potter et al. 1984;Chen & Leung 1989;Kroll &

Curley 1988)。此时,使用外语词语虽然还是需要依赖对应的母语概念,但已不再需要以母语词语为中介就可以提取到母语概念了。

第三个阶段是外语概念自主阶段(FL concept autonomy stage)。随着外语学习的进一步进展,与外语词语相连的母语概念表征发生了重组(restructuring),逐渐形成了外语词语自己的概念表征。此时,使用外语词语不再需要依赖对应的母语概念,而是可以通过提取自己的概念来进行(Blum & Levenston 1978;Giacobbe 1992;Ringbom 1983;Strick 1980;Jiang 2000,2004)。

3.2 外语思维不等于"概念和外语的直接联系"

从上述外语词语的心理发展过程可以看出,在"母语概念中介"和"外语概念自主"两个阶段,"概念"(包括母语概念和外语概念)和外语(词语)都是直接联系的。也就是说,外语词语心理发展达到了这两个阶段的学习者在言语产出过程中都可以做到由概念直接提取外语词语。那么依据外语教学界关于外语思维的定义,他们都可以做到用外语思维。下面我们分别对此进行讨论。

3.2.1 达到了"母语概念中介阶段"的学习者无法做到用外语思维

有不少研究表明,学习者在词汇心理发展方面达到"概念与外语(词语)直接联系"的程度(即"母语概念中介阶段"[1])并不困难,就连很多外语水平较低的学习者也能做到。例如,de Groot & Poot (1997)就发现,即使水平很低的非流利双语者在双向翻译作业(L2→L1 translation 和 L1→L2 translation)中也对翻译对象词的概念因素(conceptual factors)敏感。又如,Altarriba & Mathis(1997)以英语单语者为受试,让他们学习西班牙(L2)词语。实验结果显示,即使是对于学习了仅仅一个时段(learning session)的西班牙词语,受试者也能够根据实时作业的需要在词汇信息加工中提取到所需要的概念信息。然而,另一方面却有大量研究显示,就连水平极高的外语学

---

[1] 相关文献未明确说明"概念与外语(词语)直接联系"到底是指母语概念与外语词语的直接联系,还是指外语概念与外语词语的直接联系。此处姑且理解为是指"母语概念与外语词语的直接联系"。

习者也无法做到地道地使用外语（词语）。例如，Lennon（1991）和Singleton（1999）就发现，高级外语学习者对一些常见的外语词语也常常会因为弄不清楚其语义而犯错误（meaning-driven lexical errors）。Martin（1984），Olshtain & Cohen（1989），Ringbom（1983），Sonaiya（1991），Swan（1997），Zughoul（1991）等也发现，高级学习者常常不加区分地换用外语中的"同译词对"（same-translation pairs）①。此外，Jiang（2002，2004）的研究也表明外语水平非常高的学习者也还经常依靠母语对应词的意义来使用外语词语（这等于说这些学习者还经常发生不地道现象）。结合这两方面的文献，可以得出如下结论：即便是达到了（母语）概念与外语直接联系的学习者也还不能做到用外语思维。换句话说，外语思维并不等于"母语概念与外语的直接联系"。

3.2.2 达到了"外语概念自主阶段"的学习者无法做到用外语思维

依据"外语概念自主阶段"的内涵，达到此阶段的学习者不再依靠母语对应词的意义（概念）来使用外语（词语）。这意味着他们不大可能产生本文开头所列举的那种"带有错误性质"的不地道现象。但是这些学习者是否就能真正做到和外语本族语者无差别地使用外语呢？他们是否还会产生某种"错误性不地道现象"（下称"显性不地道现象"，overt nonnative-like phenomena）之外的"非错误性不地道现象"（下称"隐性不地道现象"，covert nonnative-like phenomena）呢？换句话说，判断达到了"外语概念自主阶段"的学习者能否做到用外语思维的标准在于，处于这一阶段的学习者是否会产生某种"隐性不地道现象"。如果有证据表明处于这一阶段的学习者确实会产生某种"隐性不地道现象"，那么可以证明达到了"外语概念自主阶段"的学习者也还无法做到外语思维。

为此，笔者以某高校28名英语专业一年级研究生为对象进行了一项小实验。实验包括两部分题目，一部分是翻译填空（translation-

---

① "同译词对"是指在母语里翻译为同一个词的两个外语词语，如 problem / question。

induced blank filling),另一部分是句子完形填空(sentence cloze)。两部分题目各 10 道,具体题目精心设计,使其符合以下要求:

1)每一道题目都允许两种类型的潜在正确答案:在汉语中有类似表达的答案(称作汉语式表达答案,Chinese-mode-of-expression filler,简称 CME 答案)和在汉语中没有类似表达(即为英语所特有)的答案(称作英语式表达答案,English-mode-of-expression filler,简称 EME 答案);

2)每一道题目潜在的 CME 答案和 EME 答案在个数上大致相当,10 道题目的 CME 答案和 EME 答案在总个数上完全相同;

3)每一道题目潜在的 CME 答案和 EME 答案在难易度上(指在李克特五级量表上的难易度得分)大致相当,10 道题目的 CME 答案和 EME 答案在难易度上完全相同;

4)每一道题目潜在的 CME 答案和 EME 答案在通用度(colloquiality)上(指在李克特五级量表上的通用度得分)大致相当,10 道题目的 CME 答案和 EME 答案在通用度上完全相同。

样题如下(画线处为要求受试者填充的部分,括号内为数据处理时对 CME 和 EME 答案的归类示例):

1)翻译填空:

(1)人们不应将钱财等同于快乐。
　　People should not _____ wealth _____ happiness.
　　(答案归类:equate...with:CME 答案
　　　　　　　identify...with:EME 答案)

(2)她没有按时完成任务。She _____ the task on time.
　　(答案归类:didn't complete/finish/fulfill/accomplish:CME 答案
　　　　　　　failed to complete/finish/fulfill/accomplish:EME 答案)

(3)我没想到你会反对。_____ that you would object.
　　(答案归类:I didn't anticipate/expect:CME 答案
　　　　　　　It didn't occur to me/I didn't have the idea:EME 答案)

2)句子完形:

(1)At last he realized the _____ between the ideal and the

real.

(答案归类：distance/difference：CME 答案
　　　　　 gap/divorce：EME 答案)

(2) The mayor will _____ a business delegation to leave for the U.S.A. next month.

(答案归类：lead：CME 答案
　　　　　 head：EME 答案)

(3) 500 soldiers were commanded to _____ the fire.

(答案归类：put out/extinguish：CME 答案
　　　　　 fight：EME 答案)

由于以上实验设计保证了各道题目的 EME 答案和 CME 答案具有同等的产出条件，英语本族语者提供两类答案的机会应当是一样的。同时，根据前述有关文献的结论：即使外语水平较低的学习者也达到了"母语概念中介阶段"，我们有理由认为本实验中的英语专业研究生受试者属于达到了"外语概念自主阶段"的学习者（至少对本试验所涉及的那些词汇而言是达到了的），因为：一方面这些受试者是高水平的英语学习者，另一方面既然这些受试者有能力提供预期的 EME 答案或 CME 答案[①]，这表明他们已经超越了发生显性不地道现象的"母语概念中介阶段"。既然如此，如果本实验中受试者所提供的 CME 答案频数和 EME 答案频数相当（即没有显著性差异），则表明他们的表现与本族语者一致，做到了地道地使用英语，由此可以证明达到了"母语概念中介阶段"的学习者能够做到"用外语思维"。反过来，如果这些受试者提供的 CME 答案频数远远大于 EME 答案频数（即存在显著性差异），则表明他们的表现与英语本族语者还有差异，他们产生了隐性不地道现象，由此可以证明达到了"母语概念中介阶段"的学习者还不能够做到"用外语思维"。

实验结果见下表：

[①] 无能力提供这些答案的受试在统计结果时会被作为废卷剔除掉，这是由实验设计保证了的。

	人数	题数	EME 总频数	CME 总频数	EME、CME 合计频数	自由度	卡方值	P值
28	20	84	439	523		19	48.874	0.000

从上表可以看出,受试者提供的 CME 答案频数比 EME 答案频数多得多,卡方检验的结果进一步证明这两种答案的频数差异具有显著的统计学意义($p = 0.000 < 0.01$)。这就表明,词汇发展达到了"外语概念自主阶段"的学习者也还会发生隐性不地道现象,他们无法做到"用外语思维"。

综合 3.2.1 和 3.2.2 两小节的论述,外语词语心理发展达到了"母语概念中介阶段"和"外语概念自主阶段"的学习者都无法做到"用外语思维"。也就是说,外语思维既不等同于"母语概念与外语的直接联系",也不等同于"外语概念与外语的直接联系"。可见,将外语思维界定为"概念与外语的直接联系"是将外语思维的内涵过分简单化了。

4. 外语思维的概念化模式内涵

笔者认为,外语思维是指:在外语产出过程中按照外语概念化模式的要求将所要表达的体验(experience to be expressed)概念化。此定义基于对外语思维的以下认识:

第一,外语思维应当与言语产出过程中的"概念化"过程相关。纵观心理语言学文献,几乎所有的言语产出模型都将"概念化"(conceptualization)、"形式合成"(formulation)、"发声"(articulation)看作言语产出的三个基本过程(如 Bock & Levelt 1994; Caplan 1992; Garrett 1975; Kempen & Hoenkamp 1987; Levelt 1989; Levelt et al. 1999; Bock & Griffin 2000)。其中,"概念化"是指利用目标产出语中的现成词汇概念资源(lexical conceptual resources)将要表达的体验转换为有意义的、可用语言编码的前言语信息(preverbal message)(参见 Levinson 1999: 27; Levelt 1989; Slobin 1996)。外语思维作为前言语阶段(preverbal stage)的一种心理活动,它与言语产出中的"概念化"过程应当是紧密相连的。

第二，外语思维应当与外语概念的运作有关。"从心理学的角度看，绝大多数思维活动赖以进行的基本单位是存在于我们头脑中的概念"（蒋楠 2004：378），外语思维应当与外语概念的活动密切相关。

第三，外语思维应当与"概念化"模式的语言特定性（language-specificity）有关。词汇概念具有语言特定性，这几乎是语言学界的一个共识（参见 Lakoff 1987；Levinson 1999）。既然作为"概念化"基本手段的词汇概念具有语言特定性，那么作为概念化基本内涵的"概念化方式"无疑也具有语言特定性。近年来，一些学者明确地表达了讲不同的语言需要讲话人以不同的方式将要表达的体验概念化的思想。例如，Slobin（1996）在论述她的所谓"讲话思维"（thinking for speaking）时就指出，使用不同的语言来表达某一事件和客体要求讲话人选择该事件和客体的不同特征来进行概念化。用她的话来说，"'讲话思维'涉及选择（1）适合于以某种方式将此事件概念化的，以及（2）适合于用该语言编码的客体和事件的那些特征。"（"thinking for speaking" involves picking those characteristics of objects and events that (a) fit some conceptualization of the event, and (b) are readily encodable in the language.)（ibid.：76）。正是由于一种语言就代表一种特定的概念化模式①，那么学习一种新的语言从根本上讲也就是要学习一种新的概念化模式。从这个意义上讲，外语思维应当相关于概念化模式的语言特定性。

第四，非外语思维应当与"误用"母语概念化方式有关。Kesckes（2000：151）在论述外语学习者不地道地使用外语的原因时指出：外语学习者总是依赖母语的概念基块（conceptual base）来使用外语，当他们把目的语的形式映射到母语的概念化方式上时，就产生了外语使用中的不地道现象。由此我们认为，非外语思维（显性不地道现象和隐性不地道现象）应当与学习者在应该采用外语概念化方式的地方"错误地"采用母语概念化方式有关。下面以本文引言中的例句

---

① 笔者将一种语言对具体体验的概念化称作"概念化方式"，而将一种语言整体的概念化方式称作"概念化模式"。

(1)为例对此加以说明:

I am writing this letter to ***reflect*** some problems I came across recently...[反映一些问题]

讲汉语的人在表达"向上级领导或有关部门提供或使其了解新情况"这一体验时习惯于采用一种隐喻性的概念化方式。在他们看来,让上级领导或有关部门通过自己了解新情况就好比是在让他们从镜子(包括其他反映物,reflector)里看镜子所反映的物体。在这一概念化方式中,反映情况的人被比作一面镜子,反映情况的人获知到的某些情况被比作是反映在镜子中的某些物体,接受情况反映的领导或有关部门被比作是看镜子的人。正是由于汉语采用了这一隐喻性的概念化方式,它可以借用表达"反映物反映物体"这一自然现象的概念[反映]来表达"让上级领导或有关部门通过自己了解新情况"这一社会行为。然而英语却不允许这一隐喻性的概念化方式。但是中国英语学习者在表达这一体验时却误认为英语和汉语的概念化方式完全一样,于是他们运用汉语思维(采用汉语的概念化方式)将要表达的体验概念化为"反映一些问题",然后再将英语对应的形式映射到这一汉语概念化方式上,其结果就产生了"reflect some problems"这一不地道表达。

隐性不地道现象的发生也与此类似,只是它是学习者在外语允许多种概念化方式的地方(指"体验域",domain of experience)采用了与母语相同的那种(些)概念化方式所造成的。例如,对于"500名士兵接到命令去扑灭大火"中的"扑灭"这一行为体验,英、汉语都允许使用一种相似的非隐喻性概念化方式(即下面"*extinguish*"、"扑灭"的用法所示)①:

---

① 此处,由于 extinguish 的本义就是表达汉语的"扑灭"的,故例句中"extinguish"和"扑灭"的用法被看作是一种非隐喻性的概念化方式。与此不同,下文中 fight 的本义相当于汉语的"打,战斗",其表示"扑灭"的用法是对本义范畴的一种隐喻性延伸(参见 Taylor 1995:Chapt. 7),同时从隐喻性(metaphoricity)的跨语言相对性的角度来看,汉语的"打,战斗"没有类似的隐喻性延伸用法,因此例句中"fight"的用法被看作是代表了一种英语特有的隐喻性概念化方式。

500 soldiers were commanded to *extinguish* the fire.
500 名士兵接到命令去扑灭大火。

但英语除了这一非隐喻性的概念化方式之外,还允许一种隐喻性的概念化方式(即下面"fight"的用法所示):

500 soldiers were commanded to *fight* the fire.

由于中国学生总是习惯于汉语思维(即汉语的概念化方式),他们总是选用非隐喻性概念[EXTINGUISH]([扑灭])而很少选用隐喻性概念[FIGHT]来将要表达的体验概念化,其结果就会造成学习者在用词上过分偏好"extinguish"(英语本族语者会较多地使用"fight"),从而造成一种隐性不地道现象。

根据以上关于"外语思维"的定义,无疑学会用一种外语思维必须以掌握一种外语的概念化模式为前提。掌握一种外语的概念化模式当然不是一蹴而就的,它是在日积月累地学习外语词汇概念的过程中逐步达到的。学会一个外语词汇概念就有可能掌握这种外语对某一特定体验的概念化方式。但掌握一个概念与掌握对某一特定体验的概念化方式并不总是一一对应的,对某些特定体验的概念化可能涉及比掌握单个概念多得多的内容。例如,要用英语"A good idea occurs to me"表达"我想到了一个好主意"中的"想到"这一体验,仅仅掌握了"occur"这个单个概念是无法将其概念化的,学习者还必须掌握"人通过思维活动产生想法的过程好比是一个客体朝着思维主体运动的过程"这一隐喻性的概念化方式。正是由于概念化的内涵要比掌握单个概念丰富得多,我们很难从学习者的单个词汇(概念)发展的角度来界定外语思维(即前述外语教学界的做法)。既然概念化有着比掌握单个概念丰富得多的内涵,掌握一些单个的外语概念距离掌握整个外语的概念化模式无疑还很遥远。我们认为,整个外语概念化模式只有在掌握了相当多的(如果不是全部的)概念(包括概念组合)以后才有可能掌握。由于在外语环境中真正掌握单个概念都很困难(Jiang 2000;Selinker & Lakshmanan 1992),要完全掌握整个外语概念化模式其难度就更可想而知。正如蒋楠(2004:384)所指出的,"在外语环境中生活一年两载或许可以帮助形成一些外语概念,但要形成一套较完备的外语概念系统,恐怕八年、十年都难以做到。"我们认为,要真正掌握外语的概念、学会外语的概念化模式,学习者需要置身目的语环境下获得亲身的体验。这就像 Pavlenko(1996)所说,"由于每一种语言的概念系统以不同方式运作,学习者需要获得与目的语中的概念相关的直接体验"(Learners need direct experience with concepts in the target language because the conceptual system of each language operates differently)(转引自 Kescskes 2000:147)。当然,在实际的外语学习中,只要掌握了比较多的外语概念,逐渐学会外语对各种体验域进行概念化的方式,学习者也能自如地使用外语而较少发生不地道现象。

基于以上理解,我们认为外语思维不是一种可用以避免外语使用不地道现象的随意、可选的外语使用策略,它是无法提倡的。一方面,能不能做到用外语思维、可以在多大程度上做到用外语思维,取决于学习者对整个外语概念化模式的掌握情况,取决于他们已经掌握了哪些体验域上的外语概念化方式;另一方面,学习者一旦掌握了外语在某些体验域上的概念化方式,这些方式就会在使用外语时自动发挥作用,它们将表现为一种非意识的行为和过程。

5. 结语

外语思维在外语教学界备受推崇,深入探讨外语思维,既有利于澄清当前外语教学界对外语思维认识上的误区,更有利于从新的视角揭示外语学习的本质。本文的分析说明,外语教学界从外语词语心理发展角度对外语思维所作的定义将其内涵过分简单化了,外语思维应指按照外语概念化模式的要求将要表达的体验概念化,它不是一种随意、可选的外语使用策略。

必须指出,外语思维是一个极其复杂的心理、语言、认知现象,目前要完全弄清楚外语思维的内涵还十分困难。但是,随着近年来以认知语言学为代表的"概念研究法"对语言概念系统的组织规律揭示得越来越深刻,从概念层次入手探讨外语思维不仅在现实上可能,更有利于将目前对外语思维的抽象讨论逐步引向能获得具体实验证据支持的实证研究的轨道(参见蒋楠2004)。本文对外语思维内涵的构想仅是基于这一认识的一个初步尝试,期望今后有更多的这方面的探索。

(原载《外语研究》2006年第4期,与姜孟合写)

七

港澳台语言学问题

论香港的双语现象[①]

香港,这个美丽繁荣的海港城市,世界经济、金融中心之一,在离开祖国一个半世纪后,已于1997年7月1日回到祖国怀抱,全国人民和海外华人无不欢欣鼓舞,普天同庆。

香港自古以来一直是中国的领土。1840年鸦片战争后被英国占领。鸦片战争后,根据丧权辱国的南京条约,清政府于1842年(清道光22年)把香港岛割让给英国,接着又于1860年(清咸丰10年)把九龙半岛南端尖沙咀一带割让给英国,后来又于1898年(清光绪24年)把深圳以南的整个九龙半岛租借给英国。英国对上述各地区进行了一个世纪到一个半世纪的殖民统治。1984年12月19日,中英两国政府签署了关于香港问题的联合声明,确认中华人民共和国政府于1997年7月1日恢复对香港行使主权。我国政府根据中华人民共和国宪法第31条规定,设立香港特别行政区,实行"一国两制",维护国家的统一和领土完整,保持香港的繁荣、稳定。

香港回归祖国前后的日子里,海内外谈香港、议香港,十分热闹。谈论的焦点之一是香港的语言问题。没有与大陆同胞之间畅通的言语交际,没有与世界各地华人相互理解的语言,香港特别行政区就难以进一步繁荣和发展。最近十年,我多次去香港讲学、学术访问,与

[①] 1997年7月中旬,中外语言文化比较学会在厦门举行全国学术研讨会,隆重庆祝香港回归祖国。王德春教授在全体大会上作了重点发言。本文就是他发言的主要部分,借以庆祝香港终于回到祖国怀抱,同时对香港的语言问题深表关切,提出诸多建议。

香港语言学界进行了广泛的学术交流,深感语言问题对香港的发展有重要意义,不管从语言学理论角度,还是从语言学应用角度,或是从语言实践角度,都值得研究和讨论。

经过长期殖民统治,殖民者的语言(英语)已成为香港的正式官方语言。进入 20 世纪 70 年代,香港民间团体要求中文成为法定语文的运动迅猛开展,因为单一的英语不仅伤害香港居民的民族感情,也给生活带来不便。我到香港教育学院演讲时,遇到该校中文教师、香港作家潘铭燊先生,他送我一本散文集《转向》。根据他的回忆,在他小时候,香港街头有很多"大众秘书"性的摊子,代人看英文公告信、填表格、填报税单,等等。每当香港政府部门发下英文公告信件,香港居民,包括潘先生的父亲,就要放下工作,去找"大众秘书"帮忙翻译。他父亲常发牢骚:"香港地,中文无用。"潘先生在这种牢骚声中被迫转读英文中学。当时他想,"官民沟通,为什么不用民间普遍懂得的语文呢? 发出一万封信,便起码有七八千收信人要到处求人代看!"潘先生认为这是殖民政府不合理的语文政策造成的。由于他的反叛性格,进大学时转了一百八十度弯,挑了中文系。他说:"你轻视它,我偏要读!"正是由于像潘先生这样广大爱国居民的反抗,香港政府于 1970 年成立了"中文研究委员会",1972 年又成立了"中文公事管理局",1974 年通过条例,承认中文具有法定地位,其中第三条确认,中、英文同为官方语文,并宣布中、英文享有同等地位。这是香港居民反对殖民者语言同化政策的胜利,使祖国语文在殖民统治下取得与殖民者语言同等的合法地位,成为官方的正式语言。

然而,事情并没有想象的那么简单,殖民统治就是殖民统治。香港中国语文学会理事会主席姚德怀先生谈到过,香港长期以来就重英文轻中文,70 年代以后中文虽然也成为法定语文,但重英轻中的现象没有改变。文本有歧义时规定仍以英文本为准。我自己身历其境,深有同感。我在香港理工大学中文和双语学系讲学三个月期间,校方给我的一切信件、通知都是英文本。在中文和双语学系尚且如此,何论其他! 重英文轻中文的原因,除港英当局的权势之外,还因为英文在商业,金融等领域广泛流行,有较高的社会价值,掌握英文的居民有就业、工作等方面的便利。

这是英文与中文相比,重英轻中的情况。现在再来看看这具有法定地位的中文具体指的是什么。根据1987年香港首席按察司委派的"如何在法庭上可以比较广泛使用中文"专责小组所采纳的原则:"所谓中文,就是香港人惯用的中文,写的是繁体字,说的是广东话。"同年5月,香港署理教育及人力统筹司表示,将来香港的学校会推行母语教学,所指的母语是广东话。从这两段话看来,他们所说的中文,指的是用繁体字书写的、有香港行文特点的书面语和口头说的广东话。香港属我国粤方言地区,居民日常交际使用广东话是可以理解的,问题是普通话没有普及,居民不会讲,甚至听不懂。由于殖民统治时间长,我国50年代开始的推广普通话政策,无法在香港地区实行。不仅如此,我国台湾地区的推行国语办法,以及新加坡的推广华语运动,对香港地区也影响甚微。可以说,在几个主要使用汉语的地区,香港的民族共同语的普及率最低。

与此相应,香港学校的教学语言主要是英语,少量用汉语教学,用的也是广东话,极少用普通话。这当然也与殖民统治有关。1902年发表的所谓《宝云报告书》说得极其露骨:"使华人接受英语教育后对大英帝国产生好感,并使英语更广泛地传播,那么帝国在中国本土所得到的利益会远远超出这个殖民经费了。"可见英国殖民者不惜重金在香港推行英语教育的恶毒用心。直到1935年,《宾乃尼报告书》才建议:"香港教育应改变为着重学生的母语训练,使其母语能力在思想及表达方面都能应付裕如,然后才对于学生在职业上对英文需要提供训练。"不言而喻,这儿的"母语"指的是广东话,这种语文教育导致学生在生活上使用广东话,在职业上使用英语。这种格局延续至今。第二次世界大战后,部分小学曾开设"国音"课;英文中学会考时也可选考国语作为半科。但是由于考生逐年减少,于1965年停办。1974年香港政府承认中文具有法定地位后,中学会考时,英文中学和中文中学开始合用同一试卷,并将中文科分立为必修的中国语文科和选修的中国文学科。这里要特别提到,在以英语和广东话为教学语言的总格局下,少数学校坚持用普通话教学,如1953年创办的苏浙小学,在办学之初就毅然决定以普通话为教学语言,这在当时的香港教育界不啻是勇敢的革命行动。

论香港的双语现象

1984年的《中英联合声明》及其确认的1997年香港回归,像平地一声春雷,震动了香港语言学界和语文教学界,也震动了香港各界人民,促使他们认真考虑语言问题。两个现实问题是:第一,香港人民要与大陆各地人民以及世界各地华人进行言语交际,必须尽快掌握汉民族共同语,因而急需在全社会推广普通话;第二,公文事务处理要符合现代汉语公文事务语体的要求和共同语的规范,中文文件不应再是英文的翻译或夹杂广东话的香港行文,因而要对全体公务员和公司职员进行处理公文的训练。为解决这两个实际问题,香港从80年代中叶起,形成一股中文热潮,延续十多年有增无减。诸如语言政策、语言教学、语言使用、言语修养、语言研究等都引起大家的普遍关心和重视。

　　1990年4月4日中华人民共和国第七届全国人民代表大会第三次会议通过的《中华人民共和国香港特别行政区基本法》第九条规定,"香港特别行政区的行政机关、立法机关和司法机关,除使用中文外,还可使用英文,英文也是正式语文。"这一条文可理解为:首先,中文是香港各机关的正式语文;其次,英文也是正式语文,各机关除使用中文外,还可使用英文。也就是说,1997年回归后,香港仍然采用中文、英文两种正式语文,不过原来以英文为主,回归后以中文为主。香港语文学界都是这么理解的。1987年3月,香港中国语文学会理事会《对香港特别行政区语文使用的一些设想和建议》第一条也明确肯定:"中英联合声明说:'香港特别行政区的政府机关和法院,除使用中文外,还可使用英文。'根据这一条文,我们认为:将来特区政府所用语文,应该以中文为主,英文为辅。"基于这种认识,他们建议特区政府"积极推广普通话","并对未来的语言文字使用作出规划"。当时香港中国语文学会理事会主席缪锦安先生、现任主席姚德怀先生和香港中文教育学会会长施仲谋先生在其言论中以及与我个别交谈中,均这样理解。

　　1997年后的香港社会接下来的问题是,"中文"是指现在通行的广东话,还是共同语? 照常规说,一个国家或地区的正式语文应该是民族共同语。《中华人民共和国宪法》也规定使用"全国通用的普通话"。香港作为中华人民共和国的特别行政区,理应以普通话为正式语文,并大力推广,改变以广东话为正式语文的现状。当然,广东话作为方言,仍然是香港居民的日常交际语言,并继续在言语交际中起重要的辅助作用。所以,香港特区基本法中所说的中文,应指汉民族共同语普通话,这一点在我与香港语文学界的交谈中也有共识。

从原来以英文为主,重英轻中,中文就是广东话的旧格局过渡到这一新格局,有许多工作要做。下面是香港语文学界和各界人士正在做的几项主要工作:

一、推广、学习普通话

普通话是汉民族共同语,是我国各地人民和海外华人(即中华民族)共同使用、相互交际的语言。民族共同语是在一种方言的基础上形成的,它在交际功能上、使用范围上获得很大发展,结构体系也更为丰富,在功能和体系上都区别于各地方言而处于主导地位。汉民族共同语是在汉语发展过程中以北方话为基础方言,吸收其他方言的成分,主要在官方的正式使用中逐渐形成的。我国历代,特别是元明清三代大都建都北方方言地区,因此北方话逐渐成为各地人民的共同交际工具。这就是所谓的"官话"。五四运动前夕开展的"国语运动"和"白话文运动",一方面加强了官话在言语交际中的作用,另一方面动摇了文言文的统治地位,并使以北京话为代表、以北方话为基础的共同语取得"国语"的地位,成为迅速普及的普通话。中华人民共和国成立后,大陆空前统一,普通话广泛通行。1955 年,现代汉语规范问题学术会议明确规定了民族共同语的规范:"以北京语音为标准音,以北方话为基础方言,以典范的现代白话文著作为语法规范。"同时在全国范围内推广普通话,实行汉语规范化,逐渐使普通话普及全国,成为中华民族共同语。在我国的台湾地区,早在 1946 年就成立了"台湾省国语推行委员会",当时由语言学家魏建功任主任委员,1959 年起由台湾省教育厅长兼任主任委员。1973 年公布国语推行办法,次年又订定台湾省各县市加强推行国语教育改进要点,规定公教人员说国语,并提高基层人员国语能力。台湾居民积极学习国语,成绩很大,现在 50 岁以下的人基本会讲国语。我作为台湾中华语文研习所的语言学顾问,应该所所长何景贤博士邀请赴台访问期间,所到之处,普通话通行无阻。

顺便说说华人人数占全国人口77%的新加坡。1979年9月起开展声势浩大的推广华语运动,要求居民"多说华语,少说方言",当时的李光耀总理亲自主持了推广华语运动的开幕典礼。自那以后,每年10月定为推广华语运动月。1991年10月,应新加坡大学华语研究中心主任卢绍昌教授的邀请,我正好在新加坡国立大学讲学,有机会作为贵宾参加了当年新加坡的推广华语运动大会。吴作栋总理到会讲话,强调了推广华语的重要性。经过大力推广,华语在新加坡十分通行。我两次去访问时,讲学、交谈、购物、旅游,一切活动,普通话也基本上通行无阻。

比起大陆和台湾,甚至比起新加坡,香港在这方面比较差,但受到1984年关于香港1997年回归祖国声明而震动的香港人民,立即行动,掀起了一浪又一浪的学习普通话高潮。

香港的大众传播媒介也很重视普通话的推广,《大公报》等报纸辟有普通话专栏,时有关于汉语知识和语言教学经验的介绍。电视台改变了广东话一统天下的局面,普通话节目日益增加。每天半小时的普通话新闻,尤为引人注意。我就亲耳听到香港电台、电视台的"贸易普通话"、"学听学讲普通话"、"南北乐逍遥"、"文学花园"等普通话节目。

香港工商界人士认为学会普通话可与大陆做生意,又可提高员工的整体素质,所以学习积极性很高。现在很多商店面对越来越多的大陆顾客,不仅"欢迎使用人民币",而且力争用普通话接待。分析普通话在香港顺利推广的原因,主要是由于1997年回归祖国,有商业交往的实际需要,也有爱国精神的鼓舞。当然,从现在的实际情况看,与全民说普通话的目标距离还很远;但形势喜人,前途十分乐观。姚德怀先生曾经乐观地估计,"到2010年,香港中学毕业生应该可以自由运用普通话。"

二、学习中文应用文

如前所述,在殖民统治语文政策的影响下,香港的中文应用文不仅有翻译痕迹,而且行文习惯和公文程式与大陆不尽相同。1997年后的香港特区政府与北京的中央政府及各省市政府的公文往来,香港商界、学界与大陆企事业界的文件往来,要求香港公务员和有关人员具备处理规范应用文的能力。这促使香港各界像重视学习普通话一样,重视学习合乎规范的中文应用文。

我国大陆应用文都是白话文,公文程式简单,通俗易懂,对语法、词语甚至标点符号都要求准确无误。我国台湾地区的公文虽然比较传统,但20世纪70年代进行了公文改革,对老的公文程式有所突破,要求使用语体文,简显明确。至于新加坡,也于70年代进行了应用文改革,1977年发表的《华文应用文改革大纲》简化了应用文的格式和称呼,提倡直话直说,删除了陈旧的客套用语,使应用文写作接近中国大陆的写法。唯独香港,由于长期以英文为主、为准,中文应用文写作处于落后状况。行文半文半白,程式陈旧,既受古文的束缚,又受译文的影响,香港学者戏称它"不像方言,不像文言,不像外语,不像普通话"——姜子牙的坐骑"四不像"。提高公务员和有关人员的应用文写作和处理水平,迫在眉睫。公务员训练处、政府各部门、各公司企业把学写应用文与学说普通话放在同等重要的地位,抓紧进行。我曾应香港生产力促进局和香港城市大学专业进修学院的要求,向他们提供了应用文写作的建议,对应用文的格式、写作要求、用语特点和行文特点做说明,特别提醒他们考虑香港公务人员与大陆各界的交往,以便通过应用文沟通两地的关系,以利于两地公务和商务往来。

这几年,香港公务员积极参加中文应用文写作课程班,1993年和1994年约有1 500人学习,1995年猛增至7 800人,使公务员训练处措手不及,仓促应付。但是,该处高级训练主任越佩芝女士是带着欣喜的感情向我介绍的。据她的估计,1996年参加学习的将达到万人。除他们自己组织学习外,还派人到大陆院校深造,力求尽快提高中文写作水平。公务员训练处和有关政府部门推行了使用中文部门的试点计划,先后开出15门有关中文的写作课程,从演说词到会议记录,从建议书到报告书,无一不列入学习内容。除开班授课外,香港政府法定语文事务署还分三阶段印发《中文公文写作手册》,内容包括理论概述、词语使用、公函写作和其他文体应用文写作等。

应用文写作不仅是公文程式和写作格式的问题,更主要的是写作者的语言水平、文化修养和写作能力的问题。与学习普通话一样,香港公务员普遍撰写和处理中文应用文,也得分批分阶段进行,估计需要到 2010 年才能大见成效。

三、规范书面语

其他书面语,如报道书籍的语言,比起应用文来,问题要少一些。现在的中文报刊,基本上是用普通话写作,个别副刊文章有用广东话写作的,但比例极小,不影响全局。问题是整个报刊用语有颇多不合规范之处,规范书面语也是香港语文界面临的重要问题。

在香港的书面文献中,科学论著、严肃的文学作品、语文教材的课文、报刊社论、正式场合的书面文件,语言规范较好。许多作家用规范的语言写作。

但在一般的与日常生活有关的书面语中,如消遣性的报刊文章、私人信函、商品广告、通俗歌词、接近生活层面的新闻报道等,语言问题较多,词语问题尤为突出。其原因是:第一,口语和书面语脱节,写作时找不到恰当的普通话词语,就用方言词代替。如"足球队员单刀攻门,门将不能抵挡"。这儿的"单刀"相当于"单枪匹马","门将"指"守门员",都是香港口头用语,很容易进入报纸的体育新闻稿。第二,受大陆、台湾地区及新加坡用语影响,词语选择困难而形成混乱。如上文出现的对汉民族共同语的命名,大陆叫"普通话",台湾地区沿用"国语",新加坡称为"华语",香港地区几个名称长期混用,在使用中"普通话"频率越来越高,但在书面文献中经常有"普通话(国语、华语)"的用法。第三,外语借词的音译习惯不同。有一次,我在街头看到"修理梳化"的广告,不明其意。后来才知道,普通话长期使用的语音借词"沙发",香港话说"梳化"。第四,香港词语中不仅有广东话的地方变体,由于一个多世纪与祖国分离,还出现一大批社会地域双重变体词语,如"打工皇帝、夹心阶层、通天巴士"等。

香港语文界人士有一致的看法:香港中文书面语的规范应以汉民族共同语为准,在规范化过程中,应注意吸收方言词语、口语词语、社会地域变体词语等各类变体的有益成分来丰富共同语词汇,使共同语获得不断发展。按照这一原则进行语言规范化,不仅会使香港语文健康发展,而且会使普通话不断丰富。

顺便说一下"写的是繁体字"问题。大陆简化汉字已取得成效,为广大群众普遍接受。简体字表也为新加坡采用,在新加坡也行之有效。我到新加坡报业控股公司去演讲时,曾表示看到简体字书写的《联合早报》有一种亲切感。但香港和台湾仍沿用繁体字。我到台湾研讨此问题时,台湾学者曾提过"写简识繁"或"写繁识简"的过渡办法,即在他们采用简化字之前,双方先识别对方使用的字体,以便于书面交际。这一点实际上香港也在做。我多次去港讲学,黑板上写的都是简体字,学员识别无误。这是因为简体字多半是由历代中国人行书楷化而成,识别、使用都省时省力,香港应当可以接受。20世纪80年代初,香港中国语文学会根据大陆的《简化字总表》,新加坡于1974年采用的《简体字总表》,以及台湾地区1979年公布的《标准行书范本》,提出796个共通的简化字,列成《共通简体字表》,并向香港政府考试局提出建议:1. 正式公布准许考生用简体字答卷;2. 制定并颁布《公开考试通用简体字表》。1982年4月,香港考试局复信称:该局"最后决定仍维持现行接受考试中所见常用简体字、减笔字、俗字等等通融办法,而不作宣布或颁布。"从回信看出,考试局实际已经接受常用简体字,只是不作宣布而已。这比起过去对考卷中的简体字扣分的措施来,不仅是一种通融,而且是一种进步。我想这也是我在香港自由使用简体字而无妨碍的原因吧。有了这个基础,1997年后的香港特区政府如果采用简化字方案,想必不会有太大的阻力。"书同文"是海内外大多数中国人的意愿,从长远来看,香港采用简化字,对与大陆的联系更为有利。至于说"汉语拼音方案",香港实际已经接受。我见到的几本普通话教材,都是用拼音方案来进行普通话语音教学的。不仅香港地区,由于联合国采用拼音方案注音,连台湾地区的对外汉语教学也不得不改用拼音方案来代替注音字母了。

四、改革语言教学

香港的语言教学有两个值得探讨的问题,一是用什么作为教学语言,二是开设哪些语文课程,怎样开设。

关于第一个问题,前面已提到过,香港学校的教学语言主要是英语,少量用汉语教学的,用的也是广东话,极少用普通话。香港在英国殖民统治下,英语逐渐成为社会上的优势语言,不管是政治经济因素,还是实用因素,都要求香港人学好英语。英语教育也成为权势的象征。这是殖民主义对香港实行语言文化侵略的重要手段,企图使香港的中国人忘掉祖国的语言文化,自然而然地成为英国的顺民。日本帝国主义侵占东三省以后,大力推行日语教育,也是同样的目的。

香港的生活语言是广东话,学生在家庭里和社会上说广东话,到学校勉强用英语听课,教学效果很差。语言学不好,知识也学不好。因此,香港教育署于 80 年代末发表《检讨提高语文能力措施工作小组报告书》,提出"三七分流"建议,即三成中学一年级学生以英语为教学语言,七成以汉语为教学语言,但分流的进展缓慢。目前,全港以汉语为教学语言的中学仅占中学总数的 15%,这 15% 中,绝大部分采用广东话为教学语言,用普通话教学的简直是凤毛麟角,大学教育也是如此。这凤毛麟角的代表就是前面提到的苏浙小学。该校王健英老师曾在香港普通话研习社听过我的演讲,并作了个别交谈。据我所知,苏浙小学从 1953 年建校起,一直坚持用普通话教学,学校里订立"在校必讲普通话"的校规。办出了特色,报名入学者十分踊跃。例如,侨居菲律宾的一些华侨,普遍希望他们在香港的子女会说普通话,因而送进苏浙小学。几十年来,该校学生参加教育署举办的各种甄别考试,平均成绩全列入甲等。这说明以普通话作为教学语言,教学质量更有保证。香港大学施仲谋先生谈及,他的一项调查证实,以普通话为教学语言的大陆和台湾学生,语文应用能力明显高于使用方言教学的港澳学生。所以,香港特区政府,如果能在教学语言上做到英汉三七分流之后,再在汉语作为教学语言的学校中,做一次广东话和普通话的三七分流,就可达到较为理想的境界。

关于第二个问题,语文课的设置问题,进展比较快,普通话课程的设置尤为明显。原来香港学校的语文课,读写的是普通话,听说的却是广东话,即用广东话来教学汉语书面语。在语文课的教学语言问题没有解决的时候,只好另设普通话课来培养学生普通话的听说能力。1981年9月,香港教育署执行普通话教学试验计划,分两期在42所小学和51所中学进行。1986年9月正式推出普通话课程,列为小学四至六年级的选修科目,周学时1—2节。1988年9月扩展至初中。截至1990年9月,开普通话课的小学共有815所,占总数的48%,还有266所通过课外活动教普通话。各大学也普遍开设普通话选修课,受到学生欢迎。香港大学每年录取普通话初级班选修科学生四百余人,但报名者往往超过三四倍。我在香港理工大学中文和双语学系用普通话为学生上课,已无语言障碍。由于香港的特殊情况,普通话科与中国语文科是两门课程。中国语文科用广东话上课,培养学生的语文能力,即广东话的听说能力和普通话的读写能力。1992年开始,香港中学六年级又增设"中国语文和文化科",目的是加强学生讲和写的技巧,加深学生对中国文化的了解,这门课程听说部分仍用广东话。香港教育署课程发展处将于1998年全面推行普通话新教程,这套课程用于全香港小学一至六年级,中学一至五年级,并将发展为中学合考科目之一。全新普通话教程重视培养学生的听说读写能力,并强调通过学习普通话进一步了解中国文化。教育署颁布的课程纲要指出:"普通话是中华民族的共同语言,在国际上是代表中国的语言。"总的说来,学校里普通话教学越来越受到重视,但还没有达到社会上那种学普通话的热潮。

今后发展的可能是:在推行普通话新教程之前,已开设普通话选修课的中小学逐步改为必修课,并增加周学时;中国语文课逐步改用普通话上课,然后大中小学从文科到理科逐步扩大用普通话作为教学语言的比例。要做到普遍以普通话作为教学语言还需要相当时间的努力,香港语文教学界任重道远。《香港特别行政区基本法》第136条规定:"香港特别行政区政府在原有教育制度的基础上,自行制定有关教育的发展和改进的政策,包括……教学语言"。相信香港特区政府会制定有效的语言政策。

总而言之,据我的亲身观察和体会,虽然香港语文的问题很多,困难不少,但呈现繁荣向上的局面。香港回归祖国后,学好中华民族共同语,也有助于更好地学习英语和其他外国语。我们相信,今后香港仍然是一个极其丰富的语言世界,而且会以不断完善和改进的语言状况迎接大陆同胞,迎接全世界华人和外国朋友。

(原载《中外语言文化比较研究》第 2 集,延边大学出版社 1997 年版)

附记:1997 年香港回归祖国前夕,我分别应《解放日报》、《澳门日报》、《外国语》、《世纪》等报刊之约写了《香港回归话语文》、《香港语文景观》、《论双语社会香港的语文问题》等文章(或专访)。这篇文章是我 1997 年在中外语言文化比较学会厦门会议开幕式上的发言。

与香港学者谈语文

最近几年,我多次赴香港讲学、进行学术访问,与香港语言学界、文学界广泛交谈,深感语言问题对香港的发展有重要意义。

我到香港教育学院演讲时,与该校中文系老师、香港作家潘铭燊先生交谈,他送我一本散文集《转向》。根据他的回忆,在他小时候,香港街头有很多"大众秘书"性的摊子,代人翻译政府公告、填报税单。他父亲常发牢骚:"香港地,中文无用。"潘先生在这种牢骚声中被迫转读英文中学。当时他想,"官民沟通,为什么不用民间普遍懂得的语文呢?"他认为这是殖民地政府不合理的语文政策造成的。由于他的反叛性格,进大学时考了中文系,他说:"你轻视它?我偏要读!"正是由于像潘先生这样的广大爱国居民的反抗,香港因殖民统治而确定的唯一的正式官方语言(英语)受到挑战。进入20世纪70年代,香港民间团体要求汉语成为法定语言的运动迅猛开展。1974年,香港政府承认中文具有法定地位,英文、中文同为官方语文,享有同等地位。这是香港居民反对殖民者语言同化政策的胜利。

然而,事情并没有想象的那么简单。香港中国语文学会理事会主席姚德怀先生谈到过,"70年代以后,中文虽然也成为法定语文,但重英轻中的现象没有改变。文本有歧义时规定仍以英文本为准。"我在香港理工大学中文和双语学系讲学三个月期间,校方给我的一切信件、通知都是英文本。在中文和双语学系尚且如此,遑论其他。潘铭燊先生还时常听到父母的呼唤:"阿燊,有封英文信,快回来译给我听。"过去单一的英语不仅伤害香港居民的民族感情,也给生活带来不便。而继续重英文轻中文的原因,除港英当局的权势之外,还因为英文在商业、贸易、金融等领域广泛流行,有较高的社会价值。

重英文轻中文是问题之一,另一个问题是:重广东话,轻普通话。香港人惯用的中文,写的是繁体字,说的是广东话。香港学校的教学语言主要是英语,少量用汉语教学的,用的也是广东话,极少用普通话。1984年,中英联合声明确认1997年香港回归祖国。平地一声春雷,震动香港各界。《中华人民共和国香港特别行政区基本法》规定:"香港特别行政区的行政机关、立法机关和司法机关,除使用中文外,还可使用英文,英文也是正式语文。"香港中国语文学会前任理事会主席缪锦安先生、香港中文教育学会会长施仲谋先生与我交谈时都认为,这意味着将来特区政府的正式语文是中文为主,英文为辅,1997年后的香港仍是双语社会。其中中文是指汉民族共同语普通话,广东方言作为交际辅助语言而继续使用。

为了适应新的形势,香港各界很重视推广、学习普通话。由于多年的殖民统治,比起大陆和台湾来,甚至比起新加坡来,香港推广普通话工作比较差。1991年10月,我应邀到新加坡大学讲学时,有机会作为贵宾参加了当年新加坡的推广华语运动大会。吴作栋总理到会讲话,强调推广华语的重要性。经过大力推广,普通话在新加坡十分流行,我在两次访问期间,一切活动,普通话基本通行无阻。我国台湾地区,1973年公布国语推行办法,规定公教人员说国语,并提高基层人员国语能力。台湾居民积极学习,现在50岁以下的人基本会讲国语。我作为台湾中华语文研习所的顾问,应邀访台期间,所到之处,普通话通行无阻。香港居民面对说普通话的落后状况,又受到香港1997年回归祖国的鼓舞,掀起一浪又一浪学习普通话的高潮。1987年我去香港访问时,居民普通话已稍有起色,学术界已基本使用普通话。1988年5月,我应邀为香港中文教育学会和香港中文大学联合开设的普通话教学法证书课程班讲语言学。我记得当时问学员,"我用普通话讲课,大家懂不懂?"大家齐声回答:"懂!"当我板书时又问:"我写简体字行不行?"大家回答:"行!"我在"懂"和"行"的鼓舞下,坚持用普通话上课,写简体字,学员兴趣盎然。记得我在谈到要善于调节言语交际中角色关系的时候,香港电话公司的张月彩小姐问我,"在接电话时有时碰到用语不礼貌的顾客,有的甚至话语轻佻,这时应如何调节自己的话语?"我对她说:"遇到这种情况,你的话语应该上升权势关系,降低亲近关系,让对方感到你对他敬而远之,他就不会再无礼了。如果你用亲昵的话语迁就对方,对方就会误解你的亲切,对你更加无礼。"张小姐听后,联想到她的言语实践,连连点头称是。由此可见,学员们对学习语言理论和实践都是十分认真的。

1996年春,我在香港讲学期间,除在香港理工大学讲授系统的课程外,还先后应香港大学、香港教育学院、香港中国语文学会和香港普通话研习社等单位的邀请,分别给一些语文教师讲了语言学和语言教学问题,并与各单位负责人和听课的学员进行了广泛的交谈,听了他们的实践课。我发现,香港普通话教学发展很快,已经拥有一支称职的教师队伍,编写了较为系统的教材,教学法水平也有很大提高。香港普通话研习社理事会主席冼锦维先生和主持学术工作的周芜先生向我介绍,该社是一个注册的不牟利的学术文化团体,宗旨是推广普通话,已有十多年的教学历史,编写了一套《普通话课本》,学员分初级班、中级班、高级班和深造班。研习社与香港中国语文学会普通话部合办了一份《普通话通讯》小报,报导香港推普信息。周芜先生还与香港中文教育学会副会长田小琳女士共同主编了一本《普通话》杂志,为健康的语文生活发挥作用。与普通话研习社类似的机构还有香港普通话教育中心。我在与该中心特约课程总监张家城先生的交谈中得知,他们也编写了一套普通话教材,拥有一支教师队伍。香港政府布政司署公务员训练处也设有普通话课程。1996年5月,该处的高级训练主任赵佩芝女士和梁文先生曾专程到香港理工学院看望我,他们听了我为研究生讲的课,向我介绍了香港公务员语言培训的情况。他们有计划、有针对性地对各级公务员进行言语修养的训练,重点在提高普通话水平和中文应用文写作水平,对中高级公务员的训练尤为重视。他们听了我对提高语言水平和言语修养的建议后,要求我为他们做点事情。可惜我在港时间太短,未能满足这项要求。

香港大众传播媒介也很重视普通话的推广。报纸有关于普通话的专栏,电台、电视台有普通话新闻节目。原在上海电视台的陈燕华女士就是普通话新闻的主要播音员之一;原在上海的游泳运动员庄泳女士也在香港电视台主持体育节目。我曾身历其境,参与了香港电台的普通话节目。那是1996年4月19日晚8时至9时30分的"普通话通天下"节目。那一天是"普通话擂台战",是汇丰银行赞助、香港电台主办的普通话比赛的决赛。我是被邀请的四位评委之一。11位参赛者用普通话朗诵、对话、时事常识问答,前三名字正腔圆、话语顺畅;有几位则带有明显的广东话腔调。我在接受播音员范玲小姐的现场评判访问时,除指出优点外,着重指出参赛者明显的背书腔,话语不够自然,建议下次比赛时增加自由谈话项目。汇丰银行的评委、贷款董事高月华小姐在节目后对我说,她完全同意我的意见。从高小姐那儿我得知香港人学普通话的另一景象:"公司课"蔚然成风。香港工商界人士认为学会普通话不仅可提高整体素质,而且便于与大陆做生意。现在很多商店不仅"欢迎使用人民币",而且力争用普通话接待顾客。我曾在沙田火车站广场一家眼镜店配两副眼镜,接待的营业员除一人不懂普通话外,其他两位均用普通话交谈,从验光、选镜架、试镜到成交,均无交际障碍。

除学普通话外,学写中文应用文也受到了重视。香港的中文应用文既受古文的束缚,又受译文的影响,除公文程式和写作格式外,还有写作者的语言水平、言语修养和写作能力问题。我曾应香港生产力促进局和香港城市大学专业进修学院的要求,向他们提供了关于应用文写作的建议。对应用文的格式、写作要求、用语特点和行文特点作了说明,特别提醒他们考虑香港公务人员与大陆各界的交往,以便通过应用文沟通两地的关系,有利于两地公务和商务往来。其他书面语,如报刊书籍的语言,比起应用文来,问题要好一些。许多作家用规范的语言写作。香港作家、诗人王一桃先生在与我交谈时,十分强调语言规范的重要性。他不赞成半文半白、穿插外语和方言的作品,认为大陆一些"现代派"作家语言晦涩难懂,令人反感。他自己的作品语言规范,文笔清新,正像诗人臧克家对他的赞美:"炯炯面世界,笔下自有神"。王一桃先生是香港文协副会长、是我神交多年的朋友。他在香港《大公报》、《文汇报》、《新晚报》、《香港商报》等报刊发表多篇文章评介我的修辞学著作。仅从他文章的标题就可看出他既重视学术内容,又重视语言形式,如《修辞学研究的新收获》、《兴趣盎然领略修辞奥秘》、《有趣又有益》,等等。我的另一位香港朋友,《中国语文通讯》杂志主编黄坤尧先生在与我多次交谈中,也特别强调文学语言的规范。他博通国学,又工诗词,语言功底深厚。有人赞他"香港一枝春,黄生四海闻。清词与丽句,字字华夏魂。"可见,香港文化界正式书面文献中,汉语使用符合规范。但在一般的与日常生活有关的书面语中,语言问题较多,词语问题尤为突出。解决问题的方法,除社会提倡之外,还要靠改革语言教学来实现。在香港普通话研习社听我演讲的王健英老师告诉我,她任教的苏浙小学一直坚持用普通话上课。现在,香港各级学校中,普通话教学越来越受到重视。

　　根据我的耳闻目睹和亲身经历,我深深感到,香港语言异彩纷呈,成为九七回归的一大景观。首先,由于结束一个多世纪的殖民统治,回到祖国怀抱,汉语的地位日益提高,将成为主要的正式语言;其次,继续发挥英语作为正式语言的作用,对香港这个中国对外开放的窗口仍然具有重大意义;再次,学习普通话热潮正一浪高一浪;最后,在正式场合使用普通话的同时,广东话仍会在日常生活和家庭交际中起重要的交际辅助作用。香港是一个双语社会,由于错综复杂的语言关系,社会语言资源极为丰富,是进行语言学理论研究和应用研究的极佳场所。据我所知,香港中国语文学会的姚德怀、胡百华先生正在进行大规模的词库建设研究;香港大学的欧阳汝颖女士和施仲谋先生,香港理工大学的张日昇、张群显先生正分别进行汉语口语和书面语的测试研究;香港中文大学黄坤尧、张双庆先生正主持文学语言的研究;该大学何元建先生在研究翻译学问题;香港城市大学曾子凡先生、史湄女士分别进行普通话与广东话对比研究和香港词语变体研究;香港语言学学会历届会长邹嘉彦先生、徐云扬先生和顾阳女士以及广大会员也在进行各项语言研究,香港教育学院何国祥等先生开展了语言教学改革的研究。在香港回归前夕,我不时听到他们的捷报。

　　附记:这是香港回归祖国前夕,配合介绍香港语文的文章写的一篇感言,材料截止于1996年。香港回归之后,我又多次应邀赴港讲学。如应香港理工大学陈瑞端老师邀请,为该校语文老师讲了对外汉语教学论;参加了博士论文答辩,并与他合作写了《语体学》;应香港浸会大学杨素英和黄月圆老师邀请,两次去进行研究,与他们合写了《汉英谚语文化》;应汇丰银行高月华女士邀请为其员工讲了应用文写作;应课室出版社陈道义先生邀请为中学教学讲了语言教学,等等。每次我都能感受到香港语文建设的进展。

港澳台词语是丰富普通话的重要源泉[①]

　　一种语言不仅是音义结合的词汇和语法的宏观体系,而且是处于相互作用之中的各种微观变体的总和。宏观体系是全民共同的、标准的、有规范的体系,如现代汉语的普通话。

　　微观变体是由于社会、地域、职业、个人以及语言本身等原因而产生的词汇、语法、语音、语义差别。由于港澳台词语是丰富普通话的重要源泉,所以,掌握这些词语并不影响掌握普通话;相反,如能处理恰当,反而有助于语言水平和言语能力的提高。

一、语言的微观变体

　　一种语言不仅是音义结合的语汇和语法的宏观体系,而且是处于相互作用之中的各种微观变体的总和。

　　宏观体系是全民共同的、标准的、有规范的体系,如现代汉语的普通话。微观变体是由于社会、地域、职业、个人以及语言本身等原因而产生的词汇、语法、语音、语义差别。例如:

　　语音变体:尾(wei, yi)
　　语义变体:爱人(配偶、未婚妻或情人)
　　词汇变体:蝴蝶、蝶

[①] 王德春教授在澳门理工学院语言暨翻译高等学校 1998 年 3 月 11—13 日举办的普通话教学国际研讨会上宣读的论文。

语法变体：好容易、好不容易

地域原因引起的变体：洗澡、汰浴(上海)、冲凉(广东)

社会原因引起的变体：学生中流行的社会习惯语，如"吃红灯、吃鸭蛋、打拍司、坐飞机、开夜车"等。

港澳台地区与大陆地区，由于长期隔离，语言受到社会和地域的双重影响，产生了社会地域变体，表现最为明显的是港澳台词语与大陆词语的差别。例如：

双方产生的新词：大陆"老九"(知识分子)
　　　　　　　　港澳台"作秀"(表演、展示)

双方产生的新义：大陆"帽子"(罪名)
　　　　　　　　港澳台"香蕉(人)"(西化的华人)

语义的分化：先生(大陆"长者、老师"；港澳台：尊称、丈夫)

修辞的分化：大陆称送信者为"邮递员"。
　　　　　　港澳台仍称"邮差"；"邮差"在大陆当作旧词，表卑，含轻视色彩。

这种种变体，客观地存在于言语交际之中，使现代汉语变得更为丰富多彩。

二、微观变体的社会功能

普通话作为现代汉语的宏观体系是全民的交际工具，不分地域，不分社会集体，也不分职业社团；它使用于各种交际环境，特别是正式的交际环境。普通话不仅是汉语的共同语，而且是中国各少数民族的族际交际语；同时，它作为汉语的共同语还是联合国的正式语言和工作语言之一。普通话的交际功能是任何变体都不能替代的。地域变体、社会变体、社会地域变体等等在功能上服从于普通话，补充普通话，是辅助性的交际工具。它们可在某一地域、某一社会集体使用，发挥重要的辅助交际功能，特别在非正式的日常交谈中。

各种词汇、语法的微观变体，在功能上也是相互补充的，它们所具有的各种修辞分化使语言体系具有更完善的交际功能。

香港回归祖国后，除继续发挥英语作为正式语言的作用之外，要充分重视汉语成为主要的正式语言的作用，特别要重视提高普通话的地位,逐步要求居民在正式场合使用普通话。这样更有利于香港人民与大陆地区、台湾地区人民,与海外华人的交往。与此同时,香港地区的广东话仍会作为日常生活和家庭交际用语而继续使用和发展,起到它们重要的交际辅助作用。澳门也将于1999年回归祖国,在语言问题上,面临着与香港类似的情况。所以,学习、使用和推广普通话,成为港澳的一项重要任务。我认为,港澳人民不仅要学习、使用和推广普通话,而且要与大陆、台湾人民和世界华人一起,丰富和发展普通话,这也是义不容辞的重要任务。

三、微观变体的竞争和普通话规范的确立

普通话是全民共同语,具有相对稳定的标准和规范。没有相对稳定的规范,很难保持全民共同的性质,所以,普通话必须规范化。使用普通话的人必须遵守全民约定俗成的规范,保持普通话的纯洁和健康,更好地发挥普通话的交际功能。

但是,从建构语言学的观点来看,语言的规范是相对的。为了社会交际的顺利进行,语言使用者既要共同遵守相对稳定的规范,又可在交际需要时,突破现行规范,创造新词新义,更有效地表达思想感情。这种创新就是新的词语变体,一旦被社会公认,就会成为语言的词汇事实,成为新的规范,并使语言体系获得发展。

新的变体在语言规范化过程中可能被当作不标准的成分而淘汰,也可能在竞争中获得公认,被确定为新的规范。随着时间的推移,进入规范的变体,由于少用到罕用而退出规范;不标准的变体又会由于多用和常用而进入规范。语言体系始终处于动态的建构过程。

例如,"乱云飞渡仍从容"中的"从容",有"从容"和"从容"两个语音变体,过去的标准是"从容",由于大家都说成"从容不迫","从容容",现在又把"从容"确定为规范。在竞争之中,"从容"获胜。

普通话中的"出租汽车",台湾叫"计程车",港澳从英语借用 taxi,叫"的士"(新加坡叫"德士")。曾几何时,"的士"一词从港澳进入大陆,从南到北广泛使用。后来,把"叫出租车"称为"打的","的"又成了"的士"的变体。它与"有的放矢"的"的"成为同音词。它作

为词素又有很强的构词能力。北京的"面包车"(港澳称"小巴")作为出租车被称为"面的",与"面的"相对,原来的出租车称为"轿的",出租车司机也相应的称为"的爷"(试比较倒买倒卖的"倒爷");上海残疾人用的机动车有时也用来搭客,称之为"残的"。"的士、打的"已经活在各地居民的口头上,为大家喜闻乐道,与"出租车"并存,具有相当大的竞争实力,很容易成为普通话的词汇事实。

一些新的语言变体,特别是那些突破规范的新变体开始出现时,人们往往感到不习惯,往往以不标准为由轻易摒弃。我认为,我们应该以积极的态度对待各种语言变体,把它们看作丰富普通话的源泉。在确定规范时,要充分考虑到语言的变化发展,因势利导,把那些有生命力的、常用的变体吸收进普通话,确认它们的规范性。语言的规则和规范是约定俗成的,敢于把约定俗成的变体确定为规范,是普通话规范化工作的重要方面,其重要性不亚于维护现存的规范。何况,现存的规范也会在竞争中失败而退出规范。

四、普通话从各种变体中吸收有用的成分

我国的北方方言是普通话的基础方言。普通话在汉语的长期发展过程中,以北方方言为基础方言,吸收其他方言的有用成分,主要在官方的正式交际中形成。它由各地正式交际的"官话",逐步取得"国语"的地位,成为迅速推广的"普通话"。

普通话以北方方言为基础,但北方方言不等于普通话。普通话之所以成为全民共同语,其重要原因之一是它广泛吸收其他方言、其他变体的有用成分。上海话的"尴尬",广东话的"炒鱿鱼"都被普通话吸收,成为通用词语。北方方言中没有用的成分也不为普通话吸收,如北京话的"取灯儿",在"火柴、洋火、自来火"众多变体中,"取灯儿"没有任何竞争能力。同样,普通话以北京音为标准音,但北京语音不等于普通话的标准音。例如,普通话没有北京话那么十足的儿化韵,不说"今儿、晚儿、昨儿、前儿、后儿",不说"明儿见儿",而说"明天见"。又如"倾向"一词,北京音是 qǐng xiàng,而普通话正音规范是 qīng xiàng,"倾"读阴平,不读上声。可见,普通话在北方方言的基础上形成之后,逐步确定了作为共同语的规范,在吸收有用成分

方面,对各地方言、各种变体是一视同仁的。当然,一些常用的基本词汇,既已以北方方言为基础约定俗成,就没有必要重新一一确定规范了。

可见,普通话从各种变体中吸收的是有用的成分,不是兼收并蓄,照单全收。那么,什么是有用的成分呢? 以词汇而言,主要是表达新事物、新概念的词语,具有特殊感情色彩的词语,表现力特强的词语。这些词语是普通话现有词语无法代替,或虽能代替而具有细微含义差别的。普通话里有"窘",但不似"尴尬"那么神态毕现;普通话里有"卷铺盖",但没有"炒鱿鱼"那么形象鲜明。

五、港澳台变体中的有关成分

汉语的港澳台变体不仅是地域变体(广东话、闽南话等),由于这几个地区与大陆长期隔离,社会制度又不同,其语言变体同时还是社会变体。这种特殊的社会地域变体中不乏新鲜有用的成分,可供普通话吸收。

港澳台地区的政治、经济、文化特点与大陆不同,因而语言中出现一大批反映这些特点的词语,如行政会议、廉政公署、基本法、临立会、炒家、蟹民、太空人、夹心阶层、笼民、发烧友、冷衫等等。

有些词语,新颖别致,有相当高的表现力。

20 世纪 80 年代,台湾出现"香蕉人"一词,喻指"西化的华人",并含揶揄、嘲讽意味。香蕉外黄内白,一旦用来指人,那种内心虽已西化,皮肤仍为黄种人的形象就鲜明地表现出来。试比较现代英语中用 red apple(红苹果)一语代指美国的印第安人,"香蕉人"和 red apple 有异曲同工之妙。我是 1992 年在新加坡讲学时看到这个词的。

70 年代,台湾出现"作秀"一词,义为"表演"。与前述"的士"一样,这是一个英语借词,源于英语 make a show。"show"音译为"秀"(港澳地区音译为"骚"),加上表示动作的词素"作",就成为"作秀"。这个词是作为影视界的行业词而出现的,开始有人认为不合规范,不中不西,难以接受,"作秀"受到了新词出现时不可避免的那种对待。大家知道,台湾推行国语运动成果显著,很讲究语言的规范化。可是,影视、戏剧、歌舞等行业却是乐用不疲。由于这些娱乐行业与人民的文化生活密切相关,"作秀"一词后被用于其他领域,语义扩大为"表演、展示、炫耀、献丑",最后为社会接受,并传入港澳。我是1987年到香港访问时认识这个词的,距今也有十多年了。等我1994年到台湾访问时,"作秀"一词已到处可见了。我还发现,1991年1月《上海家庭报》上出现"以作秀或整人为乐的职业政客"一语。凡经过"文化大革命"的大陆人,是不难理解"整人"的含义的;而"作秀"一词,这儿显然是有"丑恶表演、恶劣行径"的含义,用来贬斥"职业政客"的。

可见,"作秀"一词语义丰富,语用也巧妙。不仅如此,"秀"作为词素,其构词能力特别强,什么"歌厅秀、舞厅秀、茶馆秀",什么"个人秀、联合秀、处女秀",什么"政治秀、民主秀",还有什么"排秀、热秀、脱口秀",应有尽有。"秀"不仅是能产的词素,而且作为"作秀"的变体,还可作单词使用(试比较"的"作为"的士"的变体)。例如,"这个舞女秀得极其高雅"。"秀"为动词;"这是一场极其优美的秀","秀"是名词。这个词,与汉语中另两个词成为同音词,一个是表示"植物抽穗"的"秀"("秀穗"),一个是表示"清丽"、"优异"的"秀"(山清水秀)。

因此,"作秀"一词极富生命力,极有可能为普通话吸收,成为规范的语言事实。

六、港澳台词语使普通话更为丰富

综上所述,港澳台语言变体是现代汉语的一种特殊的社会地域变体,其中包含许多有用的、具有生命力的词语,可以使普通话更为丰富。

我发现,由于近年来大陆地区与港澳台地区交往日益频繁,一方面普通话得到推广,另一方面,普通话吸收了很多港澳台词语,并在大陆地区广泛使用。

例如,"共识、认同、心态、情结、情愫、爆满、曝光、代沟、坚挺、大众媒介、大众传播、影帝、影后、价值观、转型期、界定、迷你、派对、研习、评估、研讨、回应、生猛、知名度、人际关系"等等。另一些如"作秀"这样的词语已开始在大陆使用,使用频率正在增加,很可能获得公认而进入普通话。例如,"作秀、架构、个案、公车、互动、联手、亮丽、男士、疏离感、物业、前地、注资、突显、研拟、异动、因应、运作"等等。还有一些港澳台新义,也被大陆使用,如"充电"的"补充体力或智力"义,"包装"的"人的装饰"义。

有时,大陆地区存在与港澳台词语大体对应的同义词语,这时就要根据交际需要,有选择性地吸收。我认为,一些有特色的同义词语不妨让其共存,自由竞争,在使用中决定继续共存还是加以淘汰。语言中有修辞分化的同义词语本身就标志着一种语言的丰富、发达,何况,各地区同义词语并存,还可增加各地人民的相互了解。例如:

大陆词语	港澳台词语
后代	传人
做工	打工
联欢会	同乐会
旅游	观光
电子计算机	电脑
笑星	谐星
出租车	的士、计程车
饮食业	餐饮业

这些词语共存,对丰富普通话有重要意义,"华夏后代"、"龙的传人"等等早已深入人心,成为全世界华人的骄傲。同义词语的共存,就自然地处于竞争状态,其结果或者是产生修辞分化,继续共存;或者一方竞争胜利,另一方竞争失败,退出规范。这种竞争是公平的,退出规范的词语不一定是港澳台词语,很可能是大陆词语。例如,"电脑"一词,很可能以其简洁、形象而代替"电子计算机";港澳台地区根据教育目的而命名的"启智学校"很可能代替大陆地区根据教育对象命名的"弱智学校"。哪些变体会成为普通话的语言事实,是由群众的使用决定的。语言规范化工作起着因势利导的重要作用,它一方面保持普通话的纯洁、健康,维持其标准性;另一方面又促使普通话丰富和发展。

从微观语言学理论说,现代汉语的各种变体均可促使普通话的丰富和发展,其中的港澳台词语,由于其鲜明的独特性,而成为丰富普通话的重要源泉。

七、微观变体在语言教学中的地位

根据上面的分析,不难看出微观变体在语言教学中也占有一定的地位。我们的汉语教学,包括港澳地区方兴未艾的普通话教学和各地区的对外汉语教学,要善于处理规范和变体的关系,充分发挥微观变体的有利作用。

首先,毫无疑问,汉语教学应教学生学好普通话的标准和规范,这是第一位的重要任务。汉语教学要把推广普通话和汉语规范化的成果巩固下来,充分发挥普通话作为全民交际工具的功能。

其次,如果有需要,也可教一些起辅助交际作用的微观变体,如服务于某一地域、某一交际领域、某一专业的变体等,以便发挥这些变体的辅助交际功能。

再次,可适当地教一些有用的微观变体成分,特别是词语变体,并说明其细微含义和优势使用范围,以便让学生不仅能理解大众传播的正式话语,而且能理解包含微观变体的自由谈话。特别在教学的高级阶段,学生除熟练掌握标准的普通话外,还要尽可能地熟悉微观变体。当然,微观变体的教学应以普通话规范为基础,学生对规范掌握越好,对其微观变体的体会就越深。在言语表达方面,要尽可能符合普通话的规范和标准,而在言语理解方面,应该训练学生适应微观变体的能力。

由于港澳台词语是丰富普通话的重要源泉,所以,掌握这些词语并不影响掌握普通话;相反,如能处理恰当,反而有助于语言水平和言语能力的提高。

(原载《澳门理工学院学报》1998年第1期)

八
词汇学

论词的界限
——词、词素、词组、熟语

划清词的界限，明确认识它同词素、词组、熟语的异同，如何加以分析，怎样区别对待，这个问题不仅有理论意义，而且在语言教学、词典编纂、文字改革、机器翻译等方面有很大的实践意义。例如，我们编汉语词典，碰到一个语言单位首先要确定是不是词，然后才能确定如何加以处理。如果是词就要按词典收词范围收进词典，列为词条；如果是熟语，则要给以不同的释义和安排；如果是自由词组，则一般不收，但需把在词的搭配上或意义上有特点的一部分词组作为词例放在有关词条义项之下；如果是词素，因为它们仅是构词材料，在言语中不能独立运用，一般不收，只需将一部分构词能力强的能产词素收进词典，说明其可能有的附加意义和构词特点即可。

汉语在类型上接近根词语，构形词缀极少，基本上没有形态变化，词的界限较难划分。加上汉字在书写上连成一片，词不分写，更增加了划分的困难。很多问题值得探讨。例如，"半斤八两"、"虎头蛇尾"、"不伦不类"、"轻车熟路"、"凤毛麟角"、"顶天立地"这样的四字格是词吗？这就是一个很有意思的问题。因为汉语中这种四字格很丰富，在语言中的作用也很大，搞清它们的性质十分重要。早在20世纪50年代，我曾就这方面的问题同中国科学院语言研究所陆志韦先生展开过学术讨论。

陆志韦先生写的《汉语的并立四字格》①是对并立四字格进行专题研究的成果。根据陆先生自己的说法，他做这项研究有两个动机。

---

① 见《语言研究》1956年第1期，45—82页，下同。

一则是因为工作上发生了一个理论性问题,即"这样的一个并立四字格是汉语的什么东西呢?"是词、是词组还是句子呢?二则是因为"并立四字格在现代汉语里还占相当重要的地位"。"汉语为什么有这种现象呢?""这些格式是从哪里来的呢?它们在现代汉语里起什么作用呢?是在发展的,还是会逐渐消灭的?"

陆先生在论文里对上述问题提出了自己的看法,有很多意见是很有价值的。但是,陆先生提出的第一个问题,即"并立四字格究竟是个什么东西"这个问题,值得商榷。

陆先生在论文里说:"绝大多数并立四字格的例子是词。并立四字是汉语的一个重要构词格。"

然而,绝大多数并立四字格是词吗?"半斤八两"是词吗?"虎头蛇尾"是词吗?"不伦不类"、"轻车熟路"、"凤毛麟角"、"顶天立地"直到"实事求是"、"有的放矢"、"胸有成竹"、"对牛弹琴"①都是词吗?我觉得它们不是词。它们是词组,但又不是自由词组;它们是固定词组,乃至是固定的句子。这些固定的词组或句子是语言中的熟语。一般都把汉语中这种四字形式的熟语称为"成语"。

为了深入地进行探讨,不得不首先搞清楚什么是词、什么是词素、什么是词组、什么是熟语这些问题。

一

词是一种比较复杂的语言现象。它具有一定的语音特征(如词的轻重音和联音变化等),具有一定的语法特征(如词的语法形式,词法结构,词的搭配能力等)。另外,它作为词汇的单位,具有一定的意义。因此,我们可以这样来理解词的本质:

词是语言的一个声音单位,它有一定的意义,可以表示概念或概念间的关系;它在语法上是定形的,并且是语言中能独立运用的最小单位。

词和词组不同。以实词而言,词大体上是一个概念的物质外壳,

---

① 有些四字格可能不是"并立"的,但提出来一并分析,可以解决更多四字格的性质问题。

它在言语中可以表示一种事物(或者是现象、性质、动作等,下同)。词组是两个以上实词的结合①,它也大体上表示一个概念②,但这个概念是可以分割的;它在言语中也可以代表一件事物,但同时还说明了这件事物的某种特征。虽然这个特征并不是该事物不可缺少的,但在一定言语中它是存在的。

譬如,"黑板"是一个词,它代表一个概念,这个概念是不可以分割的。"新黑板"是一个词组,它也代表一个概念,但这个概念是可以分割的。它不仅称呼了"黑板"这件事物,而且说明了它的特征,是"新的"不是"旧的"。虽然"新的"这个特征并非"黑板"这件事物所不可缺少的,但当人们谈到"新黑板"时,这种特征是存在的。

从逻辑学上说,词组表示的概念的内涵要比词表示的概念的内涵丰富,正因为如此,词组表示的概念的外延要比词表示的概念的外延狭窄。

我们仍以"新黑板"这个词组为例,它所表示的概念的内涵要比"黑板"这个概念的内涵丰富,因为它除掉"黑板"所具有的一些特征外,又包含了"新的"这个特征。但是正因为如此,"新黑板"这个概念的外延却变小了,它所包含的对象中已经把"旧黑板"、"半新半旧的黑板"摒除了,就是说它概括的范围缩小了。

从上面的分析中可以说明,词组在形式上是两个以上实词的结合,在内容上它表示一个可以分割的概念。可能有人会问:"照这么说,'黑板'难道不是词组吗?你看'黑'和'板'是两个实词,'黑板'表示一个可以分割的概念,'黑'是'板'的特征。"

"黑板"是表示一个可以分割的概念吗?不是的。"黑板"不是指"黑的板",而是指"上课时用来书写的一种教学工具"。这个概念的外延并不排斥其他颜色的这种教具。原来"黑板"这个词虽然代表"黑板"这个概念,但词和概念并不一样。概念反映事物的全部本质

---

① 一个实词和虚词的组合这里暂不分析,因为虚词表示概念间的关系(或句中词与词的关系),既然是关系,一定有两个关系者(两个对象),只有一个对象就无所谓关系。
② 有些人把汉语中的主谓关系(如:狗叫)和并列关系(如:教师和学生)都当作词组。如果这是词组的话,当然表示的不止一个概念。

特征,而作为词的基础的只是事物的个别特征,甚至是和该事物没有本质联系的特征。词作为事物的名称,"那么名称是什么呢? 名称是用来区别的符号,是某种十分显明的标志,我把它当做表明对象的特征的代表,以便从对象的整体性来设想对象。"①由此可见,"黑板"这个词作为事物的名称,它仅仅是用来区别的符号,人们用"黑色的"这个十分显明的标志来作为表明"黑板"这个对象的特征的代表,以便通过它来设想对象的整体。"黑色的"是"黑板"的一个标志,是它的一个特征,但并不是本质的特征。我们并不把任何一块黑颜色的板都叫做"黑板",被叫做"黑板"的只是"上课时用来书写的那种教学工具";而且这种工具可能不是黑色的,但仍可叫做"黑板"。

可见,"黑板"所表达的概念是不可以分割的,"黑板"是一个词,它是语言中独立运用的最小单位,而"黑"和"板"在这样的组合中是不能独立运用的,它们只是词素。

词素是语言中最小的表示意义的单位,不能独立运用。词素可以分割成音位,音位不表示意义,但能区别词的意义。词素是构词的材料,通过词在语言中发生作用,不能用来指称事物,不能作为句子的建筑材料。

词素可以分成词根和词缀。词根表示实在意义,作为词的词汇意义的基础。汉语中的词多半用合成法构成,即两个词根相结合构成新词,如"人民"、"学习"、"火车"、"墨水"等。词缀表示附加意义或语法意义,如"化"、"性"、"家"、"者"、"主义"等都是表示附加意义的词缀;"着"、"了"、"过"等都是表示语法意义的后缀。用加缀的方法构成新词叫附加法,用附加法构成的新词叫派生词。

词素虽然不是词汇单位,不能独立运用,但一些构词能力强的能产的词素应在词典中加以反映。如"化",可构成"工业化"、"集体化"、"现代化"等词,还有潜在的构词能力,一旦交际需要,就可构成新词。如现在报纸上把"四个现代化"简称为"四化",毛泽东同志曾

---

① 列宁:《费尔巴哈"对莱布尼茨哲学的叙述,分析和批判"》摘要,列宁对这段话加的评语是"说得好!"见《哲学笔记》第354页,人民出版社1956年版。

用过"小众化"、"武化"。当然,这类词不一定都列为单独的词条,有的可作为"化"这个词素的例证,说明它的能产性。

搞清楚词和词素的区别,我们就可以不仅从形式上,而且从本质上确定词和词组的界限。例如:

粉笔、钢笔、石板、报纸、墨水、火车、汽车、马车、脚踏车、三轮车、铁路、马路、红花(一种药材)、紫菜(一种海产)、啄木鸟、黄鱼、黄瓜、白菜、油菜,等等。

它们都是词,都由词素构成,表达一个不可分割的概念。人们在替这些事物取名称时,就用这些事物的某一个特征来作为基础。这些名称一旦获得社会公认,就能表示某类事物的概念。人们在交际过程中,通过某个名称,可以设想出事物的整体,而不是想象作为名称基础的那个个别特征。譬如,我们听到"张同志买了一支钢笔"这句话时,我们立刻想象出的绝不是"钢做的笔",而是一支"自来水笔"或"蘸水钢笔"。有时候我们甚至把作为名称基础的那个特征完全忘掉了。譬如我们说:"李同志买了一瓶红墨水。"这时,作为"墨水"这个名称基础的特征"黑色的"、"墨汁"已经被我们忘掉了,我们甚至一点也不感觉红与黑的矛盾。

但是词组完全是另外一回事。"墨水"是一个词,它由"墨"和"水"两个词素构成,表示的概念不可分割,它在语言里是最小的独立运用单位;但"红墨水"却是一个词组,它由"红"和"墨水"两个词构成,表示一个可以分割的概念,它是人们在交际过程中按照需要临时搭配的。在这个句子里"红的"是"墨水"的一个特征,这个特征并不是"墨水"这个概念不可缺少的,但在这句话中它确是"墨水"的特征。在另外的场合下我们还可以按照需要说"蓝墨水"、"黑墨水"等等。可见,"红的"这个特征并不是人们给事物取名称时作为基础的特征,而是在一定情况下墨水具有的一种特征。"红墨水"是一个词组,是临时用两个实词搭配起来的,它表示一个可以分割的概念。

新笔、旧报纸、红玫瑰、厚书、薄纸、宽马路、长黄瓜、飞鸟、高桌子、好同志等都是词组。

"墨水"等等是词,"墨"和"水"等是词素,"红墨水"等等是词组,可是"胸无点墨"是什么呢?

"胸无点墨"的字面意思是"胸中没有一点墨水",但实际意思是"不识字,没有文化",像口语中常说的"没有喝过墨水"。如果单从字面意思看,就难以理解。哪一个胸中会有墨水呢?谁又会去喝墨水呢?可见,不能从字面上去理解"胸无点墨"这个语言单位。"胸无点墨"是词的固定组合,是现成的词汇单位。它是一个形象的譬喻,用"胸中没有一点墨水"来表示"不识字"、"没有文化"这个意思,因此它既不是词,又不是自由词组,而是熟语。

熟语首先是两个以上单词的组合,但这种组合是固定的,在语言里它作为独立运用的单位,一般也表示不可分割的概念。

熟语首先是词的组合,当然与词不同。正像张世禄先生说的:"成语的结构是很紧密的,但是没有凝成为词,还是认为由几个词组成的词组。"①其次,熟语是固定的词的组合,一般表示不可分割的概念(主要指成语。下同),在语言中又是独立运用的单位,当然又不同于一般的自由词组。

词、词素、词组、熟语相互之间的确有一些共同点,正是这些共同点会使我们分不清界限。然而,它们之间又有显著的不同点使我们有可能把它们区别开来。上面谈到的就是一些主要的异同点。

二

陆志韦先生认为在汉语中找词只有两种办法,一是词有一定的意义,当然这个意义是"单纯的";二是词在句子里能起特定的作用,是句子里"能自由活动的最小单元"。然后他用各种方法证明大多数四字格有这两个特点,因而它们是词。

为了不使问题过分复杂化,我们不妨就从这两方面来认识一下四字格的性质。

陆先生说:"从'意义'来看,显然绝大多数并立四字的例子可以算作'词',因为'意义'都是相当紧凑的。"他又说:"比如说'不三不

---

① 张世禄:《普通话词汇》,新知识出版社,1957年版,第56页。

四'的'意义'是单纯的,就算一个词吧。"不过他又说:"最大的困难倒是在乎'意义'的是一是二,不能凭直觉肯定。假如我说'不三不四'是一个'意义','不大不小'是两个'意义','不大'和'不小'。另一个人说不,那是'不……不'和'大小'两个'意义'。第三个人说那是三个'意义','不……不','大','小'。第四个人说四个字都有'意义'。那怎么办呢?"最后他说:"单凭'意义'来找词,至少在汉语行不通。"

我们且别管行得通行不通,为了说明问题,先进一步搞清什么是"意义"倒是必要的。

词、词素、词组、熟语都是有意义的。我们在前面已经简单地谈到过:词表示一个不可分割的概念(或概念之间的关系),词素分别表示一个词的实在意义、附加意义和语法意义;词组表示一个可以分割的概念;熟语也表示一个概念,这概念是不可分割的。① 那么在意义上词和熟语有什么分别呢? 而且陆志韦先生也说:"有的语法书上干脆说一个词代表一个'概念',可是从没人主张一个'概念',只能用一个词来代表。并且一个四字格所表达的'意义'是'概念'么?"从意义上看,我们认为,词和熟语表示一个不可分割的概念,词组表示一个可以分割的概念。这是把词(或熟语、词组,下同)的意义简单地归结为词表示的概念,是就问题的主要方面说的。大家知道,词的意义是和"概念"密切联系着的,离开了词就无所谓什么词的意义,同样,离开语言物质外壳,概念也就不可能形成和存在。概念是人们意识中概括反映现实的思维形式,而词也是客观同类事物的概括反映。列宁说:"任何词(言语)都已经是在概括"。② 他又说:"感觉表明实在;思想和词表明一般的东西。"③正因为词的意义和概念的关系非常密切,所以一般就把词所表示的概念作为词的意义方面。因此,从意义上说,词、词组和熟语的界限就分不清了,因为它们都是表达一个概念;而其中词和熟语的界限就显得更难划分,因为它

---

① 熟语不一定表示一个概念,有些熟语(如谚语、警句、格言等)可以表示一个相对完整的思想,为了叙述的方便,本文暂不涉及它们。
②③ 《哲学笔记》,人民出版社1956年版,第278页。

们都是表达一个不可分割的概念。为了在意义上也能区别它们,就不能满足对词义的浅显解释,而要解释得更深入一些。

只要我们再往下深入一步,就不难看出,词的意义和概念并不相等。就是说,词的意义并不就是它所表示的概念。它们两者是有区别的。

词义不等于概念这一点在虚词里表现得最为明显。前面谈过,虚词不表示概念,而表示概念间的关系。但是虚词既然是词就一定有意义,而且这种意义事实上也是存在的。譬如我们说:

"给我一支铅笔或者一支钢笔。"

或"给我一支铅笔和一支钢笔。"

这两个句子中的虚词(连接词)"或者"与"和"各表示了句子中词和词间的关系,这种关系正反映了客观事物间的关系。因此我们也可以说,虚词的意义是客观事物间关系的概括表示。这种意义一般叫做语法意义①,但它仅是意义而不是概念。

用虚词来说明词义与概念的关系,显然还不能解决问题。下面我们再用实词来说明词义和概念的区别。

就实词来说,概念是词义的基础。但词义并不就是概念。词义是语言的范畴,而概念是思维的范畴。概念概括事物的本质特征,而词作为事物的符号,却标志着整个事物,标志着该事物一切本质的和非本质的特征。虽然词通常只用事物的某一个特征做代表,但在交际过程中人们会通过这个特征来想象整个的事物。所以词的意义是词的内容的总和,而概念仅是词义的基础。

例如,"啄木鸟"这个概念所包括的特征是:1)属于鸟纲攀禽类动物;2)足有四趾,两前两后,善于攀木;3)嘴又直又尖,舌有逆钩,能啄穿树皮,捉食小虫。这些特征是"啄木鸟"的本质特征,可以借助这些特征把它和其他事物区别开来。但是作为"啄木鸟"这个词的基础的只是"能啄穿树皮"这个特征。人们利用这个特征来称呼这种鸟,作为这种鸟的符号。但是在交际过程中,人们可以通过这个特征想象整个的啄木鸟。不仅可能想到它的一些本质特征,而且可能

---

① 虚词只有语法意义,实词有词汇意义也有语法意义。

想到其他一些次要特征,如:羽毛灰黑,头部是红色,尾羽很硬很直,可以在攀树时支撑身体,以森林为家,在树洞里做巢生活,啄食害虫,有益于农林,但啄穿树身有害于树木等等。所有这些本质的和非本质的特征都包含在词义里。而概念所包含的那些本质特征,则是它们的基础。当然并不是一提到"啄木鸟"这个词,人们就会想到所有的这些特征,甚至不一定想到所有的本质特征,因为交际的场合不一样,人们的知识水平也有差别。但尽管这样,词义却仍然是客观存在的。

另外,我们所说的词义与概念想象,它们都具有概括性,这是指脱离言语环境的孤立的词而说的。如果词在一定的言语环境中,一定的上下文中,则它不仅可以表达概念,而且能表达具体的事物,例如我们说"我们昨天在动物园里看到一只很大的啄木鸟"这句话时,"啄木鸟"这个词指的就是昨天看到的那只很大的鸟,而不是所有的啄木鸟。这也是词义和概念不同的地方。

三

词义和概念的区别性从理论上证明,词和熟语虽然都是表示不可分割的概念,但它们在意义上并不就是毫无差别的。事实上这种差别不仅存在,而且表现在各个方面。

一般说来,词的意义就是一定语音与一定客观现实的联系。①人们可以用一定的语音来作为一类事物的名称,但是这种声音和这一类客观事物并没有必然的、直接的联系。我们在前面谈过,人们可以用事物的个别特征作为代表,来称呼该事物。如"黑板"一词的代表特征是"黑色","啄木鸟"一词的代表特征是"啄穿树皮"等等。但是语言中有很大一部分词并没有这种代表特征作为基础,例如:"手"、"人"、"车子"、"天"、"桌子"、"房屋"等等。为什么人们用

---

① 每种语言里都可能有一些词不与任何客观现实相联系,如汉语中的"鬼、神、上帝、阎罗王"等,但这些词还是人们在认识客观世界时,受到一定的客观现实的提示而产生的,不过在这些词里,现实受到了歪曲的、不正确的反映。另外,语言里的虚词则是语音和客观现实中一定关系的联系。

"ren"这个声音来称呼"人"呢？为什么用"tian"这个声音来称呼"天"呢？这在语言里是得不到解释的。

熟语的意义当然也是一定的语音和一定客观现实的联系，这种联系也不是必然的。但是几乎所有熟语的意义都可以在语言里获得解释。

从现代语言的角度观察，有些熟语的意义已经凝固得很紧密，整个熟语的意义已经不能由组成该熟语的各个词的意义中认出来。例如，"胸有成竹"不是"肚子里有几根竹子"的意思，而是"胸有定见"的意思。这两个完全不同的意思是怎样联系起来的呢？是不是人们随便用一组语音来与一定的客观事实相联系，而在它们之间找不着任何意义的联系呢？显然不是的。如果是这样的话，那"胸有成竹"就不再是熟语，而是词了。那么，它们在意义上究竟有什么联系呢？这从这个熟语的来源上可以看出来。这是宋朝文学家苏轼说过的一句话："故画竹，必先得成竹于胸中。"就是说，你要画竹子，思想上就得有竹子的印象，就要打好"腹稿"，酝酿一下怎么个画法。后来人们就用它来表示"胸有定见"的意思，并把它缩减成四字的形式。由此可见，熟语的意义和构成熟语的各个词的意义不是绝对没有关系的。就像陆先生在文章中列举的一些"四字格"，如"轻车熟路"、"男耕女织"、"落花流水"等也可以找出这种关系来。当然这种意义上的关系有各种不同的表示，要一下子揭露它们的本质，是不容易的。这儿分析的关系是熟语中词义的历史联系。我们不妨再从其他方面来做一些分析。

许多熟语中都利用了形象比喻，这是熟语的一个主要特点。例如"鹤立鸡群"、"凤毛麟角"、"虎头蛇尾"、"杯水车薪"等。这些形象比喻使熟语中的词获得了转义用法。熟语中词的这种转义和单词的转义不一样。熟语的形象比喻往往建立在词的"潜在意义"上。这种意义一离开熟语就不存在了。

我们先用"鹤立鸡群"这个熟语为例来加以说明。这个熟语有"超群出众"、"出类拔萃"的意思，没有"一只鹤站在一群鸡当中"的意思，这是大家都知道的。这儿显然是一种形象比喻。我们从这个熟语的起源中也可以看出来。《晋书》中有载："或谓王戎曰：'昨于稠人中始见嵇绍,昂昂然如野鹤之在鸡群。'"①

在"鹤立鸡群"这个熟语中隐藏着一种形象,这种形象与一个超群出众的人物相联系,他站在众人之中,显得很突出,就像"野鹤之在鸡群"。所以这个熟语的意义是可以分析和理解的,它与构成熟语的各个词("鹤"、"立"、"鸡"、"群")的意义不是绝对没有关系的。这些词仍然保留众所周知的意义。不过在这个熟语里表现的意义是"潜在"的。

怎样来理解"潜在的意义"呢?"鹤"这个词的意义是属于涉禽类的一种鸟,颈、腿和嘴都很长,鸣声清朗,常涉足浅水,索食鱼贝等物。但是"鹤"这个词在"鹤立鸡群"这个熟语中的意义是和"超群出众"、"突出"、"昂昂然"等这类观念联系着的。就是说它有"突出"的意思,它跟"长腿"、"长颈"、"清朗的鸣声"这些特征是有联系的。但是在"鹤立鸡群"这个熟语里所反映的不完全是"鹤"这个概念的重要特征,这儿所联系的特征是用来表示"突出"这个意思的,至于鹤属于鸟纲涉禽类,常涉足浅水,索食鱼贝这些特征在这儿完全是不必要的。

鹤这个词所具有的"突出"这个意义就是"潜在"的,辞典里不必列出这个义项。它是词在熟语中特殊运用的基础上产生的特殊的转义,这种转义不是这个词所固有的,而是整个熟语所固有的,它只有在熟语里才能显现出来。我们不能说"鹤"这个词有"突出"、"超群出众"这些意义,它只可能有这种"潜在意义",只有"鹤立鸡群"这个熟语才有这样的意义。

这种"潜在意义"在其他熟语里也可以看出来,如陆先生列举的"凤毛麟角"、"虎头蛇尾"、"风吹草动"、"半斤八两"等都是如此。这些熟语中包含的词(或词组)都是有"潜在意义"的,如"凤毛"、"麟角"都有稀罕珍物的特征,因此它们就可能具有"稀罕珍物"的"潜在意义",这种意义在"凤毛麟角"这个熟语中显现出来了。"凤毛麟角"这个熟语不是"凤凰的毛、麒麟的角"的意思,而是"稀罕珍物"的意思。就连陆先生认为意义单纯的"不三不四"中也可以分析出词的

---

① 见《晋书·嵇绍传》。

这种潜在意义。"不三不四"的意思不是"三个半",而是"不规矩"。既"不"是"三"个,又"不"是"四"个;"早上(朝)"是"三"个,"晚上(暮)"又是"四"个,真是变化多端。于是"一种不规矩的,不确定的人物"的形象就在"不三不四"、"朝三暮四"这样的熟语中固定下来。从这个角度出发,"不三不四"的意义并不是单纯的,我们不能简单地"就算一个词吧"。

除此以外,有些熟语中的词还有"限制意义"。语言中绝大部分词都是多义的,一个词用在某种意义时,和其他词搭配的能力可能会减弱,搭配的范围会受到限制。例如,汉语中"心脏"这个词,当它表示"动物体内主管血液循环的器官"时,它的意义是自由的。我们可以说"人的心脏"、"马的心脏"、"狗的心脏"等等。但当它表示"中心"这个意思时,意义就不自由了,我们只能说"祖国的心脏"、"工业心脏"等有限的一些词组,而不能说"问题的心脏"、"报告的心脏"、"发言的心脏"或"心脏发言人"了。词的这种不自由的意义,就是"限制意义"。由有限制意义的词组成的词组已经比较固定,因此,已经具有熟语的性质了。

我们可以从这个角度来分析一些四字格的性质,并且就利用陆志韦先生在文章中好几次举出的"不伦不类"、"不三不四"、"不长不短"、"不大不小"这个类型的四字格作为分析的材料。

汉语中"不……不……"这个类型的四字格很多,最常见的是嵌上名词、动词或形容词,也有嵌上数词或其他词的。现在列出一些最常用的来进行分析。

1. 嵌名词的:
   不伦不类　　　　　不郎不秀①
   不衫不履
2. 嵌动词的:
   不屈不挠　　　　　不偏不倚

---

① 做官人家之不肖子弟。明初民间称呼故家右族颖出之辈曰郎,如某几郎;微裔末流群小之辈曰秀,如某几秀。(见《檐曝杂记》)后用此成语表示"不文不武,无所成就的人"。

   不即不离　　　　　不声不响
   不痛不痒　　　　　不吃不喝
   不闻不问　　　　　不说不笑
   不破不立　　　　　不跑不跳
  3. 嵌形容词的：
   不亢不卑　　　　　不长不短
   不大不小　　　　　不胖不瘦
   不高不低
  4. 嵌其他词的：
   不三不四　　　　　不上不下，等等。

  其中嵌名词的这一组是熟语，因为词组中的词有很大的限制意义，在"不……不……"之间不能随便嵌上任何名词。从语法上说，现代汉语中"不"和名词已经不能搭配，所以更加强了它的限制意义。这种限制意义使词组固定化，变成熟语了。嵌动词的这一组，词组中词的意义很自由，没有什么限制意义，它们多半是自由词组。但其中有一部分，如"不即不离"，"不闻不问"、"不屈不挠"、"不破不立"、"不偏不倚"等已是固定词组，因为"即"（接近的意思），"闻"（听的意思），"挠"（屈服的意思），"立"（建立的意思），"倚"（侧向的意思），这些词已经具有限制意义，离开熟语就不再单独使用了。"不痛不痒"更是熟语，这里的词有明显的"潜在意义"，整个熟语的意思是"无关紧要"、"不着要害"，并不是"既不痛又不痒"。

  至于嵌形容词的这一组，只有"不亢不卑"是熟语，因为这儿的"亢"（高傲）、"卑"（自卑）都具有限制意义。其他各词组中的词完全是自由的。我们几乎可以把任何两个成对的形容词加进去，如："不快不慢"、"不好不坏"、"不厚不薄"、"不甜不咸"、"不深不浅"、"不黑不白"等等。所有的词既没有限制意义，又没有潜在意义，每一个词组的意义都是显而易见、可以理解的。例如"不大不小"就是"既不大，又不小"，是"中等"的意思，它表示一个可以分割的概念，因此是一个自由词组。陆先生觉得"不大不小"这样的四字格说不定有几个"意义"，因而说"单凭意义找词，至少在汉语行不通"，其实也不尽然。

嵌其他词的一类，我们在前面已经说到过，它们是熟语，因为词组里的词既有限制意义，又有潜在意义。"不三不四"是"不规矩"的意思，"不上不下"是"进退失据"的意思。①

最后，熟语中的词还有"联系意义"，当整个词组的意义具有完整性时，不管其中的词有没有潜在意义和限制意义，都是熟语。例如，"上行下效"、"治病救人"、"心直口快"、"又红又专"、"事半功倍"，等等。这些都可以分为上下两截，这两截间存在一种内在联系，彼此脱离就失去原有意义。另外一些类似的结构，如天真活泼、聪明伶俐等上下两截都可拆开独立，并无联系意义，它们都是自由词组。

经过以上的分析，可以证明：熟语和词一样表示一个不可分割的概念，熟语中各个词在意义上的结合很紧密，熟语的意义不是各个词的意义的单纯结合，而是属于该熟语的一个整体的意义。这些特征是一般的词组所没有的，熟语和词组的区别是很明显的，但这仅仅是问题的一个方面。问题的另一个方面是：我们说熟语和词一样表示一个不可分割的概念，但熟语和词在意义上并不是没有区别的，因为概念和词（语）义并不是相等的东西。我们说熟语中各个词在意义上的结合很紧密，熟语的意义不是各个词的意义的单纯结合，而是不可分割的整体，但这并不是说熟语的意义和各个词的意义是毫无关系的，这种关系可以从词义的历史联系上，从词的潜在意义上和限制意义上揭示出来。这些都证明熟语仍然是各个词的结合，不过是多少固定了的组合。熟语的意义一般是不可以分割的，但并不是绝对的不可分割。这不仅可从对熟语意义的分析上看出来，而且在实际语言运用中也可看出来。例如，毛泽东同志在《改造我们的学习》一文中写过：

"这种态度，就是有的放矢的态度。'的'就是中国革命，'矢'就是马克思列宁主义。我们中国共产党人所以要找这根'矢'，就是为了要射中国革命和东方革命这个'的'的。这种态度，就是实事求是

---

① "不上不下"有时也用为"在中间"的意思，这时词里的词是自由的（没有限制意义了。我们可以说"不左不右"、"不前不后"等）；词义也是显而易见的（没有潜在意义了。有的是词的本义用法），因此它是自由词组。

的态度。'实事'就是客观存在着的一切事物,'是'就是客观事物的内部联系,即规律性,'求'就是我们去研究。"①

这段话里对"有的放矢"、"实事求是"两个熟语做了意义上的分析。他在《反对党八股》一文中写道:

"'对牛弹琴'这句话,含有讥笑对象的意思。如果我们除去这个意思,放进尊重对象的意思去,那就只剩下讥笑弹琴者这个意思了。为什么不看对象乱弹一顿呢?"②

这里又从意义上分析了"对牛弹琴"这个熟语。

综上所述,从意义上说,熟语和词的性质是有区别的。根据这种区别,我们可以确定"虎头蛇尾"、"半斤八两"、"不伦不类"、"不三不四"、"轻车熟路"、"凤毛麟角"、"顶天立地"、"胸有成竹"、"鹤立鸡群"、"实事求是"、"有的放矢"、"对牛弹琴"等四字格都是熟语,不是词。

四

现在我们再从语法结构方面来分析四字格的性质。我们在前面谈到过,词在语法上是定形的,它有一定的语法形式、词法结构或词的搭配能力,并且是语言中能独立运用的最小单位。词组是两个以上实词的组合,它是临时搭配起来的,在语言中不是独立运用的最小单位。熟语和一般词组不同,它是固定词组,不是临时搭配起来的,它在语言中也多半作为独立运用的最小单位,起一定句子成分的作用。但是熟语内部的词的搭配关系仍然存在,一定情况下也可以进行分析。

陆志韦先生经过分析,发觉很多四字格里的成分不是独立的词,因而他认为整个四字格就是一个结构上不可分析的词了。例如他说:

他正在摩拳擦掌。

"拳掌"不是词。

---

① 《毛泽东选集》第 3 卷,第 801 页。
② 同上,第 837 页。

"摩拳擦掌"是一个词。

看他这虎头蛇尾。

"虎蛇"不是词。

"虎头蛇尾"是一个词。等等。

其实,"摩"、"拳"、"擦"、"掌"、"虎"、"头"、"蛇"、"尾"都是词,它们都是以独立运用的单位而进入词组的。

但一定有人会说,在现代汉语中"拳"、"掌"、"虎"、"尾"这些词都双音化了,我们一般只说"拳头"、"巴掌"、"老虎"、"尾巴",而不说"拳"、"掌"、"虎"、"尾"了。陆先生就是这么认为的,他说:"说'不长不短'是四个词组成的词组,因为'不,长,短',都是单音词。但是,'不伦不类'的'伦'绝不能是单音词,除非把一切具备'形声义'的汉字全当作词。"不错,"伦"在现代汉语中的确已不再是独立运用的词了,但我们并不能因此得出结论说"不伦不类"就是词。我们说"不伦不类"不是词,而是熟语。熟语是固定词组。"不"、"伦"、"不"、"类"都是以独立的词的资格进入"不伦不类"这个词组的。"伦"过去确是词,它有"类"的意思,"不伦"就是"不相类"。但熟语是固定词组,它有很大的稳定性。所以,当在语言发展过程中"伦"已变得不再是词时,而在"不伦不类"这个熟语中却仍然保留下来。不仅如此,连"不"和名词的搭配关系也保留了下来,而这就现代汉语语法来讲也是不可以的。在熟语中保留一定的历史上的语法现象是一件正常的事,如果熟语像自由词组一样老是变化,它就不再是熟语了。

我们再来看"虎头蛇尾"中的"虎"。虽然它在现代汉语中变成双音词"老虎"①,但在很多熟语中仍然保留了下来,例如:

生龙活虎	如虎添翼
如狼似虎	虎视眈眈
狼吞虎咽	虎口余生
狐假虎威	为虎作伥

---

① 即使现代汉语中,有时仍然是词,如"上山打虎"中的"虎"。

纵虎入山	龙蟠虎踞
谈虎色变	骑虎难下
虎不食儿	九牛二虎之力
虎落平阳被犬欺	前怕狼后怕虎
捉虎容易放虎难	虎头上搔痒
虎死雄心在	不入虎穴，焉得虎子
两虎相争，必有一伤	前门拒虎，后门进狼
关门养虎，虎大伤人	人无害虎心，虎有伤人意
明知山有虎，故作采樵人	初生猫儿强似虎，等等。

所有这些熟语中都保留了"虎"这个单音词。我们能因为"虎"在现代汉语中已不是独立运用的单位，因为它被双音词"老虎"所代替，而把所有这些熟语都当作"词"吗？"不入虎穴，焉得虎子"是词吗？"狐假虎威"是词吗？"九牛二虎之力"是词吗？"虎头蛇尾"是词吗？显然它们都不是词。

语言是一种社会现象，它随着社会的发展而发展。但是语言的发展是有继承性的。斯大林说："语言的结构，以及它的文法构造和基本词汇，是许多时代的产物。"①他又说："语言从一种质过渡到另一种质不是经过爆发，不是经过一下子消灭旧的和建立新的那种方法，而是经过逐渐的长期的语言新质和新结构的要素的积累，经过旧质要素的逐渐衰亡来实现的。"②从历史发展的观点看语言，就不能把现代语言和古代语言完全割裂开来。现代汉语是从古代汉语发展来的，现代汉语和古代汉语有着千丝万缕的联系。所以研究现代语言如果完全不考虑它的历史发展，有很多问题就没有办法解决。陆志韦先生自己就碰到过这样的问题。他在《构词学的对象和手续》③一文中谈到一个很现实、很有趣的问题。他在研究汉语构词法时，用很多句子进行排比分析，希望从中找出能自由运用的最小单位（词）来。例如，陆先生在文中排比了下列一组句子：

---

① 《马克思主义与语言学问题》，人民出版社1955年版，第24页。
② 同上，第25页。
③ 见《中国语文》1956年12月号（总第54期），第3页—11页。

> 一两金子换××元。
> 他五行缺金。
> 别往自己脸上贴金。
> 镶金牙。
> 浪子回头金不换。

经过排比分析,陆先生提出了这样一个问题:"'金'是自由运用的么?"他说:"例子里'金子'才指出这句话的实在意义。'金'和'子'老是得连着说,不管在怎样的句子里。所以肯定'金子'是最小的单位;在句子里,要挪动就得整个儿挪动。能挪动就是能自由运用。但是凭这说法,'贴金'的'金','缺金'的'金','金牙'的'金'是不是词呢?'金不换'的'金'怎么处理?"

在现代汉语里,"金"的确一般不再独立运用,它已经双音化,我们一般只说"金子","黄金",而不说"金"了。"金子"是一个词,"黄金"是一个词。但"金"一般只作为一个词素,作为一个构词材料了。但是,怎样解决陆先生提出来的问题呢?即"贴金"的"金","缺金"的"金","金牙"的"金"是不是词呢?"金不换"的"金"怎么处理呢?陆先生说:"它是最小单位,那是没有问题的,但是这些用法并不能描绘出它的自由运用的功能。"陆先生这种说法显然没有解决问题,却是换了一个方式把问题重复一遍。承认它是最小单位,而不承认它有自由运用的功能,就是认为它不是词,而是词素。换句话说,就是承认"贴金"、"缺金"、"金牙"、"金不换"是词。说"金牙"是词是说得过去的,但"贴金"、"缺金"显然不是词,"金不换"更不能说是词。那么究竟怎样来解决这个问题呢?

要想正确地解决这样的问题,就必须用历史主义的观点来观察语言,就必须承认语言发展的继承性和渐变性。我们说过,现代汉语是从古代汉语发展来的。汉语词汇双音化并不是一下子实现的,现代汉语中仍然存在数量不小的单音词。就是那些已经双音化了的词,在一定时期内还可能存在单音词和双音词并用的现象。特别是一些比较稳定的、与历史关系密切的词的组合中更容易保留原有的单音词。例如在"他五行缺金"这个句子里的"金"之所以保留了单音词的形式,是因为人们过去对"金木水火土"的说法比较稳固,虽然"金"和"木"变成了双音词,但习惯上不说"金子、木头、水、火、土",因此在习惯上也不说:"他五行缺金子。"如果这样说了,反而不能准确地表达意思。至于"浪子回头金不换"已经是一个熟语,是一个固定的词的组合。前面已经说过,熟语中保留一些古语成分是很自然的事,我们可以举出很多这样的例子。如:

  一字千金

  一刻千金

  金科玉律

  纸醉金迷

  真金不怕火来烧

  金玉其外,败絮其中

  堆金不如积谷

  三人一条心,黄土变成金

  一寸光阴一寸金,寸金难买寸光阴

  金凭火炼方知色,人与财交便见心,等等。

我们无论如何不能因为"金"在现代汉语中一般不再独立运用,而把所有这些熟语都当做词。"金"的确曾经作为独立运用的词而进入上列词的组合,当这些组合固定化,变成熟语时,它们保留了下来,没有受到词汇双音化规律的支配。保留这样一些古语成分正是熟语的一个特色。所以,我们研究祖国语言时,不能完全割断它的历史。毛泽东同志说:"我们还要学习古人语言中有生命的东西。"①事实上,古语中这种有生命的东西也被继承下来了。在学习和研究语言的时候,不能忽略它们所起的作用,不然有很多问题就难以解决。

  从现代语言的角度来看,有些熟语的结构已经完全不符合语法规律。例如"一叶知秋"这个熟语,如果按现代汉语"主谓宾"的结构进行分析,那就成为"一片叶子知道秋天"这样的意思。可是"叶子知道秋天"这句话没有什么道理,"一叶知秋"这个熟语显然也没有

---

① 《毛泽东选集》第3卷,第838页。

这个意思。这个熟语是从"一叶落知天下秋"这句话节缩而成的,意思是:从一片树叶的凋落,就可知道秋天的到来。一般用来比喻由细微现象就可预知形势的变化。可见"一叶知秋"这个熟语的结构是有历史联系的。人们并不按照字面上的结构来理解这个熟语。类似的四字格有"一发千钧"、"一日三秋"等,它们的意义不受字面结构的限制,而同熟语结构的历史联系有关。

陆志韦先生为了认识并立四字格是不是词,还采用了同形代替法。其中又分用"〇"代替和互相代替两种。用"〇"代替的例子如:

俩人半斤八两。
俩人半斤〇〇。
俩人〇〇八两。

就爱他这嘻皮笑脸。
———— ————。
就爱他这〇〇笑脸。

我要吃吃喝喝。
我要吃吃〇〇。
我要〇〇喝喝。

这人心毒口辣。
"心口"不是词。
"心毒口辣"是一个词。等等。

陆先生把各个类型的四字格分别试用"〇"代替以后,发觉大部分不能被代替,代替以后就不成为句子了。如"我爱他这嘻皮"等根本没有意思。即使有些可以代替的,意思都有很大改变,如"俩人半斤八两"和"俩人半斤"或"俩人八两"的意思完全不一样。四字格既然不能用"〇"代替,陆先生就认为它们是构词格了。

用同形的格式互相代替,用陆先生自己的话说,仅"是用〇代替法的补充手续"。因此,这儿不想介绍了。只想说明陆先生用这种方法代替的结果是:"这手续用在四字格上,决不会比用〇代替能拆开更多的例子。"也就是说,用这种方法代替的结果还是证明四字格是词。

实际上代替的结果并不能证明四字格是词。它们之所以不能代替,因为它们大部分是熟语,是固定词组。关于熟语和词的区别,我们在前面说过一些了。为了说明问题,我们不妨再分析一个例子。

陆先生在用"〇"代替"俩人半斤八两"这个例子后,觉得代替后意思改变很大,因而"半斤八两"只能说是一个词,它不能拆成"半斤"和"八两"两个词。其实"半斤八两"不仅是两个词,而且是"半"、"斤"、"八"、"两"四个词。四个词都以独立运用的身份进入词组。不同的仅仅是它们在词组中表现的是"潜在意义",它们的意义是通过整个熟语表现出来的。"半斤八两"是"差不多"、"不相上下"的意思,"一个半斤,一个八两"不是"不相上下"吗?这种意思就是熟语中各个词的潜在意义,但它仅仅存在于熟语中,离开熟语就失去了这种意义。当度量衡改为一斤等于十两时,熟语的意义仍然没有改变。正因为这样我们不能用机械的方法来硬拆它们。"他俩半斤"中的"半斤"已经消失了在"半斤八两"这个熟语中的潜在意义,而恢复了本来意义,"两个人只有半斤重"当然是没有的事。我们不能把熟语机械地拆开来,但是可以分析它。

陆先生自己也不满意这种"代替法"。他说:"这方法还是在把句子当做书面上的公式来分析,不是社会交际上的一段语言现象。"又说:"最近的工作上,我已经放弃了这手续,因为假若真的把汉语当作活人的社会交际手段来研究,亲切体会到说每一句话的时候的社会环境,每个语言格式在句子里所据的地位,工作上可能就不需要那样的毒辣手段。这手续毛病很多,不必细说。"我们同意陆先生这个意思,因而在这儿也就"不必细说"了。

最后一个问题是在将来的拼音文字中,四字格的写法问题。

陆先生说:"还可能有另一种看法:'不长不短'、'风平浪静'和'奇形怪状'都是第一、第三字成词,第二、第四字成词,两个词交错着联合起来。……假若用拼音文字把这样一个结构写下来,会有什么形式呢?用特殊符号表明半个半个的词呢,还是简单的联写呢?假若联写,一经用惯了,自然会当它是一个词,不是两个,不管语法学家作什么看法。"应该怎样来看这个问题呢?

首先,"不长不短"、"风平浪静"和"奇形怪状"这类四字格并不一定是两个词交错着联合起来的,这一点也许和陆先生的意见是一致的。但我们也不把它们当作整个的词,而是当作四个词组成的词组,有的是自由词组(如"不长不短"),有的是熟语(如"风平浪静")。道理在前面已经说过了。

其次,拼音文字的写法固然对确定词有影响,但究竟什么是词不能单凭连写分写来决定。相反的,词或词组的性质可以决定它们的写法。在将来汉语拼音文字中究竟怎样拼写四字格,现在还不能确定。1973年出版的《现代汉语词典》中对四字格注音的写法可作参考。现举一些例子:

淋漓尽致 lín lí jìn zhì

鳞次栉比 lín cì zhì bǐ

天经地义 tiān jīng dì yì

天翻地覆 tiān fān dì fù

九牛二虎之力 jiǔ niú èr hǔ zhī lì

无病呻吟 wú bìng shēn yín ,等等。

这种写法说明了这些格式不是词,里面有词的界限,如无(wú)病(bìng)呻吟(shēn yín)是熟语。因此,拼写法对词的性质并没有很大的影响,而且拼写法是由人们规定的。

综上所述,从语法结构方面看,绝大部分四字格也不是词,而是熟语。熟语多半是历史上形成的固定的词组(或句子),熟语里的词是以独立的身份进入词组的,正由于熟语的稳固性,由于它被人们当作现成的话使用,所以里面保留一些古语成分是很自然的。何况语言本身就是一种历史发展的现象,它的发展又是渐变,而不是突变,所以在现代语言里必然会保留一些古语成分,这是由语言的继承性决定的。因此,当我们发现四字格里有些古语成分,不能就认为这个四字格是一个词。至于用同形代替法来机械地代替四字格里的成分,那不用说是不对头的,因为熟语的特点本来就是固定的。

五

陆先生最后也承认:"我们并不主张一切并立四字的例子都是汉语的词。"但是并没有说清楚究竟哪些四字格不是词,也没有说清楚这些不是词的四字格是什么语言单位。我认为绝大部分四字格都是熟语。而且,汉语中"成语多数是四个字的。最普通的格式是上下两截用对对子的办法连在一起。例如:'高飞远走'、'摩肩接踵'、'烟消火灭'、'四分五裂'、'低三下四'、'惊心动魄'"。① 但是,我也并不把一切四字格都当作熟语,我说的只是大多数。很显然,汉语里不少四字格是自由词组或句子,有些四字格也的确是词。为了有区别地对待它们,我们还是用陆先生列举的例子来说明。

陆先生列举的虚字格,如"猫啊狗的"、"穷啊富的"、"吃啊喝的"等当然不能说是熟语,它们和"不长不短"、"不好不坏"这一种类似,仅是一种自由词组,因为词组里所有的词都很自由,没有任何限制意义。就连陆先生自己也说:"……这格式是自由的。填两三个字进去也成,'门儿啊窗户的'、'豆浆啊杏仁茶的'"。当然它们更不是词,如果把"豆浆啊杏仁茶的"都当作词,那不仅没有理论根据,实际上也是说不过去的。

陆先生列举的象声四字格,如"叽溜骨碌"、"叮零当郎"、"稀哩哗啦"等倒应该是词,和一般的摹声词一样,它们仅仅记录客观事物的声音,其中每一个音节并没有任何单独的词汇意义。

陆先生列举的一些叠字格例子,特别是甲甲乙乙格的例子也多半是词。如"认识认识"、"研究研究"、"风凉风凉"等。这些格式和"认识"、"研究"、"风凉"等词并没有不同的词汇意义,说话时把某个词重复一遍,是表明这种动作的短暂性,是一种语法意义。如"认识认识"就是"认识一下"的意思,"研究研究"也就是"研究一下"的意思。又如"雪白雪白"、"大批大批"等与"雪白"、"大批"等词也没有词汇意义的区别,把它们重复一遍多半是为了加强语气的。至于说

---

① 吕叔湘、朱德熙:《语法修辞讲话》第二讲《词汇》,开明书店1951年版,第82页。

到"唱啊,唱啊","写吧,写吧","说着,说着",这一类已经不是一般的词或熟语,它们可以成为独立的句子,作为交际的单位。"老王,老王","借光,借光"等也是重叠的呼语和惯用语。

所以,在遇到不同的四字格时,必须根据具体情况进行具体分析。但是绝大多数四字格类型是熟语这一点则是肯定的。熟语和词有很多相像的地方,它是一种固定的词组或句子,在言语中是作为现成的独立单位使用的。熟语里各个单位在语法上和意义上都是很紧密的,它们是语言的词汇单位。正因为这样,一般都把研究熟语的学科(熟语学)放在词汇学的范围之内。尽管如此,熟语和词还是有很大的区别,这种区别在语法结构方面、语义方面和修辞方面都可以显示出来。正因为这样,我们完全有根据把熟语学当作一门独立的学科来研究。事实上也是这样,熟语学虽然是一门很年轻的学科,可是它在语言学中的地位却是十分重要的。

我们能从理论上把词、词素、词组和熟语区别开来,能分析和确定四字格的性质,这对实际工作是有很大意义的。在编纂辞典、拼音文字写法、语文教学和实际应用语言时,对它们都要做不同的处理和抱不同的态度,因为它们在语法结构上、语义上和修辞上都有不同的特点。

编纂词典时,每个词都可列为词条。熟语作为词汇单位可以单独列为词条,也可以放在有关词条的最后,但要说明整个熟语的意义。自由词组则不必列为词条,一些常用词组或在搭配关系上有特点的词组可作为词条的例证。词素一般不列为词条,但一些构词能力强的能产词素可列为词条,说明它所具有的附加意义和语法意义,指出构词的潜在力和可能性。

(原载《上海外国语学院季刊》1958 年第 2 期,修订收载《词汇学研究》,山东教育出版社 1983 年版)

畅谈英语习惯搭配

当世界知识出版社编辑从北京来电约稿时,我感到有点意外。我问她尊姓大名,她说叫"孙畅",我说"这名字挺欢畅"。于是我畅快地答应她写稿,畅谈英语习惯搭配。说起习惯搭配,在我脑际的确回旋着畅想曲。

那是很多年以前的事了。我到锦江饭店去看望一位英国朋友,她汉语说得不错,问我要喝茶还是喝咖啡。我说:"喝杯茶吧!"她又问我:"你喜欢喝绿茶还是黑茶?""黑茶?!"我有点惊讶。她却坦然地说:"Yes, black tea."我大悟,随即回答:"Give me a cup of green tea, please."(请给我一杯绿茶。)

后来,我又听到中国学生问外宾:"Which do you like, green tea or red one?"(您喜欢绿茶还是红茶?)我想,外宾听到 red one(red tea)之后,一定会像我那时一样的惊讶。

有一年春节,我在家招待一位俄罗斯汉学家。送她出门时,正下大雨。她脱口而出:"多么强的雨啊!"我会心微笑,突然联想到,如果我送的是会讲汉语的英国客人,他一定会说:"多么重的雨啊!"再联想到我自己和学外国语的中国人,我们也可能脱口说出类似"какой большой дождь!"来代替俄国人说的 какой сильный дождь!(逐词对译:好强的雨);说出"It is a big rain."来代替英国人说的 It is a heavy rain.(逐词对译:这是一场重雨。)原来,汉语中的"大雨",相当于英语的 heavy rain(而不是 big rain);相当于俄语的 сильный дождь(而不是 большой дождь),习惯搭配不同。当我的脑海中跳出"习惯搭配"这个词组时,我不知不觉已从众多的语料中概括出"习惯搭配"的概念。我用"习惯搭配"这个术语来特指两种语言中表现同一事物或概念时用不尽相同的词组合成的搭配。例如,英语词 black(黑)与汉语词"红",作为形容词,其词义不相同。但英语搭配 black tea 却与汉语搭配"红茶"表示相同的事物。类似的搭配就是我说的习惯搭配。

也在不知不觉或有意无意之中,我对这种"习惯搭配"的兴趣越来越浓厚,开始对它进行研究。

所谓"搭配"就是两个语言单位的组合,如两个单词组成词组。语言单词的搭配要受到语法、语义、修辞规律的制约,一般分为固定搭配和自由搭配两大类。

词的固定搭配就是熟语。熟语作为固定词组是语言中现成的词汇单位,客观地存在于语言体系之中。例如:

1. 趁热打铁
英语:strike while the iron is hot
俄语:куй железо, пока горячо
2. 一箭双雕
英语:to kill two birds with one stone(一石二鸟)
俄语:убить одним ударом двух зайцев(一击两兔)

第一组熟语,三种语言不仅意义相同,而且所采用的形象也一致,都用"趁热打铁"来说明"做事要利用有利时机"。第二组熟语,三种语言的意义相同,采用的形象不一致,但不影响语言的使用。人们在使用熟语时,是当作词汇单位整体使用的,不考虑熟语的内部形式。这组熟语,不管其内部形式是"一箭双雕"、"一石二鸟"还是"一击两兔",其意义都是"一举两得",与构成熟语的单词"雕、鸟、兔"的具体词汇意义不相干。

词的自由搭配就是一般的自由词组,是在交际过程中按照语法规则、根据单词意义自由搭配的,在两种语言中往往有形式和意义的一一对应。如,"大茶杯、小茶杯、蓝铅笔、绿铅笔"与英语的 big cup, small cup, blue pencil, green pencil 均一一对应。学习者只要掌握单词,知道形容词和名词的意义,掌握形名搭配的语法规则,就可以在交际需要时搭配成无数自由词组。

习惯搭配不是熟语,也不是一般的自由词组。它在本语言中的确是自由词组,但对学习这种语言的外国人来说,它又不怎么"自由",它与另一种语言中的相应词组不是形式和意义都一一对应。习惯搭配对本族人来说习焉不察,习惯成自然。英国人一听到 black tea,中国人一听到"红茶"即知其所指之物。但是,中国人学英语时,要从 black tea(逐词对译:黑茶)的搭配想到红茶其物,却颇为费解,甚至不知所云。同理,英国人学汉语时,从"红茶"(逐词对译:red tea)想到 black tea 其物,也一样难以理解。正是由于习惯搭配不同,我们常常在英语教学和对外汉语教学中听到上面提到的 It is a big rain 和"多么重的雨啊!"这类从本族语思维出发所造的外语句子。

我的认识随着研究的开展不断加深。最初,我只是在有意无意之间零零星星碰到一些对外语学习者而言不容易立即理解的搭配,又看到一些外语学习者由于这类搭配的影响而产生的语误。后来,我专门注意观察这类搭配,形成"习惯搭配"这个概念。最后,我决定主编不同语言的习惯搭配词典,以满足外语学习者查找习惯搭配信息的需求,并丰富社会词典体系。最先编纂的是《英语习惯搭配词典》。

在我主编的这部《英语习惯搭配词典》中,从英语的习惯搭配出发,尽量提供汉语中相对应的习惯搭配。如:

  black tea——红茶
  heavy rain——大雨

如果汉语中没有与之相对应的习惯搭配,则用其他词句解释英语习惯搭配的含义,如:

  back number——过期杂志,过时的人或物(逐词对译:后面的数字)
  face the music——勇于承担后果或批评,临危不惧(逐词对译:面对音乐)

习惯搭配由于种种原因对用汉语思维的中国人有一定的理解障碍。

有些搭配是由于两种语言的命名理据不同而引起理解障碍。例如:

  black tea——红茶(逐词对译:黑茶)
  blue ice——纯净冰(逐词对译:蓝冰)
  curtain call——谢幕(逐词对译:帘幕的呼叫)

有些搭配是由于两种语言社团的文化观念不同而引起理解上的障碍。例如:

  love child——私生子(逐词对译:爱的孩子)
  free love——泛爱(逐词对译:自由恋爱)
  acting mother——借腹母亲,让别人的受精卵植入自己的子宫来为别人孕育的妇女(逐词对译:表演母亲)

有些搭配是由于用词的转义进行搭配,词义受到限制而引起理解上的障碍。例如:

  heavy rain——大雨(逐词对译:重雨)
  strong tea——浓茶(逐词对译:强茶)
  dead sleep——酣睡(逐词对译:死睡)

有些搭配纯粹是语用习惯造成的差异而引起理解障碍。例如:

  second floor——一楼
  eldest brother——大哥

还有一些搭配是由于汉语词的转义搭配反影响而引起理解的障碍。例如:

  delicious food——美味
  moral excellence——美德
  fond dream——美梦

如果从英语出发,又会有另外的习惯搭配。例如:

  beautiful lunch——丰盛的午餐(逐词对译:美丽的午餐)
  beautiful weather——晴朗的天气(逐词对译:美丽的天气)

诸如此类在英语中自然的随意搭配对中国人来说往往不易理解,容易弄错。初学英语的人所犯的搭配错误往往是由于不熟悉这类搭配。如果学习者没有在话语中习得这种习惯搭配,他在建构话语时,就会按照汉语思维说出英国人难以理解的搭配,如用 red tea(逐词对译是"红茶")来代替英语的习惯搭配 black tea(逐词对译是"黑茶"),如此等等。

从外语教学论来说,这类英语中的自由词组,在对中国人的英语教学中却要作为习惯搭配处理,不能让学生像搭配一般的自由词组那样按照语法规则和单词的主要义项任意搭配。为了让英语学习者、使用者便于检索这类搭配,我们汇集了 5 300 多条常用的习惯搭配词目,编成这部词典。词典中为每个词目建立简明的词条,对习惯搭配进行解释。词条结构除了词目外,还包括注音、汉语解释、修辞标志、逐词对译的意义和例证。例如:

adopted word [ə'dɒptɪd wɜːd] 外来词/"Tea" is an adopted word, not a native English word. "tea"是个外来词,不是英语本族语的词。[逐词对译:被采纳的词]

dark horse [dɑːk hɔːs] 实力难测的对手,黑马/Everyone thinks Mary will get the job, but John and Elizabeth are among the dark horses for it. 每个人都认为玛丽会得到这份工作,但约翰和伊丽莎白都是黑马。[逐词对译:黑色的马]

better half [ˈbetə hɑːf]①〈口〉〈谑〉妻子(有时亦指丈夫),老伴/Let me introduce you to my better half. 让我来把你介绍给我的老伴。

A: Who is the woman that answered the phone?
B: Oh, that's my better half.
甲:刚才接电话的女人是谁?
乙:哦,那是我的老伴。
②大半/His influence extended to the better half of the world. 它的影响扩展到大半个世界。[逐词对译:更好的一半]

heavy mist [ˈhevɪ mɪst] 浓雾,大雾/The sun dispersed the heavy

mist in the valley. 太阳驱散了山谷的大雾。[逐词对译：重雾]

现利用这几个例子对词条的微观结构作几点说明。

1. 关于词目。adopted word（外来词）和 heavy mist（大雾）是本词典所说的典型的习惯搭配，它们在英语中是自由词组。dark horse（黑马）和 better half（老伴）是已接近熟语性的半固定搭配，其中，dark horse 已被汉语翻译借用。它们虽不是典型的习惯搭配，但从理解角度看，会引起同样的理解障碍，本词典酌情收录一部分。

2. 关于注音。词目之后用国际音标为之注音，逐词标注，不考虑语流音变。

3. 关于释义。提供汉语释义或相应搭配，有时二者兼用。如 dark horse，既用"实力难测的对手"说明其含义，又提供从英语翻译借用的汉语词"黑马"。多数情况下，只提供相应的汉语搭配，如，"adopted word——外来词；heavy mist——浓雾，大雾"。有时，还要用语句做简短说明，如"better half——妻子（有时亦指丈夫），老伴"。括号中的"有时亦指丈夫"是对该搭配语义的进一步说明。如词目是多义的，则在释义中列出多个义项。如 better half ① 妻子（有时亦指丈夫），老伴；② 大半。在词条的末尾，标出逐词对译的字面意义信息，让中国读者领会英语习惯搭配中各词的主要意义，帮助他们通过对照，避免汉语思维的干扰，摒弃理解、表达和翻译错误。如，adopted word [逐词对译：被采纳的词]；heavy mist [逐词对译：重雾]。读者把正确释义与逐词对译的意义一对比，就会充分理解并掌握英语的习惯搭配，在使用英语时不再用 big mist 来代替 heavy mist。至于说到 adopted word，读者只需要把它理解为"外来词"。而"外来词"在英语中也可用 foreign word 表达，作为语言学术语，还可以用 foreignism 表达。

4. 关于例证。词条中根据需要在释义之后举例说明，所有英语例句都附有汉语译文。如，"The sun dispersed the heavy mist in the valley. 太阳驱散了山谷里的大雾。"释义明确的不再举例。

5. 关于修辞标志。部分词条中采用修辞标志说明词目的修辞色彩和优势使用范围。如"better half①〈口〉〈谑〉妻子(有时亦指丈夫),老伴。"其中的〈口〉表示用于谈话语体,〈谑〉表示具有戏谑色彩。根据这样的修辞标志,"妻子"(或丈夫)只是 better half 的词汇意义。如果考虑到修辞意义,则这个习惯搭配的意义相当于汉语的"老伴"。因此,在例句的译文中,一律译为"老伴"。

  本词典的宏观结构包括序言、体例说明、正文和汉英对照索引。汉英对照索引按汉语拼音顺序排列,帮助读者从汉语的意义查找英语的习惯搭配。例如:

难得来临的时期,千载难逢的时期	blue moon
难点	pinch point
难懂的东西	double Dutch
难懂的话	elliptic remark
难懂的条文	fine print
难断气	die hard
难对付的事	kittle cattle
难分胜负的竞赛	photo finish
难题	question mark
难相处的人	difficult person
难以辨认的小道	confused trail
难以处理的事情	hot potato
难以理解的文章	dense writing
难以逾越的障碍	blank wall
难以做到的事	large order
难以接受的做法	strong meat
难以预见的事	blue moon

  在这 17 条以"难"字开头的汉语词组中,其英语对照词组中只出现一个 difficult(困难的),它的搭配 difficult person 的意思也不是逐词翻译的"困难的人",而是"难以相处的人"。至于其他各条,中国人从汉语的意思出发一般更难想到相应的英语习惯搭配。其中 7 个以上"难以"开头的词组,其英语搭配中的形容词竟无一个相同。"难以

辨认的小道"的英语对照是 confused trail,逐词对译是"混乱的足迹";"难以处理的事情"的英语对照是 hot potato,逐词翻译是"热土豆";"难以理解的文章"的英语对照是 dense writing,逐词对译是"浓密的文章";"难以逾越的障碍"的英语对照是 blank wall,逐词对译是"空白的墙";"难以预见的事"的英语对照是 blue moon,逐词对译是"蓝色的月亮";"难以做到的事"的英语对照是 large order,逐词对译是"巨大的命令";"难以接受的做法"的英语对照是 strong meat,逐词对译是"强肉"。这种复杂的对应关系,让一个在汉语基础上产生了意思的中国人,去找到相应的英语习惯搭配来表达,的确不是一件容易的事。词典中的"汉英对照索引"可以帮助读者把他要表达的意思与英语习惯搭配联系起来。如果在思想上仍然建立不起两者的联系,他还可以查阅词典正文,找到英语习惯搭配及其解释。

这部词典是对英语习惯搭配研究的初步成果。最初,我碰到了一些不容易立即理解的英语搭配,又看到一些英语学习者由于习惯搭配的影响而产生的语误。接着,我专门注意类似的搭配,对之进行研究,形成"习惯搭配"这个概念。最后,我决定编写习惯搭配词典,向英语学习者和英语爱好者提供有关信息,并丰富社会词典体系。

(原载《专家学者谈如何学英语》,世界知识出版社2002年版)

英语借词使汉语更丰富

在世纪之交的现代社会,民族接触和国际交往日益频繁。在跨文化言语交际中,往往要相互吸收一些新事物、新概念。为了表达这些新事物、新概念,有时要构造新词,有时则借用外来词。现代语言中借词颇多,是丰富语言词汇的重要源泉。

比起一些外国语言来,汉语中的借词相对数较少,但绝对数甚多。汉语中借词相对较少的原因主要是,汉字是语素文字,有很多表意词符。汉语吸收新概念时,往往用已有的词素构造新词来表示,如"月球车"(moonship)。即使借用外语词,还会加上表意词素,如"啤酒"(beer)中的"酒"就是表意词素。有时,使音译的汉字与意义相联系,隐约显示出词的含义,如"维他命"(vitamin)。尽管如此,汉语中仍然有相当数量的借词,其中从英语借用的占很大数量,如常见的有"巧克力"(chocolate)、"沙发"(sofa)、"派对"(party)、"摩托"(motor)、"尼古丁"(nicotin)、"派司"(pass)等等。有些借词与汉语原有词或新构词成为同义词语,如"配尼西林"与"青霉素"(penicillin)、"密斯"与"小姐"(miss)、"水门汀"与"水泥"(cement)、"麦克风"与"扩音器"(microphone),从而使汉语一些词语有了词汇变体。

一种语言不仅是音义结合的词汇和语法的宏观体系,而且是处于相互作用之中的各种微观变体的总和。种种变体客观地存在于言语交际之中,使语言更为丰富。不论是词汇的还是语法的变体,在功能上都是相互补充的,它们会产生修辞分化,使语言体系具有更完善的交际功能。如"密斯"在日常谈话语体和艺术语体中具有丰富的感情色彩,但在事务语体中,它不能代替"小姐"的职能。

　　一种语言都具有相对稳定的标准和规范,以保持全民共同的性质。但从建构语言学的观点来看,语言的规范只是相对的。为了社会交际的顺利进行,语言使用既要共同遵守相对稳定的规范,又可在交际需要时,突破现行规范,创造新词新义、借用外来词语,更有效地表达思想感情。由创新而产生的词语变体,一旦被社会公认,就会成为语言的词汇事实,成为新的规范。随着时间的推移,进入规范的变体又会由于少用到罕用而退出规范。如曾经常用的"德律风"(telephone)、"爱康诺米"(economy)、"水汀"(steam)分别被"电话"、"经济"、"暖气"所代替。这些作为变体的借词,在语言规范化过程中被当作不标准的成分而淘汰。但很多借词又在竞争中获得公认而被确定为规范,如"摩托"(motor)几乎比"内燃机"更常用,而"摩登"(modern)与"漂亮"等产生了修辞分化。而更多的借词正处于竞争之中,显示出很强的生命力。

　　普通话中的"出租汽车",台湾叫"计程车",港澳从英语借用taxi,叫"的士"(新加坡叫"德士")。曾几何时,"的士"这个借词,从港澳进入大陆,从南到北广泛使用,成为"出租汽车"的词汇变体。后来,把"叫出租车"称为"打的","的"又成"的士"的变体,与"有的放矢"的"的"成为同音词。"的士"一词的变体"的"作为词素,又有很强的构词能力。北京用面包车(港澳称"小巴",小巴是巴士的一种,而"巴士"也是借用英语 bus 的借词)作为出租车,称之为"面的",与"面的"相对,原来的出租车称为"轿的",出租车司机也相应地称为"的士佬"或"的爷"(试比较倒买倒卖的"倒爷");上海残疾人用的机动车有时也用来搭客,称之为"残的",甚至有的地方用板车为出租车而称为"板的"。可见,"的士、的、打的"一类词已经活在各地居民的口头上,为大家喜闻乐见,使用频率相当高,与"出租车"并存,具有相当大的竞争实力。这样的借词很容易成为汉语普通话的词汇事实,对汉语起了丰富作用。

　　一些新的词语变体,特别是那些突破规范的新变体开始出现时,人们往往感到不习惯,有时以不标准为由轻易摒弃。其实,语言使用者应该以积极的态度对待各种词语变体,包括众多的借词。在确定规范时,要充分考虑到语言的变化发展,因势利导,把那些有生命力的、常用的变体吸收进普通话。语言的规则和规范是约定俗成的,敢于把约定俗成的变体确定为规范,是普通话规范化的重要方面,其重要性不亚于维护现存的规范。何况,现存的规范也会在竞争中失败而退出规范。

普通话应从词语变体中吸收有用的成分。凡表达新事物、新概念的词语,具有特殊感情色彩的词语,表现力特强的词语都是有用的成分。这其中,包括许多有生命力的借词,如"模特儿"(model)、"柠檬"(lemon)、"色拉"(salad)、"苏打"(soda)等等。

不用讳言,很多有用的借词是从港澳台传进大陆的。汉语的港澳台变体不仅是地域变体(广东语、闽南话等),由于这几个地区与大陆长期隔离,社会制度不同,其语言变体同时还是社会变体。这种特殊的社会地域变体中,不乏新鲜有用的词语可供普通话吸收,特别是这些变体中从英语吸收的借词。有些借词新颖别致,有相当高的表现力。

20世纪70年代,台湾出现"作秀"一词,义为"表演"。与"的士"一样,这也是一个英语借词,源于英语 make a show。"show"音译为"秀"(港澳地区还音译为"骚"),加上表示动作的词素"作",就成为"作秀"(试比较"打的")。这个词出现时是影视界的行业语。开始有人认为它不合规范,不中不西,难以接受。"作秀"受到了新借词出现时不可避免的那种对待,因为台湾也很讲究语言规范化,推广国语运动有显著成果。可是,不以语言规范者的意志为转移,"作秀"一词在影视、戏剧、歌舞行业中仍然乐用不疲。由于这些娱乐行业与人民的文化生活密切相关,"作秀"一词又被用于其他领域,语义扩大为"表演、展示、炫耀、献丑"。最后为台湾社会接受,并传入港澳,传入大陆。1991年1月《上海家庭报》上出现"以作秀或整人为乐的职业政客"一语。凡经过"文化大革命"的人,是不难理解"整人"的含义的;而"作秀"一词,这儿显然具有"丑恶表演、恶劣行径"的含义,是与"整人"一起用来贬斥"职业政客"的。

可见,"作秀"一词语义丰富,语用巧妙。不仅如此,"秀"作为词素,其构词能力特别强;什么"歌厅秀、舞厅秀、茶馆秀",什么"个人秀、联合秀、处女秀"，什么"排秀、热秀、脱口秀（talk show）"，还有什么"政治秀、民主秀"，应有尽有。还不仅如此，"秀"既是能产的词素，作为"作秀"的变体，又可作单词使用（试比较"的"作为"的士"的变体）。例如："这个舞女秀得极为高雅。"这儿的"秀"是动词；"这是一场极其优秀的秀。"这儿的"秀"是名词。作为"表演"的"秀"这个词与汉语中另外两个词成为同音词：一个是表示植物抽穗的"秀"（"秀穗"），一个是表示"清丽、优异"的"秀"（山清水秀）。因此，"作秀"这个借词极富生命力，很有可能为普通话吸收，成为规范的词汇事实。

近年来，大陆地区与港澳台地区交往日益频繁，这一方面使普通话得到推广，另一方面又使普通话吸收了很多港澳台词语，其中包括很多从英语的借词。

最近报刊新出现一个英语借词"酷"（cool），有时加上动化的词素"扮"，成为"扮酷"。英语词 cool 有"深沉、冷静"的意思。与之相应，"扮酷"就是"故作深沉"或"装出冷淡的样子"。这个借词一出现，很快获得传播，现在已常出现在年轻人的口语中。有人认为，瞿颖在《有话好好说》影片中扮演的城市少女是"酷样"，有一种冷感。但瞿颖自己说："有些人为了想树立一种与众不同的个性，就以冷漠的表情，冷艳的装束吸引别人，但生活中除了'酷'之外，还应该有各种喜怒哀乐，如果一味扮'酷'的话就不真实了。"可见，"酷"与"扮酷"作为新的借词已得到相当广泛的使用。从一项对京沪两地 510 名青少年的调查中得知，有 5% 常用"酷"这个借词，19% 的人有时使用，41% 的人偶尔使用，三项合计，知道并使用"酷"这个借词的比例高达 65%。

从上述"的、打的"、"秀、作秀"、"酷、扮酷"等借词看，语言呈现动态的建构状态，各种微观变体处于竞争之中，随时丰富着语言，使之更适应社会交际和信息交流的需要。当然，新的语言现象，包括新的借词从出现到得到公认，有一个习惯的过程。以上例子中，大多数语言使用者对"的、的士、打的"已较为习惯，使用频率越来越高，而对"作秀、扮酷"还不太习惯，这是很自然的现象。只要稍稍回忆一下，现在已经习惯使用的一些借词，如"沙发"（sofa）、"比基尼"

(bikini)、"吉普"(jeep)、"迷你"(mini)等等,哪一个不是经过不习惯到习惯、少用到多用的过程。再看看最近随着信息产业发展而出现的一些借词,如"因特网"(Internet)、"伊妹儿"(e-mail)、"比特"(bit)等等,其传播之快,出乎很多人的意料之外。这些借词所表示的事物与人民的现代化生活密切相关,很容易广泛流传。

有时,借词会与相应的词语构成同义现象,成为词语的同义变体,如"因特网"与"互联网","伊妹儿"与"电子邮件",以及"的士"与"出租车","作秀"与"表演"等等。这时,就要根据交际需要,有选择地使用和吸收。一些有特色的词语不妨让其共存,自由竞争,在使用中决定其继续共存还是加以淘汰。何况,语言中有修辞分化的同义词语本身就标志着一种语言的丰富、发达。有生命力的英语借词与相应同义词语的共存,对丰富汉语有重要意义。同义词语的共存,就自然地处于竞争状态,其结果或者是产生修辞分化,继续共存;或者一方竞争胜利,另一方竞争失败,退出规范。这种竞争是公平的,退出规范的词不一定是借词。例如,"伊妹儿"一词在越来越多的场合,特别在口语交际中有代替"电子邮件"的趋势,而"打的"的使用频率已大大超过"叫出租车"。究竟哪种变体竞争胜利,成为规范的语言事实,是由群众的使用决定的。语言规范化工作起着因势利导的作用,它一方面保持语言的纯洁、健康,维持其标准性;另一方面又促使语言丰富和发展。从微观语言学观点来看,语言的各种微观变体均可使它不断丰富和发展,而英语借词,由于它的新颖而富生命力,成为汉语发展的重要源泉之一。事实上,现代汉语发展各个阶段的英语借词已使汉语变得更加丰富。

(原载《淮北煤师院学报》1999年第2期,与蔡慧萍合写)

论双语国俗语义的差异模式

众所周知,语言是人类特有的、最重要的交际工具。作为交际工具的语言是音义结合的符号体系,符号体系里的符号是社会信息和文化信息的物质载体。我们曾多次论述过国俗语义,就是在词汇的实体指称意义上添加的一个民族文化含义。词语的国俗语义在跨文化言语交际中呈现出同异并存的现象,但异是绝对的、无条件的;同则是相对的、有条件的。我们认为不同语言相对应的词语,其国俗语义的差异有如下几种类型:① 国俗语义一语独有;② 国俗语义截然相反;③ 国俗语义大相径庭;④ 国俗语义部分相同;⑤ 国俗语义基本相同。这五种类型构成国俗语义差异的基本模式。各类型之间的不同之处,仅是差异程度而已,因此,这五种类型呈现出差异的梯度关系,表明词语的国俗语义越丰富,对应词语之间的差异往往就越大;反之则小。

下文就以汉英动物名称词语为例,对模式中的五种类型分别予以讨论。

一、对应词汇,国俗语义为一语独有

汉英对应词语,只在汉语或英语里具有国俗语义,而在另一种语言里却没有,或几乎没有。汉英动物词汇里的这种情况显著地表现在 ostrich 和"鸵鸟",crane 与"鹤"等词上。

ostrich 腿长而有力,奔跑速度很快,但它是一种蠢鸟,被追急时,就把头钻进沙里,以为自己看不到敌人,敌人也看不到它,就会平安无事,类似于汉语的"掩耳盗铃"。故英语里 ostrich belief(鸵鸟的信念)即意为"掩耳盗铃的想法"; ostrich policy(鸵鸟政策)表示"不敢正视现实的政策";有人像鸵鸟一样,不正视现实,做事藏头露尾,英语里就称此人为"to bury one's head ostrich-like in the sand"(像鸵鸟一样把头埋在沙堆里)。ostrich 还有表示"食量大、胃口好"的国俗语义,如 have the digestion of an ostrich(胃口好如鸵鸟)。ostrich 的这些国俗语义为英语所特有而不为汉语所有,汉语里的"鸵鸟政策"系英语 ostrich policy 的直译和借用。

英语中的 crane 只有因其颈长而具"伸长脖子"的转义,而几乎没有什么国俗语义。例如:

He craned his head around looking for his pals in the crowd.(他探头四望,在人群中寻找伙伴们。)

People in the seats were craning to look at him.(座位上的人都引颈看他。)

The policeman had been standing on the settee staring out, craning to see who was at the door.(警察站在长椅上伸长着脖子,想看看谁在门口。)

汉语里的"鹤",相对于英语的 crane,却有独特的国俗语义。

"鹤"表示长寿。如"松鹤延年";"鹤寿"、"鹤算"也表示像鹤那样长寿,如"龟年鹤寿","鹤寿千岁,以极其游","鹤寿千年也未神","惟愿增高,龟年鹤算,鸿恩紫诏"。

因"鹤"具有"长寿"的国俗语义,"鹤发"就喻老年人的白发,如"白水鱼竿客,清秋鹤发翁"。"鹤发童颜"表示年虽老而气色好,非常健康。"鹤发鸡皮"形容老年人皮皱发白,如"子老矣,鹤发鸡皮,蓬头历齿"。

"鹤"暗含"归隐"意,如"闲云野鹤"表示自由自在,不受红尘俗事所烦。"心同野鹤与尘远,诗似冰壶彻底清","富贵本无心,何事故乡轻别?空使猿惊鹤怨,误薜萝秋月"等即是。

"杳如黄鹤"指"杳无音信、一去不返",如"昔人已乘黄鹤去,此地空余黄鹤楼。黄鹤一去不复返,白云千载空悠悠。"

"鹤驾"、"鹤驭"中的"鹤"为仙人车驾,"鹤驾何时去,游人自不逢","鹤驭已从烟际下"。又因仙人乘鹤升天,故此两语又为死的讳称,如"鹤驭不来尘世隔,芙蓉城阙月茫茫"。

"鹤立鸡群"表示才能和仪表出众。

还有英语中 dolphin 的"聪明"的国俗语义,white elephant 的"累赘、大包袱"等的国俗语义,对于相对应的汉语词"海豚"和"白象",也是独有的。

二、对应词语的国俗语义截然相反

汉英动物名称词语具有截然相反的国俗语义的情况,最明显地表现在汉语词"龙"与英语词 dragon 上。

"龙"在汉语里是一个褒义词,具有丰富的国俗语义。

"龙"是皇帝的象征。皇帝是"真龙天子",未即位称为"龙潜",如"范云恩结龙潜,沈约情深惟旧";登基喻为"龙飞",如"龙飞古帝基";驾崩为"龙輴",如"虹影俄侵日,龙輴不上天"。唐朝杜甫《哀王孙》:"豺狼在邑龙在野,王孙善保千金躯"句中,"豺狼"指安禄山,"龙"指唐玄宗。皇帝身上所穿礼服衮有的龙纹图案为"龙鳞",此礼服就为"龙卷"、"龙衮",俗称"龙袍"或"黄袍";皇帝所乘之舟为"龙舟"①,如"御龙舟,幸江都"。皇帝的容颜为"龙颜",如"龙颜大悦"、"龙颜大怒"、"龙凤之姿,天日之表";皇帝的仪态也常用"龙行虎步"来形容,如"每对大臣言,太宗龙行虎步"。皇帝的子孙后裔喻为"龙种"或"龙子凤孙",如"寄人龙种瘦,失母凤雏痴"。因为龙在汉语里是皇帝的象征,故新王朝的建立就称为"龙兴",如"汉室龙兴,开设学校"。

"龙"比喻才华优异的人。如《三国志·诸葛亮传》:"诸葛孔明者,卧龙也"。"龙生龙,凤生凤,老鼠生儿会打洞","龙生龙子,虎生豹儿"等,喻父母才优,其子女必优;父母才劣,其子女必不优。"龙找龙,熊找熊","龙交龙,凤交凤,老鼠的朋友会打洞"等,喻才人与才人结交,粗人与粗人为伍,含"人以群分"之意。"龙配龙,凤配凤;鹁鸪对鹁鸪,乌鸦对乌鸦",是指男女婚配需要才能匹配,门户相当。又如"于是王家门中,优者龙凤,劣者虎豹"。"龙游浅水遭虾戏","龙

---

① 端阳节"赛龙舟"中的"龙舟",因船形如龙,与此不同。

游沟壑遭虾戏"等,比喻人一旦陷入不利境地,即使有天大的本领也无法施展,任凭他人恣意欺负。"龙眼识珠,凤眼识宝,牛眼只识草",喻有眼力的人慧眼识货,没有眼力的人不识货。

"龙骧"、"龙骧虎步"、"龙骧虎视"喻雄才壮志,气概威武。如"今将军总皇威,握兵要,龙骧虎步,高下在心";"宝马雕弓金仆姑,龙骧虎视出皇都"。

还有比喻非常难得的珍贵食品的"龙肝凤胆",表示声音响亮雄壮的"龙吟虎啸",形容山势险要雄奇的"虎踞龙盘",喻英俊少年的"龙驹",喻豪杰之士的"龙虎",表示生气勃勃的"龙腾虎跃",表示吉祥的"龙凤呈祥"、"双龙戏珠",表示成功的"跳龙门",比喻威力无边的"龙象",形容书法劲健生动、刚健活泼的"龙蛇飞动"、"龙飞凤舞",等等。

因"龙"在汉语中是皇帝之称,杰出人物之喻,蕴含"权威、力量、才华、吉祥"等褒扬的国俗语义,故我们中国人以"龙的传人"而自豪,也希望自己的子女能成龙,成为有出息有作为的人物(望子成龙)。

然而,在英国文化中,与汉语的"龙"相对应的 dragon 一词却基本上含贬义。西方传说中的 dragon 是替魔鬼看守财宝的凶悍怪物,长有三颗头,会喷火。希腊文化中说帕修斯(Perseus)在杀了蛇发女怪美杜沙的归途中,从海怪毒龙手中救出埃塞俄比亚公主安德洛墨达,这条"龙"就被描述成"可怕的吃人恶龙"(terrible dragon which eats men);英语古诗《贝奥伍夫》(*Beowulf*)就是歌颂那位与凶残暴虐的恶龙搏斗而取得胜利的英雄史诗。因此,英语中的 dragon 具有与汉语里的"龙"截然相反的国俗语义:"凶暴的人,(年轻女子的)严厉凶狠的监护人或凶狠的伴婆",甚至作"恶魔、凶神恶煞"的代名词。the Dragon 或 the old Dragon 就是指魔鬼撒旦。例如:

Two fiery dragons could not have been more furious than they were. (他们当时凶狠之极,两条喷火恶龙也会难望其项背。)

Her mother is a real dragon. (她母亲真是一条恶龙。)(意为:她母亲凶神恶煞地看管着她。)

I will starve him to death, the son of a dragon. (我要饿死他,这恶

魔的儿子。）

She was guarded by a woman obviously her mother, who tried to stare Hagan down with a cold arrogance that made him want to punch her in the face. The angel child and the dragon mother, Hagan thought, returning the mother's cold stare. （监护她的那个女人显然是她的母亲；她母亲带着一股冷傲的眼色逼视着夏根，看得他局促不安。夏根真想往她脸上捆上一拳。"天使般的女儿，恶龙般的母亲"，夏根想道，勇敢地迎着她母亲那冷冰冰的目光。）

三、对应词语的国俗语义大相径庭

对应词语，其国俗语义为一语所有，这是指词语在一种语言中有国俗语义，而在另一种语言里却没有；本节所谈的对应词语，其国俗语义大相径庭，是指对应词语在各自的语言里都有国俗语义，但差异很大，而又不是反义。现以汉语词"熊"、"鱼"与英语词 bear、fish 为例略加说明。

"熊"在汉语里有"愚笨"的国俗语义，"你真熊"即说"你真笨"、"你真窝囊"，"熊包"或"熊包蛋"喻愚笨而又无能的人。而英语词 bear 主要具有"饥饿"、"脾气暴烈的人"、"鲁莽汉"等国俗语义。例如：

I rushed to the dining room like a hungry bear. （我像只饿熊一样向食堂冲去。）（试比较：饿狼扑食。）

He is as cross as a bear. （他像熊一样脾气坏。）

The old man is a bear; he is always grumbling. （那个老头像熊一样脾气暴躁，老是埋怨。）

Kings and bears often worry keepers. （伴君如伴熊，常使守护人担心。）（试比较：伴君如伴虎。）

汉语里的"鱼"，国俗语义也不少。"鱼"表示坏人，如"鱼龙混杂"指坏人与好人混在一起；表示假的东西，如"鱼目混珠"喻拿假的东西（鱼目）冒充真的东西（珍珠）；表示受宰割，如"人为刀俎，我为鱼肉"；以及表示关系十分亲密的"鱼水情"，喻得到对自己很适合的环境的"如鱼得水"，利用"鱼、余"谐音，产生"年年有余"的吉祥用语,等等。英国是个岛国,渔业发达,英语中包含 fish 的短语和习语相当丰富,并赋予 fish 丰富的不同于汉语的国俗语义。例如:

fish 表示"(特殊的)人"、"家伙"。a big fish 如指"大人物、大亨";a dull fish 指"迟钝汉";a poor fish 是"倒霉的人"、"愚笨可欺的人";a cool fish 为"无耻之徒";a cold fish 喻"冷淡的人"、"冷酷无情的人";a loose fish 为"放荡鬼";a queer fish 却是"孤僻的人"。又如:

Pug did believe he hadn't played this particular fish. (帕格的确相信,他并没有玩弄这个大笨蛋。)

With them he'd feel "like a fish out of water". (与他们相处,他会感到"如鱼离水,局促不安"。)(试比较:如鱼得水。)

The man drinks like a fish. He is drunk every night. (此人狂饮如鱼,每晚一醉方休。)(试比较:牛饮。)

He is probably the best player here, but compared to those in your school, he's got a lot to learn. He's just a big fish in a little pond. (他也许是这里最优秀的运动员,但与贵校的运动员相比,他要学的东西还多得很。他只不过是小池里的大鱼——矮子里的高个子罢了。)(试比较:小池养不了大鱼。)

I have other fish to fry (我还有鱼要煎) 表示"还有别的重要事情要做";neither fish nor fowl (非鱼非禽) 即"不伦不类"、"不三不四"(试比较:"非驴非马");as mute as fish (沉默如鱼) 意为"默不作声"(试比较:"噤若寒蝉");all's fish that comes to his net (进网的全是鱼) 喻"来者不拒",等等,都与汉语里的"鱼"的国俗语义大不相同。

eat no fish (不吃鱼) 一语的"忠诚"义,与宗教文化有关。伊丽莎白一世时代,英国天主教徒按照罗马天主教会定下的法规,在星期五那一天只吃鱼不吃肉,故星期五就定为 fish day (吃鱼日)。但基督徒表示对基督教的忠诚,星期五照样吃肉而不吃鱼,因此,eat no fish 就具有"忠诚"、"忠实可靠"、"值得信赖"的国俗语义。

英语词 cuckoo 与汉语词"杜鹃"的国俗语义也大不相同。cuckoo 具有"傻瓜"、"神经兮兮的人"的语义;因此词与 cuckold 谐音,也有"使人戴绿帽子"的语义。

汉语杜鹃鸟有"思国、思乡、思归、催归、悲思、泣血、催耕"等国俗语义;还可代称"帝王"(因传说此鸟为蜀王杜宇化成),象征"春天"等。

四、对应词语的国俗语义部分相同

有些对应词语,其国俗语义只有一小部分相同或相似,这种情况也是比较普遍的。就汉语和英语中的动物名称而言,最显著的当属"猫头鹰"与 owl、"百灵鸟"与 lark 了。

"猫头鹰"在汉语里也叫"鸱鸺",俗称"夜猫子"。该鸟习性昼伏夜出,因此常用"夜猫子"来喻喜欢夜里工作而晚睡的人。英语的 owl 也有"做夜工的人、熬夜的人、夜生活者"的国俗语义。如:He was naturally a night owl(他天生是个夜猫子);fly with the owl(与猫头鹰一起飞翔)即表示某人惯于夜间活动。但因猫头鹰在深夜常发出凄厉的叫声,故在汉语里就常与"倒霉、厄运、不吉利"等联系起来,并被认为是一种不吉利的鸟,它落在谁家,谁家就要遭殃。因而有"夜猫子进宅,好事不来"或"夜猫子进宅,必无好事"等说法。但英语里的 owl 却有"精明、智慧"、"神情严肃的人"等国俗语义。例如:

He's as wise as an owl.(他像猫头鹰般聪明。)

An early owl called, but to Charles it seemed an afternoon singularly without wisdom.(一只早早出巢的猫头鹰叫了起来,但对查尔斯来说,这个下午却过得毫无智慧可言。)

A wise old owl lived in an oak, / The more he saw, the less he spoke. / The less he spoke, the more he heard; / Why can't we all be like that bird?(橡树上住着聪明的猫头鹰,他看得越多,就说得越少;说得越少,听得就越多;我们为什么不能学那只猫头鹰?)

He is always as grave as an owl.(他总是板起面孔,神情严肃。)

Don't be such a silly owl!(别摆出那么一本正经的鬼样子!)

owl 还有一些国俗语义,为汉语的"猫头鹰"所没有。如 take the owl 表"发火"义;as drunk as a boiled owl 表"烂醉如泥"义;as blind as an owl 表"眼瞎"义;等等。

可见,owl 与"猫头鹰"的国俗语义,只有一小部分相同。lark 与"百灵鸟"亦同理,两者在表示"欢快"的国俗语义时是相同的,如 as cheerful as a lark(像百灵鸟那样快活)。又如:

There was a jolly miller once, / Lived on the River Dee. / He worked and sang from morn till night, / No lark more blithe than he.(古有磨坊主,家居狄河边。终日歌且作,逍遥胜神仙。①)

然而,"百灵鸟"可喻歌喉优美动听,lark 却不能。lark 如下的国俗语义也不为"百灵鸟"所有:

lark 表"好玩、有趣、作乐"义:

It was such a lark.(真是好玩极了!)

It would be a lark to show him off to her friends.(带着他到她的朋友那里去炫耀炫耀,该多么有趣呀!)

Boys are fond of having a lark.(男孩们喜欢作乐。)

Stop larking and get on with your work.(不要只贪玩,去工作。)

lark 表"消愁解闷"义:

He was sure she must be doing newspaper work as a lark.(他肯定,她一定是为了消愁解闷才去做新闻工作的。)

make a lark of 表"拿某人开心"义:

"Don't make a lark of me, hang it, Poynte," said Foker, turning red, and with tears almost in his eyes.("去你的,波因茨,别拿我开心,"福克说道,涨红着脸,眼泪都快急出来了。)

五、对应词语的国俗语义基本相同

由于不同民族的历史地理、文化传统等因素的不同,对应词语往往呈现出差异性;但由于事物本身的属性一致,人们对某些事物现象的认识能力又大同小异,因此,对应词语的国俗语义也有共同性。汉语和英语从动物的基本属性角度出发来使用动物名称时,其国俗语义往往基本相同。例如狼(wolf)的"残忍凶暴"、"贪婪",天鹅(swan)的"优雅",狐狸(fox)的"狡猾"、"多疑",鹦鹉(parrot)的"人云亦云",蛇(snake)的"阴险",兔子(hare)的"迅捷",羊(lamb)的"无辜"、"温顺"、"驯良",等等,都说明了汉英两种语言中对应词语

---

① 与"快乐如百灵鸟"义相同。考虑押韵等因素,故译。

的国俗语义具有相同或相似的性质。对于这种对应词语的国俗同义性质,我们在《汉英动物名称的国俗同义现象》一文中已有比较详尽的分析,不再赘述。

结语

国俗语义是指词语的文化附加义,它具有历史性和社会性。所谓国俗语义的历史性,是指国俗语义是词语经过反复运用而附着在其实体指称意义之上的,是历史文化的沉淀。国俗语义的社会性是指国俗语义因使用语言的社会集团的不同而有所不同。正因为国俗语义的历史性和社会性,不同语言间对应词语的国俗语义,其基本属性是差异性。它们之间的差异具有梯度关系,这种梯度关系表明,词语的国俗语义越丰富,对应词语的国俗语义的差异就越大;反之则小。差异的梯度性赋予差异模式一种模糊性,也即模式内的各类型之间没有明确的界限。读者也可以在这个模式中减去或加上某种或某些类型,但本文提出的五种类型的国俗语义差异模式是基本的模式,它不仅适用于汉英的对比研究,也适用于各种不同语言间的对比研究,具有对比研究的普遍适用性。

(原载《国俗语义研究》,上海外语教育出版社1998年版,与王建华合写)

论数词、数字及其翻译借用
——香港数词现代化国际研讨会特邀即席发言

这次来港访问不久,就获得姚德怀、胡百华两位先生的邀请,有机会参加这次盛会。会上听到陈佐舜等先生的讲演,收益良多。感谢会议主席让我参加"特约讨论",现讲几点一般性的看法,供各位参考。

一、数词

各种语言中都有一定数量的词表示数目和次序,这类词有一定的词汇、语法特征,称为数词。今天会上讨论的主要涉及表示基数的词。汉语很早就用汉字直接书写数词来表示数目。除表示个位数的"一、二、三、四、五、六、七、八、九"之外,还有一些按十进位制原则表示更大数目的词,如"十、百、千、万"以及"亿、兆、经、垓、秭、穰、沟、涧、正、载"等。现代汉语中,只保留了"十、百、千、万",以及表示万万的"亿"和偶尔使用的"兆"。"兆"曾经表示"百万",辛亥革命后,黎元洪复袁世凯议和信中说:"公果能来归乎?与吾徒共扶大义,将允四百兆之人,皆皈心于公。"这"四百兆之人"指"四万万同胞","兆"表示"百万"。所以,有人建议用它表示"百万"。到"万"为止,都采用十进位制原则,从"万"到"亿"则是万进位,中国有12亿人口,就是12万万人。西方语言,如英语,十进位制到"千"为止,没有表示"万"的专门数词;并且,从"千"开始采用千进制:thousand(千)之后是million(千千,即百万)。thousand 和 million 是英语中表达大数目的关键数词。汉语与英语对译时,只要把这两个英语数词,与汉语数词"万"(ten thousand)和"亿"(one hundred million)的对应搞清楚，一般就可应用裕如。问题在于，汉语的万进制只有"亿"一个词，而英语的千进制除 million 一词外，还有 billion, trillion, quadrillion 直到 centillion，这就引起千进和万进两制之间的转换困难。这也就是今天讨论会的缘由。

二、数字

对数学运算来说，如果仅用数词，那不但双语对应有困难，而且单语运用也极为不便。所以，必须用数字来补充数词的不足。数字是一种表义词符，用来简明地表达数目，它用在哪种语言的话语中，就表示该语言的相应数词，例如，阿拉伯数字 1、2、3，在汉语中代表"一、二、三"，在英语中代表 one，two，three，在俄语中代表 один，два，три。数字比数词简明、紧凑，有利于数学运算，也有利于国际通用。数字对各语言是一致的，每种语言却可以把它译成自己的数词。由于英语等语言在 thousand 之后采用千进位制，所以，现在一般按千位分隔数字，如 1,006,000 就是 one million and six thousand。像汉语这样在"万"之后采用万进位制的语言，在认读数字时会略有不便。

三、表数法

用数字表示数目的方法叫表数法。大多数数字体系的独立符号只表示最简单的数目，符号的数目少则四五个，多则三十个左右。其他数目则用复合符号表达。有时用加法，如"十二"，阿拉伯数字为 12，罗马数字为 XII（均为 10+2）；有时用减法，如"九"，罗马数字为 IX，（即 10-1）；有时用乘法，如"三万"，埃及数字为 ，即 3×10,000，乘数和被乘数上下排列，符号多的放在下面。

四、进位制

每种数字体系都要有其相应的进位制，大多数数字体系是在十进位制的基础上建立的。这是因为古代计算工具是十个手指。希腊阿提咯、罗马等数字体系曾用五进位制补充十进位制，因为一只手有五个手指。腓尼基数字体系以二十进位制补充十进位制,因为手指加脚趾一共二十个。巴比伦人利用十六进位制补充十进位制,因为他们的称量单位是十六(我国也曾用过十六两为一斤的市秤,现在港澳台地区还保留)。也有以十二进位制补充的(如一打是十二个),这是由于 12 有 2, 3, 4, 6 等约数。英国的度量衡和货币单位的进位制很杂乱,运算极为不便。以长度单位为例,1 英里(mile) = 880 英寻(fathom), 1 英寻 = 2 码(yard), 1 码 = 3 英尺(foot), 1 英尺 = 12 英寸(inch)。顺便说说,大家在这次会议上热烈讨论的几个英语数词,在英美两国所表示的数目也是不一样的。例如 billion 在美国表示十亿(1,000,000,000),在英国却表示万亿(1,000,000,000,000)。依此类推,从 million, billion, trillion, quadrillion 直到 centillion 这几个数词,美国采用的是千进制,每个数词递增三个零"000";而在英国,采用的却是百万进制,每个数词递增六个零"000,000"。也就是说,美国数词的十进制到 thousand,改千进制直到 centillion;英国数词的十进制到 thousand,改千进制到 million,再改百万进制直到 centillion。这是英美英语分化的结果。使用同一语言的英美人也面临着换算的问题。当然,这么大的数目,一般老百姓是很少碰到的。英国的货币单位直到 1971 年才改为 1 英镑 = 100 便士。1971 年前则是 1 英镑(pound) = 20 先令(shilling), 1 先令 = 12 便士(pence)。改革是困难的,但十进位的趋势是明显的。目前,世界各国已普遍采用十进制。只有计算机采用二进制,因为二进制便于用机器表示,电灯的开和关、电脉冲的有和无、穿孔卡中的透光和不透光,均可表示二进制的两个符号代码 0 和 1,尽管二进制对人来说极其繁琐。

五、数字体系

现在我们来看看世界上用过的几种主要数字体系及其表数法。

1. 埃及数字体系

埃及数字体系是最严格的十进位制数字体系,除表示 1 的符号外,其他符号都是 10 及其乘方,即个、十、百、千、万……其他数目则由它们综合表示。说明如下:

a. 埃及数字符号

𓏺	𓎆	𓍢	𓆼	𓂭	𓆳	𓁨
1	10	100	10^3	10^4	10^5	10^6
一	十	百	千	万	十万	百万

b. 埃及数字表数法

a) 用加法表示，如 334 表示为：

𓍢𓍢𓍢 𓎆𓎆𓎆 𓏺𓏺𓏺𓏺 （三个百加三个十再加四个一，等于 334）

b) 用乘法表示，如 30,000 表示为：

𓂭𓏺𓏺𓏺 （三乘万，等于 30,000）

由于这个数字体系没有表示从 2 到 9 的数字符号，只靠基本符号表示 1 和 10 及其乘方的数，因此极为复杂。如果要表示 99 999，则要把五个符号各写九次。

2. 克里特数字体系

克里特数字体系与埃及数字体系基本相同，也是十进位制，符号表示个、十、百、千、万，表数采用加法。

a. 克里特数字符号

ǀ	—	◯	⊙	⊕
1	10	100	1 000	10 000

b. 克里特数字表数法

如 334 表示为：◯◯◯ ——— ǀǀǀǀ 即三个百加三个十再加四个一。

3. 罗马数字体系

罗马数字体系于公元前 500 年左右由伊特拉斯坎人所发明，后来被罗马人使用。这个数字体系是十进位制和五进位制相结合。数字体系中有七个基本符号，四个按十进制建立，三个按五进制建立，

其他数目的表示有时用加法,有时用减法。说明如下:

　　a. 罗马数字符号

　　　　　　I　V　X　L　C　D　M
　　　　　　1　5　10　50　100　500　1 000

　　b. 罗马数字表数法

　　a)加法　　Ⅶ　Ⅺ　CX
　　　　　　　7　11　110

　　b)减法　　Ⅳ　Ⅸ　XC
　　　　　　　4　9　90

　　同时用加法和减法来表数之所以可能,主要是表数法中运用了"位"概念。也就是说,符号的位置和符号的形式共同起表数作用。罗马数字中同样两个符号Ⅰ和X各代表1和10,把它们按位置一排列就成为Ⅺ和Ⅸ,各代表11和9。

　　公元8世纪前,罗马数字体系是西欧各国唯一通用的数字体系,后来逐渐被更为方便的阿拉伯数字体系所代替。

4. 阿拉伯数字体系

　　最完善的数字体系是印度人在5世纪时创造的。阿拉伯人接受印度人的数字体系时改变了一些书写形式,并起了"阿拉伯数字"的名称。这个名称一直沿用至今,已为世界公认。在欧洲,西班牙于10世纪率先使用阿拉伯数字,其他国家于12世纪采用。俄国于14世纪开始采用,17世纪获得流行,18世纪彻底取代了斯拉夫数字。

　　阿拉伯数字体系是在过去多种数字体系的基础上创造的,它的特点是:1.采用十进位制;2.运用"位"概念;3.用加法表数;4.运用"零(0)"符号代替空位,使"位"的作用得到充分发挥;5. 16世纪后通过小数点按十进位表示分数。由于这些特点,这个数字体系只用十个数字符号(0、1、2、3、4、5、6、7、8、9)就可以表示任何数目。每个符号真正的数值不仅决定于符号形式,而且决定于符号所占的位置。以小数点为界,左边数字按十进制递增,右边数字按十进制递减。

六、汉语书面语中数目的表达

在现代汉语的书面文献中,数目的表达情况大致是:

1. 以阿拉伯数字为主,以汉字表示的数词为辅。在经济、统计、数学、天文等领域,更多使用阿拉伯数字。大陆地区汉字横行书写,夹用阿拉伯数字极为方便。

2. 过去曾经采用过一种专门的数字符号来记账,现在港澳台地区仍使用,大陆地区已不用。现在记账时,阿拉伯数字与大写汉字并用,如"捌佰伍拾叁圆——￥853/"。

3. 罗马数字在少数情况下仍然使用,如钟表上的计时数字,书籍中的章节数字。

说到这儿,关于大家关心的数词、数字、表数法和数字体系的基本问题都已清楚。下面将谈谈双语数词对应的有关问题。

七、词对客体的划分和双语对应

各种语言在用词来划分客体时,划分结果往往不尽一致。例如,划分"同辈直系亲属"这个客体,汉语、日语各用四个词:哥哥(あに)、弟弟(すとうヒ)姐姐(あね)妹妹(りキうヒ);英语、俄语各用两个词 brother、брат(兄弟),sister、сестра(姐妹);德语只用一个词 Gesehmister,汉、日语在划分这个客体时考虑了男女和长幼之别;英、俄语只考虑男女之别;德语则表达"同辈直系亲属"的完整概念,不区分男女长幼。这种划分客体的不一致是语言中的正常现象,并不影响语言的使用和翻译。使用语言的人已习惯于该语言词所表达的概念,在无需区别的情况下,他们尽量不加区别。一旦需要区别,语言中自然有表达手段。如英语中可用词组 elder brother 和 younger brother 来区分"哥哥"和"弟弟"。当把英语译成汉语时,译者应根据话语信息对等的要求寻找恰当的翻译单位,自然地把词组 elder brother 译成"哥哥"。这在词汇学和翻译学中已是普通常识。

前述数词中的双语对应问题,与此相类似。英语和汉语开始均按十进制原则划分数目。到了千位,英语改为千进制,汉语则是到了万位时改为万进制。这种数词不对应的情况,也不影响语言的使用和翻译。操双语者会很自然地把英语词 million 理解为或翻译为"百万"。同样地,他们也会很自然地把汉语词"万"理解为或翻译为 ten thousand。语言间的词汇系统并不是一一对应的,但语言的表达手段会弥补这一缺陷,使翻译和跨文化言语交际成为可能。

八、词的翻译借用

考虑到数字表达的精确性和转换的速度问题,如果有一一对应的数词体系,当然最为理想。正像英俄对译可找到一一对应的数词,如 thousand——тысяча, million——милон, billion——милард, 以及汉日语之间的千对千、万对万的对译。现在的问题是,在汉英语之间没有这样完全的一一对应。怎么办?从语言学的角度看也很好办,互相借用。从汉语方面说,可以借用英语词表达"百万"、"十亿"等的整体概念,如像大家刚才所说,可把 million 译成"米连"或"米联";也可以只借用这个概念,用原来的汉语词表达,如把 million 译为"兆"。这类方案,会上提了不少,可优选之,问题不大。真正的问题在于,使用语言的人是否能接受或理解这个新概念。如果他们听到或看到"米连"或"兆"时不知所云,或者要通过内部言语的翻译才能理解这就是"百万",那还不如直截了当说成百万。所谓"语言使用者"也要区别对待,对数量不大的科技人员,特别是统计、经济、数学、天文等领域的科技人员,可以借用新词,以便在双语转换时保证准确和快速。对于大多数的老百姓来说,他们极少碰到万、亿以上的大数目,即使碰到,与其让他们猜测这个新词是多少万,那个新词是多少亿,还不如就让他们直接理解并使用原来的数词。所以我认为,根据大家的合理建议,可以吸收和借用表示千之后按千进制的几个数词,并在科技界率先使用;但保留"万"和"亿"的原数词,让它们在使用中竞争、发展。这从语言学观点来说,也是很正常的事,因为任何一种民族语言,不仅是音义结合的词汇和语法的宏观体系,而且是处于相互作用之中的各种微观变体的总和。这里说的微观变体正是宏观共同语丰富和发展的源泉。因此,汉语数词体系中有一些并存的变体,通过使用,在竞争中发展,最后达到新的约定俗成,这对语言的发展并无害处。

我听了一天丰富而精彩的发言,联想到许多问题,概而言之,说了上面一些想法,仅供各位参考。谢谢各位。

(原载香港《双语数词现代化讨论集》1998 年版,《外国语》1998 年第 4 期)

九
修 辞 学

现代修辞学的发展趋势

自20世纪初叶的现代语言学开始,语言学的重点较长时期放在语言的结构体系上,忽视言语的研究。因此,修辞学比起音位学和语法学来,没有受到应有的重视,显得比较落后。我国一些高等学校曾有重理轻文,重文学轻语言,重语法轻修辞的现象。60年代以来,随着社会语言学、话语语言学、信息科学的发展,言语被看作语言学的重要对象,从而,主要研究言语规律的修辞学获得很大发展。

传统修辞学不区分语言和言语,往往将语言体系的修辞分化赋予话语,又把话语的修辞效果仅仅归功于修辞手段。现代语言学的奠基人索绪尔正确地区分了语言和言语,对现代修辞学的发展起了启迪作用。但他和在他理论基础上形成的结构主义语言学只把语言体系作为语言学的对象,把言语排斥于语言学之外,又对现代修辞学的发展起了限制作用。

索绪尔认为人的言语行为可分为语言和言语两个部分,要使言语让人听得懂就必须有语言;要使语言能够建立,就必须有言语。他认为,语言是一种表示意念的符号体系,语言体系是符号之间的关系构成的。索绪尔把语言学分为内部语言学和外部语言学:内部语言学研究语言体系,外部语言学研究语言和社会的关系。他还把语言学分为共时语言学和历时语言学:共时语言学研究同时存在并构成体系的语言要素的关系,历时语言学研究历史上相连续的语言要素的关系。语言学的重点是研究一定时期呈现的完整而自足的体系。

索绪尔的语言学理论标志着现代语言学的形成,他对语言和言语、内部和外部、共时和历时等等的划分,给语言学研究开辟了前景。

但是,当时他划分的目的是为了把语言学对象局限于共时的内部结构体系,他认为语言学的唯一真正对象是语言本身。这样强调就会忽视语言作为社会交际工具的本质,忽视言语,忽视语言和社会的关系,使语言成为抽象的体系,使语言学显得异常贫乏。

风行一时的结构主义语言学就是以索绪尔的语言理论为基础的。他们认为言语中的共同点构成形式的一致性,这就是结构,语言学的研究对象就是与言语相区别的语言结构体系。索绪尔的学生巴利把这个观点带进了修辞学。他认为,修辞学的任务是描写语言体系中修辞色彩的变体。他正确地把这种修辞色彩同言语的修辞效果区别开来,但他研究的重点却是语言体系中的修辞变体,即所谓语言修辞学,忽视对言语的研究。巴利认为,语言单位不仅表示理性意义,还可表示感情色彩,这就是说语言单位有修辞变体,如各种同义手段,它们都可产生修辞效果。巴利研究的是语言的感情色彩、语言的词汇单位和语法单位的修辞意义,而不是人们在言语环境中使用语言的状况。这种研究语言体系表达手段的修辞学又叫表达修辞学。

语言和言语的区别是当代语言学最重要的理论问题之一,随着语言科学的发展,越来越显示出它的重要性。这一理论对现代修辞学有特别的重要意义。

当代语言学对语言和言语的理解如下:

语言是人类最重要的交际工具,是音义结合的词汇和语法的体系。言语就是在特定的环境中为完成特定的交际任务对语言的使用。语言存在于言语之中。

言语行为是两方面的过程。一方面是口头交际,即说和听;另一方面是书面交际,即写和读。人们在言语行为中创造话语、理解话语。

话语是无限的。人的每一次交际过程都产生新的话语。那么,交际者怎么会彼此正确理解对方的话语呢?这是因为,第一,话语由词语组成,交际双方了解词语的形式和意义;第二,词语受语法规则支配,交际双方了解语法规则,根据语法规则用词造句创造话语,并领会话语的含义。

词语的总和就是词汇,规则的总和就是语法,它们都是音义结合的。音义结合的词汇和语法的体系就是语言。

现将语言和言语的关系列表如下:

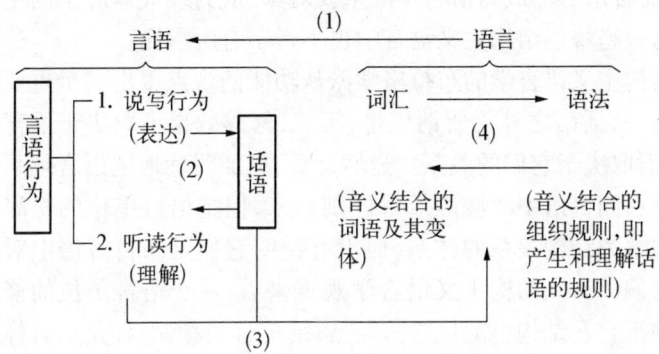

从这个表可以看出:(1)语言体系是言语的基础,言语行为要选择语言中的词汇和语法手段,组成话语;(2)言语行为产生可接受、可理解的话语,说写是表达过程,听读是理解过程;(3)言语行为中产生的、存在于话语中的新的语言现象(如新词"四化、一孩户、代沟、团伙")补充到语言体系中,使语言不断丰富和发展;(4)在语言体系中,词汇和语法处于经常的相互作用之中。

语言客观地存在于言语之中,但凭直接观察不能领会完整的语言体系。语言学家一方面研究言语,一方面从言语中概括出语言体系,加以分析、描写,帮助人们自觉地掌握和使用。言语是对语言规范的具体运用。

人们从小逐渐地、自然地掌握和使用祖国语言。小孩听了特定语境中的各种话语,把重复着的要素同一定意义联系起来,理解并分出词语,试图在一定语境中加以再现。同时,他们逐步掌握和使用语法规则。他们从听和读的过程中,把话语中重复的、固定的成分加以比较和总结,通过说写实践,不断产生新的话语。学校的语言教学可以让学生自觉地掌握词汇和语法,然后理解话语,让学生通过语言学习言语。但是,如果离开言语就不能真正领会语言。所以,要在教学中让词汇和语法在话语中重复出现,让学生在话语中体会语言现象的细微涵义,于是,又通过言语学习语言。

言语由语言单位组织而成,它也是音义结合的。但言语不单是语言单位的组合,它要受到言语环境的制约,并受到言语规律的支配,从而言语必然成为语言学的重要对象,成为现代修辞学的主要内容。这一趋势连结构主义语言学也不得不有所承认。

结构主义语言学的布拉格学派从功能的观点得出两个重要的结论。第一,话语之外无所谓风格;第二,修辞效果不取决于语言单位本身,而取决于它们的关系。显然,他们更加明确地把语言体系中的修辞色彩同言语中的修辞效果区别开来,但把语言单位的修辞分化仅仅理解为结构关系的体系,而没有说明它们是来自言语中对规范用法的偏离。从结构主义语言学观点来看,一个语言单位的修辞价值依赖于它在结构中的位置。但是,结构有两种,一种是语言体系的聚合结构,另一种是话语的组合结构。在体系结构中表现出语言单位的功能,在话语结构中才表现出语言单位的修辞效果。长期居住美国的布拉格学派的代表人物雅科布逊认为,这两种结构的结合才是话语修辞效果的基础。这就是说,他已承认修辞学的研究从语言领域开始进入言语领域。雅科布逊在研究诗歌的基础上,提出了分析话语修辞特点的公式:"等价原则从选择轴投影到组合轴。"这句话的意思就是,从语言体系中选择带有修辞色彩和语体色彩的语言单位,固然是构成话语的修辞特点的基础,但这些单位在话语中的组合才真正体现修辞效果。一些中性的语言单位和带修辞色彩的语言单位的相互组合关系才能更准确、更深刻地揭示各语体的修辞特点。在语言体系中性质上等价的语言单位要放在话语组合中的等价位置上,才能产生修辞效果。因而,修辞效果既依赖于语言单位的性质,更依赖于话语组合。雅科布逊从这两个方面写了两本书,一本是《诗歌的语法》,研究诗歌中作为表达手段的语言单位;另一本是《语法的诗歌》,研究这些语言单位使用于诗歌所获得的修辞效果。他的研究说明,语言单位的功能和价值是由语言体系的聚合结构决定的,而语言单位的意义效果则表现在话语的组合结构上。这两方面的结合才能起到有效传递社会信息的作用。

雅科布逊的这一思想也被另一位美国语言学家莱文用在了诗歌

研究上。他们都认为,诗歌的功能是在语言体系中选择相应的等价语言单位放进话语组合结构的等价的位置上,性质等价和位置等价相结合就产生修辞效果。例如,在写诗时总是从语言体系中选择语义和语音性质适应的等价词放到诗行末尾这个话语组合的位置上,成为位置上的等价,形成押韵。这恰当的选择和恰当的组合就显示出强烈的修辞效果。用法国语言学家纪尧姆的话说,这种语言单位被选择进入话语,就产生了实效。语言单位的全部意义价值蕴藏在语言体系中,言语环境使某一意义价值显现出来,就产生某种实际意义。语言表达手段随着言语环境而显示出修辞价值。

索绪尔明确区分的语言和言语的概念,既影响了各个结构主义流派,也影响到转换生成语言学派的乔姆斯基。乔姆斯基区分了语言能力和语言运用,但他的研究重点是语言能力,不重视语言运用的研究。这是由于,从结构主义语言学以来就主张从语言事实建立精密的形式化规律。正是修辞学动摇了结构主义的这个基础,使语言学把言语作为观察和研究的领域。转换生成语法后来不仅强调"符合语法"这个要求,同时提出"可接受"、"适当"等要求,这说明已有克服语法体系严格公式化的试图,开始考虑到语义,在某种程度上考虑到修辞。现代语言学对语言歧义性、模糊性等概念的重视,也导致克服纯形式化的倾向。英国语言学家福尔勒认为,修辞学是在克服形式主义语言学的局限性的基础上建立的。这种说法有一定的道理,但不够确切。首先,在结构主义语言学之前就有传统修辞学;其次,修辞学在某些情况下也可以用结构主义的形式分析方法。前述结构主义语言学把语言单位的修辞分化理解为结构关系的体系,修辞价值依赖于在结构体系中的位置等等,说明对修辞现象的研究不完全排斥形式分析。有些修辞事实可表现为概括功能,在某种程度上可加以模式化,如修辞方法分类、语体的体系化等问题都可以在某种程度上加以形式化,但这种程度极其有限。许多修辞现象难以形式化,如话语的言外之意,语言的模糊性、感情色彩以及比句子更大的话语本身,都很难加以形式化。近年来的修辞学论著有两种主要趋势,一种是着重研究修辞手段的体系,这就是语言修辞学;另一种是着重研究话语中的修辞现象,这就是言语修辞学。

如前所述,从现代语言学区分语言和言语以来,长时期把语言作为研究对象,忽视甚至排斥对言语的研究。所以,修辞学的研究也一度偏重语言修辞学,而忽视甚至排斥言语修辞学。

所谓语言修辞学,就是研究语言体系中有修辞分化的语言单位,收集、归纳各种语言表达手段,并使之体系化。这些有修辞色彩的语言单位除词汇意义和语法意义之外,还具有补充的修辞意义和语体意义,这种补充意义通常具有表情和评价性质,它们是语言单位客观上具有的、语言集体公认的,不依赖于在言语中的个别使用。在词典中可以加修辞标志,如表卑、表爱,贬义、褒义,书卷语体、谈话语体等。所以,语言体系本身拥有自己的修辞手段,它们是语言修辞学的研究对象。修辞学史上长期对辞格的归纳、整理,以及对同义手段的分析,就属于这种研究。而语体研究就开始进入言语领域。

苏联修辞学自20世纪50年代起就重视语体的研究,把民族语言的语体同作家的个人风格区别开来。穆拉特的《论修辞学的基本问题》从普通语言学的角度论述了语体,格沃斯杰夫的《俄语修辞学概论》中,指出语体是依赖言语目的和内容的语言体系的变体。加利佩林的《现代英语修辞学》和戈列洛夫的《现代汉语修辞学》等著作都区分了语言和言语,并论述了语体问题。他们正像维诺格拉多夫在《修辞学、诗歌言语理论、诗学》一书中所论述的那样,从语言修辞学的角度来研究语体,但正确指出了语体依赖于言语的目的和内容。谢格纽克也认为,语体一方面是具有一系列潜在特征的一种语言现实类型,另一方面是在话语中的具体实现。苏联语言学家里谢尔和希恩德尔70年代写的《德语修辞学》中也这么理解。实际上,语体是在不同社会活动领域内进行交际时,由于不同的交际环境所形成的一系列使用语言特点的体系。它依赖于言语环境,是同类言语环境使用语言特点的概括,主要是言语修辞学的对象。在言语修辞学中,语言单位的补充意义依赖于它们在言语中具体的个别使用。言语的表情性质大量出现又会转化为语言事实,作为语体色彩而巩固在语言单位上,成为划分语体的语言材料基础。但是,一些带语体色彩的语言单位和大量中性语言单位在一定言语环境中的综合运用,才构成一定的具体语体,最终还是依赖于言语环境。

50年代末和60年代初,我国展开了语言和言语问题、修辞学对象问题的学术讨论。我在《使用语言的环境》、《语言学的新对象和新学科》等有关的文章中明确提出言语环境、言语规律的论点,主张修辞学主要研究言语现象。这些论点为60年代中叶以后的社会语言学、功能结构主义语言学和话语语言学所普遍承认。我在《社会语言学、言语规律和修辞学对象》、《修辞和语境》、《论语体》等文章中进一步阐述了这些论点。下面谈谈60年代中叶以来外国语言学的有关理论。

英国功能学派语言学家韩礼德于1964年提出语域概念,认为语体就是由于使用语言的场合不同而产生的各种语域变体。他把语域分为话语的范围、话语的方式和话语的风格三方面。范围包括政治、科技、日常生活等,方式包括口头方式、书面方式,风格包括交际者的地位、关系、身份等。这三个方面综合起来实际上相当于言语环境。

美国社会语言学家费什曼于1965年提出对语域的看法(韩礼德用的术语是register,费什曼用的术语是domain)。他认为语域是受共同行为规则制约的社会情境,包括地点、身份和主题。用他的一句通俗易懂的话就是:谁何时对谁说什么语言。

1968年,美国另一位社会语言学家海姆斯认为,人们进行社会交际时,既要有生成正确话语的能力,又要有在一定时间、地点、场合说出相应恰当话语的能力,这就是一个人的交际能力。他认为说话既要符合语言规则,又要适应语境,也就是适合言语环境。

社会语言学的重要特点就是把语言学研究领域扩大到言语,探索言语规律,描写言语变体。正像海姆斯所说,如果没有使用语言的知识,乔姆斯基所描述的"理想的说话者和听话者"只是文化的怪物。社会语言学的这些见解对修辞学起了推动作用。现代修辞学的重心越来越转向言语领域。

现代话语语言学也对修辞学起了推动作用。它认为,不分析整个话语而去研究修辞是不可想象的。一些不具修辞色彩、没有美学功能的语言单位,组织在话语中却可以产生修辞效果,这是现代修辞学越来越重视的事实。话语组成、话语切分、话语综合和话语信息量等问题都直接涉及修辞领域。分析话语范畴直接同修辞有关。例如,研究话语信息量时,就要充分考虑隐喻、重复、借喻等修辞方法的作用,因为它们往往是补充的美学信息的承担者。研究话语综合时也要充分考虑修辞事实,如迂说、对偶、同义反复等也能把个别段落连接为话语整体。在研究作家个人风格时,更必须分析整个话语。所以,现代修辞学越来越接近话语语言学,成为交叉的学科。

  信息论对现代修辞学也有很大影响。在话语信息量中,修辞现象提供了补充的美学信息。另外,修辞方法是排除信道干扰使信息畅通的重要手段。人们在社会交际过程中,相互传递信息。因而,作为交际工具的语言也是传递社会信息的工具,是信息的代码。说写者和听读者双方必须共同了解语言代码的规则,才能在发送信息时编码,接收信息时解码。这是使用语言的基本要求。正像语言学家里法捷尔在《修辞分析标准》一文中所说,发信者的任务是引起收信者的注意,收信者应进行同发信者意图相适应的解码。英国语言学家韩礼德在论述语言功能时,特别强调话语功能。他认为正是由于话语功能,语言才实现同具体环境的联系,从而,言语活动才成为可能。说写者能够建立话语,听读者能够理解话语。正是话语,构成修辞研究的有关单位。

  现把传递信息的过程图解如下:

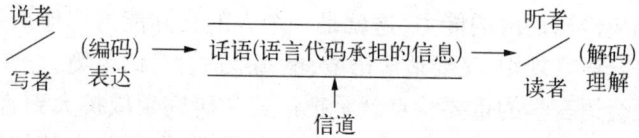

  如图所示,说写者用语言代码编码成为话语,把信息通过信道发送给听读者;听读者通过解码接收送来的信息。这就是传递信息的实际过程。如果双方都懂得所使用的语言,说写者就会用这种语言的语法规则组织词汇单位形成话语,以便表达和传递信息;听读者也会通过分析语言,理解话语,接收信息。这些语言代码可能具有修辞和语体色彩,于是它们同时表达了补充的美学信息,加强了修辞效果。这是语言体系中固有的表情手段,是语言修辞学研究的领域。

  同时,整个传递信息的过程都在特定的言语环境中进行。对话语的表达和理解依赖于交际者双方的特点和相互关系,依赖于时间、地点、场合,依赖于信道的畅通程度。如果信息通过信道时遇到干扰,受到阻碍,就会影响信息的畅通,这时修辞方法可以排除干扰,克服阻碍,保持信息畅通。这就是言语修辞学研究的领域。语言代码所包含的补充美学信息,也只有在通过信道时,依赖于言语环境,才能显示修辞效果。所以,语言体系的修辞色彩,只有在特定的言语环境中才能起修辞作用。依赖于特定的言语环境,褒词可以贬用,贬词也可以褒用,中性词可以起到意想不到的修辞效果。信息论对理解修辞学的实质起了很大的作用。

综上所述,可以看出言语修辞学越来越显示出它的重要意义。

法国语言学家吉罗在《修辞学分科和学派问题》一文中区别了语言修辞学和言语修辞学。他认为,言语修辞学的目的是阐明、描写和解释特定语境中的修辞效果。吉罗把语言修辞学分为三类:(1)描写修辞学,记录和研究语言体系中的表达手段;(2)功能修辞学,研究语言单位的不同修辞色彩;(3)发生修辞学,研究作家选择的特有的修辞手段。这几方面都是从语言体系的角度进行研究的,但它们的终点都是应用于话语分析。他认为,语言中潜在的修辞色彩根本区别于体现在言语中的修辞效果。他认为,语言和言语的区分目前已成为传统性的,但它是奠基性的区分,离开这两方面的明确区分,任何修辞学都不可能存在。

英国语言学家克里斯塔尔和戴维在他们合著的《英语风格研究》中,指出"语言变体"这个术语不够确切,建议改用"语境限制因素"。他们把语境限制因素分为三组:

(1)个人的言语风格;语言使用者的地域和社会属性;使用语言的时间及语言使用者的年龄。

(2)口语或笔语交际形式;独白或对话。

(3)使用语言的范围,语言使用者的身份、使用语言的方式和创造性。

可见,这两位英国学者也从言语中寻找语言变体的原因,因为一些受言语环境制约的不断重复的言语用法会巩固下来,转化为语言事实。

从语言和言语区分的观点来看,修辞学和语言学的其他分科(词汇学、语法学、语音学、语义学等)有明显的差别。修辞学主要从言语方面、从话语方面进行研究,而其他分科主要从语言体系方面、从语言材料方面进行研究。依赖于特定的言语环境,任何语言材料在具体话语中都会有修辞意义,正像维诺格拉多夫所说,不存在不能创造艺术形象的语言材料。所以,语言体系中的修辞手段仅仅提供加强修辞效果的条件,真正的修辞效果是在言语环境中显示的。一切语言材料,带修辞色彩的以及大量中性的语言材料,只有依赖于特定的言语环境,才能在话语组合中显示真正的修辞效果。美国语言学家布鲁克斯和沃伦合著的《现代修辞学》一书中,在回答"什么是修辞学"这个问题时,明确而简洁地说:"修辞学是有效地使用语言的艺术。"因而,修辞学的主要对象是言语。必须认真研究言语规律,才能发挥修辞学应有的作用。

以上就是现代修辞学的发展趋势。这个趋势从60年代初开始,经过了整整20年,终于获得世界各国多数语言学家的承认。这绝不是偶然的。

(原载《修辞学研究》1983年第2期,收载《修辞学探索》,北京出版社1983年版)

21 世纪修辞学发展趋势
——纪念《修辞学习》创刊 20 周年

21 年前，中国修辞学会和各大区分会在武汉成立，我兼任华东分会会长。那时，我想先做几件实事，迅速打开学会的工作局面。首先映入脑海的是：出版丛书、丛刊和论文集，举办短训班，召开学术研讨会以及创办修辞学刊物。其中最难做也最想做的是创办修辞学刊物。

在从武汉向上海行驶的轮船上，我与刘焕辉先生商量办刊物的事，得到他的积极响应，我们立即策划了创办方案。我请焕辉回南昌立即与出版社试探出版刊物的可能性。不久，焕辉告诉我，江西人民出版社熊向东社长有合作意向。我当即约向东参加 1981 年 5 月在杭州召开的华东分会第一届年会，以便商讨合作办刊事宜。我和向东在风和日丽的杭州会谈了一个小时，达成了中国修辞学会华东分会与江西人民出版社合作创办《修辞学习》杂志的协议，并约定争取半年出刊。半年内，向东负责刊号、出版、发行和广告等工作，我负责组织编辑人员、成立编辑部、组稿和编稿等工作。半年后，双方筹备就绪。1982 年 1 月 22 日，焕辉告诉我，即将发行的杂志的订数已超过十万。紧接着，我国有史以来第一份修辞学杂志《修辞学习》胜利问世。

20 年过去了。在庆祝《修辞学习》创刊 20 周年的时候，我作为它的创办人和第一任主编，特别怀念一起创办刊物的焕辉、向东等先生，特别怀念我在学会一成立就倡导的"实干、团结、高效"的学风和工作作风。

早几天，现任主编陈光磊先生嘱我写篇文章，以示纪念，特别嘱我谈点本世纪修辞学发展的趋势。其实,我在"创刊词"中就说了一点修辞学发展的主要趋势,我那时说:"现代修辞学研究的重点已经转移到使用语言的整个领域,着重探讨使用语言的规律,指导语言的实际使用。"虽然过了20年,这一主要趋势并未改变。但与时俱进,毕竟过了20年,本世纪的修辞研究应该有所拓展和深化。与现代语言学的发展趋势相适应,本世纪的修辞研究预计在下列各领域有所进展。

第一,继续研究语言体系中的修辞手段和方法。进一步分析词汇和语法的修辞分化,探讨语音和语义的修辞作用,特别重视对语言体系中表达主观感情、态度和评价的修辞意义和国俗文化意义的研究。这种对语言修辞手段的描述,不仅为使用语言提供丰富的修辞资源,而且通过归纳风格要素和语体手段,为话语的风格和语体分类提供物质材料。在辞格方面,除进一步从言语中归纳新格外,将对已归纳的辞格加以整理并进行理论分析。

第二,言语活动中的修辞仍然是修辞研究的重点。首先,分析修辞创新,重视言语变体的修辞作用。其次,进一步分析语境因素,归纳语境类型,充分认识语境在言语修辞以及在形成风格和语体中的作用,进而研究语体、风格、文风等问题。再次,研究话语建构和话语理解过程中交际者角色关系和社会心理对修辞的作用,以及话语理解的修辞策略。最后,研究整个言语交际过程和语用过程中的语用修辞效果。

第三,话语修辞研究。话语是言语活动的结果。对话语本身进行修辞分析,研究话语主题、话语单位、话语衔接和展开以及话语结构的修辞,是言语修辞的重要组成部分。话语修辞对话语理解、话语欣赏和捕捉话语信息核心以及衡量话语修辞效果,都有很大意义。

第四,修辞的言语机制研究将成为新的热点。关于大脑修辞机制和内部言语的修饰问题是十分诱人的课题,对它的研究应提上议事日程。在言语交际中交际者对语言手段、语境、话语角色和话语本身的认知,也是重要的研究课题。言语交际双方通过话语建构和理解而形成的内部言语和外部言语的大循环及其修辞机制将使本世纪的修辞研究达到新的高峰。

第五,从对人脑修辞机制的探索转到电脑操作,可望在晚些时候对人机对话和机器翻译中的修辞问题有所助益。计算机修辞的研究将逐步成为本世纪修辞研究的另一热点。修辞手段的部分形式化和计算机的修辞智能化的研究将在本世纪下半叶使修辞研究达到另一个高峰。

第六,本世纪的修辞研究将更适应信息时代的需要。语言是最主要的信息载体,语言和言语负载各种社会信息无翼而飞。而修辞则赋予翅膀让它飞得更高更远,把信息传向世界、传给大众。对话语信息量的研究,对建构话语传递信息的研究,对理解话语捕捉信息核心的研究,对提高电子网络传递信息的修辞效果的研究,都将成为重要课题。

第七,对提高群众言语修养的研究,在相当长时间内将是本世纪修辞研究关注的重点。修辞效果最终取决于人的言语修养。人在言语交际中能充分发挥语言的社会功能,恰当地表达思想感情,使言语臻于完美,都离不开修辞要素。修辞研究的主要目的也在于提高人的言语修养,改善人的言语质量。

第八,最后,本世纪的修辞研究要进一步加强实用性,应用于各行各业。修辞不是语言学家和文学家的专利,它应被群众掌握,为群众服务。在课堂上,教师要调节自己的话语,深入浅出地传授知识;在法庭上,法官和控辩各方要善于处理角色关系,摆事实,讲道理;在市场上,买卖双方均应从社会心理角度评商品、议价格,完成交易。因此,修辞学要研究各行各业对语言的使用。法律语言、外交语言、医务语言、教学语言、商务语言等等既有共同性,又有特色,其修辞因素和修辞效果都值得研究。

总之,21世纪的修辞学极其丰富多彩,广大修辞工作者都可把握趋势,选择课题,进行研究。《修辞学习》杂志一定会发表大家的优秀研究成果。我在《修辞学习》"创刊词"中说:"本刊是一本理论与实际相结合、普及与提高相结合的刊物。它将从当代语言学理论高度探讨修辞学问题,反映修辞学最新成果。发表的文章力求深入浅出,雅俗共赏,对使用语言、语文教学有实际用处;力求做到知识性、实用性、学术性兼备。"这一办刊方针仍然适应新世纪的需要。在纪念《修辞学习》创刊20周年的时候,希望广大修辞工作者,特别是中国修辞学会及其各分会会员能与时俱进,不断发表新成果,进一步提高刊物的质量,促进修辞学的繁荣。

(原载《修辞学习》2002年第2期)

信息论、控制论、系统论与修辞

经过一些语言学家的潜心研究,现代修辞学逐渐冲破传统的羁绊,运用现代科学的理论和方法,探索言语规律,研究话语整体,从而提高话语信息传送效果,成为更利于指导言语实践的语言学分科。

信息论、控制论、系统论的原理用之于修辞学,又使现代修辞学产生新的突破。

现在是信息时代。信息是符号系列所承载的知识内容,凡是有序的符号系列都可承载信息。人类语言是最重要的信息载体,是传递和处理信息的最重要的工具。言语交际就是说写者用语言单位组成话语发出信息,听读者理解话语,接受信息。从信息论来说,言语交际过程是信息的编码、传递和解码的过程。现图示如下:

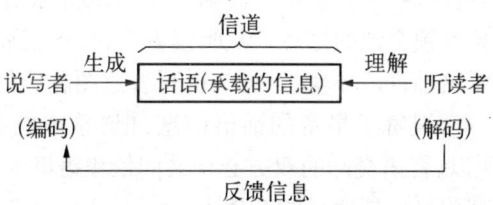

说写者用语言代码编码,生成话语,把话语承载的信息通过信道发送给听读者。听读者通过解码,理解话语,接受信息,并发回反馈信息。说写者和听读者双方首先要掌握共同的语言,通过语言生成和理解话语。但是,掌握语言并不一定总能理解话语。话语信息传递不仅要遵守语言规律,还要遵守言语规律。违背这些规律,就会在信息编码综合、信息传递和信息解码分析方面产生信息差,影响言语交际。

下面分析《万花楼》中宋朝皇帝的一段话语:

> 狄卿,解送一事,律有限期,限一月解至。如违一天,打军棍二十,如误两天,耳环插箭,若三日不至者,随到随斩。这里军法无情,将在外,君命有所不受,杨元帅执法,即寡人也不便讨饶。卿家二人。必须立定意见,可行则行,不欲前往者,待寡人另派差官解送。

这段话是皇帝向他的表弟狄青说的,字面上很容易理解,"解送误期要军法从事,不去可另派差官,"皇帝是希望狄青不要去送征衣。听说双方都不会因语言规律而妨碍交际。但是,狄青误解了皇帝的话,以为皇帝是用激将法,反而非要去不可。这是由于双方没有遵守共同的言语规律,违背了与言语环境和言语目的相适应的规律,产生了信息差,因而影响了言语交际效果。

要克服信息差,就要采用修辞手段排除信道干扰。从说写者来说,就是要生成正确而合适的编码。正确的编码用语言规律校正,合适的编码用言语规律调整。所谓合适,是指适合言语环境、适合交际对象、适合言语目的,总之,适合言语规律。上例说明,皇帝的话语在年轻好胜、不畏艰难的狄青这个交际对象面前,不能达到预想的交际目的。他应调整话语,或者说得明白确切一些,或者把语境因素交代清楚一些,让狄青领会他的好意。从听读者来说,不仅要掌握语言体系特点,而且要熟悉言语环境,进行与说写者意图相应的解码。狄青没有做到这一点,误解了皇帝的话语信息,把"希望他不去"理解为"激他去"。所以,言语交际的双方必须共同依赖语境生成话语、理解话语,这是提高信息传递效果的有效途径。

信息论和控制论都是关于信息的科学。从控制论的角度看,上例说明皇帝的话语没有对狄青产生有效的控制作用。

言语交际过程是传递信息的过程,也是一种控制过程。言语控制是指施控者通过话语向受控者发出信息,受控者接受话语信息指令,产生行为,完成特定的任务。有时,受控者由于主客观原因不能顺利接收控制信息,完不成指定任务,收不到控制效果。受控者接收

信息、执行任务的种种情况可转化为反馈信息,传达给施控者,让施控者根据反馈信息继续或调整控制。图示如下:

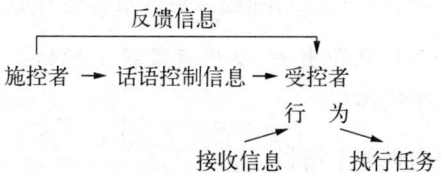

有些话语信息直接表明控制意向,如要求、命令、指使、劝告等。有些话语间接地起控制作用,如鲁迅的杂文多半揭露反动统治的黑暗,能激发人民的革命热情,起到控制作用。

一般说来,施控者为了顺利控制并取得积极的控制效果,都力求将控制信息迅速转化为受控者的行为,这种控制是单向的理想控制。但多数情况下,施控者由于没有充分预计言语环境的干扰,或所发出的话语信息本身有偏离,而由受控者发出反馈信息促使纠正偏离以达到控制,这就是常见的反馈控制。

在理想控制中,如下达命令时,特别注重词语选择的准确、具体,句式的简短、明确,以及话语的条理清晰,层次分明。电影剧本《东进!东进!》中有这样一段对话:

冯逊……说道:"上级命令,停止进攻,原地待命!"缰绳一提迅速跑开。

孟器宇寻思道:"哪个上级?"

赵勇斩钉截铁:"用不着问,这种混账命令准又是皖南机会主义者提出来的。不理它,我们听总指挥部的。司号员,吹冲锋号!"

这儿参谋冯逊所传达的命令,就字面而言是清楚而明确的。受控者——新四军下级指挥员将此控制信息转化为行动并不困难。但是,由于当时有以项英为首的皖南军部和以陈毅为首的总指挥部两个指挥中心,而参谋冯逊在传达命令时只按常规复述,没有依赖言语环境,说清是哪个上级,因而使孟器宇和赵勇产生怀疑,脱离控制。在当时特定的言语环境中"上级"一词包含歧义,使受控者误解。冯逊在传达命令后立即跑开,没有根据反馈信息加以说明,遂使这项命令没有被执行。

在同一电影剧本的最后,陈毅总指挥发布全歼敌人的命令:

"我命令!立即出击,要用黄鼠狼吃蛇的办法,把独立旅切成几段,迅速吃掉!"

接下来,画面中出现如下情景:

一眼望不到尽头的公路上,独六旅的队伍,像一条被切成数段的长蛇,在蠕动,在颤栗。

陈毅的命令简单明确——全歼敌人。他用了两个表示时间的词语"立即"、"迅速",规定了完成任务的时速;用"切"这个动词和"黄鼠狼吃蛇"的确切比喻,交代了战术。开头一个完全命令句"我命令!"增强了军令如山、不容置辩的气概。全歼敌军的画面说明高效言语控制迅速地转化为行动效果,实施了理想控制。

像这样的理想控制在言语控制中所占比例不大,多数言语控制表现为反馈控制。及时而适度的反馈信息,对施控者的话语起着应有的调节作用。例如,有经验的教师上课,总是根据学生的反馈信息调整自己的话语,话语失误可从正常的反馈信息得到纠正,提高教学质量。不仅是讲课,做学术报告,主持会议,某些日常谈话,都要充分注意反馈信息,及时调整话语,达到有效控制。那种不管听众的反应,照本宣科、背教案、念讲稿式的讲话,是很难达到控制目的的。

及时适度地发回反馈信息是听读者识别话语、自适应言语控制能力的表现。识别话语信息是言语理解方面的问题。交际双方除掌握共同的语言体系之外,还要受社会心理因素的制约。从控制修辞学的观点来看,修辞学不仅应研究言语生成、言语表达,更应研究言语理解。真正的修辞效果主要体现在言语理解之中。受控者应有鉴别控制信息的能力,不受有害信息的控制。有识之士闻流言而不信,不仅如此,还能及时发送反馈信息,抵制和驳斥流言。然而,识别和理解话语信息并不比生成话语和表达信息容易。这还涉及到系统论的问题。

从系统论的观点来看,话语是由相互联系、相互作用的语言单位构成的有机整体。这个话语整体不是语言单位的简单相加,而是具有与个别语言单位不同的功能和规律。换句话说,语言体系中的单位进入话语后在性质上不同于体系中的单位,它服从于话语整体。

过去的修辞研究,重视锤炼词句,对一着之得失仔细推敲,反复领会;轻视话语整体,对全局的安危考虑不深,领会不透。现以对王安石的《泊船瓜洲》这首诗的分析为例。

京口瓜洲一水间,钟山只隔数重山。
春风又绿江南岸,明月何时照我还?

王安石在写这首诗时,数易第三句诗中的动词,"初云'又到江南岸',圈去'到'字,注曰不好;改为'过',复圈去,而改为'入',旋改为'满'。凡如是十许字,始定为'绿'。"可见,这个"绿"字是从十几个词中选定的。这种对词语的选择,是修辞上所必需的。后世对这首诗的分析,理解、欣赏、称赞也多半集中在这个"绿"字上,认为它把江南春色描写活了。这种分析也是正确的。

然而,不论从生成话语还是从理解话语的角度看,仅仅锤炼词语是不够的。更重要的修辞价值要从言语环境和话语整体去领会。

王安石是宋朝的改革家,主张变法革新。他的变法主张受到保守势力的攻击,被罢官回乡。后来他又奉诏入京复相,继续变法。船从南京进京途中,在"春风又绿江南岸"之际,停泊瓜洲。这儿距镇江,只一水之隔,离南京也不过数山之遥。而此去复官变法成败如何,就难逆料。这儿,泊船的季节和地理位置是第一层言语环境,更深一层的言语环境是作者罢官后复相的历史背景。他在这一片江南春色的大好时光,在离家不远的地方,遐想到"明月何时照我还?"联系言语环境分析整篇话语,可以领会诗句的潜在信息:这次入京复相,是变法胜利,凯旋归来,还是再次失败,罢黜而回?从全诗看,前几句的场景描写,只是一种衬托;作者借景抒情,最后一个问句凝结了百感交集的心情,是话语信息核心。

这种分析就是从系统论的角度对话语信息的理解。这首诗作为话语整体,其各组成部分、各个词句是相互联系、相互作用的。"绿"

这个词在这篇话语里的性质和功能,已不同于它在词汇体系中那样的性质和功能。在体系中它承载"蓝色和黄色混合的颜色"这个信息,表示事物的属性。而在这篇诗中,它具有动作的含义,生动地表现了"春风一吹遍地芳草的动人景象",进而衬托出整篇话语的核心信息:"明月何时照我还?"系统论一方面要求把事物当作整体来研究,另一方面强调整体与局部、系统与环境的相互制约关系。所以,对诗意的理解既要依赖话语整体,又要依赖言语环境,从而才能领会作者的动态描绘,明确话语内部的词句在语义上的联系,并了解话语的目的,这些方面都是系统论的要求。

信息论、控制论和系统论是从20世纪40年代起形成和发展起来的。它既是科学指导思想,又是综合分析方法,对语言学的研究有理论指导意义,可以帮助语言学家探索新的语言理论和言语规律。

(原载《语文教学与研究》1985年第12期)

依赖语境捕捉话语信息核心

关于"修辞和语境"的文章,我从20世纪50年代起已写过多篇,引起国内外语言学界的普遍重视。有兴趣的同志可参阅我的《修辞学探索》(北京出版社1983年版)。这次《中文自修》编辑部又来函约请"就'修辞与语境'这一主题撰文,以飨读者。"盛情难却,利用暑假欣然执笔,试从新的角度再作一点探索,不知能不能写出点新意。

所谓新的角度,就是捕捉话语信息核心。现代人处在社会信息流中,通过话语接触丰富多彩、日新月异的信息。但是,语言单位在话语中体现的各种信息,并不总是能被听读者捕捉,成为他们的知识财富。对一篇话语,有人反复聆听,不知所云;熟读细看,不得要领。有人分析辞格,体会不出修辞效果;吟哦咏叹,寻找不到信息核心。而在"信息爆炸"时代,一个人的社会活动效率往往取决于他在学习和交际时能否捕捉信息核心、有无挑选信息焦点的能力。这个问题吸引着修辞爱好者、文艺欣赏者、语文学习者和各行各业求知心切的人。现代语言学已经开始重视这方面的研究,实义切分法、话语内容分析法、话语信息目的分析法从不同角度探讨了这个问题。现代修辞学对信息修辞、控制修辞、话语修辞、语用修辞的研究已取得不少成果。本文只从言语环境的角度,谈点看法。

正像一切修辞现象都要依赖言语环境一样,捕捉话语信息核心也要依赖言语环境。

我在很多修辞学书中,包括我自己的书中,看到过王安石的《泊船瓜洲》:

> 京口瓜洲一水间，钟山只隔数重山。
> 春风又绿江南岸，明月何时照我还？

发现都是从炼词的角度进行修辞分析。王安石数易第三句诗中的动词，先用"到"，易为"过"，又改成"入"，再换成"满"，均不适合，旋定为"绿"，从而写活了一片盎然的春意。不少自学者对这首诗的了解、欣赏、称赞也多半集中在这个"绿"字上。

然而，这个词显然不是全诗的信息核心。如果只推敲这个词，也许能学会个别词的活用，却很难理解全诗的意境。很多人之所以只推敲个别词语，主要原因是过去的修辞研究多半注重词句一着的得失，很少考虑话语全局之安危，更少依赖言语环境，讲究真正的修辞效果。如果重视话语分析，而不单是注意词句锤炼；如果能依赖言语环境，而不单考虑个别的修辞手段，那么，我们会理解到，《泊船瓜洲》一诗的信息核心是最后一句"明月何时照我还？"前三句对时间、地点、风景的交代和描写，只是一种衬托，以便借景抒怀。

现在让我们来分析这首诗的言语环境。

王安石是宋朝的改革家，但他的变法主张受到保守势力的攻击，被罢官回乡。后来他又奉诏入京复相，继续变法。船从南京往开封途中，在"春风又绿江南岸"之际，停泊瓜洲。这儿距镇江，只一水之隔；离南京，也不过数山之遥。但此去复官变法成败如何，殊难逆料。这儿，泊船的季节和地理位置是第一层言语环境，更深一层的言语环境是作者罢官后复相的历史背景。他在这一片江南春色的大好时光，在离家乡不远的地方，遐想到"明月何时照我还？"是变法胜利，凯旋归来，还是再次失败，罢黜而回？言语环境一揭示，此诗的艺术境界全出。作者借景抒情，最后一个问句凝结了百感交集的心情，这就是全诗的信息核心所在。

再以岑参的《虢州后亭送李判官使赴晋绛得秋字》一诗为例：

> 西原驿路挂城头，客散江亭雨未收。
> 君去试看汾水上，白云犹似汉时秋？

这是一首送别诗，离情别绪融于驿路雨景，情景交融。客散了，雨还没有停，雨中送客的场景历历如绘。但这却不是信息核心。同上一首诗一样,此诗的信息核心也在最后一个问句"白云犹似汉时秋?"下面分析言语环境。

送别的场景是此诗第一层言语环境。第二层言语环境是社会历史背景。岑参出任虢州长史时,安史之乱还没有结束。唐政权风雨飘摇,民不聊生。盛唐之景已成过眼烟云,诗人深忧盛唐之衰。第三层言语环境是典故背景:汉武帝在汉朝鼎盛时期,行幸汾河时曾作《秋风辞》,第一句就是"秋风起合白云飞"。岑参作诗时,依赖送别李判官时的此情此景,想起盛唐之衰,感触良深,便借喻汉武帝的诗句,让到汾河流域上任的好友,看看那儿的景象是否还像汉朝那样鼎盛。感情凝集在"白云犹似汉时秋?"这一问句上。言语环境一揭示,顿显得诗情含蓄、喻意深刻,余味无穷。

现在让我们欣赏王维的《九月九日忆山东兄弟》:

独在异乡为异客,每逢佳节倍思亲。
遥知兄弟登高处,遍插茱萸少一人。

在修辞学界,历来称赞第一句的一个"独"字和两个"异"字,认为它们使人生地疏的孤独感跃然纸上;更盛赞"每逢佳节倍思亲"这一脍炙人口的警句,并认为这就是信息核心所在。其实不尽然,此诗更深的含义在"遍插茱萸少一人"。

前两句诗描写作者独自在他乡过重阳节,是眼前的环境;后两句描写兄弟们在家乡登高度重阳,是遥想的环境。作者借两处环境来抒情。前者是"倍思亲",感情是深沉的。但是,这种深情倾注在"忆山东兄弟"。远在故乡的兄弟们,高高兴兴地登高过节,在遍插茱萸时突然发现少了一个人。这种对手足不能团聚的遗憾之情,对远离家乡的游子的怀念之意,以及突然的失落感,远远超过了"倍思亲"。

无独有偶。正像王维在"每逢佳节倍思亲"时,遥想兄弟们登高时发现"遍插茱萸少一人"那样,韦庄在"不那离情酒半酣"时,遐想到"断肠春色在江南"。他的《古离别》的全诗是:

晴烟漠漠柳毵毵,不那离情酒半酣。
更把玉鞭云外指,断肠春色在江南。

这首诗也包括两处环境：眼前是晴烟漠漠，杨柳毵毵，别筵残酒，离情依依。正在酒半酣之际，更把玉鞭向云外一指，显露出另一处环境：江南美景，春光明媚，远行人至，别绪断肠。这使离情深化，诗意浓郁，信息核心在语境分析中豁然显示。

"遍插茱萸少一人"和"断肠春色在江南"两句，分别在特定的言语环境中显示了高度的修辞效果，这完全符合"诚中形外"的修辞原则。

看到这儿，有的读者可能要寻找我这篇文章的信息核心了。有人会说，我对选"绿"这类"炼词"有不同看法；有人还会以为，我对"每逢佳节倍思亲"这种警句有不同看法，以及诸如此类。不错，我对这类词句进行修辞分析时，是有点自己的看法，但这并不是我这篇文章的信息核心。我完全可以不用王安石和王维的诗作例子，或者说，换用或减去一、两个例证，从总体来说并不影响这篇文章的信息核心。这篇文章的信息核心已为题目所标明——"依赖语境捕捉话语信息核心"。如果说理解这个信息核心需要什么语境背景的话，那就是了解我对语境的一贯看法，熟悉我的修辞观点。这在文章一开头就已提示——"有兴趣的同志可参阅我的《修辞学探索》"。所以，捕捉本文的信息核心并不十分困难。

然而，由于说写者在生成话语时受到各种社会心理因素的制约，有些要正话反说，直话婉说，坏话好说，重话轻说；有些要声东击西，指桑骂槐，顾左右而言他，含不尽之意于言外。总之，说写者要依赖当时当地的言语环境，组织话语，讲究修辞，达到特定的交际目的。正因为如此，其中有些话语就不那么容易理解，更不那么容易捕捉到信息核心，如鲁迅的杂文，毛泽东的诗词，以及古今中外的大量论著。可见，修辞并不只是"这个像什么"、"那个是什么"，用一些比喻之类的修辞格。现代修辞学蕴含着无限丰富的内容，具有极大的吸引力。这儿谈到的只是其中的一项：生成话语时要依赖言语环境，理解话语、捕捉话语信息核心时更要依赖言语环境。

我想，当读者对我这个修辞观点开始感兴趣时，不妨试着去赏析、理解两首诗。一首是李商隐的《乐游原》：

向晚意不适,驱车登古原。
　　夕阳无限好,只是近黄昏。

另一首是李清照的《夏日绝句》:

　　生当作人杰,死亦为鬼雄。
　　至今思项羽,不肯过江东。

　　我预感到大家在依赖语境捕捉它们的信息核心时,一定会沉浸在诗情话意之中,感到艺术美,感到修辞的魅力。我预先分享大家的喜悦。

(原载《中文自修》1985 年第 11 期)

修辞和语境

小时候读到过《世说新语》中一则涉及"比喻"的小故事。在回答谢安"大雪纷纷何所似"这个问题时,谢朗回答"撒盐空中差可拟",谢道韫回答"未若柳絮因风起"。当时觉得后一个比喻的确比前一个好。好在哪里?无非是比喻恰当。"柳絮纷飞"的确比"空中撒盐"更像飞雪。但这是从脱离言语环境的孤立的比喻来评价的。

现代修辞学要求把修辞现象放在语境中来研究。离开语境无所谓修辞效果,当然也谈不上比喻恰当。上例的语境,只能从问话中略知一二:当时是大雪纷纷。"空中撒盐"无"纷纷"之貌,比喻固不恰当;"风吹柳絮",纷纷有矣,但"大"则未必。所以,它只比"撒盐"的比喻略胜一筹,究竟好多少,因缺少言语环境,难以评价。

客观世界有各式各样的雪,也有各式各样的下法。如果是微雪轻飞,上下飘忽,当然"撒盐空中","未若柳絮因风起"。如果是冰雹雪,直线下落,则用"撒盐空中"比喻,也未尝不可,甚至在这特定情况下比柳絮轻飞的比喻更为恰当。

对各种雪可以有不同的比喻,不同的描写,没有一个比喻是到处恰当的。形容大雪纷飞,一般用"鹅毛般的大雪",它既有"纷纷"之貌,又有"大雪"之感。但也不一定都用"鹅毛"来比喻大雪。现举几个描写大雪的例子:

罗贯中在《三国演义》中是这样描写雪景的:"行无数里,忽然朔风凛凛,瑞雪霏霏;山如玉簇,林似银妆。"既有"瑞雪霏霏"的动态,又有"玉簇银妆"的静态效果。

曹雪芹在《红楼梦》中写过："竟是一夜雪,下的将有一尺多厚,天上仍是搓棉扯絮一般。"用"搓棉扯絮"形容大雪,确也生动形象。

刘鹗在《老残游记》中却是另一种描写:"那雪越发下得大了。站在房门口朝外一看,只见大小树枝,仿佛都用簇新的棉花裹着似的。"同样用"棉花"比喻雪,一个从动态描写,大雪纷飞之状跃然纸上;一个从静态描写,粉妆玉琢之态如呈眼前。

岑参诗句"忽如一夜春风来,千树万树梨花开",用暖和的春风比凛冽的北风,用一片白皑皑的梨花来喻雪景,使人有意外的清新之感。

南方下的雪和北方下的雪也不一样。鲁迅说过,"燕山雪花大如席"可以,"广州雪花大如席"就不合适了。他在《雪》一文中说:"江南的雪,可是滋润美艳之至了;那是还在隐约着青春的消息,是极壮健的处子的皮肤。"毛主席在《沁园春·雪》一词中把"千里冰封,万里雪飘"的北方雪景描写成"山舞银蛇,原驰蜡象";在《念奴娇·昆仑》中又有"飞起玉龙三百万,搅得周天寒彻"的名句。

同样比喻雪,时而撒盐空中,时而柳絮纷飞,时而搓棉扯絮,时而山舞银蛇,这说明根据言语环境来运用修辞手段才能显示修辞效果。

同一场雪,也可用不同的比喻。兰陵笑笑生在《金瓶梅词话》中的一段描写,最能引人入胜:"那雪如持绵扯絮,乱舞梨花,下的大了,端的好雪。但见:初如柳絮,渐似鹅毛。刷刷似数蟹行沙上,纷纷如乱琼堆砌间。但行动衣沿六出,顷刻拂满蜂须。似飞还止,龙公试手于起舞之间;新阳力,玉女尚喜于团风之际。衬瑶台,似玉龙鳞甲绕空飞;飘粉额,如白鹤羽毛接地落。正是:冻合玉楼寒起栗,光摇银海烛生花。"这"初如柳絮,渐似鹅毛"等句都是依赖言语环境的。没有细微的观察,就不会有恰当的比喻。

再进一步说,写景要写得情景交融,把特定环境中的人物性格、心情、思想衬托出来,才能显示修辞效果。

鲁迅在《祝福》中几次提到雪,总是情景交融,辉映成趣。当鲁镇忙着大摆福礼恭请福神的时候,"天色愈阴暗了,下午竟下起雪来,雪花有梅花那么大,满天飞舞,夹着烟霭和忙碌的气氛,将鲁镇乱成一团糟"。把满天飞舞的梅花般的大雪同夹着烟霭和忙碌的气氛有机地联系起来,从而把个乱纷纷的鲁镇形象地呈现在读者面前。

祥林嫂死了。"冬季日短,又是雪天,夜色早已笼罩了全市镇。人们都在灯下匆忙,但窗外很寂静。雪花落在积得厚厚的雪褥上面,听去似乎瑟瑟有声,使人更加感到沉寂。我独坐在发出黄光的菜油灯下,想,这百无聊赖的祥林嫂,被人们弃在尘芥堆中的,看得厌倦了的陈旧的玩物,先前还将形骸露在尘芥里,从活得有趣的人们看来,恐怕要怪讶她何以还要存在,现在总算被无常打扫得干干净净了。"

这段话悲凉抑郁,感慨万千。在这种情境中,雪花似乎不是在满天飞舞,而是瑟瑟有声地落在雪褥之上,使人感到分外沉寂。"我"独坐孤灯下,想起苦命的祥林嫂这被人弃之尘芥惊讶其不死的玩物,终于死了。接着,联想到无聊赖、受压迫的祥林嫂死去,让看厌倦了的人不再看到她,在那吃人的旧社会里,也未尝不是好事。于是,"静听着窗外似乎瑟瑟作响的雪花声,一面想,反而渐渐的舒畅起来"。这段描写不啻是对旧社会吃人礼教的控诉,而这瑟瑟作响的雪花声,犹如泣诉,犹如悲鸣。

在回忆了祥林嫂悲惨的一生后,"我""在蒙胧中,又隐约听到远处的爆竹声联绵不断,似乎合成一天音响的浓云,夹着团团飞舞的雪花,拥抱了全市镇"。"我"的疑虑给这祝福的空气一扫而空,只觉得天地圣众在接受了福礼之后,准备给鲁镇的人们以无限的幸福。这儿,鲁迅以强烈的对比、辛辣的讽刺,嘲笑了吃人的礼教和黑暗的旧社会。

从简单的分析中看到,《祝福》对雪的几处描写,无一不是渲染气氛,烘托环境,使情景交融,达到高度的修辞效果。

同样的雪花,在《金瓶梅词话》中是"刷刷似数蟹行沙上",在《祝福》中是"瑟瑟有声地落在雪褥之上",而在周克芹的《许茂和他的女儿们》之中,则是"洁白的雪花,悄然无声地来了,一点儿也不惊扰庄稼人的梦境,轻轻地落下来"。这在1975年特定的时间、在中国农村特定地点下的这场无声的飞雪,也是"无私的飞雪",使"荒芜的葫芦坝穿上了洁白的素装,显得格外美丽,像一个白衣的少妇……静静地站立在耳鼓山下,默默地注视着幽邈的苍穹,沉思着……"。白雪悄然无声地来了,轻轻地飘落着;被它打扮起来的"白衣少妇",静静地站立着,默默地注视着,沉思着。这艺术再现出来的具有无限意境的农村雪景怎能不引起读者的深思呢?

我们再来看看《水浒传》中"林教头风雪山神庙"一段是怎样描写雪景以衬托出人物心情的。

林冲被两个差拨押送、发配充军时,"正是严冬天气,彤云密布,朔风渐起,却早纷纷扬扬,卷下一天大雪来"。好大的气势!这"卷下一天大雪来"正象征十万禁军教头豹子头林冲的遭遇。当林冲在被朔风吹撼的破草屋里觉得寒冷,出门打酒时,他"信步向东,雪地里踏着碎琼乱玉,迤逦背着北风而行,那雪下得正紧"。这下得正紧的雪,正衬托出林冲的不利处境和紧迫的心情。当他买了酒肉迎着朔风回去时,"看那雪,到晚越下得紧了"。真好像大雪阵阵紧逼,使他不安。果然,大雪压倒了破草房,虽算是救了林冲一命,但却使他无处安身,被迫到山神庙寻宿。这下得越来越紧的、铺天盖地而卷下的漫天大雪,不正是衬托林冲处境的越来越窘困么?

苏联作家阿扎耶夫在20世纪50年代初期写的《远离莫斯科的地方》一书中,描写了别里捷和阿列克塞两个工程师在暴风雪中表现出的性格。

"天上阴云密布,下起大雪来。阵阵狂风愈来愈猛。工程师们还没有走了一公里,狂暴的风雪突然刮起来了。"这大风雪使宇宙变成怒号的地狱,使森林变成呻吟的动物。两个工程师在同它搏斗。"我们要拼命坚持下去!"这是他们毅力的表现。暴风雪越凶猛,他们的性格就显得越坚强。

这就是修辞效果!这种修辞效果只有在特定的言语环境中才能显示出来。

现在我们再来看看毛主席的《沁园春·雪》。"北国风光,千里冰封,万里雪飘。望长城内外,唯余莽莽;大河上下,顿失滔滔。山舞银蛇,原驰蜡象,欲与天公试比高。须晴日,看红装素裹,分外妖娆。"在这壮丽的雪景中,显示出"江山如此多娇","引无数英雄竞折腰"。但是,"俱往矣,数风流人物,还看今朝"。原来这山舞银蛇的大雪,正寄托着作者的豪迈心情。真正做到情景交融,震撼人心。

这就是修辞手段在特定言语环境中的高度修辞效果。它不是任何孤立的修辞手段所可比拟的。

(原载《语文战线》1982年第9期,收载《修辞学探索》,北京出版社1983年版)

语用分析四例

孔明舌战群儒,孙权同意抗曹

在《三国演义》中,诸葛亮以三寸不烂之舌,战胜东吴群儒,说服孙权、周瑜,达到联吴抗魏的目的。他侃侃而谈,对答如流,使群儒失色。

诸葛亮的话语之所以取得成效,当然首先是由于他有理,义正而辞严;张昭等主降派无理,理屈而词穷。但如果仅仅有理,而不善讲理,也无济于事。诸葛亮的成功正在于他能言善辩,无懈可击。

他看准张昭是孙权手下第一个谋士,所以决定先制服他。当张昭嘲笑他辅佐刘备竟吃了败仗时,他先用"鹏程万里,其志岂群鸟能识哉?"的诘问,藐视张昭见识浮浅。接着以重病需先调理,待气脉和缓,再投以猛药厚味为喻,说明刘备以弱兵对强敌,应讲策略的道理。进而,他又以刘琮降曹操是因刘备不忍乘乱夺同宗的基业、当阳失败是因刘备不忍丢弃扶老携幼的百姓这两场失败来反证刘备的大仁大义。再进一步,又用韩信久事汉高祖未尝累胜的史实,说明寡不敌众,胜败兵家常事;并以汉高祖虽败于项羽,而垓下一战成功,说明战术的小败并不影响战略的大胜。最后,诸葛亮反戈一击,声称"盖国家大计,社稷安危,是有主谋。非比夸辩之徒,虚誉欺人:坐议立谈,无人可及;临机应变,百无一能。——诚为天下笑耳!"这致命的一击,把个退兵无计、高喊投降的张昭击得哑口无言。然后,诸葛亮乘胜追击,大胜群儒。

战胜了群儒,诸葛亮还达不到联吴伐魏的目的,他必须进一步说服孙权和周瑜。对此二人,他使用了激将法。他向孙权大谈曹操兵多将广。当孙权问计于他时,他假装建议"能战则战,不能战只好投降。"当孙权问为什么刘备不投降时,他又大义凛然地说,刘备是"王室之胄,英才盖世,众士仰慕。——事之不济,此乃天也,又安能屈处人下乎?"言下之意,只有你区区孙权才会投降,激孙权参战。在此基础上,又仔细分析蜀吴联合可以击败曹操,终于使孙权同意"即日商议取兵,共灭曹操!"

现在还剩一个周瑜。诸葛亮智激周瑜分两步走。

第一步,他假意称赞周瑜降操的主张"甚为合理"。当鲁肃一旁问故时,他大谈天下莫敌、敢于对抗的吕布、袁绍、袁术、刘表都被曹操打败,强与抗衡的刘备也存亡未保,而周瑜"决计降曹,可以保妻子,可以全富贵。——国祚迁移,付之天命,何足惜哉。"一席话连鲁肃也被激怒了,何况周瑜。

第二步,诸葛亮故意献计,让周瑜把大乔、小乔送给曹操,以退其兵,并存心曲解曹植《铜雀台赋》中"揽二乔于东南兮,乐朝夕之与共"来证明曹操想霸占二乔。周瑜听了这番话,勃然大怒,骂曹操"老贼欺吾太甚!"遂要求诸葛亮"助一臂之力,共破曹贼"。

至此,诸葛亮说服东吴共同抗魏的大功告成,赤壁一仗大败曹兵,奠定了魏蜀吴三国鼎立的基础。真所谓"一言兴邦"。作为政治家,诸葛亮的雄才大略也包括他的口才。

曹操煮酒论英雄,刘备巧言避猜疑

诸葛亮舌战群儒一向为人所称颂,但我认为,刘备在曹操煮酒论英雄时表现的言语能力并不亚于诸葛亮。

在喝酒时,曹操一再询问刘备,谁是当世英雄。刘备先是避而不答,后来列举袁术、袁绍、刘表、孙策、刘璋、张绣、张鲁、韩遂等人,被曹操一一否定。最后刘备只得回答:"舍此之外,备实不知。"谁知这时曹操突然语锋一转:"今天下英雄,惟使君与操耳!"这句重视刘备的话,反使刘备大吃一惊。

原来当时刘备正依附于曹操;又知曹操僭越,与董承等人奉诏讨之。他一方面伺机图操,另一方面又防操害己。所以,他装作在后园种菜,故意隐蔽自己的才能和志向。不料曹操一语破的,指刘备为英雄。刘备一惊,竟闻言落箸。

但是,刘备有言语应变能力。他虽然惊慌,但不失措。他巧妙地利用雷鸣,把话题转到悸怕雷声,随口说道:"一震之威,乃至于此。"谁知这话又引起曹操的疑问:"丈夫亦畏雷乎?"刘备又从容地借用孔子遇到迅雷必定改变容色,表示对上天敬畏的典故,说道:"圣人迅雷风烈必变,安得不畏?"轻巧地把闻言落箸的原因掩饰过去,造成"闻雷落箸"的假象,瞒过曹操。

刘备事后对关羽、张飞说:"吾之学圃,正欲使操知我无大志,不意操竟指我为英雄,我故失惊落箸。又恐操生疑,故借惊雷以掩饰之耳。"这段话揭示了当时的言语环境和语用背景,帮助读者理解话语信息;同时标明刘备在言语交际中有高度的语用能力,他的巧妙应对竟使老谋深算的曹操也信而不疑。

觉慧误解话语,鸣凤含冤死去

言语交际是交际双方信息交流的过程,如果发话人传递的信息与受话人接收的信息不等值,就产生话语信息差,造成误解。例如:

曹禺根据巴金同名小说改编的话剧《家》的第二幕,写到鸣凤与觉慧诀别。鸣凤得知高家把她卖给冯乐山当小老婆的消息后,决定以死反抗。她深爱觉慧,不愿意让他知道这个不幸的消息,但又舍不得觉慧,因此在赴死之前来向觉慧诀别:

鸣凤:(平淡里埋着失望的声音)我又来啦。

觉慧:(烦闷地)怎么又来?你?

鸣凤:(沉痛)我舍不得你。

觉慧:(委婉地)鸣凤,你不要再搅我吧!我有事!

鸣凤:(轻声,哀哀地)我不是来搅你,我想再看你一眼!

觉慧:(温和而肯定)不!

鸣凤:(凄恻地)就一眼。

觉慧:(恳求地)不,我真是有事啊!鸣凤,你好好地回去吧,走吧!

鸣凤:(含泪)那么我走了。

觉慧：(安慰地)睡吧，不要再来了。
鸣凤：(冤痛)不来了，这次走了，真走了。

　　从对话中可知，由于觉慧并不掌握鸣凤话语的语用前提，加上他急于赶写稿子，不愿鸣凤打扰他，因而在理解话语时把鸣凤诀别的信息误解为向他倾诉衷情的信息。尽管鸣凤的表情从失望、沉痛、悲哀、凄恻，直到含着眼泪表示冤痛，最后说出诀别的话："不来了，这次走了，真走了"，而觉慧由于受到社会心理因素的影响，仍然按照自己的思路去理解。觉慧的这种反应，使信息差增大，鸣凤的话语信息减值、失真，觉慧误解，不能捕捉鸣凤话语中的诀别信息，终于失去最后挽救的机会，鸣凤含冤而死。话语信息差导致了悲剧的最后实现。

伊阿古流言煽动，奥赛罗因妒杀人

　　话语信息差促成鸣凤之死，流言煽动又使苔丝德梦娜丧生。
　　《奥赛罗》悲剧实质何在？我以为在于话语，在于伊阿古为其私利运用语言力量把奥赛罗推下悲剧的深渊。正像奥赛罗临终时所说："一个不容易发生忌妒的人，可是一旦被煽动以后，就会糊涂到极点。"一句话，是流言杀了人。像奥赛罗这样的杰出统帅也会被流言左右，妒杀亲人，更何况一般人呢？
　　我在《控制论与修辞》一文中谈到："绝大多数社会活动是由言语来控制的。"话语除了起积极的控制作用之外，"有些话语从消极方面起控制作用。例如，莎士比亚的《奥赛罗》中，伊阿古心怀叵测，想借奥赛罗之手加害凯西奥。他用话语挑唆奥赛罗，激起他的妒忌情绪，控制他，让他杀掉苔丝德梦娜和凯西奥。所谓谣言可以杀人，就是像伊阿古这种恶棍利用有害的话语信息，散布流言，致人死命。"
　　原来，奥赛罗挑选凯西奥为副将，而没有挑选伊阿古，这使伊阿古怀恨在心。他造谣惑众，散布流言，煽动奥赛罗的嫉妒之情和怀疑之意，让他怀疑妻子失贞，有时貌似一般的议论，却句句针对奥赛罗。他蛊惑说："哪一个有家室的须眉男子，没有遭到跟您同样命运的可能；世上不知有多少男人，他们的卧榻上容留过无数素昧平生的人，他们自己还满以为这是一块私人的禁地呢。"他甚至提示奥赛罗，就在被玷污的床上杀死苔丝德梦娜。

　　由此可见,悲剧来自恶毒的话语。要想避免悲剧,就要抵制流言,特别是抵制出自恶棍之口的流言。也由此可见,在言语交际过程中不仅要重视言语表达,也要重视言语理解;要善于识别话语信息,排除消极信息对自己、对社会的干扰和破坏。

(原载《语文学习》1992年第1期)

社会道德与修辞行为的关系

修辞不仅受交际者的语言知识和言语能力的影响,而且受交际者社会心理、社会道德的影响,研究修辞要考虑到道德因素。本文简要阐释修辞行为的道德属性、道德功能,以及社会道德和个人道德修养对修辞行为的制约。

一、修辞行为的道德属性

道德作为一种社会意识形态和行为准则,在一定社会历史条件下调节人际关系,影响人的各种社会行为。修辞行为是一种有目的、有意识地追求效果的言语交际行为,它在很大程度上受到道德意识和规范的影响,这包含三个方面的含义。

第一,修辞行为是一种渗透着社会道德的社会行为,有浓重的道德伦理色彩。人际关系是通过言语来调节的,而人受制于社会的道德意识,又以一定的道德修养为基础来参与社会活动。因此,修辞过程反映了一定道德意识控制下的人际关系互动。话语建构和话语理解及其评价都会被控制在一定的道德天平上。

第二,理想的修辞行为应符合社会道德规范。修辞行为通过话语建构取得理想的交际效果。理想的话语建构不仅在内容上,而且在修辞方式上(包括说写者的语气、语调)都要合乎社会公认的道德伦理规范。例如,在汉语中,儿子称父亲为"爸爸"或"父亲",而不直呼其名,否则,就会违反角色关系对话语的要求,违反交际双方的伦理关系。因此,理想的修辞行为应该是一种合乎道德的言语交际行为。

第三,修辞行为本身就是道德修养的一种表现。古人说:"有德者必有言"①,"一言以为知,一言以为不知"②,这也道出了修辞与道德的关系。人从小习得语言的过程,也是习得社会道德、加强自身言语道德修养的过程。修辞过程也是道德,特别是言语道德的社会化过程。人们在修辞过程中相互交换彼此的道德价值观念,进行道德观念,特别是言语道德观念的互动。

总之,修辞行为的道德价值来自于修辞主体的社会性。修辞研究不能脱离人的社会道德因素。把修辞作为一种道德观念映照下的言语交际行为来审视,更有利于修辞社会本质的进一步揭示。

二、修辞行为的道德功能

修辞对社会道德起着重要作用。修辞行为的社会道德功能是修辞功能在道德伦理范畴下的重新认定。

1. 政治伦理功能。修辞在政治活动中起着纽带作用。统治者与被统治者之间关系的协调有赖于修辞行为。统治者通过修辞行为来实施统治,传达政令,表达政治思想,规范人们的思想和行为。

修辞的政治伦理功能在我国古代的修辞传统中已得到了应有的重视。从先秦时期起,言语就被看作是定国安邦、修身齐家的重要手段。"出言陈辞,身之得失,国之安危也。"③"夫辞者,乃所以尊君重身,安国全性者也。故辞不可不修,说不可不善。"④对当政者来说,话语是否合乎道德伦理尤为重要。"一言可以兴邦","一言亦可以丧邦"⑤,"政贵有恒,辞尚体要,不惟好异。"⑥正说明了修辞行为对道德伦理的重要价值。在政治生活中,为政者言语得体,遵从社会道德规范,对于国家的稳定、人民的团结具有重要作用。所谓"辞之辑

---

① 《论语·宪问》
② 《论语·子张》
③ 刘向《说苑·善说》
④ 刘向《说苑·善说》
⑤ 《论语·子路》
⑥ 《尚书·毕命》

矣,民之恰矣;辞之怿矣,民之莫矣。"①正说明了这一点。

随着社会的发展,人们对修辞的政治伦理功能的认识进一步加深。道德观念的转变,也使修辞的政治伦理功能有了新的内涵。现代管理人员在处理政务、管理社会时讲究修辞,使修辞的社会伦理功能得到了充分的发挥。

2. 人际伦理功能。社会是由各种人际关系组成的。人通过修辞行为达到彼此伦理关系的协调。官民之间、师生之间、长幼之间以及各种伦理角色之间关系的调整都需要通过修辞行为来实现。善良的言语动机、诚恳和蔼的语气情态、得体的话语,对于增进了解、加强友谊、促进合作具有积极的作用。

3. 道德的社会化功能。修辞行为不仅是连接社会合作的纽带,协调人际关系的润滑剂,而且是社会伦理道德社会化的重要途径。言语的内容、方式以及话语理解和话语评价,都是以一定的道德修养和观念为基础。修辞主体在上述几方面都表现出各自对真、善、美或假、恶、丑的看法。在修辞过程中,人们在道德观念上相互影响,相互作用,从而使社会道德达到一种集体的认同。

在修辞过程中,人的言语修养自觉不自觉地表现出来。交际双方彼此对对方的言语修养进行真善美的评价。他们的言语道德相互影响、相互作用,使个人的言语道德和修养参与社会言语道德的互动。社会的言语道德也因此而达到了社会化。

4. 道德修养功能。言语修养是人的道德修养的一个重要方面。我国古代对此早有认定。孔子在其私塾中就设立了"言语"一科。孔子曾说"刚、毅、木、讷、近仁。"②并进一步指出"仁者,其言也讱"③,所谓"讷"、"讱"就是说话要谨慎。这可以说是孔子"仁学"道德论在修辞领域中的体现。今天,我们提倡社会主义精神文明建设,提倡"言语美"的言语道德理想,是对重视修辞道德功能传统的继承和发扬。一个满口谎话、污言秽语、出言不逊的人,很难说是一个有道德

---

① 《诗经·大雅·板》
② 《论语·子路》
③ 《论语·颜渊》

修养的人。因此,加强言语修养,在修辞过程中能因时、因地、因人制宜,使话语得体,无疑是言语道德修养的一种体现。这不仅给个人的工作、学习和生活带来方便,而且有利于社会合作,对促进人际关系的和谐,增加社会的文明程度,也是大有裨益的。

三、社会道德对修辞行为的制约
(一) 语言与社会道德的关系。

语言不仅是人类最重要的交际工具,而且是记载文化、反映文化的工具。社会道德和伦理关系也会通过语言表现出来。

1. 伦理关系与称呼词语。不同的伦理角色具有不同的名称,如"爸爸"、"儿子"、"妈妈"、"女儿"等构成了父母和子女的关系,"君"、"臣"、"官"、"民"、"老师"、"学生"等也都标示了一定的社会伦理角色和角色关系。各种社会伦理关系在语言的坐标系中都有一个确定的位置。语言中反映的伦理关系是民族的和历史的。汉语反映的是中国人的伦理关系,古代汉语反映的是中国古代的伦理关系,英语反映的则是英美人的伦理关系。

2. 社会礼制的词语分化。社会伦理关系不仅表现在称呼语上,而且体现在其他一些词语差异上。这在封建宗法制度中表现更为明显。如我国古代对"男子的配偶"就有数种称谓。天子配偶叫作"后",诸侯配偶叫作"夫人",大夫配偶叫作"孺人",士的配偶称为"妇人",而"庶人"即老百姓的配偶才称为"妻"。即使对"死"的说法,也产生了等级分化。"天子死曰崩,诸侯死曰薨,大夫曰卒,士曰不禄,庶人曰死。"①从词语的分化,可看出社会伦理中地位高低贵贱的层次。

另外,时代的发展带来了社会道德观念和伦理关系的变化。这在称谓词语上也有所体现。旧社会的一些称呼,如"清道夫、邮差、戏子、跑堂"等等,都带有当时社会道德伦理的印痕,是对从事上述职业的人的蔑称。新型的社会主义道德伦理关系,使称谓发生变化。上述词语被"清洁工、邮递员、演员、服务员"所代替,反映了一种人人平

---

① 《礼记·曲礼大》

等的新型道德观。

社会道德意识在长期的言语过程中约定俗成,会逐步凝结到语言体系中去,构成部分词语的补充色彩。这些词语映照出一定的社会道德意识,传达出尊卑贵贱的社会等级分化。上述例子就反映了这方面的问题。再如"贱内"、"荆室"、"堂客"、"浑家"等等都表示"妻子"的意思,但其中也反映出夫权社会中大男子主义对妇女的歧视,映照出了封建伦理中"夫为妻纲"的道德意识。而"爱人"、"太太"、"配偶"等词语,则体现了男女平等的道德观念。"要充分发挥半边天的重要作用"这类话语中,"半边天"一词代指妇女,说明对妇女社会作用的重视。

(二) 社会道德对修辞行为的制约作用和方式。

社会道德对修辞行为具有重要的制约作用。这表现在两个方面。

1. 社会道德影响修辞主体话语的信息性质。

修辞主体的社会道德意识可决定其话语信息性质,决定修辞主体的言语动机、态度、情感等心理因素。举例说明如下:

> 秋收时节,县农会主席老杨同志被派到阎家山督促秋收工作。一天,老杨同志正在同村东头的贫农在一起谈话,新当选的村长刘广聚来找老杨。他向老杨同志说道:"杨同志!咱们回村公所去吧!"
>
> 老杨同志道:"好,你先回去,我还要同他们谈谈。"
>
> 广聚道:"跟他们这些人能谈个什么?咱们还是回村公所去歇歇吧!"
>
> 老杨同志见他瞧不起大家,又想碰他几句,便半软半硬地发话道:
>
> "跟他们谈话就是我的工作,你有什么话等我闲了再谈吧!"广聚见他的话头又不对了,也不敢强叫,可是又想听听他们谈什么,因此也不愿走开,就站在圈外。大家见他不走,谁也不开口,好象庙里的十八罗汉像,一个个都成了哑子。老杨同志见他不

走开大家不敢说话,已猜着是大家被他压迫怕了,想赶他走开,便向他道:"你还等谁?"他呶呶唧唧道:"不等谁了!"

说着就溜走了。老杨同志等他走了十几步远,向大家道:"没有见过这种村长!农救会的人到村里,不跟农民谈话,难道跟你村长去谈?"大家亲眼看见自己惹不起的厉害人受了碰,觉着老杨同志真是自己人。①

刘广聚是土豪的爪牙,自然站在地主乡绅的立场上说话。他的话语中表露出蔑视穷苦农民的封建等级意识。"跟他们这些人能谈个什么?"这句话映照出这个欺压百姓、横行乡里的村长的意识。老杨是县农会主席,出身农民,他说话的动机和态度是为农民,同农民心连心。最后一段话,充分体现了他与农民是一家人的道德意识。他的话语获得了在场农民的心理认同,取得了良好的修辞效果。

修辞主体的伦理观念决定话语动机和态度,在一定程度上制约着交际效果。常言说"酒逢知己千杯少,话不投机半句多。""不投机",其中也就包含了道德伦理观念的差异。上例中,刘广聚的言语行为带上了剥削阶级意识,而老杨的修辞行为是站在贫农的立场上。两种不同的伦理意识导致了他们对于贫农话语态度的向背,也决定了话语的修辞效果。杨刘的对话实际上是两种阶级意识的撞击,是伦理意识在话语层面上的互动。尽管双方的行政角色关系使他们同处于一个修辞场景之中,不得不进行交际,但他们的伦理角色又迫使他们走向反面,其修辞行为必然以对抗的形式进行。而老杨同在场贫农的谈话,尽管由于双方的行政角色差异,具有一定的阻碍因素,但他们的伦理意识,又使他们在修辞过程中处于和谐的状态,彼此有了认同感。这反映了伦理意识在修辞过程中的控制作用。

2. 社会道德影响修辞主体对修辞方法的选择。

社会道德意识还在微观上对修辞主体话语建构过程中词语的选择、句式的取舍,以及对语气、情态等的择取都起一定的制约作用。

第一,道德伦理关系决定了交际双方的角色,限定了交际双方的

---

① 赵树理《李有才板话》。

人际关系,也限定了交际双方词语选择的范围。

首先,社会伦理关系控制着修辞主体对称呼词语的选择。称呼是社会伦理关系的显著标志。交际双方的角色关系不同,所选择的称呼也不一样。学生称老师为"××老师",儿子管"父亲"叫"爸爸",下级对上级则称其官职,如"××局长"。称呼不仅标示了对方的职位,而且是对双方角色关系的认定。从某种意义上说,称呼语奠定了交际双方进入话语角色的基调,也反映了交际双方彼此之间的态度。如在中国现代革命的历程中,人们互称"同志",这不仅体现了共同的革命志向和利益,而且体现了彼此之间的平等与合作,是一种集体的认同。大家比较熟悉的一个例子是曲啸在给劳改犯讲演时的称呼。称"同志们"、"朋友们"吧,不合适,因为他们是囚犯,这样不但劳改犯们听起来不顺耳,其他人听着也会觉得曲啸的立场有问题;称"劳改犯们"吧,虽然是名副其实,但不免引起对方的抵触情绪,不利于交流。曲啸经过仔细考虑选取了"触犯了国家法律的年轻朋友们"的称呼,话刚一出口就赢得了一片掌声。其原因就在于这一称呼既是对对方的实际社会地位和角色及其同讲演者的角色关系的认定,又表现了曲啸对他们平等而亲切的态度。

其次,社会道德也制约着修辞主体选择标识伦理关系和体现修辞主体动机态度的词语。在修辞过程中,人的动机、态度、思想、观念以及伦理意识等等的表达,都是通过话语建构来实现的。道德意识不同,对修辞单位的选用也不一样。电影《南征北战》中,面对敌军的逃跑,一个战士报告:"敌人撤了。"而另一个马上纠正说:"敌人逃跑了。""撤"和"逃跑"的理性意义相近,都是迫于战势而转移作战位置的军事行动,但两者的修辞色彩却相反,一个是褒义,一个是贬义。对这两个词的选用,表明了两种不同的道德观念。前者混淆了两种不同的立场,尽管这可能是无意识的,而后者则带有鲜明的伦理色彩,对敌态度鲜明。

第二,伦理意识也制约着修辞主体的话语情态。

在修辞过程中,交际者是以一定的伦理角色而出现的。交际双方的话语角色不同,其话语的语气情态也不一样。晚辈对长辈、下级对上级、学生对老师的话语,大都要采取尊敬的态度。这也是交际双方的伦理关系对话语的一般要求。举例说明如下：

早饭时候，小春回来吃饭，他妈说："既然有本事，就不用回来吃我的饭来！"

永富说："这倒也很好，吃上自己的，去给人家干活！"永富的话对小春是一个很大的打击——他妈那么说，他习惯了，也不觉奇怪；可是他爹这个共产党员也能直接说出这样的话来，是他想不到的。小春本来想问他"这像共产党员说的话吗？"，可是因为有父子关系不便这么说，就绕了个弯子说："我是一个青年团员，不能让村里人骂我落后！"这句话果然说得永富马上接不上话来。①

在此例中，小春是儿子，永富是父亲，他们之间是晚辈与长辈的关系。小春应该采用尊敬的语气情态对他爹讲话，因而他没有使用语气较强的反问句，把到了嘴边的话又咽了回去，而用了陈述句来说明道理，让永富自己去体会其中的话外音。因此，永富在听了之后马上接不上话来。这说明小春的话语达到了交际目的。如果相反，也许永富会用父亲的权威，责备儿子教训老子，从而达不到交际目的。

在修辞过程中，如果违反了伦理关系对话语的制约，就会影响交际效果。如：

永富老婆则没有这么些顾忌，她立刻顶住小春的话说："你那青年团怎么不管你吃饭？"小春说："我也是个成丁的小伙子，哪一天也没有窝过工，难道连饭也不应该吃了吗？"他妈说："你也不用种我那地，就凭你那小伙子到别处吃去吧！"

小春说："我就要吃我那一份！"永富听了这话，好像抓住了洋理，就变了脸说："有你一份你拿去，我不沾你的光！把你养活大了！你会跟老子要一份了！"②

这段对话是前例的继续。在这里，小春一改开始时的语气态度，对他妈采取了不恭敬的语气，使用了反问句，继而引发了母子、父子

---

①、② 赵树理《表明态度》。

社会道德与修辞行为的关系　　451

之间的争吵。尽管这种话语效果同其他因素不无关系,但同小春违背话语角色规范关系更为密切。

综上所述,社会道德伦理关系制约着人们的修辞方式,不仅影响词语与句式等的选择,而且影响到话语的语气情态。在修辞过程中,话语建构要遵从修辞主体的道德伦理关系对话语的要求,否则就会影响修辞效果。

3. 个人道德修养对修辞行为的影响。

个人的道德修养也是制约修辞行为的重要因素。一方面,社会道德观念以个人道德修养的形式而存在;另一方面,言语修养也是道德修养的一个重要内容。个人的道德修养水平不同,其话语建构和话语理解能力也不一样,其修辞效果也有差别。个人的道德修养对修辞的制约和影响表现在两个方面。

第一,道德修养是话语修辞效果评价的一个重要内容。一般说来,话语的修辞效果同道德修养水平是成正比的。道德修养高的人,其话语的修辞效果也会高。因为,听读者在受话过程中对话语的评价往往同话语建构主体联系起来,对话语评价的同时,也包含了对修辞主体道德修养的评价。话语的说服力是同个人的道德修养分不开的。道德修养高的人在听读者的心目中的威望也高,其话语也就更具有说服力和感染力。

第二,个人的道德修养同言语修养一般是成正比例的。道德修养高也就意味着话语建构和话语理解的能力强。因为所谓的道德修养高,无非是对于社会道德规范的掌握和运用比较出色。道德规范是人们在各种社会关系中的行为法则,当然也包括言语的法则,即各种社会角色的言语准则。道德修养越高的人,其话语建构和话语理解就越合乎社会对言语行为的要求,修辞效果也就越佳。言语交际的现实也证明了这一点。诚实的人的言语往往诚实可信,诡佞狡猾的人话语往往虚妄多诈。《三国演义》中鲁肃为人诚实厚道,其话语诚挚朴实;《红楼梦》中王熙凤为人心狠手辣,她的言语尖酸刻薄。由此可见,人们的修辞行为总离不开道德这个圆圈,就像直径总是通过圆心一样不可违拗。

道德修养同话语的关系原理,不仅对日常言语交际有重要的现实意义,而且对文学创作有重要的指导意义。文学家对各种人物形象的塑造,都是以鲜明生动而富于个性化的人物语言为基础的。作品中人物话语的建构,在很大程度上是同人物的道德修养等个性因素相统一的。现举例说明:

"喂!一手交钱,一手交货!怕什么?怎的不拿!这老东西……"①

读了这段话,我们不难想象刑场上那个手拿沾满革命者鲜血的馒头的刽子手形象。这段粗鄙的话语很难想象是出自华老栓口中,而只能出自刽子手之口。话语同道德修养相统一,这正是人物形象典型化的一种重要手段。

道德修养低下的人会靠花言巧语、巧言令色来达到其不正当目的。因此,在修辞过程中要学会善于根据话语辨别人的道德水平,提高话语理解的水平,不受花言巧语的蒙骗。

综上所述,社会道德和修辞主体的道德修养制约着修辞主体话语的信息性质和修辞方式,并在一定程度上影响话语的修辞效果。因此,在修辞过程中要充分考虑社会道德因素,建构适切的话语,以取得理想的交际效果。

(原载《锦州师范学院学报》1996年第2期,与陈汝东合写)

---

① 鲁迅《药》。

人名的修辞价值
——《人名修辞词典》代序

（一）

人的姓名主要起称呼和区别作用，用来作为个人的标志，以区别于其他人。部分姓名有时还可起修辞作用，具有修辞价值，在言语中使用会产生修辞效果。

过去编纂的人名词典，都是从姓名的命名功能，解释它所指称的人物的生平、事迹。这种人名词典是知识词典的一种，它不涉及人名的修辞价值，不对它进行语言方面的解释。关于人名的修辞价值，至今还没有一本专门的词典来加以解释。

我在20世纪70年代关于词典学的演讲中曾论述过人名的这种修辞价值以及词典对它的处理方式。这个想法正式发表在1980年《辞书研究》第1期《论词典的类型》一文中。1983年，我在山东教育出版社出版的《词汇学研究》中作了更详细的论述。论述是从语言词典怎么处理专有名词这个角度展开的。

当时我谈到："由于专有名词在语言中产生了转义用法，即它表示的事物的某个特征，成为一种普遍意义，因而使专有名词接近于普通名词，这时就要收入语言词典。"

"例如，诸葛亮是三国时代的政治家，介绍他的生平、事迹、政见、著作等是知识词典的任务。语言词典一般不收这类专有名词。但是由于小说《三国演义》刻画了诸葛亮的形象，使得诸葛亮成为智慧的'代名词'，一般用诸葛亮来指称足智多谋的人，使这个专有名词普通化，并在这种转义用法的基础上构成了新的词和熟语，如'诸葛亮会','三个臭皮匠,合成一个诸葛亮'等等。因此,'诸葛亮'这个词就应收入语言词典,并着重指出其转义用法。"

"甚至纯粹是文学作品主人公的名字,也由于有了转义用法而接近普通名词。如俄国作家果戈理的喜剧《钦差大臣》的主人公名叫хлестаков(赫列斯塔柯夫),因为有漫天撒谎、冒名顶替的特征,使这个名字产生了转义用法,泛指'撒谎能手、骗子',从而转化为普通名词,派生出吹牛、诈骗、招摇撞骗等义,并派生出 хлестаковствовать(吹牛,撞骗), хлестаковщина(招摇撞骗)等词,进入了语言词典。"

"又如,'亚当'和'夏娃'是《圣经》中的人名,根据《圣经》的神话传说,他们是世界上最早的人,是人类的始祖,由上帝用泥做成。这两个专有名词,在许多语言中产生了转义用法,构成了派生词和熟语,从而起了普通名词的作用。"①

作为专有名词的人名产生转义用法而向普通名词转化,这就是人名起修辞作用的结果。人们在言语交际中,为了增强话语的修辞效果,有时借助人名的某一特点,巧妙地喻指某种含义,从而产生委婉含蓄、形象生动、诙谐戏谑、新颖别致等修辞效果。

人名的这种转义用法,既然是起修辞作用,在其产生之初多半是临时的言语现象,还没有成为语言的词汇事实,因而一般语言词典很少收列。但是,在言语交际中理解这种人名的修辞作用,对捕捉话语信息和顺利交流思想十分必要。当一个人在言语交际中遇到这类人名而不得其解时,就会想到查词典,如果遍查无着,就会影响言语交际的效果。因此,社会词典体系应该提供一本特种语言词典,专门提供有关人名的修辞信息。

1986年,我主编的《修辞学词典》(浙江教育出版社1987年版)交稿之后,立即开始主编《汉语修辞词典》,以便在系统提供修辞理论知识信息的基础上,全面提供汉语词语的修辞信息。姜剑云同志作为主编助理,协助我进行主编工作。我们深深感觉到,人名的修辞作用是一种特别的修辞现象,交际者为了有效地进行社会交际和信息交流,迫切希望有一本专门提供人名修辞信息的词典。为了补充社

---

① 《词汇学研究》,山东教育出版社,1983年,第213—214页。

会词典体系和满足读者查找信息的愿望,我们在《汉语修辞词典》竣稿后,就着手编纂这本《人名修辞词典》。

(二)

只起称呼和区别作用的人名是单义的,它只从知识概念上指称一个人。当一个人名兼起修辞作用时,就产生了转义,有时还不止一个转义,从而使人名变成多义词。人名的这种多义现象同人物本身的特点有关。在使用语言过程中,交际者从人物的某项特点引申、比喻,就会使人名获得某种转义用法。值得借用的特点越多,产生转义的可能越大,多义现象就越丰富。例如,唐僧是唐代佛教学者,曾到印度取经。由于小说《西游记》的渲染,"唐僧"这个名字具有了修辞含义:喻指以慈悲为怀、菩萨心肠的人,含褒义和诙谐意味;喻指受了愚弄欺骗仍拘泥于仁义道德的老好人,含贬义,较诙谐;喻指目标明确、意志坚定的人,含褒义;喻指为实现目标而含辛茹苦的人,较诙谐。

又如,"关公"一词,具有丰富的含义。关公名关羽,字云长,是三国时蜀汉的大将,后人尊之为"关公"、"关圣帝君"。由于《三国演义》的渲染,使这个人物带上传奇色彩,他的名字,在言语交际中起着不同的修辞作用,具有多方面的修辞价值。根据关公"面如重枣"的特点,喻指红脸的人,用于戏谑和褒扬,例如:"他脸涨得像个关公,呐呐半响,才说清自己是天目山人。"根据关公身材魁伟的特点,用来比喻威武的人,如《水浒传》中就说美髯公朱仝"似关云长模样"。根据关公善于舞刀的特点,常用"关公面前舞大刀"一语来贬斥在行家面前卖弄本领;有时也用作谦词。根据关公英勇善战的特点,有时可喻指军事家。根据关公与刘备、张飞结拜的特点,现常用"桃园三结义"来喻指同甘共苦、志同道合的同伴。根据关公虽为曹操所俘,但心怀刘备的故事,后人常用"关公身在曹营心在汉"一语比喻守节操,效忠故主;或比喻心思不专、居此思彼,含诙谐、委婉意味。根据关公单骑千里,过关斩将的故事,后人常用"关公过五关斩六将"形象地比喻克服困难、闯越难关。根据关公华容道捉放曹操的故事,后人常以"关公捉放曹"比喻放虎归山,或谐指装模作样。根据关公骄傲轻敌,荆州失守的故事,后人常用"关云长大意失荆州"贬指骄傲和疏忽必败。根据关公荆州失守、败走麦城的故事,后人常用"关公走麦城"一语比喻能人难免有失。例如,苏叔阳《家庭大事》:"爸,不能以成败论英雄。关公走过麦城,韩信还钻过人家的卡巴裆呢。只要有理想,有抱负,有干劲,爸,失败能让人奋发。"根据关公重义而不分敌我、艺高而骄傲自满的弱点,现在有时比喻立场不稳、办事大意的人,含嘲讽意味。由于关公是三国时代的重要历史人物之一,有时可代指历史。例如,徐铸成《报海旧闻》:"我后来选择新闻事业作为职业,大概就是从'关公'到'吴佩孚'这个偶然的机会造成的吧。"

人名产生了转义,便从专有名词转化为普通名词。但其普通含义又与其命名含义密切相关,如果对人物本身一无所知,就难以确切理解人名的转义用法。当然,当它作为普通名词使用时,它的命名意义减弱,修辞转义成为相对独立的语义。

(三)

这种普通含义与命名含义的密切联系,同转义时的理据有关。一个词的义项可以分解为若干区别性的语义特征。例如,"阿斗"是三国时蜀汉后主刘禅的小名,这个人名包括的主要语义特征,除作为蜀汉后主的政治特征外,还有"懦弱无能"、"碌碌无为"、"自甘沉沦"、"徒具虚名"、"屈膝投降"、"沉湎声色"等特征。这些特征综合起来就是一个惟妙惟肖的阿斗形象,可以区别于他人。这种起区别作用的语义特征,就是义素。当使用专有人名时,突出某一个义素,在语用上加以强调,就会产生修辞价值,形成修辞转义。我在论述语义的微观层次时说过:"一个词从基本意义派生新义,实际上就是从基本意义的某个义素中派生出新义。"①

根据这个原理,阿斗这个人名的命名义项中的各个义素,都可能派生出普通的修辞转义。例如,根据"懦弱无能"的语义特征或义素,可喻指懦弱无能、听人摆布的人,含贬义。鲁迅曾质问过:"无产阶级大众何时变成了阿斗?"意指无产阶级大众不是懦弱无能、听人摆

---

① 《词汇学研究》,第147页。

布的人。根据"碌碌无为"的语义特征,可喻指庸夫俗子,含贬义。毛泽东曾用反诘的口吻说:"工人、农民算什么呀?你们就是'阿斗',又不认得几个字。"这句包含嘲讽的话,反指工农不是庸夫俗子。根据"自甘沉沦"的语义特征,可喻指不思上进的扶不起的人,具有贬斥、讽刺意味,俗语"扶不起的阿斗",尤为生动、形象。根据"徒具虚名"的语义特征,可喻指徒有其名的人,也含贬义。瞿秋白曾讽刺"商人的意识代表",妄图"自己来做专权的诸葛亮,而叫四万万阿斗做名义上的主人"。意思是:这些"商人的意识代表"声称的让人民当家做主只是徒具虚名。根据"降魏称臣"的语义特征,可喻指辜负期望的祸国殃民的不肖子孙,含贬义。叶剑英诗云:"孙陵碧血长青苔,阿斗昏庸事可哀。剩有残躯效李牧,雁门关外杀敌回。"根据"沉湎声色"的语义特征,可比喻乐而忘返的人,成语"乐不思蜀"的原义就是说阿斗降魏受封后,沉湎声色,忘了蜀汉。

　　人名有了一些转义后,就构成了多义词,并具有内部的语义系列。在人名多义词语义系列中,命名语义是主要的、基本的,其他含义都从它派生而来。但是,派生后的转义呈现出丰富多彩、形象生动的景象,能增添话语的信息量,产生积极的修辞效果。"阿斗"的转义都是贬义,这同其命名含义的语义特征有关。"林黛玉"的转义则有褒有贬,这也与命名含义的语义特征有关。因为交际者在使用它来表情达意时,时而根据其娇弱的语义特征,喻指娇美女子;时而又根据养尊处优的语义特征,喻指贵族小姐;时而根据她孤芳自赏的性格,喻指孤高自许的女子;时而又根据其多愁善感的语义特征,喻指感情缠绵的女子。因而,其修辞色彩有时嘲讽,有时诙谐,有时褒扬,有时贬责。交际者对于人名的命名含义理解愈深,对其修辞转义的领会则愈透。

(四)

　　人名的数量极其多,古今中外,每个人至少有一个名字,比起任何一种语言的普通名词来都要多得多。对大量只起命名作用的专有人名,除少量名人和自己熟悉的人之外,一般是不必记忆的,也是无法记住的。尽管每个人名都可能起修辞作用,但真正具有修辞价值,能够为语言使用者接受的人名,比起人名总数来只占极少数。他们往往具有下列条件。

首先,所指称人物的知名度高。知名度高的人物或作品主人公,容易在交际双方产生共同的语用背景和前提,当交际者需要加强修辞效果,或妙语双关,或形象生动,就会利用人名的特征,产生比喻、借代等转义用法。也由于知名度高,转义用法一旦产生,就会较快被人们接受,逐渐约定俗成,用法转化为意义。例如,当郭沫若痛恨愚昧的唐僧,认为"千刀当剐唐僧肉"时,毛泽东则区别敌我,指出"僧是愚氓犹可训,妖为鬼蜮必成灾",这是由于双方对唐僧其人,对"三打白骨精"其事,都很了解。这种形象的用法很快为大家接受,成为一种修辞含义。再如,袁世凯是有名的军阀、卖国贼,用其名喻指卖国贼,能让人心领神会,引起对独裁、卖国、奸诈、阴险等含贬义的联想。但是,只具备知名度一个条件,还不一定产生修辞转义,知名度高只提供产生转义的一种可能性,要变成事实,还需具备其他条件。

其次,人物的特征典型。用作转义所根据的那个人物的特征必须典型,这样易于产生与特征有关的联想而理解转义。例如,《西游记》中的女妖精"白骨精"的那种乔装变化、残害好人的特征极其典型,用它喻指那些擅长伪装、心狠手辣的妇女,极易为人所理解,其贬斥、戏谑之义也跃然纸上,可引起对凶残、虚伪的联想。再如,《红楼梦》的主人公林黛玉,具有独特的娇弱美,真所谓"娴静似娇花照水,行动如弱柳扶风",用来比喻娇美的年轻女子,可引起对柔弱、雅洁的联想。她那典型的孤芳自赏、洁身自傲的性格,又很容易被用来喻指孤高自许的女子,虽含讽刺之意,又饱含同情色彩。

第三,人名经过了着重渲染,广泛宣传。人物的知名度和特征的典型性都与着重渲染、广泛宣传有关。从这个意义上说,古今真实的知名人物而又经过作品渲染和大众传播工具宣传的人名最容易产生修辞价值。前面谈到的诸葛亮、关公就是这样的人物。他们作为历史人物已为世人周知,加以小说《三国演义》的着意渲染,使他们的特征鲜明,性格典型,知名度提高,极易产生转义用法。再如,奥斯特洛夫斯基是著名的苏联作家,加上他的自传体小说《钢铁是怎样炼成的》对他顽强的意志着意刻画和渲染,就常被用来喻指身残志坚、为革命顽强工作的人。再如,白求恩作为加拿大著名的外科医生和国际主义战士,由于毛泽东在《纪念白求恩》中的高度称赞,才使他的名字被用来喻指国际主义战士,含有褒扬和崇敬的意味。

第四,人名修辞转义的使用频率高。修辞用法一旦产生,要获得较多的使用,才能从用法转化为意义,从临时的言语事实转化为社会公认的语言事实。使用频率越高,其稳固性越大。例如,阿Q是小说《阿Q正传》的主人公,由于鲁迅高度艺术化的塑造,这个人物形象广为流传,其所代表的阿Q精神"麻木混沌"、"精神胜利"等已成为落后国民性的象征。又如,孔夫子是儒学的创始人,春秋末期的思想家,他的名字由于数千年来尊孔读经而广泛使用,几乎成了儒家、教育家、读书人的化身。当然,人名转义的使用频率有一个从少到多的过程,有些人名转义虽然其使用频率还不够高,但由于适合当代社会思潮和人民的爱好而具有强大的生命力。例如,伯乐是传说中的古代善于相马者,由于用来喻指善于发现和推荐人才的人,适合现代潮流和人民的期望,而获得广泛使用。又如高仓健是日本当代著名影星,由于他魁梧的身材和粗犷的性格,塑造的形象具有男性美,被用来喻指有魅力的男性。这一点正适合现代青年人的心态,因此被逐渐广泛使用。再如陆文婷,现代小说《人到中年》的女主人公,用她来代表当代的中年知识分子,是一个极富生命力的比喻用法,因此,她的名字使用频率不断提高。

本词典所收录的人名,力求符合上述条件至少符合其中的两三项。虽然只有六百余条,但在语言中所起的修辞表达作用不可低估。如果能在言语交际中加以巧妙运用,点缀于话语之中,则将大大增强话语的表现力。

(五)

能够起修辞作用的人名,可归纳为下列几种:

1. 真实的人名。这都是一些知名度较高的人物的名字,有政治家、思想家、科学家、艺术家和著名的工匠、战士等。例如,拿破仑是法兰西第一帝国和"百日王朝"的皇帝,可用他的名字喻指剽悍勇敢而有将帅风度的人,喻指矜持傲慢的人,喻指后期趋于妥协、保守的革命者,等等。又如,李四光是著名的地质学家,可用他的名字喻指有杰出贡献的科学家,甚至代指科学本身。再如,雷锋作为一个共产主义战士,他的名字象征永不生锈的螺丝钉,是艰苦奋斗、公而忘私和助人为乐的样板。

一些反面人物,由于他们在某个方面的特征显著,也会起到有效的修辞作用。前面谈到的袁世凯作为卖国贼的形象就是一例。

2. 真实的人物兼文学作品的主人公。历史上和现实中的一些真实人物被作家写入文学作品,进行艺术加工,比原型更为形象生动,因而具有更大的修辞价值。前述诸葛亮、关公、唐僧等就是这种情况。

3. 文学作品中的人名。由于文学作品特别是文学名著在社会上的影响,作品主人公的性格和特征为广大读者熟悉,很容易被赋予修辞用法并得到流传。例如红娘,由于她在《西厢记》中为张生和崔莺莺牵线搭桥,促成好事,现多用来喻指媒人,具有褒扬、诙谐的形象色彩,为人们喜闻乐见。现在词义扩大,还可指称在两者之间起媒介作用的人或事,如:"电影是我'嫁'给艺术的'红娘'。"又如,安娜是托尔斯泰《安娜·卡列尼娜》中的女主人公,她貌美端庄,但得不到真正的爱情。现常用她的名字比喻年轻貌美的女子,更常喻指渴望爱情而得不到真正爱情的女子。再如,哈姆雷特是莎士比亚《哈姆雷特》的主人公,他对人类抱有美好的希望,但思考多于行动,内心矛盾重重,结局悲惨。现多用他的名字喻指思想强而行动弱的人,有时也喻指人文思想的代表人物。前面所举林黛玉等也是著名文学作品的主人公的名字,都有很大的修辞价值。

4. 纯粹杜撰的人名。有些人名,既不是真实的人名,也不是文艺作品主人公的名字,它们不是从专有名词转化来的,一开始就具有概括的普通意义,泛指具有同一特点的一群人。例如"马大嫂"并非指称某一位姓马的大嫂,而是上海话"买汰烧"的谐音。这个虚拟的"人名"曲指做买菜、洗衣、烧饭等家务事的人,诙谐、形象。又如,王小二、王婆、王老五等都是流传于民间,口头上称呼的虚拟人物,"王小二过年——一年不如一年",形容生活每况愈下;"王婆卖瓜——自卖自夸",喻指自我夸耀;"王老五,白白活了三十五,衣裳破了没人补",形容单身汉。再如,张三、李四也是虚拟的人名,并无确指,只泛指某些人。

5. 集体人名。有些人名指称一群人,是这些人的集体称呼。"八仙"是神话传说中的铁拐李、汉钟离、张果老、何仙姑、蓝采和、吕洞宾、韩湘子、曹国舅这八位神仙的集体人名。因为在"八仙过海,各显神通"一语中,八仙共同起特定的修辞作用,比喻各展绝技,含诙谐意味,而引起神秘、奇特的联想,故作为集体人名收录,并提供修辞信息。

6. 可专指人物的词组。它们虽然不是人名,但在特定情况下用来专指人物,起"准人名"的作用。例如,"卖火柴的小女孩",是安徒生同名童话中的主人公,已经作为"苦命女孩"的形象而为广大读者所熟悉,从而具有修辞价值。

本词典对这几类人名,只要它们具有修辞价值,均兼收并蓄,提供必要的信息,帮助读者理解和使用。

(六)

我在词汇学和修辞学研究中,早已注意到相当长时期被语言学忽略的人名,特别注意到它们具有较高的修辞价值,有时比一般词语具有更为丰富的修辞信息。这一点,通过本词典的编纂实践,体会更为深刻。但是,要把人名的丰富的修辞信息在词典中反映出来,还得经过一番研究。这本词典重在纵深分析,以人名本身立目,建立词条,提供其修辞信息。在提供时,我们力求抓住重点,突出信息核心。

首先,提供产生修辞意义的依据。这就是指出人名所指人物的背景知识,如真实人物的身世、生平、事迹,文艺作品主人公的出处、特征等,着重提供那些易于产生修辞转义的典型特征。从语言学角度说,就是着重提供人名命名含义的典型的语义特征,以便让读者知道修辞转义的依据。例如,"七仙女"一条中,先指出它初见于曹植的《灵芝篇》,再指出淮剧《天仙配》,简介剧情梗概,说明"容貌秀美"、"织锦偿债"、"爱怜董永"、"善良坚贞"等特征均可作为修辞转义的依据。另外,人名的一些语言特点,也可以成为修辞转义的依据。例如,何长工,因其名与"长工"同音,可构成谐音双关,褒扬他是"我军军事教育战线上的一位长工"。又如,杨开慧和柳直荀两位烈士的姓与"杨柳"同音,也可构成巧妙的谐音双关,如毛泽东的词云:"我失骄杨君失柳,杨柳轻飏直上重霄九。"义项多的词条,修辞依据可在每个义项中提供,如"关公"。

其次,按义项排列,提供主要的修辞转义或用法。例如,"七仙女"的修辞义项有:① 喻指非常漂亮、贤淑的女子;② 喻指手艺神奇的女子;③ 喻指思凡入俗的女子;④ 喻指美丽、坚贞的女子。

再次,提供可能产生的修辞效果,特别是修辞转义产生的表情色彩、形象色彩、联想色彩等。例如,在"七仙女"喻指"容貌秀美的女子"之后,指出其含褒义,较形象、诙谐,可引起气质不凡、风采出众等联想。

最后,提供引自文献或自拟的语用例证,让读者从中进一步领会人名的修辞信息。例如,当"七仙女"喻指"漂亮贤淑的女子"时,举了方方《啊,朋友》中的"齐仙玉是站里的大美人,素有'七仙女'之称"的例证。当"七仙女"喻指"手艺神奇的女子"时,举了王哲伟《这里,有一条小路》中的例证:"一针一线,织着好看的花样;那么合身,原来她的眼睛里含着尺码。他真纳闷,她有七仙女的本事?"

(七)

我在主编这本词典时,一如既往,强调"实干、团结、高效"的学风,几位编写者扎实工作,团结合作,讲究效率,一心一意为了学术繁荣,共同对书稿的质量负责,大家胜任愉快,心情舒畅,在预定的时间内完成了编写任务。参加编写工作的除了我与副主编姜剑云外,还有陆龙兴、孔庆荣、刘勇强、俞良四位同志。我们在愉快完成编写任务的同时,建立并加深了学术友谊。在编写初期,池太宁、李凌云两位同志曾给予支持,特致谢意。

(原载《辞书研究》1990年第5期,词典出版时,名称被出版社改为《人名妙用趣味词典》)

十 文字学

信息时代谈汉字

接受编者"有兴趣的同志不妨一读"的建议,读了你刊4月4日发表的王垂芳同志的文章《汉字在信息时代的优越性》。文章的主要论点是:"汉字要比西方拼音文字优越,并更能符合信息时代文字工具的要求"。可是,作者用来说明这个论点的论据都值得商榷,如果改正这些论据,恰好可以证明与作者论点相反的观点。

第一,作者认为"汉字一个突出的优越性,就是常用字的高度集中性"。因而,符号数量少,掌握上速度快、时间短,"符合信息时代讲究速度、讲究效率的要求"。而"拼音文字常用字量和历史积累字量则大得多"。我以为,实际情况并非如此。

首先,英语字母表只有26个字母,俄语字母表只有33个字母,怎么会比作者估计的"充其量不超过六万字"的汉字的量大得多呢?要知道,拼音文字的符号表示语言的音节或音素,汉字作为词符词素文字表示的是语言的词和词素。任何一种语言的词和词素的数量都比音节和音素的数量大,所以汉字的数量比任何拼音文字都大得多。至于说到词,词汇的丰富是语言发达的标志之一,现代汉语的词不会比现代英语、现代俄语少。如果编纂汉语历史词典,收词量也不会少于《牛津英语词典》。

其次,从文字对书面文献的覆盖率来说,作者所说的"2 400个汉字占一般书籍报刊用字的99%",这对信息处理来说还不理想。为了解决这1%的问题,还得使用更多的符号。使用5 100个汉字,可占总字数的99.99%,还缺0.01%;使用6 335个汉字才能覆盖所统计的两千多万字的文献。而这六千多字并非作者说的"汉语最高用字量",因为汉字书写的文献浩如烟海,非几万字无法覆盖。而拼音文字少则二三十个字母,多则五六十个字母,即可覆盖全部文献。这才能符合信息时代讲究速度、讲究效率的要求。

汉字的符号多至成千上万,是汉字致命的弱点,它既不便于人的识记,更不便于技术处理。

第二,作者认为汉字"有'能产性'的特点,因此构新词的生命力很强","可以收到'生词熟字'的奇特效果"。这种说法也值得商榷。

首先,所谓能产性,是词素的特性,不是字的特性,词素是构词材料,这对采用任何文字的语言都是一致的。

其次,作者指出"微"可构成"微波"、"微晶"等几百个新词。这儿的"微"是词素,即使改为拼音文字 wēi,它依然有同样的构词能力。这个词素,相当于英语词素 micro,micro 在英语中也是一个能产的词素,由它构成的新词不会少于汉语。

因此,作者关于"拼音文字有多少词就得有多少字"的看法是不正确的。如果像作者说的,学会三五千汉字就能掌握四五万词条的字形,那么,只要学会 26 个英语字母,以及由它们拼写的词素,就能识别更多的英语词。

第三,作者认为汉字信息处理"比西方拼音文字更快,进一步证明汉字在信息时代的优越性。"其实恰好相反。用电子计算机处理汉字信息,就是把汉字图形转换为光或电的信号系列,加以存储,需要时输出应用。如果用电存储的方式,用类似传真的原理以点阵来描述汉字图形,那么,汉字所需的信息位数是拼音文字所需信息位的 10 倍到 50 倍。如果用光存储方式,用字库板存储图像,那么,拼音文字照排系统的效率比汉字要高出几百倍。这就是说,电子计算机、电动打字机等信息化工具,要求文字信息的基本构造能分解为数量很少的小单元。音素文字的二三十个字母正符合这个要求。而汉字,由于形体繁难、符号众多,不符合这个要求。尽管汉字可以拆成笔画,但笔画本身既不表音,更不表意,还得还原成汉字图形才能存储和处理。

综上所述,信息时代使汉字改革显得更为迫切,我国关于文字改革走拼音化的方向这项语言政策是正确的。当然,这并不否定汉字的优点及其对中华文化做出的宝贵贡献,也不否定在拼音文字制定和推行之前,汉字信息处理研究的必要性。

(原载《解放日报》1984年4月18日,《新华文摘》转载)

也谈汉字繁简

读2001年11月26日《新民晚报》"夜光杯"载杜宣先生的《繁体字和简笔字的问题》一文,觉得有几个问题值得商榷。

1. 关于汉字改革的目的。杜先生认为简化汉字只是便于工农干部学习文化,因此,其历史任务已经完成。其实,汉字简化可让千百代中国人易认易学易写,从而提高工作效率,利在千秋。早在宋代,邓肃就说过:"外国之巧,在文书简,故速;中国之患,在文书繁,故迟。"这在某种程度上击中了繁体字影响工作效率的要害。从清末到解放前,文字改革成为群众性文化运动的一部分。解放后,人民政府因势利导,把简化汉字作为文字改革工作的重要部分,半个世纪来收到很好效果。

2. 关于简体字使用范围。杜先生说,除中国大陆外,境外都用繁体字。其实,新加坡早已采用我们的简体字方案,而且行之有效。他们的《联合早报》等中文报刊,一律使用简体字。

3. 关于境外看不懂简体字问题。据我所知,不仅新加坡和海外华人能看懂简体字,我国港澳台同胞均看得懂。我到这些地方讲学都使用简体字,从来没有出现看不懂的问题。20世纪80年代初,香港中国语文学会根据大陆的《简化字总表》、新加坡1974年采用的《简体字总表》和我国台湾1979年公布的《标准行书范本》,找出796个共通的简化字,列成《共通简体字表》。可见,简化字并非大陆人的独创,而是海内外全体中国人长时期的共同创造。认识繁体字的人是不难看懂简体字的。

4. 关于海外图书馆藏书的问题。杜先生说,海外图书馆只藏港台的繁体字书籍。这可能是过去的情况。最近 10 年,据我在日本、德国、新加坡、美国以及我国港澳台地区图书馆所见,简体字书籍并不少于繁体字书籍。

5. 关于"书同文"问题。文字书写的统一是很重要的,但不一定统一于繁体字。要 10 多亿大陆中国人倒退到繁体字,实在是得不偿失。从文字发展趋势看,汉字统一到简体字为好。目前阶段,我认为可先采取"用繁识简"和"用简识繁"的方法,这也是 1994 年两岸汉字研讨会与会学者的共识。

6. 关于汉字形象美的问题。汉字简化并不影响它的形象美,也不影响书法家的书写。何况书法家毕竟是少数。

综上所述,从长远来看,我国港澳台地区逐步习惯使用简体字,进而像中国大陆和新加坡那样采用简体字,这对加强我国各地区的联系,共同弘扬中华文化,都是有利的。

十一

词 典 学

论词典的类型

词典学一直是语言学中的薄弱环节。近年来,由于词典编纂的实践要求,由于词汇学理论研究的进展,词典学研究有了起色。词典编纂工作开始获得词典学理论的指导,摆脱单凭经验的摸索阶段,取得了成绩。

现在世界各国每年有大量词典问世,数量之多,质量之高,作用之大,类型之广都是空前的。在我国社会主义现代化的建设事业和提高全民族的科学文化水平方面,词典的作用也将越来越大,各种类型的词典的需要量也不断增加。现在摆在我们面前的问题是:究竟要编纂哪些词典?各种词典的特点是什么?区别何在?这就是关于词典类型的问题。这是词典学的一个重要问题,应该从理论上加以解决。由于现代语言和现代知识的发展,由于词典编纂的不同目的和对象,词典类型越来越多。

一、知识词典和语言词典概述

词典可分为知识词典和语言词典两大类,它们有区别,又有联系,相互补充,相得益彰。

知识词典解释词语所代表的事物和概念,阐明有关的科学知识;语言词典解释词语本身的意义,说明它们的语音、语法、修辞特征。

我们举俄语 глаз(眼)一词为例来加以说明。

在知识词典中,解释的是"眼"这个视觉器官的特征和有关知识:

例1：

глаз（眼）视觉器官。眼内的装置有：折光装置,感光装置和辅助装置（眼睑、泪器官,运动眼球的肌肉）。眼球壁是由包围胶状物质——玻璃体的三层膜组成的：外膜——巩膜,它的前面转为透明的角膜；中膜——富有血管网的血管膜,它的前面移行为镶在瞳孔边缘的虹膜；内膜——由色素细胞和感受光线的视细胞组成的网膜。

具有扁豆形状的晶状体把眼分成两个部分：较小的充有水状液的前部和较大的充有玻璃体液的后部。光线通过虹膜孔（瞳孔）进入眼内,被水状液、晶状体和玻璃体液折射而结集在网膜上,并在它的上面形成了所见物体的影像。

(《苏联百科词典》)

由于思维的全人类性,知识词典对这个俄语词条的解释,适用于任何语言代表视觉器官这个概念的词,例如,汉语的"眼睛",英语的"eye"等等,当然,解释的详略程度可有所不同,也可以对客观事物加以不同评论。

在语言词典中,解释的则是 глаз 这个词的词义,以及语法和修辞特征：

例2：

глаз, а(单数第二格——译注), о глáзе, в глазý (单数第六格的两种形式——译注), 复数 ~á (第一格,重音在此音节——译注), глаз（第二格——译注）, ~áм (第三格,重音在此音节——译注), 阳性。

1.（多用复数,表示一双）视觉器官

бельмо на глазу 眼中白翳

левый г. покраснел 左眼发红

карие глаза 栗色眼睛

близорукие глаза 近视眼

целиться, прищурив г. 眯眼瞄准

поднять глаза к небу 举目看天

скромно опустить глаза 谦虚地垂下眼睛

открыть, закрыть глаза 开眼, 闭眼

поводить глазами 转动眼睛

уставиться глазами на что-н. 目不转睛地看着什么

视力, 视觉

острый、верный г. 锐利、准确的视力

У этого художника хороший г. 这个画家有好眼力

Мартышка к старости слаба глазами стала. 长尾猴临老视力衰退

2. (只用单数) 监视, 照看〈谈话体, 旧〉(现在用于少数固定词组中)

У семи нянек дитя без глазу. 七个保姆, 小孩无照顾。

Тут свой г. нужен. 这儿需要自己照料。

Нужен глаз да глаз. 需要时时照料。

3. (只用单数)〈谈话体〉(同 дурной 一词搭配或单独用。迷信观念中代表恶的源泉的魔力眼光)

4. (与 глазок 第四个意义相同)〈专〉眼, 孔

◇ Ни в одном глáзе (глазý)〈谈话体, 俗〉一点没有 (指: Не пьян 一点没有喝醉)

Хоть глаз выколи.〈谈话体〉一片漆黑

……(很多熟语省略)

(乌沙阔夫《俄语详解辞典》)

可见, 语言词典对这个词条的解释同知识词典迥然不同。

首先, 它解释了这个词的语法语音特征。指出了数和格的变化, 第六格有两种形式 (о глáзе, в глазý); 指出这是阳性名词, 标出了词的重音和词的搭配关系。

其次, 它解释了这个词的意义, 列了四个义项, 作了用法说明, 并加了修辞标志。第一个义项是 глаз 一词的本义 "视觉器官", 说明 "多用复数, 表示一双", 其转义 "视力, 视觉" 列在这个义项之下, 表示词义的联系密切, 例证中指明了各种搭配关系。第二个义项 "监

视,照看",说明"只用单数","现在用于少数固定词组中",并加上〈谈话体〉〈旧词〉的修辞标志,以限定其使用范围。第三个义项下说明"只用单数",指出或同 дурной 搭配,或单独使用,加上〈谈话体〉的修辞标志。第四个义项"眼,孔"项下指出"与 глазок 第四个意义相同",加上〈专门术语〉的修辞标志。在义项列完后,在◇符号之后,举出该词所构成的熟语,并加上〈谈话体〉等修辞标志。

经过这样详解,把 глаз 一词在现代俄语中的语言特征、语法、语音、词义、修辞、用法和搭配关系等清楚地揭示出来。

由于语言的民族性,俄语详解辞典中对 глаз 一词的解释,同其他语言的词典中相应词的解释不尽相同。

如汉语词典中:

例3:

眼,yǎn ① 人或动物的视觉器官,通称眼睛。② (~儿)小洞;窟窿:泉~|炮~|耳朵~儿|拿针扎一个~儿。③ (~儿)指事物的关键所在:节骨眼儿。④ 围棋用语,成片的白子或黑子中间的空儿,在这个空儿中对手不能下成活棋。⑤ 戏曲中的拍子:皮黄正板,一板三~。⑥ 量词,用于井:一~井。

(《现代汉语词典》)

俄语的 глаз 和汉语的"眼",除了本义"视觉器官"外,只有一个转义相同,即"глаз"第四个义项和"眼"的第二个义项,都是"孔"、"小洞"的意思。其他各义项都不相同。语音、语法、修辞特征也不一样。

从所举例子中可以看出知识词典和语言词典的区别。在一种语言的词汇中,有些词主要需做知识性的解释,如一些专有名词和术语;有些词既要做知识性的解释,又要进行语言性的分析,如以上所举的 глаз(眼)这种词;还有一些词只需做语言性的解释,如语言中名词之外的其他实词很少具有知识性意义,虚词几乎都没有知识性意义。知识词典和语言词典不论在收词界限上还是在对词条的解释上都不相同。区别明显,一般不易混淆。

但是,在收词的交界处,还有些界线不清。我们说知识词典收各种专有名词和术语,那么,语言词典是不是绝对不收呢?

先谈专有名词。专有名词也是词汇单位,但它们只有特指的称呼意义,没有一般的事物逻辑意义。它只代表某个特定的事物,介绍关于这个事物的知识是知识词典的任务。

语言词典怎么处理专有名词呢?

首先,语言词典一般在附录中选收少量常用的专有名词,如地名。

其次,词典本文中,也可选收一些最常用的专有名词,但无需像知识词典那样提供详细的知识,只需提供使用语言者所必需的最低限度的知识,以便在言语中能够相互了解。

例4:

〔汉〕hàn① 朝代,公元前206—公元220,刘邦所建。……

例5:

〔汉语〕hànyǔ 汉族的语言,是我国的主要语言。现代汉语的标准语是普通话。

例6:

〔汉族〕hànzú 我国人数最多的民族,分布在全国各地。

(《现代汉语词典》)

再次,由于专有名词在语言中产生了转义用法,即它表示的事物的某个特征,成为一种普遍意义,因而使专有名词接近于普通名词,这时就要收入语言词典本文。

例如,诸葛亮是三国时代的政治家,介绍他的生平、事迹、政见、著作等等是知识词典的任务。语言词典一般不收这类专有名词。但是由于小说《三国演义》刻画了诸葛亮的形象,使得诸葛亮成为智慧的代名词,一般用"诸葛亮"来指称足智多谋的人,使这个专有名词普通化,并在这种转义用法的基础上构成了新的词和熟语,如"诸葛亮会","三个臭皮匠,合成一个诸葛亮"等等。因此,"诸葛亮"这个词就应收入语言词典,并着重指出其转义用法。

例7:

〔诸葛亮〕Zhūgě Liàng 三国时蜀汉政治家,字孔明,辅佐刘备建立蜀汉。《三国演义》对他的智谋多所渲染,一般用来指称足智多谋的人。

(《现代汉语词典》)

甚至纯粹是文学作品主人公的名字,也由于有了转义用法而接近普通名词。如俄国作家果戈理的喜剧《钦差大臣》的主角名叫Хлестаков(赫列斯塔柯夫),因为有漫天撒谎、冒名顶替的特征,使这个名字产生了转义用法,泛指"撒谎能手,骗子",从而转化为普通名词,并派生出 Хлестаковствовать(吹牛,撞骗)、Хлестаковщина(招摇撞骗)等词,进入语言词典。

例8：

Хлестаковщина, -ы, 阴性, (不赞) 赫列斯塔柯夫式的无耻谎语(根据果戈理喜剧《钦差大臣》主人公赫列斯塔柯夫)

(奥热科夫《俄语词典》)

又如,"亚当"和"夏娃"是圣经中的人名,根据圣经的神话传说,他们是世界上最早的人,是人类的始祖,由上帝用泥做成。这两个专有名词,在许多语言中产生了转义用法,构成了派生词和熟语,从而起了普通名词的作用。

在俄语中,这两个词从人类始祖这个特征形成了有关熟语：Род Адама(人类)；От Адама 或(Начиная)С Адама(自有人类以来)；От Адама и Евы 或 С Адама и Евы(自太古以来)。从其最早泥人这一特征,形成了有关熟语：В костюме Адама(男子裸体)；В костюме Евы(女子裸体)。另外,还形成熟语 Дочь Евы(好奇的女人)。从Адам 构成派生词 Адамов(亚当的),又由这个短尾形容词构成有关熟语：Адамова голова(骷髅模型,人面蛾)；Адамово яблоко(喉结,喉核)；Адамово дерево(甘蕉)等等,甚至再构成其他专有名词：Адамов пик(亚当峰)；Адамов мост(亚当桥)等等。

在英语中,也由于这两个专有名词的转义用法而形成一些熟语：Adam and Eve on a raft(熏肉加鸡蛋)；Adam's ale(水)；Adam's apple(喉结,喉核),等等。

上述两种语言的熟语中,专有名词的转义用法有的采用同一形象,如俄语中 Адамов яблоко 和英语 Adam's apple,字面意义都是"亚当的苹果",表示的都是"喉结,喉核"的意思。

由于这一系列的特点,使得这两个专有名词具有了普通名词的意义,成为语言词典的选词对象。

地名也一样。如英语中 Wall Street(华尔街),这是美国纽约市的一条街道,由于这条街是美国大垄断组织和金融机构的集中地,常用来表示美国垄断资本,有了转义用法,并构成新词 Wall Streeter(华尔街大老板)。

再如俄语中 Рубикон(鲁比孔河),这是一个河名,由于古罗马凯撒不顾禁令越过此河引起内战,结果建立了罗马帝国。在俄语中形成了一个熟语 Перейти Рубикон(越过鲁比孔河),表示"破釜沉舟"、"背水一战"之意。

像这些有了转义用法的地名,已接近普通名词,而成为语言词典的对象。

一本好的语言词典,十分重视对这类专有名词的选收和处理,注意这类专有名词的转义用法,准确列出其普通名词的意义。

可见,语言词典同专有名词并非毫无关系。

再谈术语。术语是表示科技概念的词语,术语的产生不但记载着科技成果,而且促使科技的发展。在科学时有重大突破,科学技术飞速发展的现代,人类知识各个领域不断出现新事物和新概念,因而相应出现大量新术语。术语具有严格的定义,意义单一,没有修辞色彩。

按照科技术语的专门程度,可把它们分为三类。词典选收术语依类而定。

第一类是个别领域特有的狭隘的专门术语,如语言学中的"聚合体"、"边音"、"持阻"、"义位"、"义素"、"中缀"等等。一般语言词典不需要选收这类术语,如果语言学家需要了解这类术语的含义,可以去查知识词典,如语言学词典。语言词典不可能及时反映每一门科学的飞速发展,不可能选收每一门科学的全部术语,这是知识性的专业词典的任务。

第二类是一般性的科学术语,随着科学知识的普及,大家对这类术语已有所了解,如语言学中的"语法"、"修辞"、"同义词"、"字母"等等,这类术语是知识词典和语言词典都应选收的。不过,知识词典按其任务应提供有关的详细的科学知识,而语言词典只需提供最低知识和语言特征,以便交际者可以互相了解。

第三类是相互转化、相互渗透的词语。随着科学知识的普及,以及人们活动的科学化和现代化,语言中很多专门术语涌进一般词汇,同时,很多一般词汇有了补充的术语意义。换句话说,现代语言中,很多词既可作知识性的解释,又可作语言性的解释。如我们前面所举的俄语 глаз(眼)一词就是如此(参看例 1,例 2)。又如"语言"、"词"、"价值"、"价格"、"反应"、"消化"、"电话"、"剥削"等词,也是如此。

可见语言词典中要选收相当多的术语。其中人们熟悉的科学领域,如文、史、哲、数、理、化、生物、经济等基础科学的术语要多收一些,有些群众很少使用的科学术语可少收一些,如考古学、寄生虫学、海洋地貌学等冷僻科学的术语。

综上所述,知识词典和语言词典既有区别,又有联系。

知识词典和语言词典各自又可分成若干小类。下面分别叙述。

二、知识词典的类型

知识词典从大型综合性的百科全书,到各种专业词典、术语词典、人名词典和地名词典,门类繁多,丰富多彩。

1. 百科词典

百科词典通称为"百科全书",介绍和解释全部人类知识的重要概念和事实。我国没有出过大型综合性的百科全书。明朝的《永乐大典》共有两万多卷,被誉为"世界最大的百科全书",但它仅是分类汇编前人的著述,不是综合介绍各种知识的真正百科全书。解放前出过一些分类百科全书,如《日用百科全书》、《儿童百科全书》,内容比较简单。那时的《辞海》是一部语言词典,加一部分简要的科学知识。解放后修订的《辞海》是一本兼收若干语词的百科词典,属于知识和语言的综合词典。

现代意义的百科全书,不仅是对过去全部文化科学知识的总结,而且是当代科学最新成果的概括,它的词条相当于介绍有关知识的学术综述。因此百科全书是我们进行社会主义现代化建设必不可少的工具书。

世界主要国家从18世纪就开始出版百科全书。重要百科全书的出版,给世界文明以很大影响。如18世纪中叶,法国唯物主义哲学家狄德罗和达兰贝尔主编的《百科全书》,用进步的观点解释科学和历史事实,动摇了封建主义的思想基础,为18世纪末法国资产阶级大革命作了思想准备。当时一些进步的思想家和科学家,如伏尔泰、卢梭、霍尔巴赫、爱尔维修、孔狄亚克、孟德斯鸠等人组成"百科全书派",反对中世纪经院哲学和天主教,其启蒙思想对法国社会进步和人类文明起了推动作用。

十月革命后,苏联出版了《苏联大百科全书》,用马克思列宁主义观点对各门科学知识进行了批判总结,为实现几个五年计划提供了思想武器。美国购得这本百科全书的版权,全部译成英文,意大利、希腊也翻译了苏联的大百科全书,我国"文化大革命"前也译了一部分词目。1949年苏联部长会议关于出版第2版《苏联大百科全书》的决议指出:"这本百科全书应当是社会经济科学、自然科学、工程技术、军事方面的有系统的知识汇编,应当成为苏联广大知识分子的包罗万象的工具书","应当详尽地全面地表明社会主义文化对资本主义世界文化的优越性","应当依靠马克思列宁主义的理论,在科学技术各领域中,对现代反动资产阶级的学说流派进行党性的批判"。这一版百科全书从1950年到1958年,一共出了51卷,以后每年出年鉴一卷,补充新的内容。这部百科全书共有9万6千词条,解释详尽,都是大词条,其中50%是自然科学词条,40%以上的词条附有各种语言版本的参考书目18万多种。

1970年苏共中央和苏联部长会议又决定编辑出版第三版《苏联大百科全书》,到1977年已出版了25卷,词条增到10万以上。

除大百科全书外,苏联已出版了11卷本的《苏联小百科全书》和3卷本的《苏联百科词典》。我国时代出版社于1958年翻译出版了《苏联百科词典》(词条举例见例1)。

《英国大百科全书》从 18 世纪就开始编纂,为纪念出版 200 周年(1971),近来花了 15 年时间进行重大修改,出版了第 15 版,共 30 卷。

《英国大百科全书》第 3 版在编排上有很大改进。一般百科全书词条的编法,一种是以大词条为主,每词条写一篇学术综述,全面介绍一个专题,阐述深刻,但不易查找分类小题,如《苏联大百科全书》就是这样编的。另一种编法是以分类小题为主,查找方便,但知识不系统,叙述不全面。《英国大百科全书》第 3 版共分为 3 编:第 1 编《百科类目》只有 1 卷,它是全书的总纲,分为 10 个学科,即物质与能、地球、地球上的生命、人类生命、人类社会、艺术、技术、宗教、人类历史、知识分支。词条既有简要的解释,又是进一步查找的索引。第 2 编《百科简编》分为 10 卷,是知识纲要,有 10 万多词条,每个词条都具有简短的基本知识,一目了然,供中等程度读者使用,也可作为索引,供进一步查找之用。第 3 编《百科详编》分为 19 卷,是对前面两编有关内容的进一步解释,对各学科都作了详尽的叙述,学术性很强。三编用三种颜色印刷,各编词条都注明参见另两编有关词条,取简取繁,由读者根据需要的知识深浅而定,十分方便。

这本大百科全书已成为国际性的百科全书。从编纂队伍来说,四千多名编者中除英、美国的学者外,还有 130 个国家的编者;从内容来说,它反映了各国的情况;从使用范围来说,它不仅是英语世界的工具书,而且许多国家直接使用,或翻译出版,影响很大。

法国《现代知识词典》丛书,以 205 本词典的形式,阐述当代科学知识的各个领域,如哲学、美学、文学、语言学、生物学、数学、物理学、天文学、人类学、心理学、社会学、历史、地理、通讯、技术、教育学等等,最后一部分是名人传。这整个一套丛书是一种按主题编写的百科词典,而其中的每一部词典都是专科词典。如《语言学》一部,介绍了结构主义、生成语法、符号学等现代语言学的术语和概念,还解释了传统的概念,书中有现代知名语言学家的生平事迹,有关条目还介绍了语言学历史知识。该词典选收 500 多个语言学术语,其中大词条有"世界语言"、"音位学和语音学"、"结构主义"、"生成语法"、"词汇和词典"等,每个术语都附有英语、法语的对应词。

2. 专科词典

专科词典按照科学分类,分门别类地介绍有关知识。有些专科词典比综合性的百科词典介绍的知识更为详细而深刻。近年来,美、苏、英、法、德、意、日本等国都出版了多种专科词典,其中苏联出版的分类专科词典,最为有名。

苏联20世纪60年代开始出版的《哲学百科全书》已由上海译文出版社分卷翻译,准备出版。这套《哲学百科全书》详尽而全面地介绍了哲学领域的各项知识,从哲学史到哲学理论,从各哲学流派到马克思主义哲学原理,从辩证唯物主义一般原理到美学、逻辑学、伦理学等哲学分科,应有尽有。每个词条介绍详尽,并附有大量参考书目。

该书"辩证唯物主义"一条分12个小标题:1)辩证唯物主义的对象;2)辩证唯物主义的产生;3)辩证唯物主义发展中的列宁阶段;4)物质和意识;5)认识过程的辩证法;6)作为逻辑和认识论的辩证法;7)辩证法的范畴和规律;8)辩证唯物主义和现代自然科学;9)辩证唯物主义和历史唯物主义的统一;10)辩证唯物主义和历史唯物主义是马克思主义政党的思想武器;11)辩证唯物主义和现代资产阶级哲学;12)辩证唯物主义和现代生活。正文后附有详尽的参考书目,分为:1)马克思列宁主义经典著作,他们的战友和学生们的著作;2)辩证唯物主义的对象;3)关于辩证唯物主义的产生和发展;4)马克思列宁主义哲学发展中的列宁阶段;5)物质和意识,辩证唯物主义认识论;6)辩证法的范畴和规律;7)辩证唯物主义和其他知识领域;8)现代资产阶级哲学和修正主义批判等项,共好几百种。参考书除俄语版本外,还有英、德、法、日、西、葡、汉、匈、波、捷、保、乌克兰、阿塞拜疆、亚美尼亚、立陶宛等语种的版本。例如,列举的中国参考书目有:毛泽东《实践论》、《矛盾论》、《关于正确处理人民内部矛盾的问题》;艾思奇《辩证唯物主义讲授提纲》;张如心《毛泽东同志对马克思主义辩证法的贡献》;李琪《〈实践论〉解释》;冯定《平凡的真理》;李洪林《辩证唯物主义学习方法的几个问题》;吴传启《谈辩证法》;郭化若《军事辩证法》等等。

该书"真理"词条中,除给真理下定义外,还详细叙述了"马克思主义以前的哲学和现代资产阶级哲学的真理观"、"马克思主义真理观的基础"、"实践——真理的标准"、"真理以及辩证法,逻辑和认识论的一般原理"等问题,提供了有关真理的详尽知识。

这本哲学词典还从自然辩证法的角度介绍了很多现代科学知识,如"控制论"一条除定义外,还详尽地叙述了"控制论的产生"、"控制论的对象"、"理论控制论的基本概念和基本分支"、"控制论对科学技术的意义"、"社会主义社会的控制论"等内容,并提供了详细的参考书目。

这本《哲学百科全书》翻译出版后,将成为哲学社会科学的一部重要工具书。

除《哲学百科全书》外,苏联出版的《文学百科全书》、《历史百科全书》等也将由北京有关出版社翻译出版。

1972年法国出版的《语言科学百科词典》是按主题编排的一本专科词典。这本词典包含57项主题,分作4个单元:

1)"学派",分析了语言学中最主要的流派、历史语言学、索绪尔学派、语符学、功能学派、分布学派、生成语言学,等等;

2)"科学",叙述了研究语言的各种学科,如描写语言学各部分、修辞学、演说术、语言哲学等;

3)"方法论概念",解释了语言学基本概念,如规范、历时、语言、组合体、聚合体等;

4)"描写概念",包括词类、意义、音位、语体、文字、深层结构等概念。

57项主题内分别解释800个术语,每一词条后附详细的参考书目。词典附有按字母编排的索引。

3. 术语词典

大部分术语词典,不仅解释术语的意义,而且介绍有关的专业知识,介于知识词典和语言词典之间。

例9:

mot(词)(德语 Wort // 英语 word // 意大利语 parola)"词是一

定意义同一定音组合乎一定语法用法的结合"。

(梅耶的)这个公式为了适合于任何语言被理解得很广,使得给词下精确定义的困难显而易见。

"结合"本身不是容易判明的,它的确定,一部分是由于构成词的发音动作的体系容许它在句子中分出或移动,并且仍然同一定的概念相符合;另一方面,词的结合在很多情况下决定于,在词的各构成要素之间可以观察到一定的语音的、形态的、句法的(和其他的)关系。

(法国马卢索《语言学术语词典》)

这种解释的专业性是很明显的,首先它介绍了法国语言学家、心理社会学语言学派的代表梅耶关于词的定义;其次对这个定义加以评论;再次,说明划分词的标准。这种解释完全是语言学专业的解释。另外,这个词条之下还列了德语、英语和意大利语的对应词,这也是科学术语的特点,因为一般词语都有多义性,不可能在各种语言里找到完全对应的词。

比如,现代汉语中"词"这个词有三个意义:第一个意义是"词句",如戏词;第二个意义是"诗体",如宋词;第三个意义才是语言学的术语,但在语言词典中的解释比术语词典简单得多,如《现代汉语词典》中:"3.〈语〉(~儿)语言里最小的、可以自由运用的单位。"义项加了术语标志,但只提供简要的解释。

4. 人名词典和地名词典

人名词典和地名词典也是知识词典,专收人名和地名,并加以必要的解释。

例10:

Руднев. А. Г. 鲁德涅夫 语文学博士,列宁格勒师范学院教授。著有《俄语简单句法》(1961年)。

(《苏联哲学社会科学人名录》)

例11:

Чанша 长沙 中国城市、在湖南省,位于长江右边支流湘江岸,铁路枢纽,人口四十万,采矿工业中心——锑和其他金属。

在市中心,有炼油厂、皮革厂和很多小型作坊。

(苏联博得纳尔斯基:《地名词典》)

有的地名词典只收国名,加以解释。如《各国概况》就是一种国名词典,介绍每一个国家和地区的一般情况,如国名、面积、人口、首都、行政区划、国家元首和政府首脑、主要报刊和通讯社、自然地理、政治、经济、军事、外交等项。

5. 作品词典

作品词典介绍有关作品的知识,词条就是作品书名,比文学词典收词范围小。

上海文艺出版社正在组织编写的《外国文学作品提要》就是一本作品词典。该《提要》选收词目近一千条,包括外国古今重要文学作品。每条的解释项目包括:1)原著体裁、作者国别、姓名、写作年代、作品和作者原文名;2)故事背景、主要人物和情节、作品主题。

例12:

《基度山伯爵》(Le Comte De Monte-Cristo)长篇小说。法国大仲马(Alexandre Dumas Père, 1802—1870)著于1844—1845年。

小说从法国复辟时期之初,百日时期,一直写到七月王朝时期,并以七月王朝为主要背景。小说大致可分为两部分:第一部分写主人公被人告密入狱,最后越狱的经过;第二部分写主人公报恩复仇的经过,这是主要部分。

……(情节梗概省略)

(《外国文学作品提要》例稿)

作品词典可以选文学作品,也可以选政治作品、科技作品或者选各种作品综合编纂,供查考用。

三、语言词典的类型

语言词典按解释的方法分详解词典、例解词典、图解词典和翻译词典(双语词典、多语词典、"译者假友"词典);按词语的来源分词源词典、方言词典、社会习惯语词典、外来语词典、古语词典、新词词典；按词的语言特征分语音词典、语法词典（虚词词典）、搭配词典、语义词典（同义词典、反义词典、类义词典）、修辞词典、缩写词词典、熟语词典（成语词典、谚语词典）、正字法词典；按词的特殊内容分作家词典、文献词典、国俗词典；按选词释义的时间性分描写词典和历史词典；按词的使用情况分用法词典、难点词典、教学词典；按词的排列分音序词典、形序词典、义序词典、同根词典、倒排词典；按收词的数量分为词库、词表等。

1. 按解释方法分类

语言词典按照对词语的解释方法可分为详解词典、例解词典、图解词典和翻译词典几种。

1) 详解词典

这是最常见的一种语言词典。其特点是对词条作语言性的解释，不作知识性的解释。详解词典一个词条分列出若干义项，从语言各种语体的文献中引例说明，对词语的细微含义、用法、修辞特征、语法特点、发音特点、书写特点都加以解释，实际上是一种综合性的语言词典。其解释词义的方法一般有：

（1）以词释词，即以同义词相释。如：

拉肚子——腹泻

拉倒——算了，作罢

文法——语法

文旦——柚子

掩蔽——遮蔽，隐藏

邮递员——投递员

邮费——邮资

邮政局——邮局

语言中完全相等的同义词极少，同义词多半是近义词，所以以词释词往往不能表达细微的色彩。有时要加上有关的修辞标志，如："邮递员"释"邮差"时，应加"旧词"的标志。"薪俸、薪水、薪金、工资"是同义词，但修辞色彩不同，互释时应加相应的修辞标志。

(2) 描写词义

有些词条的义项没有适当的同义词,就须采用描写词义的方法加以解释。如:

万籁——各种声音。

舞台——供演员表演的台。

要塞——在军事上有重要意义的、有巩固的防御设备的据点。

知识分子——具有较高文化水平,从事脑力劳动的人。

松明——燃点起来照明用的松树枝。

消毒剂——能杀死致病微生物的化学药品。

流亡——因灾害或政治原因被迫离开家乡或祖国。

(3) 下定义

描写词义主要从日常生活用词特点出发,不一定揭示概念的本质特征,不适用于对科学术语的解释。又由于术语同义词很少,也不大用以词释词,所以解释科学术语往往利用下定义的方法。如:

引流——〈医〉用外科手术把体内病灶的浓液排出来。

物像——〈物〉来自物体的光通过小孔或受到反射、折射后形成的像。

词类——〈语〉词在语法上的分类。

词缀——〈语〉词中附加在词根上的构词成分。

这种定义言简义明,只提供术语的含义,不像知识词典那样作大量知识性解释。

详解词典这几种释义方法往往互相交叉使用,解释后还举例说明。

例 13:

〔分配〕fēnpèi ①按一定标准或规定分(东西):~宿舍/~劳动果实。②安排;分派:服从组织~/合理~劳动力。③经济学上指把生产资料分给生产单位或把消费资料分给消费者。

分配的方式决定于社会制度。

(《现代汉语词典》)

"分配"一词的第一个义项用描写词义的方法加以解释,并举两例说明;第二个义项用以词释词的方法加以解释,也举两例说明;第三个义项作为政治经济学的术语,用定义和描写两种方法加以解释。

详解词典除对词义进行解释外,还对词的语音、语法和修辞色彩加以解释,详见例2,这儿不再重复。

2) 例解词典

例解词典不采用上述释义方法,只列举例句,让读者从用法中领会含义。我国古代一些类书,如《骈字类编》等往往在词条下引录文章诗词典故,并注明出处,但不加解释,起查找文献的作用。

现代出现了专门的例解词典,如日本1973年出版的《现代日中词典》就是典型的例解词典。

它除例句外,没有其他任何解释。语言中绝大多数词语是多义的,每一个词义又是概括的,只有用在上下文中才能单义化、具体化,例解词典正是在丰富的例句中揭示词的各种细微含义,让读者领会词义和用法。

3) 图解词典

有些词条不论详解或例解都较难表达其含义,对一些冷僻的事物或事物构成部分更不易解释清楚,所以在各种词典里,都用图解的方法来帮助释义。如在例1. глаз(眼)这个词条中,《苏联百科词典》就用插图指明角膜、前房、晶状体、玻璃体、网膜、巩膜、视神经,等等。

《现代汉语词典》"眼"这个词条下也附有简明插图标明结膜、角膜、虹膜、瞳孔、晶状体、巩膜、视神经、盲点、脉经膜、黄斑、视网膜、玻璃体,等等。

现在国外出版了专门图解词典,以德语《杜登图解词典》最为有名,自1936年以来已译成英、法、西等各种语言,重版多次,流行全球。

《杜登图解词典》计分15大项,368小项,每一项都由语词表和图画两部分组成。每个图画上标明数字,同语词表的号码相对应。

读者遇到生词可从图解知其意义;遇到不能称呼的事物,可从语词表中找到名称。

例如,《杜登英语图解词典》在"人和房屋"大项下,有"眼睛"小项,在第50页上列有语词表:

例 14:

38—51 the eye 眼

38 the eyebrow 眉毛

39 the upper lid 上眼皮

40 the lower lid 下眼皮

41 the eyelash 眼睫毛

42 the iris 虹膜

43 the pupil 瞳孔

44 the eye muscles(eye strings)眼肌

45 the eyeball 眼球

46 the vitreous humour 玻璃体

47 the cornea 角膜

48 the lens(crystalline lens)晶体

49 the retina 视网膜

50 the blind spot 盲点

51 the optic nerve 视神经

在第51页上有眉毛、眼外部、眼内部三幅图画,用38—51的数字标明各部分的相应名称。

(见《杜登英语图解词典》)

这种词典用直观的图解方法解释词语含义,对于冷僻少见的事物名称特别有用,还可以用作外语教学的直观教具,提高教学效果。

4)翻译词典

详解词典一般是供使用本族语言的人用的,翻译词典是为学习和使用外语的人而编写的。

翻译就是用一种语言的词语表达另一种语言词语的意义和修辞色彩,理想的翻译词典应该为每一词语提供等值的译文,但做到这一点十分困难。因为：

第一，词义体系具有民族性，一种语言的词义体系同另一种语言的词义体系不尽相同。

例如：现代汉语"短"这个词有四个意义：1. 时间或空间的距离小；2. 缺少；3. 欠；4. 缺点。

其中第一个意义相当于俄语的 короткий 和英语的 short，但是 короткий 还有"亲近"的意义，short 还有"矮、脆、弱"等意义，各不相同。

又如，汉语"叔叔"一词有三个意义：1. 叔父；2. 儿童称呼成年男子；3. 小叔子。其中第一个意义相当于俄语的 дядя 和英语的 uncle；但是 дядя 和 uncle 不仅可称叔父，而且可以称呼伯父、舅父、姑父、姨父。此外，这两个词也可用作儿童对成年男子的称呼，但 дядя 还有"大汉"的意义，uncle 还有"赞助者"、"当铺老板"等含义。

这种差别在非亲属语言之间最为明显。所以，找等值词相当困难。

第二，翻译词典词条的词语没有一定的上下文，孤立的词语更难找到等值译文。例如，在汉语里找不到一个 дядя 或 uncle 的等值词来作为对等的译词，在外汉词典中往往要列出"伯父、舅父、姑父、姨父"等词。又如英语 short 一词究竟是"长短"的"短"，还是"高矮"的"矮"，要在一定的上下文中才能确定。

尽管有困难，词典编者还是要竭力找到一定意义的准确的等值词。这在某种意义上比翻译文章更严格，一般翻译文章并不要求逐词对应，而词典却要求准确的等值词。如：例2中，俄语详解词典对 глаз 词条的解释在刘泽荣主编的《俄汉大词典》中，把第一个义项"视觉器官"译为"眼睛"，"眼力"，"视力"、"视觉"等；第二个义项译为"照顾"、"照管"等；第三个义项翻译为"〈技〉眼、孔"，说明这是技术用语；第四个义项中 дурной глаз（迷信观念中代表恶的源泉的魔力眼光）译为"毒眼"，由于"毒眼"一词系新创词，涵义不明，又用括号说明：(迷信中谓此种眼睛看后，人可能遭受不幸)。

有些词义代表新事物或新概念或有民族特点，更难找到对应的等值词，这时就要用创造词或描写的方法来加以解释。

创造词可分为音译借用和仿造两种。印欧语言之间,音译借用现象很普遍,如苏联人造卫星上天后,英语即借用 спутник 一词,音译为 sputnik。俄语 спутник 原有"旅伴"、"伴随现象"、"手册"、"卫星"几个义项,英语借词 sputnik 只保留"卫星"一义,而且特指"人造地球卫星"。汉语中也有借用词,如"苏维埃"(俄语 Совет)、"布尔什维克"(俄语 Большевик)等。

仿造词就是用本族语言的构词材料,按外语的构词方式仿造成词,如"社会主义"就是由词根"社会"和后缀"主义"构成,因为在俄语中 социализм 是由词根 социал- 和后缀 -изм 构成,英语中 socialism 是由词根 social- 和后缀 -ism 构成。

音译借用词和仿造词都是对应的等值词,因为借用的不仅是语言的词,而且是概念本身。

翻译词典有时也采用说明的方法来释义,这种说明往往是为了补充词语翻译的不足,如上举 дурной глаз,除译为"毒眼"外,还加了"迷信中谓此种眼睛看后,人可能遭受不幸"的说明,类似说明往往是详解词典中解释的翻译。例如《新英汉词典》把 interlocking directorate 译成"(美国)连锁董事会",为了让读者领会其涵义,用括号说明这是"各企业董事中有几个是由某些人共同兼任的,使经营协调,以便控制"。

另外,翻译词典中的"等值"问题,还可用注释和例证来解决。例如,翻译词典中解释俄语词 крепкий 可用下列例证:

Крепкий орех 坚硬的核桃

~кая ткань 结实的布料

~кий организм 强壮的体格

~ человек 健壮的人

~ дух 坚毅的精神

~ караул 可靠的卫兵

~ мороз 严寒

~ чай 浓茶

~ табак 辣的烟草

~кое вино 烈酒

~кий сон 酣睡

~кое словцо 粗话

……

尽管采取了上述方法来寻求两种语言的等值对应,但除科技语外,一般语词还是会有一定困难,硬性的翻译对照有时难免曲解外语词语的涵义。但是翻译词典又为初学外语和初搞翻译者所必需。因此,用本族语编写外语详解词典当是词典编者的一项新任务。在详解的同时可以举出词语的对等翻译,或者把外语详解词典加以本族词解释,这就是双解词典了。

例 15:

eye [ai] n. 1. organ of sight 眼睛:We see with our eyes 我们用眼睛看…… 2. thing like an eye 似眼之物,眼状物 the eye of a needle, the hole for the thread 针眼…… 3. (Compounds, etc.)(复合词等) eyeball n. the eye within the lids and socked 眼球……

(《现代高级英汉双解词典》)

翻译词典中词组和句子的翻译同词语本身的翻译有所不同。翻译词组和句子应避免逐词翻译,以便准确表达整个词组和句子的意义,其中除词汇意义外,还要注意修辞表情色彩。要求译文的各方面等值是相当困难的,但等值性是翻译词典的重要标准。固定词组和固定句子,即熟语的翻译有着特别的困难,因为翻译熟语时既要保持原文的形象和民族特点,又要准确表达其意义。我们来看看《俄汉大词典》глаз 词条中几条熟语的译文:

проглядеть глаза 望眼欲穿

из глаз(скрыться) 隐而不见

отвести глаза(кому) 转移视线

глаза разбежались 目不暇接

с пьяпых глаз 醉眼矇眬

这些俄语熟语译成大体相当的汉语成语,尽可能做到等值,这种努力是可取的。

除双语翻译词典外,还有多语翻译词典。

多语翻译词典的翻译更为复杂,往往多种语言的词义体系相互交叉,错综复杂,只有术语词典能够找到一一对应的关系。如例9所举《语言学术语词典》,这种词典中一个术语可以在多种语言中找到等值词,并且还可以译成其他语言,我们从俄译本中再举几个例子:

Язык(俄) langage(法) Sprache(德) language(英) linguaggio(意)——语言;

Слово(俄) mot(法) Wort(德) word(英) parola(意)——词;

Слог(俄) syllabe(法) Silbe(德) syllable(英) sillaba(意)——音节。

在解释一般词语时就很难找到这种一一对应关系。因而,编纂多语翻译词典是一项艰巨的任务。但是,早在1878年俄国圣彼得堡就出版了一本由菲力浦·莱夫编写的《俄法德英四语对照新词典》,这部词典共分四部分,每部分均用三种语言解释一种语言,如第一部分是《俄语词典》,用法德英三种语言解释俄语词。

例16:

俄	法	德	英
глаз глазок	l'œil 阳性 (复 les yeux)	das Auge(复 die Augen)	the eye(复 eyes)
① на~ (用眼估计)	① a'vue d'œil	① dem Ansehen nach	① by the eye
② С глазу на глаз (交臂促膝)	② entre quatre yeux	② unter vier Augen	② privately
③ простым глазом (凭肉眼)	③ à l'œil nu	③ mit bloβem Auge	③ with the naked eye

④ в глаза (当面)	④ en face, au nez	④ ins Gesicht;	④ to one's face
⑤ за глаза (背地,不在眼前)	⑤ en l'absence	⑤ hinter dem Rücken	⑤ behind one's back
⑥ при гла-зах (在面前,在视线内)	⑥ sous les yeux	⑥ unter den Augen	⑥ in the sight
⑦ колоть глаза чем (谴责)	⑦ jeter un nez reprocher	⑦ vorwerfen	⑦ to upbraid
⑧ делать глазки кому (送秋波,送媚眼)	⑧ faire les yeux doux á	⑧ liebäugeln mit j-m	⑧ to cast a sheep's eye upon

从这个例子中看到多语翻译词典的复杂性。如第二项 с глазу на глаз,字面意义是"以眼对眼",法语、德语译文的字面意义都是"四目之间",英语则用一个词,而不用熟语来翻译。实际上,俄语的这个熟语系"交臂促膝"之意,法语中还可译成 tête á tête(字面意义是"头碰头"),英语则应译为 face to face(字面意义是"面对面")。再如第八项 делать глазки кому 系"送媚眼"之意,英语却用了一个形象的译法 to cast a sheep's eye upon(字面意义是"送羊一般的眼色")。

在翻译词典中有一种特别的类型,俗称'译者假友'词典"。这种词典收两种语言中发音和书写相近,但意义不同的词,可称为"双语同音同形词典"。例如:

(1) 英语　　　　　magazine　　　　杂志，
　　俄语　　　　　магазин　　　　 商店；
(2) 保语　　　　　ropa　　　　　　森林，
　　俄语　　　　　ropa　　　　　　山；
(3) 乌克兰语　　　уродливий　　　 美的，
　　俄语　　　　　уродливый　　　丑陋的；
(4) 德语　　　　　kalt　　　　　　冷的，
　　意语　　　　　caldo　　　　　 热的；
(5) 汉语　　　　　手纸
　　日语　　　　　手纸　　　　　　信；
(6) 汉语　　　　　汽车
　　日语　　　　　汽车　　　　　　火车

这类词语形同义异，最易使翻译工作者上当，所以叫"译者假友"。把它们收集起来，编成词典，加以分析，对学习外语和从事翻译用处很大。1969年和1972年莫斯科分别出版的《英俄、俄英"译者假友"词典》和《德俄、俄德"译者假友"词典》就是这种类型。

由于日语借用汉字，汉字有训读又有音读，所以"译者假友"甚多，如果把汉日两种语言的同音同形词收集起来，编成《汉日、日汉"译者假友"词典》，肯定会受到学习日语和汉语者的欢迎。

2. 按词语来源分类

语言词典按照词语的来源可分为词源词典、方言词典、社会习惯语词典、外来语词典、古语词典、新词词典等种。

1) 词源词典

词源词典解释词语的来源、历史，指出它们的原始意义和语音形式。现在世界各国编写了很多词源词典，概括了近百种语言的词源知识，给语言的对比研究提供了素材。

例17：

глаз 眼　第二格：глаза 和 глазу　第六格：глазе 和 глазу
复数第一格：глаза

古代俄语 глазьк 圆珠（发亮的）：

"глазкы стекляные и малые и великие, провертаны"
("玻璃球大大小小,旋转不停");

波兰语　　głaz　第二格głazu石头、砂石、砺石;głazik燧石、圆石、鹅卵石;głazowac用鹅卵石铺路。

——глаз 最早的意义是:发亮的圆球。贝尔纳克认为最早源自日耳曼语:挪威语方言 glōsa(闪光,发亮,映照)。中低德意志语 glaren(点燃,发光),中高德意志语 glar-ouge(凝视的眼光)。瑞典语 glos-ögd(豹眼突睛的)。古高德意志语 glas(琥珀,玻璃)(从这儿借用的拉丁语 glēsum"琥珀")。古冰岛语 glaesa(用发亮物装饰)。

然而,托尔普用这组日耳曼语词同冰岛语的 glass(绿的,浅蓝的)相对比,而没有同俄语词 глаз 相对比。

涅赫林把它当作日耳曼语的旧的借词,并把中低德意志语 glaren、波兰语 głaz 同中世纪拉丁语 glacia 相对比。

约克尔把它同 глАдѣтн(鼻音消失)相联系。彼德尔逊也同意这一解释。勃鲁克涅则把它同 гладькь(光滑)加以对比。

(《俄语词源词典》)

从词源词典的解释中,我们知道现代俄语 глаз(眼)一词来源自古代俄语的 глазькъ "(发亮的)圆珠",因此最早的意义是发亮的圆珠,后来由于形象相似转义为"眼睛"。词条中还举了各词源学家把该词同印欧语系诸语言有关词做的对比分析,使我们知道该词的来源、历史和原始意义。

2) 方言词典

方言是全民族语言的地方变体,服从于共同语。各方言之间在语言结构上存在差别,这是历史分化的结果,但尽管有不同的差别,它们都服从于更高的形式——共同语。如果共同语消失,方言就将分化为亲属语言。

方言词典解释方言词语的来源和涵义,在收词范围上有两种类型。

一种是收该语言中的各种方言词,如《汉语方言词典》收吴语、闽语、粤语等方言词;一种是只收某种方言的词语,如《北京话词典》。

有的词典不仅提供一个地区的方言词,而且也提供该方言词汇体系中包括的共同标准词。

有的词典则只收方言词,或有方言特色的词,这些词典的解释同标准语详解词典不同。如 кожа 一词在俄语标准语词典里分两个义项:1. 人或动物身体的表皮;2. 果实的外皮。但在方言词典中解释的都是该词的方言意义。

例 18:

кожа

(1) 海中游的或岸边冰上栖息的海兽群。人们可说:

пришла кожа. 海兽群来了。

пойдем к коже. 让我们走向海兽群。

由此引申出:成群游的海兽称为 кожной зверь。

(2) 在岸上休息的捕捞毛鳞鱼和玉筯鱼的渔人群。

(3) 在渔场杀死的海兽。(北冰洋或白海的)沿岸居民。

(4) 谚语　из кожи да кожу

现挤现喝的兽奶

(《阿尔汉格尔斯克方言词典》)

这本方言词典中 кожа 词条的四个义项都具有方言特色,为俄语标准语所没有。阿尔汉格尔斯克州濒临北海、巴伦支海,地域包括北冰洋群岛,渔业和海兽捕捉业很发达,所以许多词语带有地方特色。

方言的词汇差异往往表现在基本词汇方面,如自然现象的名称,亲属的名称,谷物的名称等。如北京话的"媳妇儿",苏州话叫"家小",湖南话、湖北话叫"堂客",云南话叫"婆娘";北京话的"荸荠",上海话叫"地栗",广州话叫"马蹄"等等。一本标准语词典只能酌收一些为标准语所吸收的方言词,如"搞"、"垃圾"、"尴尬"等,大量方言词的解释是方言词典的任务。

3) 社会习惯语词典

方言是语言的地方变体,社会习惯语是语言的社会变体。

在每一个语言集体中,按照生产、生活或其他条件结合在一起的人都有自己的社会习惯语,它多半是一些特殊的词和惯用语,很少语音和语法特征。

社会习惯语一般分为行业语、"阶级"习惯语、隐语和集团语几种。行业语是一定行业为了生产需要而使用的专门用语;"阶级"习惯语一般是上层剥削阶级使用的特殊用语;隐语是社会流氓集团使用的黑话;集团语是学校、行伍等集团使用的惯用语,如学生的习惯用语"开夜车"、"吃鸭蛋"等。其中行业语是健康的词汇成分,随着科技和生产的发展而丰富,有可能进入标准语。

编纂社会习惯语词典的困难在于,社会习惯语多半不是全民公认的词汇事实,它只为某一社会集团所了解。当然,也有些社会习惯语一经使用便广泛流传,如"开绿灯"、"开后门"之类。这种词典的任务是帮助读者正确理解社会习惯语的含义。

1977年巴黎出版的《法语社会习惯语词典》,选收了法国口语和书面语中使用的社会习惯语,分析了它们的形态、结构和意义。如 clille 相当于标准语词 client(顾客),clapet 相当于标准语词 bonche(嘴),Ferme ton clapet 相当于标准语 Tais toi(住嘴)。

4)外来语词典

在民族的互相接触中,常常碰到本民族没有的事物和概念。为了称呼它们,可以利用本民族语言的构词材料构成新词,也可以直接吸收外来语词,这种从外语中吸收的词叫外来语(又叫借词)。现代语言中,特别是印欧语系诸语言中相互借用的现象很多,外来语很丰富。为了解释外来语的涵义和来源,就要编纂外来语词典。

很多语言由于互相借用而具有大量共同的词语,可称之为国际性词汇,如俄语中 анализ(分析)、синтез(综合)、класс(阶级)революция(革命)、коммунизм(共产主义)、социализм(社会主义),等等,为很多语言所共有。现代很多国际性的科学术语是用希腊语和拉丁语的构词成分构成的,如 ави(拉)鸟,飞;авт(希)自己;анти(希)反;теле(希)远;линг(拉)语言;фон(希)声音;等等。所以,外来语词典对了解国际性词语和现代科学术语很有必要。

例 19：

лингвистика（法语 linguistique　拉丁语 lingua 语言）——语言学，关于语言的科学。分为：1. 语音学，2. 语义学，3. 词汇学，4. 词源学，5. 语法学，6. 正写法，7. 正音法。

(《俄语外来语词典》)

《外来语词典》对 лингвистика 一词的解释，主要是提供外来语的词源，说明该词是法语借词，而其中一个词素又是源自拉丁语。然后提供极简单的词义解释，关于该词的内容详情可查知识词典。

5) 古语词典

古语是语言中旧词的一种，它们所代表的事物和现象还存在，但语言中已另有词来代表它们，原来的词就成为古语词，如"乾坤"("世界"），"目"("眼睛"），"邮差"("邮递员"）等。

另一种旧词所代表的事物和现象本身已经消失，这些词就称为历史语词，如"天子"、"社稷"、"干戈"、"驸马"等。

古语词典应包括古语词和历史语词，解释它们的来源、意义和修辞色彩。

我国三国魏张揖的《广雅》对古代文献中的词（实际上是汉字）进行了解释。他对一些字的古义作了比较恰当的解释，如《商君书·农战》中"今民求官爵，皆不以农战，而以巧言虚道，此为劳民"，《广雅》释"劳"字为"懒也"，帮助读者理解这段话的涵义。

6) 新词词典

在语言词汇发展过程中，旧词逐渐消失，更多的新词补充到词汇中来，在社会关系发生根本变革、科学技术飞速发展的时期，新的事物、现象和概念大量出现，为了称呼它们，就会产生新词，补充语言的词汇。为了解释这些新词的产生、意义和用法，必须编纂新词词典。

例如，伦敦 1973 年出版的《巴恩哈特英语新词词典》收了 1963 到 1972 十年来英语中出现的新词，进行了解释。

例 20：

beddo（名词）电子床，日本设计的利用电子装置的床，可抬高、转动、摇摆。

（源出日语 beddo"床"，而 beddo 又源自英语的 bed"床"，原日语中称"床"为"塌塌米"。）

（《巴恩哈特英语新词词典》）

英语中出现的这个新词，经过了曲折的道路，说明了语言词汇发展的一种复杂情况，给词典学研究以新的启示。

我们知道，英语表示"床"的词是 bed。

日语从英语中借用了 bed 一词，由于日语假名是音节文字，没有单独的辅音字母，bed 音变为"beddo"。日本设计了电子装置的床，英语又从日语把它借过去表示这一新事物，于是 beddo 以新的形式回到英语中，成为表示新事物的英语新词。

新词词典选收新词，或一般词的新义，也选收新的词缀，或原有词缀的新义。

例21：

a-前缀，现在大量用于动词前，借以构成表语形容词，其效果比-ing结尾的现在分词更生动；尤多加于描述活动、运动和感觉情景的动词之前。

另外，此用法已取代谓语部分的过去分词（或放在所修饰的名词后），作为生动的表现手段。

（《巴恩哈特英语新词词典》）

前缀 a-的这个意义，对现代英语来说是较新的，一般这个前缀的意义是：

1. 加强语气，如 arise 起来，升起；
2. 向，如 aside 向一边；
3. 再，如 anew 重新；
4. 从，如 abridge 节略；
5. 出，如 amend 改正；
6. 不，如 asexual 无性的。

新词词典中解释的意义，可帮助我们了解很多借助这个前缀构成的新词。

1977年出版的《俄汉新词词典》收近20年来出现的新词新义一

万多个。

例 22：

алломорфоз〔阳〕〈生物〉形态异相

паралингвистика〔阴〕辅助语言学（研究言语交际时非语言手段的使用问题）

левый*〔形〕〈俗〉走歪道得来的，非法的。

синтетика〔阴〕合成材料，合成纤维。

(《俄汉新词词典》)

从这个例子中知道，除用新词表达新概念外，赋予原有的词以新的意义也是表达新概念常用的方法。如其中 левый 原义是"左的"、"左倾"，现赋予"非法的"新义；синтетика 原义是"综合法"，现赋予"合成材料"的新义，扩大了词义体系。语言词典编者，特别是新词词典编者应敏锐地注意语言中不断出现的新词新义，并正确地反映到词典中。词典编者不能单从已编词典和现成材料中选词，而要亲自观察语言现象，注意词汇体系的变化和发展。

一般语言词典既收稳定的、言语中经常使用的词汇，又要酌收新出现的、有生命力的新词新义。新词词典收新词的范围却要广泛得多。一种发达的现代语言，不论是书卷语体中还是谈话语体中都不断出现新词。在一般语言词典中只收多次使用的新词，对偶尔出现的词可作为词素词条的例词。如 askee（被问者）一词可作为后缀词条 -ee 的例词，因为这种词还没有成为语言的词汇事实，而仅是可能的结构。有些新词往往是昙花一现，就销声匿迹，有些则会广泛传播，而成为词汇事实。新词词典对这两种情况均要加以考虑。不仅如此，新词词典还要选收最活跃的能产词素，以便提供产生新词的可能性。

例如，俄语 анти-、英语 anti-（反）这个前缀源出于希腊语，有"反"的意义，在现代俄语、英语中都是能产的词素，借助它产生了大量新词，并有构词的广泛可能性。

在俄语中如：

антиамериканизм 反美主义

антивещество 反物质
антигегемонист 反霸权主义者
антидемократизм 反民主主义
антиколониальный 反殖民主义的
антинейтрино 反中微子
антиядро 反核子
антибактериальный 抗菌的
антибионты 相克生物
антивитамин 抗维生素
антиравитация 抗重力
антишоковый 抗休克的
антивоспламенитель 防燃剂
антикоррозия 防蚀
антистаритель 防老剂

在英语中也是如此。

特别值得注意的是，在现代英语中，一般表示"反"、"抗"、"防"、"排斥"之意，但《巴恩哈特英语新词词典》在 anti- 这个前缀词条下，解释了该前缀的两个新义：

1. 有关由反物质（一般物质的对应物）所组成的臆想世界的；
2. 反对和改变某种传统特点的。

由前缀第一个新义构成的新词有：
antideuterium 反重氢
antielectron 反电子
antihelium 反氦
antihydrogen 反氢
……

这里的"反"并不是"反对"、"反抗"之意，而是某种物质在反物质中的对应物，如"反重氢"是反物质中重氢的对应物，"反氢"是反物质中氢的对应物，等等。

由前缀第二个新义构成的新词有：
antiart 反传统艺术

antihero 反传统主角

antiroman 反传统小说

antiscience 反传统科学的,等等。

这里前缀的意义不是一般的"反",而是"反传统",如"反传统艺术"是指"现代艺术中对传统艺术形式和理论的排斥",如果译成"反艺术"就不对了。读者掌握了前缀的新义之后,就可能了解一系列由该词缀构成的新词或潜在词,即可能构成的新词。而指出词缀的新义,选收由它构成的新词以及指出该词缀的潜在构词能力,是语言词典特别是新词词典编者的重要任务之一,不容忽视。

在许多语言中,词类转换也是构成新词的一种方式,称为转换法,在分析语里比较多见。如汉语中"代表"一词作为动词表示"代替别人办事或发表意见"的意思,有一套动词的语法形式"代表了、代表着、代表过、代表代表",把这个词换上一套语法形式,如"代表、代表们",就构成一个新词,表示人们的身份,是一个名词。这种转换不是一下子就完成的,往往是偶然用法过渡到较习惯的用法,如动词用于指称功能、名词用于限定功能等,最后再转化到新词类,从而形成新词。

一本好的词典,不仅反映了语言的静止状态,而且要反映语言的变动趋势,所以应对词语的一些过渡和转化现象加以解释。如《牛津大词典》对 winter(冬天)一词加上"向形容词过渡"的解释,说明该名词处于向形容词转换的过程中。

现代英语很多形容词经历着名词化的过程。有的已经转换为新词,如 red(红)、yellow(黄)、native(本国人)等,它们具有英语名词的一切特征,如复数、领属格等,因而与原来的形容词分为两个词汇单位;有的正在转换,如 poor(贫苦)、bad(坏)等等,它们还没有全部名词化,如 poor 还没有复数形式,因此只是相应形容词的语法转义用法,属于同一词汇单位。

这些不同的情况应在语言词典特别是在新词词典中得到不同的反映和解释。

3. 按词的语言特征分类

词典所选收的是语言的词汇单位——词和熟语。每一个词语都是语音和语义的统一体,词义又包括词汇意义、语法意义和修辞色彩,另外还有表达语法意义的语法手段,以及词的搭配能力。如前所述,详解词典综合地解释词语的语义、语法、语音和修辞特征,有一些词典则是分别有重点地解释上述特征,于是词典按词的语言特征可分为语音词典、语法词典(虚词词典)、搭配词典、语义词典(同义词典、反义词典、类义词典)、修辞词典、缩写词典、熟语词典(成语词典、谚语词典)、正写法词典等等。

1) 语音词典

语音词典的任务是提供词语的标准发音,帮助读者发音、拼音、正音,解释语言的语音规范。

语音词典以音标为工具,准确标明词语的发音。例如丹尼尔·琼斯的《大众英语发音词典》就采用了国际音标体系,一般被看作是标准英语的发音规范。

例 23:
direction(方向)
/d(a)ɪˈrekʃən/
contest(名词)-s(争夺)
/ˈkɔntest,s/
contest(动词)-s, -ing, -ed, -able(争夺)
/kənˈtest, -s, -ɪŋ, -ɪd, -əbl/

第一个例子说明有两个发音变体/daɪˈrekʃən/或/dɪˈrekʃən/;

第二个例子说明词重音作为语法手段区分了词性,由于重音不同,发音也有了差别。

现在大部分英语词典也采用国际音标。这个音标体系是按人类发音器官可能发出的声音制定的,因而严密、准确,普遍适用于世界各国语言,便于进行不同语言的语音对比。除国际音标外,各种语言还有各自的音标,如《韦伯斯特新国际词典》所用的是韦氏音标,标的是美国的发音规范,俄语则采用俄语音标,汉语采用汉语拼音方案标音。

汉语是语素文字,见字不能发音,语音词典十分重要。《汉字拼音检索》是一本超袖珍语音词典,分为:A. 从汉字查拼音,B. 从拼音查汉字两部分,可以查阅八千常用汉字的读音。

例24:

第一部分　扇㈠ shàn　（扇子）
　　　　　　㈡ shān　（扇动）
　　　　　么㈠ mó　（什么）
　　　　　　㈡ me　（这么）
　　　　　　㈢ ma　（对么?）
　　　　　　㈣ má　（干么?）
第二部分　gōng　工功攻弓躬公蚣供恭宫肱觥龚
　　　　　qiū　　丘蚯秋鳅邱

（《汉字拼音检索》）

这本《检索》既可从第一部分查找汉字的不同读音,又可从第二部分查到同音汉字,为汉字注音和学习普通话提供了很大方便。

我国古代的韵书以反切法、直音法等方法标音,解释汉字的读音。如"公"这个字的读音,在《唐韵》、《正韵》中解释为"古红切";《集韵》、《韵会》中解释为"沽红切,并'音工'"。这里"古红切"、"沽红切",就是反切法,取第一个汉字"古"或"沽"的声母"g",取第二个汉字"红"的韵母和声调"ōng",声母、韵母相切就得到"gōng"的读音。这里的"音工",就是直音法,直接用同音汉字标音。

反切法在当时是很大的成就,为语素文字解决了注音问题,但这种方法要求认识用来切音的汉字,而且熟悉汉字的声、韵、调,一般人使用不便。现代用音标注音,要先进得多。

2) 语法词典

语法词典的特征是提供词语的语法特征,如词形变化、词的搭配能力、虚词的解释等。

杨树达著的《词诠》是在《助字辨略》、《经传释词》基础上编成的虚字词典,选收古书中常见的介词、连词、助词、叹词及一部分代词、副词等500多个虚字,按音序编为十卷。每个虚字先标明词类,然后分举各种音义,并引文句作为例证。

例 25：

并(ㄅㄧㄥˋ)竝併并

（一）表数副词　刘淇曰：同时相比之辞。

◎诸侯并起。《汉书·高帝纪》……

（二）表数副词　皆也。朕卜，并吉。《书·大诰》……

（三）表态副词　兼也。……

（四）介词　合也。……

（五）介词　与今语"连"、"合"义同。……

（六）方所介词　音傍。与"旁ㄅㄤˊ"字用法同。……

（七）连词　且也。……

(《词诠》)

　　这个虚词词条中有 7 个义项，每项先说明词类，次释义，最后举例。了解虚词的作用，前人称为"审辞气"，实际上注意了语句的语法关系。正如该书的序言所说："训诂治其实，文法求其虚"，"本书以治虚为主"，"本书原与著者所编《高等国文法》相辅而行，彼书以文法系统为主，此编则以词为纲。"所以，《词诠》是一本以词为纲，研究虚字的语法词典。

　　苏联 1977 年出版的《俄语语法词典》专门标注词形变化。词典收 10 万词条，词条按词的字母倒序排列，每个词条有语法标志和"语法资料"索引，帮助查到该词的变化模式。

　　3）搭配词典

　　搭配词典主要解释词语的搭配关系，包括词的语法搭配关系和词义的搭配能力。

　　词在语法上有一定的搭配关系，不是任何词都可以相互结合。例如汉语名词通过量词才能同数词相结合，如"一头牛、一匹马、一只鸟、一尾鱼、一条狗"等等；它还可以同系词"是"搭配组成表语合成谓语，如"我们是教师"，"他们是学生"等等。但它们一般不能同副词搭配，不能说："都学生"，"不教师"，"也桌子"。这种语法上的搭配关系，各语言是不同的，如英、俄等印欧语数词和名词直接搭配，不必通过量词，试比较：一个学生，один студент, one student。

词在词汇上还有不同的搭配能力,如汉语中讲"大房子,大窗子、大风、大雨",在俄语里可以讲 большой дом,большое окно,但不能讲 большой ветер,большой дождь,而要讲 Сильный ветер,Сильный дождь("强"风,"强"雨)。汉语讲"浓茶",俄语却讲 Крепкий чай("坚"茶),英语又说 strong tea("强"茶)。

同一个词的不同意义在搭配上也有差别,有的比较自由,有的受到限制。如汉语"心脏"一词用在"主管血液循环的器官"这个意义时搭配是自由的,可以讲"人的心脏"、"马的心脏"、"狗的心脏"等等;而用在"中心"这个意义时,搭配受到很大限制,只能讲"祖国的心脏"、"工业的心脏"等,而不讲"心脏发言人"、"问题的心脏"。又如,英语 give 一词用于"给"的意义时,搭配自由;用于"举行"意义时,搭配受到限制,只能同 dinner(宴会)、party(晚会)、ball(舞会)等词搭配。词义有了限制,就或多或少形成固定的搭配。

由于词在搭配关系上的特点,在使用语言时会碰到困难。如不认真对待,在言语中就会出现搭配不当,初学外语者犯此毛病更是屡见不鲜。为此,搭配词典应运而生,它提供词语的各种典型搭配,揭示了词汇体系内部的词的搭配关系。

例 26:

глаз -а(第二格)阳性

1. (常用复数) 视觉器官

голубые, карие, серые..., светлые, тёмные, (не) красивые, живые, блестящие, выразительные, прекрасные глаза; близорукие, дальнозоркие, слабые, косые, больные глаза; весёлые, печальные, грустные глаза.

蓝色的,褐色的,灰色的⋯⋯,明亮的,灰暗的,(不)漂亮的,有生气的,闪亮的,有表情的,美丽的眼睛;近视眼,远视眼,眼力弱,斜眼,有病的眼睛;愉快的,忧愁的,哀伤的眼睛。

болезнь глаз; разрез, форма, цвет, выражение глаз.

眼病;眼睛的位置,形状,颜色,表情。

беречь глаза; открыть, закрыть зажмурить, прищурить,

сомкнуть глаза.

保护眼睛；眨眼，闭眼，眯缝眼睛，稍眯眼睛，合上眼睛。

глаза блестят, светятся улыбаются, тяжелеют, слипаются (=закрываются).

眼睛闪光，眼睛发亮，眼睛微笑，眼睛困得睁不开，眼睛睁不开(=眼睛闭上)。

в глазах потемнело, помутнело; больно глазам.

眼色暗淡，眼光浑浊；眼痛。

……

(《俄语词语搭配词典》)

глаз 这个名词的第一个意义是"视觉器官",用于这个意义时,其搭配关系排列如下：

1. 同形容词搭配,如"蓝色的眼睛"；
2. 同其他名词搭配,如"眼病"；
3. 同动词搭配,名词作为直接宾语,如"保护眼睛"；
4. 同动词搭配,名词作为主语,如"眼睛闪光"；
5. 同前置词搭配或用于旁格,如"眼色暗淡"。

第一个意义排定后,再依次安排第二个意义"照看"。自由意义排定后,再安排限制意义,即词的固定搭配,直到熟语。

如 смотреть смерти в глаза.

临危不乱。等等。

通过这种解释,一个词语的搭配能力便了如指掌,不致用错。

4) 语义词典

语义词典解释词语的语义特点和关系。最常见的是同义词典。

客观事物和现象的特征很多,我们可以用不同的词来称呼同一事物。但为了强调不同的特征,或表示不同的感情色彩,这时就要产生同义词。现代发达的语言中有丰富的同义词,它们的词义相近,在细微涵义和修辞色彩上有差别。

如俄语 хороший, замечательний, чудесный 三个词都有"好的"涵义,但程度有所不同,细微涵义上有差别,分别相当于汉语"好的"、"卓越的"、"奇妙的"。

глаза 和 очи 都有"眼睛"的意思,词义相同,但修辞色彩有差别,очи 用于庄严、抒情的诗歌体中。

同义词典的编纂,就是为了帮助读者区别同义词的细微涵义、用法和修辞色彩。

例27:

道路 dào lù　途径 tú jìng

同:本来都指路,都是名词。

异:"道路"的应用范围比较广泛,既可表示实际的路,也可表示事物的发展方向。"途径"是门路,指办事谋生的路子(办法、处所),或解决问题的方式方法。"道路"多用于口语,"途径"多用于书面语,例:

(1)但是,像我们常说的那样,道路总是曲折的,前途总是光明的。

(2)……

(3)他和他的伙伴们,还要经历一连串的反复实践和磕碰之后,才能产生真知,才能找到跳灾越难的根本途径。

(《同义词例解》)

从例子中知道,同义词词典解释的主要不是"同",而是"异",即辨别同义词之间在细微涵义、用法和修辞色彩上的差异。上述两个同义词除词义的差别外,还有使用范围的差异、口语和书面语色彩的差异。这些差异在例证中可以体会出来。

例28:

глаза(眼睛)

очи(眸子)

зеницы(目)

这三个词的共同意义都表示视觉器官,它们互相区别仅是修辞上的。глаза 一词用于一般文献和口语,очи 用于诗歌体,зеницы 是古语词,用于庄严语体。(例句省略)

(《简明俄语同义词词典》)

这是一组修辞同义词,词汇意义没有差别,都表示视觉器官,但修辞色彩都不一样,这正是学习外语必须注意的。这本词典的词条分为:同义词列、解释(共同意义和区别)、例句三部分。

例29:
way 路径
road 路
path 小路

这几个名词在意义范围上,在所表示的概念的补充特征上有差别,修辞上是中立的。

way 有广泛的涵义,这不是一条供通行的路,而是一块到达特定地点应通过的地方,这块地方可能是街道、森林、田野。the shortest way home 回家的捷径……road 同 way 相比,含义狭窄,表示具体的概念——供通行的"路"。

a road to London 通往伦敦的路……

path 小路

a path through the woods 林间小路……

(《简明英语同义词词典》)

这一组同义词只有细微涵义的差别,修辞上都是中立的。词条编排方法同上。

在同义词列中,如果有多义词,则比较的仅是该词与同义词列有关的那个意义。如 работа 一词的"工作"这个词义的同义词是 труд,занятие,зело,служба 等;"作品"这个词义的同义词则是 произведение,творение,изделие,продукт 等等。

与同义词相反,反义词是指意义上对立的词。如:

汉语	长	短
俄语	длинный	короткий
德语	lang	kurz
法语	long	court
英语	long	short

如果一词多义,则可以有几个反义词,如英语 short 一词的"短"这一词义的反义词是 long,"矮"这一词义的反义词则是 tall(高),等等。同样,tall 也有两个反义词:short(矮)和 low(低)。

语言中大多数词没有反义词,如"中国"、"书"、"语言学"、"词典"、"三"、"纸"、"电影"等词表示的事物没有对立物,因而没有反义词。语言中的反义词数量比同义词少得多,所以反义词词典还不多见。

但掌握反义词可帮助读者更深入地理解词义,恰当应用反义词可以使对立物色彩分明,增强语言效果。所以反义词词典也属必要。法国拉摩和伊闻于 20 世纪 20 年代就编过一本附同义词的《反义词词典》。

语文词典中还有一种类义词典。类义词典是同义词典的扩大,它从词义出发,把同类意义的词语加以组织编排。

类义词典一般以代表词为中心,集中类义词,作为一个类义词列。一般词典是从词到概念,类义词典则是从概念到词。所以,按词所表达的概念进行分类是编类义词典的基础。

早在 19 世纪中叶,英国皇家学会会员洛捷特就编了一本分类排列的《英语词典》,目的是让读者便于找到概念的表达形式,从而帮助表达思想。这本词典到 20 世纪中叶共出了近 80 版,影响很大。当时洛捷特把概念分为六大类:

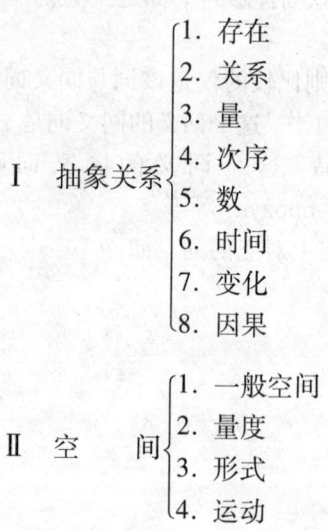

Ⅰ 抽象关系
1. 存在
2. 关系
3. 量
4. 次序
5. 数
6. 时间
7. 变化
8. 因果

Ⅱ 空间
1. 一般空间
2. 量度
3. 形式
4. 运动

Ⅲ 物　质 { 1. 一般物质
2. 无机物质
3. 有机物质

Ⅳ 理　智 { 1. 概念的形成
2. 概念的传达

Ⅴ 意　志 { 1. 个人意志
2. 社会意志

Ⅵ 感　情 { 1. 一般感情
2. 个人感情
3. 社会感情
4. 道德感情
5. 宗教感情

这些大类再加细分便得出 1 000 个小类。这本类义词典出版后，西欧各国竞相仿效，德、法等国先后出版了《概念词典》，1942 年，西班牙出版了《西班牙语概念词典》，收 2 000 代表词。

我国的类书近似类义词典，把有关词语分门别类加以编排，便于检索。如 1920 年中华书局出版的《作文类典》分国家、法律、政治、职官、财政、军事、交通、外交、教育、道德、伦纪、生理、卫生、理化、动物、植物、矿物、实业、衣食、居处、器物、天文、地理、时令、文艺、礼乐、宗教、人品、性情、人事、妇女等 31 门，数百小类，如生理门中关于眼睛的词语：

例 30：

眼孔……　　　　　　　眼眶

眼球　　　　　　　　　眼睑

眼帘　　　　　　　　　眼珠

瞳孔　　　　　　　　　银海（苏轼诗）光摇银海眩生花。
　　　　　　　　　　　目之代词，因道书以眼为银海也。

　日月（孝经援神契）　深眼
　　目法日月

虎目	鼠目
露眼赤睛	眸子瞭眸子眊
双眸同彻	明眸善睐
眼如点漆	白黑分明
眼波横接	奕奕有光
眸凝秋水	瞳人秋水
澄鲜(杂事秘辛)	如炬
目波澄鲜	
如电	莹秋水神烂岩电光
青睛聪慧	偶见瞥观
视日不眩	视远唯明
眼力	眼界
盼睐	瞻顾
脉脉	睢睢
睽睽	睚眥
瞋目	盼盼
睊睊	侧目
睇视	睥睨
远瞩	瞀乱(楚辞)中瞀乱兮迷惑,目昏花也。
瞢腾	眴转
眩泯亡见	目睊(西京杂记)目睊得酒食,即眼跳。

(《作文类典》)

这本类典,不仅把有关词语分类排列,而且对每条词语的出处、意义加以解释(参看"银海"、"瞀乱"、"目睊"几条,其他词语的解释均省略),使用方便。但所收皆古旧词语,现代词语极少。

据我所知,上海外国语学院有几位教师正在编写《汉语同义词林》,把大量汉语词语分门别类汇总列目,读者可按词义类别检索自己所需词语。编者把词义分为人类、物体、事物、时空、性状、动作、活动、变化、关系、虚词等十大类,数百小类。每条内再按意义、使用范围、感情色彩和风格特点进行编排,一般词语不加解释,有修辞色彩的加上口语、书面语、方言、专门术语等修辞标志,个别难读汉字注汉语拼音,较难使用的词语配上例句。

例 31:

雨,雨水,雨点,雨滴,雨丝,雨脚,雨帘,雨幕;

暴雨,阵雨,雷阵雨,雷雨,急雨,过云雨;

大雨,霖雨,豪雨,倾盆大雨,瓢泼大雨,滂沱大雨,霈 pèi,淫(霪)雨,梅雨,黄梅雨,霖(秋霖);

小雨,毛毛雨,丝雨,细雨,牛毛细雨,濛濛细雨,霢霂 mài mù;

喜雨,及时雨,甘霖,透雨,饱雨〈方〉,锄头雨〈方〉;

冷雨,冻雨;

人造雨;

暴风雨,暴风骤雨,急风暴雨,狂风暴雨,疾风迅雨,斜风细雨,栉风沐雨,雨丝风片,凄风苦雨,和风细雨。

这是以"雨"为代表的一列类义词,其中又分为"雨"、"暴雨"、"大雨"、"小雨"、"喜雨"、"冷雨"、"人造雨"、"暴风雨"八小类,对难认汉字"霈"、"霢霂"注上拼音,"饱雨"、"锄头雨"则加上方言标志。读者如需描写雨,称呼不同类型的雨,则可展卷检索,俯拾即是。这种词典值得编写出版。

5)修辞词典

语言中并存着一些同义手段,如同义词和同义语法手段。从词汇和语法角度说,同义手段的不同变体都符合规范,但是往往某一种变体适应于某一言语环境,而另一变体则适应于另一言语环境。这就是修辞同义词和修辞语法变体。关于修辞同义词,一般在同义词词典中加以解释(见例29);关于语法变体则需另编修辞词典,1976年苏联科学院俄语研究所出版的《俄语语法变体频率修辞词典》就是这种类型的词典。

该词典主要分析现代俄语语法修辞问题,解释了一系列语法变体。如词法方面,阳性名词表示女性时,同定语的一致关系出现了同义变体:хороший врач Анна,或 хорошая врач Анна(好医生安娜),定语可同врач一致(阳性),也可同Анна一致(阴性)。在句法方面,表示不定数量的词组作主语时,同谓语的支配关系出现了同义变体:Ряд человек читал,或Ряд человек читали(一群人读书),谓语可同词组的语法形式一致(单数),可同逻辑意义一致(复数)。

该词典用最新的研究成果对这些语法变体加以分析,并加一定的修辞标志(旧,方言,俗语,谈话体,书卷体,诗歌体等)说明其修辞特征。

6)缩写词词典

缩写词是语言词语的简称,是现代语言中重要的词汇事实。根据语言发展的经济原则,缩写词不断产生,广泛使用。大量缩写词的产生和使用是丰富词汇的重要源泉,代表常用的重要概念的词语最易产生缩写词。现代汉语中,"工业现代化、农业现代化、国防现代化、科学技术现代化"简称为"四个现代化",再简称为"四化",就是一个明显的例子。由于缩写词增加,出现了一些同形同音而异义的缩写词,如"人大"既是"人民代表大会"的简称,又是"人民大学"的简称。另外,同样是"代表大会","共产党第一次代表大会"简称为"一大","妇女代表大会"简称为"妇代会"。同样是"高等学校","北京大学"简称"北大","清华大学"简称"清华","上海外国语学院"简称"上外","上海第一医学院"简称"一医"。

现代主要外语中,缩写词更为丰富,词的缩写已成为重要的构词法。一种叫字母缩写词,它由词组中各词的第一个字母构成,如United States of America(美利坚合众国)缩写成 U.S.A.(美国),译成俄语是 Соединенные Штаты Америки 缩写成 США;俄语 Союз Советских Социалистических Республик(苏维埃社会主义共和国联盟)缩写成 СССР(苏联),译成英语是 Union of Soviet Socialist Republics 缩写成 U.S.S.R.。一种叫复合缩写词,它由词组中各词的一个音节复合而成,如俄语 коллективное хозяйство(集体农庄)缩写成 колхоз,译成英语是 kolkhoz;一种叫混合缩写词,由上述两法混合而成,如俄语的 Народный комиссариат финансов(财政人民委员部)缩写成Нкфин,就是由 НК 字母缩写和 фин 音节缩写混合构成。还有一类混合缩写词,有的是由一个词根和另一个完整的词合成,如 Начальник штаба(参谋长)缩写为 начштаба,成为不变格的阳性名词;有的由两个独立词的任一部分结合而构成,如英语 smog(烟雾)即由 smoke 和 fog 两个词的各一部分组成。

总之,缩写词丰富多彩,应当加以收集、描写和解释,编出缩写词词典。

缩写词词典解释的项目是:1. 标明简称前的全称,2. 进行必要的语义解释,3. 说明缩写词的语音、语法和修辞特征。

例 32:

дип[дип]阳——"догнать и перегнать"["赶上和超过"](旋床)

КНР[ка-эн-Эр]——Китайская Народная Республика(中华人民共和国)

СЕАТО(сеа́то)中性(东南亚条约组织)英语——South-East Asia Treaty Organization, SEATO

(《俄语缩写词词典》)

每个缩写词词条首先注其读音,有的按音节发音,如[ДИП],[сеа́то],有的按字母发音,如[ка-эн-Эр],每个词都标重音。其次注明语法的性,有的按缩写词本身的性,如 ДИП 是阳性,СЕАТО 是中性,有的按全称的性,如 КНР。第三,标出全称。第四,如全称意义不明确,就加上解释。如 ДИП 的全称是"赶上和超过",但这仅仅是一种旋床的名称,故需再解释为"旋床"。第五,缩写词如系外来语,需注明来自何种语言,注明该语言的全称和简称,如 СЕАТО。

有的缩写词词典,把 СЕАТО 解释为"东南亚军事侵略集团",没有标出缩写的全称,没有说明缩写的来源,解释又不准确,不能使读者明确其意义和用法,因而不符合语言词典的要求。

7) 熟语词典

熟语是语言中现成的固定的词组或句子,包括成语、谚语、格言、惯用语等,是语言的词汇单位,因此是语言词典选收和解释的对象。在一般语言词典中,熟语往往放在有关词条的最后,作为该词条与其他词的固定搭配加以解释。

熟语和词一样,是现成的能独立运用的语言单位。但是,熟语不是单词,而是词的组合,并且是词的固定组合,即固定的词组和句子。现代发达的语言中,熟语体系十分丰富,为了研究熟语的性质、种类、结构、来源和作用,已形成了一门新的语言学分科——熟语学,编纂好的熟语词典更是当务之急。

语言中的词在言语中有自由搭配、自由组合的能力,当一个词在使用中逐渐找到经常搭配的对象,形成较固定的组合,就逐渐成为语言的词汇事实,即熟语。

熟语的意义一般不能从其组成词的意义直接推出,熟语意义的特点如下:

(1) 历史意义,从现代语言的角度观察,有些熟语的意义凝固紧密,整个熟语的意义已经不能由组成该熟语的各词的意义中推出。如"胸有成竹"源自苏轼"画竹必先得成竹于胸中"一语,表示"胸有定见"的意思。

(2) 潜在意义,词在熟语中表示的意义对词来说是潜在的,离开熟语就不存在。如"鹤立鸡群","鹤"有"超群出众"、"突出"的意义,此意义只表现在熟语中,离开熟语后,"鹤"这个词无此义。

(3) 限制意义,语言中绝大部分词是多义的,一个词用在某种意义时,同其他词的搭配能力可能减弱,搭配范围受到限制,产生限制意义。如"不伦不类"这个词组,"不……不……"之间不能嵌上任何名词,词具有限制意义;加上现代汉语中"不"和名词已不能搭配,更加强限制意义。这种限制意义使词组固定化,而逐渐成为熟语。

(4) 联系意义,整个词组的意义具有完整性,即词义之间有内在联系,不能拆开,如"治病救人",两截拆开就失去熟语的意义。

按词在熟语中结合的紧密程度,可把熟语分为几类:

(1) 组合性熟语。词有限制意义,但保存某些词义上的独立性,如汉语"事半功倍"等,英语 to make friends(交朋友),俄语 играть роль(起……作用)等。

(2)综合性熟语。词有潜在意义,服从于整个熟语的形象性意义,离开熟语就不存在。如汉语"鹤立鸡群",英语 play the first fiddle(带头),俄语 подлить масло в огонь(火上加油)等。

(3)溶合性熟语,词有历史意义,熟语意义不能从现代语言的词义引申,而要借助词源的分析,如汉语"胸有成竹",英语 to kiss the hare's foot(迟到,字面意义是"吻兔子的脚"),俄语 Сьесть собаку(行家,字面意义是"吃狗")等。

现代熟语学的研究成果,使熟语词典的编纂有了理论指导和材料根据。

例 33:

съ глазу на глазъ(譬喻语)交臂促膝(字面意义是"眼对眼")两人单独相对(没有旁观者)。

трафииѣ хоѣлось съ глазъ-на-глазъ поговорить съ другомъ своего дѣтства.

加拉芬娜想同童年朋友促膝交谈。

(托尔斯泰《战争与和平》)

……(余例省略)

试比较:unter vier Augen(德语,字面意义是"四目之间")

试比较:Tête á tête(法语,字面意义是"头碰头")

试比较:Bec á bec(法语,字面意义是"嘴对嘴")

参看 непріятный tête-á-tête(相对不欢)

参看 эскадронъ(骑兵连,指人多)

例 34:

Собаку съесть 行家

онь вь этомь дѣлѣ собаку сьѣль(насобачился)

他在这件事上是行家(熟练)。

……(例证和外语同义熟语省略 18 条)

"Собаку сьѣсть"(吃狗)这个词组的本义无需解释。

关于"狗肉"这一用法的起源,希腊作家玻尔菲利厄叙述如下:有一次用狗祭祀时,一块肉从火上掉到地上,祭司从地上拣起这块肉,烫伤了手指,他以这种情况下通常有的不自觉动作,把手指送到嘴里,立刻尝到滴到舌头上的肉汁的美味。在仪式结束时,他吃完了半条狗,把另外半条带给妻子。就这样,他们在每次祭祀之后继续饱尝狗肉。全城很快都在传说着这一成功的发现,每人都想尝尝美味佳肴,于是狗肉进入广泛使用,开始只用小狗肉,后来也用大狗。

(《俄罗斯思想和语言、俄语熟语词典》)

从这两个例子中看到,这部词典对熟语意义提出了解释和文学作品中的例证,比较了其他语言中的同义熟语,并参阅了有关的类义和反义词条,同时,解释了熟语中各词的限制意义、潜在意义,对历史意义作了详尽的词源解释,使读者知道"吃狗"和"行家"两个意义的历史联系。

谚语是熟语的一种,是语言中固定的句子,一般表示判断,多半是人民经验的结晶。谚语词典很多,1972年意大利出版的《谚语词典(意、拉丁、法、西、德、英、古希腊对照)》最受欢迎。这本词典收西方常用谚语近 1 500 条,按意大利语谚语中心词的顺序排列,列其他六种语言和意大利方言中同类对应谚语,书末附七种语言的谚语索引。

8) 正写法词典

文字是表达语言的符号。有了文字,就形成了书面语,使人类的知识传之后代。文字分词符文字、词素文字和音素文字等,它们都有一个正写的问题。词符文字写法很复杂,词典除解释意义外,还要说明各种写法。音素文字的正写法比较简单,如西班牙语,基本上按字母读音,听得清楚就能写得正确。但英语的读音和书写有了一定的差别,原因是口语语音有所发展,而书写形式比较稳定。当我们碰到一个词,吃不准写法,不知道正确拼法时,就要查正写法词典。

例 35:

aback(一个词)

abatable(不是/-e-/)

above-board(连字号)

aeroplane(不是/air/)
afterbirth, afterglow...(一个词)
after-care, after-effect(连字号)
agenda(复数)—(agendum 单数)
all round the (town)(两个词),试比较:
an all-round man(连字号)

(《英语正写法、标点、语法和用法词典》)

这本词典正写法部分的词条下,只说明正写法,如何时作为一个词连写,何时作为两个词分写,何时要通过连字号;什么情况下是什么字母,什么情况下不是什么字母;单数复数的不规则拼法,等等。除此之外,不加任何其他解释。

4. 按词的特殊内容分类

有些词典选收的词语有其特殊内容,按词语的特殊内容,词典可分为作家词典、文献词典、国俗词典几种。

1) 作家词典

马克思主义经典作家,世界知名的文学家、语言学家等用词十分丰富,同时有所创新。作家创造新词,赋予词语以特殊色彩、特殊用法,表现一定的风格特征等等。如毛泽东同志的著作中就有很多具有特色的词语,如"武化团体、小众化、务实、务虚、意气风发、有的放矢"等等。为了展示一个作家的丰富词汇,并解释其词义和用法,一种新颖的词典类型——作家词典已不断问世。

作家词典有两种编法,一种是选收该作家的独创新词、新义、新的用法和表现作家风格特征的词语,以及表现该作家思想的特有术语。如东德科学院德国语言文学研究所编纂的《马克思恩格斯语言词典》就是这种编法,它不收一般词汇。另一种是选收该作家所使用的一切词,如苏联科学院语言研究所正在编纂的《列宁语言词典》就是这种编法。不过,该词典中把列宁语言的词汇分为两种,一种是同现代标准俄语相吻合的词语,对它们不加解释,或极少解释;一种是同现代标准俄语不尽吻合的词语,即列宁语言中独特的词语,则加以详尽的解释。如列宁的一些警句 лучше меньше, да лучше(宁要少些,但要好些)和 учиться, учиться и учиться(学习,学习,再学习)等;还有一些从事革命工作的暗语,如列宁有时用 собака(狗)这个词暗指《火星报》地下小组成员。这类词义在列宁语言词典里应予详尽解释。

苏联已经出版了《普希金语言词典》等多部作家词典,对词语的解释既详尽又有特色,例证都选自该作家的作品。

例 36:

глаз 眼

1. 视觉器官

Ты, кажется, ее не находил красавицей, И точно, мало было В ней истинно прекрасного, Глаза, Одни глаза. Да взгляд ...

看来,你不认为她是美女。的确,她很少真正的美。眼睛,只有一对眼睛。看那眼光……(其他例句省略)

(转义)Он меж печатными строками Читал духовными глазами Другие строки.

他用精神的眼睛在印行之间读着另外的字行。

//视力,眼光//(只用复数)

2. 监视、照看(只用单数)

(以下义项和成语均省略)

(《普希金语言词典》)

我国还没有编过类似的作家词典,编纂《毛泽东语言词典》、《周恩来语言词典》、《鲁迅语言词典》等应该提到议事日程上来了。

2) 文献词典

很多国家有丰富的古代文献,为了正确理解古代文献,就要在研究古代文献词语的基础上,编纂文献词典。如我国出版的《艺文类聚》、《太平御览》、《古今图书集成》等都是为阅读古代文献而编纂的。

《古今图书集成》是清康熙、雍正时所编,是解决文献中典故出处的重要工具书。内容包括六汇编,三十二典。六汇编是历象、方舆、明伦、博物、理学、经济,每汇编下分若干典,如理学汇编包括经籍典、学行典、文学典、字学典等等。每个典中又分为若干部,每部中又分汇考、总论、图表、列传、艺文、选句、纪事、杂录、外编等项。"汇考"记载事物的主要情况;"总论"收集古籍中对该事物的论述;"列传"载名人传记;"艺文"收录关于该事物的辞藻;"选句"摘录关于该事物的语句;"纪事"收录关于该事物的琐事;"杂录"选收古籍论述之外的旁引材料;"外编"记述关于该事物的荒诞之谈。阅读文献时,要查一个事物,可在此书中查到古籍中的有关记载,可说是详尽无遗,丰富多彩。例如,《红楼梦》中,贾宝玉在晴雯死后写的《芙蓉女儿诔》中,有"洲迷聚窟,何来却死之香"一句。要了解这句话的含义和出典,只要打开这本书:

例 37:却死香
博物汇编
草木典
香部
汇考:《山海经》
任昉《述异记》"反生香"条
洪刍《香谱》
范大成《桂海香志》"振灵香"条
李时珍《本草纲目》"反魂香集解"
……
艺文:(载有五十三人的诗、词、文、赋的有关词藻)
选句:(录有九十六人的有关对偶词句)
纪事:(载有《后汉书》等几十种书籍的有关琐细记载)
外编:(载有荒诞记述,如:)
"《十洲记》聚窟洲在西海中。……洲上有大树,与枫木相类而花叶香闻数百里,名为反魂树。……死者在地闻香气乃却活不复亡也。"

(见《古今图书集成》)

这种文献词典可帮助读者阅读和研究古代文献,了解关于某事物的各种历史资料。

米克洛西奇编的《古斯拉夫语、希腊语、拉丁语词典》也属于文献词典,由于这几种语言记载了丰富的文献,该词典十分重要。

3) 国俗词典

这是一种新型的词典,它选收和解释与一个国家的政治、文化有关的、具有民族特色的词语,如苏联新近出版的《俄语国俗词典》收集了同苏联当代文化有关的大量俄语词。一般国俗词典的选词范围包括:

(1) 有专门民族文化色彩的词,如:

пионер(少先队员)

коллективизация(集体化)

колхоз(集体农庄),等等。

这些词代表苏联当时出现的新概念,在其他语言中没有等值词。其他语言如需表达有关概念,就要借用或仿造表达它们的词。

(2) 有特定涵义,需要在原有词义上添加补充色彩的词,如классный руководитель(班主任),等等。

(3) 与修辞学和文学有关的专有人名,如:

Обломов 奥勃洛摩夫(冈察洛夫所著同名小说的主人公,有萎靡不振的性格)

由这个词派生出:

Обломовец 奥勃洛摩夫式的人

Обломовский 奥勃洛摩夫式的

Обломовщина 奥勃洛摩夫习气

Хлестаков 赫列斯达柯夫(见例8),等等。

(4) 有民族特色的熟语,包括名言警句、谚语、惯用语等,如:

Книга есть жизнь нашего времени.

书是我们时代的生命。(别林斯基语)

Горе ом ума.

聪明误(格里鲍耶道夫语),等等。

上述词典中附有大量插图,形象地解释具有特殊色彩的词语,让外国人容易了解有关苏联的一些事物和概念。

每种语言都有这种具有特殊色彩的词语,汉语中如"毛泽东思想"、"人民公社"、"四个现代化"、"为人民服务"、"横眉冷对千夫指,俯首甘为孺子牛"、"林黛玉"、"诸葛亮"、"一孩户"、"经营承包责任制",等等,都要作特别的解释,外国人才能了解。

5. 按选词释义的时间性分类

按选词释义的时间性,词典可分为描写词典和历史词典两种。它们分别利用对语言描写研究和历史研究的成果。

语言的描写研究就是研究语言的语音、词汇、语法在语言发展过程某一阶段的状况。这种研究确定语言在语音、词汇、语法等方面的规范,明确语言结构体系,使语言具有严密的规范性。语言的历史研究就是研究语音、词汇、语法在不同阶段的历史演变,明确语言从古到今的发展。描写研究要考虑语言的历史发展,以便正确了解现代语言结构的变化和语言规律的"例外"现象;历史研究也要以描写研究的结果作为出发点。

描写词典和历史词典的区别主要表现在选词和释义两方面。在选词方面,描写词典主要选语言发展一定阶段的词,现代语言描写词典选现代语言的词;历史词典则选收语言发展各历史阶段的词,包括现代语言中已消失的词。在释义方面,现代语言描写词典主要解释词语的今义,以及现代词语的语音、语法和修辞特点;历史词典解释古义和词义的历史演变,以及词语的语音、语法和修辞方面的历史特点。

1)描写词典

现代语言描写词典以现代语言的词汇体系为对象,描写和解释现代语言词语在语音、词义、语法和修辞等方面的规范,所以又称规范词典。它不仅让读者查阅现代词语,而且指明词语的规范,让读者明确词语的标准用法。

《现代汉语词典》就是一部以现代标准汉语词汇体系为对象的中型描写词典,它描写了汉民族共同语,即以北京语音为标准音,以北方话为基础方言,以典范的现代白话文著作为语法规范的普通话的词语。在选词、标音、释义、用例等方面体现了现代汉语词语在语音、语义、语法和修辞上的规范。选词以现代普通话词汇为主;拼音用汉语拼音方案标注普通话的标准音;释义以现代汉语为主,用例主要采用典范的现代白话文著作和现代日常用语;另加必要的语法标志和修辞标志,说明词语的语法(如词类)和修辞(如语体)的规范。(见例3,例13)

《现代标准俄语词典》是一部选收从普希金到当代的现代标准俄语词汇的大型描写词典。它收词广泛,释义详尽。从时间上看,现代俄语的范围是从普希金到当代,但由于语言词汇处于不断的变化中,普希金时代的一些用词在当代俄语中可能已经陈旧。如 зело(很)同 очень(很)比起来,已成旧词,但作为一个同义词,它具有不同的修辞色彩,用来表示戏谑。一部大型词典,当然也要选收这类词,从这个意义上说,它有些历史词典的特征。但词典解释的是现代俄语的状况和规范,仍然是一本规范词典。

例38:

Озеро 湖-а(第二格)复数 озёра, озёр,中性。被堤岸围起来的自然水域。盐湖。山湖。□"那是长满树林的小山,我常静坐山上——眺望湖水,——它伸延在金黄色田野和绿色牧场之间,泛出一片蓝色。"(普希金《我又来寻访……》)……◇用于比喻。"一双灰色的大眼睛,湖水一般平静地闪亮。"……(加萨凯夫《奥得河上的春天》)//指大水潭。"水泥堤坝挡住了小河,现在城北形成了一片广漠的积水潭。"(格拉特柯夫《白桦林》)……(其他例证省略)另一种重音(用于诗歌):озерá, озерáми……

(《现代标准俄语词典》)

这个词条描写了"озеро"这个词的现代规范,它的重音、性、数、格等语法范畴、词义用法和例证。

2)历史词典

历史词典选收不同时代的词语,解释词语的古义和词义的历史演变,让读者查阅历史词语的意义、用法和词义的历史发展。

我国正在编纂的《汉语大词典》就是一部大型历史词典,它在收词数量上古今词语兼收并蓄,在释义上也是词义演变,源远流长。

例 39：

〔一切〕

① 权宜;苟且。《管子·形势》:"与人交,多作伪,无情实,偷取一切,谓之乌集之交。"……

② 同时;一时。《史记·荆燕世家》:"[田生]说张卿曰:'臣观诸侯王邸第百余,皆高祖。一切功臣。'"

③ 一律;一概。《史记·李斯列传》:"请一切逐客。"……

④ 所有的;所有的事物。如:一切权力属于人民,党是领导一切的。……

(其余例证均省略)

(《汉语大词典》词目试写稿)

这条词目试写稿所列"一切"一词的四个义项中,只有第四项是现代汉语的意义,其他三项均为该词古义,在现代汉语中已经消失。试比较:

例 40：

[一切]yī qiè① 全部的:调动~积极因素。② 全部的事物:人民的利益高于~。

(《现代汉语词典》)

《牛津英语词典》也是一部历史词典。它根据12世纪以来的文献编纂,列举从最早文献至今的近50万英语词语,解释词语的词源以及形式和意义的历史演变。

例 41：

student 词形：a

14—15 世纪 studiaunt ...

1. 从事或醉心于学习的人。与 of, in 连用,或前面加限定词,表示所学的科目。也与程度形容词连用,如 close, deep, good, great, hard student。

1398 年前,特里维萨《巴塞洛缪论私有财产》第八卷第二十七章:"他(梅列科亚斯)把人培养成醉心学习算术和爱好算术的人。"……(省去若干例句)1885 年,《现代评论》一月号第 136 页"盖伊尔德在英国从事亚述学研究的人中负有盛名。"

2. 在大学,其他高等学校或科技训练单位学习和受训者。也与 of, in(后接某科目)连用;常在前面加限定词,如 art, law, medical student(艺术,法律,医学大学生)。

约 1430 年《成年男子朝圣记》第一卷第 84 节第 48 页:"请告诉我……大学生是否很多,城市多么宏伟。"……1895 年,拉什达尔《欧洲的大学》第二卷第二章第 605 页:"中世纪在大学学人文科学的人比近代大学生年轻得多。"

3. 牛津大学,克赖斯特彻奇学院领取学院基金的成员,相当于其他学院的"评议员"或"奖学金受领者"。……(例省略)

4. 与 for 连用,奋力争取达到(目的或目标)的人。……

5. 可用以构成复合词……

(《牛津英语词典》)

这个词条各义项都按时间先后举了 14 世纪到 19 世纪的例证。

6. 按词的使用情况分类

按词的使用情况可分用法词典、难点词典、教学词典几种。

1) 用法词典

词语有社会公认的客观意义。词义是语言中固定下来的内容,同词的语音外壳构成一个统一体。词典中词条的义项就是根据词的客观意义确定的。

在人们的言语过程中,总是以词的客观意义为基础使用词语表达思想。但是在一定的言语环境中,人们可以在一定程度上离开词义基础,用譬喻等形象手段使用语言,形成词的各种用法。词义是概括的,在言语中词义就具体化,因而可能与原词义有些出入。这些具体用法,重复多次也可能获得社会的承认,进入词义体系,但是这往往要有一个过程。在用法转变成词义的过程中就形成不同的变体。一般详解词典中,会选收一些常见的用法,但数量很少。用法词典则主要从用法上处理词语,说明哪些用法正确,哪些用法不正确。

例42：

Government 的用法　英国人谈到威尔逊政府或丘吉尔政府时，用 government，即："Wilson government" 或 "Churchill government"；美国人谈到罗斯福政府时，用 administration，即："Roosevelt administration"。government 是一个集合名词，在它之后，美国人用动词的单数形式，英国人用动词的复数形式。

（《哈珀当代用法词典》）

这个词条解释的是 government 一词的用法，哪些地方能用，哪些地方不能用，它作为集合名词，同动词的支配关系在美国英语和英国英语中的区别等。它与解释词义的详解词典不同，在详解词典中 government 一般列四个义项：1）统治，统治权；2）统治方法，政体；3）管辖区域，州，省；4）内阁，政府。

例43：

accept

"accept"（承认……是对的）近几年来后面有时接以"that"引起的从句。例如"They accept that he is a hard worker."这种情况用于否定句较多。例如："I do not accept that your trip did not prove good for you"。

across

在英国往往仅用作"渡过英吉利海峡，到法国去"解；"Have you ever been across?"是"你到过法国吗？"

（《英语惯用法词典》增编）

这儿解释的都是词的用法，不涉及词的所有意义。

用法词典往往反映一种语言词汇的发展趋势，但不一定代表该语言的规范。有些用法词典根据词汇统计材料，说明使用的频率。

2）难点词典

当我们使用语言表达思想时，会遇到某些困难，有时吃不准哪一种表达方式更适用于某一具体的言语环境，有时想不起词语特殊的语法特点，如一致关系、支配关系、搭配关系上的特点等等，要解决类似困难，可以查阅难点词典。

例 44：

Бояться-юсь-ишься：未完成体（没有完成体）。бояться 这个动词的主要意义是"在某人或某事物面前感到害怕"。

试比较：

"Мне было ясно, что все боятся матери; даже сам дедушка говорил с нею не так, как с другими, — тише."（"我明白,大家都怕母亲；甚至爷爷同她说话时也不像同别人说话那样——而是更轻些。"）（高尔基《童年》）在这个意义中,动词 бояться 要求第二格补语（бояться кого-чего 怕谁,怕什么）或其他原形动词：бояться матери, бояться темноты, бояться упасть, бояться сидеть в темноте.（怕母亲,怕黑暗,怕跌跤,怕坐在黑暗中。）

把 бояться 这个动词用于带第四格的结构中（бояться кого-что）是错误的。因此,下列句子不正确：《Звери вполне уверены, что машину（第四格）[应为 машины（第二格）] бояться не надо.》"野兽完全相信,用不着害怕汽车。"（1970 年 8 月 30 日《共青团真理报》）

（《新闻记者用俄语难点词典》）

这个词条所解释的并不是 бояться 这个词的全部意义,而是用在本义（"害怕"）时的语法支配关系,要求第二格名词或不定式动词作补语,而不是要求第四格名词,举例说明用第四格作补语是错误的。

又如,在 город 这个词条中,解释的不是 город 这个词的全部意义和特征,而只是同地名同位语的一致关系问题,如 В городе Ленинграде（在列宁格勒市,都用第六格）, Из города Ленинграда（出列宁格勒市,都用第二格）等等。词条解释的只是多义词中同用法困难有关的意义。

3）教学词典

教学词典顾名思义是为满足语言教学的需要而编纂的。它同一般语言词典不同,从选词上说,它只选教学上有难点的词或词义;从解释上说,它从教学角度用释义和译义结合的方法说明词的意义和用法,解释词的语音、语法、修辞和搭配方面的特征。除正面解释外,还可列举学生常见错误,给以正确的说法。另外,还可举出教学上需要的例证,供教师讲解选用,也供学生模仿学习。总之,教学词典特别是外语教学词典考虑周到,对教师学生很有用。

例 45：

Горячб［副］//〈转〉热烈地、热情地、激烈地、激昂地。

［注］可以搭配的一般多是：1. 能表示感情、感受、态度等方面的动词。2. 表示进行某种工作、事情等的动词。

［词组］~поздравлять 热烈祝贺；~обнимать 热烈拥抱，~верить 深信；~спорить 激烈争论；~возражать 强烈反对；~трудиться 热情地劳动；~сочувствовать 深表同情……

［误］1. 热情地照顾 горячб（应为 заботливо 或 с болвшим вниманием）ухаживать；2. 热烈欢送 горячо（应为 сердечно）провожать；3. 热情参加 горячо участвовать（应为 принимать активное участие）。

［例］

1. Китайский народ горячо поддерживает борьбу трудящихся в капиталистических странах.

中国人民热情支持资本主义国家劳动人民的斗争……

（余例省略）

（《俄汉教学词典》）

从这个词条中可看出教学词典的特点。首先,它只指出该词的转义,因为本义(热地)在教学上没有特点,无需列出。其次,在注解中说明该词一般同两类动词搭配。第三,词组项内指出同该词搭配的典型词组。第四,举出搭配不当、不合习惯用法等方面错误的例证,并指明正确的表达法。最后举许多例句说明这个词的用法。这种解释不同于一般词典,给教师备课、学生自学提供了很大方便,值得编纂出版。

7. 按词的排列分类

按词的排列,可分音序词典、形序词典、义序词典、同根词典、倒排词典几种。

我国历史上的词书《切韵》之类是按字或词的读音顺序排列,统称"音书";《说文解字》之类是按汉字的形体结构顺序排列,统称"字书";《尔雅》之类是按字或词的意义顺序排列,统称"义书",发展到现代,按音序排列的词典占优势。外语词典一般按字母表顺序排列,汉语词典按拼音方案顺序编排。按形序排列的词典又分为按部首、笔画、笔顺和四角号码编排等几种。按义序编排的越来越少,语义词典按义类次序排列,也有的以代表词的读音按音序编排。

现代汉语描写词典一般都按拼音方案音序编排,历史词典则由于有些古词无法标音,难以按音序编排,而仍按形序排列。

同根词典把同根词排在一起。

倒排词典按每个词从尾到头的字母顺序编排。

1)音序词典

采用音素文字或音节文字的语言,其词典大都按字母表顺序编排,如各种常用的外语词典和外汉词典。

汉语采用语素文字,汉字本身不表音,而且数量很大,不易直接按音序排列。汉语音序词典一般有三种,即按汉字韵母次序、注音字母次序或拼音方案次序编排。

按汉字韵母次序编排的词典,如清康熙年间编纂的《佩文韵府》,其体例是按平水一〇六韵的平上去入四声排列。利用这种字典查词,先得知道该词的读音,而且还要熟悉音韵,从音节中分出韵母,所以使用困难。后来"万有文库"版的《佩文韵府》,配上了"四角号码索引"和"笔画索引",即借助形序来查词,反而方便。

按注音字母次序编排的,如《汉语词典》以"ㄅ、ㄆ、ㄇ、ㄈ……"等40个注音字母为序,并用该字母给词语注音。但这种注音字母已经过时,掌握的人极少,目前已不再采用。《汉语词典》书后也配有"部首检索表",重版本还附有"注音字母和拼音字母对照索引",以便检索。

按拼音方案字母次序编排是当前最常用的音序编排方法,《现代

《汉语词典》等都加以采用。汉语拼音字母是 26 个拉丁字母,实际上是按照拉丁字母表顺序排列,不过声母韵母完全相同时,还得按照声调,即"阴平"、"阳平"、"上声"、"去声"的次序排列。同时附有"部首检索表"和"四角号码检索表",便于参照检索。

2)形序词典

形序词典是按汉字形体结构顺序编排的词典。形序词典一般又分部首词典、笔画和笔顺词典、四角号码词典几种。

部首词典的词按汉字意符归类排列,该意符放在一个部的开头,称为部首,如水部、木部、金部等,一般可分出 200 左右部首。同一部首内部再按笔画多少排列。如《康熙字典》分 214 个部首,共收 47 000 多字,每个字先按历代韵书注音,然后释义。

笔画和笔顺词典,每字先按笔画多少排列,同一笔画的字再按"点"、"横"、"直"、"撇"等起笔先后排列,如《工农兵字典》,除用音序排列外,还附有笔画检字表。

四角号码字典把汉字笔形分为十种类型,每型用一个数字作代码,其口诀是:"横一垂二三点捺,叉四插五方框六,七角八八九是小,点下有横变零头。"取汉字四角笔形号码按左上角、右上角、左下角、右下角的次序排列成四位号码,每字即按此号码顺序编排,以王云五编的《四角号码新词典》最为有名。

3)义序词典

义序词典的字或词按意义类别排列,如我国最早的词典《尔雅》就按《释言》、《释官》、《释乐》、《释山》等 19 类意义为序加以排列。《作文类典》也按意义门类排列,但附有"部首索引"。(见例 31)

4)同根词典

同根词典就是把同词根的词编在一起,18 世纪末叶出版的《俄罗斯科学院词典》就是同根词典。19 世纪初出第 2 版时改为音序词典,改名为《俄罗斯科学院词典,按字母次序排列》。《现代标准俄语词典》第 1—3 卷也采取同根词组排列法,1955 年出版第 4 卷时才改为按音序排列。达里编的《大俄罗斯语言详解词典》也是按同根词组排列的,如该词典在 глазъ 词条下罗列了 глазокъ, глазной, глазковый, глазеть, глазенне, глазить, глазливый, глазливость, глазничать, глазунъ, глазунья, глазина, глазовина, глазникъ, глазена, глазека, глазница, глазуха, глазушка, глазастый, глазастикъ, глазо вье, глазобивець, глазоубивець, глазобитный, глазолупь, -пка, глазопяль-лка, -пучка, глазомеръ, глазомерный, глазоумешный 等同根词。

5）倒排词典

倒排词典是按词的从尾至头的字母顺序编排，这种词典为查找同词尾和同后缀的词提供很大方便。例如：

    a

    ба

    баба

    жаба

  ... амёба

  ... служба

  ... из-ба

  ... шайба

  ... колба

  ... дамба

词典最后一些词以-яя 结尾，如

... передняя

... безмужняя，等等

早在 20 世纪 50 年代，德国科学院斯拉夫学研究所就编了一本《现代俄语倒排词典》。

1974 年莫斯科出版的《俄语倒排词典》，收 125 000 词，附有各种统计表格。这种词典对研究附加构词法较为重要，因为它把同后缀的词排在一起，便于比较研究，对研究词末的语音规律也很重要。

8. 按收词数量分类

词典按收词数量分类，大至词库，小至词表，中间是各类词典。各类词典的收词数量，依其特点、目的、对象而定，可以是袖珍的或简明的小型词典，也可以是中型的或大型的词典。一般一两万词条的是袖珍词典,三四万词条的是简明词典,七八万词条的是中型词典,十万词条以上的是大型词典。现代许多大型词典,词条多至三四十万。对这些词典不准备一一介绍,这儿只简单介绍一下词库和词表。

1. 词库

一般词典选收的词是社会公认的词汇事实,是语言体系的词汇单位。但在人们言语过程中,不断有所创新。有些新词还只是言语现象,没有进入语言体系。新词词典虽然以新词为选词对象,但对昙花一现的言语新词也不能全收。词库则选收言语中出现过的一切词,包括出现过一次的词;此外,词库的词条收言语作品中的所有例证。

20世纪一开始,德国科学院就开始编纂《拉丁语词库》,到现在还没有编完。这本词库,凡是拉丁语词,哪怕只用过一次的罕见词都收进去,每一词条收最早拉丁语文献到公元600年的所有例证。一般词典则收词有所选择,举例也有所选择。

词库收一种语言的一切词和词条的一切例证,对一种发展着的活语言是很难做到的,这不仅因为会继续出现言语新词,更因为言语作品不断涌现,例句收不胜收。而对于一种死语言,如拉丁语,这是可以做到的。即使这样,也是巨制鸿篇,材料浩繁。

词库对语言学理论研究很有价值。因为从浩繁的材料中可以看到言语创造过程,可以观察到语言规范和语言创造的辩证关系。

我国正在编纂的《汉语大词典》,在编写过程中必是收集了大量的例证,而词典中所选不多。建议编者选一些典型的词条,列出收集到的全部例证,以词库形式分册出版,供语言研究人员参考使用。

2. 词表

词表与词库相反,只收一定限度的词,只提供最简明的解释。为语言教学编选的语言最低词汇量,就属于词表。

一种发达语言的词汇十分丰富,词条往往有几十万之多,但常用的只有数千。学习一种语言必须掌握一定数量的单词,首先要掌握常用词。我们掌握了四五千常用词并掌握了基本语法,就能看懂这种语言写的一些作品。如果掌握的是罕用词,哪怕掌握三四万也不一定能看懂一般的作品。所以,为语言教学提供常用词的最低词汇量,在 19 世纪末 20 世纪初就引起语言学家和外语教学法家的重视。最低限度的词表应运而生。

最低词汇量要用统计方法,根据词使用的频率挑选,统计的文章要有代表性,应包括各语体的相应文章。除看词的使用频率外,还要看这个词的搭配能力、派生能力和多义性质。

例 46:
table /ˈteɪbl/　(名) 桌子;表格。
tail /teɪl/　(名) 尾巴。
tailor /ˈteɪlə/　(名) 裁缝
take /teɪk/　(动) 拿,取。
　　　to take off 拿去;脱(衣、帽)
talk /tɔ:k/　(动) 谈话,说。
　　　　　　(名) 谈话,商议。
tall /tɔ:l/ (形)(身材) 高的。

(《英语最低限度词汇》)

这个词汇表所选的都是现代英语常用的词,解释的也是最常用的意义和搭配。

属于词表的还有各种专业的双语或多语对照名词。

例 47:

лексикография	词典编纂法(词典学)
лексиколизация	词汇化
лексиколизованный	词汇化了的
лексколок	词汇学家
лексикон	词典
词根	корень
词根词典	словарь корней
词根词素	корневая морфема
词根的组合	сочетание корней

| 词根复合 | корнесложение |

(《俄汉·汉俄对照语言学名词》)

这种对照名词,收词范围只限有关专业,词条只是名词术语的翻译对照,不作其他解释。

四、知识和语言综合词典

前面分别介绍了知识词典和语言词典,同时说明两者既有区别又有联系,部分词条往往互相重复。

法国词典学家拉鲁斯认为,"接近语言和接近普通知识是一回事,是不能分割的"。他根据这一想法,编写了知识和语言综合词典《拉鲁斯法语词典》。70 年代出版的《拉鲁斯插图本国际百科全书和词典》更是典型例子。

这本词典分为两部分,第一部分是百科全书,约 15 000 词条;第二部分是词典,约 6 000 词条。百科词条简要地解释词代表的事实和概念;语言词条简要地解释读音、词性、词源和意义。一些专有名词和科技术语分两部分做了不同的解释,互有联系。

《兰登书屋英语词典》、《罗贝尔法语词典》等也包含两方面的内容,把语言资料和知识资料综合起来。

我国出版的《辞海》,也是一部语言和知识综合词典,它兼收语词和百科名词术语。解放后修订的《辞海》,更具综合性,其百科部分选收各科名词术语 6 万多条,作简要的知识性介绍;语词部分收语词条目 3 万多条,加以语言性解释。在分册发行时,出了两大本语词分册。

现举《辞海语词分册》和《语言文字分册》中以"音"为第一个词素的词例来说明两者的区别。《语词分册》中收"音义"、"音节"、"音问"、"音尘"、"音制"、"音信"、"音耗"、"音息"、"音容"等九个词;《语言文字分册》收"音高"、"音强"、"音长"、"音品"、"音色"、"音标"、"音节"、"音素"、"音位"、"音系"、"音变"、"音值"等 12 个词。前者是一般词语,后者是语言学术语,收词界限分明。其中只有"音节"一词重复,原因是这个词有两个意义,在《语词分册》中,第一个义项同《语言文字分册》中的义项,即语音结构的一种基本单位;第二个义项是"声音高低、缓急的节奏",这是一般语义,《语言文字分册》不收。

有时,一些知识性的词条,由于语音、语法、修辞、书写法等方面的语言特点,需要加以语言性解释;一些语言性词条,特别是专有名词和术语,也需要有相应的知识解释。因此,两类词典有一定的交叉现象。但它们之间有本质的区别,二者各有重要意义,相互不能代替。综合词典的出现,只能说明二者的联系,不能抹煞它们的本质区别。

五、特种词典

除上述各类词典外,还有一些特种词典值得我们注意,例如频率词典、符号词典、机器词典等。

1. 频率词典

频率词典是一种有趣的新型词典,其任务是指出词语在言语中的使用频率。20 世纪 60 年代苏联塔林出版的施杰恩弗尔德编纂的《现代标准俄语频率词典》收 2 500 常用词,选自现代俄语各语体,包括 40 万个用法。这本词典的主要部分是:1)按使用频率排列的词表,每一词条下都指明使用次数。2)词类表指明个别语法形式的频率,例如 год(年)这个词出现 810 次,其中 684 次用于单数,126 次用于复数;111 次用于第一格,244 次用于第二格,等等。3)按字母表排列的总词表,每个词条指明使用频率,同音词按词类分开,如连接词 a(而)出现 3 442 次,语气词 a(什么?)出现 578 次,感叹词 a(啊)出现 54 次。

频率词典让读者知道词和语法范畴在语言中的作用,它对外语教学各阶段合理挑选词汇提供了依据。

2. 符号词典

我们知道,语言是一个符号体系,它是人类最重要的交际工具。除了语言外,还有各式各样的符号,有各门科学专用的符号,也有日常生活用的符号,它们是辅助性的交际工具,在社会中也有很大作用。

我们看各种科学文献时,常常发现许多符号,自然科学著作中尤其多,在日常生活中也会碰到多种符号。如果不懂得这些符号,就不能了解有关文献或现象。当我们不认识一个词语或不了解一个词所表示的事物和概念时,我们可以查语言词典和知识词典。如果我们不了解一个符号所代表的事物和概念时怎么办呢?实践要求我们编纂一本符号词典,这种符号词典可以按科学分类编排,也可以按常用性,从简到繁顺序编排。

例 语言学中的符号

。 句号 、 顿号 , 逗号 ; 分号
" " 引号 …… 省略号 —— 破折号
: 冒号 ! 惊叹号 ? 问号,等等。

数学符号

$+$ 加号 $-$ 减号 $\times$ 或 $\cdot$ 乘号 $\div$ 或 $:$ 除号
$\sqrt{}$ 根号 $\perp$ 垂直号 $>$ 大于 $<$ 小于
$=$ 等号 ∞ 无穷大 $\sum$ 和 $\neq$ 不等
$\cong$ 近似于 $(\ )$ 括号 $/\!/$ 平行 $\angle$ 角
d 微分 $\int$ 积分,等等。

逻辑学符号

$\sim$ 等值性 $\rightarrow$ 蕴涵 $\vee$ 析取
$\cdot$ 合取 $-$ 否定(如 $\bar{P}=$ 非 P)
$\forall$ 任何,等等。

化学符号

C 碳 N 氮 H 氢 W 钨
He 氦 K 钾 Ca 钙 O 氧
Mg 镁 Mn 锰 Cu 铜 Na 钠
Ra 镭 Pb 铅 S 硫 U 铀
P 磷,等等。

物理学符号

l 长度 m 质量 v 速度

a 加速度　　F, P 力　　　t 时间
N,(P) 功率　P 压力　　　A、W 功,等等。

音乐符号

𝄞 高音部记号　　　　𝄢 低音部记号
o 全音符　　　　　　♩ 二分音符
♩ 四分音符　　　　　♪ 八分音符
♬ 十六分音符　　　　o. 附点全音符
♩. 附点二分音符　　　♩. 附点四分音符
♪. 附点八分音符　　　▬ 全休止符
▬ 二分休止符　　　　≺ 四分休止符
𝄽 八分休止符　　　　𝄾 十六分休止符
p 弱　　　　mp 中弱　　　pp 最弱
f 强　　　　mf 中强　　　ff 最强
升记号　　　b 降记号　　♮ 还原记号
‖:‖ 反复记号　　　　⌐ 终止记号
✗ 连续记号　　　　　⌒ 延长记号

其他如军衔符号、交通信号、旗语等。

表示特定的概念及其关系的符号体系叫符号语言。现代科学中符号语言有数学的、物理的、化学的、数理逻辑的、发生学的几种,其符号不属于任一具体语言,在任何语言中都具有同样的意义。但比起自然语言来,符号语言在表示概念体系时有一定的局限性。

在工程语言学中,如机器翻译中的媒介语,以及操作和检查符号都属于符号语言。其常用的符号有:

1) 符号名词

L 字母, Λ 大写字母, Γ 元音, F 辅音, √ 词根, ⌐ 词干, V 动词, A 形容词, ⊙ 断句符(。!?), ⊙ 非断句符, ⊡ 主语, ⓒ 谓语,……

2) 符号形容词

S 单数, P 复数, m 阳性, f 阴性, n 中性, 1· 第一人称, 2· 第二人称, 3· 第三人称, → 主动态, ← 被动态, t 及物, i 不及物,……

3) 符号系词

= 有类别,≠ 无类别,≡ 是

4) 符号动词

⇒ 送入,X 用……代替,⊠ 移动,⊗ 冲掉,xoj 接受操作……

5) 符号前置词

+ 从、和、与,- 没有

6) 符号连接词

[,] 或者,〔〕 多义进入,Ǝ 若是……则……;若否,则不变,等等。

符号词典是一种新型词典,意义很大,值得编纂。

3. 机器词典

随着现代工程语言学的发展,机器词典的编纂已提到议事日程。

为了解决机器翻译问题,就得在研究语言间词汇对应的基础上,编纂机器词典。

机器翻译的过程分三个阶段,第一阶段是原文分析,即把输入语的信息代码化;第二阶段是信息改造,即用一种代码代替另一种代码;第三阶段是译文综合,即把改造过的信息译成输出语,这样就使一种语言的词语译成等值的另一种语言的词语。在原文分析和译文综合阶段,都要使用机器词典,其任务就是提供恰当的等值译文、语法特征和有关信息。所以机器翻译中的机器词典,分原文词典和译文词典两部分,原文词典提供原文词的意义和语法、修辞等特征,并提供译文词的号码;译文词典则提供译文词及有关特征。

原文输入机器后,首先要查机器词典。机器词典又分单义词典、多义词典和熟语词典三部分。

词首先进入单义词典,如果是单义,机器就提供词义、词的语法特征和其他信息;如果不能立即译出等值词,就加上"多义"标志,转入多义词典查找。

编纂机器多义词典根据两个基本原则:1) 对上下文进行分析;2) 根据形式特征确定多义词的意义。查多义词典时,先要进行上下文分析，不分析上下文，就不能立刻找出等值词。如英语 many 一词在英俄机器翻译的多义词典中的运算程序是：

1）查 many 之前是否有 how，如果有，那么词组 how many 译为俄语 скодько（多少）；如果没有，

2）再查 many 前面是否有 as，如果有，那么 as many 译成俄语 столько же（这么多）；如果没有，

3）再查 many 后面是否有名词，如果有，那么 many 译成 многий（多的），并用于某种语法形式；如果没有，

4）那么，many 译为 много（很多）。

多义词典中不能确定其意义的，多半因为这个词是固定词组的成分，这就要转入熟语词典。如 many a little makes a mickle（积少成多），this many a day（好久以来），many a long day（好久），one too many for（非……所能敌），等等。熟语词典是把整个熟语作为一个词汇单位载入词典，不进行熟语内部词的分析。这对溶合性熟语特别重要，因为机器无论如何也不能理解 to kiss the hare's foot（吻兔子的脚）是"迟到"的意思，съесть собаку（吃狗）是"行家"的意思。至于组合性熟语，还可以从分析上下文中知道其意义，如 to make friends（交朋友），играть роль（起……作用）等，也可放在多义词典中解决。

多义词典确定多义词的意义，除分析上下文外，还可以用义素分析法，让机器根据形式特征确定词义。

义素分析的根据是，词的每个意义都由更简单、更基本的涵义构成。如俄语中表示亲属关系的八个词 отец（父），мать（母），сын（子），дочь（女），дядя（叔叔），тётя（婶），племянник（侄），племянница（侄女）的词义各不相同。

我们看到，отец，сын，дядя，племянник 四词有共同涵义——"男性"，与"女性"相对应，有"性"这个义素，现以 A 表示男性，以 $\overline{A}$ 表示女性。

我们又看到，отец，сын，мать，дочь 四词有"直系亲属"涵义，与"旁系亲属"相对应，有"亲缘"这个义素，现以 B 表示直系，以 $\overline{B}$ 表示旁系。

我们还看到，отец，мать，дядя，тётя四词有"长辈"的涵义，与"晚辈"相对应，有"辈"的义素，再以 C 表示长辈，以 $\overline{C}$ 表示晚辈。

这样，八个词都可用三个义素的组合来表示，使语言形式化，即：

отец = ABC	男性	直系	长辈
мать = $\overline{A}$BC	女性	直系	长辈
сын = AB$\overline{C}$	男性	直系	晚辈
дочь = $\overline{A}$B$\overline{C}$	女性	直系	晚辈
дядя = A$\overline{B}$C	男性	旁系	长辈
тётя = $\overline{A}$ $\overline{B}$C	女性	旁系	长辈
племянник = A$\overline{B}$ $\overline{C}$	男性	旁系	晚辈
племянница = $\overline{A}$ $\overline{B}$ $\overline{C}$	女性	旁系	晚辈

每个词都表现为义素的组合，八个词用三个标志标明，标志组合互不重复。这样就使词义形式化，给机器词典，从而给整个机器翻译开辟了新天地。因为机器没有联想，也没有语感，只能根据形式分析。另外，正因为如此，在编纂机器词典时，往往把同一词的两个不同词形作为两个词收进词典，如俄语的 я мне；иду，шёл；英语的 I，me 等等。义素分析为语义提供了形式标志，其作用之大是可以想象的。

机器翻译中的机器词典只提供译文的等值词，不对原文词的全部意义内容进行解释，词义的提供往往受翻译范围和要求以及特定上下文的限制。

现在的机器词典还可供直接查阅之用。有些国家已经用计算机编制了大型机器词典，如美国乔治顿大学编制的《英俄科技机器词典》收词 5 万条；国际商用电子计算机公司编制的《俄英机器词典》收词 15 万条；布朗编制的《英语机器词典》收词 35 万条。汉英翻译学会编制的《汉英机器词典》，收词近 10 万条，可以直接输出汉字词条和英语注释。

由于汉字是语素文字，数量多，用机器输入和输出汉字困难很大。为了解决机器词典和机器翻译等问题，必须研究汉字直接输入和输出问题。我们可以想象，在教学和科研过程中遇到问题时无需翻阅大部头词典,只需一按电钮,电视荧屏立即显示出有关解释和答案,这将给四个现代化带来多大好处!所以,机器词典的研究和编纂也是实现四化的一项迫切任务。

为了尽快实现四个现代化和提高全民族科学文化水平,需要加紧编纂各种类型的词典,从大百科全书、各种语言词典到机器词典都是迫切需要的。而由于词典编纂工作的进展,对词典学研究的要求更为迫切。这是当前语言学工作者的一项重要任务,应该组织力量,努力完成。

(原载《辞书研究》1980年第1期,增订收载《词汇学研究》,山东教育出版社1983年版)

用分析搭配的方法划分义项

现代发达的语言中充满多义词,有些词的意义多达几十项。义项的划分成为现代语义学和现代词典学的重要研究课题。经过语言学家的研究,已经有一些行之有效的划分义项的方法,分析词的搭配就是其中之一。

语言学家很久以来就注意了词义同词的搭配的联系。瑞士语言学家索绪尔早就指出,要从聚合和组合两个方面来研究语言。法国语言学家巴利在《法语修辞学》一书中说过:"善于想象词通常所处的环境是了解词的基础。"苏联语言学家维诺格拉多夫指出词义差别同词在语句中的差别的生动联系,并具体研究了俄语词的搭配同语义的关系。另一个年轻的苏联语言学家阿列克托罗娃在 1976 年写的副博士论文提要中指出:词的同义联系是一项重要的语义关系。苏联语言学家加尔佩林也对多义词的义项划分进行了有成效的研究。他们的研究成果丰富了现代语义学和现代词典学。

词义和搭配的相互联系有两层意思。一层是:所有词义,包括修辞表情色彩都反映在词的搭配模式里,多义词的每个意义都在特定上下文中实现,每个意义都同一定的搭配有关。词义变化依赖于上下文的变化。例如,俄语词 стол,"桌子"这个命名意义在 обеденный стол(餐桌)中实现;"办事部门"意义在 адресный стол(地址查讯处)中实现。另一层意思是:搭配的词介入个别词义结构,使词产生限制意义,从而词义可分为自由意义和限制意义。自由意义用个别词的形式表示,搭配上不受限制。限制意义用词组的形式表示，搭配上受到限制。仍以俄语词 стол 为例，基本的命名意义"桌子"由 стол 这个名词本身表示；"办事部门"这个意义由词组表示，如 адресный стол（住址查讯处），справочный стол（问讯处），стол находок（失物招领处）等。在这些词组里对 стол 起限定作用的词，表示部门所办的事，它们同名词 стол 一起形成"办事部门"的意义，作为意义的相应成分而进入该意义。这类意义称为限制意义，它由受到限制的词的搭配来表示。相对而言，стол 这个名词的命名意义（"桌子"）是自由意义，它在搭配上不受限制。①

词义和搭配相互联系的这两层意思，对词典编纂都有很大作用。搭配介入词义的形成，使词语产生限制意义，这同划分义项和解释词义关系密切。这个问题在《论英语多义词的词义体系》等文中已谈到，本文不再详述。

通过搭配实现词义那层意思，同确定多义词的词义界限和划分义项关系也很密切。本文将着重进行分析。

多义词的每个义项在搭配上有自己的特点。为了实现一个意义，必须有词组的扩展成分，用来区别意义。例如，俄语动词находиться 有"在某处"的意义，这时，它同表示主体和主体所在处所的词搭配。但是，区别该意义的只是表示地点状语的词，正是地点状语把该意义同"处于某状态"的意义区别开来。"处于某状态"的意义通过同表示状态、在句子中充当合成谓语成分的词相搭配而实现。主语对两个意义是一致的，它不是实现意义的区别成分，不起区别意义的作用。

现把 находиться 的这两个意义的情况，举例说明如下：

Крепость находилась { на горе. 堡垒在山上。（"在某处"的意义）
в осаде. 堡垒被围。（"处于某状态"的意义）

---

① 参阅本书作者的《论词的界限》、《论英语多义词词义体系》等文。

Я нахожусь {в лесу. 我在森林里。("在某处"的意义)
в затруднительном положении. 我处于困境。
("处于某状态"的意义)

词的组合中虽然只有一个区分意义的成分,但它是划分义项的充分而必须的条件。如果连一个区分成分也没有,那就缺乏划分义项的根据。词义和搭配的这种相互联系通常是划分义项的重要依据。一个词的具体词义依赖于结构,依赖于扩展它的词。因而,为阐明词组中的区别成分而研究搭配可帮助确定义项的界限。词组中的区别成分是义项的客观标志。

现再举动词 сидеть 为例。这个词有"栖息"的意义,在 17 卷本和 4 卷本《俄语词典》以及奥热果夫《俄语词典》中都分列了这个义项,但在乌沙科夫《俄语详解词典》中却没有分列。怎样证明 сидеть 有"栖息"这个义项呢?

这个动词的主要意义是"坐"。当 сидеть 同充当主语的表示人或某些动物的词以及充当地点状语表示处所的词相搭配时,它就具有"坐"的意义,如 Студент сидит на стуле. (学生坐在椅子上);当所搭配的主语表示鸟或昆虫时,сидеть 的意义就改变了。例如,Птица сидит на ветке. (鸟儿憩在树枝上),Бабочка сидит на цветке. (蝴蝶憩在花儿上)。这时,动词仍有处所意义,但没有"坐"这个状态意义。鸟和昆虫除了飞和爬就是栖息,别无其他状态。这就是说,表示鸟和昆虫的词是 сидеть 所在词组的区别成分。地点状语也是必需的扩展成分,但它在这儿不起区别意义的作用。在地点状语不变时,动词的意义随主语的改变而改变。例如:

Ворона сидит на заборе. 乌鸦憩在栅栏上。

Мальчик сидит на заборе. 小孩坐在栅栏上。

俄语中具有"在某处"这个处所意义的词,除 находиться 外,还有 помещаться、пребывать、лежать、стоять、сидеть、висеть 等,构成具有"在某处"意义的一个处所意义组。处所意义组所涉及的词都是多义的,只有多义中的个别意义包括在该词义组。如 находиться 的

"在某处"意义属于该意义组,而"处于某状态"意义就不属于该组。大部分动词不是以基本的命名意义,而是以其派生意义加入该词义组,因而有些不是独立意义,而是意义的色彩。

在词典编纂工作中,经常碰到有些义项没有确切的界限,因而划分义项比较困难,各种词典处理也不尽相同。在分析词的搭配的基础上,可确立义项的界限。处所意义就是用此方法从临近意义中区分出来的。如前所述,находиться 的处所意义,取决于它与地点状语连用,在此基础上把它同"处于某状态"意义区分开来。пребывать 的两个类似意义也是这样区分开的。如:

Он пребывает в замке. 他留在城堡里。(处所意义)

Он пребывает в унынии. 他垂头丧气。(状态意义)

按照同样的原则,还可以从这两个动词中区分出不同于处所意义的另一个意义:"处于某社会环境"。例如:

Он находится среди своих. 他置身在自己人之中。

Он ежедневно пребывает с родителями. 他每天同父母在一起。

这个意义在词典中还没有从处所意义区分出来。它更接近于"处于某状态"意义,照理应该看作"处于某状态"意义的色彩。

许多动词的意义包括在处所意义组中,但各自带有特殊色彩。располагаться、прятаться、скрываться、таиться、залегать、ютиться、приютиться、угнездиться 等动词的基本命名意义"躲藏"、"栖身"等不属于该意义组,因为它们表示动作,而表示状态的派生意义则属于该组。这些动词的不同意义取决于动作主体的性质。如主语是人或动物,则它们表示积极的动作。如:

Они располагаются спать в зале. 他们在礼堂里住下。

Таятся лисы в снежных норах. 狐狸藏在雪穴里。

当这些动词同表示非生物物体的词连用时才显示出处所意义。例如:

Город располагается на берегу реки. 城市坐落在河岸。

Большой дом ютился в саду. 大房子坐落在花园里。

这时,主动有意的动作意义由于同非生物物体不相容而消失,动词表示的是"坐落"这个静止的意义。这时,同动词基本命名意义有关的动作意义转化为物体"在某处"的补充意义。例如，在 Мальчик прячется в кустах.（小孩躲在灌木丛中）这个句子中，动词 прятаться 表示"避开别人躲在某处"的意义。但在 Речка прячется в кустах.（小河隐在灌木丛中）这个句子中，动词只有"在看不见的某处"的意义。第二个意义是第一个意义的补充色彩，但只有第二个意义属于处所意义组。

动词 висеть 的基本意义是"挂"，有时单独使用，有时带补语，表示悬挂物固定的物体，如 Бельё висит на верёвке.（衬衫挂在绳子上），Картина висит на гвозде.（图画挂在钉子上），Висит доска, на доске много объявлений.（黑板挂着，上面有很多布告）。如果该动词同表示处所的地点状语连用，状态意义虽然没有完全消失，但已退居次位。例如，Бельё висит в комнате.（衬衫挂在房间里），Картина висит в зале.（图画挂在礼堂里）。这时，动词主要表示处所意义，但处所意义由于状态意义而复杂化，实际上是"以挂着状态存在某处"；вис-еть 的这个意义才属于处所意义组。

现在我们来分析动词 жить。当这个动词单独同表示地区的词连用时，具有"某地居民"的意义。如：

Он живёт в Нанкине. 他是南京人。

Она живёт в деревне. 她是乡下人。

如果有表示"暂时居住"的标志，动词才表现出处所意义。如：

Он живёт в Нанкине несколько дней. 他在南京已住了几天。

Она жила в деревне три недели. 她在乡下住了三个星期。

有些动词处所意义的划分要求研究整个语义结构或一系列有关意义。

例如，具有表情色彩的词 красоваться 的各义项是相互联系、相互转化的。各俄语词典对这个动词的义项划分和解释均不一致，只有四卷本的俄语词典划分了处所意义。由于这个动词的表情性质，它的意义更依赖于搭配。依据主语是生物名词还是非生物名词，可划分出两个不同的义项。非生物名词作主语时，动词的意义是"显露华美"，如 Красуйся, мой родной город!（显露华美吧，我的故乡城市!）人称名词作主语时，动词的意义是"炫耀",如,Она, красуясь, говорила:"Я ли на свете всех милее?"(她炫耀地说:"我不是世界上最可爱的人吗?")第一个意义可转化为处所意义。例如:

На столе красовалась ваза с цветами. 桌子上悠然放着一只花瓶。

Вдали красуется новый город. 远处一座新的城市巍然耸立。

这儿动词表现的主要是处所意义,而原来的基本意义"显露华美"成为一个补充色彩,整个意义是:"显露华美地存在某处"。当这个动词用于戏谑色彩,用以讽刺不美的对象时,更明显地具有处所意义。例如:

У него на носу красовался прыщ. 他鼻子上赫然长着一个瘤。

由于处所意义同原来的基本意义紧密联系,красоваться 才属于表示处所意义的动词序列。

动词 лежать(躺)、стоять(站)、сидеть(坐)的语义结构更为复杂,因而划分义项更为困难。在这几个动词的意义中,属于处所意义组的不是基本的命名意义,而是派生意义。它们表示状态的基本意义在下列情况下实现:

1. 独立使用。

В классе учитель стоит, ученики сидят. 教室内教师站着,学生坐着。

На полке одни книги стоят, другие лежат. 书架上一些书直放,一些书横放。

2. 同表示状态特点的副词连用。

Он стоит навытяжку. 他笔直地站着。

Они лежат пластом. 他们挺直躺着。

Мальчик сидит верхом. 小孩跨坐着。

3. лежать 和 стоять 同表示支持状态的人体部分的词连用。

Одни стоят на коленях, другие — на цыпочках. 一些人跪着,另一些人踮脚站着。

Одни лежат на боку, другие — на спине. 一些人侧卧,另一些人仰卧。

4. лежать 同引起状态原因的词连用。

Он лежит в обмороке. 他昏迷地躺着。

Он лежит без памяти. 他不省人事地躺着。

当这些动词同句子中的地点状语自由搭配时，处所意义才能实现。这时，状态意义或者减弱，或者完全消失。当句子中有表示人在何处的地点状语时，动词获得处所意义，但状态意义尚未消失，所表示的整个意义是"以某种状态存在某处"。如：

Мальчик сидит на диване, а девочка стоит у окна. 男孩坐在沙发上，女孩站在窗前。

当这些动词同非生物名词连用时，状态意义更减弱，甚至消失。如：

Книги лежат на полке. 书放在书架上。

Мяч лежит под стулом. 球在椅子下面。

Букет стоит в вазе. 花束插在花瓶里。

Дом стоит в лесу. 房屋坐落在森林中。

Хлеб сидит на лопате. 谷物在铲子上。

当某一个动词同表示处所的特定的词连用时，状态意义也会消失。如：

Он лежит в больнице. 他在住院。

Она сидит в тюрьме(в сумасшедшем доме). 她在坐牢(住疯人院)。

Она сидит в ресторане. 她在饭店吃饭。

从对这几个动词意义的分析中可以看到从状态意义到纯粹处所意义的转化过程：

1. 处于某种状态；2. 以某种状态存在某处；3. 在某处(用于特定物体)；4. 在某处。其中第 2、3、4 三个意义都属于处所意义组。

现在我们再以 стоять 为例来更详细地分析处所意义。

这个动词可分为五个有关的义项：

1. 站(立)

Человек стоит на верхней ступеньке лестницы. 人站在梯子顶上。

Зеркало стоит на столе. 镜子直立放在桌上。

2. 以站立状态存在某处

Посетители стоят в прихожей. 客人站在前室里。

3. 驻扎、宿营

Войска стояли на зимних квартирах. 军队驻扎在冬季宿营地。

4. 进驻

Стоял тот полк на одном участке фронта. 那个团进驻了前线一个地段。

5. 在某处

Дом стоит на опушке леса. 房屋坐落在林边。

Стол стоит у окна. 桌子在窗前。

这五个义项之间的区别的第一点就是动作的性质。在 2、3、4 三个义项中，стоять 表示人在某处。第 1、5 两个义项表示人（或物）占据某块地方。当 стоять 同表示地方的词连用时，它具有"以站立的状态占据某块地方"的意义，如 стоять на скамейке（站在椅子上）。当它同表示处所的词连用时，就具有"以站立的状态在某处"的意义，如 стоять в комнате（站在房间里）。在两个意义中均包含人站立的姿势、状态。

进一步分析，第 3、4 两个义项表示军队在某处。这两个义项的分出是由于动作主体不同引起动词词义的改变。试比较：

Человек стоит в лесу. 人站在森林里。

Воинская часть стоит в лесу. 军队驻扎在森林中。

当 стоять 在第一句中同表示人的词连用时，它表示人站立在某处。在第二句中当主语改变后，它失去以站立状态存在的意义，而获得在某处驻扎、宿营、进驻的意义。

再进一步分析，以军队为主体的这两个义项本身划分开来是由于"停留"的任务不同，一是宿营，它往往同表示居民点的词连用；一是保卫阵地，它往往同表示阵地的词连用。

现在让我们来分析两个同非生物有关的处所意义。在第 1 个义项中，物体以明确的状态存在某处，而在第 5 个义项中，物体没有这种明确的状态。当 стоять 同表示可直立、可平躺的物体的词连用时，它具有"以站立状态存在某处"的意义。如：

Веник стоит в углу. 扫帚在角落里竖放着。

当 стоять 同表示很少直立甚至不能直立的物体的词连用时，它具有"在某处"的处所意义，而不包含直立的状态。

当 стоять 用于第 5 个义项时，还可同表示家具、建筑物、树木、车辆和生活用品的词连用。例如：

Диван стоит у стены. 沙发放在墙边。

Дом стоит на площади. 房屋在广场耸立着。

Береза стоит на лугу. 白桦挺立在草地上。

Поезд стоит на запасном пути. 火车停在备用线上。

утюг стоит в шкафу. 熨斗放在柜里。

以上分析了部分俄语动词的处所意义，从中可以看出，词的同义联系是一种重要的语义关系。而分析词的搭配是确定不同词的同义义项，以及确定同一词的不同义项的有效方法。

词组的各个扩展成分在实现被扩展词的词义时起着不同的作用，有的起主动作用，有的则起被动作用。主动参与实现词义的扩展成分能把一个词的不同义项相互区别开来。在分析多义词语义结构时，可设法把词组的区分成分划分出来，并依据它来准确而客观地确立词义的界限，划分义项。

（原载《山东外语教学》1981 年第 1 期，收载《词汇学研究》，山东教育出版社 1983 年版）

语义的历史分析和词条的义项安排

语义学和词典学的关系很密切。语义学的研究要运用词典学所搜集并加以系统化的材料；词典学则要运用语义学的研究成果来分析、解释和评价这些材料。

一个孤立的词往往有很多意义。词用于一定的上下文，意义才具体化。例如，西班牙语词 orden 的基本意义是"次序"，它在下列句子中实现：Poner en orden los libros de una biblioteca（图书馆的图书整理得井然有序）。orden 在下列搭配中所实现的意义是"建筑式样"，如 orden do'rico（多立亚式），orden corintio（哥林多式）。当把这个词用在军事方面的一定搭配中，就实现"队列"的意义，如 orden de marcha（行军队列），等等。每一项意义在词典学中叫做义项。词典编者要用一定的方法分析词义、划分义项。

在现代发达的民族语言中，有些同源词的概念内容一致，但在各词典中的义项划分不尽一致。例如 centro（中心）这个词，在《西班牙皇家语言学院词典》中分为 11 个义项，《西班牙语历史词典》中分为 18 个义项。英语词 centre（中心）在《牛津英语词典》中有 18 个基本义项，下分 25 个细微涵义，《新英汉词典》分为 8 个义项。法国《普通词典》对 centre（中心）一词只分 4 个义项，《简明法汉词典》只分 2 个义项。义项划分不一致的原因除词典编纂的目的、规模不同之外，一个重要的原因是划分义项的方法不同。有的方法可分出词的细微涵义，有的则只分出常识不容混淆的意义。现代发达的语言中，有些多义词的义项多达几十项、上百项，为了把这些义项整理成一定的体系，必须运用语义学的研究成果。世界各国绝大部分重要的词典，一般采用两种划分义项、安排词义的方法,一种叫经验方法,一种叫历史方法。近年来有的词典采用按词的搭配、按词义的限制程度安排词义、划分义项的方法。

经验方法就是按词义的公认和常用程度安排词义。例如,西班牙科学院关于词典中词义安排的意见是:在一个词条中,先安排公认的、常用的意义,后安排陈旧的、谈话体的意义和转义,再安排方言的、美洲西班牙语的、隐语的意义,最后安排词的专门意义。后来,绝大部分现代西班牙语词典都采用这个标准。其他国家的很多词典也都采用这个标准。经验方法的根据是:大多数读者要借助词典查找现代常用的意义,词典应满足这个要求。这个方法是从经验的、实用的观点出发的。

历史方法从科学的正确性出发来安排词义。这时,词条就是该词的传记,应该正确地反映词的历史。因此词义安排的顺序是:首先是词源,其次是同词源最接近的意义,不管这个意义是常用、罕用或不用,再次安排其他意义,往往现代常用的意义安排在最后。

用经验方法编词典的编者首先考虑广大读者的需要,这些读者很少注意词源和词义的历史发展,他们只对现代意义感兴趣。而用历史方法编词典的编者考虑的是,文化水平高的人不满足于对词义的一般解释,他们要求了解,一个词义是在什么时候、为什么和怎样产生和发展的。经验方法只限于回答问题,提供信息。它事先估计读者经常查找的项目,直接提供答案。历史方法则满足读者的求知欲,提高他的文化修养,引起他对语言发展的兴趣,保证他更深刻地了解语言。两类词典的编者都有自己的编纂原则,但对词典学说来,更感兴趣的是科学价值,而不仅仅是使用词典的方便。何况,经验方法有其缺陷。

首先,这类词典往往缺乏精确的使用频率的统计,只凭经验和语感确定词义的常用性,有时望文生义,很不可靠。

西班牙词典学家卡萨列斯做了一个试验。他把 asunto 一词的四个义项做了四张例证卡:

1. El asunto que se discute es la reba ja de los alquileres. 讨论的题目是降低房租。(asunto——题目)

2. Tengo entre manos un asunto que puede dar dinero. 我想象的事情可以赚钱。（asunto——事情）

3. El asunto de la pel'icula es el mismo de la novela. 电影的情节同小说一样。（asunto——情节）

4. Juan colecciona cuadros de asunto religioso. 胡安收集宗教题材的画。（asunto——题材）

他让一些人按词义常用性排列卡片，先排现代最常用的意义，后排较少用的意义。问了八个有修养的、文化程度不同的人，其回答结果是："事情"第一，"题材"最后，另外两项意见不一。卡萨列斯把这个试验结果同科学院词典做了比较。在科学院词典中，"事情"这个义项恰恰是放在最后，与试验结果相反。因而卡萨列斯认为，用经验方法排列义项往往带有任意性。

其次，词义在不断发展，其常用性是不稳定的。asunto 的"事情"义项，在 20 世纪 40 年代卡萨列斯进行试验时，被一致认为是最常用的意义，而在 1914 年前编的科学院词典中却没有这样安排。更能说明问题的是："题目"这个义项在词条中居首位已达 200 多年。因此，按经验方法编词典，要想保持正确性，必须经常修订再版，以便确定一定历史时期的词义的常用性。但在实际上这是做不到的。即使修订，一般也是把新义放在旧义之后。所以 asunto 的"事情"意义安排在词条最后，这也是可以想象的。词典学要求词典编纂的科学性，一部大型词典往往可为好几代人所使用，所以，经验方法只是权宜之计，必须探求更好的安排词义的方法。在按词的搭配和词义联系程度安排词义的方法出现之前，历史方法得到广泛使用。

用树根向上的树形图可以形象地表示从词典学观点看待的语义发展过程。对同一语系有亲属关系的语言来说，地平线把树根和枝干分开。这表示，词义的根伸入基础语，而词义的枝干存在亲属语言中。由于在现代语言中看到的不是整棵的树，所以有时很难确定某个意义是树根的一枝，还是独立的枝芽。如果是树根的一枝，那么它距离树根有多远呢？

义项树枝到词源树根的距离有两种，一种是时间的距离，一种是概念的距离。假定一个词从其产生到词典编纂具有连续的意义列，这些意义是不断派生的,构成统一的意义链。这时,我们安排词义的原则既是逻辑的,又是按发生顺序的。当我们按出现的时间顺序排列词义时,这个顺序同发生顺序相符合,我们便可编纂一条理想的客观而可靠的历史词条。

但遗憾的是,这种理想不易实现。有些意义在语言中曾经存在过,但后来却消失了,在已知的文献中没有留下痕迹。而没有这种意义,意义链就失掉中间环节,词典无法解释一种意义向另一种意义的过渡。这就造成采用历史方法的困难。历史方法的困难还在于,原来的多义词的意义在不断分解。在这种情况下,统一的发生顺序是不可能的。所以,历史方法也不是灵丹妙药,它不能解决词典编纂的所有问题。但几十年词典编纂的实践证明,它不失为大型历史词典常用的一个较好方法。这个方法建立在对词义进行历史分析的基础上。下面我们先举例说明对词义的历史分析。

在 14 世纪以前,法语名词 poudre 表示"灰尘"。从发明火药时起,poudre 也用来称呼"火药",成为多义词。后来,法语方言中的 poussiére 一词进入标准语,表示"灰尘"。于是两个同义词产生语义分化,poudre 开始主要表示"火药"。但是 poudre 一词的"灰尘"意义一直保存到 17 世纪末,如莫里哀的作品中有这样例证:Ce grand escogriffede maitre d'armes remplit de poudre tout mon ménage.(这个高个儿,击剑教师,使我的屋子充满灰尘。)在现代法语中,poudre 的"灰尘"意义只能作为旧义的残余而保留在固定词组中,如 jeter de la poudre aux yeux(蒙混。字面意义是:把灰尘撒进眼睛)。

poudre(火药)和 poussiére(灰尘)这两个词的语义分化过程非常缓慢,延续了几个世纪。在西班牙语和葡萄牙语中,也有类似的分化情况,而且分化的时间更早些,见下表:

	火药	灰尘
法　　语	poudre	poussiére
西班牙语	pólvora	polvo
葡萄牙语	pólvora	poeira

意大利语则没有这种分化。在现代意语中 polvere 一词仍然是

多义的,它既表示"火药",又表示"灰尘",既表示"粉剂",又表示"骨灰"。

在罗马尼亚语中,有两个同义词,它们既表示"火药",又表示"灰尘"。一个是从拉丁语继承下来的 pulbere,另一个是从斯拉夫语借用的 praf(试比较俄语词 пpax "灰尘")。但这两个词没有产生意义分化,它们都是多义词,区别仅仅在于,praf 比 pulbere 更常用。这种多义现象并不奇怪。即使在语义分化明显的语言中,每个词对其表达的概念来说,仍然是多义的。例如,法语词 poudre 一方面区别于 poussiére(灰尘),另一方面又表示"粉剂"、"扑粉"。而"粉剂"是更一般的概念,包括"爆炸物的粉末"、"香粉"等等。这表示人类语言和思维既有区分能力,又有概括能力。特别有趣的是,在借用法语名词 poudre 的语言中,还保留着多义性。如日耳曼语中的英语 powder 既表示"火药",又表示"灰尘",更不用说还具有"粉剂"、"扑粉"的意义了。由此可以推断,现代英语词 powder 在语义上同现代法语词 poudre 并不对应,而同历史上既表示"火药"又表示"灰尘"的名词相对应。因为在古代法语中 poudre 的确具有"灰尘"意义,它还有其他的书写形式:poudrier, poldrier, poudrer。可见,英语借词 powder 同法语原词 poudre 的联系是历史的。更为有趣的是,同为日耳曼语的德语同英语不一样,它从法语借用的词 pulver 随着法语原词 poudre,于14世纪后用来专门表示"火药"。

这个语义发展的例子说明,在对词义进行历史分析时,既要看到社会对语言的影响,如火药的发明对印欧语系若干语言的有关词义发展是一种推动力,又要看到各语言体系的内部规律。对语义的发展必须进行科学的认真分析,才能在历史词典中加以正确反映。

下面再举一个语义发展的例子:

拉丁语中有两个词,一个是 caput(头),另一个是 testa(瓦罐)。testa 在后拉丁文中获得"头"的意义,并且在现代各罗曼语言中保留下来,如法语 tête,西班牙语 testa,意大利语 testa 等等。显然,瓦罐这个十分感性的表象是各罗曼语言"头"的名称词源的基础。但是,从"瓦罐"到"头"有一个转化顺序:

第一阶段，只是把"瓦罐"和"头"进行比较。这时两个形象各自独立，表示它们的两个词 testa 和 caput 是有区别的。一方面把二者相比较，另一方面二者相对立。

第二阶段，修辞隐喻。这是 caput > testa 语义相互关系链条的一环。它使概念接近，也使表示概念的词相接近。在说话者的想象中，瓦罐上画出了头的轮廓。

第三阶段，有特定的上下文中，testa 开始称呼"头"，获得了"头"的用法。这时瓦罐的形象逐渐被排除。

第四阶段，不再依赖上下文，"头"从 testa 的用法转化为 testa 的意义。

这个转化过程图示如右：

但是 testa 的古义"罐子"至今仍活在很多罗曼语的方言中，如意大利那不勒斯方言中，testa 表示"花瓶"。

Caput 和 testa 这两个词在现代罗曼语及其方言中都有所反映。例如，在罗马尼亚语和加泰隆语中 cap 表示"头"；在西班牙语和葡萄牙语中 cabo 是多义的，其中包括"首领"、"首长"的意义。在这两种语言中，"头"的概念不仅用 testa 表达，而且用 caput 派生的词表达，如西班牙语词 cabeza、葡萄牙语词 cabeça 表示"头"，法语中除用 tête 表示"头"外，源自 caput 的 chef 有"首领"、"首长"的意义。

可见，caput 和 testa 这两个词在现代罗曼语中往往并存，而意义有所分化。这种分化过程往往延续很多世纪。如在法语中 tête 有"头"的意义，而在 16 世纪龙沙和拉柏雷的作品中，源自 caput 的 chef 也有"头"的意义。在按历史方法编纂词典时，对词义的发展都要进行详尽的历史分析。

《牛津英语词典》是用历史方法安排词义的大型词典。它记载了12世纪中叶以来每个英语词的历史,词义的产生、发展、变化和消失的情况,并按年代安排次序。如果是外来词,则说明其借用的发展过程。

如 Telegram(电报)一词,据《牛津英语大词典》记载,1855年10月11日起,它在《潘默尔文集》就取代了词组 telegraphic dispatch(直译:"电报快信")。那么这个词是如何产生和发展的呢?1852年4月6日《奥尔巴尼晚刊》,巴特利特:"一位朋友希望我们同意他介绍使用一个新词……这个词不是 telegraphic dispatch(电报快信),也不是 telegraphic communication(电讯),而是 telegram(电报)。"1857年1月16日《加尔各答来信》,坎宁夫人:"'A telegram'——一个美国人给电报起的新词儿。"1858年《钱伯新闻》第9卷第75页第2段:"朗曼书屋已同意把 telegram 这个词收入即将出版的词典中。"1859年《他要做什么》第12章第11页,利顿:"我拍了一个 telegram(真没想到这样一个词传入了英语!)。"1860年《露西尔》第2章第4节第5段注释,利顿(以梅雷迪斯笔名发表):"在海底电缆装入银灰色的大西洋之前,在 telegram 这个词把语法学家气疯之前……"。1873年《近代英语》第158页注释,霍尔:"我们的词 telegram,同正确而繁琐的 telegrapheme 相比,不符合拼写法。"牛津词典引用这类材料,说明 telegram 一词进入英语的过程。这个词按照希腊语的拼法应为 telegrapheme,而不是 telegram,所以刚出现时引起学术界争论,后来才约定俗成,稳定下来。牛津词典还引例说明该词的意义和用法。

再以 student 一词为例。牛津词典先说明从14世纪开始的词形 studiaunt 演变到现代英语的 student,并同亲属语言对比。然后划分了几个义项:

1. 进行学习或醉心学习的人。从1398年的文献开始举例说明。

2. 在高等学校或科技单位学习或受训的人,大学生。从1430年的文献开始举例说明。

3. 牛津大学等领取学院基金的成员。从1651年的文献开始举例说明。

4. 与 for 连用。为达到目的而奋斗的人。旧词。罕用。从1545

年文献开始举例说明。

5. 可用以做定语、同位语,构成复合词。如 student-life"学生生活",student-monk"学生修道士",等。从 1593 年文献开始引例说明。

这类词条都是用历史方法编写的,义项是按历史原则排列的。打开牛津词典和其他大型历史词典,例子俯拾即是,但都是已编好的词条。为了深刻了解历史方法的运用,现在让我们来试写一个词条,以便动态地展现词义的历史分析,以及义项的划分和排列。

本文一开头就举了西班牙语 orden 一词的例子。现在让我们介绍卡萨列斯是怎样为这个词用历史方法编一个词条的。

orden 的词源是拉丁语名词 ordo。ordo 同动词 ordior, -iri 紧密联系。动词的意义是"开始绷经线"。在另一些起源于纺织术语的词中也留下了痕迹,如 redordior(绕)、exordium(经线、开始),togae exorditae"开始织的托加裳",等等。在这些例子中存在"开始"和"织"这两个概念的联想。随着时间的流逝,这两个意义按不同的途径向前发展。动词 ordior 的"织"这个意义,在现代罗曼语中保留下来,如西班牙语的 urdir(绷经线)。但在罗马文化高度繁荣时期,几乎只有唯一的意义"开始、着手",例如 orsa(着手),orsus(开始)。

如果只从名词 ordo 同 ordio 的词源亲属关系出发,远不足以解释 ordo 的原始意义,因为很难从概念"开始"到"次序"之间架设一座语义桥梁,而"次序"是该名词第一个文献意义。因此,不得不重新回到"纺织机"。

为什么 ordior 既表示"开始",又表示"纺织"呢?因为纺织包括同经线和纬线相联系的两个连续的阶段。经线在西班牙语中叫 urde,虽然它还没有收进词典,但可以从谚语来证明。Urde haya, que la trama el diablo la caga.(工欲善其事,必先利其器。意思是,开始做一件事,就要找好所有工具,以便善始善终)。谚语反映了把"开始"同"绷经线"联系起来的早期语言意识。的确,纺织过程开始于绷紧"一系列"经线,结束于把经线同纬线交织在一起。在这种线的排列之中,可找到 ordo 一词的"序列"意义的来源。这不是碰运气的猜谜,而是另有根据。在西班牙语中还有一些词具有"序列"的意义,它们都包含着"线"的观念。例如:fila(行列;试比较:filamento"细线")、hilera(行、细线)、hilada(行、串;试比较:hilado"线")、retahila(一系列),等等。拉丁语词 series(系列)本身尽管具有抽象的意义,但原始意义还是具体的,它从 sero, -ere(编织)派生出来,例如,series capillorun(编发辫)。

ordo 一词的原始意义确定之后,就可以进一步探讨它的多义性。

假定 ordo 最初表示织上纬线之前的并行经线的"总和",那么就不难从这个假定意义过渡到"物体次序"的意义(意义1),这在文献中已经多次出现过。

从这个意义在心理上往往自然转向时间上相互交替的事实的顺序,即"时间顺序"(意义2),这是第二级意义。

另一个意义表示人排着队鱼贯而行,"人的排列"(意义3)。意义1、2、3 概括为基本意义 A。

然后,从"物体次序"和"时间顺序"这类具体意义产生了抽象的"次序"概念,即物体配置在相应的地方(意义4)。意义 4 是基本意义 B。

现在我们来研究两类基本意义 A、B 的历史。我们从 Aa 类开始。很多物体可按行排列,如剧场里的座位。所以,ordo 最先表示"剧场座次"(意义5)。在古罗马,剧场所有座次是按观众等级划分的。每个阶层在剧场只占特定的座次。例如,有 14 排座次专为元老而设。所以,当说某人坐了这些座位时,就意味着他是元老。如:sedisti in quatuordecim ordinibus(你坐在那 14 排里)。另外,其他排次分别为兵士、平民等等而设。从而,产生了按等级划分人的原则,于是 ordo 一词获得一个新义:社会等级(意义6)。

接着,社会按等级划分之后,每一等级的所有人构成一个社会阶级,如 ordo senatorius(元老阶级), equester ordo(骑士阶级), ordo aratorum(地主阶级), ordo mercatorum(商人阶级),等等(意义7)。这些阶级中最有趣的是宗教阶层,ordo haruspicum(预言家阶层), ordo levitarum(教士阶层)等(意义8)。

以上分析还是从"物体次序"的观念出发引申出来的。现在再分析 Ac 类"人的排列"(意义3)。当想象鱼贯而行的人时获得"一列随员"的概念:Comitum longissimus ordo(一大串随员);或构成队列的人,于是"军事队列"的意义分化出来:ordine egredi(出列)(意义9)。这种把人组成队列的方法不是任意的,而是有一定的目的,如按地域或人数把兵士分为大队、百人队、中队等等。这种"战术分队"又成为 ordo 的新义(意义10)。当要求一个人组成一个战术分队时,意思是说他担任了分队的 ordo(指挥)(意义11),例如,ordinem accepit in legione quinta(他担任第五军团的指挥)。

现在我们来研究 B 类意义——"物体的特定配置"——抽象的次序(意义4)。配置可能是纯粹偶然的,什么也不说明,但也可能是有目的地配置得和谐有序的,也就是说,en buen orden(井然有序)(意义12)。例如,Nihil est pulchrior in omni ratione vitae dispositione atque ordine(任何生活方式中都没有比布置和秩序更美好的东西)。这个狭窄的意义属 Ba 类,它又引起物体性质本身产生的配置、规则,"配置原则、秩序"(意义13),它属于 Bb 类。

上述意义都是 ordo 的义项,可图示如下:

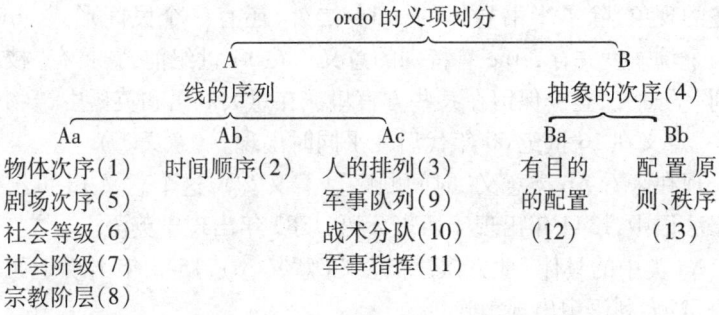

这个图表直观地展示了在各罗曼语言产生之前拉丁语 ordo 一词的基本意义,并给每个义项标上号码。这样,我们弄清了西班牙语 orden 的词源。然后,可以在基础语词源各意义的基础上分析各亲属语言相应词的意义,从而分析西班牙语词 orden 的意义,编好这个词条。

ordo 这个拉丁语词的意义在现代西班牙语、法语、意大利语等罗曼语言中,甚至在英语中都有了发展。大家知道,英语属日耳曼语族,不属罗曼语族,但这两个语族都属于印欧语系,它们也是亲属语言,不过是"旁系亲属"。而且,由于历史和地理等原因,英语和各罗曼语言联系很密切。例如，ordo 这个词几乎同时进入英语和各罗曼语言，而且，英语词 order 和西班牙语词 orden 都是在拉丁语词的意义体系基础上发展，情况相仿。另外，《牛津英语词典》是一部典型的历史词典，它包含的材料足以同西班牙语词典的材料进行比较。所以，对这些语言的材料进行分析比较，对弄清 ordo 一词在各亲属语言中的语义发展是十分有益的。

在西语词典中 orden 一词划分为 14 个义项。为叙述的连贯性，这儿还是按 13 个义项进行分析，它包括了科学院词典的义项，并按上述语义体系排列。为区别起见，意义的分类号码换为罗马字。现把西班牙语 orden 一词的语义体系分析如下。

I 类

orden 的"物体次序"相当于拉丁语词 ordo 的 Aa 类。这个意义从西班牙语 13 世纪末的文献开始保留到现在。在法语中出现一个有趣的现象，除了半书卷体的 ordre 之外，还有一个民间形式 orne。这两个词一度并存，orne 有特别的意义。在 14 世纪前，它具有"枝条序列"的意义，至今保留在某些方言里。在意大利语和英语中，"物体次序"意义在 16 世纪 60 年代后几乎同时出现。（意义①）

现在来看 Ab 类意义"时间顺序"（意义②），这个意义 13 世纪出现于法语中，1344 年出现于西班牙语，1382 年出现于英语。

Aa 类中的具体"地方次序"意义（意义③），1545 年出现于西班牙语，意大利语中出现稍晚。

表示"等级"的转义（意义④），西班牙语最早见于 13 世纪，15 到 16 世纪的文献证明，这个意义的确存在。法语和意大利语没有这个意义，但它于 1300 年却出现在英语中。

关于人的地位的意义也转用到物体，orden 一词开始表示物体的类及其性质（意义⑬）。这个意义见于 1520 年的西班牙语文献、1532 年的法语文献以及 1736 年的英语文献。

与此相联系，18 世纪自然科学著作中出现 orden 一词的特别用法，用它来称呼纲和科之间的"目"（意义⑭）。后来又获得数学术语"阶、级"的意义，例如，el orden de una curva o de una ecuacio'n（曲线的级或方程式的阶)。

现在回到该词语义体系发展的主线。"社会阶级"意义(意义⑤)在法语中始于12世纪,英语始于14世纪,西班牙语和意大利语始于16世纪。前面说过,古罗马存在元老阶级、贵族阶级、骑士阶级等等,而令人感兴趣的是教会阶层。在罗马共和国初期,担任祭司教职的人,同时也参加相应的社团。从基督教传播开始的耶稣本人建立的教堂最高权力属于圣徒,圣徒把洗礼权赋给助祭,然后他们确定推行教职和完成圣礼的司祭职称,最后确立主教,把圣徒权力完全赋给主教。传教士升任教职通过一定的"受职礼"而实现。所以,开始用 orden 一词称呼"教职"。"教职"意义(意义⑥)1250年出现于西班牙语,1300年出现于英语,"牧师阶层"意义11世纪出现于法国,1140年出现于西班牙,1290年出现于英国,1556年出现于意大利。

"牧师阶层"意义包括圣礼和教堂等级的概念(意义⑦)。教堂等级转用到天使,用于九个天使合唱队中的每一个(意义⑧)。"受职礼"意义摆脱了等级观念,扩展到所有圣礼,首先是婚礼(意义⑨)。"天使合唱队"意义1225年出现于英语,1270年出现于西语。"婚礼"意义于13世纪中叶出现于法国和西班牙,14世纪出现于英国。在法国,这个词于14世纪扩用到其他圣礼。

"宗教社团"意义(意义⑩)于13世纪出现于西、英、法语,14世纪出现于意语。于6世纪就存在的宗教学校应由教皇同意组织。后来产生了另外的社团,其成员要有半宗教半军事性质的宣誓,于是 orden 又获得"军事社团"意义(意义⑪),其社团条例由国王制定。此外,还有目的不同的骑士社团和非军事社团(意义⑫)。"军事社团"意义于13世纪前半叶出现于西班牙文献,11世纪出现于法国文献,14世纪出现于英国,16世纪出现于意大利。

同"社团"意义有联系的意义是用来奖赏功勋的"勋章"。以上是西班牙语词 orden 的第Ⅰ类意义。

Ⅱ类

orden 的"人的排列"意义(意义⑯)见于15世纪中叶的古西班牙语文献,如 Van en pos de la reyna una luenga orden de sus mugeres

(一大串宫女侍从跟随王后)。其他语言中没有这个意义的记录。

"军事队列"意义(意义⑰)16 世纪开始出现于意大利,是否更早出现于西班牙语还没有资料说明。

orden 一词的"战术分队"意义(意义⑱)15 世纪才有材料证明,但它没有在其他语言中留下痕迹。

"军事指挥"意义(意义⑲)1625 年有用例,它也存在于法语中。

Ⅲ 类

orden 一词用于表示物体或人的特定配置的抽象次序(意义⑳)于 13 世纪中叶出现于西班牙。13 世纪初出现于法国,14 世纪在英国和意大利有文献材料说明。

"有目的配置"意义(意义㉑)13 世纪中叶出现于西班牙,1382 年出现于英国。由于在有目的配置的物体之中存在特定联系或相互依赖性,产生了"相互关系"意义(意义㉒),它表现在固定词组 en orden a(按照)之中,英语中相应的固定词组是 in order to 或 for,它从 16 世纪起在西班牙和英国广泛使用。另一方面,有目的的和谐配置的概念使 orden 一词专门用于建筑学术语"程式",表示建筑"式样"(意义㉓),如 orden corintio(哥林多式),orden compuesto(综合式)等等。这个意义于 1552 年出现于西班牙,1563 年出现于英国,1694 年出现于法国。

orden 一词的"配置原则、秩序"意义(意义㉔)在各亲属语言中依赖于原则、秩序本身的性质而具体化。

1. 反映支配万物的最高意志的宇宙秩序、最高秩序(意义㉕),它于 14 世纪出现于西班牙语和英语中。

2. 理智、道德和习惯指导的人类秩序(列为规范),这个"道德规范"意义(意义㉖)于 13 世纪后半叶出现于西语,15 世纪出现于英语,16 世纪出现于意大利语。

3. 反映在特定规则之中的另一种人类秩序。这个"人定法规"意义(意义㉗)于 15 世纪出现于西班牙,16 世纪出现于英国。该意义的局部情况就是"宗教条例"(意义㉘),但它仅出现于西班牙语。

这个语义序列还没有结束。整个集体接受的规则可为制订计划或方案的个人意图所代替。"计划或意图"这个意义(意义㉙)14世纪出现于西班牙,15世纪出现于英国。在赞同方案之后,接着要解决用什么方法来实现。在法国,"实现方法"这个意义(意义㉚)在14世纪初获得了一个民间形式 orne,而半书卷体的 ordre 在很久以后才具有该意义。在西班牙15世纪出现该意义,在英国和意大利17世纪才出现。

还可能出现这样的情况,方案和方法的设计者并不是推行者。不得不用口头或书面的方式"委托"别人帮助执行。orden 一词的"委托"这个意义(意义㉛)从14世纪起较多地见于西班牙语文献,其他语言则没有记录。当被委托者必须服从委托者,不能违反不能改变时,委托因而转变为"命令"。"命令"这个意义(意义㉜)于14世纪出现于西班牙和意大利,200年以后才出现于英国。法语中最早的例证则见于17世纪下半叶。

通过上述分析,现在可以把 orden 一词的各义项形象地图示如下(见下页)。

这儿顺便谈一件十分有趣的事情。这个词兵分两路进入俄语。一路是西班牙语的 orden,借入俄语后的形式是 орден,在俄语中,它分化为三个同音词:орден^1(勋章);орден^2(宗教和骑士社团);орден^3(柱式)。另一路是英语的 order,借入俄语后的形式是 ордер,它也分化为三个同音词:ордер^1(票据);ордер^2(柱式);ордер^3(队列、序列)。

经过对西班牙语 orden 一词词义的历史分析,得出了清晰的词义体系,来龙去脉,了如指掌,为历史词典划分义项提供了充分条件。词典编者面对语言中客观存在的确定的意义体系,将会充满信心地编好词条。

当然,可能还有疑问。用历史方法划分出来的这30多个义项是 orden 一词的独立意义,还是一种意义色彩呢?总的说来,这个问题并不存在。上述各语言最有权威的现代词典都大体上符合这种划分,说明划分符合词义历史发展的实际,义项的分立是客观可靠的。当然在个别意义上还可考虑,例如,上表中"勋章"、"牧师"这两个义项就完全可以独立出来。另外,分析的可靠程度依赖于文献资料掌

orden 的义项划分

I
① 物体次序(1)
② 时间上的顺序(2)
③ 地方次序,梯级(5)
④ 社会等级(6)——
　Ia
　⑤ 社会阶级(7)
　⑩ 宗教社团
　⑪ 军事社团
　⑫ 非军事社团 ⑫′勋章
　⑥ 教职 ⑥′牧师
　⑦ 天使合唱队
　⑧ 受职礼
　⑨ 婚礼
　Ib
　⑬ 物体的类
　⑭ 目(自然史)
　⑮ 阶、级(数学)

II
⑯ 人的排列(3)
⑰ 军事队列(9)
⑱ 战术分队(10)
⑲ 军事指挥(11)

III
⑳ 抽象的次序(4)
㉑ 有目的的配置(12)
㉒ 相互关系
㉓ 建筑式样
　IIIa
　㉔ 配置原则、秩序(13)
　㉕ 最高秩序(13)
　㉖ 道德规范(13)
　㉗ 人定法规(13)
　㉘ 宗教条例
　IIIb
　㉙ 计划或意图
　㉚ 实现方法
　㉛ 委托
　㉜ 命令

握的多少,材料越多,例证越丰富,义项的划分就可能越正确。从这个意义上说,orden 的义项划分还不能说是尽善尽美。实际上,西班牙在编新历史词典时已经利用了大量西班牙早期文献。至于拉丁语的 ordo,如果利用德国的《拉丁语词库》的材料来分析拉丁语词的语义发展,这个词条的编写将是最为准确可靠的,因为这本《词库》计划收拉丁语的一切词,以及随词出现的一切例证。

上表中排列的 orden 的 30 多个义项,十分简明地顺着逻辑链条展示各义项的逻辑联系,显示每一个意义是怎样从另一个意义发展来的。在实际编写词条时,当然还得为每个义项加上必要的定义和例证材料。最后一个意义"命令"从倒数第二个意义"委托"发展而来,这是符合历史事实的。这两个意义只有细微的差别,"委托"别人实现任务和"命令"别人实现任务,在西班牙语里的区别有时不够明显,但它们正在分化。捕捉住它们的细微差别,说明词义分析的精密细致。

词典编者用历史方法划分义项时所碰到的真正困难是:怎样处理发生顺序和时间顺序的矛盾。在现代各国主要词典中,这个矛盾还没有获得很满意的解决。如果把《牛津英语词典》提供的、与西班牙语相应的意义编上号码,并且按所引文献最早日期加以排列,那么,现在的意义①就成为意义⑲,意义②就成为⑦,意义③就成为⑨,意义④就成为㉔,等等。而且,有些意义将会不在其位。例如,orden 的"建筑样式"意义将出现在"社团"意义之列,紧接"非军事社团"之后。整个说来,由于这个矛盾没有解决好,这本著名的英语词典的 order 词条编得不能算是成功的。这个矛盾必须加以解决。发生顺序和时间顺序各有其重要性,历史词典词条中最好能够兼顾,并保持二者的一致性。能否做到则取决于对词义进行历史分析的程度。

上面分析的词条,在《牛津英语词典》中分为四大意义类,而西班牙语词典却分为三大意义类,每类再按概念内容分为小类。这种方法便于保持发生顺序和小类内部的时间顺序的一致性。小类内部的时间顺序在长的大类中是不易做到的。例如,在牛津词典第二大类意义中,"天使合唱队"、"婚礼"、"军事社团"、"建筑式样"、"曲线的级"等多义纷陈,在这个语义长链条中建立时间顺序已无必要。历史的继承性应保留在小类内部,而不依赖于大类。

在分析这个词条的义项时,建立了有关意义同基础语词源的联系。西班牙语词 orden 在拉丁语中的词源 ordo 也是多义的。有些意义在 orden 中保留下来,例如:意义1,"物体次序";意义2,"时间顺序";意义5,"剧场座次";等等。在编词条时,先把拉丁语词义的发展情况同西班牙语词义的发展进行比较;然后,在解释西班牙语词义时,引证拉丁语相应意义。这种关系有时可使编者避免错误。例如,在16世纪的西班牙语文献中,有一例 orden 用于"剧院的长凳"的意义。不管把这个意义归入哪一意义类,总得搞清它是什么时候、怎样从前面意义发展来的。在这种情况下,就自然想到拉丁语中 ordo 一词的"剧场座次"意义。相反,"命令"意义同词源 ordo 的意义无关,它是 orden 一词在西班牙语中发展的结果。通过比较,也可辨明有些西班牙语词义的确是从拉丁语词来的,但在西班牙语中没有获得发展。

把拉丁语语义类同相应的西班牙语语义类进行比较,还可以了解中世纪拉丁文时期语义间的继承性联系。例如可以发现,orden 一词最古的罗曼语意义,包括进入英语的意义是"教职"、"天使合唱队"、"宗教社团"等等宗教性质的意义。这明显地说明,好几个世纪中,教堂拉丁文浪潮赶过了标准拉丁文词义的渗透。

最后,在词条的义项之后,最好还要注明每个义项使用的频率。这就需要更全面了解关于词的历史的重要资料。个别作者的用法不同于大量作者公认的语义变化。个别作者的用法或者是笔误,或者是修辞创新,它是一种言语现象。大量作者公认的语义变化就应该正式归为语义发展,为之另列义项,并给予解释。例如,orden 一词曾用于"实现方法"的意义,这固然使词典编者感到意外,但一个时期中20个明显的用例证明这个意义是存在的。由于词典篇幅的限制,一般不可能把所有20个例证都举出来,但是可以举出几个,并用数字标明频率。例如,举出三个例证,随后用"+17"表示编者一共搜集了20个例证。这样,词条提供的信息既有发生顺序,又有时间顺序;既有语义的逻辑分类,又有使用频率。这样一篇完整的词条传记,使读者了如指掌。当然,要做到这一点,就要对语义进行科学的历史分析,不能凭语感,也不能望文生义。何况,现代人对词语的古义往往较少语感。

  汉语是历史悠久的语言,古代汉语和现代汉语之间,汉语共同语和方言之间存在千丝万缕的语义联系。加上汉语有浩如烟海的文献,语言材料十分丰富。这取之不尽、用之不竭的语言宝库,为汉语历史词典的编者提供了优越条件,也要求编者付出更艰巨的劳动。我相信,一部无愧于汉民族的灿烂历史文化,无愧于丰富发达的汉民族语言的大型历史词典,必将胜利编成,并为建设现代化的社会主义强国起到应有的作用。

(原载《词典和词典编纂的学问》,辞书出版社1985年版,并收载《词汇学研究》,山东教育出版社1983年版)

说一点儿词典编纂怎样运用计算机

随着现代工程语言学的发展,电子计算机对词典编纂工作起了很大的辅助作用。机器词典的产生为信息的传递和处理提供了优越的条件,使词典体系得到改进,也使词典学面临新的课题和任务。

一、计算机作为词典编纂的工具

电子计算机处理信息时需要语言学提供规律,因为语言是承载信息的主要工具。反过来,计算机又可作为研究语言的工具,包括作为词典编纂的工具。所以,语言学的现代化不仅对语言学本身的发展是十分迫切的,而且对社会信息的处理,对人机对话的实现也有着更为迫切的意义。

现在,计算机可为词典编纂作下列辅助工作。

1. 提供统计数据 在计算机提供的大量统计数据的基础上,可以分析语言单位量的变异,从而在词典选材时能够避免局限性,做到各语体的大体平衡。

2. 检索、摘录资料 在编纂词典时,要汇集大量文献资料。电子计算机可帮助做出文献索引,自动检索资料;帮助自动摘录资料,做出资料卡片。

3. 提供词频表 电子计算机在进行词频统计的基础上,提供各种频率表。这对编纂频率词典、常用词词典有关键作用,而且对编纂一般语言词典也有参考价值。频率表可提供词、词形、词类等的频率。这在《现代标准俄语词典》中可以看到,词频:连接词 a(而)出现 3 442 次,语气词 a(什么)出现 578 次,感叹词 a(啊)出现 54 次;词形频率:год(年)的单数形式出现 684 次,复数形式 126 次,第一格形式 111 次,第二格形式 244 次,等等。词类频率,根据苏联拉脱维亚科学院对 30 万词次的拉脱维亚语进行的统计,得到各词类在各类文献材料中的百分比如下:

词类＼语体百分比	词类在各语体中的比例			
	技术文献	报刊文献	文艺文献	科学文献
名词	46.4	43.8	28.1	43.1
动词	17.6	17.4	23.1	17.7
形容词	8.7	7.1	5.4	8.7
副词	4.7	6.4	10.0	5.5
数词	1.3	1.7	1.2	1.5
代词	5.7	8.5	14.6	6.7
连接词	6.5	7.0	7.3	7.6
前置词	7.0	5.2	5.1	6.2
语气词	1.1	1.9	4.6	1.5
感叹词	0.0	0.0	0.6	0.0
缩略词	1.0	1.0	0.0	1.5

从表中可以看出,技术文献和科学文献惊人地相似,应并为科技语体。相比之下,文艺文献有明显的不同,这特别表现在动词用量偏多和出现了感叹词。

4. 编排词条,编印词典　编排词条的工作涉及创造性思维,目前只能用人机互助方法解决。计算机根据人的指令提供预先存储的带有标志的信息,显示在荧屏上或打印出来,经人工改动、校正后再输入存储器。调用时就可编出关于某个问题的词表,通过自动打字,即可排印。

二、语料库

语料库是计算机存储语言材料的存储器,即把从不同语体中随机抽样科学选择的语言材料,有序地存储于计算机存储器中,供词典编纂和语言研究使用。

语料库可用于各种目的,如提供词语索引、词条例证、词和词形的频率、词数、词长、平均词长、语体分布率、词的覆盖率等等,为编纂各类词典准备了语言素材。

现以词的覆盖率为例略加说明。

覆盖率是定量单词出现总次数在文献总词数中所占的比例。上海交通大学用电子专业文献做了一次覆盖率统计:

词形数	20	100	488	4 325
覆盖率	0.34	0.51	0.70	0.96

这说明,出现频率最高的 20 个词形,在电子专业语料中覆盖率就达到 0.34,而 4 325 个词形只覆盖 0.96。在电子专业 9 万词次的语料中,定冠词 the 出现 6 950 次,覆盖率达到 0.08,而 3 609 个仅出现一次的词形覆盖率总共只有 0.04。这种统计对词典收词提供了一项客观依据。

语料库是自动资料室,为词典编纂提供需用的语料,并为编纂机器词典奠定了基础。

三、机器词典

计算机可以根据形式标志识别话语中的词语,语言越是形式化,机器就越容易处理。下面介绍两种机器词典,一种是机器翻译用的机器词典,一种是供直接查阅的大型多功能机器词典。

1. 机器翻译用的机器词典　在进行自动翻译时,原文进入计算机后,首先要查机器词典。机器词典又分单义词典、多义词典和熟语词典三部分。

词先进入单义词典,机器对单义词提供有关语言信息;如果不能立即译出等值词,就加上"多义"标志,转入多义词典查找。

在多义词典中,根据对上下文的分析,提供等值词语。如英语 many 一词在英俄机器翻译的多义词典中的运算程序是:

1) 查 many 之前是否有 how,如果有,那么词组 how many 译为俄语 сколько(多少);如果没有,

2) 再查 many 前面是否有 as,如果有,那么 as many 译成俄语

столько же(这么多);如果没有,

3) 再查后面是否有名词,如果有,那么 many 译为 многий(多的),并用于某种语法形式;如果没有,

4) 那么,many 译为 много(很多)。

多义词典不能确定其意义的,多半因为这个词是固定词组的成分,可转入熟语词典查找。如:many a little makes a mickle(积少成多);many a long day(好久);等等。

多义词典中除用分析上下文的方法确定词义外,还可以用义素分析法,让机器根据义素代码组合的形式特征提供词义。

2. 大型多功能机器词典　现在的机器词典还可供直接查阅之用。有些国家已经用计算机编制了大型机器词典,如美国乔治顿大学编制的《英俄科技机器词典》收词 5 万条;汉英翻译学会编制的《汉英机器词典》收词 10 万条,可以直接输出汉字词条和英语注释。下面介绍苏联一种大型多功能自动化机器词典的方案。

这种大型机器词典包括现代俄语大部分词语(最理想是包括全部词语),存储这大部分词语的所有语言信息,成为可供查阅的多功能信息处理机。

话语的语法、语义等信息主要集中在词语上,大型机器词典中也包括分析话语和综合话语所必需的语法信息。有了这样的大型词典,就可以处理一切语言信息。

这部大型自动化词典包括 1 000 万词形单位(以俄语中 100 万单词,每个词平均 10 个词形计算)。计算机存储这么多带语法、语义特征的词形,至少需要 30 500 万位的存储容量。为了提高计算机的使用效率,最好的解决办法是把自动词典分为机器词干词典和传统词形词典两部分。

机器词干应包括各词形共有的字母链,它可能与传统词干符合,也可能不符合。在机器词干上加机器词尾就得到词形,机器词尾可能与传统词尾一致,也可能不一致。例如 сварка(锻炼)的传统词干是сварк-,由于复数第二格词形是сварок,没有сварк的连续字母链,就采用机器词干свар-,加上各种机器词尾,就得到有关词形:свар-ка, свар-ки, свар-ке; свар-ки, свар-ок, свар-кам 等。另一些

词则可采用传统词干和词尾，如 чугун（生铁），在传统词干上加以传统词尾即可得到有关词形，如 чугун-а，чугун-у 等等。

这样，所有词形以词簇方式存储，词簇开头放机器词干，随后提供有专门特征的词形索引标志（大约 180 个），按使用程度或字母表顺序排列。同音词干为了不致混淆，可按词形顺序提供，如 лев（狮子）л-ев，л-ьва，л-ьву 等；лён（亚麻）л-ён，л-ьна，л-ьну 等。

自动词典的每个词条中，除词干（或原形）和构形方法指令外，还包括词条号码、语法代码、熟语性代码、语义代码、种属关系代码、联想关系代码、语境代码等。这些信息构成多功能的语言信息库，可完成从简单的索引到话语的语义句法分析等各项话语的加工任务。

这些信息在词条中是这样安排的：词条号码（占 3 位）、短词干（5 个字母以下，占 5 位）、中词干（6—10 个字母，占 10 位）、长词干（11—35 个字母，占 35 位），词尾索引占 1 位。机器词尾本身（俄语各词类的词尾共约 200 个）存储在单独的区域。

如果词形不能通过机器词干和机器词尾的组合而建立，那么，词干和词尾存储区域合而为一，按词形顺序排列，如上举的 лев、лён。

语法、熟语性、种属关系、联想关系等信息依次安排。

每个词条平均 35 位，全词典 3 500 万位，与传统收录方式相比，存储容量减少了 88%，提高了计算机的使用效率。词典程序容许随时用新词条自动补充词典，并对已收词条增添新的语言信息。

如果计算机存储的不是语言信息，而是知识信息，那么这就是一部自动化百科词典。这种机器百科词典用严格而单义的语言，把当前已知定理、公理、结论、公式、定义和一切知识存储到计算机中，可供人们随时查阅。

（原载《辞书研究》1984 年第 5 期）

反映时代脉搏的新词词典
——兼评《巴恩哈特新英语词典》

一

　　生产的增长、科学的发展、社会的变革、文明的进步、整个时代脉搏的跳动都在语言的词汇中得到反映。为了及时记载新事物、新现象和新概念,语言中不断出现新词,有些词产生了新义。人们在阅读现代文献和日常交际中碰到新词新义就要查词典,但一般词典往往很少选收新词。这是由于编一本详解词典需要若干年时间,来不及反映不断出现的新词;另外,详解词典的基本任务是描写语言词汇的规范,选收稳定的词汇事实,很少反映新词新义。只有新词词典可以反映时代的脉搏,及时记载新词新义。所以,新词词典往往特别受到人们的欢迎。

　　1973年美国纽约出版的《巴恩哈特1963年后新英语词典》(*The Barnhart Dictionary of New English Since 1963*)就是一本很受欢迎的词典。这本词典选收了现代英语从1963年到1972年出现的新词五千余条,每条注上国际音标,注明词类,释义详尽,例证丰富。所引例证都摘自美国、英国、加拿大十年来的书报杂志。它生动地记载了十年中现代英语词汇的丰富和发展情况,反映了时代的脉搏。

　　在1963到1972那十年间,政治事件层出不穷,科学技术时有突破。人类进行了登月行走,美苏建立了热线联系,美越进行了一场战争,女权运动蓬勃发展。遗传密码破译成功,宇宙外层的类星体和脉冲星被发现,出现了生态艺术。这些事件和变化都在现代英语词汇中得到反映。1963年美苏建立直接通讯联系,就产生了hotline(热线)一词;1964年8月21日,三个女青年奇装异服招摇过市,topless dress(半裸服)一词出现;1965年,人类第一次在太空行走,spacewalk(太空行走)一词流传于世;1966年,15个国家组成国际卫星通讯委员会,comsat(通讯卫星)一词应运而生;1967年,阿以战争爆发使fedayee(阿拉伯突击队员)等词进入英语;1968年法国发生暴力行为,法语中 événement(事件)一词被英语借用;1969年阿波罗11号在月球降落,英语中增添了 moonwalk(月面行走)、moonship(月球飞船)等词。到了20世纪70年代,英语产生了更多的新词新义。如1970年3月,美国一个反犯罪法案中就出现了 no-knock search(破门搜查)这个新词。这些新词新义使编纂新词词典成为必要。

二

巴恩哈特是美国著名的词典学家,早在20世纪40年代就编过《美国大学词典》(*The American College Dictionary*),写过一些关于词典学的文章。他对新词词典有较深刻的见解,长期收集新词,研究新词。他认为,新词词典编者要广泛阅读各种现代文献,阅读范围要超过一般知识分子,同时要有挑选新词的眼光,这样才能发现新词,决定新词出现的频率和范围,说明新词的用法。据巴恩哈特观察统计,美国英语每年新增800个常用词。为了帮助人们阅读现代文献和日常交际,必须对不断出现的新词加以收集、整理、研究,并及时编写新词词典。巴恩哈特认为,在广泛流传的现代文献中,人们以乔叟时期以来英语中空前的自由,广泛创造新词新义,从而使英语能适应复杂的现象。他声称:"尽管我们还不能解决当代一些问题,但我们已拥有论述这些问题的语言。"巴恩哈特充满信心而又脚踏实地,他多年辛勤工作的成果都在新词词典中得到了反映。

三

新词新义是一种复杂的语言现象,产生新词新义的方式也很多,有构词、借词、仿造词、旧词复活、作家新词、派生新义、词类转换、词缀新义、潜在词等等。巴恩哈特没有明确区分这些现象,但他在词典中反映了它们。

构词是在原有构词材料的基础上按一定方式构造新词,它是词汇丰富和发展的主要途径,保证不断用交际必要的新词补充词汇体系。其中有:用词根合成的方法构成合成词,如 moonwalk(月面行走)、skyjacking(空中劫持),等;用附加词缀的方法构成派生词,如 ecocrisis(生态危机)、bioethics(生物伦理学),等;用简化的方法构成缩略词,如 SAM(地对空导弹,由 surface-to-air missile 简化而来)、OSO(太阳观测卫星,由 orbiting solar observatory 简化而来),等等。

借词也是补充词汇的重要途径。在民族接触中,往往吸收一些新事物、新现象、新概念,为了表达它们,有时构造新词,有时则借用外来语。好几百年来,英语中的外来词大半借自印欧语系的其他语言,如法语、德语、意大利语、西班牙语,等等。到 20 世纪 60 年代,产生了一种新的倾向,现代英语向亚非诸语言借用了很多词,如借自汉语的有 tai chi chuan(太极拳)、wok(镬)、dimsum(点心、饺子)等,借自越南语的有 ao dai〔(一种开衩到腰的紧身)长袍〕、nuoc mam〔(加香料的)鱼酱〕等,借自印地语的有 ashram(嬉皮士聚居处,此词在印地语中的原义是"僧侣住所")等,借自日语的有 arigato(谢谢)、beddo(电子床)等。

现代英语中有很多新词是以类推的方式仿造的词。如 bandmoll(乐队女郎),这个词是指同摇摆舞乐队队员勾搭的女人,它是按 gunmoll(匪徒女郎,指带枪匪徒的姘妇或女友)仿造的词。又如,英语中有一个新的搭配 brain drain(智力外流),意思是知识分子迁移到能提供好工作的外国,后来仿照这个形式,又产生一个新的搭配 brawn drain(体力外流)。ageism(排老主义)一词仿照 racism(种族主义)构成,artmobile(艺术巡回展览车)一词仿照 bookmobile(流动图书馆)构成,等等。这类词又叫类推新词,生命力很强,是构成新词的重要方式。

有些新词往往昙花一现,就销声匿迹,它们还没有成为语言词汇事实,只是言语新词。还有些作家新词多半也是偶用词,但也可能获得广泛使用。对于这类新词,规范词典较少选收,或只选作词素词条的例词。巴恩哈特在他的新词词典中选收了不少作家新词语。如 arrogance of power(倚势凌人)一语是 20 世纪 60 年代美国参议员富布赖特所创造,用以抨击依仗实力干涉外国事务的政策;又如,American Dream(美国梦想)一语,意指对美国民主和生活方式的向往,由于20世纪60年代被一些作家用作文学作品的标题而广泛使用。

有些新词是旧词的复活。如 autocide(撞车自杀)一词在半个世纪前已创用,意义有所不同,但生命很短促,不久遭淘汰,现又复活使用;又如,alarm bells(警钟)一词早在莎士比亚至爱伦·坡时代就使用过,意指"昔日城镇的警钟",现在复活使用,意为危险的信号。

有些现代词语产生了新义,这多半是转义用法的结果。读者如不了解词的新义往往会"望文生义",造成误解。所以新词词典不仅提供新词,而且提供新义。例如,beard 原义为"胡须",现比喻转义为"蓄须者"。bird 原义指"鸟",现在产生了几个新义:1. 飞行器;2. 鸟徽(标志军衔的鹰);3. 美女,比喻为"小鸟儿";4. 囚徒,比喻为"笼中鸟"。box 原义为"盒子",现产生比喻义"电视"。advance man 原指马戏团先期派出的人员,现指为候选人活动事先作安排的先遣人员。

新词词典除提供新词和词的新义外,还提供最活跃的能产词素以及词素的新义。例如,anti-这个前缀源出于希腊语,是现代英语中的能产词素。借助它产生了大量新词,并有广泛的构词潜力。它一般表示"反"、"抗"、"防"、"排斥"之意,但巴恩哈特新词词典中提供了该前缀的两个新义:

1. 物质在反物质组成的臆想世界中的对应物。由它构成的新词有:antielectron(反电子)、antihelium(反氦)等。这里的"反"并不是"反对"、"反抗"之意,而是某种物质在反物质中的对应物。

2. 反对或改变某种传统特点。由它构成的新词有:antiart(反传统艺术)、antiscience(反传统科学)等。这里前缀的意义不是一般的"反",而是"反传统"。如 antiart 是指"现代艺术中对传统艺术形式和理论的排斥",不是"反艺术",而是"反传统艺术"。

读者掌握了前缀的新义之后,就可能了解一系列由该词缀构成的新词或潜在新词,即可能构成的新词。所以,指出词素的新义,选收由它构成的新词并指出它的潜在构词能力,是新词词典的重要任务。

词类转换也是构成新词的一种方式。现代英语很多形容词经历着名词化的过程,有的已经转化为新词,如 red(红)、native(本国人)等,它们具有复数、领属格等名词特征,与原来的形容词分为两个词汇单位。这种情况已经受到很多词典的注意,如《牛津大词典》、《英俄大词典》等,但巴恩哈特对这种现象不够重视。

四

总的说来,巴恩哈特对 1963—1972 年出现的英语新词新义进行了敏锐的观察,在词典中作了全面的反映。他对每个词条的编写也考虑周到,便于读者查阅。

首先,他在词条后注有国际音标,表示词语的标准发音,这对借词特别重要。如 bandh[ba:nd](罢市)源出印地语 bandh(停止)。

其次,注明词类,便于读者区别使用。如 airmobile 形容词(空中机动的),artmobile 名词(艺术巡回展览车)。

第三,释义详尽。如 baud(波特)一词解释为:数据演算的速度单位,等于每秒钟一个二进制数字。〔源出发报速度单位(一点/秒),因法国发明家 M·E·波多(1845—1903)而得名〕。

又如,ao dai 被解释为:越南妇女的传统服装。两边开叉直达腰部,穿在宽阔睡裤外的紧身高领长袍。这种解释描绘出新事物的清晰形象,使读者对新词新义了如指掌。

一般新词词典的释义不求义项的系统和完整。特别在解释新义时,只指明新义本身,至于这个词其他的义项都不必指明。如 bird 一词不必列出"鸟"这个义项,因为它不是新义。同理,box 一词也不必指出"盒子"等义项。

第四,例证丰富。每个词条都引一条至若干条引文作为例证,并注明引文出处。巴恩哈特认为,摘录上下文可说明新词新义的用法,词的释义不能单纯依靠定义,而要提供言语环境,这样才能客观地反映新词的用法。美中不足的是,巴恩哈特没有指出新词新义的最早文献出处,也没有说明引文的总量。

五

新词词典的用处很广,它为阅读现代文献的读者提供新词新义的解释,扫除阅读的语言障碍。对外语教师和翻译工作者来说,新词词典尤为重要,它帮助教学工作和翻译工作得以顺利进行。新词词典所反映的语言材料,为详解词典、双语词典的编者提供了选词的源泉。语言学家可以利用这些材料,研究语言发展的状况和规律。其他科学家还可以从新词反映的新事物新概念中找到现代科学发展的线索。可见,编纂新词词典是一项重要的任务。如前所述,巴恩哈特词典的确是一部较好的新词词典,但它只反映1963年到1972年的新词新义,从1972年到现在又过去十年了,现代英语中又涌现出更多的新词新义,我们盼望有更新的英语新词词典问世。另外,现代汉语的词汇也在不断地丰富和发展,"四人帮"、"四化"、"团伙"、"喇叭裤"、"激光"、"工程语言学"、"生物控制论"、"经营承包制"等等都是近几年出现的新词。我们也盼望尽快出一本反映时代脉搏跳动的现代汉语新词词典。

(原载《辞书研究》1981年第1期,收载《词汇学研究》,山东教育出版社1983年版)

《新惯用语词典》序言

我在主编《汉语国俗词典》的过程中,发现许多惯用语蕴含着国俗意义,要从民族文化背景来解释,才能发掘出丰富的信息。例如:汉语"帽子"一词有"罪名"的转义,给人安上罪名就叫"扣帽子"、"戴帽子"。而"戴高帽"又不同于"戴帽子"。"戴高帽"最初比喻恭维人家,或者以夸奖的方法哄小孩。但在"文革"期间又有了特殊含义,由虚戴变为实戴,凡被诬为"牛鬼蛇神"的人都要戴高帽子游街示众。由于过去做官的人头戴乌纱帽,后以"乌纱帽"或"纱帽"代称官位或职位,于是"保乌纱帽"就是保住官职,"掼纱帽"就是辞去官职。而"掼"这个动作可表示生气、不满的情绪,"掼纱帽"往往比喻因气愤、不满而辞职。还有一个"戴绿帽子",用来称妻子与人有奸情的丈夫,这是因为过去娼妓家的男子都戴绿头巾。这一系列蕴含国俗语义的惯用语是汉语中生动的表现手段,从新的角度解释其含义、揭示其信息十分必要。鉴于此,我便决定再主编一本《新惯用语词典》。

既然词典名称冠之以"新",就要在"新"字上做点文章。这表现在下列三个方面:1. 在内容上着意收集特具国俗语义和语用修辞色彩的新惯用语,酌收部分有修辞价值的人名惯用语;2. 在词条信息提供上注重阐明惯用语的修辞色彩和语用功能;3. 尽可能配备英语、俄语、日语中的对应语。当然,为了保证查找的命中率,词典兼收尚有生气的旧惯用语。

惯用语是熟语的一种,我在论熟语分类时谈到了"语言中的熟语包括成语、谚语、格言和警句、歇后语、俗语和惯用语。它们各有自己的特点,根据这些特点,我们可以区别它们,用不同的方法处理它们。

但是它们都是熟语,又具有很多共同点。"①那么,惯用语有什么特点呢? 我当时说:"惯用语也是语言中一种习用的固定语。在日常交际过程中,一些常用的应酬用语、招呼用语和口头用语日益固定化。人们把这些用语当作现成的语言材料来使用,一般都是脱口而出,不必临时组织。"②以后,我对包括惯用语在内的熟语的性质和特点进行了一系列研究,在编纂这部词典时又经过多次研讨,对惯用语的性质和特点作了进一步分析。

惯用语是广泛流传于日常谈话中既有固定格式,又有比较灵活结构的习用词组,它通过比喻等方法而获得修辞转义,具有生动的形象性和特有的表现力。惯用语有下列主要特点:

1. 在结构形式上以动宾结构的三字格为主体,如"打秋风"、"碰钉子"、"穿小鞋"、"打官腔"、"踢皮球"、"走后门"等等。这种结构的惯用语数量比较大。除此之外,也有不少非动宾结构的三字格,如"半边天"、"臭老九"、"狗咬狗"、"短平快"等;还有一些非三字格的,如"吃闭门羹"、"打抱不平"、"穿一条裤子"等。

2. 结构上比较灵活。惯用语既有一定的固定格式,使用时结构上又比较灵活,有时中间可以插入其他成分,有时成分可以倒置或重叠,还有其他结构变体。例如,"唱高调"可说"唱起高调来"、"唱上高调了"、"高调唱得够多了"、"唱唱高调何妨"、"唱了一遍高调"、"唱过高调就算了",等等。不过万变不离其宗,"唱高调"的基本格式不变。

3. 绝大部分惯用语都含该词组的修辞转义。如"半边天"的本义是"天空的一部分",如"彩霞映红半边天"。这时"半边天"是自由词组,不是惯用语。如果用"半边天"喻指"妇女",甚至特指"妻子",那就是惯用语了。

4. 绝大部分惯用语具有谈话语体色彩,多用于日常交际之中。例如"妻管严、一窝蜂、磨洋工、揭老底、夹生饭、放空炮、坐冷板凳",等等。比较起来,成语、警句、格言等熟语多半具有书卷语体色彩。

---

① 《词汇学研究》,山东教育出版社1983年版。
② 同上。

从同义的成语和惯用语中可特别明显地看出这一点,如"敲诈勒索——敲竹杠"、"趋炎附势——抱大腿"、"狼狈为奸——穿连档裤"、"闭门不纳——吃闭门羹",等等。

5. 大多数惯用语具有贬义感情色彩,例如"抱大腿、拆烂污、扯后腿、穿连档裤、打官腔、放暗箭"等等。比较起来,具有褒义色彩的惯用语要少得多,上面举过的"半边天、打抱不平"等具有褒义。

6. 惯用语与现代生活联系密切。由于惯用语多用于日常谈话领域,有鲜明的修辞色彩,与人民的现代日常生活联系特别密切。日常交际中每有表情达意的需要就会出现新的惯用语。例如,"打擦边球"作为自由词组是指"打乒乓球时的擦球台边沿的险球",英语叫做 touch(触及),小学生把它读为"台驰"(从台边滑下)。现在,"打擦边球"有了修辞转义,喻指"办事擦一点某种规定的边,实际上是采取对策",或喻指"做思想工作等不接触实际问题",词组固定化,成为新的惯用语。又如,以"菜篮子"代指人民生活必要的副食品。它们都是近年产生的惯用语。为了解决居民的副食品问题,需要在生产、流通、供应、销售各个环节采取一系列措施,现在称之为"菜篮子工程",习惯之后,也将成为惯用语。

根据上述特点,不难识别语言中的众多惯用语。我在关于惯用语的论述中曾经举过一些例子:"例如,'你好'、'再见'、'对不起'、'吃不消'、'碰钉子'、'出洋相'、'磨洋工'等等。这些用语都叫做惯用语。""你好"、"再见"、"对不起"、"吃不消"等固定词组虽然没有形象比喻,缺少修辞色彩,其他特点均符合惯用语要求,它们是一种非形象比喻性的惯用语,在言语交际中也起着重要的作用。

根据对惯用语的分析研究,我设计了《新惯用语词典》的总体方案。

在选词方面,主要选收特具国俗语义和比喻用法的新惯用语,兼收尚有生命力的旧惯用语和部分有修辞价值的人名惯用语。

在词条安排方面,为选收的惯用语词目提供下列信息:

1. 词目采用汉语拼音字母注音,词按音节拼,不连写。人名的第一个字母大写,四声标调号,轻声不标调号,不注变调。例如,打入冷宫 dǎ rù lěng gōng;开绿灯 kāi lǜ dēng。

2. 注明语源出典。例如,戴绿帽子:语见《元典章》"娼妓穿着紫皂衫子,戴角冠儿。娼妓之家长并亲属男子,裹青头巾。"明制,乐人利用碧绿头巾裹头,而官妓皆录乐籍。元明两朝娼妓家的男子规定戴绿头巾,故俗称妻子与外人有奸情的丈夫为戴绿头巾或戴绿帽子。

3. 提供词目的原义,本义。例如,开绿灯:原为交通用语,交通岗亮起绿色信号灯表示准许通行。原义、本义与语源出典密切相关,在行文上,一段话语往往可同时提供这两方面的信息。

4. 现代转义或国俗语义。这是惯用语的特有意义,也是本词典重点提供的信息。为了细分各种修辞转义,词条中用"喻指"表明比喻义,用"代指"表明借代义,用"婉指"表明婉曲义,用"暗指"表明相关义,此外,还用"俗指"、"泛指"、"特指"、"专指"等分别说明修辞和国俗语义中的细微含义。例如,打入冷宫:"喻指把人或物弃置不用。"如词目的现义有多个义项,则分别说明。例如,阿弥陀佛:现被广泛借用为生活中的口头禅,有多种含义,需随语境而定。严格说来,"阿弥陀佛"是一个音义兼译词,但在使用的语感上相当于惯用语。我们在词典中收了少量这样的词,目的是提高查找命中率,当然也有一些处于过渡状态的词语,界限不十分清楚。我们尽力把这类词目限制在极小量,以保持理论上的一贯性。

5. 语法信息。在语义信息之后,提供惯用语的语法信息,如结构、成分、搭配等。例如,戴绿帽子:动宾结构,动词性短语,中间可以扩展,动宾还可以倒置,通常作谓语、定语。常说"戴了绿帽子"、"将绿帽子戴……"等等。

6. 修辞信息。这儿提供的修辞信息是惯用语具有的各种修辞色彩,包括感情色彩、态度色彩、形象色彩、联想色彩等,同时提供特殊的修辞用法和修辞效果,说明惯用语可表示褒扬、贬斥、诙谐、戏谑、亲昵、轻蔑、嘲讽、幽默、夸张、婉转、生动、形象等修辞作用,或兼有几项作用。例如,帮倒忙:贬义,有嘲讽意味;呆鸟儿:贬义,有轻蔑、嘲讽意味。

7. 例证。词目的每个义项都引例说明,原则上一义一例,有变体的可增例说明。例证以书证为主,也可根据释义的需要改造或自拟。例证力争与义项的释义相吻合。

8. 部分词目提供英语、俄语和日语的对应语，并加对比性说明，对应语不是词目的译文，而是有关外语中类似的熟语，没有对应性熟语的不提供。例如，吃闭门羹：[英]slam the door in sb.'s face，字面意思："当着某人的面砰地关上门"，转喻为拒绝听取某人意见，表示愤怒、不友好的态度，与汉语"给某人吃闭门羹"相似，但结构不如汉语那样灵活多变。[俄]поцеловать замок 字面意思："吻锁"，其变体形式为 поцеловать провой 字面意思："吻挂锁的环"。与汉语"吃闭门羹相近"，但"吃闭门羹"有时喻指"故意拒绝客人进门"，而 поцеовать замок 是"无意地让客人扑了空"。两者都是动宾结构，均属谈话语体，有戏谑意味。

读者查阅本词典、获得关于所查惯用语的上述各种信息，就能应用裕如，提高言语交际效果，研究语言和从事语言教学的人也可以从中获得一些启迪。

参加这部词典编写工作的除我之外，还有张天堡、吴土艮、王培硕、林宗德四位副主编以及杨金华、曾焕耀、潘晓东、陈安辉、黄汉忠、李经伟、吴本虎、薛小兰、陈小芬、金永声等同志，大家分工合作，齐心协力，认真负责，四易其稿，做到精益求精。上海辞书出版社责任编辑宦荣卿同志参加讨论，提供建议，精心编辑。澳门同胞庚一鸣先生给予很多支持和鼓励。词典如果对读者有点用处，产生一定社会效益，那完全是集体的成绩和功劳。我作为主编，将对这本词典的不足之处负进一步研究、提高的责任，力臻至善。

是为序。

(《新惯用语词典》，上海辞书出版社1996年10月出版，原载《辞书研究》1997年第2期）

《汉语惯用语新解》简评

近读周培兴先生寄赠的、由他主编的《汉语惯用语新解》词典,收益颇多。这本词典由青岛海洋大学出版社1995年8月出版,是周先生偕其家人经过六年的艰苦努力编成的,全书170万字,词目万条,颇为壮观。词典释义全面,例证简明,资料丰富,颇具特色。翻阅之后,觉得它有一些突出的特点,简评如下:

1. 重视惯用语的读音分析。如"拿大头"一语,如"头"轻读,读成 ná dà tou,是"获得大部分"的意思;如读成 ná dà tóu 则是"捉弄、戏耍别人"的意思。

2. 重视分析同语异称现象。一个惯用语往往有若干变体,词典注意收集变体,较为全面。如"土豹子",亦称"土老冒、土老杆、土巴佬、土老鳖"等等。

3. 重视惯用语的结构分析。惯用语的内部结构成分的组合关系不同,表达的意思也不一样。如"浮上水",如"上"读轻声,读成"浮上[shang]——水",则"浮上"是趋向动词,"浮上水"就是"游到水面上"的意思;如组合成"浮——上[shàng]水",则惯用语具有"走上层、拍马屁、巴结权势者"的意思。

4. 注意区分惯用语的褒贬色彩。例如,"穿一条裤子"一语,词典中分列三个义项,并各具不同的修辞色彩:① 原指几个人同穿一条裤子。这时多半因为家境贫困,短语具中性色彩。② 比喻臭味相投、狼狈为奸、互相包庇。这时则含贬义。③ 比喻关系亲密,不分彼此。这时则含褒义。如:"原来他俩都是宣化东乡人,住的贴邻,自小好的穿一条裤子,一块砍柴火,摸家雀巢"。

5. 较为全面地分析惯用语的意义。词条中既考察本义,又考察比喻义、借代义、夸张义、形容义,有时还列出特指义。如"草上飞"一语含有"动作敏捷的人"、"奔地神速的马"、"小型轻便的快艇"、"奔跑迅速的兔子"等含义,有时还特指"平原地带的蝮蛇"。

6. 重视探讨语义的发展变化。如"避风港"一语,原指供船只躲避大风大浪的港湾。今多用于比喻,喻指"躲避战乱、斗争风暴或回避矛盾的安全地方"、"保护自己安全的人物"等等。

7. 惯用语划界严格。词典编者严格划分惯用语与词的界限,如果是词,即使具有比喻义也不收列,如"吹风"、"跳槽"等。

有了这些特点,就不失为一部较好的词典,它向读者提供了丰富的关于惯用语的信息。它可以作为语文工作者教学和科研的参考书,也可以作为初中以上水平的学生查找惯用语的工具书。所以,本词典对惯用语的分析研究具有一定的理论意义,对指导人们的语言使用具有更大的实用价值。希望它能受到读者的欢迎。

十二 语言教学论

论外语专业的基础理论、基本知识和基本训练

一、外语专业的任务

本文所谈的外语专业是指某种外国语言的专业,如英语专业、俄语专业等。我国目前这种专业的学制一般是四年。除了政治和体育方面的任务外,它在专业训练上的任务是在此时间内,培养学生掌握某种外国语言,能够正确、熟练、恰当地使用外语进行社会交际,具备从事外语教学、翻译、语言研究或其他外语工作的能力。简单些说:第一,能正确、熟练、恰当地使用外语;第二,能适应各种外语工作的需要和工作变动。为了胜利完成这两项任务,为国家培养出合格的外语人才,必须在教学中打好扎实的基础。

二、什么是外语教学的基础

为了完成第一项任务,即让学生能正确、熟练、恰当地使用外语,首先要有充分的听说读写的基本训练,以培养学生使用语言的能力。而使用语言的训练,又必须在语言理论的指导下,在熟悉相应知识的基础上自觉地进行,才能多快好省地达到目的。因此,还要有足够的基础理论和基本知识的教学。

学生学习一门外语,就好像进入一个陌生的城市。要让他逐渐熟悉这个城市,在里面自由地行动,一般有两种方法:一是实地带着他跑,一是打开简明地图,就图介绍。有经验的向导总是同时采用两种方法的。只带着跑,虽然最后能够熟悉城市,但所花时间太长,而且对逐渐熟悉的各个场所不容易联系起来,对整个城市也没有完整的轮廓,终于还是会影响自由地行动;单看地图,就图讲解,在实际上

不能熟悉这个城市，也就谈不上自由地行动。如果一方面带他出去跑，一方面按地图介绍，两个方法反复交叉使用，相互补充，这样不需多少日子，他就对这个城市有了比较清晰的轮廓，并能独立活动了。

优秀的外语教师正像有经验的向导一样，既不单是自己说一句，叫学生跟一句；也不单是只讲道理，不让学生开口动手。他总是把讲解语言理论知识和进行使用语言的实际训练两者结合起来，互相推进。只是一句一句地跟着说，虽可学会外语，但所需时间太长，而且学生对所学外语缺乏完整的了解，终于会影响到语言的使用；只讲道理，不开口动手，则是学不会实际使用语言的。只有把两者结合起来，相互推进，才能多快好省地学会使用外语。

因此，就完成外语专业的第一个任务来说，基础理论、基本知识和基本训练都很需要。

为了完成第二个任务，即让学生能适应各种外语工作的需要和工作变动，也需要基本训练、基础理论和基本知识。不能很好地使用外语，就做不好外语工作。但是，搞外语工作也不是说说话就行了。从事外语教学，就要善于教学生多快好省地掌握外语；从事翻译工作，就要善于正确地把一种语言译为另一种语言；从事语言研究工作更需要扎实的语言理论基础；从事其他外语工作也都有特定的业务要求。一个外语工作者有可能从事任何一种外语工作，也可能中途变更工作。如果不打好广泛的基础，不具有比较深厚的理论知识基础，不进行比较充分的基本训练，就不能适应各种外语工作的需要和工作变动。

因此，就完成外语专业的第二个任务来说，基础理论、基本知识和基本训练也都很需要。

按照《全国重点高等学校暂行工作条例（试行草案）》的有关规定，结合上述两项任务的需要，我们认为，外语专业"三基"的内容可以简述如下：

1. 基础理论

基础理论就是认识一定对象的基本观点和原理。它能保证在马克思列宁主义指导下科学地认识对象，分析对象，独立地、正确地解决实际问题。

外语专业的基础理论包括语言学和文学的一般原理、所学外语的语言理论、外语教学和翻译的理论。根据外语专业的性质和任务，其中应以语言理论为主。

2. 基本知识

基本知识是掌握理论所必需的基本材料、进行实践所必须遵守的基本规则以及与专业有密切关系的一般常识。对基本训练来说，基本知识是理论性的；对基础理论来说，基本知识又是实践性的。

外语专业的基本知识包括汉、外语的语音、词汇、语法和修辞知识，所学语言国家的历史和现状的一般知识，外语教学和翻译的知识等。学习语言必须联系使用该语言的人民的历史，因此，除语言本身的知识和有关语言工作的知识外，还要学一些文史、法律、经济和理科常识。但这些知识中应以外语的语音、词汇、语法和修辞知识为主。

3. 基本训练

基本训练就是通过练习来获得完成一定实际任务的技能。它能培养对理论知识的实际应用能力，保证实际任务的顺利完成。

外语专业的基本训练包括外语的听说读写训练和语音、词汇、语法、修辞练习；汉语的阅读和写作；翻译实习；教育实习；以及学习、进修和科学研究的基本方法。其中应以专业外语的听说读写为主。

三、外语教学中"三基"的相互关系

上面简单地叙述了"三基"的内容。现在谈谈它们在外语教学中的相互关系。

从外语教学总的目的看，"三基"中应以基本训练为主。不加强基本训练，学生就不能学会熟练地（自动地）使用外语。从这个意义上说，基本训练是"三基"的主要一环。理论知识可以加强训练的自觉性，是为了更快达到使用语言的自动性。在交际过程中熟练地使用外语，是一种自动的、不假思索的过程，不能在说话时考虑语音、词汇和语法的规律,正像游览城市时不必在马路上翻看地图。不然,就说不上熟练。但是这种自动的过程不是一下子可以形成的,必须通过长期的自觉训练;而且这种自动是相对的,它不能绝对地离开自觉。这就是说,掌握一种外语,学会正确、熟练、恰当地使用外语,是一种自觉和自动的长期循环反复、相互推进的过程。在这个过程中,实践训练和理论知识是相互作用的。这个过程,可以描述如下:

一开始,教给学生最简单的语言理论知识,如发音和拼音、最基本的词和有关的词法、最简单的句型等,这些知识是为了能教会学生说最简单的话。在学习这些知识时,要做一些相应的单项练习来巩固知识,这些练习是为了学习和掌握知识的。掌握这些知识后,可以自觉地练习着说一些简单的话,直到能脱口而出,达到自动的熟练程度。这种自动是相对的,为了能及时发现和校正自己或别人说话中的语言错误,又必须自觉地利用已学的知识。

然后,为了进一步发展使用语言的能力,又开始学习新的语言理论知识,并利用与知识相适应的课文。学了新的理论知识再自觉地巩固、练习,以达到自动地使用,而又能自觉地发现和校正错误。如此相互推进,到了能在一定的交际环境中使用外语表达一定思想的时候,除掉在语音、词汇、语法上的自觉以保证正确之外,还要有修辞上的自觉以保证依赖特定的环境恰当地表达思想。这种自觉性是修辞的理论知识提供的。经过反复的大量实践,这种修辞上的自觉又达到了自动的熟练程度,但仍须能够自觉地依赖于交际环境,调整语言的使用,以充分发挥语言的社会功能。做到这一点,当然还依赖于对语言社会本质的正确认识。如此再相互推进,使用语言的水平日趋完善,最后达到能正确、熟练而恰当地使用语言进行社会交际的程度。这时,外语教学的任务可以说完成了(完成的程度要受许多实际条件的限制,如学生起点、学制等)。但从更高的要求来说,使用语言还并没有达到最完善的境界,还可以在更高的理论指导下和熟悉更多知识的基础上,不断自觉地提高使用语言的水平。即使一个有高度修养的文学家在使用语言从事文艺创作时,也不能忽视这种自觉的要求。

这就是掌握外语和提高外语水平的过程。当然,四年时间不可能达到这么高的使用外语的水平,更长的路程要毕业以后去走。学生离开学校之后,更加需要运用理论知识去认识和分析新的语言现象,自觉地提高使用语言的能力。

由此可见,在整个外语教学中,从总的目的看,加强基本训练是最主要的,基础理论和基本知识应对基本训练的加强起推进作用;但是基本训练和理论知识之间存在着相互推进的关系。这是从外语专业的第一项任务来看外语教学中"三基"的相互关系。

从外语专业的第二项任务来看,"三基"的相互关系也是如此。为了培养学生独立从事各项外语工作的能力,首先需要加强各项基本训练。除掉所学专业外语的基本训练之外,还要有汉语的训练,翻译实习和教学实习,以及学习、进修和科学研究的基本方法的训练等等。没有这些基本训练,学生就很难适应和胜任各种外语工作需要和工作变动。在外语教学中,从总的目的看,相应的理论知识也应对这些基本训练起推进作用;但这些训练又是在科学理论指导下和熟悉相应科学知识的基础上自觉进行的。有些基本训练,如外语教学实习,或外语教学法训练,是在语言科学、教育心理科学的正确原则指导下进行的。离开了理论知识,就会使这些训练进入盲目状态,降低训练本身的成果。另外,四年时间不可能进行适应将来实际工作需要的一切训练,也估计不到可能有的每项具体的工作需要和工作变动。因此,在教学中就必须授予能适应更广泛需要的基础理论和基本知识,让学生善于根据一般的科学理论原则,独立解决实际工作的问题。从这些意义上看,理论知识也与基本训练有着相互推进的关系。

综上所述,由外语专业两项任务所确定的外语教学中"三基"的相互关系是:从总的目的看,以基本训练为主,理论知识应对基本训练起推进作用,但在整个教学过程中,基本训练和理论知识又是相互推进的。

这种相互关系决定了外语专业所开课程的类型,各类课程的性质、任务,以及课程之间的关系,还决定了究竟开设哪些课程,以及每一门课程的特点和教法。

四、外语专业的课程体系
1. 课程的主要类型

从"三基"的标准看,外语专业业务课程的主要类型是:(1)基础理论课,(2)基础知识课,(3)基本训练课,(4)提高课。这些类型是根据课程所担负的主要任务划分的。一门课程往往不止担负一种任务,因此,各类课程有一定的交叉关系。在每一类课程中又包含各外语专业共修的共同课和某外语专业专修的专业课。

根据前面的分析,这几类课程中应以基本训练课程,特别是专业外语的基本训练课程为主。其他课程在总的目的上都对这类课程起推进作用;但是又都有自己的主要任务,都具有独立性,不单纯是为了推进训练课。

基础理论课的主要任务是传授同认识所学对象有关的一般观点和原理。通过理论的教学让学生能在马克思主义指导下科学地认识和分析对象,并能培养学生从事科学研究和独立解决实际问题的能力。由于外语专业目前还需要很多时间进行基本训练,基础理论课程不宜开设太多,应以语言的理论课程为主,并应具有较大的概括性。待学生外语起点提高后,理论课程要逐渐增加。为了推进基本训练并指导学生今后长期的专业工作实践,基础理论课程必须予以重视。基础理论是理论性的课程。

基本知识课的主要任务是传授掌握理论所必需的基本材料、进行基本训练所必须遵守的基本规则以及与专业密切相关的一般常识。通过知识的教学,让学生既能深刻地领会理论,又能自觉地对待实践。这种任务使知识课程具有一定的中间性质,它对基础训练课来说,是理论性的;对基础理论课来说,又是实践性的(如系统语法)。但它不是直接的基本训练课程,因此与理论课一样,目前不宜开设太多,但又必须予以重视。

基本训练课的主要任务是通过实践(练习、实习、说话、写作等)巩固并实际运用理论知识,获得完成一定实际任务的技能。由于外语专业的两项任务和现实条件,外语专业的基本训练课程目前占课程的首要地位,应该特别予以重视。基本训练课是实践性的课程。

"三基"课程对提高课而言合称为基础课。

提高课的主要任务是在打好基础的前提下在理论上或实践上提高学生的业务水平,包括理论提高课和实践提高课两种。在外语专业开设提高课的目的主要是加深对基础课中所学内容的理解和掌握,并进而在某一个领域中掌握更深、更专的最新内容。为了切实保证打好基础,提高课目前同样不宜开设过多,其中大部分可以选修课或讲座的形式开设。

2. 理论课中的实践和实践课中的理论

上述课程类型在理论上和实践上有交叉现象:理论课中有一定的实践材料和练习,实践课中也有一定的理论知识。但不能因此混淆理论课和实践课的界限。理论课的主要任务是传授理论知识,其中的实践是为了巩固和更好地掌握理论,不同于实践课中的实践。实践课的主要任务是进行基本训练,其中的理论是为了直接地具体地指导实践,一般是较分散的,不同于理论课中的理论。

理论课的教学必须联系实践,为实践服务,但它以完整的理论体系,指导长期的、广泛的实践活动,而不着眼于个别的具体的实践。不应要求根据每一个个别具体的实践来改变理论体系。理论当然是来自实践的,但它是前人经验、前人实践的科学概括,并不是来自学生本身的实践。不应要求单纯根据学生的实践来讲授理论。共同理论课对有关各专业是共同的,它应该注意联系有关专业外语的实践,但不应过分强调这点而影响共同的一般理论的教学。总之,理论课的教学应该尽可能结合学生的实际问题,联系实践课中学过的语言材料和接触到的语言现象,但不能因而降低理论教学本身的水平。

实践课的教学必须接受科学理论的指导,但理论在实践课中只是具体的分散的运用,不应要求实践课中的理论具有完整的体系。实践当然要上升到理论,但并不是学生的每一具体实践都要上升到理论,不应要求实践课对学生的每一具体实践做烦琐的理论概括。总之,实践课的教学应该尽可能运用理论知识,根据学生在理论课上学到的原理来讲解语言现象,并以所学语言材料来复习和巩固理论知识,但不能因而降低实践教学中的基本训练的质量,而应有助于基本训练质量的提高。

明确理论课和实践课的区别和相互关系,有利于打好基础,提高整个外语教学的质量。

3. 课程的门数、设置和教法

根据以上分析,可以大体解决外语专业究竟要设置哪些课程,怎样设置,以及怎么教这些问题。但这些问题的解决还与学生的起点等问题有关。所以本文除提出适应目前情况的、现在可行的最低限度课程外,还列出适应于学生起点提高后的一些选修课程和专题讲座。(见附表)全部课程分为:

1. 政治课(包括哲学、政治经济学、中国革命史或中国共产党党史等)
2. 体育课
3. 业务课

对各门业务课程的性质、任务和教法的意见简述如下:

(一) 共同课

(1)"语言学概论",基础理论课。讲授马克思主义关于语言的基本原理、一般的语言理论和世界语言学最新动态。讲授语言的本质、发展,语言体系、文字和言语。在各专业开设时最好结合学生所学专业语言,但以讲透基本理论为主。为了巩固理论,除引证实际材料外,可安排一定的习题。这门课宜在二年级开设。

(2)"文学概论",基础理论课。讲授马克思主义关于文学的基本原理和一般的文学理论。在各专业开设时最好结合学生所学语言国家的文学,但以讲透基本理论为主。教学中可结合一定的作品分析。课程应在二年级开设,在外国语言专业中,时数可略少于"语言学概论"。

(3)"汉语文选与习作",基本训练课。培养学生祖国语言的阅读和写作能力。教学中可讲解一定的汉语语音、词汇、语法和修辞知识。在不同专业开设可适当进行汉外对比,但以学好汉语为目的。宜在一、二年级开设。

(4)"第二外语",基本训练课。培养使用第二外语的能力。性质与"专业外语实践课"同,但要求略低。可适当与专业外语进行对比,但以学好第二外语为目的。宜在三、四年级开设。

(二) 专业课

(1)"专业外语实践课"(或"专业外语基础课"),基本训练课。培养学生正确、熟练而恰当地使用专业外语的能力。这是外语专业目前最重要、学时最多的一门课程。除进行语音、词汇、语法和修辞的单项练习,进行听说读写的实际训练外,为了自觉地进行基本训练,还要讲解一定的语音、词汇、语法和修辞知识。实际训练和知识讲解主要以课文为中心进行,所以一般又称它为"读本课"。语音、词汇、语法的知识和单项练习以及听说读写的实际训练实行综合教学(或称"合科教学"),所以把这门课笼统地叫做"词汇课"是不确切的。在综合教学为主的前提下,可以根据实际需要,分出一定的进行单项知识教学和练习的课型,如"语音课"、"词汇课"、"语法课"、"修辞课"等;也可以分出一定的单项实际训练的课型,如"会话课"、"写作课"、"听写课"、"阅读课"等,但它们都属于同一门"专业外语实践课",服从于统一的基本训练任务。在高年级可以进行适当的分科教学,如把"系统语法"、"语音"、"词汇"、"实践修辞"分别独立成一门课,以便比较系统地讲解这些方面的知识和进行单项训练。但在目前条件下,这项任务可由外语专业理论知识课担负,暂时不必分科。合科教学以课文为中心进行,语言理论知识综合于课文中,为讲解课文服务,即为听说读写的训练服务。但这是相对的。实际上,"专业外语实践课"的教学不仅仅是为了弄懂课文。在整个课程的教学中,语言知识和课文(听说读写训练)是相互推进、相互服务的。这就是:用已知的语言知识来理解和掌握课文,又从课文中学习新的语言知识,再用来理解新的课文,如此循环往复。学生既能逐步学到关于语言体系的知识,又能逐步学会使用语言。这门课程从一年级开到四年级。低年级是纯粹的基础课,着重教语音、词汇、语法知识和听说读写的基本训练,主要要求能正确和逐步熟练地使用语言。高年级仍然是打基础,但带有在实践上提高的任务。除继续教语音、词汇和语法知识和进行听说读写的基本训练外,着重加强修辞教学,要求更正确、更熟练而且能恰当地使用语言。

(2)"文学作品选读",实践提高课。培养学生阅读和欣赏外国文学名著的能力。着重从语言现象,特别从修辞角度分析文学作品,并在教学过程中加强基本训练。当然也要进行一定的文学分析,并适当配合文学史教学。这门课程在必要和可能的情况下,可以开设成一般的"文选课",即所选文章不局限于文学作品,以便加强语体的分析,提高学生使用语言的能力。这门课宜在四年级开设。

(3)"翻译",基本训练课。培养学生外译汉和汉译外的口笔译能力。主要在熟练掌握两种语言的基础上进行训练。但要教给一定的关于翻译的理论知识,在翻译训练过程中运用有关的语言理论知识。学生的翻译能力是他们外语和汉语水平的集中表现,应予重视。这门课应在三、四年级开设。

(4)"外语教学法",基本知识课。但要配合进行教学实习,加强教学法训练。在讲解知识和进行实习时,要运用语言科学和教育、心理科学的原理。宜在三或四年级开设。

(5)"文学史",基本知识课。主要讲解所学语言国家的文学史知识,并结合一定的作品分析,讲解时要运用文学理论原理。这门课宜在三年级开设。

(6)"所学语言国家概况",基本知识课。主要讲解所学语言国家的历史和现状的一般知识。这门课宜在二或三年级开设。

(7)"专业外语通论",基础理论课。主要传授所学专业外语的系统理论,但不宜过分专门化,在很大程度上要讲解外语的基本知识,并密切结合专业外语实践课的教学。在目前高年级实践主要仍以合科教学为主的情况下,这门课程应该担负一定的知识课任务,即结合讲解系统语法、词汇、语音和修辞的知识。讲解理论知识时应运用一般的语言原理。这门课宜在三、四年级开设。

除上述各课外,为了提高学生的业务水平,开阔学生的科学眼界,在条件允许的情况下可以开设一定的提高课。提高课可以选修课或专题讲座的形式开设。这些提高课的内容可以包括下述各方面:语言文学的一般理论和专门理论;教育、心理、逻辑的一般原理;翻译和外语教学的有关专题;理论语言学和应用语言学专题;汉语的有关语言文学理论;关于学习、进修和科学研究方法的介绍等。这些课程有较大的灵活性,可多开,可少开,也可不开;可以规定必修,也可以选修,个别的专题讲座还可以采取自由听讲的方式。除了普遍提高学生业务水平外,这些课程对因材施教、重点培养部分优秀学生也有很大意义。

我们相信,上述课程体系如能认真执行,各课相互配合,相互推进,对扎实打好基础、提高外语教学质量、完成外语专业的两项任务可以起很大作用,《条例》关于"三基"的规定也可以更好地贯彻实现。

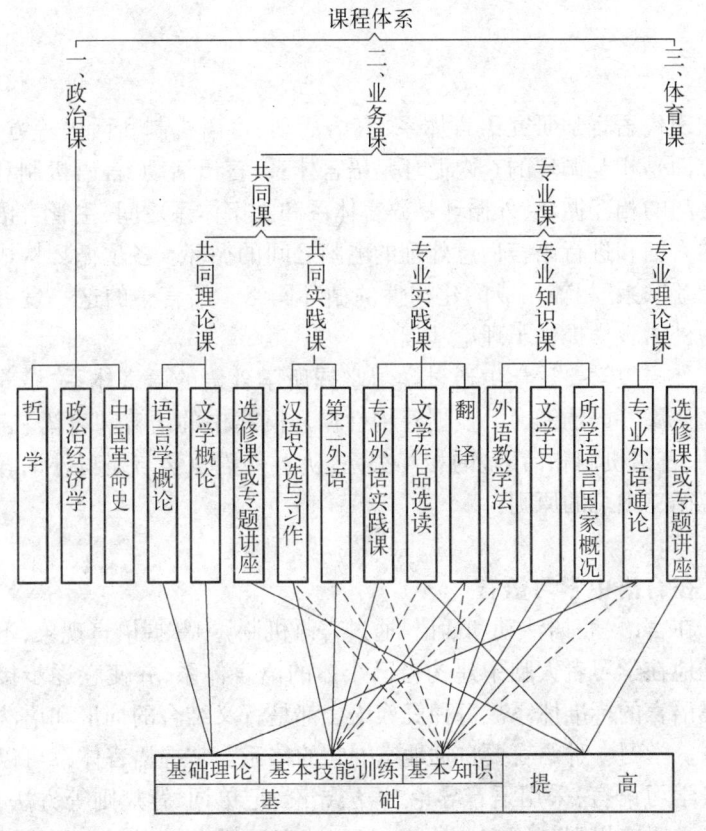

注:实线(——)表示课程类型;虚线(……)表示教学内容所必需体现的次要任务。

(原载《外语教学与研究》1981年第3期,收载《现代语言学研究》,福建人民出版社1983年版)

全面发展学生的语言能力和言语能力

现代语言学研究语言体系、言语活动、言语机制和话语等方面，各方面是相互循环的。内循环是语言体系、言语活动、言语机制和话语之间的相互循环，外循环是语言体系和文字体系之间，主管言语机制的人脑和进行语言信息处理的电脑之间的循环。各项循环构成一个相互联系、相辅相成的建构性的循环网络。语言学的这一发展趋势为外语教学提供了理论基础。

外语教学要让学生通过学习掌握所学外语的语言体系，培养和提高使用外语的能力。根据建构性循环网络中的语言和言语（言语活动、言语机制和话语）的相互关系，从事外语教学与编写外语教材应遵循三项总的原则：

一、在言语中学习语言

在言语（言语活动和话语，通过言语机制）中掌握语言现象，不断自觉地在学习者大脑中建构自己个体的语言体系，并使它逐步接近全民语言的标准体系。每种民族语言都是音义结合的词汇和语法的体系。学习一种语言要自觉地掌握它的体系。掌握语言体系可以从语言学习语言，采用语音导论、语法导论、记单词、背规则等方法，其结果是语言规则和语言单位记了不少，言语能力却不高。在使用语言时往往受本族语干扰，出现语误。正确的方法是从言语学习语言，需要学习的语言材料和规则有规律地在话语中出现，适当的时候加以归纳。在学生大脑中自然地积累、整理、建构。由于在自然、标准的话语中学习，不大受本族语干扰，能够逐步接近所学语言的标准。

更重要的是,学生在学习语言的同时,能学到言语本身,这样就能培养学生建构话语和理解话语的能力。

二、通过言语培养建构话语和理解话语的能力

在言语中提高理解话语和建构话语的能力,并利用已掌握的语言材料,依赖语境,在言语交际中不断建构和理解新的话语。外语教学主要采用模仿、综合、使用等直接方法,兼顾对比、分析、演绎、解释、翻译等间接方法。话语中少数新的语言现象,让学生滚雪球式地吸收和掌握,在一定的时候加以归纳。只有当新的语言现象影响对话语的理解和建构时,才果断采用对比等间接方法,迅速扫除语言障碍。主要采用直接的方法可以在言语活动中培养学生建构话语和理解话语的能力。关键是输入足够数量的自然标准的话语,让学生熟悉外语使用习惯,形成熟巧。学生从输入的话语中,一方面学习语言,一方面学习言语,养成自然的使用能力,说出自然的话语,而不是机械地用语法造句。在言语活动中,学生认知语境、依赖语境,按照人际话语角色,建构和理解话语。在使用语言过程中,灵活有效地利用大脑中建构的语言材料,又从言语中学习新的材料,继续建构个人大脑中的语言体系。

三、语言能力和言语能力相应提高

学生的语言能力和言语能力要同时提高、相应发展,并在两种能力提高的基础上,根据交际需要,在正确使用语言的前提下,使言语有所创新,参与建构全民语言体系。语言和言语关系密切,学生的语言能力和言语能力相辅相成。如果语言能力超过言语能力,掌握词汇和语法而不能开口说话;如果言语能力超过语言能力,说话流利而不深入,只停留在日常谈话而不能适应广泛的交际领域。学生学到的语言材料在大脑中建构体系的同时,要立即进入言语活动,巩固熟巧,使之随时待命,应调使用。通过言语活动,又能学到新的语言材料。两者始终相应发展。到了一定水平,学生有了修辞能力,就会有修辞创新,参与建构全民语言体系。

遵循这三项原则的外语教学,能够处理好语言和言语的关系,

通过使用理想的外语教材和教学方法,应能帮助学生顺利地在大脑中建构个体语言体系,培养、提高他们建构话语和理解话语的能力,使语言能力和言语能力平衡发展,相互促进,相应提高。

这三项原则打破原有各教学论的局限,以现代语言学最新理论为指导,采用建构主义语言教学论,正确处理语言与言语、语言与文化、汉语与外语、结构与建构、宏观共同语与微观变体诸种关系,全面发展学生的语言能力和言语能力,使两种能力相应提高。

(原载《中国外语》2009年第3期"学论经纬")

论对外汉语教材编写原则

随着中国国际地位的提高,世界各国、各地区学习汉语的人越来越多,对外汉语教学方兴未艾。国内外对外汉语教学界急需有现代语言学最新理论指导的、有内在有机联系的、配套成龙的系列教材。本论文拟研究并制订一套科学的对外汉语教材编写原则及其实施方案。

现代语言学研究语言体系、言语活动、言语机制和话语等方面,各方面是相互循环的。内循环是语言体系、言语活动、言语机制和话语之间的相互循环,外循环是语言体系和文字体系之间、主管言语机制的人脑和进行语言信息处理的电脑之间的循环。各项循环构成一个相互联系、相辅相成的建构性的循环网络。语言学的这一发展趋势为对外汉语教学提供了理论基础。

对外汉语教学要让学生通过学习掌握汉语语言体系,培养使用汉语的能力。根据建构性循环网络中的语言和言语(言语活动、言语机制和话语)的相互关系,编写对外汉语教材应遵循三项总的原则:

一、在言语(言语活动和话语,通过言语机制)中掌握语言现象,不断自觉地在学习者大脑中建构自己个体的语言体系,并使它逐步接近全民语言的标准体系。每种民族语言都是音义结合的词汇和语法的体系。学习一种语言要自觉地掌握它的体系。掌握语言体系可以从语言学习语言,采用语音导论、语法导论、记单词、背规则等方法,结果是语言规则和语言单位记了不少,言语能力却不高,在使用语言时往往受本族语干扰,出现语误。正确的方法是从言语学习语言,需要学习的语言材料和规则有规律地在话语中出现,适当的时候加以归纳,在学生大脑中自然地积累、整理、建构。由于在自然、标准的话语中学习,不大受本族语干扰,能够逐步接近所学语言的标准。更重要的是,在学习语言的同时,学到言语本身,培养学生建构话语和理解话语的能力。

二、在言语中提高理解话语和建构话语的能力,并利用已掌握的语言材料,依赖语境,在言语交际中不断建构和理解新的话语。对外汉语教学主要采用直接的方法在言语活动中培养建构话语和理解话语的能力。关键是输入足够数量的自然标准的话语,让学生熟悉汉语使用习惯,形成熟巧。学生从输入的话语中,一方面学习语言,一方面学习言语,养成自然的使用能力,说出自然的话语,而不是机械地用语法造句。在言语活动中,学生认知语境、依赖语境,按照人际话语角色建构和理解话语。在使用语言过程中,灵活有效地利用大脑中建构的语言材料,又从言语中学习新的材料,继续建构个人的体系。

三、学生的语言能力和言语能力要同时提高、相应发展,并在两种能力提高的基础上,根据交际需要,在正确使用语言的前提下,使言语有所创新,参与建构全民语言体系。语言和言语关系密切,学生的语言能力和言语能力相辅相成。如果语言能力超过言语能力,掌握词汇和语法而不能开口说话;如果言语能力超过语言能力,说话流利而不深入,只停留在日常谈话而不能适应广泛的交际领域。学生学到的语言材料在大脑中建构体系的同时,要立即进入言语活动,巩固熟巧,使之随时待命,应调使用。通过言语活动,又能学到新的语言材料。两者始终相应发展。到了一定水平,学生有了修辞能力,就会有修辞创新,参与建构全民语言体系。

编写对外汉语教材应为实现这三项总原则而处理好语言和言语的关系。一套理想的对外汉语教材应能帮助学生在大脑中建构个体语言体系,培养、提高他们建构话语和理解话语的能力,使语言能力和言语能力平衡发展,相互促进,相应提高。为了实现这一目的,除遵循上述三项总原则外,还要遵循下列具体原则:

第一,学生已知语言现象对话语(课文和课堂教师话语)的覆盖率应保持在80%—90%以上,让学生利用这些话语复习已知材料,掌握新材料,并学习话语本身。假如一篇话语由 100 个单词组成,其中学生已学的单词要占 80 到 90 个以上。语法项目也一样。学生利用这些已知的词汇和语法,预习话语,基本上能看懂。上课时教师不必过多地解释语言现象,可以直接开展言语活动,学生基本上能够听得懂说得出。由于覆盖率高,学生较少语言障碍,可以顺利开展言语活动。话语中少数新的语言现象,让学生滚雪球式地吸收和掌握,在一定的时候加以归纳。当新的语言现象影响对话语的理解和建构时,即偶尔出现语言障碍时,可以用解释单词、分析语法、翻译对比等间接方法迅速扫除语言障碍。一旦克服了语言困难,立即回到言语活动,这一教学法原则要贯穿对外汉语教学全过程。上课不停留在语言分析上。学生用八九十个熟悉的语言现象,在话语中学习一二十个新的语言现象不会感到困难,而且一看就懂一学就会,感到很有兴趣。

第二,在保证话语覆盖率的基础上,合理调节语言现象的复现率。话语中新的语言现象和难点分散出现,如新的语法现象出现在熟词上。除常用词语要大量复现外,一般词语也要复现 10 次以上,让学生在话语中不断复习,直到熟练掌握,能灵活使用。在覆盖话语的 80%—90% 的熟的语言现象中,熟悉的程度是不一样的,有的很熟练,有的半生半熟,有的前两课刚学过。通过言语活动,学生不仅学会 10%—20% 的新的语言现象,而且复习 80%—90% 的不同程度熟悉的语言现象,更重要的是培养了言语活动能力。也就是说,在言语中学习了语言,也学习了言语本身。这样的安排,让各篇话语的语言材料呈现一种滚雪球式的动态过程。在这个过程中,学生自然地在大脑中建构着自己掌握的个体语言体系,也自然地培养了建构话语和理解话语的能力。

第三,话语覆盖率虽高,但话语新鲜、语体丰富、题材广泛。学生虽然接触大量重复的语言材料,但仍然兴趣盎然,因为他们接触的是篇篇新鲜的话语。教材中呈现的都是用熟悉的语言材料编写的新鲜的故事。教师也用学生已知的语言材料讲新的故事。教师讲的新鲜故事是对教材的补充,是最灵活、最切合实际的话语。学生通过教材课文和教师的故事接触到丰富多彩的话语,从中滚雪球式地学习语言材料,同时学习建构和理解相应的话语。

第四,选择课文的标准不仅看话语本身的质量,还要看语言深浅是否与学生水平相适应,以及语体的多样性和话语的新颖性。为了保证教材课文的质量,低年级教材可自编课文,以便保持话语的覆盖率和词语的复现率,保持课文语言深浅适度。语体以日常谈话语体为主,保证学生能开口说话,进行日常的言语交际。随着学生水平的提高,可逐步选编或改编现成的文章,要从众多的话语中选择优秀的作品。到了中高年级,要考虑话语语体的多样性和分布率。在复习谈话语体的基础上,一个学期重点学习一种书卷语体,配套学习另外两种书卷语体,以便让学生能够用所学语言在不同类型的言语环境中进行交际,用不同的表达客体的方式来反映世界,同时,在这些不同语体的话语中学到有修辞分化和语体分化的语言材料。不管年级高低都要注意话语的新鲜性,让学生始终处于对话语内容的探索状态,保持高度的学习兴趣。

第五,教材中要有对语言现象的分析和讲解材料,对课文中出现的语言现象进行归纳。为了在言语中学习语言,教材以课文为主安排,上课时利用课文开展听说读写的言语活动。为了在言语中学到语言,教材中还要有对语言现象的分析和讲解材料,以便对课文中先后出现的语言现象进行适时适度的归纳,帮助学生在大脑中建构语言体系。以语法为例,低年级不采用语法为纲,而是用综合语法教学,把语法项目有序地安排在课文中,到适当的时候进行归纳,使之逐步形成体系。到了中年级,主要语法项目基本学完,再开系统语法课,帮助学生整理、归纳,在大脑中形成接近于社会公认的语法体系。在进行综合语法教学时,要紧密结合课文,在言语中学习。即使在进行归纳时,也要言简意赅,不能旁枝横逸,影响课堂言语活动的顺利开展。

第六,教材中要有一定的语言和言语练习,主要是活用练习。教材提供了从言语中学习语言的可能,上课时通过言语活动进行大量的听说读写译的操练。练习已经围绕课文而进行。尽管如此,教材中还是要提供一定的语言练习,以巩固词汇、语法、语音和语义的学习成果;提供一定的言语练习,以加强听说读写译的能力。这些练习不是机械地重复课文,而是灵活运用语言知识,加强言语熟巧。这些练习除在课堂使用外,还可用于学生的预习和复习,帮助学生自觉地掌握语言。

第七,教材的微观结构由课文、词表、语法归纳和练习组成。每课书以课文为主,有主课文和副课文,包括两、三篇话语。连贯语篇和对话交叉安排。低年级以对话为主,辅之以连贯语篇,主要培养学生建构谈话语体、开展日常谈话的能力,然后逐步向连贯语篇过渡。高年级以连贯语篇为主,辅之以对话,主要培养学生在各种类型语境中建构连贯话语的能力。由于学生已知语言现象对话语的覆盖率高,每课的生词少,所以单词表较为简单;每课新的语法项目也较少,而且到一定时候才加以归纳,所以语法项目也较为简单。这些语言知识的解释紧紧围绕课文,用来巩固已从言语中学到的语言现象。练习以活用练习为主,主要通过言语进行。总之,对外汉语教材中要正确处理课文和语言现象、技能和知识、言语练习和语言练习、活用练习和机械练习等关系,帮助学生掌握现代汉语体系,并学会灵活地使用汉语。

以上论述的对外汉语教材编写原则,包括三项总原则和七项具体原则,适合于对外汉语教学各种教材的编写。我先遵循这些原则主编了一套"新世纪对外汉语系列教材",主要供四年制本科使用,兼顾其他对外汉语教学的需要。首先,本科生的任何年级和阶段都可以从中间插入,随时按水平使用这套教材;其次,本教材的各系列既相互配套,又相对独立,针对某项特殊需要,如视听说、阅读、写作、语音、词汇、语法等,可以采用该分系列教材或单本教材。无论是整体使用还是单独使用都会进入教材体系,使语言能力和言语能力获得发展。这套教材总的特点是:

1. 打破原有各教学论的局限,以现代语言学最新理论为指导,采用建构主义语言教学论,遵循统一的教学法原则和教材编写原则。

2. 克服教学用书支离破碎、互不联系的现状,编写配套成龙、互相补充的教学用书,形成对外汉语教学用书体系。

3. 有计划地提供现代汉语语音、语义、词汇、语法材料和语体材料。基础阶段以语言材料为主线,与国家汉办汉语水平考试的要求尽可能一致。中高年级以语体材料为主线,培养学生建构和理解各语体话语的能力。

4. 正确处理语言与言语、语言与文化、汉语与外语、结构与建构、宏观共同语与微观变体诸种关系,全面发展学生的语言能力和言语能力,使两种能力相应提高。

为贯彻教材编写原则,我把本科对外汉语教学全过程分为三个阶段。初级阶段是第1—2两个学期,中级阶段是第3—4两个学期,高级阶段是第5—8四个学期。第4学期是向高级阶段的过渡阶段。教材编写与各个阶段的教学任务相适应。

对外汉语教学初级阶段的主要任务是加强听说,培养口语和谈话能力。所编选的课文主要是谈话语体的话语,以对话为主,配以适当的连贯话语。初学阶段语言材料切近日常生活,适合口语交际,学生没有心理负担,敢于通过模仿,开口说话。但即使在初级阶段,也不能单教口语。书面语可使口语明确化、规范化,对培养口语有促进作用。初级阶段要让学生基本掌握汉语语音、常用语法和一定量的最常用词汇,以便学生利用这些材料,培养自然谈话的能力。

对外汉语教学中级阶段除继续培养口语和谈话能力外,主要任务是培养学生谈话语体和部分书卷语体的读写能力。这时,一方面培养读写本身的能力,另一方面培养学生把书面语转化为口语的能力,把听说能力提升到高级水平。这一阶段除巩固语音、语法知识外,要扩大词汇量,丰富词汇的语义教学,开始进行修辞和语用教学。

对外汉语教学高级阶段的主要任务除继续培养读写能力外,还要培养学生翻译能力和各书卷语体的识别和再现的能力。一方面在听说读写的基础上正确通顺地翻译各语体的话语;另一方面,翻译又使言语能力获得更大发展。这一阶段要继续扩大词汇量,加强语义,并加强修辞和语用教学。

对外汉语教学各阶段的任务不是绝对的,它们彼此配合,相互推进,相互联系。在教学过程中完成主要任务,兼顾次要任务,就能提高教学质量。

"新世纪对外汉语系列教材"中的8册综合教材承担对外汉语教学全过程的中心任务。第1—2册适用于低年级,第3—4册适用于中年级,第5—8册适用于高年级,其中第4册兼顾向高级阶段过渡。除综合教材外,另编视听说教材4册、阅读教材6册、写作教材6册、翻译教材4册,在教学过程各阶段配合综合教材,完成提高学生言语能力的任务;另编语音、语义、词汇、语法、修辞、汉字、国俗语义等教材,在教学各阶段配合综合教材提高学生的语言能力和水平。此外,为了配套成龙,还编写了教学指导用书、教学词典、教师手册、课外读物等辅助教材以及相应的音像制品。

附记:按照此编写原则主编的《21世纪对外汉语系列教材》于2008年开始由上海外语教育出版社出版。

论汉语能力和汉语考试

除了各种专门的目的之外,对外汉语的教学目的是为了让学生掌握汉语,使用汉语进行言语交际。理想的对外汉语教学,不仅要让学生掌握汉语体系的知识,也不仅是进行言语的训练,而且要培养学生熟练地掌握汉语、分析各种语言现象的能力,直接理解话语、创造话语,进行有效的言语交际的能力,即同时培养学生密切相关的语言能力和言语能力。汉语考试应该相应地测试出学生的语言能力和言语能力。

一

语言是人类社会最重要的交际和传递信息的工具,是音义结合的词汇和语法的体系,也是处于相互作用之中的各种微观变体的总和;言语是在特定的语境之中,为完成特定的交际任务对语言的使用。言语是使用语言的过程和结果,语言是言语的基础,又是存在于言语之中,两者关系十分密切。现图示如下:

对外汉语教学要让学生在言语中自觉地逐步掌握汉语体系,也就是在听说读写过程中,在建构话语、理解话语过程中,在言语交际过程中自觉地逐步掌握汉语的语音、语义、词汇、语法及表达汉语的汉字;与此同时,又借助学到的词汇、语法等语言知识,学习、理解、建构更为复杂的言语,同时学习言语中的新的语言现象。如此循环往复,相互推进,学生既能逐步学会使用汉语,又能逐步掌握汉语体系,使汉语交际成为自觉的、灵活的、创造性的活动。而在整个教学过程中,语言能力和言语能力始终相互交织,相互作用。偏废任何一方,

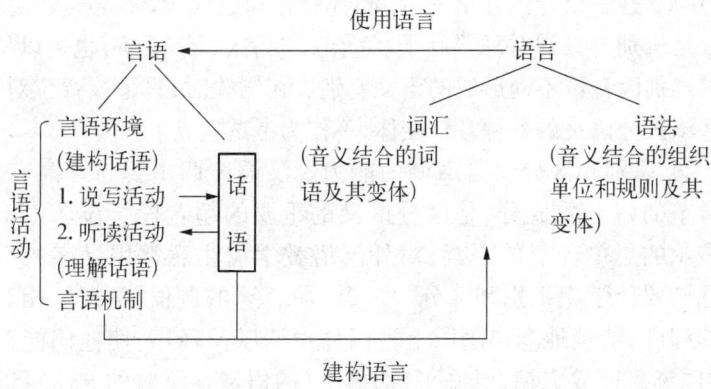

就会影响汉语教学的效果。因此,衡量汉语水平的考试也要兼顾这种能力。

二

语言和言语密切相关,语言能力与言语能力也密切联系。语言能力是观察、识别、分析、掌握语言体系各要素的能力,言语能力是同言语活动和话语有关的能力,两者综合表现在言语交际之中。在对外汉语教学中既要重视这些能力的单项培养,又要重视各项能力的综合训练,衡量汉语水平的考试,当然也要兼顾单项能力的测试和综合能力的考察。

汉语语言能力可分为语音能力、词汇语义能力、语法能力以及文字的识别书写能力各项。现分述如下。

1 汉语的语音能力

1) 识别和区分汉语音位的能力。一种语言的音位数量不多,但由于它们能区别语义,所以识别和区分音位的能力十分重要。对外汉语教学中特别要注意汉语送气辅音和不送气辅音的对立,注意分清舌尖前音 z、c、s,舌尖后音 zh、ch、sh 和舌面音 j、q、x。不要让外国人把"肚子饱了"说成"兔子跑了",把"知识分子"说成"自私分子"。测验的方法可以是描写音位特征,如从/b d g/、/p t k/和

/p′ t′ k′/这三组音区分出浊音、清音对立和送气音、不送气音对立；可以是辨别辨义词对，如"肚子、兔子"、"诗人、私人"等；也可以从语流中辨别因音位不同形成的语义差别。在测验时，只考核音位对立，那些不区分语义的各种音位变体，不作为考试重点。

2）识别和区分汉语声调的能力。汉语声调主要与音高有关，是音节的超音质成分，是区分语义的重要的超音段音位。由于汉字表示的是单音节的语素，对外汉语教学应注意常用汉字的声调问题。要让学生识别和区分"平、升、曲、降"的调值，掌握好相对音高的程度，清楚地念出阴阳上去四种声调以及轻声，使他们能够区分出"汤里面放点糖，汤淌了，别烫了"的语义。测验的方法可以给予音节读出各调，如给予 ma 要求读出"妈、麻、马、骂、吗"，读出"妈妈买了一匹马，卖了一捆麻，挨了一顿骂，是吗？"这个语句除正确区分"妈、麻、马、骂、吗"之外，同时区分"买、卖"的声调；也可以给予汉字，要求读出正确的声调，给予词、句，要求念准词语的声调；还可以要求念准规范的变调，但不必强调不区分语义的各种调位变体。

3）区分和再现汉语语调的能力。语调同音高有关，同音色、音强也有一定关系，是音句的超音质成分，整个音句抑扬顿挫的变化，包括升降、停顿、逻辑重音等要素。对语调的要求要力求自然，注意相对性。考核时，单句的语调从严，特别注意辨义因素，如升降调区分疑问或陈述，表示惊讶和理解等。在话语中则要顺其自然，考虑整个话语的协调。测验的方式可以是单句辨义，如"你讲汉语。"（叙述这件事）"你讲汉语？"（对这件事表示怀疑）"你讲汉语（吧）！"（要求做这件事）"你讲汉语！"（对这件事感到惊讶）；也可以是话语朗诵或说话。朗诵或说话时既要求避免洋腔洋调，也要防止过分的拿腔拿调。

语音能力还包括在地道的汉语口语能力之中，而地道的口语能力主要是言语的能力。整个语音能力的培养，既要用语言的方法，如分析语音的物理属性，模仿发音部位和方法，进行语音分析和对比等；也要用言语的方法，如大量听地道的汉语话语，口语实践中发展语音能力等。与此相应，语音能力考试也要兼用语言的方法和言语的方法。

2 汉语词汇语义能力

1) 辨别词形的能力。词是该词各种词形的总和。词以具体的词形存在于话语之中,词和词形还有变体。尽管汉语中词形不丰富,辨别词形及其变体的能力仍然是重要的语言能力。"朋友们看着花儿,说着话儿。"这句话中,"朋友们"是"朋友"一词的复数形式,"看着"、"说着"是"看"和"说"两个动词的进行体形式,"花儿"、"话儿"是"花"和"话"两个名词的变体形式。也就是说,这句话是由五个词形组成。在语言体系中,根据词形的聚合,可以区分词性。如"代表"既可能是动词("我代表学校表示感谢"),也可能是名词("我是学校的代表"),它们的原型是同形的。但是它们各有自己的词形聚合体系,作为动词是"代表、代表着、代表了、代表过、代表代表";作为名词是"代表、代表们"。考试时,不仅要求学生掌握聚合中的词形体系,还应要求他们能辨别组合中的具体词形和词的变体,防止把"花儿"理解成"花的儿子"。

2) 理解词义的能力。语言词汇中,除专有名词和专门术语具有相对的单义性之外,绝大部分词语都是多义的。词的多义性是语言丰富的重要表现之一,对理解词义有很大影响。初学语言的人理解的难点是从已掌握的义项过渡到新掌握的义项;基本掌握语言的人的难点是从众多义项中选择合适的义项。初学汉语的外国人,往往以第一次学到的词的义项来理解该词,这个先入为主的印象常常干扰对词义的正确理解。例如,学生知道"密切"一词的"亲近"含义后,就会用它去理解"密切注意"中的"密切",而感到困惑不解。当他掌握了"仔细、认真"的含义后,又会误用,说出"密切阅读"之类的话。这涉及到语义搭配的问题。在考试时要注意搭配和语义的关系,既要求学生理解"北京是祖国的心脏"中"心脏"一词的"中心"意义,又要求学生辨别出"这篇文章心脏不突出"这句话的语误,了解"心脏"的"中心"意义是一种限制意义,不能自由随意使用。自由意义和限制意义的区别对学习第二语言十分重要,对外汉语教学和考试应加以重视。

词义除词汇实体意义外,还有修辞感情色彩。词汇实体意义是客观的理性概念意义,修辞感情意义是主观的感性评价意义。前者确定词语表达的客体,后者确定词语对客体的态度和评价,确定词语的优势使用范围。例如,"母亲"是通用词语,语体、感情上都是中性的;"慈闱"是书卷词语,用于书卷语体,用于正式的场合,有庄重态度和尊敬的感情;"妈咪"是谈话词语,用于谈话语体,用于非正式的场合,有随意态度和亲昵的感情。它们虽然同指"女性长一辈的直系亲属",但各有其优势使用范围。在考试时,不仅要求学生掌握词语的实体章义,还应要求他们掌握修辞感情色彩,明确词语的优势使用范围。这种能力,在词汇语义层次上,也是同义词的辨别和区分能力,不过要在语用上加以体现,防止学生说"我儿子今天十岁诞辰"这样的话,尽管"诞辰"一词是"生日"的意思。

在对外汉语教学中还要让学生掌握具有民族文化色彩的国俗语义。这种语言材料本身所蕴涵的民族文化含义,充分体现了语言和文化的密切关系,对第二语言教学十分重要。

刚刚谈到的"女性长一辈的直系亲属"这个含义,在汉语中还可以用"萱、萱堂、萱亲"来表示。萱草是金针菜的一种,多年生草本植物,民间称为"母萱草",象征吉祥,遂有"母亲"的国俗语义。另外,它还有"宜男"、"忘忧"、"吉祥"等国俗语义。《博物志》载:"萱草食之令人好欢乐忘忧思,故谓忘忧草。妇人有孕,佩其花则生男,亦名宜男草。"唐朝牟融《送徐浩》诗:"知君此去情偏切,堂上椿萱雪满头"句中的"椿萱"指"父母"。椿树长寿,常以"椿龄"为祝寿之辞,并以"椿"指代"父亲",也称"椿庭"。另外,椿树被誉为"树中之王","椿木"有避邪作用。这类国俗语义与民族文化有关,学生应有相应的理解能力。

3) 区别同义词、同形词的能力。区别同义词的细微含义和修辞色彩,已如上述。同形词也已提及,如"代表"作为动词和名词的原形是同形的。另外一种汉字书写形式相同、语音语义不同的同形词,如"长"(chang)和"长"(zhang)、"重"(zhong)和"重"(chong),也应注意区分。汉语的同音词以单音词为多,如"钳、前、钱、黔、乾、掮、潜"(qian)都是同音词(或词素),以致"要向前看,不要向钱看"可被曲解为"要向钱看,不要向前看"。由于汉字不同,这些同音词在书面上很容易区别。现代汉语的词汇有双音节化的趋势,同音词逐渐减少。另外,在书面语中可借助汉字加以区分。有些同音词在语义上容易混淆,如"前生"和"前身",要特别注意区分,有些同音词语义无甚联系,如"前期"和"前妻",较易区别。测试的方法可以是单独的区分,也可以是语流中的辨别;可以是单项的考核,也可以放在综合测试中进行。

4)区分词、词素、词组、熟语的能力。词和熟语是语言中现成的词汇单位,熟语是词的固定组合。词素是构词单位,不能单独在言语中使用。词组是言语中词的自由组合,一般称自由词组。这四种语言单位的性质各不相同,学生应有识别和区分的能力。"他万一有个三长两短。"这句话,不区分语言单位是很难理解的。"万一"是个词,指"可能性极小的假设","万"和"一"都是词素,这儿已没有具体数字的含义,尽管构词的理据是"万分之一"。"三长两短"是固定词组,是熟语。它的整体含义是"意外的灾祸或死亡",与构成该熟语的词"三"、"长"、"两"、"短"无关,尽管这四个词在熟语中体现了潜在意义。理解词和熟语只管词和熟语的整体含义,而不必分析他们的内部形式。理解自由词组就不一样,"他有三男两女",这"三男两女"是自由词组,各词都有实在的意义。区分语言单位的测试方法最好是翻译,学生确定翻译单位时,一定要首先辨认原文的语言单位。如果把"三长两短"译成"三个长的两个短的",那一定是把熟语当作自由词组了。

5)选词能力。在丰富的词汇体系中选择语言练习和言语练习所要求的词语,是学生应具有的能力,这种能力在言语交际中尤为需要。在语言练习中,可用填充、选择等方法测试,要求选得准确;在言语练习中,还可用换词的方法测试,要求学生依赖上下文和语境选择适合的词;类似"春风又绿江南岸"换去"到、过、入、满"等词,挑选"绿"这个词,确切地表现出春风一吹遍地绿茵的动人景象。

词汇语义能力的发展,除依靠对外汉语教学的词汇工作之外,还要让词语在不同的语流中重现,让学生在话语中领会词语的细微含义和修辞色彩。所以,词汇能力的测试要兼顾聚合和组合两个方面。

3 汉语语法语义能力

1)分析词的构造的能力。汉语词的构造多数是词根合成,如:"人民、城市、丰富"等,词中的词素都是词根,都表示实体词汇意义。但也有一定数量用加缀法构成的词,如"桌子、学者、阿大、老虎"等。这时,后缀"子、者"和前缀"阿、老"等只表示附加的词汇意义。如"者"只是表示人称的后缀,"学者"就是"学人"、"学问家","人"和"家"这儿也是人称后缀。这种后缀起构词的作用,"者"加在前身词干"学"之后,构成一个新词。它与纯粹表示语法意义的构形词缀不同。"学者们"的"们"就是表示复数的语法意义的构形词缀,它加在前身词干"学者"之后,只表示语法意义"复数"。这种分析词的构造的能力与前面所说区别词、词素、词组的能力有关。测试时可以结合起来,考出学生这两方面的能力。

2)分析词类和句子成分的能力。词类的划分犹如授军衔"少校、上尉"等等。某类词在句中可担任什么成分,如动词可作谓语,犹如少校可以任营长。当然,任营长的也可以是大尉,作谓语的也可以是形容词。上面提到的名词"代表"可作主语、宾语:"全体代表一致通过"、"我们热烈欢迎代表们"。动词"代表"可担任谓语:"我代表学校欢迎大家"。"聪明"与"智慧"近义,但词性不同,在句子中起的作用也不一样。"群众很聪明"中"聪明"是形容词,作谓语;"领导要运用群众的智慧"中"智慧"是名词,作宾语。这种分析词类和句子成分的能力是重要的语法能力,可用选词造句的方法加以测试。

3)词语搭配的能力。词语搭配有语法搭配、语义搭配,也有修辞搭配。如汉语中副词和名词不能直接搭配,不说"很学校,不铅笔"这是语法要求。汉语说"吃饭、喝茶、吸烟",这是语义搭配,"吃、喝、吸"三个动词分别要求带有"固体、液体、气体"义素的名词作为宾语。方言中说"吃茶",那"吃"已具有"喝"的义项。语义搭配中特别注意限制意义在搭配上的限制,已如前述。把汉语作为外语进行教学,特别要重视两种语言不同的习惯搭配。如汉语说"大雨",英语说 a heavy rain(重雨),俄语说 сильный дождь(强雨);汉语说"红茶",

英、俄语分别说 black tea, чёрный чай(黑茶)。这种习惯搭配对各民族语言来说是自由的,但对搭配习惯不同的语言来说是特殊的。这种情况是学习外语的难点之一。凡与学生本族语搭配习惯不同的词组,一定要在教学和考试中特别重视,把它们当作词组,让学生掌握整个搭配方式,而不是去自由搭配。汉语中的"自由恋爱",以英语为本族语的学生要掌握这整个搭配的含义,否则就会按照英语搭配 free love 类推出"婚外恋"的含义。在教学和考试中要特别注意这一点,避免学生说出"这么重的雨"或"雨下得好强啊!"这样的话。

4) 用词造句的能力。用词造句是建构话语的基本阶段。对外汉语教学要培养学生造出合乎语法的句子的能力。这种能力是语言能力向言语能力的过渡,依赖语境,适合语体,造出与整个话语相适切的句子就是言语能力了。考试时,可以给出主要词语,让学生造句;也可以给出学生本族语的句子,让学生按汉语规则说成汉语的句子。

语法能力的发展除依靠语法分析之外,更要在言语中把语法规则具体化,让学生在话语中活用语法规则。

4　文字的识别和书写能力

汉字作为词符文字向词素文字过渡的语素文字,比起音节文字和音素文字来,数量要大得多。常用的、使用频率和对话语覆盖率最高的汉字大约 2 500 个左右。要外国学生识别和书写两三千汉字,是不容易的。另外,汉字不直接表音,为了帮助学生正确读音,还要教汉语拼音方案。文字的教学和测试,应限于正式公布的简化字和拼音方案,要求正确识别和书写。这种能力,可以结合书面语的教学和考试一并培养和考核。

语言能力不仅在分析语言现象时表现出来,更多的是在言语中表现出来,但它们仍然是语言能力,而不是言语能力。言语能力是同言语活动和话语有关的能力,是对外汉语教学要培养的更为重要的能力。

三

言语是使用语言的过程和结果,言语过程就是生成话语、理解话语、进行言语交际的活动,言语结果就是在交际过程中建构的话语。言语活动和话语建构都要以语言为基础,是对语言的使用,在使用中又建构语言本身。言语能力主要有生成话语的能力、理解话语的能力、翻译能力、依赖语境的能力、辨别再现语体的能力、汉语思维和语感的能力等项。

1　生成话语的能力,即表达的能力,分为说和写的能力

　　1）说的能力,就是口头表达的能力。说的能力除了上述的语音标准、语调正确等语言要求外,主要指即席生成话语的能力。这时学生在综合运用语言知识,依赖语境和交际目的,产生适合的话语。由于是面对面的交际,要求反应快,但话语一般较简单,正确性也没有书面语高。教学和测试的重点要放在适合性和灵活性上,不必苛求正确性,当然要力求正确。这种口语表达能力,是一种日常谈话的能力,它在口语形式的基础上形成,但要求更高。培养和测验口语形式的能力,可以用朗诵外语话语的方法;培养和测试谈话能力则要用言语交际的方法,要求学生在交际中自然地谈话,用自己的话不断产生和表达新的思想。学生能流利地背书,哪怕倒背如流,也不是真正的说话能力。

　　说的能力,从学习初期到后期都应重视。在初学阶段,语料切近日常生活,适合于口语交际,容易上口,也容易创造具体的言语环境;语料简单,容易脱口而出,反应较快。学一句,记一句,没有什么思想负担,敢于开口说话。对外汉语教学要抓住这一有利时机,让学生养成开口说话的习惯,突破口语关。考试要密切配合,要求学生自由说话,以免学了汉语开不了口。当然,即使在初学阶段,口语能力也应与书面语能力相互推进;即使到了高级阶段,说话能力的培养也不能放松。

　　2）写的能力,就是书面表达能力。写的能力除了正确书写汉字的要求外,主要指生成书面话语的能力。学生综合运用语言知识、文字知识,依赖语境和交际目的,产生合适的书面话语。书面语是间接的言语交际,语境不很具体,有思考和回旋的余地,内容一般较复杂,正确性要求高。培养和测试的重点要兼顾适合性和正确性。即使汉字个个正确,如话语不好,也不是所要求的写的能力。测试时尤其要注意,不要因为一两个错别字而低估好文章,也不要因为汉字正确无误而高估坏文章。当然,书写也要力求正确。

2 理解话语的能力,分为听和读的能力

1) 听的能力,就是口语理解的能力。听的能力除辨别语音、听清语流的能力外,主要指理解话语的内容,捕捉话语信息核心的能力。学生虽然是综合运用语言知识,但注意力集中在话语的意思。理解口语话语,要求依赖具体的语境,反应灵敏,迅速抓住话语的中心意思,领会话语的言外之意。培养和测试听的能力,不是要求学生听后记住话语中的词、句,机械地复述话语,而是用自己的话复述所听话语的信息要点。学生对话语的中心意思理解越准确,他的听的能力越高,哪怕他记不住话语的结构。如果学生记住的仅仅是话语用过的词、句和机械反映出原话语,而对其意思不甚了然,则口语理解能力甚差。考试时的要求和评分一定要注意真正听的能力。

2) 读的能力,就是书面语的理解能力。读的能力除识别话语词句、理解字面意义外,主要是理解书面话语内容,捕捉文章信息核心的能力。学生阅读时主要不是借助词典识别词语,分析语法结构,而是综合运用语言知识,准确领会书面话语的中心意思。培养和测试读的能力的重点,均应放在理解信息要点上。培养时要用大量的泛读来配合精读,让学生拿到文章一扫视,即能领会信息。考试时,给学生程度适中的文章,要求他理解信息核心,并用自己的话表达出来。

说写是言语表达,听读是言语理解;听说是口语交际,写读是书面语交际,听说读写的相互关系十分密切。书面语是口语的书面形式,如果听说的材料经过读写,就能通过书面形式加深口语的印象;读写的材料经过听说,就能通过口语巩固读写的效果。从理解和表达来说,对同一材料经过听读两种形式就能理解得更透;经过说写两种形式就能表达得更好。由于口语和书面语的同一性,两种理解和表达的形式之间是相互配合、相互深化的。但是,不管听说读写,言语能力都应与学生的语言能力相适应。教学时,要让学生从言语中

学会语言,并用已学会的语言知识,进一步学习言语。考试时,两者也应兼顾,既考学生从话语中分析语言现象的能力,又考学生使用语言建构话语、理解话语的能力。

3 翻译能力

在对外汉语教学中,应尽量少用学生的本族语,尽可能让学生多接触汉语。但一个初学汉语的人,往往默默地把汉语译成他的本族语,无法完全摆脱。但在教学法上要尽量使用汉语,只有在学生对汉语无法理解,或直接了解费时过多的情况下,才可适当利用学生的本族语来解释、翻译、对比,帮助学生掌握汉语。因此,也可以把翻译作为测验学生汉语的手段。但这种翻译是以了解、分析语言现象为目的的,不是真正的翻译能力。到了高级阶段,学生直接使用汉语的能力有了一定的基础,就需要准确、通顺地进行翻译。一方面在汉语听说读写能力的基础上进行翻译,另一方面使听说读写能力在翻译实践中得到发展。最后,学生在自己使用汉语时可不通过本族语的中介,而当需要翻译时,又能准确通顺地译出话语信息。这时的翻译已不再是了解、分析语言现象,而是为了用一种语言传递另一种语言所承载的信息,这就是真正的翻译能力。

测试翻译能力,要把重点放在尽可能等值地传递原语信息上,不要追求词语的一一对应。适当改变语言形式而达到话语信息的更大等值,是翻译技巧之所在,这种能力应该得到好评。

4 依赖语境的能力

言语交际,特别是口语交际都在特定的言语环境中进行。言语环境有时间、地点、场合、对象等客观因素,也有言语主体的思想、修养、性格等主观因素,以及交际者的角色关系。生成话语、理解话语都要依赖言语环境。表达时依赖语境说出适切、恰当的话,把握信息量度,传递各种信息;理解时依赖语境捕捉话语信息核心,领会言外之意。交际双方依赖语境,通过话语信息交流,调节人际关系。依赖语境使用语言,才是言语交际能力。考试时可设计接近真实的交际现场,观察学生话语质量,衡量言语交际效果;也可以观察学生在实际言语交际中的话语质量,衡量能否达到交际目的和完成交际任务。

5 辨别、再现语体的能力

辨别、再现语体的能力与依赖语境的能力有关。人在不同社会活动领域进行交际时,由于不同类型的语境,就各自形成一系列运用语料的特点,这就是语体。任何使用语言的人,都要受到语体的约束。如在随意场合与亲友交谈,要用日常谈话语体,防止书卷气和学生腔,防止外交辞令和文艺腔调。写科学文章要求用语准确,防止歧义;写文艺文章,双关语可以成为有用的修辞手段。在对外汉语教学中,特别是高年级,要培养学生在理解话语时辨别语体、在生成话语时再现语体的能力,这是言语能力的重要组成部分。考试时,可以让学生找出特定语体的语言特点,也可以让他们使用具有语体色彩的词语和中性词语一起建构特定语体的话语。

6 汉语思维和语感的能力

在谈翻译能力的时候,已谈及不经过本族语翻译的直接使用汉语的能力,这种能力是以汉语思维为基础的。对外汉语教学不能让学生根据他的本族语思维理解,而应该直接理解汉语话语,这样才能加快听说读写的速度。培养汉语思维与培养汉语语感有密切关系。汉语语感使学生不必意识到语言体系的特点,而直接掌握言语,不必通过词句的分析和翻译,立即领会汉语话语。这种语感要在对外汉语教学中逐渐形成。语言体系知识有助于语感的形成,言语实践是培养语感的决定因素。在语感的帮助下,学生直接理解、直接表达,直觉地感知话语、创造话语。考试时,要考出学生汉语思维和汉语语感的能力,让学生不是分析词汇、语法甚至译成本族语后才理解汉语,而是直接立即领会话语内容。说写时也一样,不必通过本族语的翻译和组织,直接用汉语表达思想。这从灵活程度和反应速度上是可以测试的。

四

汉语的语言能力和言语能力是相互作用相互促进的,二者不可偏废。从总体上说,又以言语能力为主。汉语考试应考出这两种能力,考出两者的关系,而不是仅仅要求学生分析语言现象,记住语言规则;也不是仅仅要求学生使用语言。考试要在不同的学习阶段测试学生语言与言语相适应的水平,既不是词汇语法知之甚多而不善于使用,与言语分离;又不是话语流利,而词汇语法相当贫乏。

总之,考试应与教学法相配合,培养学生掌握汉语体系,能够正确、熟练、恰当地使用汉语进行社会交际的全面的语言能力和言语能力。

(原载《首届汉语考试国际学术研讨会论文选》,北京语言学院出版社1995年版)

外语电化教学中的语言与言语

语言是人类最重要的交际工具,是音义结合的词汇和语法体系;言语是在特定的语境中,为完成特定的交际任务时对语言的使用。语言存在于言语之中,但凭直接观察,不能领会完整的语言体系。语言学家一方面研究言语,一方面从言语中概括出语言体系,加以分析、描写,帮助人们自觉地掌握和使用语言①。从20世纪50年代起,我国语言学界和外语教学界开始研究语言与言语的辩证关系。其中,在外语教学领域中的应用成果颇丰,主要思想归纳如下②:

(1) 语言和言语的矛盾是外语教学中的根本矛盾,它规定和影响外语教学的其他矛盾。

(2) 言语是矛盾的主要方面,在外语教学中起主导作用。语言虽是矛盾的次要方面,但它同外语言语的关系十分密切,离开语言体系,就无所谓语言的使用。

(3) 语言的内部构成要素是:语音、语义、词汇和语法。其中,语音是语言的物质形式,语义是语言的意义内容,词汇是语言体系的建筑材料,语法是语言体系的组织规律。

(4) 言语的内部构成要素是:听、说、读、写和译。其中,听、说属言语的口头形式,读和写属言语的书面形式。听、读是言语的理解,说、写是言语的表达。听、说、读、写是外语的单一运用,翻译是外语和本族语的混合运用。语言能力的高级表现是外语思维、语感和

---

① 王德春著《语言学通论》,江苏教育出版社,1990年,第604页。
② 王德春著《多角度研究语言》,清华大学出版社,2002年,第68—85页。

特定语境中的言语交际。

在外语教学领域中,外语电化教学已发展成为一种重要的教学手段。外语电化教学通过学习者的视、听、触、动等感觉器官向大脑输入鲜明而完整的语言和言语表象,激发兴趣和求知欲望,调动学习积极性。外语电化教学中多媒体、人工智能、因特网等技术的广泛应用为外语教学的形象化、具体化和实践化提供了技术保障。外语电化教学也以其独特的直观性、高效性和实践性而在外语教学中备受青睐[①]。

在外语教学的新领域——外语电化教学中,将语言学习和言语应用有机地结合起来,正确处理好言语与语言的关系,对于发挥外语电化教学在外语教学中的特效作用至关重要。本文将就这一问题,从以下四个方面加以论述。

1 语言与言语的辩证关系是指导外语电化教学的理论基础

目前,外语电化教学已发展成为一门交叉学科。它主要研究用现代教育技术记录、储存、再现、传递外语教育信息的方法,研究现代教育技术辅助外语教学的理论、原则、方法和教学规律。其目的是使外语教学达到最优化。外语电化教学的基本框架有三个层次:本体论、方法论、实践论。本体论研究语言本质、特征、语言习得过程,解决教什么的问题。方法论探讨用什么样的教学方法和教育技术手段,以取得最优化的教学效果。实践论既可以看成是语言交际的实践、教学方法的实践,也可看成是职业技能、教学技能和操作教学、媒体技能等的实践[②]。外语电化教学是一项极其复杂的过程,对于这一过程的了解和认识,不仅需要研究语言,研究现代教育技术,而且还需要研究人们是怎样传授和习得语言,研究人们怎样运用现代教育技术来优化外语教学[③]。

---

① 姜淑芬,影视教学与学习者交际能力的培养,外语电化教学,1996(3),第12—13页。
② 何高大,现代语言学与外语电化教学原则(三),外语电化教学,2000(3),第60页。
③ 何高大,现代语言学与外语电化教学(一):现代语言学的特点、发展、作用及其对外语电化教学的意义和作用,外语电化教学,1999(3),第47页。

一般来说,外语教学是在一定的现代语言学理论指导下,通过贯彻一定的教学原则,采用一定的教学方法、活动和手段来实现的。比如:听说法把语言看成是一个结构系统、一套习惯;认知法把语言看成是一套转换生成规则;功能法把语言看成是社会现象,是交际工具。现代语言学理论贯穿于外语教学的各个环节和整个过程之中。现代语言学理论是制定外语教学大纲和设计教材的依据,是指导课堂教学和学习过程的原则,是教学评估、测试的向导。换句话说,现代语言学理论是外语教学法流派最直接的理论基础,它直接影响教学法的形成。外语电化教学作为外语教学的一个重要分支,其教学实践当然离不开现代语言学理论的具体指导。

从某种意义上说,与普通外语教学相比,外语电化教学与现代语言学理论的关系甚至更为紧密。现代语言学理论与外语电化教学都与语言有关:现代语言学理论以语言为研究对象,而现代外语电化教学则以语言为教学内容,以教育技术为手段,以培养语言运用能力为目的[1]。现代语言学理论是教育技术、媒体技术、多媒体语言实验室、电化教育软件、声像资料、声像教材、计算机辅助外语教学、电化教学原则、方法最为本质的理论基础。外语电化教学的实践则为现代语言学理论的检验提供试验场所,并为现代语言学理论的发展提供素材。它们的结合能使外语教学信息迅速升值。

众所周知,现代语言学理论于20世纪初萌芽。索绪尔起了开创作用,他首次将代码或系统(语言)和对系统的运用(言语)区别开来。他的理论为20世纪结构语言学的形成和发展奠定了坚实的基础。后来,乔姆斯基(Chomsky, 1957)从心理学的角度将语言区分为语言能力(Competence)和语言运用(Performance)[2];韩礼德(Halliday, 1985)从语言功能的角度将语言区分为语言潜势(Linguistic Potential)和具体语言行为(Actual Linguistic Behavior)等[3]。在中国,20世纪50年代

---

[1] 同上页③,第48页。
[2] 参见 Noam Chomsky, *Syntactic Structure*, Mouton Publishers, 1957。
[3] 参见 M. A. K. Halliday, *An Introduction to Functional* Grammar, Edward Arnold, 1985。

末和60年代初开展了全国性的语言与言语学术讨论会。我当时主张语言与言语不仅可以区分,而且言语有规律可循。70年代我论证了外语教学中语言与言语的辩证关系,80年代发展为建构主义外语教学论。如果把语言与言语的辩证关系看成是现代语言学理论形成和发展的重要基础,基于现代语言学理论与外语电化教学的紧密联系,我们不难看出:外语电化教学的实施也离不开语言与言语辩证关系理论的具体指导。

2 语言与言语的矛盾是外语电化教学的根本矛盾

外语电化教学实际上是一个充满了矛盾的过程,各种矛盾的对立和相互作用,推动外语电化教学过程的发展。语言和言语的矛盾是外语电化教学中的根本矛盾。这一对矛盾规定和影响外语电化教学的其他矛盾。该矛盾贯穿外语电化教学全过程并决定外语电化教学本质。表现在外语电化教学的教学方法上,有直接对比、综合分析和归纳演绎等矛盾;表现在教学内容的选定上,则有课文和语言现象、实践和理论、技能和知识、言语练习和语言练习、活用练习和机械练习等矛盾。

由于学习者学习外语的主要目的是使用它进行社会交际,所以,言语通常是矛盾的主要方面,它在外语电化教学中起主导作用,而语言则通常是矛盾的次要方面。

语言虽然是这一矛盾体中的次要方面,但它同外语言语的关系十分密切,离开语言体系,就无所谓使用外语。在外语电化教学中,两者要同时进行,相互促进。在大多数情况下,掌握语言体系应该服从于语言使用,即:语言服从于言语。但在一定的条件下,矛盾的次要方面也可转换为主要方面。如:外语电化教学中的视听说音像教材为学习者提供真实的情景和地道的言语信息。这些均是具体的言语材料。在外语电化教学过程中,学习者掌握这些言语材料是教学的核心。这时,言语是矛盾的主要方面,语言服从言语。如果这些言语材料在外语电化教学过程中无休止地堆砌,学习者的大脑中就不能有序地建构个体掌握的语言体系。因此,要让学生从这些言语材料中学到语言,电化教学一定时期内要对语言现象加以归纳、整理,让学习者通过这些具体的言语材料,逐步在大脑中建构自己与全民语言规律一致的个体语言体系。此时,语言变成矛盾的主要方面。

由此看来,语言和言语这两个方面,在外语电化教学中虽有主次之分,但不可偏颇。其关系如果处理不当,会直接影响到整个外语电化教学的开展。

3 语言与言语的统一是外语电化教学的最终目标

从发展的角度看,外语电化教学可以出现"外语电教媒体—学习者"这样一种二维的模式。其中,教师和外语电化教学手段将融为一体。但是,在目前世界范围内流行的外语电化教学模式仍然是三维的:"教师—学习者—电教媒体",而且教师的指导作用永远不会消失。

从控制论、信息论、系统论的基本理论、观点和方法看,外语电化教学过程系统是个多层次、多结构的动态闭链信息系统。外语电化教学过程系统(见图1)由三种要素构成:学习者、教师和电教媒体①。就该系统的实质来讲,它是一个信息传递过程系统。在这个过程系统中,信息由储存状态变换为传输状态,其流动呈双向性。只有三者间的信息传递协调,信息输出和输入自始至终保持动态平衡,系统内的信息流动才能保持通畅,每个要素间的信息吸收率才会高。这里所说的信息主要是指外语教学信息,包括:知识信息、指令信息、辅助信息和反馈信息等。其中,知识信息主要由言语信息构成。

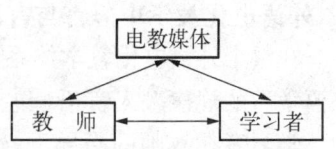

图1 外语电化教学过程系统的三要素构成图

目前,在外语电化教学中,指导电教媒体设计②的理论基础主要

---

① 参见林康威,课堂电化教学系统过程的有序性,电化教育研究,1994(4),第10—16页。
② 参见秦秀白、贾国栋、张本慎,大学英语教学手段的更新与变革,外语界,1998(3),第8—12页。

是建构主义理论(constructivism)。建构主义认为,知识不是通过教师传授得到的,而是学习者在一定的社会文化背景下(一定的情境),借助其他人(教师和学习伙伴)的帮助,利用必要的学习资源,通过意义建构的方式获得的①。建构主义理论强调"以学习者为中心,认为学习者是认知的主体,是知识意义的主动建构者,教师起组织者、指导者、帮助者和促进者的作用"②。

因此,按照我的建构主义外语教学论原理,在整个外语电化教学过程中,学习者不断从外语电化教学媒体和外语教师那里获得言语信息,通过自己的信息加工处理,以及教师和媒体的归纳、整理,逐步在大脑中建构自己与全民语言体系一致的语言体系。换句话说,外语电化教学的最终目标就是在外语学习者自己的脑海内,让言语与语言统一起来,建构学习者自己的外语语言体系,并掌握建构话语的能力。

4 外语电化教学中语言与言语统一的系统性、完整性和协调性

在整个外语电化教学体系中,语言学家把语言体系中的知识按外语学习的规律融入言语(包括媒体提供的活动和教师的活动)之中。学习者在教师的指导下,经过自己的努力,从媒体提供的言语中,在学习言语的同时,学到语言,建构外语语言体系。如果学习者学的知识全部是言语而未建构外语语言体系,他的言语能力就不能举一反三地发展。

因此,外语电化教学中语言与言语的高度统一在外语电化教学中意义非常重大。语言与言语的高度统一,主要表现在语言与言语统一的系统性、完整性和协调性上。

系统性是指外语电化教学过程体系中,语言与言语各自的要素在外语电化教学中建构独立而且相对封闭的系统。完整性指在外语

---

① 参见李克东,多媒体教学软件开发的理论基础与技术要求,广东省高校第三届 CAI 软件展示会暨 CAI 开发理论和技术标准研讨会,1998(4)。
② 何克抗,建构主义——革新传统教学的理论基础,教育技术研究,1997(1),第29—31页。

电化教学中,各系统要素间除了组建系统外,从整体上看,还应该保持各个系统的相对完整。协调性是指各个系统要素间和系统间的关系要协调起来。

我们以语言与言语各自相对独立的系统为例。语言体系内有语音、语义、词汇和语法四要素。其中,词汇是语言的材料,语法是语言的规则,语音是语言的物质形式,语义是语言的意义内容。言语体系要素为:听、说、读、写和译。其中,听说属口语;读、写属书面语。听、读是言语的理解而说、写是言语的表达。听、说、读、写是单一使用外语,而译涉及到外语和另一语言的转换。对于每个外语学习者来说,他的学习可以在一段时间内以某一个语言要素为主,如词汇,或以某一个言语要素为主,如说,也可以以几项要素为主,如:语法、词汇和写等。但是,相对学习的最终目标来说,它们都是建构自己外语语言体系和发展言语能力,即语言与言语高度统一体的过程。最后的目的是学生既能分析和理解语言,又能在特定的语境中有效地使用语言。

我国的外语电化教学从20世纪50年代初起步,走过了半个世纪的历程。目前,针对言语某一技能或语言体系中的某一要素的训练较多,比如:锻炼听力或口语的磁带、CD或VCD(主要针对学习者某一或某几项言语要素)、训练词汇和语法的(主要针对某一或某几个语言要素)多媒体软件等。这些单项外语电化教学媒体的出现,给外语师生们造成了一种错觉:好像言语和语言是分离的。其实,在外语教学过程中,将语言与言语按一定的规律分解成许多小项,只不过是为了教学的方便,对于学习者来说,他所要掌握的仍然是语言与言语的高度统一体。

如果学习者不能很好地发挥外语电化教学的辅助作用,单一追求某一言语技能的发挥,或片面强调语言要素中某些项目,而忽视语言学习的系统性、整体性和协调性,其言语能力很难系统、完整和协调发展。在这种情况下,教师的正确指导非常关键。在外语电化教学过程系统中(见图1),教师除了激发学生的学习兴趣、创设有利于学生对所学知识进行意义建构的情境和组织协作学习外,还应该在众多外语电化教学的学习资源中,针对某个或某类学生的需求,在特定的阶段,帮助学生确定学习主题,挑选切实可行的外语电化教学手段和材料,并在学习过程中,帮助学生梳理所学的言语知识,以便学生完整、协调和系统地建构自己与全民语言规律一致的语言体系①。

由此看来,无论外语电化教学中某一教学媒体和教学方法有何种倾向,通过系统的、完整的和协调的方式掌握外语语言与言语,使两者同时发展、相应提高才是外语电化教学的最终目标,当然也是外语教学的最终目标。

(原载《外语电化教学》2003年第2期,与仇传斌合写。)

---

① 李湘,论现代教育技术中教师的作用,电化教育研究,2000(7),第10—12页。

外语教学漫议

定芳多次约我写点关于外语教学的想法。我一向想得很多,说得很少,写得更少。这就是迟迟没有应约的原因。这次寒假前又遇到定芳,面对他的诚意,实在盛情难却,便答应他作为寒假作业一定完成。于是冒着严寒开始漫议外语教学。

有一次我到学生宿舍,他们在打扑克。一个学生指着另一个学生说了一句:"He is a shark at bridge."我发现几个学生互看了一眼,他们作为听者,在理解这句话的意思。理解话语通常依据词汇和语法策略,这句话的语法不成问题,词汇问题也不大。可能 shark 这个词冷僻一些。一旦知道词汇意义,听者就会做出最初的理解:"他是桥边的一条鲨鱼。"但在宿舍的交际环境中这种理解没有实际意义。于是听者又会继续用语义、修辞、语用等策略进一步理解。例如,想到 shark 一词的转义。从认知的角度考虑,一般会按鲨鱼的性质从两方面认知 shark 的转义,正像汉语的"虎","虎虎有生气"的"虎"形容"威猛","如狼似虎"的"虎"比喻"凶残"。shark 在英语中也可能向两方面转义。但同学间一般不会说"凶残",多半是说"威猛"。再看 bridge,从打扑克的环境可知,它指的是"桥牌"。到这里,听者得到第二次理解:"他是桥牌能手。"这种理解是正确的,但理解过程还没有结束。听者会想,这个同学当着老师的面,说另一个同学是桥牌能手是什么意思?是正面称赞他牌打得好,还是反面讽刺他牌打得不好?是称赞他劳逸结合,全面发展,还是在老师面前暗示他精于打牌但论文没有写好?这时就要进一步采用言语策略,从语境、从听说者社会心理状况、从交际者角色关系,来确定这句话的准确含义。

从这个例子可以看到外语学习的实质:在言语交际中学习语言现象,在大脑中建构个体语言体系,同时学习言语本身,学习在交际中建构话语、理解话语的能力。学生听到这句话时,首先复习了已知语言现象及其在具体语境中的使用。如"He is x."这个带表语合成谓语的陈述句,to be 这个联系动词所表达的词汇语法意义,bridge 所表达的"桥"的意义,等等。然后又学到新的语言现象,如 shark 一词的"鲨鱼"义及其"能手"的转义,bridge 的"桥牌"转义,等等。同时还学到在特定语境中建构和理解这种话语的有关语义、修辞、语用、语境、话语角色及角色关系等方面的知识。这些语言和言语知识汇入大脑,与已知知识配置,逐步建构与社会语言相一致的体系和相应用法。

"He is a shark at bridge."的句型"He is x."中的 to be 联系后面的表语,形成表语合成谓语,它的词汇意义没有完全消失,但在语法上又起联系作用,所以是词汇语法意义。学生可以联想很多类似的例子并加以比较。如:"You are a student."(你是学生)、"Our task is to finish the work in time."(我们的任务是按时完成这项工作),这个意义与纯粹表示客体的词汇意义不同;如:"The key is in the lock."(钥匙在锁里)、"It is nothing to me."(这对我没关系),这个意义与纯粹表示关系的语法意义也不同;如:"He is reading a book."(他正在读书),这句中的 to be 只是与 read 的现在分词构成现在进行时,"This book was much spoken of."(这本书常被谈及)。这句中的 to be 只是与 speak 的过去分词构成被动式,它们的词汇意义已经消失,只起语法联系作用。

通过这样的学习,学生在言语活动中学习了语言的实际使用,培养了理解话语和建构话语的能力,复习了话语中已知语言现象,学会了话语中出现的新的语言现象,并把这些语言现象与大脑中已有的语言现象比较、分析、综合,逐步形成个人的语言体系。如果输入的话语符合现代外语规律,学生掌握的外语是从言语中学会的,就很少可能出现汉语式的外语。只从语言体系学习语言,又没有理论概括的教学,才会让学生从类推中受本族语的影响而出现一些语误,即使这种语误也只是学习的不同阶段而产生的不同程度的语误,是学生在学习标准外语中难免的,与所谓的"中介语"无关。

记得20世纪50年代学习俄语时,有的学生会说:"Каждый день яиду в школу."(我每天上学。)俄国老师说:"Не правильно, русскиетак не говорят."(不对,俄国人不那么说。)学生检查了语法、性、数、格都正确,再问老师,老师只知其然而不知其所以然。其实在这时,老师应该做好两方面的事,一是输入俄国人那么说的话,如:"Каждый день я хожу в школу."(我每天上学)、"Каждый день в восемь часов я иду в школу."(我每天8点上学)。让学生从言语活动中学习言语本身;二是到一定时候加以归纳,说清其所以然,让学生从话语中学到语言。告诉他们,现代俄语的方向动词有定态和不定态的语法意义,如果说"我现在上学"就是"Я иду в школу."用定态动词,因为我现在去一次;如果说每天上学,就要用不定态的хожу,因为每天有往返多次的意义;而如果说每天8时上学,"8时"是明确的时间,每天8时上学是有目的有方向的动作,所以需要用定态动词,从而帮助学生在大脑中建构语言体系。在教学中如果只讲道理,不在言语活动中输入话语实例,学生容易犯理论类推的错误;如果不讲明所以然,学生又会犯套用语例的错误。所以,外语教学中要让学生的语言能力和言语能力相应提高,不能脱节。

一般老师都埋怨学生把black tea(红茶)说成red tea,把сильный дождь(大雨)说成большой дождь,甚至有人说学生说的并不是英语或俄语,而是所谓的"中介语"。其实,学生之所以说错,主要是由于在教材、课外读物和教师的话语中没有出现过外语中相应的习惯搭配,而只出现过相应的形容词和名词。即使学习本族语,如果习得的不是习惯搭配,而是单词,也会临时搭配错。没有听说过"黄酒"的中国人有时会把黄酒说成"红酒";没有听说过"黄瓜"的中国人也会把黄瓜说成"青瓜"。在语言教学中,只有纯粹的自由搭配,才能让学生自由地组合,固定搭配和习惯搭配一定要在话语中出现,或者当作词汇单位教给学生。千万不能在学生发生语误时,把责任推给并不存在的"中介语"。教师的责任是让学生在言语中学会外语标准语,而不是让学生从学习中介语过渡到外语。学语言的人,不管学的是本族语还是外国语,都要直接学习该语言本身的标准,逐步向标准靠近。在学习过程中有不同的语误,要用不同的方法来纠正。

外语学习是在语言体系、言语活动、言语机制和话语的综合作用下,对语言和言语的逐步掌握。单从某一方面,如单从语言体系,或单从言语,都不易学好外语或学习效率不高。现代语言学重视研究语言和言语的循环网络,即语言体系、言语活动、言语机制和话语的互相联系和相互作用。外语教学论也应该顺应这一语言学的发展趋势。如能如此,外语教学定将更上一层楼。

上面从我回忆起的几个语用实例漫议了我的外语教学论思想。这种思想在我的论文和专著中曾在不同程度上论述过。我的这些想法的形成和发展,除了受我自己的语言学思想影响外,也与我自己学习外语的经验教训有关。下面再回忆几个我学习外语的实例,从实践的角度说明我的想法。

我20世纪40年代学英语,第一节课老师就教 b - bo, c - ke, f - fu, fa,……我们就跟读照背,结果是弄清了英语字母表的表音方法,也知道了 wife 和 father 两个词中字母 f 的发音听起来不一样,但没有学到常用英语。接下来就学希腊神话,学得一知半解,生吞活剥。由于没有学习日常话语,神话话语中的许多词语极少用到,所以既没有从话语中学到足够的现代英语的常用词语,也没有学到建构话语和理解话语的能力。背了一些神话,以后由于用不着也就慢慢忘了。仅有英语老师那一句极富感情的"Good morning, sir!"还记忆犹新。倒是在课外学的一些东西还能记得,例如,还能记得"魂断蓝桥"和"翠堤春晓"的插曲;打桥牌时说"one heart, two diamonds"比说"一红心,二方块"顺口;打乒乓球时也可以脱口说出"net ball"(触网球)、"outside"(出界)和"touch"(擦边球)。挺有意思的是,我们几个小孩当时把 touch 理解成汉语的"台哧"(球从台子边沿哧溜一声擦下来)。但这些东西只能在特定的场合派点用处,并不能代替正式的英语学习。而遗憾的是,正式学的神话话语及其所用词语则较少能有效地在大脑中建构。

50年代学俄语,一开始就是语音导论、语法为纲。话没有学几句,变格变位却背了很多。语言单位不是在话语中学习,到用的时候去组合,较难说出流畅的外语。后来由于外语教学走文学路子,学了一些托尔斯泰的小说、普希金的诗、克列洛夫的寓言,一度沉迷于俄罗斯文学。但是从外语教学规律来看,由于没有学好谈话语体就直接进入书卷语体,既不能发展日常谈话能力,又使书卷话语失去生动的源泉。何况文学话语不是书卷语体唯一的、甚至主要的话语。单学文学作品,不仅语言体系得不到由浅入深的建构,言语能力也不能得到全面的发展。我的俄语谈话能力主要是毕业后与俄国教师共事,从日常交际中学的。我的建构和理解俄语科学语体的能力,是在与苏联专家研讨语言学问题以及从事翻译时学的。这大大弥补了在校学习时由于教学方法不理想造成的缺陷。

60年代,由于工作的需要又重新学习英语。有时自学,有时进修,是有目的的学习。例如,为了把40年代学的美国英语发音纠正到当时提倡的现代英语 RP 标准音,我到外文书店买了16张灵格风英语唱片,一遍一遍地听。不久我发现灵格风教材有两个缺陷,第一,它按照结构句型编写,出现一些"My wife is a woman."这样语法上正确、实际罕用的句子;第二,唱片中的英国人过分拿腔拿调,听起来很不自然,以后我从来没有听到过外国人那么说话。我还读过 *Essential English*(《基础英语》)。我很喜欢这本教材,它符合我想象的教学论原则。一个老师和几个来自不同国家的外国学生开展日常谈话,课文实用,有时穿插一点有趣的话,让学生从交谈中不仅学到日常用语,而且学到谈话本身。就连语法教学也是在师生谈话中学习的。后来还有各种英语教材,但我的英语学习转入 ESP,也就是为了语言学的研究而学习外语了。也是为了同一目的,我还学了一点其他外语。

从我对外语学习的简单回忆中不难看出,为什么我提倡上面漫议的外语教学论。我曾把这种教学论叫做建构主义外语教学论。我教中国人学外语、教外国人学作为外语的汉语时,都是按照这种教学论。其效果之一,是让我的学生避免了我所走的弯路。

谈到外语教学,不能不说一说汉语作为外语的教学,即对外汉语教学。一个兴旺发达的国家总是通过推广本族语来弘扬本民族文化,提升国际地位。不管是英美的对外英语教学 teaching English as a foreign(second) language,还是俄国的对外俄语教学 преподавание русского языка как иностранного 都有这样的作用。一些外语教学和二语习得理论就是为了向外推广本族语而研究产生的。

在中国,对外汉语教学已作为国策,受到相当的重视。对外汉语教学理论研究,作为外语教学理论的有机组成部分,得到很大发展。汉语是使用人口最多的一种语言,是联合国的正式语言和工作语言之一,它记载、反映了丰富的中华文化。使用汉语是中国人的自豪,也是许多外国人的喜好。我们在强调学好、用好外语的同时,一定要更加强调学好、用好汉语。以降低汉语地位和水平来强调外语,那是不可取的。大家一定记得,丁肇中先生在诺贝尔奖的领奖台上致答词时坚持用汉语,让全世界华人引为骄傲。大家也一定记得,不久前温家宝总理在美国访问时那铿锵有力、理直气壮的汉语演说。特别值得注意的是,布什关于坚持一个中国和反对"台独"的表述,是温总理用汉语确认后,布什听到翻译点头称是的。大家更不会忘记法国作家都德那脍炙人口的《最后一课》。所以,在制订外语教学或其他有关外语的政策和规定时,决不能以降低汉语的地位和作用为代价。诸如开展双语教学,用外语上理论知识课、写论文,让科学家考外语评职称,让莘莘学子凭外语考硕士、博士,在中国开会只能说外语等等,都值得慎重考虑。有些规定不仅会降低汉语的地位和作用,甚至会降低科学本身的地位和作用。为外语而外语,绝不是外语教学的真正目的。

作为语言学教师,我关心、赞成提高外语教学质量,并致力于旨在提高外语教学质量的外语教学论的研究和推广;我也关心、赞成提高汉语的地位,充分发挥祖国语言的作用;我更关心我们的语言教学能在实质上促进我国科学、文化事业的发展,提高学习者的整体素质和修养。

(原载《外语教育往事谈》,上海外语教育出版社2005年版)

参加美国中文教师学会年会有感

1997年11月20—23日,我应邀赴美国田纳西州纳什维尔市参加美国中文教师学会年会暨学术研讨会,虽行程匆匆,但收益颇大,感触良深。

中国自改革开放以来,国际威望日增,中外交流日益频繁,汉语作为外语的教学事业不断发展。在美国的短短几天中,我亲身感受到这股"汉语热"。过去,在美任教的中文教师,除美国人之外,以台湾教师为主。这次我发现,来自中国大陆的中文教师人数已比台湾教师多。但不管来自祖国的哪一个地区,是大陆、台湾、香港,还是澳门,他们的共同目的都是为了弘扬中华文化,推广汉语,让中国语言文化融入美国学术主流。

会议期间,有好几位老师与我谈到,诺贝尔文学奖获得者、西班牙作家塞拉说过,未来世界上的通用语言将是英语、汉语、西班牙语和阿拉伯语。大家认为,如果这一预言实现,那么,美国的第一外语将是汉语。因为不管从人口、文化、经济实力还是综合国力来看,汉语都将成为强势语言,非西语、阿语可比,尽管西班牙语现在仍是美国的第一外语。这种充满信心和希望的气氛笼罩着全会场,使研讨更加热烈。

美国的汉语教学发展很快,各大学或设独立的中文系,或在东方或亚洲语文系中设中文专业,其他专业选修汉语作为外语的学生越来越多,中小学和社会上也普遍重视汉语,全美仅中文学校就有514所,分布在全国46个州。

由于汉语教学发达,中文教师多,这次研讨会的内容相当广泛,涉及到汉语教学的目标和方向、教学安排、师资培养、课程设置、教材编写、计算机应用以及文化教学安排等。美国的中文教师的汉语教学计划之完整、设想之周到,令我感慨不已。

20日上午,我应全美中小学中文教师学会(作为中文教师学会的分会)会长李竹露茜邀请,参加他们研讨中学汉语教学标准的制定。其教学目标有下列五点:1.言语交际,要求学生用汉语交流思想、交换意见,理解和表达特定话题的话语;2.体认中华文化,要求学生通过汉语了解、体验、认识中华文化;3.贯通其他学科,要求学生通过汉语学习知识,与其他学科建立联系,吸收信息;4.比较语言文化特性,要求学生进行汉语与其本族语的对比,中华文化与其本民族文化之比较,加深语言文化知识;5.广泛应用于社会和国际,要求学生在社会上用汉语交际,而不局限于在学校。在研讨中,我建议他们充分重视语言体系和使用语言的关系,重视汉语本身蕴含的文化因素,即国俗语义的教学,得到他们的认同。

在几天的学术研讨中,我发现美国的语文教学十分重视发挥学生的想象力和创造性。有一种"故事新编"的教学方法,让学生用现代观念和看法改写故事,可以尽情发挥。例如,就《嫦娥奔月》新编出"嫦娥先去火星"、"嫦娥与中秋节"等故事,我看到一个学生新编的《嫦娥著书》:"1969年,美国太空人登陆月球,通过翻译机,太空人和嫦娥通话。嫦娥说:'我名叫嫦娥,本是地球人,也是中国人,因为吃了仙药,所以来到这里。'嫦娥在月球很寂寞,于是乎就和太空人回到地球。后来,嫦娥写了一本书《月亮的历史故事及秘密》,这本书翻译成一百多种文字,是全世界最畅销的一本书,销量比《圣经》和《毛泽东语录》多了数千万倍。"学生通过这种练习,不仅训练了语文能力,也训练了思维能力,提高了文化素养。还有一种教法,是拿中国的民间故事与相似的西方故事如格林童话、希腊神话等比较,这些故事表达了人类共同的愿望,但传达了不同的民族文化精神。这样教学,最易通过学习汉语弘扬中华文化。

我从研讨中更深刻地体会到,把汉语作为外语教给外国人同把汉语作为本族语教给中国人的确有不同之处。这种不同之处促使对外汉语教学研究的深入,也促使汉语本身研究的深入。有位学者在论文中谈到,由于美国学生不会用"把字句",以致不能把 Nobody can translate the poem from Chinese into English. 这句简单的英语句顺利译成汉语。他不管译成"没人能从汉语翻译这首诗成英语",还是译成"没人能从汉语翻译这首诗成英语",都不像标准汉语。当他学会"把字句"后,才知道这句话应该译成"没人能把这首诗从汉语译成英语"。正是由于这类现象,会议对外国人学汉语的一些特点进行了研讨。

这次会议上,计算机用于汉语教学这一课题受到重视,一些教师制作了不少对外汉语教学的软件,有的已经输入英特网。加利福尼亚大学德伟斯分校和汉弥尔顿大学的学者在这方面有较好的成果。

我参加这次会议感触最深的一点是:中国大陆的对外汉语教学面临着激烈的竞争。第一层次的竞争来自我国的台港澳地区。虽然在美台湾汉语教师的人数已没有大陆去的教师人数多,但活动能量不可忽视。例如,台湾为"侨委"拟建"全球华文网络教育中心",增加外国人学习汉语的渠道,这次出席会议的台湾学者介绍了这方面的情况。再如,专门从事对外汉语教学的台湾中华语文研习所成为中国参加"国际语言学校协会"的唯一会员。我作为该所的顾问,在这次与会前夕与其所长讨论了两岸合作,共同向世界推广汉语,弘扬中华文化的问题。第二层次的竞争来自新加坡、马来西亚等通用汉语的国家。我曾应邀到新加坡主持过"语言学与华语教学专业研修课程",参加过他们"推广华语运动"的开幕式,目睹了他们对外汉语教学的热烈景况。第三层次的竞争来自一些发达国家。这次在美国看到的情况与我过去在日本、德国讲学时看到的情况类似,中国大陆编的对外汉语教材被忽视,许多院校都在自编教材。

中国大陆地区是使用汉语的故乡,是对外汉语教学的大本营,随着中华人民共和国国势的增强,理应能在这一领域占据领先和统治地位。而面对三个层次的竞争,要赢得这一地位,除加强组织管理、重视宣传推广外,最重要的是要加强对外汉语教学的学术研究。

首先,对外汉语教学需要以现代语言学为基础的对外汉语教学论为指导理论,我们应在这方面进行系统的科学研究。由于我是出席这次会议的大陆地区的唯一学者,我除了向与会者谈了我的建构主义外语教学论之外，也介绍了我国其他学者的研究成果。美国、加拿大一些国家的学者对我说，建立科学的对外汉语教学论的任务非中国大陆的学者莫属。但这一任务绝不是天然地属于我们，在激烈的竞争中，我们要显示出研究的优势成果。

其次，对外汉语教学现在极需一种以现代语言学和对外汉语教学论为指导的配套成龙的教材。面对全世界汉语教学教材多行其是、不能配套成龙的现状，我向一些与会者谈了编写"21世纪对外汉语系列教材"的设想。这套教材的特点是：1. 遵循统一的建构主义对外汉语教学论的教材编写原则；2. 编写配套成龙、相互补充的用书，形成教材体系；3. 有计划地提供现代汉语语音、语义、词汇和语法信息；4. 正确处理语言与言语、汉语与外语、语言与文化等关系，全面发展学生的语言能力和言语能力，使两种能力相应地提高。这一设想引起一些学者的兴趣，加拿大外交部语言学校的学者立刻试探与我合作编写这套教材的可能性。大家都认为，编写这种教材十分迫切，而中国大陆学者应首先承担任务。

再次，面对竞争，中国大陆的学者应该有较多的机会在世界讲坛上发表意见、贡献成果。遗憾的是这方面做得也很不够。记得1991年在新加坡樟宜机场，前来接我的新加坡国立大学语言中心主任卢教授对我说："好不容易请来王教授。台湾学者经常到新加坡讲学、访问，上海学者那么难请。"这次我又有幸得到去美国的机会，连夜赶到纳什维尔。大陆学者在国际讲坛上发表亲见的机会，比起台湾、香港地区，特别是比起其他国家，相对要少得多。也许是物以稀为贵，美国中文教师学会的执行主席玛德琳博士给我的邀请信上说："能有您这样的著名学者参加这次年会，这是全体与会者的莫大荣幸。"在告别宴会上她又热情地说，"您是中国大陆来的唯一学者，谢谢您的光临和指导，欢迎下次再来"。

短短四天会议给我的印象是深刻的。对外汉语教学事业方兴未艾，在这个推广汉语、弘扬中华文化的领域，中国学者大有可为，希望中国大陆在这方面能居于领先和统治地位。

附记：九年之后，我又到美国旧金山参加了类似的学术会议，除讲我的建构主义对外汉语教学论和系列汉语教材外,还应邀主持了大会闭幕式并做了会议学术总结。值得欣慰的是,我多次谈到的由我主编的"21世纪对外汉语系列教材"2008年开始由上海外语教育出版社正式出版。

从语言组合中记外语单词

学一门外语,至少要掌握四五千单词,记住那么多外语词不是件容易事,得下苦功夫。但死记硬背效率不高,且易遗忘,所以还得用点巧功夫。有人喜欢背词表、念词典,勉强记住一些互不联系的词,又不会用,很快就忘了。有人把词拆成字母,强行拼记,t-e-a-c-h-e-r——teacher(教师),效果很差。许多同学为记单词而苦恼,十分关心"怎样记外语单词"这一问题。

记外语单词,掌握词形、词义和用法,要从语言的组合和聚合两个方面着手。组合就是几个语言成分连成较大的语言单位,如 you are a student.(你是学生。)这是一种横向联系。聚合就是在一定语言环境中可以相互代替的同一层次的语言单位,如 boy(男孩)、girl(女孩)、teacher(教师)等可代替上句中的 student,而形成一种聚合关系。记外语单词要从组合和聚合两方面下功夫。本文先谈谈从语言组合中记外语单词的方法。

1. 要分析词的构造。词由词表构成,记单词时不要把词拆成字母,而要拆成词素。词素是音义结合的构词材料,把词分解为词素不仅能记住这个词的词形、词义,还可帮助记住一系列的词。例如,teacher 由 teach-er 两个词素构成。用 teach-可以构成 teaching(教学)、teachable(可教的)等等;用-er 可以构成 worker(工人)、writer(作家)等等。记住两个有意义的词素,比记住七个无意义的字母要容易得多。有些单词素的词,也要记住词形变化时的词素,例如 teach(教)、teach-es、teach-ed、teach-ing。

2. 要记住词的常用搭配模式。在使用语言时,词不是孤立出现的,它总是与其他词搭配在一起,并总有一些经常搭配的伴侣。例如,a good teacher(好教师)、a woman teacher(女教师)、a teacher of English(英语教师)、a teacher at a middle school(中学教师),等等。记住这些经常性的搭配模式,说话时脱口而出,实际上也掌握了词的一般用法。但是,只需记住搭配模式,不必去记数量众多的自由词组。

3. 要记住与汉语习惯不同的搭配。中国学生学外语,有时用汉语的搭配习惯来套外语。如把"大雨"说成 big rain,这就是 Chinese English(汉式英语),不符合外国人的使用习惯。按他们的习惯应说 heavy rain(硬译是:"重雨",即中国人说的"大雨")。这种搭配虽不是英语的熟语,但由于两种语言的搭配习惯不同,中国人应该记住整个词组。

4. 要把熟语当作词汇单位来记。熟语是语言中固定的词组和句子,在语法上、语义上是固定的,一般不拆开分析。例如,英语中 rain cats and dogs 意思是"下倾盆大雨",但硬译却是"下猫和狗"。所以,要记住整个熟语,作为一个词汇单位使用,而不必分析"这是猫,那是狗"。

5. 要在话语中记单词。学外语是可以分析一个词的变化形式和义项,如 to do 的形式有:do, does, did, done, doing;义项有"做、给予、制作、整理、收拾"等等。但要真正掌握词的用法、领会词的细微含义,最好是在具体话语中,在课文的上下文中记住单词。例如:

I do my homework every evening.(我每天晚上做家庭作业。)
I do the room every morning.(我每天早晨收拾房间。)
They do you very well at that hotel.(那旅社对你服务周到。)
You do play the piano well.(你钢琴弹得的确好。——这儿的 do 只起强调作用)

Do not speak!(别说话!——这儿的 do 起语法作用,构成否定式)

When in Rome do as the Romans do.(入乡随俗——这是熟语,硬译是:"在罗马就按罗马人方式行事",不必拆开分析。)

这些例子说明,一个词在不同的上下文中含义和作用不尽相同,必须结合话语细心领会。

综上所述,词素组成单词,单词组成自由词组和熟语,词语组成句子和话语,这都是语言的组合。通过语言组合记单词要比孤立地背单词效果好,大家不妨试试。下一次再谈"从语言聚合中记外语单词"。

(原载《中国青年报》1985年4月2日)

从语言聚合中记外语单词

上次谈了从语言组合中记外语单词,这次谈谈从语言聚合中记外语单词。语言单位的聚合关系是根据这些单位在语言体系中的对比而确定的。词语聚合可帮助我们记住有联系的一组词语,而不是孤立的个别单词。下面分述几种方法。

1. 比较同异,辨别同义词。同义词是语义相同或相近的词语的聚合关系。把同义词语加以比较,记住共同点,区别细微的含义差别,就可了解它们的使用范围。例如,happy 和 lucky 都有"幸福"的意思,但有差别。happy 一般表示主观感受,如 I am very happy. (我[感到]很幸福。)lucky 一般表示客观上有利,如 He is a lucky fellow. (他是个走运的人。)又如,shut 和 close 都有"关闭"的意思,可以说 shut(或 close)the window(关上窗子)。但 close 还有"盖上"的意思,如 You closed your face with two hands. (你双手掩面。)这儿不能用 shut 来代替 close。还有些同义词的修辞色彩不同,如 come(来到)、arrive(抵达),前者适用于一般场合和日常谈话,后者适用于庄重的正式场合。

2. 相反相成,对照记忆反义词。反义词是语义既相对立、又相联系的聚合关系。如 long(长的)、short(短的);here(这儿)、there(那儿);up(向上)、down(向下);give(给)、take(取)等。成对的反义词相互联系,便于记忆。使用时可表示相对立的事物,语义上相反相成,对比鲜明。

3. 举一反三,归纳并义词。并义词是语义平行并列的词语的聚合关系。一组并义词共同划分一个客体,彼此并列,相互补充。例如,spring, summer, autumn, winter(春、夏、秋、冬)共同划分季节;east, south, west, north(东、南、西、北)共同划分方向。学习时把它们归纳在一起,联系起来记,用时就能举一反三,运用自如。

4. 上挂下联,掌握位义词。位义词是按照词义的位次来区分语义的聚合关系。语义比较一般的是上位词,语义比较具体的是下位词。例如,tree(树)的上位词是 plant(植物),下位词是 willow(柳树)、palm(棕树)等。适当上下联系,可帮助记忆。

5. 触类旁通,记住类义词。类义词是同类词义的词语的广泛聚合关系。它表现语言的丰富性,为恰当使用词语提供选择的源泉。例如,表示"笔"的类义词语有:pen(钢笔),pencil(铅笔),ball point pen(圆珠笔),fountain pen(自来水笔),brush pen(毛笔),pastel(彩色粉笔),chalk(粉笔),slate pencil(石笔)等。记住一列类义词语,在描写特定事物时,词语就会通过联想,源源而出,不会有语塞之感。

6. 一举多得,善于掌握多义词。多义词是一个词中多项意义的聚合关系。一个词的多项意义相联系,构成一个体系。要善于通过词义体系掌握多义词。例如,hand 一词有"手、动物前肢、手法、手艺、工匠、方面、书法、时针"等意义。这些意义是相互联系的。"手"是 hand 的基本意义,由于用手劳动、写字,派生出"手法、手艺、书法"等义,又获得"工匠"意义;由于相似性,又获得"时针"等义。通过多义词体系来记一个词的不同意义,比每次当作新词来记要容易得多;联系各个义项来使用它,又会方便得多。

7. 细致观察,区别同形异义词。同形异义词是词语在发音、书写上的聚合关系。它们同形异义,有的发言和写法都相同,如 ball(球)和 ball(舞会);有的发音相同,写法不同,如 dear(亲爱的)和 deer(鹿);有的写法相同,发音不同,如 lead[li:d](领导)和 lead[led](铅)等。这种种聚合关系要善加区别,防止用错。

综上所述,同义词、反义词、并义词、位义词、类义词、多义词、同形异义词都是词语的聚合。通过语言的聚合来记单词,也与通过语言的组合记单词一样,比孤立地背单词效果要好得多。

这篇文章和前篇文章中涉及到的一些知识,在我写的《词汇学研究》(山东教育出版社1983年版)一书中有详细的论述和丰富的例证,大家可以参阅。

(原载《中国青年报》1985年4月9日)

十三

翻译学

翻译风格与翻译单位、标准和方法

人在社会交际中,用语言建构话语,承转所要传达的信息。如果不懂交际对方所使用的语言,就不能理解话语信息。这时,为了顺利进行交际,就需要翻译。所以,**翻译就是转换承载信息的语言,把一种语言承载的信息用另外一种语言表达出来**。通过两种语言的转换,完成操不同语言的人之间的社会交际。

在语际转换过程中,改变的是语言体系,话语的信息内容要保持不变。话语信息内容包括意义信息和风格信息;风格信息又包括功能风格、时代风格、民族风格以及个人风格。**在翻译时,既要保持话语的意义信息,又要保持话语的风格信息**。由于语言的民族特点,经过语际转换,译文难以成为原文的绝对等值物。但译者要争取尽可能的高度等值,不仅是意义上的高度等值,而且是风格上的高度等值。在话语中克服不同语言体系的语言单位差异,而高度等值地传达话语意义和风格信息的方法,就是翻译技巧。对比两种语言,找到等值地传达话语信息的最佳方案,就能获得话语信息的传达效果。这个最佳方案同语言单位的选择有关,也同言语环境的依赖有关。一种语言的某些语言单位在特定语境中所获得的补充信息,特别是风格信息,有时是另一种语言难以获得的。这时,为了表达这种补充信息,就要结合言语环境去寻求相应的等值翻译的最佳方案。理解一种语言的话语信息,要依赖言语环境;理解之后,也要依赖言语环境,把话语信息尽可能确切地用另一种语言表达出来。

把一种语言的话语信息转换成另一种语言等值的话语信息时,在寻求语言对应的方法和技巧上包含着创造性。从这个意义上说,翻译是一种再创作。但是,翻译与真正的创作有本质的区别。翻译的任务只能是忠实地、尽可能等值地传达原著话语的信息,包括风格信息,不能删改和增减信息内容。不能把汹涌澎湃、汪洋恣肆的话语译成静水微澜、碧波漪涟的话语;也不能将"大江东去,浪淘尽千古风流人物"的风格转换为"问君能有几多愁,恰似一江春水向东流"的风格,尽管它们同是"东流的江水"。翻译包含着创造性,但翻译不是创作,这是翻译的特点,也是翻译的难点。在翻译时,信息内容要受到原著的约束,不能让自己的思想自由驰骋;但在翻译技巧上,又要摆脱原著的语言结构的约束,依赖语境寻求等值表达信息的最佳方案。

德国诗人歌德在论述翻译时说过:"感人的不是词,而是思想。"所以,翻译时要摆脱个别词语的束缚,从话语整体上译出原著的思想和风格。有的学者对这点表示怀疑。如俄国语言学家波铁布尼亚说:"如果说这一国语言中的一个词不能代替另一国语言中的一个词,那么词的结合以及话语所引起的景象、感情就更加不能相互代替了。"他举一个笑话为例,来说明一种语言表达的感情为另一种语言难以表达。这个笑话是:一个希腊人在海滨边哼歌边流泪,他把这首歌翻译给俄国人听:"有一只鸟,不知俄语叫什么名字,在山上呆了很久,展翅飞过树林,飞到遥远的地方。"波铁布尼亚说,俄语里感觉不出希腊语里的惋惜之情。

波铁布尼亚的理论观点和对例证的分析都是值得商榷的。个别词语也许不能对等地译出,但话语却是可以翻译的。有时正是不拘泥于词语的对等,才能追寻话语的等值。在所举的这首歌里,不管是希腊语、俄语或者其他语言,表达的都是同样的意思。如果歌词能够引起惋惜之情,各种语言都能引起。如果是由于文化背景产生的联想而引起惋惜之情,那么这同语言本身无直接关系。俄国人即使懂希腊语,也不会产生联想;同样,希腊人如果不知道这个文化背景,也不会产生联想。何况,译者还可以用注译等形式把文化背景交待清楚。也许,俄国人感觉不出惋惜之情,是由于那只俄语不知叫什么的鸟的名称具有国俗语义。如果是这样,那么,国俗语义作为一种语义也是可以翻译的。这时,不必严格追究这只鸟的动物学特性,而应弄清它表达的国俗语义。它是东南飞的孔雀,还是队列整齐的大雁?是传达喜讯的喜鹊,还是送来晦气的乌鸦?是啼血的杜鹃,还是呢喃细语的南归燕子?如果是雁,它是传书的鸿雁,还是拟指兄弟的雁行?译者只要弄懂这"鸟"所蕴含的国俗语义,就能等值地翻译成另一种语言。

  自然,我已说过,由于语言的民族特点,译文难以成为原文的绝对等值物。如果刻意追求绝对等值,追求语言形式的一一对应,有时反而失去意义和风格的等值。如果当"乌鸦"一词用在国俗语义时,一定译成俄语的 BOPOHA,那么,这种动物学意义上的等值却正好让俄国人领会不了"晦气"的含义,而理解成"唠叨"、"马大哈"。再例如,汉语的熟语"雨后春笋",意义是"事物很快涌现"。这个意义建立在形象比喻的基础上:"春天下雨后,竹笋一下子长出许多。"其理想的等值译文,应是具有同样意义和形象、风格的熟语。类似把汉语的"趁热打铁"译成英语的 Strike while the iron is hot, 或俄语的 Куй железо, пока горячо。但是,英、俄语中没有与"雨后春笋"形象比喻相同的熟语。如果把这个形象硬搬过去,那么,首先,操英、俄语的人会把它理解为自由词组,意思是:"下雨之后的春笋"或"春天下雨之后的竹笋",而不理解为整体熟语的意义:"事物很快涌现。"其次,即使他们把它理解为熟语,但不一定能产生"事物很快涌现"的意义联想,因为欧洲人不熟悉竹子,不易领会熟语中的潜在意义。既然没有一一对应的熟语,当然也可以译为"事物很快涌现",这样可以保持意义的等值,但失去了形象和风格上的等值,译文不够理想。要在保持意义等值的基础上,尽可能地保持形象和风格的等值,只有在译语中寻求具有类似形象的同义熟语。这就是:英语的 like mushrooms, 俄语的 расти как грибы [像蘑菇一样(生长)]。这样翻译,在意义和风格上做到了尽可能的等值,因为英国人、俄国人熟悉蘑菇同中国人熟悉竹子一样。熟语根据的虽然不是同一个形象,但都是起同样的联想作用,并保持同样风格色彩的形象。如果实在找不着类似形象的同义熟语,当然也可以借用原语的熟语,直接搬用原来的形象。初次借用时要注明其熟语的整体含义,避免读者把它当做自由词组而误解。等到使用频率增加,约定俗成,这个借用的熟语也就进入译语的体系。正像汉语中借用的"像一根红线贯穿着"、"像保护眼球一样"、"武装到牙齿"等熟语一样。

当然,在实际翻译过程中,为了达到意义上和风格上的尽可能等值,往往不能一味追求语言单位的一一对应,也不总是寻求用类似的语言单位来代替,而常常要在保持话语等值的基础上,省略、改变或添加个别语言单位,用话语整个的和谐来保持意义和风格的等值。因为话语虽由语言单位组成,但每个语言单位在话语中同其他语言单位相组合,构成了一定风格的话语整体,保持了话语的基调。这时,个别语言单位的改动有时不但不影响话语整体的意义和风格,而且更等值地表达了话语的意义信息和风格信息。

翻译不能只考虑个别语言单位的等值,更要考虑话语内容的等值。译文在意义上和风格上与原文等值,并不是逐词翻译所能达到的;而在意义上和风格上不等值,却往往是由于逐词对译的结果。**话语中所有语言单位的总和不等于话语的信息实质,而要等值地表达原文话语信息,就得对译文进行适当的处理。**但是,如果完全离开个别语言单位,而重新创造话语整体的内容,那就会丧失原文的个人风格,因而不能达到等值。只有正确处理个别语言单位和整个话语的相互关系,才能达到等值,所以特别要把握好翻译单位的问题。

翻译单位,是指在译语中可以找到对应的、原语话语中的语言单位或言语单位。翻译单位的组成部分不必在译语中获得对应。如上例"雨后春笋",整个熟语在译语中找到对应,即英语的 like mushrooms 和俄语的 расти как грибы,而组成该熟语的词"雨、后、春、笋"或"雨、后、春笋"就不必在译语中获得对应。这时,只有整个熟语的对应,而不是组成熟语的词的对应,才能等值地表达原文的意义信息和风格信息。

翻译单位既有语言单位,又有言语单位,大小不同,性质也不一样。语言体系中最小的音义结合的语言单位是词素,词素可以作为翻译单位。但由于词素的意义往往是相对的,总是体现为词的整体意义,所以,词素很少作为翻译单位。词、词形、熟语这些音义结合的语言单位,更可以作为翻译单位。但词和熟语的意义往往综合在句子和话语中,所以,也应避免逐词逐语作为翻译单位。翻译主要不是同语言体系打交道,而是同言语、同具体的话语打交道,所以,(自由)词组、句子、话语这些言语单位也可以作为翻译单位,而且往往是更为重要的翻译单位。此外,音位,及在书面语中与之相应的字位,其本身虽然没有意义,但在语言单位中起区别意义的作用。在翻译中,当原语中的音位和字母需要在翻译中获得对应时,也可成为翻译单位。这主要表现在音译借词和专有名词的翻译上。

总之,从音位到话语都可以作为翻译单位。在翻译同一篇话语时,翻译单位可以经常替换,时而以词为单位,时而以词组为单位,等等。翻译的难点之一正是在于要按照每一具体情况寻找合适的翻译单位。我一向认为,从翻译理论和大量翻译实践可得出一条行之有效的规律:**把句子作为基本翻译单位,句子内部考虑音位(字位)、词素、词(词形)、熟语、词组的适当对应,句子外部考虑句际关系的协调、句群的衔接、话语的连贯和风格的统一**。这样,整体译文不仅正确表达了原文的意义内容,其话语基调也与原文一致。例如,如果是郑重的正式的话语基调,就要注意语言的正确、语义的清晰和话语的良好衔接;如果是亲切的话语基调,则要注意语句简短、时用隐语、语调柔和,时而出现"嗯"、"好啦"等表露感情的词语,等等。**译文与原文的话语基调相符,就在话语整体上保证了话语意义信息和风格信息的等值传达。**

如上所述,翻译要用相应的译文等值地传递原文的意义和风格。它是原著的再现,而不是创作。译文应该与原文相应,力求做到意义上和风格上的等值。我认为,**任何一篇原文话语都是意义内容、话语风格和语言表达的统一体,译文一定要完整地再现这个统一体**。所以,翻译应遵循三项标准:

1. 等值地再现原著的意义内容。这是翻译的最基本的标准。原著的思想、叙述的事理,即原著的理性信息要等值地加以再现,不增减,不歪曲。

2. 等值地再现原著的话语风格。这也是重要的翻译标准。翻译不仅要传达原著的理性信息,还要传达美学信息和风格信息。只有这样,才能做到不仅形似,而且神似。译文能传神,能出神入化,才臻至善。所以,要如实反映原著的语体和个人风格特点,不改变,不破坏。

3. 译文的语言表达要做到与原文相应的通顺。这条标准服从于前两条。译文应该通顺易懂,符合语言规范,避免晦涩难懂和文理不通。只有这样,才能让读者从总体上领会原著的意义内容和话语风格。但是,译文的通顺程度要与原著相适应。在日常谈话语体和艺术语体中,由于言语环境的影响,由于塑造艺术形象的要求,有时话语欠通顺。这种欠通顺有时是作者或作品人物话语风格的表现之一。例如,鲁迅在《阿Q正传》里使用了"柿油党"(指自由党)这个在语音和语文上都歪曲了的词;在《孔乙己》中让主人公说出"不多,不多,多乎哉?不多也!"这样半文半白、学究气很浓又很累赘的语句,等等,都是为了表现特定的生活,或显示独特的地方色彩,或为了刻画人物性格,塑造形象,为了表现某种风格特色。译文中应该设法保持这种"欠通顺"之处,不修正,不美化。

这三条翻译标准是统一的,只有三者兼顾,才能达到意义上和风格上的尽可能等值。

由于采用的翻译单位不同,遵循的翻译标准有所侧重,就形成不同的翻译方法,可概括为直译和意译两大类。

直译一般采用词和词以下的翻译单位,如译英语的 the milky way 不是以词组作为翻译单位,译为"银河",而是以词作为翻译单位,译为"牛奶路"。又如,lie on one's back 和 lie face downwards 不是以整体词组为单位译为汉语常说的"仰卧"、"俯卧",而是以词为单位译为"躺卧在自己的背上"、"面朝下躺卧"。直译方法侧重于忠实原著,有时会导致错译或译语欠通顺。但是,直译追求的是忠实于原著,大部分直译也确实能反映原文的信息。鲁迅针对"宁可错些,不要不顺"而提出的"宁信而不顺"的直译主张,就是捍卫忠实翻译的原则。但鲁迅申明绝不是把"跪下"译为"跪在膝之上",把"天河"译为"牛奶路"。翻译主要是介绍外国人写的外国事物,要让读者身历其境,把他们"带到外国去",去适应外国事物和某些外语特点。直译在这一点上可显示其优越性。它能如实地把外国的风土人情、外国人的说话方式表现出来,让读者由陌生到熟悉,由不习惯到习惯;并在忠实原著意义内容的同时,适当兼顾原著的话语风格。但是,由于语言有民族特点,一种语言特定信息的联系不能简单地搬用于另一种语言。一种语言的语音和语义的联系,是该语言长期历史发展的结果,两种语言的语言单位不可能一一对应。所以,一味强调直译就会陷于追求形式的一致,而忽略信息的等值,特别是忽略话语整体风格信息的等值。

意译一般采用句子和句子以上的翻译单位,它往往把整个句子,甚至一段话语作为一个整体进行翻译,而不怎么考虑词语的对应。它在翻译标准上侧重于译语通顺,而不考虑同原文的语言形式对应。意译方法主张传达原著的意义内容和话语风格,而不计较词语的对应。在了解原文的意义和风格后,用译语写出来,使外国事物本国化,使读者看了译文好像看创作一样。可是,正因为这样,原文信息反而不易完全保持,而且译者容易在其译文中加进自己的主观色彩,强调所谓译者的个人风格,从而掩盖了原著的风格信息,并且不利于语言的借用和译语的丰富。

直译和意译两种方法各有优缺点。最佳的翻译方法是吸取两者的优点,寻求等值翻译。我认为,**等值翻译的方法,就是根据需要灵活采用各个层次的翻译单位,但以句子为基本翻译单位,内顾词语对应,外顾话语协调,以求达到翻译标准,等值地再现原著的意义内容和话语风格,使译文语言表达做到与原文相应的通顺,并符合译语规范**。当然,翻译方法与语体有关。话语的功能风格要求翻译方法有所侧重。艺术语体、谈话语体可多发挥意译的优越性;科学语体、事物语体可多发挥直译的优越性。例如,翻译电影名称时,有时要借助意译,做到画龙点睛。美国电影"Waterloo Bridge",直译是"滑铁卢桥",这是英国伦敦的一座桥。汉译时,把电影"Waterloo Bridge"意译为《魂断蓝桥》。从整个电影情节来看,十分切题,译得十分传神,把原著的意义内容和风格信息形象地表达了出来。这优美的片名随着悦耳的音乐使观众久久不忘。如果翻译的是科学著作,例如《翻译学原理》,那就只好采用直译方法了,因为这样才能更好地传达原著的意义内容和风格信息。

(原载澳门《语言风格论集》1994 年版)

机器翻译的未来
——科学幻想故事

春晨。新鲜空气涌进窗内，令人心旷神怡。朝阳喷薄欲出，光线洒满我刚打开的书页。我躺在沙发上，聚精会神地阅读新版翻译小说《机器人》。这是昨天美国纽约刚出版的科学幻想小说。由于模拟人的大脑皮层和神经细胞活动的仿生学研究获得进展，"机器人"有了人的"智慧"；由于言语模拟等语言学方面的成就，"机器人"会说话了；由于信息论和电子学的发展，"机器人"储藏的信息足以代替人在某一方面的工作，如操纵机器、下象棋等等。我被小说离奇的情节所吸引，忘了接待外宾的任务。

八点整，自动电话清脆的铃声使我同"机器人"暂别，回到现实世界。电视荧屏上小郑着急地向我招手，耳机传出他急促的话音："老师，快来，外宾汽车已进校门了。"我赶到教研室，国际语言学代表团的客人刚刚就座，院长正向他们介绍我院教学和科研情况。客人来自不同的国家，有的不懂汉语。我看到他们戴上了耳机，有两位把烟盒大小的袖珍翻译器放在茶几上。院长介绍了我院语言学基础理论研究和现代语言对比研究的情况，以及对四个现代化和外语教学所起的作用，外宾们很感兴趣，提出种种问题。这时我插了一句："美国的'机器人'已经可以自由说话了。"一个美国客人吃惊地看了我一眼，连忙说："不，这对我们还是科学幻想。鄙人以此题材写了一本科学幻想小说，昨天刚出版，我临上飞机时才拿到样书，现送给你们，请中国的同行对拙作多提宝贵意见。"说着他从手提包中拿出一本装帧精美的英文书。几乎在同时，我从书包里拿出该书的中文译本。美国客人更加吃惊地看着我。我简短地作了解释：昨天该书在纽约一发售,我驻联合国工作人员就买了一本,用传真电报拍回,由上海机器翻译出版社于当天翻译出版,"所以,我今晨得以先读为快"。我微笑着向作者表示感谢。

许多外宾表示赞叹,并要求我们介绍中国机器翻译的现状。小杨自告奋勇地向外宾介绍:"我们在开始向四个现代化进军的时候,发现全世界每年出书几十万种,出版期刊十多万种,发表论文几百万篇。那么浩繁的文献靠人工翻译很难胜任,何况那时翻译力量也不足。于是我们除加紧培养外语人才外,许多单位的有关专家,便加紧机器翻译的研究。"小谢紧接着说:"那里我们从语言学理论知道,为机器创制形式化翻译规则系统是可能的,因为第一,语言是有形的,它的词汇意义和语法意义都有语音(或书写符号)作为物质外壳;第二,语言是客观的,语言规范是社会约定俗成的,有公认的标准;第三,语言是有规律的,词汇、语法都有一定规律可循。所以,只要我们用严密的方法对语言结构进行分析,建立不同语言之间词汇和语法结构的对应规律,就能在此基础上制定一套能按一定程序自动翻译的规则系统。"小郑补充说:"我们开始搞的是科技文献的机器翻译。根据语体理论知道,科学语体用词数量比艺术语体少,科技术语是单义的,语法结构固定,没有什么修辞色彩,所以机器容易识别和翻译。当时我们的电子计算机每秒只运算几百万次到千万次,还不能储藏翻译文艺作品的丰富信息。"几位年轻教师深入浅出的介绍使在座的当代知名语言学家对语言学知识在中国的普及惊叹不已。

一位日本客人问道:"采用拼音文字的语言可编字母代码,我们日语的汉字可用音节文字的假名编码,你们的汉字是用四角号码编码法还是用笔画编码法?"小杨不假思索地说:"我们已经克服了这项困难。由于我国推广普通话、汉语规范化和汉字改革工作的进展,从幼儿园教学拼音方案,我们早已可以采用拼音字母编码。"

一位非洲客人问:"你们开始设计的机器翻译经过几道程序?"小谢回答说:"我们先把原文编码后输入机器;机器根据代码进行原文分析,查机器词典、查机器语法,根据上下文确定需要的意义;然后进行译文综合,按照译文语言规律,改变句子的词序和形态,进行修辞加工;最后输出译文,解码、打印。"接着小谢详细地介绍了机器词典和机器语法的情况,说明我们把语言研究的成果,改造成信息储藏在机器中,便于机器使用。他还谈了语言学家同数学家一起创立语言的数理模式,建立统计语言学和数理语言学的情况,同工程技术专家一起制造自动辨认语言的装置的情况。最后,小谢自豪地说:"经过若干年的努力,我们成立了机器翻译出版社。它可以最快速度译出世界科学的最新成果。"小谢生动的介绍引起外宾一阵热烈的掌声。

这时,我注意到一个德国外宾显出不以为然的神情,拿起他的袖珍翻译器,端详着,欣赏着。仿佛在说:"这算不了什么,算不了什么,你们是机器笔译,我这儿是机器口译!"于是,我暗示小郑,要他介绍一下机器口译的情况。

掌声刚息,只见小郑不慌不忙从口袋里拿出一只打火机,不,不是打火机,是超袖珍口译器。他也像那位德国外宾一样,端详着,欣赏着。然后清晰地说:"我发现各位使用的袖珍翻译器是前年和去年的产品,它只能把口语译成口语,只能进行两种语言对译,如德汉对译、英汉对译等。我这只超袖珍口译器是今年上海的新产品,它不仅能把口语译成口语,而且能把口语译成书面语或书面语译成口语;它不仅可以进行两种语言对译,而且可以多种语言互译。如果我不懂外语,今天接待各位,只要带这么一个口译器就行。同样,我可以带着它参加任何国际会议。"外宾听罢交头接耳,议论纷纷,啧啧称赞。小杨趁热打铁,接着介绍道:"为了机器口译,我们进行了有关语言的语音对比和音位对应规律的研究,让机器识别语流,并把语流分解成音素,音素组成符号词;经过语音代码的翻译,符号词分解为另一种语言的音素,经过语音组合,译成另一种语言。为了让机器听懂话,要求进行语音物理属性的研究,得出物理数据,并从音素变体中确定区别词义的音位。"小杨滔滔不绝的介绍引起外宾浓厚的兴趣,大家凝神倾听,声息全无。突然,小杨用铿锵的话语结束了介绍:"这种口译器就是'说话的机器'。"

在一片寂静的刹那间,我对那位美国客人说:"这就是你的大作如此吸引我的原因。你的科学幻想恰巧是我们研究的课题。我们要让你所幻想的'机器人'来帮助我们进行翻译,从事外语教学,做情报检索,开展通讯活动,操纵遥控装置,为四个现代化服务。当然,要做到这一点,就得利用现代语言学的成果,包括在座各位语言学的研究成果,还要同其他有关科学家协作,经过共同的努力才行。"外宾听了十分高兴,分别介绍了他们语言学研究工作的最新成果,大大开阔了我的眼界。大家谈得兴高采烈的时候,午饭的铃声响了。院长站了起来,邀请大家,"现在请诸位用馐,关于现代语言学的最新成就和语言学基础理论的研究情况,下午再继续座谈。"

我们陪外宾走向食堂,一路还在热烈讨论着。室外阳光灿烂,照亮了大地,照暖了人心;春风吹绿了草坪,吹红了杜鹃,吹醒了科学家的智慧,吹活了创造性的思维。这一片春意盎然的景象,是自然的春色,更是科学的春天。

(**附记**:本文是我在1978年一次关于"现代语言学展望"的科学报告中谈的例证。当时还是科学幻想。30年过去了,随着语言学理论和工程语言学、计算语言学的发展,随着电子科学的发展,这一科学幻想开始逐渐变为现实。)

略论翻译[①]
——听翻译论坛后的即兴发言

很高兴听到四川外语学院的语言学论坛。大家能畅所欲言，热烈讨论，各抒己见，取长补短，表现了良好的学术气氛。我很欣赏这种学术研讨，我从1978年招收研究生起，31年来，一直主持每周的语言学学术研讨，培养了历届博士生、硕士生和访问学者的吸收信息、学术综述、捕捉信息核心、交流信息、即席发言、辩论等多种能力，并在研讨中加强了学术友谊，建立了良好的学术氛围。今天我听到的就是我提倡和坚持的这种研讨，所以感到十分亲切。

今天讨论的是翻译问题，我仅就各位的发言谈点想法，供大家参考。

大家谈了各种翻译理论。理论是人对客观世界的认识，是对社会实践的概括。人在认识客观世界时，有正确的概括，也有错误的概括，所以有真理也有谬论。谬论也是理论，只不过是错误的理论。对错误的理论应该批判，不应该接受。那么就当今盛行的翻译理论而言，哪些是真理，哪些是谬论？要弄清这个问题，首先就要解决什么是翻译的问题。

那么，何为译？翻译的本质究竟是什么？唐代的贾公彦早就说过：译者，易也，谓换易言语使相解也。我认为，翻译就是转换承

[①] 王德春教授在翻译方面也有极深的造诣，翻译了大量著作。2009年3月25日晚7点，王教授在川外学坛听了大家的讨论后做了即兴发言，简要谈了对翻译的一些看法，表现出对青年学子的关爱和殷切希望。

载信息的语言,把一种语言承载的信息用另一种语言表达出来。用汉语承载的中华文化信息,可以转换为英语承载;用英语承载的英美文化信息也可以转换为汉语承载。一种语言承载的文化信息可以用另一种语言表达,使跨文化言语交际和异民族文化交流成为可能。在语际转换过程中,改变的是语言,话语的信息内容不能改变。翻译时要争取译文与原文在意义上和风格上尽可能高度的等值。语言单位的对等服从于信息量的等值。翻译就是翻译本身,外在于翻译的诸多因素,如政治、经济、历史、文化和社会因素等都不能强加于翻译。的确,翻译与文化、文学和心理关系密切,翻译要了解文化历史背景,要经过言语机制的心理过程,文学翻译要涉及美学问题。但是,翻译始终是使用语言的过程,主要从语言学加以研究。文化历史背景是为了分析言语环境,确定话语信息内容;联系心理是为了探索理解原文和译文表达的心理机制,联系文学则是探索艺术领域的言语特点。这些因素都不能影响翻译的本质。译者在翻译中没有表达自己思想和见解的权利,翻译只能够忠实地传达原作者的观点。翻译马克思内容就是辩证唯物主义,翻译黑格尔内容就是辩证唯心主义,翻译费尔巴哈内容就是形而上学唯物主义。译者不能用自己的思想改变作者的思想。做到意义和风格的等值是翻译技巧的体现。例如,电影"魂断蓝桥"的英文名叫"Waterloo Bridge"(滑铁卢桥,伦敦郊区的一个桥)。译者在翻译这部电影的名称时下了很多功夫,想让名称画龙点睛。到底是译成《白蛇传》里的"断桥",还是牛郎织女的"鹊桥"?译者想了许多关于情感方面的桥,都不能完全表明电影里的信息。最后译者根据剧情,把女主角临死时的感受融入电影,译出了"魂断蓝桥"。从字面上讲,魂断蓝桥与滑铁卢桥不相符合,但从整个电影的情节来讲却反映了其信息内容。"魂断蓝桥"言简意赅,达到意义上和风格上的等值,并能引起电影观众的美感。

翻译目的论看重的并不是信息的等值。不能为了用翻译达到某一目的,不正确地对原文进行操控和改写。改写不是译者的任务,也不是译者的技巧。正确的翻译技巧是通过翻译处理把原文的信息清楚地传达出来,要忠实于原文。我所说的忠实不同于西方的"忠实"

原则。西方的"忠实"原则只关注两种语言之间词与词的对应,甚至是脱离语境的词与词的对应。我所说的忠实是传递原文信息的"忠实"。我主张翻译应追求语言单位在话语中信息量的等值,语言单位的对等应服从于信息量的等值。对等的语言单位如果不能反映信息量的等值,就要改变语言的表达形式。当然,在保持信息量等值的基础上,也要尽可能做到语言单位的对等。也就是说,翻译时要找到最合适的翻译单位。

所谓翻译单位,就是在译语中可以找到对应的原语话语中的语言或言语单位。我根据翻译理论和大量的翻译实践得出一条行之有效的规律:把句子作为基本翻译单位,句子内部考虑音位(字位)、词素、词、熟语、词组的适当对应,句子外部考虑句际关系的协调、句群的衔接、话语的连贯和风格的统一。例如《圣经》里面有句话 marriages are made in heaven(结婚是上帝创造的)(基督教思想是"上帝创造一切")。大家知道,《圣经》里的许多箴言由于约定俗成大都变成了熟语。这句话就成了固定的句子,语言的熟语。王尔德在其作品里反其意而用之,讲了一句"divorces are made in heaven"(离婚是上帝创造的)。这可以说是对熟语的改用(试比较:无的放矢和有的放矢)。翻译单位是熟语,就要表达熟语的整体信息。我们首先要看汉语里面有没有"结婚是上帝创造的"这样类似的熟语。汉语熟语"天赐良缘"、"天作之合"大致相当于这个熟语,可以用来翻译 marriages are made in heaven。但是王尔德的话却反熟语的意义而用之。为了追求信息量的等值和尽可能的语言单位对应,就有必要改变一下汉语的熟语,把 divorces are made in heaven 翻译为"离婚是天作之分"或"离婚是天拆良缘"。这就是说,在翻译时,我们要追求信息量等值,并尽量兼顾词句对应。如果不能同时满足这两个条件,那么服从信息量的等值。另外,"忠实"原则排斥权力对翻译的干预,权力对翻译活动的干涉会颠覆源远流长的"忠实"原则。我们要让翻译回归到真正的翻译,这是当今学人肩负的重大任务。我们追求的是真理,是与客观事实相符合的有规律性的原理;如果不符合客观规律,就不是真理。刚刚大家谈到的对翻译文化论及其理论基础的反思,将促进翻译学理论的良性发展。

不认识翻译的本质,而把翻译纳入到各种意识形态和权力斗争中,把翻译作为构建意识形态和权力关系的手段的理论都是谬误。如当今大肆宣扬的所谓后殖民翻译理论,正是把翻译作为手段,以翻译为名实现有目的的价值诉求。上述文化派翻译理论也是谬误。为迎合"权力关系、赞助者、意识形态、主流诗学"等外在于翻译的因素,有人主张"翻译是改写"和"翻译是操控"。于是,出现了误译、伪译、胡译,失去了翻译的价值评判体系。有人主张译文对原文进行反叛,译文从原文争取独立,从而得出翻译的本质就是为了争取反叛和独立而进行的"改写"和"操纵"。这种理论只是把翻译当做一种工具,是对翻译的一种利用,是不正确的。

我一直认为,翻译学是语言学的分科,它主要处理两种语言在话语层次中传递信息的任务。话语层次的意义不是简单的词句相加的语言意义,而是话语信息。翻译的根本任务也就是等值地传递话语信息。过去有人认为,文学作品才是翻译的对象,真正的翻译是文学的翻译。但是话语是交际单位,话语是传递社会信息的,各种话语都是社会必需的,除了文学作品,科学作品、政论作品、事务话语,包括日常谈话,都对社会起着重要的作用。进行翻译时,原语是什么语体,就用什么语体翻译。文学作品也是要用语言表达的。当然在翻译文学作品时要考虑它的美学信息。而你们讨论中所说的文化派,所谈的并不是翻译本身的内容,而是外在的东西,和翻译没有本质联系的东西。这种扩大翻译外延的做法,模糊了"译"和"非译"的界限,误导了翻译理论和实践。

"工欲善其事,必先利其器",大家对自己的研究工作要有充分的准备和合理的思考。我认为,做好研究,如写一篇论文,要符合三点要求:一是科学研究的基本功。科学研究的基本功就是树立科学的认识论和方法论,就是把握这门科学的合理内核。就翻译而言,科学的认识论和方法论就是正确认识翻译的本质,正确掌握翻译方法、翻译标准、翻译单位等翻译要素,不受非本质因素的影响;这一基本功还包括对原语和译语掌握的功底和造诣;二是对各式各样的理论要批评继承,融会贯通。这就是说要在广泛涉猎各种知识的基础上,构建出自己的知识结构和体系,时有创新和突破;三是从实践出发,实践是检验真理的唯一标准。理论来自实践,也需要接受实践的检验。在不断接受检验的过程中修改和完善理论体系。如果达到了这三个要求,就有可能建构出一个健康的理论体系。翻译学也是这样。我相信在座各位一定有所作为。

关于我对翻译的一些看法,可以参考我在《语言学通论》和《语言学概论》中的"翻译学"专章,也可以参考我发表的一些翻译学论文。谢谢大家。

(根据录音整理)

十四 研究与治学

语言学探索 60 年

2009 年是南京解放 60 周年,中华人民共和国成立 60 周年,也是我在语言学领域探索 60 周年。1984 年 9 月 1 日,我在南京《周末》报上发表一篇散文,文中有这样两段话:"这是 1949 年 4 月 24 日凌晨。白鹭洲畔,静湖春早……昨天还是一个乱哄哄的南京城,今天一早,'虎踞龙盘今胜昔,天翻地覆慨而慷',我的故乡解放了。""我看到了绿树丛中的胜利电影院。在那儿我接受了市委书记江渭清同志授予我的'模范通讯员'锦旗和奖品。解放初几年,我曾把耳闻目睹、亲身感受的新南京进步情况,通过《新华日报》、《南京人报》、《南京政报》和南京人民广播电台反映出来。我以幼稚的文笔记载了一些感人的事迹。"从这些幼稚的文笔开始,我进行了 60 年的语言学探索。

一、从在语言学门外徘徊到登堂入室

我在南京解放初几年,写了百余篇新闻报道、通讯、散文等,多篇获奖,如《兴旺的郊区农村》一文获得《南京人报》征文甲等奖。这为以后研究报道语体和修辞学打下了实践基础。在此期间,我已开始思考语言理论问题。1951 年 8 月 19 日,我在《新华日报》上发表了《我们应该正确地使用祖国语文》一文,说明我已经在语言学门外徘徊。

1952 年春,我开始专门学习外语;1955 年又开始专门学习语言学,跨进了语言学的大门。在 20 世纪 50 年代和 60 年代,我在《文汇报》、《解放日报》、《中国语文》、《学术研究》、《厦门大学学报》、《上海外国语学院季刊》、《外语教学与翻译》、《语言学译丛》等报刊发表语言学论文和译文多篇,奠定了语言学研究的基础。

1978年,我开始招收语言学硕士研究生,1986年又开始招收语言学博士研究生。随着教学相长,我从70年代开始,发表了更多的语言学论文。1983年我出版了《现代语言学研究》、《词汇学研究》、《修辞学探索》三本语言学专著,覆盖了大部分语言学领域,开始登上语言学殿堂,越来越深入地探索语言学的奥秘。最近30年,我发表了更多语言学论著,提出不少关于语言学的想法。俄罗斯功勋科学家郭列洛夫教授看了我的论著后说过,我的书不仅让他进了语言学大门,而且让他登堂入室,看到语言学的精髓。这段话好像印证了我的语言学研究历程。

我的研究紧紧跟随语言学的发展趋势。现代语言学在不同的时期都有其一定的发展趋势。在我的论著中每过一段时间就会概括出这种趋势。例如,1983年我在《现代语言学研究》中说:"当代语言学发展说明:人们从语言体系、言语活动和言语机制三个方面越来越深入地认识语言的本质。"1985年,我在《谈点社会心理语言学》一文中说:"当代语言学又出现一个明显趋势,就是用社会心理语言学、社会信息语言学等第二代边缘学科的理论和方法,研究作为交际单位的话语。"1987年,我在《语言学教程》"代前言"中提出8项教学内容的更新:1. 语言学的对象是语言体系、言语活动和言语机制;2. 语义和语义学的地位越来越重要;3. 理论语言学分科对语言体系研究有新的进展;4. 当代语言学理论获得广泛应用,改变了语言学理论忽视应用的状况;5. 语言学边缘学科涌现,改变了就语言研究语言的状况;6. 对传统语言学问题有了新的探索;7. 语言学研究的重点从结构转向建构;8. 语言学是现代科学体系中的关键学科。1997年,我在《语言学概论》中,又增写了10项新内容:1. 语言的调节功能;2. 多角度研究语言;3. 建构语言学;4. 转换生成语言学的发展;5. 国俗语义学;6. 社会心理修辞学;7. 词典的功能;8. 建构主义外语教学论;9. 社会心理语言学;10. 神经语言学。最近几年我又提出语言学建构性循环网络,论述语言学研究中,语言体系、言语活动、言语机制、话语、计算机语言处理和文字体系六大领域及其相互关系。依据语言学发展趋势,我的研究包括理论语言学、应用语言学、语言学边缘学科和语言实践领域,下面分别叙述。

二、理论语言学探索

20世纪50年代初,当我刚跨进语言学大门,正好碰上全民学习斯大林的《马克思主义和语言学问题》,我也投入了学习热潮。我一方面支持斯大林关于"语言全民性"的原理,为补其不足,另一方面提出了"使用语言阶级性"的见解。1959年12月28日,《解放日报》以整版篇幅发表我的《语言的全民性和使用语言的阶级性》论文,阐述了两者的相互关系。当厦门的学者提出"语言人民性"的观点时,我又写了《对"语言人民性"的商榷意见》一文,发表在《厦门大学学报》1962年第4期,指出"语言人民性"提法会导致语言阶级性的结论,从而捍卫了语言全民性的原理。与此同时,我学习了语言与思维的辩证关系后,于1959年先后在《文汇报》发表了《怎样培养学生的外语思维》、《正确认识语言与思想意识的关系》等文章。1981年,我在《北方论丛》第4期发表《从当代语言学的发展论语言和思维的关系》,1984年又在《语文论丛》第2期发表《论语言和思维的关系》,提出感性形象思维、理性逻辑思维和艺术形象思维的划分等原理,为以后全面论述语言和思维的辩证关系打下了坚实基础。

斯大林在其论著中提出两条语言发展的普遍规律,即语言发展的渐变性规律和语言各结构部分发展不平衡规律。我认为他是举例性质的,丰富的语言应该有更多的发展规律。在稍后时间,我经过研究,提出另外7条语言发展的普遍规律,即:理据性规律、类推规律、简化规律、丰富化规律、抽象化规律、概率规律和内部制约规律,补充了语言学界长期认为的两条规律的不足。1983年我在南京讲学时谈了这个问题,1986年被江苏省语言学会以《论语言发展的规律》为题,发表在《语言研究集刊》上。

20世纪50年代末60年代初,全国范围内开展了"语言与言语"的大讨论。当时有人提出,语言与言语不分,言语就是语言;有人提出,语言与言语要区分,但言语无规可循,语言学只研究语言体系。我在讨论中毅然提出第三种观点:语言与言语应该区分,言语有规可循,语言学既要研究语言规律,又要研究言语规律。1962年3月1

日,在《文汇报》发表的《语言学的新对象和新学科》一文中,我明确指出,"语言和语言的使用(言语)各有自己的规律而又相互紧密联系着,所以,它们都是语言学的研究对象。"在以后的研究中,我提出依赖和适应语境的规律、选择语言材料建构话语的规律、与言语目的和交际任务相适应的规律等言语规律,并据此对现代修辞学等领域进行了新的探索。

我认为,语言是音义结合的词汇和语法的体系,我很重视对语言体系的研究。1958 年,我在《上海外国语学院季刊》第 2 期上发表《词、词组、熟语》一文,针对当时用结构方法分析语言单位的缺陷,明确指出结构语言学形式方法的不足;通过大量实例,用音义结合的方法划分了词素、词、词组和熟语的界限,论述了词和熟语的性质。1984 年,我在《河北师范大学学报》第 3 期上发表《论现代语法的特点和结构语法》一文,概括了传统语法和现代语法的差别,指出传统语法的特点是:重视意义、重视书面语、重视规定、重视分析、明确区分语法现象和词汇现象、明确区分词法和句法、重视历时;与此相应,以结构语法为代表的现代语法的特点是:重视形式、重视口语、重视描写、重视综合、不明确区分语法现象和词汇现象、不明确区分词法和句法、重视共时。据此区分,我在 1990 年出版的《语言学通论》中,分写了"传统语法学"和"现代语法学"两章。在"现代语法学"一章中,我概述了 18 种现代语法的理论和模式。在以后的研究中,我发现现代语法各流派,如生成语法、格语法、谓词语法、配价语法、系统语法、构式语法等等,重点都在研究句子中名词和动词的关系。多数以动词为中心,少数以名词为中心。我的观点是:名词和动词在句子中是相互作用、相互制约的。

早在 1983 年我出版的《词汇学研究》一书中就写了"语义学略论"专章。当时我指出,"语义学提到当代语言学分科的重要地位。它的重要性已超过语音学、语法学。格语法、切夫语法等语法学流派,实际上是在语法框架内研究语义问题。""当代语言学转向语义研究使整个语言分析更加深化和复杂化。"我还明确指出,"研究语义,不能忽视语言形式,要用音义结合的辩证观点,进一步揭示整个语言的性质和特点。"我在这一章中,较为系统地论述了语义的性质、分类、分析原则、义素、语义场、句子的语义结构和语义的逻辑演算等问题。80年代后期,我提出国俗语义学的思想,认为语义在反映概念意义的基础上可以增添附加的民族文化色彩。我在国俗语义学方面做了多方面的研究,如横向归纳国俗同义词语系列,纵向分析国俗词语的多义体系,从国俗语义角度分析话语,进行国俗词语的汉外对比研究等等。我在英国、日本、新加坡等国以及我国大陆、香港、澳门、台湾等地区发表了《一门新的语言学分科——国俗语义学》、《国俗语义纵横谈》等多篇文章,引起国内外许多学者的浓厚兴趣。另外,我在《语言学通论》中写了"语音学"和"音位学"两章,系统地论述了语言的语音方面。

除对语言体系的理论研究外,我对语言的社会功能也做了一些探索。1991年,我在《外国语》第3期上发表《论语言的调节功能》一文。我在继续肯定语言是人类社会最重要的交际工具,是人类思维的重要工具,也是社会上传递信息的工具这些社会功能的同时,特别指出"语言社会功能的发挥,无一不是在起一定的调节作用。人在交际中调节相互关系,达到相互了解;在思维中调节自己的思想和行为;在传递信息中调节整个社会成员的一致行动;此外,语言还有其他的调节功能。"我论述了语言的五种调节功能:1.个体自我调节功能;2.个体之间的调节功能;3.个体与群体、群体之间的调节功能;4.族际调节功能;5.人机之间的调节功能。最后指出,语言学研究的真正出路是形式与功能的结合、语言与言语的结合,从不同角度共同揭示语言的本质。

我在《语言学通论》等论著中充分重视结构语言学的成就,特别是在音位学和语法学方面的成就。但我时而用批判继承的态度,思索它的不足之处。到20世纪80年代,我正式提出建构语言学思想。1985年我的《论建构语言学》一文发表在《外语界》第1期上,《新华文摘》、《人民大学报刊资料》等全文转载。我认为人在言语交际中使用语言建构话语的同时也建构语言体系本身。语言的结构体系实际上是语言建构的一个阶段,而建构的阶段性和建构的连续性是统一的。我指出了语言建构的动态性质,并论证了语言结构和语言建构处于相互作用之中。我在后续的研究中,逐步形成了语言学建构性循环网络的思想。我认为现代语言学的研究是一个建构性的循环网络。通过语言和言语的循环建构语言体系;通过言语活动和话语的循环建构话语;通过交际者之间的循环建构共同的话语意义;通过言语活动和言语机制的循环建构内部言语;通过语言体系和言语机制的循环建构个体的语言体系;通过语言体系和文字体系的循环建构文字体系;通过文字体系与言语活动的循环建构书面语;通过人脑和电脑的循环建构机器语言体系和话语。

从建构语言学观点出发自然地得出微观语言学的思想。我认为,语言既是音义结合的词汇和语法的宏观体系,又是处于相互作用之中的各种微观变体的总和。微观语言学研究各种微观变体,揭示微观变体对宏观体系的作用和影响,从而动态地描述语言发展和建构过程。微观语言学理论可以更好地解决语言和社会的关系问题。语言和社会的联系不是直线的。各个具有社会特征的言语集体都处于一定的社会关系之中,这与处于相互关系中的微观变体相互适应。所以,要在研究与社会集体相适应的微观变体总和的基础上来描写微观变体和整个宏观语言及其与社会的相互关系。1991年《外国语》第4期发表《论微观语言学》前后,我还在多种论著中研究了汉语共同语及其微观变体问题。

三、应用语言学探索

科学研究在进行理论探讨的同时,还要考虑在社会实践中的应用问题。语言既可以从理论的观点来研究,也可以从应用的观点来研究。因此,当把理论语言学原理应用于各种社会实践时就会产生相应的应用语言学。应用语言学要应用理论语言学的原理,还要研究应用过程本身,因时制宜、因地制宜地完成实际任务。我在语言学探索过程中非常重视把理论语言学原理,特别把我的理论应用于实践,解决各种语言实际任务。下面简要叙述。

我探索的第1个应用语言学是研究人的言语修养和言语交际效果的修辞学。按照我的言语有规可循的观点,我区分了语言修辞和言语修辞。在语言体系中,修辞学研究语言单位的修辞分化、修辞手段和修辞方法;在言语活动和话语中,修辞学研究言语修辞效果、语境、风格、文风、语体、话语修辞和语用修辞。20世纪50年代末,我在上海语文学会和外文学会分别做了关于言语环境的报告。1964年,我在《学术研究》第5期发表《使用语言的环境》一文。文章指出"语言的交际功能只有在特定的言语环境中才能实现。"文中分析了语境的主客观因素,论证了语境对语言理论、言语实践和文艺创作等方面的价值。1983年,我在《语境学是修辞学的基础》一文中说:"修辞学的各个领域,语体、风格、文风、修辞方法、语言美、言语修辞等等都同语境有关,整个使用语言都要受语境约束,修辞效果要结合语境来衡量。所以,必须重视对语境的研究,把语境学当做修辞学的基础,让修辞学获得更快的发展。"我在1989年出版的《现代修辞学》一书中专写"语境学"一章,奠定了语境学的基础。

我的语体体系和风格理论是在研究语境类型和要素的基础上建立的。1980年,我在《语言教学与研究》第1期上发表《论语体》一文,描述了语体学的轮廓。1987年,福建教育出版社出版了我的《语体略论》,语体学的轮廓更加清晰。2000年,在广西教育出版社出版的《语体学》一书中,我第1句就说"语体是按功能风格对话语进行分类的"。我概括并论述了语体的三个本质性特征:1.一定类型的语境;2.与语境相应的语言手段;3.反映客体的特定方式。我把语体分成书卷语体和谈话语体后,又把书卷语体分为艺术语体和实用语体,并在实用语体中增写了报道语体。然后,我对语体进行了系统的描写研究、量化研究和比较研究,建立了完善的语体体系。除语体学研究的功能风格外,我把其他风格,特别是个人风格列为风格学的研究对象。1987年,我在《语文研究》第1期发表的《文学是语言的艺术》一文中,集中谈了风格问题。1994年,我提交给澳门国际研讨会两篇关于翻译风格和个人风格的论文都发表在《语言风格论集》中。1989年出版的《现代修辞学》中专章论述了风格学的主要问题。

20世纪80年代,我把信息论和控制论的一些原理用来研究修辞学,先后写了《信息学和修辞》、《控制论和修辞》等文章,并在2001年再版的《现代修辞学》中写了"信息修辞学"和"控制修辞学"两章,分析了话语信息的类型和话语信息差,论述了言语交际的控制实质和高效言语控制的要求。我认为,修辞学的主要目的是提高人的言语修养和促进社会信息畅通,因此,信息修辞学和言语修养学是修辞学的重要领域。1983年,我在《修辞学研究》第1集发表《论言语修养及其标准》一文,指出言语修养是人类文明和社会进步的重要标志,提出可以遵循、便于检验的正确性、逻辑性、适合性、说服性、有效性等12条言语修养标准。在《现代修辞学》中专章论述了言语修养问题。

我探索的第2个应用领域是文字学。语言学界对文字问题有许多不同的看法,如汉字究竟是表意文字、音节文字、词符文字、词素文字、语素文字还是象形文字?语言和文字的关系如何?我在发表了多篇关于文字学的文章后,在《语言学通论》中写了一章"文字学",论述了文字的本质、起源、发展、文字体系和类型、文字与语言和思维的关系以及文字的创制和改革。文字是有声语言的辅助性的交际工具,它通过语言与思维联系。因此,我按文字表示什么语言要素的功用,把文字分为语段文字、词符文字、词素文字、音节文字和音素文字五大类。另外还有两类辅助文字符号:变音符以及标点符号和分词符。各类文字符号又可以概括为表意符号和表音符号两大类。历史上形成的有序的文字体系具有三项主要特征:1. 属于一定的文字类型;2. 有稳定的文字构成;3. 有特定的拼写法原则。另外,我还叙述了作为词符词素文字的汉字及其改革。

我探索的第3个应用领域是词典学。20世纪70年代中叶,斯里兰卡总理班达奈拉克夫人访华时赠送周恩来总理一部《僧伽罗语大词典》,周总理回赠她一本《新华字典》。一时间,大国小词典、小国大词典事件激起语言学者编写词典的强烈愿望。1975年,周总理签署的组织全国力量编写160部词典的文件下达。我所在的上海外国语大学接受了主编、参编12部词典的任务。学校让我联系这项工作。由于工作需要,我开始运用我的语言学理论研究词典学。70年代末,我应邀到江苏、浙江、安徽、上海等地为词典编者做关于词典学的报告。1980年我在刚创刊的《辞书研究》第1期上发表《论词典的类型》,论述了知识词典、语言词典和特种词典的类型。之后我又发表了关于词典学的多篇文章,对词典的功能和性质、词典类型和社会词典体系、词目、词条和义项划分等问题提出见解,特别是从语义的历史分析、搭配分析、转义分析等角度论述了义项划分。这些想法较为集中地反映在1983年出版的《词汇学研究》中,1990年出版的《语言学通论》中写了"词典学"专章。

我探索的第4个应用领域是翻译学,用我的语言学理论来研究翻译问题。1987年《中国翻译》第4期发表我的《论翻译单位》。我的观点是：把句子作为基本翻译单位,句子内部考虑音位(字位)、词素、词、熟语和词组的适当对应,句子外部考虑句际关系的协调、句群的衔接、话语的连贯和风格的统一。从那以后,直到2009年《上海翻译》第4期发表《略论翻译》,我一直关心翻译学的发展。我在《语言学通论》中写了"翻译学"专章,对翻译学的发展、翻译的实质、可译性和等值性、翻译单位、标准和方法等,做了系统论述。《中国翻译》上有专文对该章加以评介。

最后,除修辞学外,我探索较多的应用语言学分科是外语教学论。与英美学者认为应用语言学就是外语教学论的看法不同,我认为语言学原理用来解决任何实际任务都可以形成应用语言学。尽管如此,我对作为应用语言学主要分科的外语教学论十分重视。建国后的外语教学,最早用的是在传统语言学理论基础上形成的语法翻译法,主张从语音导论、语法导论开始学外语。1960年,教育部在上海外国语大学附属外国语学校召开介绍听说领先法的现场会议,以结构语言学为基础的直接法、听说法、视听法等开始流行。1979年,在广州外国语学院召开的两市一省语言学研讨会上,有些院校介绍了以社会语言学理论为基础的交际法和情景法等。我直接参与了这些活动,感觉到各种教学论都适用于特定的教学目的、任务和对象,各有优缺点。它们有的重视语言教学,有的重视言语教学,共同的缺点是没有处理好语言和言语的关系。我认为,外语教学论要解决的中心问题是正确处理外语教学过程中语言和言语的辩证关系。在广州会议上,我作了"外语教学中语言和言语的辩证关系"的发言,发表在《现代外语》1980年第4期。从那以后,直到2009年《中国外语》第3期"学论经纬"发表的《全面发展学生的语言能力和言语能力》,我持续发展了这一教学论观点。在我的建构语言学理论的指导下,我把这些观点发展为建构主义外语教学论,1993年《外语界》第2期发表了我的《建构主义外语教学论》专文。其主要观点可以概括成三点:1. 在言语中学习语言。在言语(言语活动和话语,通过言语机制)中掌握语言现象,不断自觉地在学习者大脑中建构自己个体的语言体系,并使它逐步接近全民语言的标准体系。需要学习的语言材料和规则有规律地在话语中出现,适当的时候加以归纳。在学生大脑中自然地积累、整理、建构。2. 利用所学语言材料,通过言语培养建构话语和理解话语的能力。教学中要输入足够数量的自然标准的话语,学生从输入的话语中,一方面学习语言,一方面学习言语本身。3. 语言能力和言语能力相应提高。学生的语言能力和言语能力要同时提高、相应发展,学生学到的语言材料在大脑中建构语言体系的同时,要立即进入言语活动,巩固熟巧,使之随时待命,应调使用。通过言语活动,又能学到新的语言材料。两者始终相应发展。在《语言学通论》中我写了"外语教学论"专章,除语言和言语的关系外,还论述了外语教学法流派,教学方法和模式,语言学各流派的外语教学法观点,外语能力、外语思维和语感,外语掌握的心理机制以及外语教学大纲等问题。

四、语言学边缘学科探索

现代科学发展证明,往往会在科学的边缘领域产生重大的科学突破。语言存在于人类活动的一切领域,与许多现象有密切联系。语言学发展过程中不断会有新的边缘学科出现。我也在这些领域进行了探索。

早在1983年出版的《现代语言学研究》中,我就写了"工程语言学简论"、"社会语言学简论"、"心理语言学简论"三章。在工程语言学方面,我论述了语法形式化、语义形式化、媒介语与机器语言等问题。在此之前,1980年我在《自然杂志》第5期发表了《语言学和机器翻译》,1981年在《情报科学》第3期发表了《工程语言学简论》。在此之后,1986年又在《语言和计算机》上发表了《人机互助机器翻译系统方案》,在计算语言学方面做了一些基础性的工作。在"社会语言学简论"中,我论述了语言变体、双语现象、语言的功能分类和语言政策等问题。在"心理语言学简论"中,我论述了内部言语、言语生成、言语理解、语言掌握等问题。同样,在此前后写了一些相关的文章。另外,我在《语言学概论》中,写了一章"辅助语言学",论证语言学和符号学的关系,分析了人工国际语和其他人工语言,预示了宇宙语和宇宙语言学问题。

在谈到心理语言学展望时,我预告神经语言学将从心理语言学中分化出来。经过多年探索,我在1997年出版《神经语言学》一书。这本书的特点有:1. 确定了神经语言学的理论框架。较为全面地论述了神经语言学的概念、发展历史、脑言语中枢、大脑两半球的言语功能、言语生成、言语理解、语言掌握、言语障碍等的神经机制,以及人类的语言天赋等,描绘了神经语言学的轮廓。2. 全面论述了言语的神经机制。除阐述言语与大脑皮层的关系外,还论述了言语与大脑皮层下结构的关系,以及言语与外围神经的关系。3. 兼顾正常言语的生理机制和言语障碍的病理机制。

我从心理语言学的研究出发,一方面深入到神经语言学,另一方面扩展到社会心理语言学。1985年,我在上海召开的第2次两市一省语言学研讨会上的即席发言,以《谈点社会心理语言学》为题发表在第5期《外语界》上。我在比较其与社会语言学和心理语言学的异同之后,指出"社会心理语言学作为语言学的第二代边缘学科,比社会语言学和心理语言学这些第一代边缘学科具有更为重要的意义"。1995年,我出版了《社会心理语言学》一书。我指出,社会心理语言学的建立旨在把社会的人当做语言学研究的参照系,以便与结构语言学的语言体系参照系、转换生成语言学的拟想人的参照系、社会语言学的客观社会环境参照系和心理语言学的主观言语机制参照系等一起,构成一个互相补充的参照系统,以便发掘社会人的言语潜能,让现实社会的人能动地使用语言完成交际任务。我在这本书中研究了语言与社会化、社会知觉、社会态度、人际关系、两性关系、文化社会心理、环境社会心理和审美社会心理的关系,并分析了人际关系信息的传递和理解。

最近几年,语言学界对认知语言学产生了浓厚的兴趣。受此影响,我也对认知语言学做了一些探索。不过,我与大家接受和介绍的外国一些学者的看法有些不同。从言语机制角度研究语言是我 20 世纪 80 年代提出的语言学发展趋势之一。我主张从言语的神经机制、心理机制和认知机制来研究语言,但不赞成国外认知语言学的一些流行观点,诸如语义与认知的关系,相似性问题,隐喻问题,范畴化问题,等等。2001 年,我在《外国语》第 1 期发表《论语言单位的任意性和理据性》一文,从符号和语言的性质,谈到两种不同的相似性,指出"第 1 种复制式的相似,在语言中不占主要地位。"夸大这种相似性就会使语言失去抽象性与概括性,失去语言体系表达一切客体的有效机制。第 2 种理据性的相似性,是重要的语言现象。但我指出,语言单位与客体的联系是任意的,语言单位之间的联系会有理据性,但理据本身也是任意的。到了 2009 年,我连续发表文章,论述认知语言学的主要问题。《外语电化教学》第 3 期发表的《论语义与认知》中,我从我对语言与思维关系的认识,打破认知语义研究的局限,全面论述了语义与认知的关系。我认为,语义与认知都是人脑的反映,关系密切。语义丰富多彩,认知方式多种多样,语义与认知的关系也错综复杂。词汇意义的认知方式主要是概括、归类、概念化与范畴化。语法意义的认知方式主要是抽象和类推。修辞意义的认知方式主要是从抽象到具体,具体化、形象化、隐喻化和联想。研究语义除认知角度外,还有社会文化等角度。《外语学刊》第 1 期上,我发表了《论隐喻》,针对外国学者的看法,谈了自己的见解。我认为,隐喻是相似客体在社会文化环境中通过语言在言语机制和言语活动中的代替,要多角度研究隐喻。隐喻是一种认知方式,但不是唯一的也不是最主要的认知方式。不管在言语机制或言语活动中,隐喻固然重要,直赋其事更不可少。隐喻映射的主要是事物的相似点,而不是整个事物的代替。我在《解放军外国语学报》第 5 期发表的《论范畴化》,也是针对外国学者的看法,阐述了我的见解。我认为,范畴化是人在社会实践中通过语言按区别性本质特征对客体进行概括和分类的认知活动。概括出来的类别就是范畴。用来区分范畴的特征是本质特征,不是典型特征。范畴的连续性和界限是辩证统一的。范畴按客体的区别性的相似点来划分。范畴的主观性和客观性也是辩证统一的。

五、语言实践探索

我主张科学研究要理论联系实际。我不仅致力于把语言学理论应用于各个实践领域,形成应用语言学分科,而且重视用我的语言实践来验证理论的正确和应用的适当。

在修辞领域,除科学论文外,我试写过各种语体的文章,包括艺术语体。我写过诗,如发表在澳门语言风格学国际研讨会《语言风格论集》中的《颂语言风格学远航》:"犹记当年甫启航,风狂雨骤折桅樯。今朝濠海群英会,帆帜高张向大洋。"形象地表达了语言风格学研究的曲折道路。我写过散文,如发表在 1984 年 9 月 1 日《周末》上的《我爱故乡的绿色》,此文曾被江苏文艺出版社出版的《习作引路》一书引做范文。我也写过小说,如 1984 年《峥嵘》第 1 期上的《雨霁芳草绿如茵》,我自己写《现代修辞学》时就从文中引例说明修辞现象。

在翻译领域,我翻译出版过各种语体和题材的文献。如哲学:《辩证唯物主义哲学和专门科学》(1958);逻辑学:《逻辑错误怎样妨碍正确思维》(1958);文学:《"克什米尔公主号"飞机失事的秘密》(1958);科普:《深海探险家》(1957);政治:《中央情报局与情报崇拜》(1979);游艺:《水上游戏和娱乐》(1957);语言学:《现代汉语修辞学》(1987)等,还在各报刊上发表了各种译文。这些翻译实践为我研究翻译学提供了经验和素材。

在词典领域,我按照我提出的词典类型和社会词典体系等原理,主编了一些词典,主要是新型词典。如《修辞学词典》(1987)、《汉语国俗词典》(1990)、《汉语修辞词典》(1993)、《人名妙用趣味词典》(1995)、《新惯用语词典》(1996)、《英语习惯搭配词典》(2005)、《常用惯用语词典》(2008)等,另外还有《〈辞海〉·〈语言学卷〉》(1999)、《〈大辞海〉·〈语言学卷〉》(2004)。这些词典的编写经验和体会有助于我进一步研究词典学。

在外语教学领域,在我的建构主义外语教学论的指导下,我教过中国人学外语,也教过外国人学汉语。此外,我还主编了中学使用的外语教材,如湖南教育出版社 2004 年开始出版的 Project English,主编了作为外语的对外汉语教材,如上海外语教育出版社 2009 年开始出版的《21世纪对外汉语教材》，全套教材共60余册。通过教学和主编教材，我不断发展了我的外语教学论。

就这样，我从实践上升到理论，再用理论指导实践，如此循环往复，在语言学领域整整探索了60年。

（原载《中国外语教育发展战略论坛》，上海外语教育出版社2009年12月版）

语言学科研与治学[①]

刚刚姜老师告诉我,我上次来讲了现代语言学的发展趋势,谈了语言学理论问题,今天希望我与大家谈谈方法问题。谈到治学方法和研究方法,我想起 1983 年在南外讲学时张校长说的话,他让我不仅留下金子,也要留下点金术。不过方法因人而异,我所谈的只供大家参考。

一、批判继承,融会贯通,深入浅出,攀高创新。这是治学之根本。
1. 批判继承

什么叫"批判继承"?做学问需要虚心面对古今中外的学术传统。别人一点一滴的成就都是我们学习和继承的对象。但是科学在不断发展,一定的人物在一定的历史时期有一定的局限性,所以在继承时要有批判精神,要区分哪些应该继承,哪些需要改造。

我举一个例子,20 世纪 50 年代全国开展了一次"语言和言语"的大讨论。当时大体上有三种观点。第一种以复旦大学的一些老师为代表,他们认为语言和言语没有必要区分,就是大家讲的话嘛;第二种以南京大学的一些老师为代表,认为语言和言语应该区分,但是语言学主要研究语言,即语言体系,言语无规可循,暂时不要研究,这

[①] 2009 年 3 月 25 日至 27 日,王德春教授应邀赴四川外语学院讲学并指导"川外学坛"的工作。3 月 26 日,王教授应邀做了"语言学科研与治学"即兴演讲,所提出的 16 字治学箴言、"科研三线"思想、做学问需把握的"5 对关系"、"多角度研究语言"等实为语言学科研之要,治学之道。

实际上就是索绪尔的观点。索绪尔的《普通语言学教程》中正确地区分了语言和言语,通俗地讲就是"体"和"用"。我当时提出第三种观点:语言和言语要区分,但言语也要研究。我们已经科学地从言语中抽象出语言体系,它客观地存在于社会,存在于群体思维之中,但是在使用这一体系时有很多问题值得研究。言语规律对交际效果来讲是一种更重要的规律。后来我在继续研究时提出适应语境的规律,组织话语、建构话语的规律,达到交际目的的规律等言语规律。

半个多世纪过去了,现在很多语言学家把主要精力放在言语研究上面,包括言语活动、话语、言语机制等方面。言语活动就是言语交际双方如何通过建构话语和理解话语,达到相互了解。它与语境、交际者的角色、话语角色关系,以及交际者的社会心理状态都有联系。话语是言语活动的结果,包括口头的或书面的话语。话语本身也是研究的对象,如话语结构分析、话语功能和话语信息。言语机制之所以重要,是因为语言要通过大脑处理才能应用。建构话语要通过内部言语的外化,理解话语要通过外部言语的内化,然后才能相互理解。现在,心理语言学、神经语言学、认知语言学有了很大发展,最近我了解到一批学者正在探讨大脑右半球的言语机制。过去的神经语言学,多半是说大脑左半球是处理语言的脑器官,右半球是处理形象的,处理音乐、语音、图画。当时认为,大脑左半球损伤的患者,右半球在处理语言时可以有适当的补偿功能。现在,正常人也可以发掘右半球的处理语言的机制,如果这一努力获得成功,言语机制的研究会有很大突破,对我们的语言教学会有更大帮助。

现代语言学把语言和言语结合起来,因为语言和言语是相互循环的。我们从言语里抽象出语言体系,即音义结合的词汇和语法体系,然后再使用这个体系,使用中的修辞创新经过约定俗成之后又丰富了这个体系。这种不断的循环使语言和言语获得了发展,成为我们的语言学无限丰富的源泉。

从这个例子来看,我们对待任何一个学者,包括像索绪尔这样的学者,都要批判地继承:一方面承认他的功劳,即对语言和言语进行正确的划分,另外一方面也要补正他只研究语言的不足。现在可以说,语言规律和言语规律对于语言学来说都是很重要的。

2. 融会贯通

批判继承之后便是融会贯通。这好比蜜蜂采蜜,蜜蜂凡花粉必采,不管是蔷薇花、玫瑰花、茶花,还是桂花、桃花、李花。这就是广泛地吸收,广泛地采集。但是蜜蜂采集的意义更在于酿造,经过酿造得到甜蜜的、营养丰富的蜂蜜。蜜蜂酿蜜的过程便是融会贯通的过程。蚂蚁则不一样,蚂蚁是东搬一点面包屑,西搬一点骨头屑,它没有酿造,只是放在那里,冬天不出来的时候把它吃掉。

我再举语言学的例子说明。最近几年,一些学者,尤其是外语界的学者,对认知语言学很感兴趣。我刚刚第一点就说过了,认知语言学是研究言语机制非常重要的一门学科,我们必须重视大脑对语言信息的处理。但是对于一些问题我们还要融会贯通。

很多人在写范畴化,有理论的,有应用的。一些学者认为,以亚里士多德为首的古典范畴化的理论有缺陷,而源自维特根斯坦的所谓现代的范畴化理论是正确的。我的看法是,亚里士多德的理论固然有缺陷,但从批判继承的角度上说,维特根斯坦的理论缺陷更多。怎么融会贯通是我们改造的任务。古典范畴理论不是亚里士多德一个人的创造,它经过了黑格尔、康德,经过了马克思、列宁,他们做了大量工作,补充了他的理论。

我们从几个具体的理论问题来分析。

第一个问题,本质性还是典型性。

划分范畴主要依靠本质性还是依靠典型性是争论的最大焦点。大家知道,所谓范畴,就是人的大脑通过语言,在思维里面对客体进行的分类。这个分类依据什么?依据的是客体的本质性的属性。本质性就是保证此物体就是此物体,此范畴就是此范畴。本质性属性改变之后,此范畴异化,此物体异化。也就是说失掉了本质性特征便不再属于这个范畴。类典型理论认为,在属于这个范畴的成员中找到一个典型,然后根据特征排列下去,最后的处在边缘,因此范畴成员有中心的与边缘的,有典型的与不典型的。

差别在什么地方呢?有一次我到一所大学讲学,吃晚饭时,听到外语学院的老师向学校领导汇报,下午举行演讲时有学生提出一个观点,认为白种人是典型的人,黑人是不典型的边缘的人。学校领导听了吓了一跳,说这不是种族主义观点吗？我说这是受了认知语言学的影响。如果我们把所有的人归入人的范畴,若不是按照本质性的属性,比方说作为社会的人是社会生产力的主持者、社会关系的总和,是有语言和思维的,这些本质特征来规定人的话,我们就不能明确什么是人。如果按照类典型的观点,确定一个典型,比方说划分鸟范畴,确定鸟里面的知更鸟是典型的鸟,其他鸟凡不符合知更鸟特征的,都是向边缘推进的鸟,那么这个特征是根据谁,是根据知更鸟还是根据麻雀？根据仙鹤还是根据啄木鸟？实际上,按照本质性特征,凡是动物学里属于鸟纲的都是鸟,如果不符合就不是鸟了。知更鸟是红胸的,乌鸦是黑毛的,但是红胸和黑毛不是区分鸟这个范畴的本质性特征,而是区分知更鸟和乌鸦的特征。但是我们在讲知更鸟和乌鸦时已经变成鸟的子范畴了,已经是知更鸟和乌鸦的范畴了,而在鸟的范畴里面它们同样是典型的。回到人,我们不能认为找到一个白种人作为典型的人,凡是肤色与之不一样的便是非典型,类推下去,黑种人到了最后边缘。其实,人都是典型的,包括残废人、病人。如果我们把成年人说成是典型的人,健康的人是典型的人,那刚生下来的婴儿和年纪大的人就都是边缘的人吗？病人、残疾人就是边缘的人吗？这种观点是不正确的。在讨论时甚至有人说到,最边缘的人已经是机器人,已经是稻草人,已经是雪人了。机器人、稻草人、雪人是人吗？不是,它们不属于人的范畴。那个构词时作为词缀的"人",其词素的意义已经改变成"类人"的意思。机器人是在功能和形象上像人的机器,稻草人是像人形的稻草,雪人是堆起来像人的雪,分别属于机器的范畴、稻草的范畴、雪的范畴,不属于人的范畴。而残废人虽然少了一条腿,但符合人的本质性特征,仍然是人。

第二个问题,连续性还是界限性。

类范畴强调连续性,这是正确的。因为我们区分客体、认知客体的时候,客体之间的普遍联系反映在我们的大脑里,于是我们认知它的连续性。但是人不仅能认识客体的连续,而且能认识不同客体之间的界限。任何连续体,都会从量变到质变,发生质变之后,产生新的质,变成新的事物,归入新的范畴。如果没有质的变化,只有量的连续,我们就不能区分科学,不能研究客体。从进化来看,从无机物到有机物,到微生物,到植物,到动物,进化到人,每一个阶段,都有它的界限。不能因为人是动物进化而来的,动物和人有连续性,便否认人的本质性的特征,否认人和动物之间质的界限。我们在认识客观世界时,认识客体质的规定性非常重要。

对于语义研究,一些学者认为,一个词的多义体系是连续的,划分不出界限。我再说一遍,连续性是对的,因为在一个词的多义体系里面,根据人的认知、根据比较、根据类推、根据隐喻、根据转喻等等,可以用同一个词表示很多相近的语义,它是一个连续体。但是一旦划分义项之后,这个意义和那个意义之间就产生了质的界限,它们不能互用。比如说,"美"在汉语里面有一系列相互联系的语义。首先是视觉愉悦的"美",看起来很漂亮。转移到味觉愉悦的"美",可口、好吃,"美味佳肴"、"美食家"那个"美"。再转到人们对话语的称赞"美言",不断地转移。我们根据约定俗成的语义划分出词的义项之后,这些义项之间就有了质的界限。我们说这个东西很好吃,只能说"delicious"不能说"beautiful",这就是质的界限。"delicious"已经不再是"beautiful",它们之间有了质的界限。

万事万物,既有普遍的联系又有质的界限,这是我们认识客体的重要的辩证的方法。如果我们不认识事物的连续性,所有的事物都纷繁出现在世界上,我们很难把握;如果不把事物区分出质的界限,我们更难分门别类地研究。科学分类也是这样的。为什么叫物理学,为什么叫化学。按照恩格斯科学分类的方法,是客观世界运动在大脑中的反映。如果是物体的移动,是力学反应;如果是我们看不见的分子的移动,是物理学反应;物理学反应之后,若是原子的活动,是化学反应,化学反应到了蛋白质出现,是生物学反应。所有的物质反应是一个连续体,但是原子反应和分子反应不一样,化学和物理不一样。这样我们才能区分出各门理论科学:力学、物理学、化学、生物学。否则我们就不能认识客观世界的多样性。更不要说从生物发展看人类,出现人类社会时,人已经跳入社会科学和人文科学的研究,更有了质的界限。

第三个问题,相似性还是区别性。

原型范畴论认为,划分范畴的根据是各种相似性。不错,归入一个范畴的东西有其相似性,但并不是按相似性的等级划分到边缘,而是看相似性能否区别事物。把事物分类就是范畴化。当我们对小孩进行心理语言学实验时,给他几个物体,比方说,给他一把锹、一把斧头、一个锯子、一块木头,叫他分类。结果他会说,斧头、锯子、木头是一类,锹是另外一类。为什么?根据斧头、锯子、木头的相关性,斧头可以劈柴,锯子可以锯木头,根据这个相似性,把它们归为一类,而锹不能对木头起作用,就不是一类。这就是小孩子的认知。小孩的认知往往出错,他只是根据表面的判断,没有把工具的共同属性进行抽象处理,没有把锹归为工具这一类。同样,我们给他一双筷子、一支铅笔、一块橡皮,很小的孩子会把筷子和铅笔归为一类,把橡皮推开。他只根据表面的"长度"相似来区分,而不能抽象出文具这个类,他没有把区别性特征找出来,他的认知程度达不到。如果仅仅看相似性的话,便有各式各样的相似性,但有些相似性是与本质根本无关的。

第四个问题,主观性还是客观性。

我们在划分范畴时,主要根据客观事物本身的相似性,客体本身的本质性特征,以及它在我们大脑中的反映,而不是先入地用我们的认知去对客体进行划分。白种人、黑种人客观存在,不是我们区分后才有的。上海外国语大学和四川外语学院是客观存在,有了客观存在我们才有区分,才有划分范畴的可能性。不是说我闭起眼睛停止思考,客观世界就没有了。认识是主观的,认知是主观的,但是主观的认识,大脑的反映与认知要根据客观对象;客观提供了基础,我们才能反映,否则就是主观的、不切实际的反映,就是浮想联翩,就不能成为真正的科学。

当研究范畴化问题时,我们要对各种范畴理论进行思辨,把主要问题提出来,一个一个地分析,然后再看怎样正确处理,怎样对客观世界进行分类。分类是科学研究非常重要的方法,值得重视。林奈的植物分类,给植物学的发展创造了条件。门捷列夫的化学元素表给化学的发展创造了条件。门捷列夫没有主观地把这个化学元素表全部填满。他根据客观现实,这个原子在没有出现以前,他不敢填,等出现之后再补充。他看到了客观世界的普遍联系性,也看到了原子间的质的界限,而且这个界限是客观的。这就是科学。所以我们在研究一个问题时,要像蜜蜂酿蜜,在前人成果的基础上,经过自己的思考,得出科学的结论。这就是融会贯通。

3. 深入浅出

什么叫深入浅出?就是说我们说话写文章,道理要深刻,信息要新颖,但是话语要浅显易懂,让人口服心服。这个功夫是教师和科研人员都应该具备的。正确的教学观是让学生明白老师的思想。但是有的老师不是这样。我见过这样一位老师,新生进校后,他上了两周课,然后征集意见。他说:"各位同学,我给你们讲了两周课,大家听得怎么样?懂不懂?"大家都不说话,后来在他一再鼓励下,有一个学生举起手来说:"老师我不怎么懂。"老师微笑了一下,又问其他同学。有人开了头,大家便七嘴八舌地说:"老师我不懂","老师我不懂"。老师听了哈哈大笑,高兴地说:"那就对了,完全在我意料之中。"怎么回事呀?他说:"我研究了四十年,你们两个星期怎么能搞懂,慢慢去学吧。"这位老师很有学问,但是他的教学方法是深入深出。内容是有的,但听起来很艰涩。

深入深出已经不怎么理想了,如果是浅入深出,大家想象一下结果会怎么样?所谓浅入深出,就是很难看懂,看懂了之后没什么内容。现在有些语言学文章就存在这个问题。我到各地学校接触过很多第一线的外语老师和汉语老师,他们都向我反映,你们研究语言学的人写的文章,我们都不怎么看得懂。为什么不能看懂呢?我们得检查一下文风问题:存在学术八股。八股调,不管是老八股、新八股、党八股、派八股、洋八股、土八股,都是束缚思想的,不利于学术发展。为什么看不懂这些文章。它们是画龙不点睛,开门不见山。题目不是相对论、矛盾论那般清楚,而是一大串。开门见山是写文章的一个思路,那个山就是我们的思想,我们的观点。打开一篇文章之后,不知山在哪里,要你跨过长江黄河,越过漫漫的草原,穿过戈壁滩,远远的有了山的轮廓,到了近前才发现是个小土堆。张三怎么说,李四怎么说,掩盖了自己的创造性的思想。然后,章节数字串,新名词一大堆,参考书一箩筐。比方说253647,它不是电话号码,不是邮政编码,而是第二章第五节第三段第六小段第四点第七小点,看文章的人不知那个第七到底与什么有关,把自己的文章、自己的思路分割得四分五裂,没有连贯的话语。短短的一篇文章,一两千字,后面的参考书目有二三十本,占去了年轻教师发表文章的空间。不是不尊重参考书,参考书是必要的,你写文章可以参考,但是现在参考书泛滥,同一个人的文章那几十本参考书反复出现,同一本杂志里也反复出现。学术八股束缚学术思想,影响深入浅出,应该警惕。

对于深入浅出,我深有体会。我小时候学图画,美术老师让我们画教室门口的一棵树,我那时学习很认真,出去捡了两片树叶,开始照着树叶描摹,画了半天,几个叶子拼起来了,但怎么看都不是一棵树。这时美术老师一声不响地走到我旁边,拿起我的水彩笔在我的画纸上点了几下,一看,生动活泼的一棵树。这使我非常感动,到现在记忆犹新。他能融会贯通,深入浅出地把那棵树表现出来,我那么认真细致却表现不出来。所以,一篇好文章一下就能抓住我们思想,抓住我们注意力的,就可以说它有些新意。那种看来看去摸不着头脑的文章,也许可以说明作者本人还没有完全理解他所研究的课题。

4. 攀高创新

做到了批判继承,做到了融会贯通,酝酿之后有了自己的想法,又能把自己的想法正确地、深入浅出地表达出来,你就能够攀登高峰,你就能够有所创新。

二、科学研究工作分三线

科学研究工作要分三线。什么是"三线"?第三线的工作是有意无意之间,随时随地都在做的工作,是蜜蜂采花粉的工作,是我们研究者搜集语料的工作。不用专门花时间,因为语言无所不在。看报纸、看电视、聊天都可以搜集语料。所谓第二线的工作是大脑中酝酿的工作,打腹稿的工作,写提纲的工作,加工来自第三线的语料的工作。第一线的工作就是酝酿成熟,腹稿打好之后,下笔成文,出口成章的工作。

我们的科学研究,要从第三线逐步地推到第二线,再从第二线推到第一线,自然而然地出成果。不是每写一篇文章都从头搜集语料,看参考书,然后想着怎么写提纲,打腹稿。

我还是举例说明。上海交通大学有位英国老师,叫 Helen。当时她研究 Coherence,曾到上外来跟我讨论。后来我去回访她,她用汉语问我:"王老师喝什么?茶还是咖啡?"我说:"喝杯茶吧。"她说:"喝绿茶还是黑茶?"我先愣了一下,问:"Black tea?"她说,"Yes, black tea."Helen 犯了个语误。我就思考这个语误是怎么产生的。这是第三线的工作,有意无意间我注意到了。我们的学生组织会话教学时也说过"Green tea or red one?"这个错误和 Helen 犯的错误一样,尽管一个是汉语,一个是英语。这又是一个语料。怎么会产生的?这第三线的工作不断在我的大脑中积累。还有,一个俄罗斯的学者谢米纳斯,俄罗斯东方科学院的高级研究员,研究汉语的。有一次到我家来做客,送她走时,外面下雨,她跟我讲了一句,"王老师,多么强的雨啊!"我一听怎么是"多么强的雨啊?"我们中国人说大风大雨,不说强雨的,强台风是可以说的,大风大雨有很多说法,疾风骤雨、瓢泼大雨、倾盆大雨等等,就是不说强雨。后来我一想,俄语是 Сильний дождъ(硬译:强雨)。如果我送的不是谢米纳斯而是 Helen,她一定会说"多么重的雨啊!"因为英国人说 heavy rain。这样的例子越来越多之后,我就把它上升到第二线,研究语言中的搭配。词的搭配一种是自由搭配,一种是固定搭配。自由搭配主要依靠语法规则,学生学习了词汇单位后,根据所学的语法规则,他们应该可以符合语法地搭配成词组。我们教给他红的、白的、黄的,然后教给他铅笔、钢笔,他自己会说红铅笔、蓝钢笔。你不用红铅笔、黑铅笔、蓝铅笔那样去教,也没有那么多时间去教那么多的单位。要教语法,语言体系是音义结合的语法和词汇的体系,词汇的数量很多,使用时要用语法规则把它组织起来。另外一种词组是固定词组,熟语,固定搭配。我们要把音义结合的整个熟语交给学生。如果是"一箭双雕",教给他的英语是"to kill two birds with one stone",或者俄语 Убить двух зайцев одним ударом。要记住说汉语是"一箭双雕",英语是"一石二鸟",俄语是"一击两兔",这是固定的,不能更改。因为它已经成为词汇单位,客观存在于语言体系里面了。我刚才所举的例子既不是完全自由的,也不是完全固定的。我在思考之后,就推向第一线研究,后来我们编了一本《英语习惯搭配词典》。还有很多类似的例子,如我们说是"黄色电影"他们说是"blue movie",为什么"自由恋爱"不是"free love"等等。这类工作就要从第三线做起,逐步推到第二线,第一线。

我再举一个例子。我曾有几年时间研究国俗语义学,就是民族文化语义学。有一年我去新加坡讲学,一次讲课之后,有位先生上台问我中国古典小说中"张三,李四今晚做蜡烛"是什么意思。我告诉他这是说"张三和李四今晚结婚。"他听了以后,问"怎么做蜡烛是结婚呢?"我说中国的婚俗,"洞房花烛夜",结婚的时候,要点龙凤彩烛作为婚礼的仪式,然后通过修辞的借代,花烛代指结婚,"张三,李四今晚做蜡烛"就是"今晚结婚"。他听了以后,很感兴趣。我接着告诉他,学习语言时不能单学习词汇概念意义。"蜡烛"是"蜡制的照明物",这是概念意义,除此之外,我们还要学习它丰富的内涵。比方说李商隐的诗"春蚕到死丝方尽,蜡炬成灰泪始干"中的"蜡炬"就是"蜡烛",就是用烛泪表现的愁思,表现的怀念的心情;在"风前之烛瓦上霜"中,那个"蜡烛"是随时熄灭的,形容暮年。那时正逢教师节,我讲到:"这两年,每逢9月10号左右中国报纸常有《颂红烛》的文章,颂什么'红烛'? 蜡烛有点燃自己照亮别人的品格,我们用它来指称对社会有奉献的人,特指教师。再比方说,江浙那一带的话里经常有'蜡烛胚',是骂人的话,指不自觉的人,傻里傻气的人。"这样的例子我讲了很多,第二天早上我看到新加坡的《联合早报》上有配我照片的文章,标题是"王德春教授论蜡烛的文化意义"。这个文化意义是他帮我取的。后来获知这个来听课的人是《联合早报》的记者。

这些变成了我第一线的语料,就是说词语除了表现客体的概念意义之外,除了表现客体之间的相互关系的语法意义之外,除了表现主体对客体的感情评价的修辞意义之外,还有在概念意义基础上产生的文化涵义。再如"桃李"。桃树、李树是植物学概念,但是在"桃李满天下"中喻指人才、弟子。我们看俄罗斯有一部电影叫"Сельская учительница",开始我们翻译成《乡村女教师》。电影写的是一个刚刚毕业的十八九岁的小姑娘,到农村里去教小学,到了她白发苍苍,一次过生日时,全国各地的学生,苏联的将军、元帅、教授、工程师、院士、政治家、文学家都来给她祝寿,就是这样一部电影,情节很简单,后来把它改译成《桃李满天下》,这个"桃李"就是她培养的人才。另外一部电影,20 世纪 40 年代的美国电影,电影名字叫"A Woman against Another Woman"如果直译出来,就是"一个女人反对另外一个女人"。电影情节也很简单,就是嫉妒。后来我们的电影工作者就翻译成"桃李争春",桃花李花在春天争艳,应用了桃李的文化意义。还有一例,是一首中国人写的诗"何处合成愁,离人心上秋",我看到的英文翻译是"where comes sorrow, the autumn in heart of those who part",乍看起来翻译得不错,逐词逐句对得很准,但如果一个英国人听到这句话,他会觉得很奇怪,怎么这个"autumn"到"heart"里面去了?而在中国文化里,这个"秋"有一个文化涵义,就是"悲凉的"涵义。"秋愁"、"秋怨"、"秋思"、"秋风秋雨愁煞人"。同样一个反例,有一个学生问我 The Ode of the West Wind(《西风颂》),他说这个"西风"是秋风扫落叶的风,是萧条的风,一片凄凉,树叶凋零的风,有什么好颂的?其实,从英吉利海峡吹向英伦三岛的风不是萧瑟的风,而是温暖的风、温馨的风、和暖的风。因此有翻译家建议,是否应该把 west wind 翻译成"春风",如果我们接受这一建议,把 west wind 翻译成春风,那正好和刘禹锡的"相见时难别亦难,东风无力百花残"出现了矛盾,这里的"东风"就是"春风",春风不劲吹,百花不能盛放。west wind 和西风在概念意义上是同义词,指从西边吹来的风,但在文化意义上是反义词。我国的东风相当于春风,在英国文化里,west wind 相当于春风。当我把这类语料进入第二线思考后,发现语言研究多了一个角度,我就将这种意义叫做"国俗语义"。在一本英国杂志发表我相关的文章时,我就首次将"国俗语义学"译为"National Cultural Semantics"。

  国俗语义学的研究出现以后,很多学者,尤其是在东南亚,特别是日本、新加坡、我国的香港、澳门、台湾等地的学者都很热衷。我就是这样从新加坡那位先生问我那个问题开始,从第三线开始逐步搜集语料,到第二线,第一线进行研究的。

20世纪50年代我研究语境学,那时没什么参考书,我只是看了一部电影,是鲁迅写的祥林嫂。有一个情节,祥林嫂高高兴兴地捧着一条鱼为鲁家祭奠祈求来年幸福的福礼,正在她高兴地将鱼放下时,鲁四婶说:"祥林嫂,你放着,我来摆。"根据鲁迅的描写,祥林嫂听了这句话,脸色立刻变得煞白。不几天,忘记了淘米,而后精神崩溃,死于风雪之中。当时我在想,这么普通的一句话为什么具有那么大的震撼力,不仅震撼了祥林嫂,还震撼了观众和读者。从语法层面来分析,"祥林嫂"是简单的呼语;"你放着"是简单的命令句;"我来摆"是简单的陈述句。可以理解为"你累了,去休息,我来摆。"或"你不会摆,我来摆。"可是祥林嫂的理解却不一样。祥林嫂是旧社会受压迫的底层妇女,受迷信的愚弄,满以为在土地庙捐一条门槛,就有资格为地主家摆放福礼。鲁四婶的一句话打破了她的幻想,给她宣判了死刑,但比死刑更严重。祥林嫂是生也不能死也不能:继续活下去吧,大家认为她是个晦气的女人,连摆条鱼的资格都没有;死吧,又怕两个丈夫锯开她的身体。这就是语境的作用。这是我第一个第三线的语料。思考之后,我意识到不能单从语法和修辞来分析,还得注意其他因素。

我在第三线还注意到其他类似例子:

法国百科全书的主编狄德罗,是个哲学家、科学家。在编写"美"(beauty)这个词条时,要找个语例,什么话是美的?经过几番寻找后,决定采用贺拉斯剧本中的一句话"让他死吧!"狄德罗说,贺拉斯老人这句话是最美的,最高尚的。一开始,我觉得很难理解,这句"骂人"的话怎么能算最美的呢?我做了进一步的分析:

剧本中,贺拉斯老人作为罗马的统帅,率领三军与阿尔巴交战。交战双方统帅决定各派三个代表决战,三个人的胜负决定全军的胜负。贺拉斯老人派出自己的三个儿子去打仗,两个儿子战死沙场,剩下的小儿子继续顽强战斗。贺拉斯统帅的女儿问:"爸爸,怎么办?我的两个哥哥已经战死,我的小哥哥还在和三个强悍的敌人决战,我们该怎么办?"在此语境下,贺拉斯老人义无反顾地说"让他死吧!"根据狄德罗的分析,贺拉斯老人不惜牺牲自己的亲身儿子,而一心想着自己的祖国罗马的胜利,结果他的小儿子打败了三个敌人,取得了胜利。狄德罗认为这句话最美,在百科全书中作为"美"的例证。

这些例子让我想到了语境的作用。1958 年我提出了"言语环境"的思想,在上海语文学会和外文学会做了报告,60 年代初期在《学术研究》上发表了《使用语言的环境》。

这些例子说明,科研工作不能单打一,就一个问题研究一个问题,两三年研究一个问题。写硕士论文、博士论文时,可以两三年对一个问题进行研究,因为这个研究过程本身是一个学习过程。导师在指导学生写学位论文时不仅要指导他们得出怎样的结果,还应该教给科研方法:怎么收集语料、怎么建立观点、怎么酝酿思想、怎么阅读参考书。如果我们平时不从第三线做起,我们的研究成果就会少一些。不要单打一地一律从头做起,要从第三线推到第二线,第二线的工作有好几个,一旦需要,把其中一个提到第一线。当临时需要写一篇文章、做一个报告时,我们就可以把大脑中第二线的材料提出来。这就是为什么有人能够做到出口成章、下笔成文,这不是因为他们是天才,而是因为他们在第三线和第二线做了大量的工作。

三、做学问要处理好的几个关系
1. 学位与学问的关系

学位很重要,标志着一个人做学问的阶段和高度。我是 1978 年开始带研究生的。我对历届研究生反复强调:我用心地教你们,你们也得用心学,希望你们都获得硕士、博士学位。但是,学问重于学位,要名副其实。如果你的学术含量没有达到博士的水平,反而会降低你的身份,因为你没有相应的学术水平去证明你的学位。硕士、博士都一样,对文凭之类的追求是在学术之路上有意无意间获得的。而学术水平得让别人认可。一般公认的是学问而不是学位。

我在这儿举个例子:

我大学毕业几年后,在与保加利亚科学院院长探讨语言哲学问题后,他约我为科学院院报写篇文章。他把文章校样寄给我时,将我的头衔写为"professor(教授)",这让我大吃一惊,因为我当时只是助教。于是我即刻写信给他,纠正说"I'm not a professor, but only an assistant"。在信中我还写道:"宁愿不发表,也不能将我写为教授。"

不久,科学院院报寄来了,上面没写任何头衔。其他作者如苏联科学院院长斯米扬诺夫就署了院士。这说明学术界是相当公平的,没有因为我的助教身份而拒绝我的文章。

所以,我奉劝大家:做学问要一心一意,只要名副其实,自身的学术水平达到你的博士水平,你就能心安理得。要始终将学术放在首位,学问重于学位。

2. 教学和科研的关系

有的老师说,现在很忙,一周二十几节课,根本没有时间写文章。这是事实。我们的第一线教师担任了繁重的教学工作。我觉得应该有个教学教授的头衔,不应完全考虑科研。现在的不成文规矩是,科研是第一重要的。从长远意义来看,应该正确处理科研和教学之间的关系。很多研究课题来自教学,甚至来自学生的语误,我们可以通过分析学生的语误得出正确的语言学知识,进行教学论的研究。

我的很多课题来自与学生的讨论。1978年我在招生以后,由于当时学术活动比较少,上海复旦大学、华东师范大学等校的研究生都来上外参加我主持的研讨。有一次谈到了语言的普遍发展规律。斯大林在《马克思主义和语言学问题》中提到语言发展的普遍规律有两条:一条是非爆发的,不能革命;一条是不平衡的。复旦大学一个学生提出:王老师,您不是说语言现象很丰富吗?难道那么丰富的语言现象,其发展规律只有两条吗?我当时就婉转地说:"斯大林书中的两条规律只是举例性的,并没有完全列举出语言发展的规律。其他规律有待我们去研究。"受该学生的启发,我就开始关注语言发展的普遍规律。1983年,在南京市语言学会做演讲时,我将语言发展的普遍规律概括为九条。这项成果反映在《语言学通论》一书中。这个例子体现了教学相长,也说明教学与科研的关系。

教学和研究是有密切联系的,教学有需要,提供给研究;研究的成果又用于教学。处理好这两者之间的关系后,就会相互促进,有一个良性循环,就不会有时间上的矛盾。

3. 战术性备课和战略性备课的关系

现在有很多老师每天要备课,晚上也要熬夜备课。第二天要上什么就把所有相关的知识写成教案。这种备课是需要的,但这只是战术性的备课,为第二天上课的临时性的备课。我认为,更重要的是战略性的备课,是从整体上提高语言学的素养,外语和汉语的素养,提高语言教学论的素养。教师要加强科学研究、进修和学术研讨。在此基础上,我们就能就一个课题在很短的时间内做好备课。一旦我们将主要的工作转移到战略性备课上来以后,我们就能为自己赢得大量的时间,就掌握了主动权。否则,每天穷于应付,工作显得被动。

4. 工作和休息的关系

很多老师认为自己天天工作,没有时间休息,忙得不得了。我认为工作和休息是相对的。一次下课时我在教研室看书,两个学生过来对我说:"老师,您看书看累了,我们去游泳吧,休息休息。"我就放下书和他们去游泳,去休息休息。游了一个小时之后,他们又说:"老师,您游泳游得太累了,我们到教室去看看书,休息休息。"大家注意,他们两种情况下都是说"休息休息"。他们的建议很好。我们知道,人在劳动时交替使用大脑就是休息。调节好不同大脑皮层分别处于兴奋和抑制状态,工作和休息就可以完全结合起来。

5. 人际关系

这是最重要的关系之一。大家在一起教学、研究,要能够为别人的教学科研成果而高兴,不嫉妒,更不互相指责。要正确地看待别人的成果,每一点每一滴成果都是辛劳的结晶。我们每个人的成果或许就像点点滴滴的水,一旦汇入大海就消失得不见了,但是没有水滴,大海将不复存在。每一个成果都有益于社会,我们都应为之而高兴。对别人的不足要诚心地指出,以期达到共同提高。所以我总是对学生强调,我们的学风和工作作风是六个字:实干、团结、高效。

所谓的实干,就是每一个个体自己要去学习、研究。你只要扎实地工作,你就成功了50%。老师的指导和同学的帮忙只占30%。也就是说,如果自己的基本功扎实,通过老师的指导和同学的互助,我们就有80%在手,胜利在望。剩下的20%是学校、市级政府和国家提供的,例如国家、市级政府和学校重视学科建设就能对学生的学习环境等各个方面提供良好的支持。

四、要多角度研究语言

最后,我简单说一下多角度研究语言的问题。所谓多角度的研究,是指要全面地看待语言,不要研究什么就说什么最重要。在一定的历史时期,某一个语言学派、一个语言学家可以研究个别的问题。比如传统语言学,中国的小学研究训诂学、音韵学和文字学,通过汉字研究古代汉语的音和义;结构主义语言学主要切分语流,切分到音义结合的最小单位语素,切分到最后,音位,研究语素和音位的聚合和组合。到了解放初期,主要研究语音、词汇和语法三要素;到了转换生成语言学,Chomsky 主要研究句法,他认为大脑可以生成句子,句子的深层用语义解释,表层用语音解释,所以形成句法学、语音学、语义学。而把符号学的成果借用到语言学,研究符号和符号之间的关系是句法学;研究符号和客体之间的关系是语义学;研究符号和使用者主体之间的关系是语用学。哪一个分类都有它的正确性,但是哪一个分类都没有全面地覆盖整个的语言学。

现代语言学研究的领域:第一,语言本身、音义结合的词汇和语法的体系。词汇有词和熟语,语法有词法和句法,语音有音位和超音段音位,语义有聚合和组合。第二个领域研究言语活动,即人的言语交际。我们在言语交际中怎样捕捉对方的信息核心,怎样达到互相了解。这涉及到研究交际者的话语角色关系、文化、社会心理和语境。第三,研究话语本身。第四,研究言语机制,大脑如何处理语言信息,加上计算机信息处理及其与大脑的联系,另外还有对文字体系的研究。这些领域相互有关,牵一发而动全身。研究任何问题都脱离不了和众多领域的相互关系。比如研究语用学是在言语活动中的研究,研究如何推理进而得到话语信息,但是如果不考虑语言体系提供的手段,不考虑语境提供的基础、建构话语的合理性以及大脑的认知机制,任何语用的研究都是不完全的。其他的研究也是一样的。所以要立足于多角度、全方位地探讨语言,大家要具有普遍的语言学素养,然后才能在某一点上得到使用,获得成功。

从这些特点看来,我们的研究大体上有理论研究、应用研究和实践性研究。这三者都很重要。理论语言学提供理论观点。应用语言学把这些理论观点应用到某一个需要解决问题的领域,比如外语教学、词典编纂、翻译、文字改革、言语修养。实践性的研究是做某个具体的工作。比如说,我在理论上研究建构语言学,把它用到外语教学,得出建构主义外语教学论,这个是应用性的研究,然后我亲身投入到教学中,教中国人说外语,教外国人说汉语,自己编教材。翻译学也是这样,我应用普通语言学原理从事翻译学研究,研究语言单位在翻译过程中怎样转成翻译单位,翻译是话语层次的对应,怎样捕捉话语信息核心等。然后从事翻译实践,在翻译中体会翻译单位怎样确定,翻译技巧怎样体现,翻译的整体信息怎样安排,然后再回过来得出翻译学的原理,进而丰富理论语言学。

这三个方面相辅相成,从具体上升到抽象,由实践工作到应用性研究到理论;再从抽象到具体,从语言学理论指导语言学应用再到具体的实践,如此循环往复。语义学、词典学也一样。我应用词汇学、语义学等理论得出词典学原理,再从事词典的编写,比如《英语习惯搭配词典》、《新惯用语词典》、《汉语国俗词典》、《修辞学词典》等,从编写中加深了对词典学的认识,比如什么叫义项划分,什么叫词条安排。实践促进理论,理论指导实践,如此循环,使我们整体的语言学素养得到提高。

我谈了不少治学和研究方法,大家可以参考。方法得当,心情愉快,做起来也会很有信心,就能体会语言学的丰富多彩。这正是语言学吸引我也是吸引你们的地方。谢谢大家。

(根据录音整理)

(原载于《英语研究》2009 年第 1 期)

附录　王德春教授论著索引

一　王德春语言学著作、译作、词典目录

序号	书　名	出版单位	出版时间	
1	词汇学研究	山东教育出版社	1983	
2	现代语言学研究	福建人民出版社	1983	
3	修辞学探索	北京出版社	1983	
4	外国现代修辞学概况（主编）	福建人民出版社	1986	
5	语体略论	福建教育出版社	1987	
6	语言学教程	山东教育出版社	1987	上海优秀成果奖
7	修辞学词典（主编）	浙江教育出版社	1987	全国、华东优秀图书奖
8	现代汉语修辞学（译）	江苏教育出版社	1987	
9	现代修辞学（合）	江西教育出版社	1989	江苏优秀图书奖
10	语言学通论	江苏教育出版社	1990	上海外国语大学专著奖
11	俗词的文化意义	香港、台湾商务印书馆	1990	
12	语言学实践（主编）	河海大学出版社	1990	
13	汉语国俗词典（主编）	河海大学出版社	1990	上海外国语大学专著奖
14	语用修辞技巧	香港、台湾商务印书馆	1991	
15	汉语修辞词典（主编）	辽宁教育出版社	1993	
16	社会心理语言学（合）	上海外语教育出版社	1995	
17	人名妙用趣味词典（主编）	语文出版社	1995	
18	新惯用语词典（主编）	上海辞书出版社	1996	
19	神经语言学（合）	上海外语教育出版社	1996	
20	语言学概论（增订版）	上海外语教育出版社	1997	
21	语体学（合）	广西教育出版社	2000	桂版优秀图书奖

22	现代修辞学(合,增订版)	上海外语教育出版社	2001 上海优秀教材二等奖
23	多角度研究语言	清华大学出版社	2001
24	英汉谚语与文化	上海外语教育出版社	2003
25	英语习惯搭配词典	北京科学技术出版社	2005
26	语言学通论(修订本)	北京大学出版社	2006
27	常用惯用语词典(主编)	上海辞书出版社	2008
28	语言学新视角	上海外语教育出版社	2010

二 王德春语言学论文、文章、译文目录

序号	篇 名	发表报刊	发表时间
1	我们应该正确地使用祖国语文	《新华日报》	1951年8月19日
2	语言词汇的丰富与发展	《上海俄专》	1955年第2期
3	俄语中一周七天的名称是怎样来的	《中华俄语》	1956年1月
4	词、词组、熟语	《上海外国语学院季刊》	1958年第2期
5	熟语的修辞作用	《上海外国语学院季刊》	1958年第3期
6	认真学习毛主席的语言理论	《中国语文》	1959年第2期
7	学习外国语的重要意义	《招生通讯》	1959年6月24日
8	怎样培养学生的外语思维	《文汇报》	1959年7月13日
9	正确认识语言与思想意识的关系	《文汇报》	1959年8月19日
10	语言与政治的关系	《外语教学与翻译》	1959年第11期
11	语言的全民性和使用语言的阶级性	《解放日报》	1959年12月28日
12	萨丕尔及其在语言学中的地位(译)	《语言学译丛》	1959年第4期
13	萨丕尔所著《语言》一书俄译本的序言(译)	《语言学译丛》	1959年第4期
14	从学习毛主席著作中理解语言是社会斗争的工具	《中国语文》	1960年第6期
15	语言学的新对象和新学科	《文汇报》《现代汉语参考资料》转载	1962年3月1日 1981年
16	对"语言人民性"的商榷意见	《厦门大学学报》	1962年第4期
17	结构语言学的迫切任务(译)	《中国语文》	1962年第7期
18	什么叫语法	《文汇报》	1963年8月24日
19	使用语言的环境	《学术研究》	1964年第5期
20	在马克思列宁主义理论的基础上发展苏联语言学(译)	《语言学资料》	1964年第4期

21	类型学和语言的同一性(译)	《语言学资料》	1965 年第 5 期
22	世界的语言及其使用情况	《社会科学摘译》	1976 年第 2 期
23	积极开展语言学的研究	《社联通讯》	1978 年第 1 期
24	对苏联语言学十年情况的补充	《语言学动态》	1978 年第 5 期
25	英俄大词典序言(译)	《外国辞书编辑说明、目录选译》	1978 年第 5 期
26	要改变外语不"外"的现象	《文汇报》	1978 年 1 月 22 日
27	熟语的规范性和使用熟语的创造性	《语文教研资料》	1979 年第 3 期
28	论语体	《语言教学与研究》	1980 年第 1 期
29	论词典的类型	《辞书研究》	1980 年第 1 期
30	论修辞方法	《语文教研资料》	1980 年第 1 期
		《修辞学论文集》转载	1981 年
31	"词典有无阶级性"学术讨论发言	《辞书研究》	1980 年第 3 期
32	类义词典有什么特点	《辞书研究》	1980 年第 4 期
33	机器翻译三部曲	《科学画报》	1980 年第 5 期
34	画龙点睛,题目传神	《语文函授通讯》	1980 年第 3 期
35	语言和言语	《国外语言学》	1980 年第 2 期
36	符号、意义、事物(现象)(译)	《现代外国哲学社会科学文摘》	1980 年第 6 期
37	世界的语系	《百科知识》	1980 年第 2 期
38	外语教学中语言和言语的辩证关系——兼评各语言派的教学法观点	《现代外语》	1980 年第 4 期
39	语言学与机器翻译	《自然杂志》	1980 年第 5 期
40	论英语多义词词义体系	《外国语》	1980 年第 6 期
41	反映时代脉搏的新词词典	《辞书研究》	1981 年第 1 期
42	用分析搭配的方法划分义项	《山东外语教学》	1981 年第 1 期
43	《当代语言学思想和流派斗争》简介	《国外语言学》	1981 年第 1 期
44	工程语言学简论	《情报科学》	1981 年第 3 期
45	语言的结构体系	《中学语文教学》	1981 年第 3 期
46	媒介语和宇宙语	《科学画报》	1981 年第 3 期
47	语法学、修辞学和词典编纂	《外语学刊》	1981 年第 3 期
48	论外语专业的基础理论、基本知识和基本训练	《外语教学与研究》	1981 年第 3 期

49	从当代语言学的发展论语言和思维的关系	《北方论丛》	1981 年第 4 期
50	语言的社会功能、语言的全民性	《中学语文教学》	1981 年第 5 期
51	语言美和语境	《语文学习》	1981 年第 11 期
52	语言的精密性和模糊性	《中学语文教学》	1981 年第 12 期
53	结构主义语言学和转换生成语言学	《语言论丛》第一辑	1981 年
54	论言语理解及其脑机制	《浙江师范学院学报》	1982 年第 2 期
55	略论修辞意义和语境意义	《语文月刊》	1982 年第 2 期
56	双语词典的语言学基础	《辞书研究》	1982 年第 4 期
57	修辞和语境	《语文战线》	1982 年第 9 期
58	社会语言学、言语规律和修辞学对象	《第十三届国际语言学家会议学术文献》	1982 年
59	从社会语言学的观点论社会变异和语言变体的关系	《扬州师范学院学报》	1982 年第 2 期
60	苏联心理语言学家论言语生成	《心理科学通讯》	1982 年第 2 期
61	古典结构主义语言学	《逻辑与语言学习》	1982 年第 2 期
62	心理语言学的产生和发展	《外国心理学》	1982 年第 3 期
63	论语义的逻辑演算	《外国语》	1982 年第 3 期
64	修辞学家赫尔岑	《修辞学习》	1982 年第 4 期
65	现代汉语修辞学(十六篇)(译)	《修辞学习》连载	1982 年~1984 年(共 16 期)
66	转换生成语言学(上)	《逻辑与语言学习》	1982 年第 4 期
67	论义素和语义场	《山东外语教学》	1983 年第 1 期
68	转换生成语言学(下)	《逻辑与语言学习》	1983 年第 1 期
69	语段文字的产生及其特点	《淮北煤师院学报》	1983 年第 2 期
70	科学语体的语言特点	《语文学习》	1983 年第 3 期
71	词典的科学性和中国特点	《辞书研究》	1983 年第 3 期
72	一名之立,画龙点睛	《语文战线》	1983 年第 5 期
73	论言语修养及其标准	《修辞学研究》第一集	1983 年 5 月
74	词汇学、语义学和词典编纂	《外国语》	1983 年第 6 期
75	社会语言学、言语规律和修辞学对象	《修辞学论文集》第一集	1983 年
76	语境学是修辞学的基础	《〈修辞学发凡〉与中国修辞学》	1983 年
77	语言和思维的关系是怎样?语言是怎样产生的?什么叫媒介	《语言学问题》	1983 年

语？什么叫义素分析法？

78	现代修辞学的发展趋势	《修辞学研究》第二辑	1983 年
79	政论语体的语言特点	《语言学习》	1984 年第 1 期
80	控制结构语言学的两级抽象理论	《现代外语》	1984 年第 1 期
81	论八十年代"语言学概论"课	《南外学报》	1984 年第 2 期
82	谈谈语言的基本词汇	《学语文》	1984 年第 2 期
83	音素文字的产生及其特点	《外国语文教学》	1984 年第 3 期
84	语言学及其发展	《扬州师范学院学报》	1984 年第 3 期
85	论现代语法的特点和结构语法	《河北师范大学学报》	1984 年第 3 期
86	怎样学习语言学概论课	《中文自修》	1984 年第 5 期
87	论外语教学的方法、模式和大纲	《山东外语教学》	1984 年第 4 期
88	科技术语和行业语词	《语文月刊》	1984 年第 5 期
89	论翻译的实质	《浙江师范学院学报》	1984 年第 2 期
90	信息时代谈汉字	《解放日报》	1984 年 4 月 18 日
91	丰富的词语，恰当地使用	《大学语文》	1984 年第 5 期
92	说一点儿词典编纂怎样运用计算机	《辞书研究》	1984 年第 5 期
93	简谈话语分析	《中学语文教学》	1984 年第 6 期
94	谈谈中学的修辞教学	《中学语文》	1984 年第 10 期
95	语言学琐谈	《中学语文教学》	1984 年第 11 期
96	论文字的类型	《东疆学刊》	1984 年第 12 期
97	信息学和修辞	《修辞学论文集》第二集	1984 年
98	论语言和思维的关系	《语文论丛》第二辑	1984 年
99	《语言学引论》简介	《外语界》	1985 年第 1 期
100	依赖语境捕捉话语信息核心	《中文自修》	1985 年第 11 期
101	信息论、控制论、系统论与修辞	《语言教学与研究》	1985 年第 12 期
102	阅读要迅速而准确地吸收信息	《中国青年报》	1985 年 3 月 12 日
103	论建构语言学	《外语界》	1985 年第 1 期
104	文字的类型	《百科知识》	1985 年第 3 期
105	谈谈语言的社会功能	《中文自学指导》	1985 年第 3 期
106	谈点社会心理语言学	《外语界》	1985 年第 3 期
107	从语言组合中记外语单词	《中国青年报》	1985 年 4 月 2 日
108	从语言聚合中记外语单词	《中国青年报》	1985 年 4 月 9 日
109	国外现代修辞学总说	《语文导报》	1985 年第 6 期
110	关于"双语万用词典"的设想	《辞书研究》	1985 年第 6 期
111	信息时代的语言学	《中学语文》（教学参考）	1985 年第 6 期

112	词符文字和词素文字的产生及其特点	《语文现代化》	1985 年第 8 期
113	词汇意义的特点	《语文学习》	1985 年第 8 期
114	倾谈修辞和语文教学	《语文教学之友》	1985 年第 12 期
115	句子的功能分析和超句研究	《修辞学论文集》(长春)	1985 年
116	论话语修辞	《修辞学论文集》第三集	1985 年
117	论词条安排和义项划分	《词典和词典编纂的学问》	1985 年
118	对中学修辞教学的一些看法	《修辞和修辞教学》	1985 年
119	《心理语言学》和现代语言学丛书简介	《外国语》	1986 年第 2 期
120	愿春风吹绿修辞学园地	《文科月刊》	1986 年第 7 期
121	论语言发展的规律	《语言研究集刊》	1986 年
122	音位学略说	《语文论丛》第三辑	1986 年
123	人机互相机器翻译系统方案(合写)	《语言和计算机》	1986 年
124	《修辞学词典》序	《辞书研究》	1986 年第 5 期
125	语义的聚合和组合	《山东外语教学》	1987 年第 4 期
126	控制论和修辞	《修辞学论文集》第四集	1987 年
127	《修辞学论文集》第四集前言	《修辞学论文集》第四集	1987 年
128	论翻译单位	《中国翻译》	1987 年第 4 期
129	文学是语言的艺术	《语文研究》	1987 年第 1 期
130	翻译《苏联哲学百科全书》有感	《辞书研究》	1987 年第 3 期
131	外语教学论	香港《国际语文研讨会论文集》	1988 年
132	社会语言学的几个问题	《语海新探》第一辑	1988 年
133	朦胧诗和意识流小说的话语分析	《语文月刊》	1988 年第 4 期
134	方兴未艾的神经语言学	《哲社文摘》	1988 年第 6 期
135	话语理解过程的脑机制(译)	《哲社文摘》	1988 年第 6 期
136	外语教学法流派,教学方法和模式	《世界汉语教学》	1988 年第 3 期
137	论同体异格	《营口师专学报》	1988 年第 3 期
138	《新词、新语、新义》简评	《辞书研究》	1988 年第 6 期
139	语言学与词典编纂	《辞书论集》	1987 年
140	翻译学	《语言与翻译》	1989 年第 1 期
141	十年开拓,十年创造	《辞书研究》	1989 年第 2 期
142	论汉语修辞信息库	《辞书研究》	1989 年第 3 期

143	《民俗语言学》序	辽宁教育出版社	1989 年
144	论汉语的修辞色彩	《世界汉语教学》	1989 年第 3 期
145	酝酿中的第二代边缘学科——社会心理语言学	《哲社文摘》	1989 年第 11 期
146	语言社会心理学是交际社会心理学的分科(译)	《哲社文摘》	1989 年第 11 期
147	汉语共同语及其变体	《语文学会文集》	1990 年
148	计算词典学的潜力和前景(译)	《辞书研究》	1990 年第 2 期
149	对外汉语教学漫议之一(三篇)	《汉语学习》	1990 年第 4 期
150	数字与表数法	《百科知识》	1990 年第 7 期
151	汉语新词语的社会文化背景	《世界汉语教学》	1990 年第 3 期
152	句子的功能分析和超句研究	《修辞理论与实践》	1990 年
153	苏联汉学家郭列洛夫	《国外语言学》	1990 年第 3 期
154	人名的修辞价值	《辞书研究》	1990 年第 5 期
155	《言语学概论》序	《言语学概论》	1990 年
156	对外汉语教学漫议之二(三篇)	《汉语学习》	1990 年第 5 期
157	对外汉语教学漫议之三(三篇)	《汉语学习》	1990 年第 6 期
158	《汉语的语义结构和补语形式》序	《汉语的语义结构和补语形式》	1990 年
159	童言稚语及其他(四篇)	《语文学习》	1991 年第 1 期
160	词典学是应用语言学的重要分科	《辞书研究》	1991 年第 1 期
161	对外汉语教学漫议之四(三篇)	《汉语学习》	1991 年第 1 期
162	一门新的语言学分科——国俗语义学	《百科知识》	1991 年第 2 期
163	汉语共同语及其变体与对外汉语教学	台湾《思与言》	1991 年第 12 期
164	音节文字的产生及其特点	《语文论丛》第四辑	1991 年第 4 期
165	对外汉语教学漫议之五(三篇)	《汉语学习》	1991 年第 2 期
166	《新词词典》述评	《华中师大学报》	1991 年第 2 期
167	对外汉语教学漫议之六(三篇)	《汉语学习》	1991 年第 3 期
168	论语言的调节功能	《外国语》	1991 年第 3 期
169	《英汉语言对比探索》序	《英汉语言对比探索》 《外语界》	1991 年 1991 年第 2 期
170	评《现代汉语》	《汉语拼音报》	1991 年 7 月 20 日
171	对外汉语教学漫议之七(三篇)	《汉语学习》	1991 年第 4 期
172	论微观语言学(合)	《外国语》	1991 年第 4 期

173	国俗语义学和《汉语国俗词典》	香港《语文建设》	1991 年第 4 期
174	对外汉语教学漫议之八（三篇）	《汉语学习》	1991 年第 5 期
175	《艺术语言学》评介	《云南学术探索》	1991 年第 5 期
176	国俗语义学和《汉语国俗词典》	《中国文化与世界》	1991 年
		《辞书研究》	1991 年第 6 期
		《对外汉语教学文集》	1992 年
177	对外汉语教学漫议之九（两篇）	《汉语学习》	1991 年第 6 期
178	交际最忌信息差	《青岛大学学报》	1991 年第 4 期
179	语用分析四例	《语文学习》	1992 年第 1 期
180	对外汉语教学漫议之十（三篇）	《汉语学习》	1992 年第 1 期
181	对新加坡华语的一些观感	新加坡《联合早报》	1991 年 10 月 3 日
182	创刊词	《大众修辞》	1985 年第 1 期
183	对外汉语教学漫议之十一（三篇）	《汉语学习》	1992 年第 4 期
184	社会心理语言学的学科性质和研究对象	《外国语》	1992 年第 3 期
185	《语言学通论》的信息要点	《外语界》	1992 年第 2 期
186	社会心理语言学的理论基础和研究方法	《外国语》	1992 年第 4 期
187	论文字的特点和体系	《外文学会论文集》	1992 年
188	国俗语义学略论	香港《语文通讯》	1992 年
		英国《宏观语言学》	1992 年第 1 期
		《语言与文化多学科研究》	1993 年
		《对外汉语教学讨论会文选》	1993 年
		《文化语言学中国潮》	1995 年
189	《艺术语言学》序	云南人民出版社	1992 年
190	对外汉语教学漫议之十二（两篇）	《汉语学习》	1993 年第 1 期
191	建构主义外语教学论	《外语界》	1993 年第 2 期
		《英语百人百论》上	1993 年
		日本《研究论丛》	1994 年第 3 期
		《优秀英语学术论文集》	1995 年
192	对外汉语教学漫议之十三（三篇）	《汉语学习》	1993 年第 5 期
193	语言和思维的关系的讨论	《社会科学争鸣大观》	1993 年
194	言语规律的讨论	《社会科学争鸣大观》	1993 年
195	神经语言学·绪论	《外国语》	1993 年第 4 期

196	《英语语法与信息结构》序	安徽教育出版社	1993 年
197	汉语共同语及其变体与对外汉语教学	《外语与外语教学》	1994 年第 1 期
198	语用学散论	《语文学习》	1994 年第 3 期
199	翻译风格与翻译单位、标准和方法	《语言风格论集》	1994 年
		《英语百人百论》下	1994 年
200	论个人言语风格	《语言风格论集》	1994 年
201	一门新的语言学分析——国俗语义学略论	日本《中国语研究论集》	1994 年
		日本《研究论丛》	1994 年
202	诗中"又"字的妙用	台湾《中国语文月刊》	1994 年
203	一定之差,决定胜负	《少年之友报》	1994 年 9 月 7 日
204	贬词褒用	《少年之友报》	1994 年 9 月 21 日
205	未成曲调先有情	《少年之友报》	1994 年 10 月 5 日
206	神经语言学展望	《外国语》	1995 年第 2 期
207	语言的微观变体是宏观共同语丰富和发展的源泉	台湾《语文专论》	1995 年第 2 期
208	论汉语能力和汉语考试	《国际研讨会论文选》	1995 年
209	汉英动物名称的国俗同义现象（合）	《山东外语教学》	1995 年第 3 期
210	《语言表意新论》简评	《汉语学习》	1995 年第 4 期
211	浅论社会心理修辞学（合）	《外国语》	1995 年第 5 期
212	《法律语言与言语研究》序	群众出版社	1995 年第 6 期
213	"压"与"轧"（三则）	《咬文嚼字》	1995 年第 7 期
214	社会道德与修辞行为的关系（合）	《锦州师范学院学报》	1996 年第 2 期
215	从国俗语义品《秋夕》	《语文建设》	1996 年第 3 期
216	一部适合对外汉语教学需要的词典	《辞书研究》	1996 年第 3 期
217	论汉语修辞信息库	《云梦学刊》	1996 年第 1 期
218	国俗语义纵横谈	香港《中国语文通讯》	1996 年第 6 期
		《中国文化与世界》	1996 年第 4 期
219	语言学分科和多角度研究语言	《外国语》	1996 年第 5 期
220	《英汉语言区别特征研究》序	新华出版社	1996 年
221	香港回归话语文	《世纪》	1997 年第 1 期
222	国俗语义纵横谈	日本《中国语学论文集》	1997 年第 3 期
223	《新惯用语词典》序	《辞书研究》	1997 年第 2 期
224	香港语文景观	《解放日报》	1997 年 5 月 8 日
225	论双语社会香港的语言问题	《外国语》	1997 年第 3 期

226	香港回归话语文(专访)	《澳门日报》	1997年5月25日
227	"语言学概论课"要反映语言学最新信息	《汉语学习》	1997年第3期
228	编词典要多一点创造性	《辞书研究》	1997年第4期
229	论香港的双语现象	《中外语言文化比较研究》	1997年第6期
230	国俗语义研究6篇	《国俗语义研究》	1998年第1期
231	多角度探索语言奥秘	《外语研究》	1998年第1期
232	语言学分科和多角度研究语言	香港《亚太语言教育学报》	创刊号1998.3
233	论数词、进位制及其翻译借用	香港《汉语数词现代化讨论集》	1998年
234	话语角色认知的修辞价值(合)	《扬州大学学报》	1998年第4期
235	论数词及其翻译借用	《外国语》	1998年第4期
236	现代语言学的突破口	《平顶山师专学报》	1998年第3期
237	港澳台词语是丰富普通话的重要源泉	《澳门理工学院学报》	1998年第1期
238	《新词语·社会·文化》序	《新词语·社会·文化》	1998年
239	评王寅《英汉语言区别特征研究》	《外语与外语教学》	1998年第12期
240	修辞尤需真善美	《平顶山师专学报》	1999年第1期
241	英语借词使汉语更丰富	《淮北煤师院学报》	1999年第2期
242	论词语的语体分化	台湾《修辞论丛》	1999年第1期
243	《社会心理修辞学导论》序	北京大学出版社	1999年第6期
244	论话语分类	《华文教学与研究》《修辞与文化》2000年	1999年第3期
245	"我想死你啦"析	《咬文嚼字》	2000年第1期
246	《语义·语用·修辞》丛书序(主编)	《语义·语用·修辞》	2000年
247	论话语分类	日本《中国语论集》	2000年
248	论词语的语体分化	日本《中国语、中国语教育法研究》	2000年
249	《谚语分类词典》序	《谚语分类词典》	2000年
250	论语言单位的任意性和理据性	《外国语》	2001年第1期
251	《朝汉双语语码转换研究》序	《汉语学习》	2000年第6期
252	学问重于学位	《外语研究》	2001年第1期
253	科研工作分三线	《外语与外语教学》	2001年第2期
254	论语体的本质	《语文论丛》	2001年第7期
255	中国修辞学会与毕节师专合办	《毕节师专学报》	2001年第1期

	"修辞学专栏"发刊词		
256	汉英谚语语义特点比较(合)	《树人大学学报》	2001年创刊号
257	《21世纪修辞学丛书》总序(主编)	《21世纪修辞学丛书》	2001年
258	认知语言学研究现状(合)	《外语研究》	2001年第3期
259	探讨交际中的认知规律	《中国教育报》	2002年2月21日
260	英汉谚语修辞	《平顶山学院学报》	2002年1月
261	21世纪修辞学发展趋势	《修辞学习》	2002年2月
262	畅谈英语习惯搭配	《专家学者谈如何学英语》	2002年
263	从三次交往看上图的作用	《我与上图》	2002年
264	学术与学风	《修辞与语言文明建设》	天津古籍出版社
265	从英汉谚语探讨人文思想	《树人大学学报》	2003年2月
266	外语电化教学中的语言与言语	《外语电化教学》	2003年2月
267	从英汉谚语探讨道德观念	《澳门社会科学学报》	2003年10月
268	《英语修辞简明教程》序	复旦大学出版社	2004年10月
269	从英汉谚语探讨宗教思想	《语文论丛》8期	2004年2月
270	言语修养和都市文明	《给城市洗把脸》	2004年2月
271	我与《外语研究》的学术交往	《外语研究》	2004年1月
272	《国式英语这样说》序	上海科技出版社	2004年6月
273	新世纪的修辞学	《外语电化教学》	2004年6月
274	从一场翻译比赛说起	《咬文嚼字》	2005年6月
275	横跨学科,纵观历史,拓宽修辞学研究领域	《修辞学论文集》第7集	2005年5月
276	新世纪修辞展现	《修辞学论文集》第8集	2005年6月
277	适应语言发展趋势的论著——译陈满铭教授的辞章学	台湾万卷楼图书公司	2005年7月
278	开拓汉修辞学的新视野	《辞章学发凡》序	2005年8月
279	外语教学漫议	《外语教育往事谈》	2005年10月
280	"词语妙用"三则	《译友》	2006年第1期
281	外语思维再思考——论外语思维的"概念化模式"内涵(合)	《外语研究》	2006年第4期
282	融会贯通,攀高创新	《疯狂英语》教师版	2006年第10期
283	中国修辞学会的发展	《修辞学论文集》第10集	2006年11月
284	《商务英语——言语修辞艺术》序	国防工业出版社	2006年3月
285	大学生要学好修辞学	《修辞学论文集》第9集	2007年1月
286	"词语妙用"三则	《译友》	2007年第3期
287	"词语妙用"三则	《译友》	2007年第7期
288	《核心句的词语搭配研究》序	复旦大学出版社	2007年12月

289	符合建构教学论的教材——《大学高年级英语教程》序	《大学高年级英语教程》	2007 年 3 月
290	论科学分类的无限性——指导语言学博士生纪实	《扬州大学学报》	2008 年第 3 期
291	"我想死你啦!"析	《咬文嚼字三百篇》	2008 年 7 月
292	世界上最大的一套语言学百科全书中国落地	《文汇报》	2008 年 7 月
293	语言学的重要意义	《中华读书报》	2008 年 7 月
294	《语言与语言学百科全书》引进版序	上海外语教育出版社	2008 年 7 月
295	论语义与认知——指导语言学博士生纪实	《外语电化教学》	2009 年第 3 期
296	论语言学的建构性循环网络——指导语言学博士生纪实	《外语研究》	2009 年第 5 期
297	论隐喻——指导语言学博士生纪实	《外语学刊》	2009 年第 1 期
298	共同繁荣修辞学,共同发展语言学	《修辞学论文集》(第十集)	2009 年 11 月
299	语言学科研与治学	《英语研究》	2009 年第 1 期
300	全面发展学生的语言能力和言语能力	《中国外语》	2009 年第 3 期
301	略论翻译	《上海翻译》	2009 年第 3 期
302	论范畴化	《解放军外国语学院学报》	2009 年第 5 期
303	论词典的类型	《〈辞书研究〉论文精选》	2009 年第 10 期
304	语言学探索 60 年	《中国外语教育发展战略论坛》上海外语教育出版社	2009 年 12 月
305	论对外汉语教材编写原则	《对外汉语论丛》	2010 年第 7 集

三　王德春非语言学译著目录

序号	书名	出版单位	出版时间
1	掘土机	少年儿童出版社	1956 年
2	深海探险家	少年儿童出版社	1957 年
3	水上游戏和娱乐	上海文化出版社	1957 年
4	辩证唯物主义哲学和专门科学	上海人民出版社	1958 年
5	逻辑错误怎样妨碍正确思维	上海人民出版社	1958 年
6	"克什米尔公主号"飞机失事的秘密(合译)	展望周刊社	1958 年

7	苏联哲学百科全书（合译）（61条，16万字）	译文出版社	1984年
8	苏共第二十二次代表大会和克服哲学工作中的缺点问题	《苏联哲学资料选》上海人民出版社	1963年
9	社会主义成长为共产主义的辩证法	《苏联哲学资料选》上海人民出版社	1964年
10	舆论发挥强大作用	《苏联哲学资料选》上海人民出版社	1964年
11	中央情报局与情报崇拜（合译）	三联书店	1979年
12	俄国的空中诈骗（合译）	三联书店	1979年

四　王德春非语言学论文、文章、译文目录

序号	篇名	发表报刊	发表时间
1	我担任通讯工作的回顾（在此前后，在《新华日报》、《南京人报》、《南京政报》、南京人民广播电台发表文章数十篇，被评为模范通讯员）	《人民电台建台两周年》	1950年
2	下乡宣传记	《暑期生活》	1950年8月6日
3	从提高认识到积极写稿	《通讯与写作》	1950年第11期
4	菊花乡干部学文化	《新华日报》	1950年9月13日
5	兴旺的郊区农村（获"新南京一角"征文甲等奖）	《南京人报》	1950年10月7日
6	我生长在伟大可爱的国家里	《新华日报》	1951年11月4日
7	爱祖国爱劳动的苏北人民	《新华日报》	1951年11月30日
8	调查丰产户的几点体会	《苏北农讯》	1951年12月16日
9	对政治学习方法上的一些意见	《实践》	1953年6月11日
10	我是怎样学习时事的	《实践》	1953年6月21日
11	我们怎样开展多样性体文活动	《实践》	1953年10月21日
12	自觉地有计划地支配自修时间	《实践》	1953年12月
13	要保证体文活动时间	《实践》	1954年1月
14	我们在实习中的三点体会	《实践》	1954年12月21日
15	在银色星球周围（译）	《解放日报》	1955年9月21日
16	听不见的声音的力量（译）	《解放日报》	1955年5月30日
17	在两个太阳的光亮下（译）	《解放日报》	1955年11月6日
18	第一所苏联原子能发电站的故事（译）	《解放日报》	1955年10月11—13日连载
19	书架上的两本书	《新民报》	1955年11月6日
20	一年前建筑就好了	《新民报》	1955年6月14日

21	摘棉花	《新民报》	1955年6月24日
22	俱乐部短文数十篇	《展望周刊》	1955年~1957年
23	我们要保卫母亲和儿童	《集邮》	1956年第10期
24	透明的薄雾(译)	《中国青年》	1956年第2期
25	新型的电话机(译)	《解放日报》	1956年5月1日
26	月球旅行散记	《展望周刊》	1956年第36期
27	海洋深处的秘密	《展望周刊》	1957年第5期
28	"克什米尔公主号"飞机失事的秘密(合译)	《展望周刊》	1958年3月8日~4月25日连载
29	"困难"和"顺利"的辩证法	《解放日报》	1960年5月4日
30	哲学与专门科学的辩证统一	《保加利亚科学院院报》	1961年
31	大学毕业,志在四方	《文汇报》	1978年7月30日
32	希望放映外语原版电影	《文汇报》	1979年1月12日
33	刑法应严格限制类推	《民主与法制》	1979年第3期
34	官腔和效率	《民主与法制》	1980年第11期
35	雨雾芳草绿如茵	《峥嵘》	1984年第1期
36	抵制"群小"散布流言	《青年一代》	1984年第1期
37	希益露峥嵘	《峥嵘》	1984年第2期
38	治学一得	《上海高教研究》	1984年第11期
39	《教我如何不想他》歌词究属谁作	《周末》	1984年7月28日
40	我爱故乡的绿色	《周末》	1984年9月1日
41	勤学、创造、效益	《中国青年报》	1985年2月12日
42	劳逸结合,胜任愉快	《中国青年报》	1985年5月7日
43	忆"克什米尔公主号"事件	《周末》	1985年5月11日
44	谈治学经验	《社会科学评论》	1985年第7期
45	斯诺式的美国记者谢伟思	《周末》	1987年5月23日
46	国民党当局的一份"钩命单"	《周末》	1987年11月14日
47	脍炙人口的《曼依·雷斯戈》	《法国研究》	1988年第2期
48	深林人不知,明月来相照	《上海外国语学院院报》	1990年6月5日
49	王德春日记摘抄	《青少年日记》	1990年第7期
50	小议书价	《解放日报》	1990年9月29日
51	语言背景不同应采用不同教材	新加坡《联合早报》专访	1991年9月22日
52	"蜡烛"蕴含丰富的中华文化色彩	新加坡《联合早报》	1992年6月27日
53	研究华语,推广华语	新加坡《联合早报》	1992年6月29日

54	还可以更上一层楼——对《语文评议》的评议	新加坡《联合早报》	1992年7月1日
55	孙爱玲的追求	《解放日报》	1992年3月5日
56	采得百花酿成蜜	《当代百家话读书》	广东教育出版社1997年版
57	华语在新加坡	《解放日报》	1998年9月4日
58	桃李盈门日,山花烂漫时	上海外国语大学建校50周年纪念文集	1999年
59	郭化若:诗人、将军、良师益友	《一代儒将》军事科学出版社	1999年版
60	两岸亲情	《上海外国语大学校报》	2003年9月25日
		《联合时报》	2003年10月24日
61	怀念士文	《丹东社会科学》	2006年2月
		《丹东学院学报》	2006年6月

五 王德春校订、审定、主编书刊和文章目录

序号	书刊名、篇名	发表单位	发表时间
1	论词义(校)	《语言学译丛》	1958年第1期
2	关于大学语文系"语言学史"课程讨论的按语(校)	商务印书馆	1960年
3	论大学的"语言学史"课程(校)	商务印书馆	1960年
4	现代汉语的句子形式主语(校订)	商务印书馆	1961年
5	创造性地发展马尔院士的遗产(校)	《语文学资料》	1964年第4~5期
6	给《真理报》编辑部的信(校)	《语言学资料》	1964年第4~5期
7	形式逻辑导论(校订)	译文出版社	1981年
8	火山探险(校订)	少年儿童出版社	1956年
9	社会主义和共产主义产生和发展的规律性(校)	上海人民出版社	1964年
10	描写语言学引论(校订)	上海外语教育出版社	1986年
11	汉语的语义结构和补语形式(审订)	上海外语教育出版社	1990年
12	《修辞学习》杂志(主编)	江西教育出版社	1980年~1984年
13	修辞学丛书(主编)	福建、山东、安徽教育出版社 福建人民出版社	1980年~1986年
14	《修辞学研究》丛刊(主编)	华东师范大学出版社	1981年~1983年

15	修辞学论文集(主编)(1~4集)	福建人民出版社	1983年~1987年
16	《大众修辞》期刊(主编)	同济大学出版社	1984年
17	修辞学论文集(主编)(5~6集)	河南大学出版社	1990年~1992年
18	《英语百人百论》文集(主编)(上、下)	四川科技出版社	1993年~1994年
19	《语义·语用·修辞》丛书(主编)	广西教育出版社	2000年中南优秀教育读物二等奖
20	《21世纪修辞学》丛书(主编)	上海外语教育出版社	2001年
21	中学英语 Project English(主编)(共6册)	湖南教育出版社	2004年
22	大辞海、语言学卷(主编)	上海辞书出版社	2004年
23	大学修辞学(主编)	福建人民出版社	2004年
24	《修辞学论文集》(10集)	上海外语教育出版社	2006年
25	21世纪对外汉语系列教材(主编)	上海外语教育出版社	2008年